Klartext

Düsseldorfer Schriften zur Neueren Landesgeschichte
und zur Geschichte Nordrhein-Westfalens

begründet von Peter Hüttenberger

Band 61

herausgegeben von
Hans-Joachim Behr • Jürgen Brautmeier • Kurt Düwell
Ulrich Heinemann • Hansgeorg Molitor • Klaus Müller
Dietmar Petzina • Heinz Günter Steinberg • Falk Wiesemann

Redaktionsanschrift:
Heinrich-Heine-Universität
Historisches Seminar VI
Universitätsstraße 1
D-40225 Düsseldorf

Dieter Düding

Heinz Kühn
1912–1992

Eine politische Biographie

Die Deutsche Bibliothek – CIP-Einheitsaufnahme

Düding, Dieter:
Heinz Kühn 1912–1992 : eine politische Biographie / Dieter Düding. –
1. Aufl. – Essen : Klartext-Verl., 2002
   (Düsseldorfer Schriften zur neueren Landesgeschichte und zur Geschichte
   Nordrhein-Westfalens ; 61)
   ISBN 3-89861-072-1

1. Auflage April 2002
Satz und Gestaltung: Klartext Verlag
Druck und Bindung: Koninklijke Wöhrmann BV., Zutphen (NL)
© Klartext Verlag, Essen 2002
ISBN 3-89861-072-1

Inhalt

Vorwort

Beim Entstehen des Buches habe ich vielseitige Förderung und Unterstützung erfahren. Dafür Dank abzustatten ist eine angenehme Pflicht.

Zuerst denke ich an meine beiden Historikerkollegen Prof. Dr. Wolfram Köhler † und Prof. Dr. Kurt Düwell sowie an Archivleiter a. D. Gerhard Eyckers. Sie machten mir nachdrücklich die Notwendigkeit einer Heinz Kühn-Biographie klar. Ihrem freundschaftlichen Insistieren und ihrer Überzeugungskunst ist es zu verdanken, daß ich das Projekt in Angriff nahm.

Finanzielle Förderung erfuhr das Projekt durch das nordrhein-westfälische Wissenschaftsministerium. Dafür sei ihm, insbesondere Staatssekretär a. D. Dr. Wolfgang Lieb, herzlich gedankt. Bei meinen Archivbesuchen im In- und Ausland begegnete ich großer Hilfsbereitschaft. Ohne die uneigennützige Hilfe der Kollegen Dr. Bohumil Černý (Prag) und Dr. Peter Heumos (München) wäre ich in den tschechischen Archiven wohl kaum fündig geworden. Mit Rat und Tat standen mir auch wiederholt zur Seite: Dr. Wouter Steenhaut (vom Archief en Museum van de Socialistische Arbeidersbeweging in Gent), Wolfgang Stärke, Dr. Christoph Stamm und Prof. Dr. Michael Schneider (im Archiv der sozialen Demokratie, Bonn), Dr. Franz-Josef Verscharen und Aribert Knauff (im Historischen Archiv der Stadt Köln) sowie Dr. Horst Romeyk und Hans-Georg Wahl (im Nordrhein-Westfälischen Hauptstaatsarchiv, Düsseldorf).

Bei Bundeskanzler a. D. Helmut Schmidt und Prof. Dr. Manfred Dammeyer bedanke ich mich, daß sie mir die Benutzung ihrer im Archiv der sozialen Demokratie verwahrten Deposita gestatteten.

Zu großem Dank bin ich auch dem Personenkreis verpflichtet, der mir Zeitzeugeninterviews gewährte, nämlich: Elfriede Anders, geb. Kühn, Dr. Katharina Focke, Peter Fuchs, Dr. Günter Grunwald, Prof. Dr. Friedrich Halstenberg, Peter Keller, Henry Kersten (Hillsdale, N. Y., USA), Prof. Dr. Susanne Miller, Dr. h. c. Johannes Rau, Dieter Uecker und Dr. Berta Uwira.

Darüber hinaus danke ich allen, von denen ich unterschiedliche Hilfe erfuhr, z. B. in Form von Anregungen, Auskünften, Hinweisen, Informationen etc. Dazu zählen: Dr. Willy Albrecht, Vera Brantsch, Thomas Deres, Reinhard Grätz, Michael Haaß, Dr. Eva Hahn, Prof. Dr. Jan Havránek (Prag), Dr. Horst Heidermann, Dr. Werner Jung, Ute Maria Kilian, Dr. Christoph Meyer, Dr. Patrik von zur Mühlen, Priv.-Doz. Dr. Christoph Nonn, Prof. Dr. Arnold Sywottek †, Anselm Tiggemann, Ulrich Wehrhahn und Carl-Ludwig Wolff.

Mein ganz besonderer Dank gehört Marianne Kühn. Mit nie erlahmender Hilfsbereitschaft stand sie mir für mehrere ausführliche Zeitzeugengespräche und viele weitere Auskünfte zur Verfügung. Außerdem gewährte sie mir bereitwillig Einblick in Originalunterlagen aus ihrem Privatarchiv und in ihre Fotosammlung.

Köln, Anfang Januar 2002 Dieter Düding

Meinen Töchtern
Lena und Nora gewidmet

Einleitung

Der Name Heinz Kühn ist untrennbar mit der Geschichte des Landes Nordrhein-Westfalen verknüpft. Zwölf Jahre lang war Kühn Ministerpräsident des bevölkerungsreichsten Bundeslandes – von 1966 bis 1978. Unter seiner Ägide erlebte Nordrhein-Westfalen Reformen in einem Ausmaß und von einer Wirkungsintensität wie nie zuvor in seiner Geschichte. *Bildungs*reformen kam ein ganz besonderer Stellenwert zu. Als Ministerpräsident machte er außerdem die Regierungskoalition aus SPD und FDP, die sogenannte sozialliberale Koalition, in der Bundesrepublik salonfähig. Bei der Bildung der ersten sozialliberalen Koalition im Bund unter Führung Willy Brandts im Jahre 1969 stand das Düsseldorfer Modell Pate. Kühn betätigte sich sogar persönlich als Geburtshelfer.

Aber Kühn ist keineswegs nur deshalb eine interessante Politikerpersönlichkeit, weil er mehr als ein Jahrzehnt der sozialliberalen Reformkoalition in Düsseldorf vorstand. Kühn, der Arbeitersohn, war ein Parteiaktivist mit „Stallgeruch"; gleichzeitig war er – dank seiner außergewöhnlichen Bildungsbeflissenheit und großen geistigen Beweglichkeit – ein homme de lettres und Parteiintellektueller. Gerade die Kombination beider Eigenschaften, beider Funktionen – Parteisoldat/Parteiintellektueller – machte ihn innerhalb der SPD zu einer nicht alltäglichen Figur. In dieser Doppelfunktion hat er den Wandel der Nachkriegs-SPD von einer Arbeiterpartei, die sozusagen „letzte Wahrheiten" verkündete, zu einer werteorientierten Volkspartei mit Tatkraft vorangetrieben. Er gehörte in den 1950er und 1960er Jahren zu den energischen Parteireformern. Es ist nicht ohne symbolische Bedeutung, daß er auf dem Godesberger Reformparteitag der SPD 1959 als Tagungspräsident fungierte.

Kühn, der gelernte Zeitungsjournalist, war nach dem Zweiten Weltkrieg auch einer der wichtigsten Medienfachleute seiner Partei. Seit den späten 1940er Jahren zog ihn das Medium „Rundfunk" (Hörfunk und Fernsehen) mehr und mehr in seinen Bann. Im nordrhein-westfälischen Landtag, im WDR-Verwaltungsrat, im Deutschen Bundestag und als stellvertretender SPD-Vorsitzender spielte Kühn als Medienpolitiker eine beachtliche Rolle. Vor allem auf den *rundfunk*politischen Kurs seiner Partei übte er starken Einfluß aus.

Schließlich: Obwohl Kühn in der Landespolitik, also in der *Innen*politik, seine größten Triumphe feierte, war er von der *Außen*politik geradezu fasziniert, fühlte er sich von ihr magisch angezogen. Auch das ist für einen Sozialdemokraten eher ungewöhnlich als alltäglich.

Kühns Leben währte volle 80 Jahre. 1912 wurde er geboren, und seit seinem 16. Lebensjahr – also seit 1928 – war er ein durch und durch politischer Mensch.

Für mich, den Biographen Heinz Kühns, stand deshalb sehr bald fest: Ich wollte mich auf seine *gesamte* Lebensgeschichte einlassen. Bei einer einseitigen Schwerpunktbildung, bei einer Konzentration auf die Zeit der Ministerpräsidentschaft würde man dem Politiker und Menschen Kühn *in seiner Entwicklung* nicht gerecht.

Das Leben des Politikers Kühn hat sich mir erschlossen, indem ich es in Entwicklungsetappen eingeteilt habe. Es sind Entwicklungsabschnitte, die sich aus den äußeren Lebensverhältnissen ergeben. Es sind aber auch Lebensabschnitte, die sehr viel über die geistig-politische Metamorphose Kühns verraten. Die Lebensabschnitte haben in der Biographie ihren Niederschlag in acht Hauptkapiteln gefunden, die in sich mehrfach gegliedert sind. Ich möchte diese acht Lebensabschnitte zunächst ganz kurz vorstellen:

Das erste Kapitel – *Jugend in Köln* – beschäftigt sich mit Kühns politischer Sozialisationsphase in seiner Geburts- und Heimatstadt. Sie endet Anfang 1933 mit der Machtergreifung durch die Nationalsozialisten und Kühns Abkehr von der SPD und seiner Hinwendung zur Sozialistischen Arbeiterpartei Deutschlands (SAP), ohne daß er *formell* Mitglied dieser linkssozialistischen Splitterpartei wird.

Das zweite Kapitel – *Stationen der Emigration* – schildert die verschiedenen Exilstationen des politischen Emigranten Kühn. Zwölf Jahre dauert Kühns Exil – so lange wie seine Ministerpräsidentschaft. Das Exil ist für ihn eine Zeit politisch-intellektueller Experimente, eine Art politisch-geistiges Laboratorium. Es hat partiell auch den Charakter einer politischen Odyssee. Gleichzeitig ist es eine Zeit des Sammelns von Erfahrungen und politisch-weltanschaulicher Reifung. Das Exil hinterläßt in seiner Erfahrungswelt und in seinem Gefühlshaushalt tiefe Spuren.

Das dritte Kapitel – *Neubeginn in Köln* – befaßt sich mit dem als *ethischer* Sozialdemokrat und innerparteilicher Reformer 1945 nach Köln zurückgekehrten Heinz Kühn. Das Kapitel nimmt die ersten drei, vier Jahre nach Kühns Rückkehr ins Visier, in denen sein Wirkungskreis schwerpunktmäßig Köln ist. Es sind ungemein turbulente Jahre, vollgepfropft mit Arbeit. Die SPD verschlingt den Remigranten mit Haut und Haaren. Ein Jugendtraum geht in Erfüllung: Er wird zuerst Redakteur, dann sogar Chefredakteur der „Rheinischen Zeitung". „Deutschland", „Europa", „Jugend" sind seine zentralen Politikthemen. Die kritische Auseinandersetzung mit der Person Adenauers mobilisiert seine rhetorisch-polemischen Talente.

Das vierte Kapitel – *Parlamentarische Lehrjahre: Landtagsabgeordneter in Düsseldorf 1948–1954* – verfolgt die Entwicklung des *Parlamentariers* Kühn in seiner Frühzeit. In den Verfassungs- und Schulbildungsdebatten des Landtags (erste Hälfte des Jahres 1950) gewinnt er als scharfsinnig-brillanter Redner, konzeptioneller Denker und SPD-Reformer erheblich an Statur. In einer Annäherung, ja in einer Verständigung zwischen Katholizismus und Sozialismus sieht der katholische Dissident eine „Schicksalsnotwendigkeit". Nach der Landtagswahl kämpft er ohne Fortune für die Fortsetzung der großen Koalition in Nordrhein-Westfalen. Kanzler Adenauer, dessen starker Arm bis nach Düsseldorf reicht, macht ihm einen Strich durch die Rechnung. Ausgesprochen erfolgreich agiert er dagegen als Oppositionspolitiker beim Zustandekommen einer Landesrundfunkanstalt, des Westdeutschen Rundfunks. Dennoch: Das Abdriften der SPD in die landespolitische Opposition veranlaßt Kühn, die parlamentarische Bühne zu wechseln.

1953 wird er in den Bundestag gewählt. Es beginnt das fünfte Biographiekapitel *Parlamentarische Gesellenjahre: Bundestags- und Europaratsabgeordneter*, das bis 1963 währt. In dieser Lebensphase kann er seine Leidenschaft für die Außenpolitik und für das Reisen in ferne, außereuropäische Länder zum ersten Mal ausleben. Die auswärtige *Kultur*politik wird sein Arbeitsgebiet. Er unternimmt viele Reisen in die Dritte Welt, u. a. als Mitglied der Interparlamentarischen Union. Er wird zum Dritte-Welt-Experten. Der Beratenden Versammlung des Europarats gehört er seit 1957 an. Zwei Jahre später wird er sogar zum Vorsitzenden der sozialistischen Fraktion im Europarat gewählt. Gegen Ende der 1950er Jahre versucht er sich als Oppositionspolitiker mehr und mehr in die zentralen Probleme der deutschen Außenpolitik (Wiedervereinigungs-Frage, Ost-West-Konflikt) einzumischen. Aber der Bundestagsabgeordnete Kühn erweist sich als politische „Mehrzweckwaffe". Er ist auch medienpolitischer Sprecher seiner Fraktion, und er versteht es wiederholt mit sehr viel Geschick, Adenauer, die zentrale Figur der deutschen Nachkriegspolitik, persönlich herauszufordern.

Es folgt das sechste Lebenskapitel: *Der Oppositionsführer.* Personalquerelen zwischen SPD-„Traditionalisten" und -Reformern bringen Kühn 1962 wieder zurück in die Landespolitik. Nicht leichten Herzens, sondern sehr widerwillig fügt er sich einem entsprechenden „Ukas" aus der Parteiführung in Bonn. Kühn, jetzt sozialdemokratischer Spitzenkandidat, SPD-Landtagsfraktionschef und -Landesvorsitzender, nutzt die vier Jahre bis zur nächsten Landtagswahl im Jahre 1966, um der Landtags- und Landes-SPD eine gründliche Reformkur zu verordnen. Ein *vielgleisiger* Reformprozeß im Sinne des Volksparteikonzepts wird von ihm in Gang gesetzt. Der Oppositionsführer verschafft seiner Fraktion u. a. ein bildungspolitisches Vorzeige-Profil. Kühns konsequenter Reformkurs ist eine wichtige Voraussetzung für den ersten Wahlsieg der NRW-SPD über die Landes-CDU bei den Landtagswahlen im Juli 1966. Noch knapp ein halbes Jahr sollte es dauern – bis zum Zerfall der CDU/CSU/FDP-Regierung unter Kanzler Erhard in Bonn –, und Kühn wird Ministerpräsident einer sozialliberalen Koalition in Düsseldorf.

Es beginnt der siebte Lebensabschnitt und das siebte Biographiekapitel: *Die Ministerpräsidentschaft,* die ich schon eingangs mit knappen Worten zu charakterisieren versuchte. Ergänzend sollte bemerkt werden, daß die Reformpolitik der Regierung Kühn ab 1975 – verursacht durch eine weltweite Wirtschaftsrezession – in eine Krise gerät. Schon vorher, seit den frühen 1970er Jahren, führen Konflikte Kühns mit dem linken Parteiflügel, mit der rebellischen Parteijugend zu einer gewissen Schwächung seiner Position als Ministerpräsident. Ab Mitte der 1970er Jahre nimmt die Harmonie zwischen den Koalitionspartnern deutlich ab. Ein durch politische Fehler, „Pannen", innerparteiliche Nachfolgekämpfe und Krankheiten geschwächter Regierungschef legt 1978 das Ruder aus der Hand.

Es folgt das achte, letzte Lebenskapitel: *Epilog des Lebens.* Der alte Kühn wird Ausländerbeauftragter der Bundesregierung unter Helmut Schmidt (1978/79) und Abgeordneter im Europäischen Parlament (1979–1984). Als solcher weilt er häufig in Brüssel und kann Erinnerungen an die langen Jahre des belgischen Exils auffrischen. Außerdem schreibt er seine Memoiren und wird Vorsitzender der Friedrich-Ebert-Stiftung (1983–1987). In dieser Eigenschaft kann er noch einmal viele Reisen in ferne Länder unternehmen. Dann zwingt ihn eine schwere Krankheit, sich ganz aus der Öffentlichkeit zurückzuziehen. Im März 1992 stirbt er in seinem Haus in Köln-Dell-brück. In ihm wohnt noch heute Marianne Kühn, mit der Heinz Kühn seit 1929 befreundet und seit 1939 verheiratet war und die sich als Kölner Kommunalpolitikerin (1952–1973) und Galeristin für naive Kunst (seit 1979 bis zum heutigen Tage) einen Namen gemacht hat.

Mit Dankbarkeit habe ich auf die von Kühn Anfang der 1980er Jahre veröffentlichten Lebenserinnerungen zurückgegriffen.[1] Ihre kritische Lektüre gehört natürlich zum Pflichtprogramm eines Kühn-Biographen. Daß sich die Biographie von der Autobiographie in vielfacher Weise unterscheidet, versteht sich von selbst. Aus nachvollziehbaren Gründen neigt der Autobiograph zum Beispiel dazu, Widersprüche und Ungereimtheiten im eigenen Leben zu glätten, zu bagatellisieren oder auszublenden. Man bedenke außerdem: Kühn veröffentlichte seine Memoiren-Bände nur zwei, drei Jahre nach dem Ausscheiden aus dem Ministerpräsidentenamt. Mancherlei Rücksichtnahmen gegenüber noch lebenden Personen waren da angezeigt. Zu beachten gilt auch: Die folgende Biographie beruht auf einer Vielzahl originärer Quellen, die Heinz Kühn für seine Lebenserinnerungen nicht benutzte oder die ihm nicht zur Verfügung standen. Quellen aus 20 Archiven (öffentlichen und privaten) wurden von mir ausgewertet, darunter die beiden Teilnachlässe Kühns im Historischen Archiv der Stadt Köln und im Archiv der sozialen Demokratie der Friedrich-Ebert-Stiftung in Bonn. Die Tagespublizistik und das Zeitzeugengespräch waren für manche Partien der Biographie ebenfalls sehr wichtige Quellengattungen.

Die Biographie wurde auf historisch-wissenschaftlicher Grundlage verfaßt. Gleichzeitig habe ich mich bemüht, die wissenschaftlich abgesicherten Befunde in einer für ein breites Publikum verständlichen Sprache zu vermitteln. Beides schließt sich – so meine ich – gegenseitig nicht aus.

---

1 Heinz Kühn: Widerstand und Emigration. Die Jahre 1928–1945, Hamburg 1980; ders: Aufbau und Bewährung. Die Jahre 1945–1978, Hamburg 1981.

12

1. Jugend in Köln

Geburt, Elternhaus, Erziehung

Am 18. Februar 1912, an einem Karnevalssonntag (in der Nacht zum Rosenmontag), wurde Heinz Kühn im Herzen des alten „hilligen" Köln, in unmittelbarer Nähe des Ursulaplatzes, geboren.[1] Kaum der Geburts*tag*, eher schon der Geburts*ort* hat für Kühns Lebensweg Symbolkraft. Zwar ist nicht der durch die Basilika und Grabstätte der Hl. Ursula begründete religiöse Nimbus des Ortes dafür verantwortlich; der lokale Symbolwert gründet vielmehr in einem profanen Umstand: Seit der Jahrhundertwende stand am Ursulaplatz Nr. 6 das Verlags-, Redaktions- und Druckhaus der „Rheinischen Zeitung".[2] Mit ihr sollte sich Kühns Lebensweg wiederholt in signifikanter Weise verknüpfen – in seiner Eigenschaft als Leser, Volontär und Redakteur.

Die „Rheinische Zeitung" galt als das Kampfblatt und geistige Zentrum der Kölner und rheinischen Sozialdemokratie. Der Name ließ erkennen, daß sich das Blatt in der Kontinuität zweier traditionsreicher Kölner Tageszeitungen befand, deren Chefredakteur der junge Karl Marx gewesen war: der „Rheinischen Zeitung" von 1842/43 und der „Neuen Rheinischen Zeitung" von 1848/49. Nur knapp einen Monat bevor Heinz Kühn das Licht der Welt erblickte, konnte die „Rheinische" einen großen, zweifachen Sieg feiern: Zum ersten Mal bei einer Reichstagswahl war es der SPD gelungen, stärkste Fraktion im deutschen Zentralparlament zu werden, und erstmals war es der Kölner Sozialdemokratie geglückt, in der Stichwahl ihren Reichstagskandidaten mit Hilfe der beiden liberalen Parteien durchzubringen.[3] Das Nachsehen hatte der Zentrumskandidat in dem „tiefschwarzen", von der katholischen Kirche geprägten Kölner Wahlkreis.

Auch wenn sich wegen des kommunalen Dreiklassenwahlrechts an der Vorherrschaft des Zentrums in der Kommunalpolitik Kölns nichts änderte (bis 1917 gehörte nicht ein einziger Sozialdemokrat dem Kölner Stadtrat an), ist selten ein Wahlsieg im „deutschen Rom" (wie die „Rheinische" die Domstadt titulierte) so sehr gefeiert worden wie der von 1912. Journalistische Beobachter nahmen am Abend des 22. Januar 1912 vor dem *Volkshaus* in der Severinstraße, der Zentrale der Kölner Sozialdemokraten und Freien Gewerkschafter, eine vieltausendköpfige, wogende Menschenmenge wahr. In ihr kam es, als das Wahlergebnis bekannt wurde, zu Freudenausbrüchen.[4]

---

1 Nordrhein-Westfälisches Personenstandsarchiv Rheinland (Brühl), Geburtsurkunde (Köln II 209/1912); außerdem: Heinz Kühn im Gespräch mit Werner Höfer. Sonderdruck des Presse- und Informationsamtes der Landesregierung NRW (1970), in: Archiv der sozialen Demokratie (AdsD), Bonn, Nl. Heinz Kühn, 1/HK AA 00040.
2 Peter Fuchs: Das Kampfblatt. Die „Rheinische Zeitung" von 1892 bis 1933, in: Gerhard Brunn (Hg.): Sozialdemokratie in Köln. Ein Beitrag zur Stadt- und Parteiengeschichte, Köln 1986, S. 105–126, hier: S. 111.
3 Gerhard Brunn: Vom politischen Kellerkind zur Mehrheitspartei. Die SPD in Köln 1875 bis 1914, in: ders.: Sozialdemokratie in Köln, S. 49–82, hier: S. 68.
4 Ebd., S. 69.

Nicht auszuschließen ist, daß sich unter den feiernden Menschen vor dem Volkshaus auch Hubert Kühn, der Vater von Heinz Kühn, befand. Hubert Kühn war kein geborener Kölner. Er war ein „Imi", wie die Kölner zu sagen pflegen; ein „imitierter" Kölner. Sein Geburtshaus stand weit entfernt, in Potschendorf, einem kleinen Dorf im Sudetenland (Kreis Trautenau), unmittelbar an der Grenze zu Schlesien gelegen. Dort war er 1883 als Sproß einer sudetendeutsch-schlesischen Handwerkerfamilie geboren worden.[5] Er selbst erlernte das Tischlerhandwerk, und als wandernder Handwerksgeselle verschlug es den 27jährigen – man schrieb das Jahr 1910 – in die pulsierende rheinische Metropole Köln.[6] Hier lernte er die fünf Jahre jüngere, aus einer kleinbürgerlichen und alteingesessenen Kölner Familie stammende Elisabeth Lauten kennen und lieben. Am 12. Oktober 1911 schlossen beide vor dem Kölner Standesbeamten den Bund fürs Leben.[7]

Heinz Kühn als Baby zusammen mit seiner Mutter Elisabeth Kühn.

Die ärmlichen Verhältnisse, in denen Hubert Kühn und Elisabeth Lauten lebten, erlaubten dem frisch getrauten Ehepaar nur die Anmietung einer höchst bescheidenen Mansardenwohnung. Wahrscheinlich war das erste Domizil der beiden von vornherein nur als Provisorium gedacht. Denn schon sechs Wochen nach der Geburt des gemeinsamen Sohnes zog es die Kühns auf die „schäl Sick", in das rechtsrheinisch gelegene Mülheim,[8] das schon zwei Jahre später seine Selbständigkeit einbüßen und zu einem Stadtteil von Köln werden sollte. Noch vor dem Wohnungswechsel hatte Mutter Elisabeth, eine strenggläubige Katholikin, Fakten geschaffen. Sie hatte dafür gesorgt, daß der Stammhalter in die Gemeinschaft der katholischen Christen Aufnahme fand: Heinz Kühn wurde eine Woche nach seiner Geburt, am 19. Februar 1912, in der Kirche St. Ursula auf den Namen *Heinrich Hubert Franz* getauft.[9] Der Name *Heinz* (als Kurzform

5 Amt für Personenstandswesen der Stadt Köln, Personenstandseintrag.
6 Nach Heinz Kühn im Gespräch mit Werner Höfer.
7 Amt für Personenstandswesen der Stadt Köln, Personenstandseintrag.
8 Nach „Jugendbildnis des Kandidaten der ‚schäl Sick'" (Kühn) in der SPD-Wahlkampfbroschüre „Letzte Meldungen vom Wahlkampf um das rechtsrheinische Köln" aus dem Bundestagswahlkampf 1953, in: AdsD, Bonn, Nl. Heinz Kühn, 1/HK AA 000001.
9 Katholische Kirchengemeinde St. Ursula in Köln, Taufregister, Okt. 1904 – Dez. 1924.

des Namens Heinrich) setzte sich von Anfang an als Rufname durch. Von Widerständen des Vaters gegen den Taufakt ist nichts bekannt, obwohl der junge Handwerker aus dem Sudetenland „religiös unmusikalisch" war[10] und sich als aktiver Gewerkschafter und Sozialdemokrat innerlich von der katholischen Kirche entfernt hatte.

Überliefert ist aber, daß einige Jahre später dem Vater Hubert Kühn die katholische Schulerziehung seines einzigen Kindes ein Dorn im Auge war. 1920, als Heinz acht Jahre alt war, wollte sein Vater ihn von der katholischen Volksschule Prinz-Wilhelm-Straße (später Adamstraße) in Mülheim, die er seit April 1918 besuchte,[11] abmelden und auf einer „Freien Schule", wie man in der Weimarer Republik die Volksschule ohne Religionsunterricht nannte, anmelden. Der Versuch mißriet gründlich. Der zum Zwecke der Ummeldung in die Kühnsche Wohnung gerufene Lehrer der „Freien Schule" wurde Zeuge eines „Familienkrieges", in dem der Vater kapitulierte.[12] Denn Mutter und Sohn zogen an einem Strang und wehrten den Rekrutierungsvorgang zugunsten der ungeliebten Schule bravourös ab.

Die Spannungen in Heinz Kühns Elternhaus konnten vor dem aufgeweckten Filius nicht lange verborgen werden. Sicher wäre es aber falsch, in diesem innerfamiliären Spannungsfeld per se eine negative Kindheits- und Jugenderfahrung zu sehen. Von ihm dürfte vielmehr in weltanschaulichen Fragen eine durchaus sensibilisierende Wirkung ausgegangen sein.

In einer anderen Erziehungsfrage waren sich Hubert und Elisabeth Kühn einig. Die Aufgewecktheit ihres Sohnes veranlaßte sie, ihn auf eine weiterführende Schule zu schicken. So meldeten sie Heinz nach dem Besuch der 4. Volksschulklasse – das war an Ostern 1922 –

Der zehnjährige Kühn als Kommunionskind.

10 Heinz Kühn: Widerstand und Emigration, S. 14.
11 Die Einschulung in die kath. Volksschule Prinz-Wilhelm-Straße in Mülheim ist belegt durch die erhalten gebliebene *Schulstammrolle:* Historisches Archiv der Stadt Köln (HiAdSt Köln), Bestand 598, Nr. 55. „Schulstammrolle der Knaben für die katholische Volks-Schule zu Cöln-Mülheim, Prinz-Wilhelmstraße 17", S. 78, lfd. Nr. 29.
12 Heinz Kühn: Widerstand und Emigration, S. 14f.

auf dem Reform-Realgymnasium in Köln-Mülheim an. Auch diese Schule befand sich (wie die katholische Volksschule) in der Prinz-Wilhelm-Straße.

Vom „Bund Neudeutschland" zu den „Roten Falken"

In den folgenden sechs Jahren, als Heinz Kühn Schüler des Mülheimer Realgymnasiums war, blieb der katholische Erziehungseinfluß der Mutter dominant. Das wurde äußerlich daran erkennbar, daß sich Heinz mit zehn Jahren dem „Bund Neudeutschland", einer Organisation katholischer Schüler an höheren Schulen, anschloß.[13] Der 1919 gegründete „Bund Neudeutschland" stand unter erheblichem Einfluß von Jesuitenpatres.[14] In ihm gab es ein stark ausgebildetes Elitebewußtsein. Gleichzeitig wurde in ihm der Gedanke moderater Reformen im sozialen, politischen wie theologischen Bereich propagiert – was man nicht als Widerspruch empfand. Die nationale Idee kam im Bund ebenfalls nicht zu kurz. Die äußeren Formen des Verbandslebens hatten eine bündische Prägung, waren also dem alten „Wandervogel" nachempfunden.

Charakteristisch für das Innenleben des Bundes war, daß sich Schülergruppen formierten, denen in aller Regel immer nur katholische Jungen *einer* höheren Lehranstalt angehörten. So bildete sich auch am Mülheimer Realgymnasium eine eigene „Neudeutschland"-Gruppe heraus, in der Heinz Kühn aktiv wurde. Ihre Mitglieder setzten sich nicht nur rein äußerlich (aufgrund des schwarzen Samtanzugs, den sie trugen) von ihren Mitschülern ab. Sie entwickelten auch ein starkes Sonderbewußtsein. Im Schulalltag stellte die „Gruppe Real" eine Art „Staat im Staate" dar.[15]

Eine Spezialität der Neudeutschen am Mülheimer Realgymnasium war, sich neben politischen und sozialen Reformideen auch mit der Reform der Kirchenliturgik zu befassen.[16] Manches in der Liturgik der katholischen Kirche wurde von der „Gruppe Real" als überholt, überladen und verkrustet empfunden. Sie plädierte für Reformen im Sinne einer ursprünglichen, gefühlsbetonten christlichen Frömmigkeit. Nicht zuletzt der junge Heinz Kühn tat sich auf diesem Gebiet hervor. Der 15jährige schrieb einen Text, der Vorschläge für eine Reform des Palmsonntag-Gottesdienstes enthielt und der im „Leuchtturm", der zentralen Monatsschrift der neudeutschen Jugend, unter der Rubrik „Liturgische Erneuerung" veröffentlicht wurde.[17] Es handelt sich um das älteste von Heinz Kühn publizierte Schriftstück:

13 Ebd., S. 13 und Heinz Kühn im Gespräch mit Werner Höfer.
14 Vgl. – auch zum Folgenden –: Ludwig Esch SJ: Neudeutschland – Sein Werden und Wachsen, Saarbrücken 1927; Chronik. Der neudeutschen Gruppe St. Anno am staatlichen Humanistischen Gymnasium Köln-Mülheim 1919–1965. Ein Beitrag zur Jugendarbeit, Köln (1965), (im Bestand „Bund Neudeutschland" in: Archiv der Kommission für Zeitgeschichte, Bonn).
15 Siehe den Aufsatz „Mülheimer Jugendgruppen im Wandel" von Horst-Ottfried Hauch, in: Chronik. Der Neudeutschen Gruppe St. Anno, S. 84 ff., hier vor allem S. 85.
16 Ebd., S. 85.
17 Leuchtturm. Monatsschrift der neudeutschen Jugend. 21. Jg., Heft 1 v. 1.4.1927, S. 13. Der Artikel ist mit „H. K." unterzeichnet, ein von Kühn in späterer Zeit (vor allem während des Exils) oft verwendetes Kürzel.

Palmsonntag. In den beiden Hauptteilen der Feier, der Palmweihe und Palmprozession (Ostervorfreude) und der Messe (Leidensgedanke) sind die beiden großen Ereignisse der heiligen Woche vorweggenommen.

1 . P a l m w e i h e   u n d   P a l m p r o z e s s i o n : Die Palmweihe hat die Form einer Messe. Auf das Eingangslied folgt ein B i t t g e b e t , das an Christi Tod und Auferstehung erinnert. Die L e s u n g führt uns in die Wüste (Leidenszeit), wo uns die Verheißung zuteil wird: „Am Morgen werdet ihr schauen, wie groß und herrlich der Herr ist" (Ostern). Auf ein Responsorium (Graduale) folgt das E v a n g e l i u m mit dem Bericht des heutigen Ereignisses. Im S t i l l g e b e t und der P r ä f a t i o n werden die Palm- und Ölzweige als Symbole der guten Werke bezeichnet, mit denen wir Christus entgegengehen. Das dritte der folgenden Weihegebete erklärt die Bedeutung der Palm- und Ölzweige (lesen!). W i r sind „die Kinder der Hebräer", die Christus entgegengehen und ihm zujubeln. Das Tor des Himmels (Kirche) ist verschlossen. Christi Kreuz öffnet uns und allen, für die der Erlöser gestorben ist.

2 . M e s s e : Jetzt sind wir in der Stadt Jerusalem angelangt. Das Leiden beginnt. Den Introitus müssen wir, wie die meisten Texte dieser Woche, Christus in den Mund legen. Betrachtung seines Leidens genügt aber nicht. Wir müssen seine Unterwürfigkeit unter den Willen des Vaters zu unserer eigenen machen. Das ist auch der Sinn des Stillgebets und der Epistel; beide weisen aber auch tröstend auf Ostern hin. Graduale und Traktus beziehen sich ebenso wie der Introitus nicht nur auf uns, sondern auch auf Christus als den Hohenpriester und das Osterlamm. In der Leidensgeschichte nach Matthäus ist Christus vor allem der verheißene Messias und Erlöser. Wenn der Heiland im Opfergesang klagt, daß die Menschen ihm Galle und Essig reichen, so soll uns sein Vorwurf nicht treffen. Wir bringen ihm in Brot und Wein uns selbst dar, unsere Unterwürfigkeit unter den Willen des Vaters und unsere Demut (Kommunio).

Nur gut ein Jahr nach Niederschrift dieses Textes kehrte der 16 Jahre alte Heinz Kühn dem „Bund Neudeutschland" den Rücken und trat der „Rote-Falken"-Gruppe „Liebknecht", einer jüngeren Abteilung der Sozialistischen Arbeiterjugend (SAJ), bei. Das war im Oktober 1928.[18] Über die Motive dieser Umorientierung wird noch zu reden sein.

Inzwischen hatte Heinz Kühn die Schule gewechselt. Zu Ostern 1928 verließ er das Mülheimer Realgymnasium mit der mittleren Reife. Die drei noch fehlenden Klassen bis zum Abitur (das er anstrebte) konnte er an dieser Schule nicht besuchen, da ihm die

18 Ob Wilhelm Liebknecht oder dessen Sohn Karl Liebknecht Namenspatron der Falkengruppe gewesen ist, läßt sich nicht mehr mit Bestimmtheit sagen. Heinz Kühn legt sich in seinen 1980 veröffentlichten Memoiren auf Karl Liebknecht fest (Kühn: Widerstand und Emigration, S. 16f.). Peter Keller, sein Kölner Jugendfreund, mit dem zusammen er in die „Rote-Falken"-Gruppe eintrat, meint dagegen im Zeitzeugengespräch v. 17.11. 1998, im Jahr 1928 hätte keine sozialdemokratische Organisation an Karl Liebknecht, den Mitbegründer des Spartakusbundes, gedacht. Abgesehen davon habe es in Köln schon eine Falkengruppe mit dem Namen „Bebel" gegeben. Da sei es logisch gewesen, daß eine andere Falkengruppe den Namen Wilhelm Liebknechts, des Mitstreiters Bebels, erhielt.
Für „Karl Liebknecht" spricht wiederum eine Bemerkung, die Willy Brandt (der in jungen Jahren der SAJ in Lübeck angehörte) in seinen „Erinnerungen" macht. Seine und der anderen SAJler Verehrung habe Rosa Luxemburg und Karl Liebknecht, „natürlich auch Marx und Engels", gegolten, und nach ihnen habe man die Gruppen in der alten SAJ benannt (Willy Brandt, Erinnerungen, 5. Aufl., Frankfurt/M. 1993, S. 92).

Ausbildung im Fach Latein, das Abiturpflichtfach am Realgymnasium war, fehlte. Es kam also für ihn nur der Besuch der dreiklassigen Oberstufe einer *Oberrealschule* in Frage, an der man ohne die Fremdsprache Latein das Abitur ablegen konnte.[19] Er fand diese Schule im rechtsrheinischen Köln-Kalk, einem Nachbarstadtteil von Köln-Mülheim.

Freilich, zu diesem Zeitpunkt wohnten die Kühns schon nicht mehr in Mülheim. Sie waren wieder ins linksrheinische Köln gezogen.[20] Vater Hubert, seit den frühen 1920er Jahren ein immer öfter kränkelnder Mann (was zu Verdienstausfällen führte, so daß Mutter Elisabeth genötigt war, mit Hilfe einer „Zuckerwarenhandlung"[21] dazuzuverdienen), arbeitete in der Möbelfabrik Mellmann im linksrheinischen Arbeiterstadtteil Köln-Nippes. Da war es angezeigt, für eine Wohnung in der Nähe des Arbeitsplatzes zu sorgen. Das gelang schließlich 1926. Die Kühns fanden eine Wohnung in Köln-Mauenheim, in der städtischen Siedlung Grüner Hof, vom Volksmund als „rote Siedlung" bezeichnet, weil in ihr viele Sozialdemokraten, aber ebenso Kommunisten wohnten.

Die neue Wohngegend scheint ihre Wirkung auf die weltanschauliche Metamorphose des jungen Kühn nicht verfehlt zu haben. Noch größer dürfte aber der geistig-politische Einfluß des Vaters und die der „Rheinischen Zeitung", die im Hause Kühn abonniert war,[22] auf den älter werdenden Heinz gewesen sein. Sein Austritt aus dem „Bund Neudeutschland" und seine Hinwendung zur sozialdemokratischen Jugendorganisation ist angesichts dieser Wirkungsfaktoren nur eine Frage der Zeit gewesen.

Mit dem Schul- und Wohnungswechsel und mit seinem Beitritt zu den „Roten Falken" erweiterte sich der Aktionsradius des jungen, von Tatendrang erfüllten Heinz Kühn innerhalb der mehr als 700.000 Einwohner zählenden Großstadt Köln beträchtlich. Allein der Schulweg führte ihn nun täglich vom Grünen Hof im linksrheinischen Kölner Norden in das rechtsrheinisch-westlich gelegene Kalk. Und seine sich intensivierenden „Rote-Falken"-Aktivitäten beschränkten sich keineswegs auf die Wohngegend in Mauenheim. Wöchentlich hatten die „Falken" Termine im Volkshaus in der Kölner Südstadt oder im SAJ-Zentrum, das zunächst in Form einer Baracke im westlichen Vorort Deutz und dann (seit 1929/30) in der Quentelstraße im Kölner Süden lag.[23] Diese ansehnlichen räumlichen Distanzen wurden nicht mit der Straßenbahn zurückgelegt – dazu fehlte Heinz, dem Arbeiterkind, das Geld –, sondern per Fahrrad oder zu Fuß.[24]

Zwischen Herbst 1928 und Ostern 1931 spielte sich das außerfamiliäre Leben des Heinz Kühn vor allem in der Schule und in der Jugendorganisation der SPD ab. In letzterer machte er bald „Karriere". Dazu verhalfen ihm seine beachtliche Beredsam-

---

19 Diesen Grund für Kühns Wechsel vom Mülheimer Realgymnasium zur Kalker Oberrealschule nennt Kühns Jugendfreund Peter Keller im Zeitzeugengespräch v. 17.11.1998.
20 Nach „Greven's Adreßbuch 1926. Köln".
21 Die Kühnsche „Zuckerwarenhandlung" ist in den Jahrgangsbänden 1920, 1922 und 1925 von „Greven's Adreßbuch Köln" nachgewiesen.
22 Nach Heinz Kühn im Gespräch mit Werner Höfer.
23 Zeitzeugengespräch mit Marianne Kühn v. 13.10.1998.
24 Gespräch mit Peter Keller v. 17.11.1998.

keit und seine Energie. Er war nacheinander Mitglied verschiedener Falken-Gruppen. Aber in jeder gab er den Ton an.[25] Schließlich wurde er Leiter einer „Falken"-*Schüler*gruppe, und im Laufe der Jahre stieg er bis zum führenden Funktionär der SAJ Oberrhein auf.

Auch die „Roten Falken" bemühten sich, an die äußeren Lebensformen des alten Wandervogels anzuknüpfen.[26] Das dürfte Kühn den Übergang von der „neudeutschen" zur sozialistischen Jugend erleichtert haben. So unternahmen die Kölner Falken am Wochenende Wanderfahrten ins nahe gelegene Bergische Land oder in die ebenfalls „vor der Haustür" liegende Eifel. Sie übernachteten in Zelten oder in Scheunen. Gemeinsame Mahlzeiten im Freien festigten den Gruppenzusammenhang. Gestärkt wurde der Zusammenhalt auch durch die identische Kleidung, den blauen Kittel (oder das blaue Hemd mit Schulterklappen), das rote Halstuch und durch den Gruppengesang mit „Klampfenbeglei-

Freizeitvergnügen einer Kölner „Rote-Falken"-Schülergruppe. Links oben: Heinz Kühn. Rechts unten: sein Jugendfreund Peter Keller.

tung", in der Regel einer Mischung aus romantischen Volksliedern der alten Jugendbewegung und sozialistischen Kampfliedern.

Höchst beachtenswert, weil ziemlich fortschrittlich, war es, daß die erwähnten Freizeitunternehmungen von Jungen und Mädchen *gemeinsam* unternommen wurden.[27] Denn es gab in Köln auch schon organisierte „Fälkinnen". Das unterschied das Freizeitleben der Kölner „Falken" allerdings fundamental von dem der „neudeutschen" Schüler. Bei ihnen war ein die Geschlechter integrierendes Gruppenleben strengstens verpönt.

Begegnungen mit anderen Falken-Gruppen im regionalen und überregionalen Rahmen gehörten ebenfalls zur Erlebniswelt des „Falken"-Aktivisten Heinz Kühn. So nahm er – um nur einige Beispiele zu nennen – 1929 an einem großen regionalen „Fal-ken"-Treffen in Essen und am Internationalen Jugendtag der Falken in Wien teil.[28]

25 Nach ebd.
26 Das Folgende nach: Gespräch mit Marianne Kühn v. 13.10.1998.
27 Nach ebd.
28 Kühn marschierte an der Spitze der Kölner Roten Falken durch Wien. Vgl. Heinz Kühn an den Verlag Hoffmann und Campe v. 9.4.1979, in: AdsD, Bonn, Nl. Heinz Kühn, 1/ HK AA 000129.

Zwei Jahre später besuchte er den Frankfurter Jugendtag der SAJ. Bei der Begegnung in Essen lernte Kühn Marianne Schley, seine spätere Frau, kennen.

Marianne Schley, zweieinhalb Jahre jünger als Kühn, wuchs als Adoptivtochter in einer katholischen Arbeiterfamilie in Köln-Nippes auf. Nach dem Besuch der achtklassigen Volksschule begann sie mit einer Ausbildung (Lehre) zur Anwalts- und Notariatsgehilfin. 1929 schloß sie sich einer nur aus Mädchen bestehenden „Rote-Falken"-Gruppe in Köln an. Weder ihre Mutter noch ihr Vater standen bei diesem Schritt Pate. Die entscheidenden Anstöße kamen von einem sozialdemokratischen Berufsschullehrer und von einer Mitschülerin, die schon bei den „Roten Falken" aktiv war.[29]

Marianne Kühn schildert die Umstände, unter denen sie Heinz Kühn kennenlernte, im Zeitzeugengespräch: Sie habe Heinz auf dem Essener Bahnhof gesichtet. Er sei dort „mit wehender Mähne" auf und ab stolziert. „Er kam mir ziemlich arrogant vor." Schließlich habe sie – die 15jährige „Fälkin" – sich ein Herz gefaßt und ihn – den 17jährigen „Falken" – mit einer Sicherheitsnadel ins Hinterteil gepikt. Der manchmal etwas hochnäsig wirkende junge Mann vermochte dieser unkonventionellen Art der Kontaktaufnahme durchaus etwas abzugewinnen.[30]

Das Jahr 1929 war für Heinz Kühn nicht nur Ausgangspunkt für eine lebenslange Beziehung, in jenem Jahr wurde auch der Grundstein für eine andere ihn ein Leben lang fesselnde „Leidenschaft" gelegt. Gemeint ist seine Neigung, Auslandsreisen zu

Heinz Kühn mit Marianne Schley, seiner späteren Frau,
auf dem Frankfurter Jugendtag der Sozialistischen Arbeiterjugend im Jahr 1931.

29 Gespräch mit Marianne Kühn v. 13.10.1998.
30 Ebd.

unternehmen. Er reiste 1929 nicht nur zum Internationalen Jugendtag der Falken in Wien. Von ihm ging auch die Initiative zu einer Fahrradtour nach Paris aus. Er unterbreitete den Vorschlag zwei anderen „Falken"-Genossen. Einer von ihnen war Peter Keller, sein gut zwei Jahre jüngerer Jugendfreund. Dieser wohnte als Sohn eines kleinen sozialdemokratischen Beamten in Köln-Nippes und besuchte das dort befindliche Realgymnasium.[31] Ende Juli 1929 erwarb Schüler Kühn im Kölner Polizeipräsidium einen Reisepaß, und im August, während der großen Ferien, ging das Trio mittels Drahteseln auf große Frankreichfahrt mit dem Ziel Paris – bei einem Etat „von 30 Pfennig pro Tag und Person" (so Peter Keller im Zeitzeugeninterview).[32]

Politische Wirkung nach außen lag den Kölner „Falken" um Heinz Kühn (anders als dessen einstigen „neudeutschen" Kameraden) besonders am Herzen. Zu diesem Zweck gründeten sie einen Literatur- und Theaterkreis, der sich durch Aufführungen von Theaterstücken politischen Inhalts hervortat.[33] Marianne Kühn erinnert sich: Man habe auf der Bühne des Volkshauses in der Severinstraße „Dantons Tod" von Georg Büchner zum besten gegeben. Die Rolle des Danton spielte ihr Freund Heinz Kühn, und zwar ziemlich wortgewaltig und mit bemerkenswertem schauspielerischem Talent. In den frühen 1930er Jahren, als die Nationalsozialisten aufgrund der Wahlergebnisse und ihrer gewalttätigen politischen Aktionen immer mehr zur innenpolitischen Bedrohung wurden, ging der Literatur- und Theaterkreis dazu über, politische Revuen mit aktuellem Bezug zu schreiben und zu inszenieren. Man stellte faschistische Größen – Hitler, Mussolini und Goebbels an erster Stelle – und deren Anhang auf die Bühne, um sie mit kabarettistischen Mitteln zu entlarven. Marianne Schley übernahm die Rolle der Magda Goebbels, und Heinz Kühn spielte den zu den Nazis übergelaufenen Preußen-Prinzen August Wilhelm („AuWi"). Der Theaterkreis brachte die aktuellen Revuen vor allem in Wahlkampfzeiten zur Aufführung, und zwar in Gemeinden und Dörfern in der Umgebung von Köln, so etwa in der rheinisch-bergischen Region.

Die politische Schulung der „Falken" fand während der Heimabende statt. Als leitender und enorm belesener „Falken"-Genosse war Kühn dabei in seinem Element. Vom jungen Kühn sind handschriftliche Konzepte für die Ausgestaltung dieser Abende überliefert.[34] Kühn entschied sich für besondere *Themen*abende. Einige von ihnen besaßen einen eindeutig politisch-historischen oder politisch-zeitgeschichtlichen Inhalt. So gab er z. B. einem Themenabend den Titel „Unterm Sozialistengesetz", ein anderer erhielt von ihm das Motto „Märtyrer der Freiheit".

---

31 Gespräch mit Peter Keller v. 17.11.1998.
32 Die Fahrradtour nach Paris wird von Peter Keller im Zeitzeugengespräch v. 17.11.1998 anschaulich geschildert. Mit Hilfe des überlieferten Kühnschen Reisepasses läßt sie sich außerdem zeitlich genau rekonstruieren. Den Paß händigte der Emigrant Kühn 1934 den tschechoslowakischen Behörden aus. Das Dokument befindet sich heute im Státní Ústřední Archiv Praha (Staatl. Zentralarchiv Prag), Policejní ředitelství Praha (Polizeidirektion Prag), spisové období 1941–1950, Sign. K 7335/31.
33 Dazu ausführlich Marianne Kühn im Gespräch v. 13.10.1998.
34 Sie sind im Kölner Kühn-Nachlaß enthalten. HiAdSt Köln, Nl. Heinz Kühn (Bestand 1419), Nr. 27. – Quelle für die folgenden Angaben sind die Kühnschen Konzepte.

Beim *Sozialistengesetz* handelte es sich natürlich um die Bismarcksche Ausnahmegesetzgebung gegen die Sozialdemokratie (1878–1890). Kühn legte für die Behandlung dieses Themas zeitgenössische sozialdemokratische Quellentexte zugrunde. Er bezog sich dabei auf die von Joseph Belli verfaßte Schrift „Rote Feldpost", in der der Grenzschmuggel der Parteizeitung „Der Sozialdemokrat" aus der Schweiz in das Reich beschrieben wurde, und die das Sozialistengesetz behandelnden Passagen aus August Bebels Autobiographie „Aus meinem Leben".

Als *Märtyrer der Freiheit* brachte Kühn seinen politischen Freunden vier unterschiedliche Personen der Geschichte und Zeitgeschichte nahe: den italienischen Sozialisten *Giacomo Matteotti*, den Mussolini ermorden ließ und dem Pietro Nenni in seinem Buch „Todeskampf der Freiheit" (das Kühn kannte und zur Lektüre empfahl) ein Denkmal setzte; die beiden Anarchisten *Sacco* und *Vanzetti,* die in Massachusetts (USA) in einem höchst umstrittenen Mordprozeß zum Tode verurteilt und trotz weltweiten Protests 1927 hingerichtet wurden (Kühn hatte den Roman „Boston" des amerikanischen Schriftstellers Sinclair gelesen, der diesen Justizfall thematisierte und der 1929 in deutscher Sprache erschien); schließlich den in Köln geborenen linken Demokraten und Paulskirchenabgeordneten der 1848er Revolution *Robert Blum,* der von den erstarkenden Kräften der Reaktion im Oktober 1848 in Wien zum Tode verurteilt und auf der Brigittenau erschossen wurde.

Andere Themenabende hatten vordergründig einen unpolitischen Anstrich. Themen wie „Ein Abend in der Südsee" oder „Abenteuerabend" schienen dem Unterhaltungs- oder Geselligkeitsbedürfnis Genüge zu tun. Aber Kühn verstand es geschickt, durch die Auswahl der Literatur auch diesen Abenden einen politischen oder zumindest sozialkritischen Charakter zu geben. Den *Abend in der Südsee* gestaltete er mit Werken des amerikanischen Erfolgsautors Jack London, der – von Karl Marx und Friedrich Nietzsche gleichermaßen beeinflußt – sich durch das Schreiben sozialistischer Tendenzromane und durch das Darstellen des Primitiven und Brutalen im Leben von Mensch und Tier am Rande der Zivilisation einen Namen gemacht hatte. Kühn wählte als Lektüre Londons Roman „Ein Sohn der Sonne" (A son of the sun, 1912) und dessen „Südseegeschichten" (South Sea tales, 1911) aus. Auch beim *Abenteuerabend* wollte er nicht auf Jack London verzichten. Er entschied sich u. a. für dessen Roman „Abenteuer des Schienenstranges" (The road, 1907). Außerdem stellte der junge Kühn seinen „Falken"-Freunden während des Abenteuerabends den spannenden sozialkritischen Roman „Das Totenschiff" (1926 erschienen) von B. Traven vor, einem Erfolgsautor skandinavischer Herkunft.

Oberschule und Sozialistische Arbeiterjugend waren für Heinz Kühn in den Jahren 1928 bis 1931 keine voneinander abgeschotteten Lebensbereiche. Sein jugendlicher Eifer und Bekennermut ließen eine solche Trennung nicht zu. Kühn zögerte keinen Augenblick, sich auch in seiner Schule, besonders in seiner Klasse, als glühender junger Sozialist, als pflichtbewußter SAJler erkennen zu geben und für seine politischen Ideale kompromißlos zu werben. Seine Werbekraft unter den Klassenkameraden scheint aber eher gering gewesen zu sein, wenn man ein in der Abschiedszeitung der Oberprima 1930/31 der Oberrealschule Köln-Kalk enthaltenes schriftliches Porträt richtig interpretiert.[35] Das auf Heinz Kühn gemünzte und aus der Feder von Konabiturienten stammende Porträt trägt den Titel „Genossen":

„Rot ist die Farbe der Zukunft.
Der Jugend gehört die Zukunft.
Jugend sei rot !!!
Nicht rothaarig, das Rotsein äußert sich nicht so äußerlich.
Trage rote Schlipse!
Trage rote Bleistifte, mindestens zwei!
Trage rote Notizbücher bei Dir, Marke S. A. J.
Trage stolz das Abzeichen des roten Falken.

Deine Reden müssen rot sein
vom Blute der Kapitalisten, das in ihnen fließt.
Betone stets Deine Überzeugung,
besonders Religionslehrern gegenüber!
Nicht nur rot sein,
sondern rot handeln.

Schreibe blut- und wuttriefende Aufrufe
und verteile sie an der Schultüre.
Schreibe blut- und wuttriefende Reden
vom Lastwagen auf die erlösungsbedürftige Masse herunter.
Ich tue meine Pflicht !!!
Ich habe stets meine Pflicht getan !!!
Ihr müßt auch Eure Pflicht tun !!!

Rot ... rot ... rotes Blut muß fließen,
gleichviel wo, wann und wieviel !!!
Möglichst von Kapitalisten oder Nazis ...
Haut die Nazis, wo ihr sie findet ...
Nieder ... nieder !!!
Genossen !!!
Der rote Falke fliegt Höhenwege.
Es lebe die rote Internationale !!!

Der von Ironie triefende poetische Erguß ist natürlich kritisch zu lesen. Vor allem muß er aus dem Zusammenhang heraus gedeutet werden. Er erschien in der Abiturzeitung unter der Rubrik „Spitzes mit Stift und Feder". In ihr wurden die Charakter- oder Verhaltensbesonderheiten auch anderer Angehöriger der 1931er Abiturientia an der Kalker Oberrealschule in *karikaturhafter Übertreibung* aufs Korn genommen. Zu beachten ist auch, daß die Klasse, der Heinz Kühn angehörte, bunt zusammengewürfelt und voller Extreme war. Das gilt nicht zuletzt in politischer Hinsicht. Die Zahl der mit den Nationalsozialisten sympathisierenden Klassenkameraden scheint nicht gering gewesen zu sein.[36] Es kann also nicht ausgeschlossen werden, daß poli-

---

35 „Abschiedszeitung der Oberprima 30/31 der Oberrealschule Köln-Kalk", in: HiAdSt Köln, Nl. Heinz Kühn, Nr. 32.
36 Kühn erinnert sich wenige Jahre vor seinem Tode: In der Prima habe der Geschichte un-

tisch ganz anders Denkende die Feder beim Schreiben des Kühn-„Porträts" geführt
haben.

Abitur an der Städtischen Oberrealschule Kalk. Berufswunsch: Journalist

Die Städtische Oberrealschule in Köln-Kalk, an der Kühn Ostern 1931 sein Abitur ablegte, gehörte nicht zu den hochangesehenen höheren Schulen der Domstadt, die von
den Söhnen des etablierten, alteingesessenen Kölner Bürgertums besucht wurden –
wie z. B. das Friedrich-Wilhelm-, das Dreikönigs- oder das St.-Aposteln-Gymnasium.
Viele Schüler der Oberrealschule in der Kalker Kantstraße waren soziale Aufsteiger. Sie
kamen aus kleinbürgerlichen oder Arbeiterverhältnissen. Ein Drittel der Kühnschen
Klassenkameraden stammte aus Kölner Arbeitervororten, aus Mülheim, Kalk, Sülz
und Ehrenfeld. Fast die Hälfte waren gar keine geborenen Kölner. Etliche von ihnen
verfolgten ursprünglich ein anderes Bildungsziel, sie besuchten – wie Kühn – erst seit
der Oberstufe die Kalker Oberrealschule. Die allermeisten waren älter als Kühn; die
Geburtsjahrgänge 1911 und 1910 überwogen in der Klasse. Einige waren sogar schon
1909 oder 1908 geboren.[37]

Das Abiturzeugnis von Heinz Kühn konnte sich sehen lassen.[38] Es belegt (im Vergleich mit den Zeugnissen seiner Klassenkameraden): Kühn zählte zu den besten
Schülern seiner Klasse, auch wenn er nicht Klassen-Primus war, wie er in seinen Memoiren behauptet.[39] Von den 28 jungen Männern, die an der Oberrealschule Kalk zu
Ostern 1931 das Abitur machten, bestanden nur fünf mit der Gesamtnote „gut". Zu
ihnen gehörte Kühn. Die übrigen 23 hatten die Reifeprüfung ohne Notenprädikat gemacht, also nur „bestanden". Besonders leistungsstark war der Oberschüler Kühn in
den Fremdsprachen Französisch und Englisch (nur er und ein anderer Mitschüler wiesen in den beiden Fächern die Note „gut" auf), im Fach Deutsch (ebenfalls mit „gut"
benotet) und in den Disziplinen Geschichte und Erdkunde, in denen ihm jeweils ein
„sehr gut" attestiert wurde. Ein „gut" bescheinigte ihm der Prüfungsausschuß auch im
Fach Mathematik. Eher mittelmäßige Leistungen erbrachte Oberschüler Kühn dage-

---

terrichtende Studienrat, ein Deutschnationaler, eine zeitungspolitische Arbeitsgemeinschaft eingerichtet. In ihr wurden die Leitartikel wichtiger Parteizeitungen einer Diskussion durch die Schüler unterzogen. Ein Mitschüler, der immer im schwarzen Samtanzug
der „Neudeutschen" erschienen sei, habe stets die *Kölnische Volkszeitung*, das Organ des
Zentrums, verteidigt; ein anderer hielt die *Rote Fahne* der Kommunisten hoch. Er selbst
sei Verteidiger der „Rheinischen Zeitung" gewesen. Die Mehrheit der AG habe allerdings
hinter dem *Westdeutschen Beobachter* der NSDAP gestanden, „was für Stimmung sorgte,
bis die Nazis als argumentativ Unterlegene die Arbeitsgemeinschaft vor den Linken verließen" (Heinz Kühn: Die Republik ohne Republikaner. Von der Regenbogenfahne zum
„Reichsbanner" – Stationen einer politischen Jugend in Köln, in: Rudolf Pörtner (Hg.):
Alltag in der Weimarer Republik. Erinnerungen an eine unruhige Zeit, Düsseldorf/
Wien/New York 1990, S. 342–351, hier: S. 346.

37 Diese Angaben sind möglich, weil die Reifezeugnisse sämtlicher Konabiturienten Kühns
abschriftlich überliefert sind: HiAdSt Köln, Bestand 578, Nr. 2.

38 Das Reifezeugnis Kühns in Abschrift ebd.

39 Kühn: Widerstand und Emigration, S. 22.

gen in den naturwissenschaftlichen Fächern Physik, Chemie, Biologie sowie in Religi-on, wo er sich jeweils mit einem „genügend" zufriedengeben mußte. Über ein „genü-gend" kam er auch im Fach Musik nicht hinaus, was vielleicht darauf zurückzuführen ist, daß er einschlief, wenn im Musikunterricht Wagner-Musik von Schallplatten dar-geboten wurde.[40] Aufhorchen ließ der Berufswunsch, den Abiturient Kühn zum Aus-druck brachte. „Heinz Kühn will Journalist werden", hieß es im Reifezeugnis lapidar. Mit diesem Berufsziel stand der politisch engagierte junge Mann unter seinen Mitabi-turienten so ziemlich alleine da.

Der im Abiturzeugnis enthaltene Vermerk, er wolle Journalist werden, sagte nicht al-les über seine journalistischen Ambitionen aus. Seine Absichten richteten sich ganz auf die „Rheinische Zeitung". In *ihrer* Redaktion wollte er das journalistische Handwerk erlernen und *ihr* Chefredakteur gedachte er dereinst zu werden.[41] Es war deshalb nur folgerichtig, wenn er nach dem Abitur mit „eine(r) Art Volontariat" bei der „Rheini-schen" begann.[42] Schon als Oberschüler hatte er sich seine journalistischen Sporen mit kleinen Berichten für die Lokalspalten des Kölner SPD-Blattes verdient. Kühns großes menschliches Vorbild war Wilhelm Sollmann, Kölner Reichstagsabgeordneter und Chefredakteur der „Rheinischen Zeitung" seit 1920.[43] Obwohl Sollmann als *rechter* Sozialdemokrat galt, und der junge Kühn, der 1930, im Alter von 18 Jahren (also im frühestmöglichen Alter), der SPD beigetreten war,[44] sich deren *linkem* Flügel zurechne-te, verehrte der junge Mann den über 30 Jahre älteren Genossen sehr.

Der in Thüringen geborene Sollmann (zwischen August und November 1923 be-kleidete er sogar das Amt des Reichsinnenministers) war so etwas wie der intellektuelle Kopf der rheinischen Sozialdemokratie. Er stand nicht nur im Ruf eines exzellenten Zeitungsmanns, er besaß auch unbestrittene rhetorische Talente. Als Parteiredner ver-mochte er große Zuhörermassen in seinen Bann zu ziehen.[45] Gerade die Vereinigung des journalistischen und des rhetorischen Talents in einer Person machte starken Ein-druck auf Kühn. Sollmann in dieser Hinsicht nachzueifern, war für ihn Verpflichtung, zumal er selbst auf beiden Gebieten Überdurchschnittliches zu leisten imstande war. Es sollte nicht lange dauern und der junge, noch nicht wahlberechtigte Kühn war ein gefragter Redner seiner Partei auf (Wahl-)Veranstaltungen in Köln und Umgebung.[46]

---

40 Nach „Abschiedszeitung der Oberprima 30/31 der Oberrealschule Köln-Kalk", S. 27.
41 Heinz Kühn im Gespräch mit Werner Höfer.
42 Ebd.
43 Lesenswert zu Sollmanns Vita die knappe Darstellung von Heinz Kühn: Wilhelm Soll-mann. Rheinischer Sozialist, Kölner Patriot, demokratischer Weltbürger, in: Wilhelm Sollmann I. Kölner Biographien (16). Hg. v. Nachrichtenamt der Stadt Köln, Köln 1981, S. 17 ff.; siehe auch den Ausstellungskatalog: Wilhelm Sollmann II. Zum hundert-sten Geburtstag am 1. April 1981. Ausstellung des Historischen Archivs der Stadt Köln, Köln 1981. Außerdem muß auf den umfänglichen Nachlaß Wilhelm Sollmanns im Hi-storischen Archiv der Stadt Köln verwiesen werden.
44 Kühn: Die Republik ohne Republikaner, S. 347.
45 Nach Kühn: Wilhelm Sollmann, S. 71, und Marianne Kühn: Gespräch v. 13.10.1998.
46 Vgl. z. B. Rheinische Zeitung v. 5.4.1932. Rubrik: Sozialdemokratische Partei. Ortsver-ein Köln.

Studium. Politisches Engagement bei den sozialistischen Studenten

Genauso wichtig wie das Erlernen des Zeitungsjournalismus war dem frischgebackenen Abiturienten Kühn ein Studium der Nationalökonomie und Staatswissenschaften. Er immatrikulierte sich deshalb Ende April 1931 an der wirtschafts- und sozialwissenschaftlichen Fakultät der Universität Köln.[47] Das Sommersemester 1931 war also sein erstes Studiensemester.

Die Aufnahme des Studiums dürfte angesichts der miserablen wirtschaftlichen Verhältnisse, in denen sich seine Eltern befanden, alles andere als selbstverständlich gewesen sein. Schon in den ersten Semesterferien mußte sich Kühn als Werkstudent verdingen. Er arbeitete vom 30. Juli bis 3. Oktober 1931 in der Küchenmöbelfabrik Mellmann (dort, wo auch sein Vater als Tischler beschäftigt war) an der Bandsäge.[48] Dennoch reichten die Eigenmittel zur Finanzierung des zweiten Semesters nicht aus. Kühn richtete infolgedessen am 4. November 1931 das Gesuch an den Rektor der Universität, den Wirtschaftshistoriker Professor Bruno Kuske, ihm die Studiengebühr zu erlassen. Er begründete sein Anliegen ausführlich: Sein Vater habe ein wöchentliches Einkommen von 50 Reichsmark. Hinzu komme, daß sein Vater im vorigen Jahr sieben Monate krank war und seine Eltern für kurze Zeit die Wohlfahrtseinrichtungen in Anspruch nehmen mußten. Die Folgen der damaligen Notzeit – Mietnachzahlungen etc. – würden seine Eltern noch heute stark belasten, so daß es ihnen doppelt unmöglich sei, ihm Beihilfe zu gewähren. „Ich bin also bei der Finanzierung meines Studiums lediglich auf mich gestellt", konstatierte Kühn und fuhr fort: „Leider war es mir durch einige Wochen Fabrikarbeit nicht möglich, die Gesamtkosten meines Studiums aufzubringen. Deshalb bitte ich Sie, mir die Studiengebühr in Höhe von 100,– RM zu erlassen, da ich nur so zur Fortsetzung meines Studiums in der Lage bin."[49]

Kühns Vorstoß blieb offensichtlich nicht erfolglos. Prominente Fürsprecher sorgten dafür. Georg Beyer, Kulturredakteur der „Rheinischen Zeitung" und Kölner Stadtverordneter, wandte sich schriftlich an den geschäftsführenden Vorsitzenden des Universitäts-Kuratoriums, den Staatswissenschaftler Professor Christian Eckert. Er bat um Hilfe für seinen „Schützling" Kühn – nicht ohne zu erwähnen, daß es sich im Falle Kühn „um einen ungewöhnlich begabten jungen Menschen" handele, der sich, wie die Begründung seines Schreibens erweise, „in einer besonderen Notlage" befinde.[50] Professor Eckert setzte sich daraufhin mit Rektor Kuske zugunsten von Heinz Kühn persönlich in Verbindung.

Auch innerhalb der Universität war Kühn nicht gewillt, politisch enthaltsam zu leben. Insofern setzte er auf höherer Ebene das fort, was er schon in der Schule praktiziert

---

47 Universitätsarchiv Köln, Zugang 28/262b. Liste der immatrikulierten Studierenden im Sommersemster 1931. Genaues Immatrikulationsdatum: 27.4.1931; Matrikelnummer: 12035 (Matrikel WiSo).

48 Arbeitsbescheinigung der Firma „Küchen-Mellmann" für Heinz Kühn v. 23.11.1932, in: HiAdSt Köln, Nl. Heinz Kühn, Nr. 6. Daß er in der Möbelfirma Mellmann *an der Bandsäge* arbeitete, erwähnt Kühn in seinem Gespräch mit Werner Höfer. Siehe Anm. 1.

49 Universitätsarchiv Köln, Zugang 9/135. Unterstützung an Studierende 1925–1931.

50 Ebd.

Küchen-Mellmann

Bank-Konto:
Deutsche Bank Filiale Köln-Nippes
Postscheck-Konto: Köln No. 12277
Telegr.-Adresse: Mellmann Nippes
Fernsprecher West 54896

K

Köln-Nippes, den 23. November 193 2
Geldernstraße 55, Straßenbahnlinie 20

B e s c h e i n i g u n g .

Der Werkstudent Hch. K ü h n, wohnhaft Köln,

Friedrich Karlstrasse 1, geb. 18.2.1912, war im Jahre 1931

und zwar vom 30. Juli bis 3. Oktober in meinem Betriebe

zur Aushilfe als Hilfsarbeiter beschäftigt. Mit seinen Leistungen

und seiner Führung war ich sehr zufrieden. K. war pünktlich

und gewissenhaft und kann ich denselben jedermann bestens em-

pfehlen.

Leopold Mellmann
Holzindustrie
Köln-N/ippen

Student Kühn arbeitet während der Semesterferien in einer Kölner Möbelfabrik.
In der Firma war sein Vater als Tischler beschäftigt.

hatte. Politisches Engagement begann bei ihm bereits bei der Wahl der Professoren. Besonders oft und gerne hörte er – wie von ihm angefertigte Vorlesungsmanuskripte belegen[51] – bei Honorarprofessor Karl Hugo Lindemann, der über Sozial- und Kommunalpolitik las. Als einer seiner Lieblingsprofessoren muß auch Wirtschaftshistoriker Bruno Kuske[52] angesehen werden. Kuske, 1876 in Dresden geboren, war von den Nationalsozialen Friedrich Naumanns kommend zur SPD gestoßen. Große Verdienste erwarb sich der Ordinarius im Zusammenhang mit dem „Freigewerkschaftlichen Seminar für Wirtschafts- und Sozialwissenschaften" in Köln. Er leitete dieses 1920 gegründete und im Volkshaus angesiedelte Seminar, in dem Gewerkschaftern volks- und betriebswirtschaftliche sowie finanz- und rechtswissenschaftliche Kenntnisse von akademischen Dozenten vermittelt wurden.

Politisches Engagement an der Hochschule dokumentierte sich aus der Sicht Kühns aber vor allem in aktiver Mitgliedschaft in einer politischen studentischen Organisation. Er zögerte deshalb keinen Augenblick, sich der „Vereinigung sozialistischer Studenten" anzuschließen. Die Vereinigung bestand an der Kölner Universität

51 HiAdSt Köln, Nl. Heinz Kühn, Nr. 27.
52 Zu Kuske siehe: Wolfram Schuchardt: Bruno Kuske. Wirtschaftshistoriker und Arbeiterlehrer, in: Brunn: Sozialdemokratie in Köln, S. 232 ff.

seit dem Wintersemester 1924/25 und besaß im Sommersemester 1931 40 aktive Mitglieder.[53]

Die Kölner „Vereinigung sozialistischer Studenten" war eine Ortsgruppe der „Sozialistischen Studenschaft Deutschlands und Österreichs", eines föderativen Zusammenschlusses einzelner lokaler sozialdemokratischer Studentengruppen.[54] Die „großdeutsche" Organisationsform ergab sich aus den Traditionen der deutschen und österreichischen Sozialdemokratie. Die „Sozialistische Studenschaft" begriff sich als Motor einer radikalen Hochschulreform. In ihrem Aktionsprogramm von 1927 gab sie ihrem Reformvorhaben das Motto: „Auch Hochschulen müssen Volksschulen sein". Das von der „Sozialistischen Studenschaft" verfolgte Hauptziel, die „Durchbrechung des Bildungsmonopols der besitzenden Klasse", sollte auf verschiedenen Wegen erreicht werden: durch Zugangserweiterung zu den Universitäten für Angehörige der arbeitenden Schichten, durch ihre wirtschaftliche Absicherung während der Studienzeit und durch konsequente Leistungskontrollen in der Frühphase des Studiums, um der Überfüllung der Hochschulen zu begegnen.

Die Zielsetzung, Studenten aus sozial schwachen Schichten wirtschaftlich sicherzustellen, nahmen die Kölner sozialistischen Studenten besonders ernst. Sie gründeten zu diesem Zweck eine „Wirtschaftsvertretung sozialistischer Studenten",[55] die organisatorisch eigenständig neben der „Vereinigung sozialistischer Studenten" existierte. Ab dem Wintersemester 1931/32 war Heinz Kühn Vorsitzender dieser „Wirtschaftsvertretung",[56] und er sollte ihr Leiter bis zur Auflösung durch die Nationalsozialisten im Frühjahr 1933 bleiben.[57] Unter der Ägide von Kühn expandierte die Mitgliederzahl der „Wirtschaftsvertretung": Im WS 1931/32 hatte sie 80 aktive Mitglieder; im WS 1932/33 waren es 105.[58] Daß sich Kühn innerhalb der „Wirtschaftsvertretung" engagierte, dürfte nicht zuletzt auf seine eigene, durch das Elternhaus bedingte wirtschaftliche Notsituation zurückzuführen sein. Aber es gab für ihn noch einen anderen triftigen Grund, sich auf diesem Felde hervorzutun. Bei aller Liebe zum politisch-theoretischen Diskurs

---

53 Universitätsarchiv Köln, Zugang 28, Nr. 370. Verbindungen der Studierenden 1925–1932. „Studentisches Vereins- und Korporationsverzeichnis."

54 Das Folgende nach Willy Albrecht: Der Sozialistische Deutsche Studentenbund (SDS). Vom parteikonformen Studentenverband zum Repräsentanten der Neuen Linken, Bonn 1994, S. 22ff.

55 Im Wintersemester 1928/29. Laut Universitätsarchiv Köln, Zugang 28. Verbindungen der Studierenden 1925–1932. „Studentisches Vereins- und Korporationsverzeichnis."

56 Ebd. – Vorsitzender der „Vereinigung sozialistischer Studenten" in Köln wurde er freilich nicht. Im Gespräch Kühns mit Werner Höfer aus dem Jahre 1970 fällt dagegen der Satz: „[…] ich war Vorsitzender der sozialistischen Studenschaft an der Universität Köln". Eine entsprechende Aussage findet sich im ersten Band seiner Lebenserinnerungen (Kühn: Widerstand und Emigration, S. 33). Schon in einem Brief, den Kühn (im belgischen Exil) an Erich Ollenhauer (im englischen Exil) am 23.5.1945 schrieb, heißt es: „[…] als Vorsitzer der Kölner Soz. Studentengruppe […] begann ich 1933 die Illegalität …" (AdsD, Bonn, Emigration Sopade, Allgemeine Korrespondenz, Mappe 67).

57 Universitätsarchiv Köln, Zugang 28, Nr. 371. Verbindungen der Studierenden. „Studentisches Vereins- und Korporationsverzeichnis."

58 Zugang 28, Nr. 370 u. 371.

hatte sich Kühn schon am Anfang seiner politischen Betätigung *auch* ziemlich konsequent der politischen Praxis verschrieben. In der Verbindung von politischer Theorie und Praxis sah der junge Marx-Rezipient eine dringende Notwendigkeit.

Neben der Übernahme des Vorsitzes in der „Wirtschaftsvertretung" der sozialistischen Studenten Kölns gibt es noch einen zweiten überzeugenden Beleg für den politischen Praxisbezug des jungen Heinz Kühn: Er trat 1931 dem Reichsbanner Schwarz-Rot-Gold bei.[59] Dieser Schritt muß im Zusammenhang mit der inneren Entwicklung im Reich gesehen werden. Deshalb ist es angebracht, einige Schlaglichter auf die allgemeine wirtschaftliche und politische Entwicklung der ersten deutschen Republik in dieser Zeit zu werfen.

Die SPD in der Zwickmühle.
Tolerierung des Präsidialkabinetts Brüning: ja oder nein?

Die Jahre 1929/30 bedeuteten in der Geschichte der Weimarer Republik eine tiefe Zäsur.[60] Der New Yorker Börsenkrach Ende 1929 löste eine wirtschaftliche Krise aus, die im Winter 1929/30 in ihren ökonomischen und psychologischen Auswirkungen Deutschland voll erfaßte. Die Zahl der Arbeitslosen stieg unerbittlich an – von 1,3 Mio. im September 1929 über 3 Mio. im September 1930 auf 4,3 Mio. im September 1931 (Anfang 1933 sollte die 6-Mio.-Grenze überschritten werden). Verheerend waren auch die sozialpsychologischen Begleiterscheinungen. Ein starkes Gefühl der Unsicherheit, ja eine allgemeine Katastrophenstimmung machte sich in der Bevölkerung breit.

Einher ging die ökonomische und sozialpsychologische Krise mit einer Krise des parlamentarisch-demokratischen Systems. Verantwortlich dafür waren Reichspräsident Hindenburg und seine persönliche Umgebung, besonders die Reichswehrführung unter General Schleicher und einflußreiche Wirtschaftsmagnaten. Sie hatten einen Prozeß in Gang gesetzt, der auf eine Umwandlung der parlamentarischen Demokratie in einen von politischen Rechtskräften beherrschten autoritären Staat hinauslief. Von ihnen wurde die Berufung eines Reichskanzlers vorbereitet, der nicht mehr dem Reichstag politisch verantwortlich war, sondern dem Reichspräsidenten. Dieser würde – so war beabsichtigt – dem Kanzler und seinem Kabinett die Instrumente des Notstandsartikels 48 der Weimarer Verfassung und der Reichstagsauflösung zur Verfügung stellen. Als im März 1930 die große Koalition unter dem sozialdemokratischen Kanzler Hermann Müller zerbrach, war für Hindenburg und seine Umgebung der Augenblick gekommen, das von langer Hand vorbereitete Präsidial-Konzept Wirklichkeit werden zu lassen. Sofort nach der Demission Müllers beauftragte der Reichspräsident den Zentrumspolitiker Heinrich Brüning mit dem Kanzleramt und ernannte dessen erstes Präsidialkabinett.

---

59 Siehe Seite 33 der Biographie.
60 Das Folgende nach Eberhard Kolb: Die Weimarer Republik, München, 1988, 2. durchgesehene und ergänzte Auflage, S. 118 ff.

Brüning verfolgte als Reichskanzler zur Sanierung der Staatsfinanzen eine rigorose Deflationspolitik mittels Kürzung der Staatsausgaben und Erhöhung von Steuern und Abgaben. Es war eine Politik, deren Folgen vor allem der (von Arbeitslosigkeit bedrohte oder schon betroffene) „kleine Mann" zu spüren bekam. Eine entsprechende Notverordnung stand am 18. Juli 1930 im Reichstag zur Abstimmung. Die SPD-Fraktion, die größte Reichstagsfraktion, beantragte ihre Aufhebung, woraufhin in der Tat die Mehrheit der Abgeordneten die Notverordnung ablehnte. Brüning reagierte mit der Auflösung des Parlaments und erließ wenige Tage später die abgelehnte Notverordnung in verschärfter Form.

Die durch die Auflösung des Parlaments notwendig gewordenen Wahlen zum Reichstag am 14. September 1930 brachten ein sensationelles Ergebnis: Die rechtsradikale NSDAP wurde auf Reichsebene mit einem Schlag von einer Splitterpartei zur zweitstärksten Partei. Sie steigerte die Zahl ihrer Mandate von 12 auf 107. Die Hitler-Partei hatte vor allem von der schweren ökonomischen Krise und der mit ihr einhergehenden Katastrophenstimmung profitiert. Angesichts dieser Entwicklung änderte die SPD gegenüber der Regierung Brüning ihren Kurs. Die SPD-Reichstagsfraktion entschloß sich aus Gründen des rationalen politischen Kalküls, fortan die Brüningsche Politik zu „tolerieren", d. h. sie stimmte nicht mehr gegen die Notverordnungen, sondern übte Stimmenthaltung, so daß die Verordnungen den Reichstag passieren konnten.

Die Tolerierung des Brüning-Kabinetts verhinderte eine erneute Auflösung des Reichstags und damit die Gefahr der weiteren Radikalisierung der Parteienlandschaft. Mit ihr wurde auch der von Brüning angedrohte Rückzug des Zentrums aus der Regierungskoalition in *Preußen* (SPD, Zentrum, DDP) vereitelt. Andererseits waren die negativen Begleiterscheinungen der Tolerierungs-Politik nicht zu übersehen. Auf sie wiesen die Linkskräfte in der SPD hin, die von Anfang an den Tolerierungskurs ablehnten oder skeptisch beurteilten. Das Tolerieren der Notverordnungs-Politik Brünings bedeutete das Hinnehmen der Verelendung breiter Volksschichten und der Erosion des parlamentarischen Systems.

Während des Jahres 1931 spitzte sich der Konflikt zwischen „Linken" und „Rechten" innerhalb der SPD zu.[61] Im März 1931 scherten zum ersten Male neun SPD-Reichstagsabgeordnete aus der Tolerierungsfront der Fraktion aus und stimmten zusammen mit der KPD *gegen* eine Brüningsche Gesetzesvorlage.[62] Mit ihr sollte die letzte Rate für den Bau des Panzerkreuzers A und die erste Rate für den Panzerkreuzer B bewilligt werden. Die Vorlage war für die Sozialdemokraten von ziemlicher Brisanz. Denn 1928 waren sie mit der Parole „Kinderspeisung statt Panzerkreuzer" in den Wahlkampf gezogen.

---

61 Hierzu detailliert Ingrid Hege: Die Auseinandersetzung der deutschen Arbeiterparteien mit dem Nationalsozialismus in den Jahren 1930–1933, speziell im Bereich der Stadt Köln. Wissenschaftl. Hausarbeit vorgelegt für die Erste Staatsprüfung für das Lehramt an Gymnasien, Phil. Fak. Köln, WS 1976/77 (unveröffentlicht).

62 Ebd., S. 69, und Heinrich August Winkler: Der Weg in die Katastrophe. Arbeiter und Arbeiterbewegung in der Weimarer Republik 1930 bis 1933, Berlin/Bonn 1987, S. 294.

Das abweichende Verhalten der Neun, als deren Sprecher der Abgeordnete Max Seydewitz galt, führte im Mai/Juni 1931 zu schweren Auseinandersetzungen auf dem SPD-Parteitag in Leipzig. Die Rolle eines entschiedenen Apologeten des Tolerierungskurses übernahm hier Wilhelm Sollmann. Wer in dieser Zeit in Deutschland parlamentarische Politik machen wolle, der müsse eine Verständigung mit den Parteien der Mitte suchen, argumentierte er. Seydewitz hielt dagegen: Mit der Entscheidung über den Panzerkreuzerbau sei die Grenze der Tolerierungspolitik erreicht, zumal die Regierung Brüning keinen Schutzwall gegen den Faschismus darstelle.[63]

Schon im Vorfeld des Leipziger Parteitages war es an der SPD-Basis zu heftigen Kontroversen über das Für und Wider der Tolerierungspolitik gekommen – so auch in Köln. Auf einer Unterbezirkskonferenz der Kölner SPD hatte der Vorstand den Delegierten eine Resolution zur Abstimmung unterbreitet. Sie billigte die Haltung der Reichstagsfraktions-Mehrheit und verurteilte das Abstimmungsverhalten der neun Abweichler als Disziplinbruch. Dagegen wandten sich die linksoppositionellen Distrikte Süd und Deutz mit einem Antrag. Er beschwor das Ende der Tolerierungspolitik und bekannte sich zum Kampf gegen Brüning und die „Monopolwirtschaft".[64]

Die aktiven Linken in der Kölner SPD, die sich mit ihrem Antrag auf der Konferenz nicht durchsetzen konnten, hatten sich schon an der Jahreswende 1929/30 zu einem Diskussionskreis zusammengeschlossen. Einer der beiden Leiter des Kreises war der junge Literaturwissenschaftler und spätere Professor Hans Mayer. Zum Kreis gehörten die Vorsitzenden der oppositionellen Parteidistrikte Süd und Deutz, mehrere Arbeiter und ein Teil der sozialistischen Studenten. Auch Heinz Kühn schloß sich der Gruppe an und arbeitete in ihrem engeren Führungszirkel mit.[65] Zwischen Februar und September 1931 ließ die Gruppe sogar eine eigene Publikation unter dem Titel „Roter Kämpfer" erscheinen. In ihr wurde der Disziplinbruch der neun SPD-Reichstagsparlamentarier begrüßt, und die Kölner Anhänger des linken Flügels der Partei wurden aufgefordert, sich in jedem Distrikt und Ortsverein ohne Vorbehalt zur Opposition zu bekennen, um so die Partei „auf den Weg des Sozialismus [zurückzuführen]".[66]

Die Aktivitäten der Kölner Linken ließen selbst die Parteiführung in Berlin nicht kalt. Im Juni 1931 wurde der „Rote Kämpfer" als „parteischädigendes" Organ auf den Parteiindex gesetzt. Die *Kölner* Parteiführung ergriff Disziplinierungsmaßnahmen gegen einzelne engagierte Linke. Davon betroffen war auch Heinz Kühn. Ihm wurde zeitweise ein Redeverbot auferlegt, da er öffentlich die Meinung vertrat, der Nationalsozialismus sei nur noch mit gewaltsamen Mitteln aufzuhalten.[67]

Der Student Heinz Kühn dürfte zu dieser Meinung u. a. durch Beobachtung eines Vorfalls aus nächster Nähe gelangt sein: Am 2. Juli 1931 organisierten nationalsoziali-

63 Nach Hege: Die Auseinandersetzung der deutschen Arbeiterparteien, S. 70. Ausführlich zum Leipziger Parteitag Winkler: Der Weg in die Katastrophe, S. 324 ff.
64 Hege: Die Auseinandersetzung der deutschen Arbeiterparteien, S. 70f.
65 Ebd., S. 72f. Seine Mitgliedschaft im engeren Kreis bestätigte Kühn Ingrid Hege in einem Gespräch v. 27.12.1976 (nach ebd., S. 73).
66 Ebd., S. 73.
67 Ebd., S. 75.

stische Studenten vor der (am Rheinufer in der Südstadt gelegenen) Kölner Universität eine Kundgebung gegen das Versailler „Friedensdiktat" und die „Kriegsschuldlüge". Die Veranstalter mißbrauchten die Demonstration zu wüsten Ausschreitungen und Schlägereien gegen Kommilitonen. Von den Gewaltexzessen, die von Ausrufen wie „Deutschland erwache, Juda verrecke" begleitet wurden, waren vor allem jüdische Studenten betroffen. Erst die vom Rektor zur Hilfe gerufene Polizei konnte mit Mühe die Ordnung wiederherstellen.[68]

Der Graben zwischen der Minderheit der Tolerierungsgegner und der Mehrheit der Tolerierungsbefürworter in der SPD schien kaum noch überbrückbar. Anfang Oktober 1931 spaltete sich die Seydewitz-Gruppe in Berlin von der SPD ab[69] und gründete die links von der SPD stehende „Sozialistische Arbeiterpartei Deutschlands" (SAP).[70] Auf diesen Schritt hatte offenbar ein Teil der linken Parteiaktivitas in Köln nur gewartet. Mehrere Mitglieder des linken Diskussionskreises verließen die SPD und traten in die SAP ein.

Besonders große Resonanz fand die neue Linkspartei unter den sozialdemokratischen Studenten Kölns. Der Kölner SPD-Vorstand versuchte ihren Eintritt in die SAP durch einen Unvereinbarkeitsbeschluß zu vereiteln. Danach sollte die gleichzeitige Mitgliedschaft in der „Vereinigung sozialistischer Studenten" (d. h. in der sozialdemokratischen Studentenorganisation) und in der SAP ausgeschlossen sein.[71] Der Beschluß erwies sich als Bumerang. Die zur SAP wechselnden Studenten verließen die „Vereinigung sozialistischer Studenten" und riefen eine „Sozialistische Hochschulgruppe" ins Leben.[72] Seit Herbst 1931 existierten also an der Kölner Universität zwei sozialistische Hochschulorganisationen, eine sozialdemokratische und eine mit der SAP verbundene. Die „Vereinigung sozialistischer Studenten" besaß im Wintersemester 1931/32 30 aktive Mitglieder, die „Sozialistische Hochschulgruppe" sogar 32.[73]

Es ist bemerkenswert, daß sich Heinz Kühn – im Gegensatz zu manchen seiner sozialistischen Kommilitonen – im Herbst 1931 gegenüber SAP und „Sozialistischer Hochschulgruppe" als resistent erwies. Er blieb in der SPD und in der „Vereinigung sozialistischer Studenten". Sein Verhalten ist um so beachtlicher, als Peter Keller, sein enger Jugendfreund, ebenfalls zu diesem Zeitpunkt den Anschluß an die SAP suchte. Keller verließ die „Roten Falken" und schloß sich dem „Sozialistischen Jugendverband" (SJV), der Jugendorganisation der SAP an. Das führte zu einer Verstimmung zwischen beiden Freunden. Ihre Wege sollten sich für gut ein Jahr trennen.[74]

68 Universitätsarchiv Köln, Zugang 28, Nr. 361. Schreiben des Rektors der Universität an den preußischen Minister für Wissenschaft, Kunst und Volksbildung v. 20.7.1931.
69 Nachdem der Vorstand der SPD am 29. September Max Seydewitz und einen weiteren Sprecher des linken Parteiflügels, Kurt Rosenfeld, aus der Partei ausgeschlossen hatte.
70 Winkler: Der Weg in die Katastrophe, S. 404 ff.; Hege: Die Auseinandersetzung der deutschen Arbeiterparteien, S. 76
71 Hege: Die Auseinandersetzung der deutschen Arbeiterparteien, S. 76f.
72 Universitätsarchiv Köln, Zugang 28, Nr. 370.
73 Ebd., Zugang 28, Nr. 370, „Studentisches Vereins- und Korporationsverzeichnis".
74 Zeitzeugengespräch Peter Keller v. 17.11.1998. – Im Herbst 1931 verließ auch der Lübecker Willy Brandt im Gegensatz zu Kühn SAJ und SPD und wechselte zur linksoziali-

Kühn wird Reichsbanner-Mann.
Der „Preußenschlag" vom 20. Juli 1932 als Nagelprobe

Heinz Kühn war im Herbst 1931 wie seine sich neu orientierenden sozialistischen Kommilitonen und wie sein persönlicher Freund Peter Keller der Auffassung, daß die Zeitumstände ihm eine wichtige Entscheidung abverlangten. Wie sie meinte er, daß dem deutschen Faschismus unbedingt Einhalt geboten werden müsse. Und wie sie kritisierte er den antinationalsozialistischen Kurs der SPD-Führung als zu „halbherzig". Anders als seine Freunde sah er aber zu diesem Zeitpunkt in der Gründung einer neuen sozialistischen Partei, die die Arbeiterbewegung ein weiteres Mal spaltete, einen Schritt in die falsche Richtung. Mit ihr werde die Schlagkraft gegenüber dem Nationalsozialismus gemindert. Um die Nationalsozialisten überhaupt noch aufhalten zu können, müsse der Wille zum aktiven und bewaffneten Widerstand in die Arbeiterbewegung getragen werden. Deshalb zog Kühn aus der politischen Lage des Herbstes 1931 eine andere Konsequenz. Er trat dem Reichsbanner Schwarz-Rot-Gold bei.[75]

Das Reichsbanner war 1924 als Schutzbund zur Verteidigung der Republik ins Leben gerufen worden.[76] Formell war es eine überparteiliche Organisation, da in seinen Führungsgremien Vertreter der SPD, des Zentrums und der liberalen DDP zusammenwirkten. Die große Masse der Reichsbanner-Mitglieder (gegen Ende der Weimarer Republik sollten es reichsweit 3,5 Mio. sein) setzte sich jedoch aus Sozialdemokraten zusammen. Zu einem effektiven Wehrverband, der einer militärischen, bürgerkriegsähnlichen Auseinandersetzung *alleine* (ohne Hilfe einer republiktreuen Polizei) gewachsen gewesen wäre, entwickelte sich das Reichsbanner freilich nicht. In der Öffentlichkeit trat es durch imponierende Aufmärsche und den Schutz von sozialdemokratischen Veranstaltungen und Einrichtungen in Erscheinung.

In einem Interview aus den 1970er Jahren erinnert sich Heinz Kühn an die Verhältnisse im Kölner Reichsbanner:[77] Es habe ein buntes Sammelsurium an Waffen von der Polizei bekommen, die diese den Kommunisten und Nationalsozialisten abgenommen hätten. Außerdem sei man im Besitz von Pistolen gewesen, die von Belgien aus über die Grenze geschmuggelt wurden. Die Ausbildung hätten hauptsächlich einige ehemalige Feldwebel aus dem Ersten Weltkrieg geleitet. Es seien militärische Übungen veranstaltet und das Scharfschießen geübt worden. Mit Fragen des Straßenkampfes habe man sich *theoretisch* beschäftigt. Trotz dieser offenkundigen Mängel in der waf-

---

stischen SAP (Nach Brandt, Erinnerungen, S. 91 ff.). Kühn und Brandt kannten sich zu diesem Zeitpunkt nicht.

75 Hege: Die Auseinandersetzung der deutschen Arbeiterparteien, S. 77; Kühn: Widerstand und Emigration, S. 32 f.

76 Siehe Karl Rohe: Das Reichsbanner Schwarz-Rot-Gold. Ein Beitrag zur Geschichte und Struktur der politischen Kampfverbände der Zeit der Weimarer Republik, Düsseldorf 1966

77 Es handelt sich um das schon in Anm. 65 erwähnte Gespräch, das Ingrid Hege am 27.12.1976 mit Kühn führte. Die Aussagen Kühns zum Kölner Reichsbanner referiert sie in ihrer Staatsarbeit (Hege: Die Auseinandersetzung der deutschen Arbeiterparteien, S. 63).

fenmäßigen Ausrüstung und Schulung hat sich Kühn im Kölner Reichsbanner vorbehaltlos engagiert. Rasch stieg er zum Hundertschaftsführer und Kreisjugendführer auf.[78] Kühn war jetzt mehr in der Uniform des Reichsbanner-Manns (der grauen Windjacke und der blauen Mütze mit der schwarz rot goldenen Kokarde) zu sehen als in der Kluft des SAJlers.

Die Nagelprobe für das Reichsbanner war aus der Sicht des jungen Kühn im Juli 1932 gekommen. Der Nachfolger Brünings im Kanzleramt, Franz von Papen, setzte am 20. Juli mit Hilfe einer Notverordnung die geschäftsführende preußische Regierung unter dem Sozialdemokraten Otto Braun ab und übernahm selbst die Funktion des Reichskommissars in Preußen. Mit diesem „Preußenschlag", einem staatsstreichartigen Manöver,[79] hatte der neue Kanzler von Hindenburgs Gnaden wesentliche Teile der Exekutivgewalt (so den preußischen Polizeiapparat von rund 90.000 Mann), die bis zu diesem Zeitpunkt Sozialdemokraten in ihren Händen gehalten hatten, an sich gerissen. Kühn und viele seiner Kölner Reichsbanner-Kameraden warteten auf ein Einsatzsignal aus Berlin. Sie standen in voller Montur und Bewaffnung vor dem Volkshaus in der Severinstraße.[80] Es war bereits festgelegt, welche Hundertschaft das Post- und Telegraphenamt besetzen werde. Man rechnete mit dem Einsatz der preußischen Schutzpolizei durch Preußens sozialdemokratischen Innenminister Carl Severing. Das herbeigesehnte Signal blieb aus. Die Regierung Braun fügte sich beinahe widerstandslos. Sie begnügte sich mit der Anrufung des Staatsgerichtshofs. Und die SPD-Führung in Berlin gab an die Partei die Parole aus, der Kampf um die Wiederherstellung geordneter Rechtszustände sei „mit aller Kraft als Wahlkampf zu führen".[81] Damit meinte sie den Wahlkampf zu den Reichstagswahlen Ende Juli 1932. Das Wahlergebnis war für die SPD niederschmetternd: Die Sozialdemokraten wurden aus ihrer Spitzenposition im Reich verdrängt und die NSDAP reüssierte mit 37,4% der Stimmen und 230 Reichstagssitzen zur bei weitem stärksten Partei.

„Positive Parteikritik". Kühn contra Sollmann

Eine noch schlimmere Enttäuschung als der nationalsozialistische Wahlsieg war für Kühn und manch anderen kampfbereiten Sozialdemokraten das Zurückweichen der Regierung Braun und der SPD-Führung angesichts des Preußen-„Putsches". Sie kreideten den führenden Genossen das kampflose Räumen einer Machtposition als eklatantes Versagen an. Beträchtlicher Unmut regte sich an der Parteibasis. Die Frage stellte sich, ob das „Versagen" der Parteiführung und der sozialdemokratische Machtverfall nicht letztlich auf personelle und strukturelle Defizite innerhalb der Partei zurückzuführen sei. Die noch eher diffusen kritischen Stimmungen und Meinungen griff ge-

---

78 Ebd., S. 64, und Rheinische Zeitung v. 4.4.1932. Rubrik: Reichsbanner Schwarz-Rot-Gold. Gau Rheinland.
79 Kolb: Die Weimarer Republik, S. 134.
80 Hege: Die Auseinandersetzung der deutschen Arbeiterparteien, S. 120.
81 Ebd.

schickt Wilhelm Sollmann auf, selbst ein exponiertes Mitglied der Parteiführung. Am 27. November 1932 veröffentlichte er in der „Rheinischen Zeitung" einen Aufsatz unter dem Titel „Positive Parteikritik – Erneuerung und Machtwille".[82] Mit ihm versuchte er die gesteigerte Unzufriedenheit der SPD-Basis zu absorbieren.

Sollmanns Kritik setzte bei der Organisationsform der SPD an. Der gewaltige Apparat der SPD, der im wesentlichen dem Kaiserreich entstamme und in dem die führenden Positionen fast ausschließlich mit angestellten Funktionären besetzt würden, werde den politischen Erfordernissen der Gegenwart nicht mehr gerecht. Sollmann bemängelte, „daß ehrenamtliche Kräfte für wichtige Parteiämter, zumal in größeren Orten, viel zu wenig herangezogen werden". Er warnte vor der Gefahr „der Abkapselung von den frei wirkenden Kräften der Gesellschaft, der Wirtschaft und ihrer Geistigkeit". Auch in den sozialdemokratischen Fraktionen überwiege „ganz vorherrschend der angestellte Funktionärskörper". Es fehle eine Zusammensetzung von Fraktionen wie sie für eine „Volksbewegung" notwendig sei, „die den geschichtlichen Anspruch erhebt, Staat, Gesellschaft und Kultur gründlich erneuern zu wollen". Eine der Ursachen sah Sollmann in „nicht genügender Volkspsychologie, nicht immer geglückter Führerauslese".

Der „rechte" Sozialdemokrat Sollmann hatte offenbar eine sich gegenüber den gesellschaftlichen und geistig-kulturellen Strömungen öffnende, eine sich zur *Volkspartei* wandelnde SPD im Auge. Dem politischen „Führerproblem" maß er in diesem Zusammenhang große Bedeutung bei. Auch die parlamentarische Demokratie, auch die SPD brauche „Führer mit politischen Instinkten, mit politischer Phantasie, politischer Willensrichtung und politischen Suggestivkräften". Sollmann resümierte: „In der deutschen Demokratie ist lange das Führerproblem nicht genug beachtet, der Führergedanke nicht genug entwickelt worden. […] Der Respekt vor der Leistung, ja die nacheifernde Bewunderung für vorbildliche Führer muß ganz anders als bisher in der Erziehung unsrer Jugend genützt werden. Der ins Groteske verzerrte Führerkult bei den Faschisten ist nicht zuletzt die Folge eines der massenpsychologischen Versäumnisse der marxistischen Parteien …"

Die Wirkung des Sollmann-Aufsatzes war beträchtlich. Nicht wenige Zeitungen druckten ihn. Viele Einzelpersonen und der SPD nahestehende Vereine bestellten bei der Redaktion der „Rheinischen" Sonderdrucke.[83] Auch Heinz Kühn reagierte prompt. Noch am Erscheinungstag des Sollmannschen Artikels schrieb er dem „Führer" der rheinischen Sozialdemokratie einen Brief: Er betrachte den Aufsatz „als Einleitung einer […] befruchtenden Aussprache" und vielleicht finde er – Sollmann – „irgendwo Raum in der ‚Rheinischen' für die Gedanken eines zwanzigjährigen Genossen zu den brennenden Problemen unserer Partei".[84]

---

82 Rheinische Zeitung v. 27.11.1932, S. 2f.
83 Nach Peter Lösche/Franz Walter: Die SPD: Klassenpartei – Volkspartei – Quotenpartei, Darmstadt 1992, S. 67.
84 Kühn an Sollmann v. 27.11.1932 und der beigefügte maschinenschriftliche Aufsatz unter dem Titel „Neuorientierung?" in: HiAdSt Köln, Nl. Wilhelm Sollmann (Bestand 1120), Nr. 552.

Auch Kühn bemängelte das organisatorische Erscheinungsbild der SPD. Er habe – so schrieb er ihm – „in unseren Organisationen soviel Greisenhaftes, soviel verkrustete Lava verspüren" können, daß ihm „eine wenn auch nur langsam einsetzende Reorganisierung unseres Apparates wichtiger erscheinen läßt als ein paar Dutzend Volksversammlungen". Ausdrücklich stimmte Kühn in einem beigefügten, zur Veröffentlichung in der „Rheinischen" bestimmten Aufsatz Sollmanns Kritik an der herausgehobenen Rolle des angestellten Funktionärskörpers innerhalb der Partei zu. Das von Sollmann aufgezeigte „Privileg der angestellten Funktionäre auf die Organisationsführung" habe „vielfach mit dazu beigetragen, eine seelische Barriere in den Organisationen selbst aufzurichten und sie darüber hinaus mit einer geistigen Unbeweglichkeit zu belasten".

Aber Kühn beließ es nicht bei seinen zustimmenden Bemerkungen. Der Zwanzigjährige kritisierte den Einundfünfzigjährigen ohne Scheu. „Eine positive Parteikritik darf nicht in organisatorischen Einzelheiten steckenbleiben, sie muß vor allem eine Analyse unseres historischen Standortes zum Ausgangspunkt haben", ließ er den Älteren wissen. Dann entwarf er eine Skizze dieses historischen Standortes:[85]

So lange der innenpolitische Kampf der (Weimarer) Republik maßgeblich durch den „Gegensatz Feudalismus – Liberalismus" bestimmt wurde, sei „eine antifeudale Koalition zwischen liberalem Bürgertum und Sozialdemokratie ebenso gerechtfertigt" gewesen „wie in Zeiten der kapitalistischen Konjunktur, in denen die Rentabilität der Wirtschaft sowohl das kapitalistische Profitstreben als auch die weitgehende Verwirklichung der sozial- und lohnpolitischen Ansprüche der Arbeiterschaft ermöglichten". Das werde anders „in dem Augenblick, wo aus der Krise *im* Kapitalismus eine Krise *des* Kapitalismus, der kapitalistischen Gesellschaft schlechthin" werde. Kühn hegte nicht den geringsten Zweifel, daß dieser geschichtliche Zeitpunkt in Deutschland gekommen sei. „Die Erträge der kapitalistischen Wirtschaft reichen nicht mehr für zwei Klassen", stellte er apodiktisch fest. Man befinde sich jetzt in einer sozial zugespitzten historischen Situation, in der die „Trennung der Fronten" erfolge und an deren Ende zwangsläufig die „soziale Entscheidungsschlacht zwischen Bürgertum und Arbeiterschaft" stehe. „Trennung der Fronten" – das bedeute auf der einen Seite, daß das Bürgertum die Zeit „zu einer Liquidierung der feudal-liberalen Gegensätze, zur Schaffung einer bürgerlichen Einheitsfront" nutze, auf der anderen Seite bedeute es, daß die Sozialdemokratie begreifen lerne, daß die „schärfste Abgrenzung gegenüber unseren früheren Koalitionspartnern" ein „notwendiges Gebot der Stunde und Voraussetzung zur Rückgewinnung des Vertrauens der Massen" sei.

Die „Endauseinandersetzung" zwischen Bürgertum und Arbeiterschaft dürfe keinesfalls als „friedliche Umwandlung", als „störungsloser mechanischer Prozeß" mißverstanden werden, denn – so Kühn –: „niemals ist eine Klasse freiwillig von der Bühne des politischen Geschehens abgetreten". Außerdem müsse sich die SPD darüber im klaren sein, daß sie und die zurückgewonnenen Arbeitermassen den „Entscheidungskampf zwischen Reaktion und Sozialismus" alleine zu bestreiten hätten. Denn auf die

85 Ebd.

KPD, „die als getreue Michelfraktion der KP Rußlands eine den deutschen Gegeben-heiten in keiner Weise Rechnung tragende Politik" betreibe, sei kein Verlaß. Und die SAP sei nichts weiter als eine „Kollekte politisch heimatlos gewordener Eigenbrödler".

Sollmann erfüllte Kühns Wunsch nicht. Er unterließ es, die Stellungnahme in der „Rheinischen" zu veröffentlichen, was angesichts der äußerst komplizierten innenpoli-tischen Situation an der Jahreswende 1932/33 vielleicht verständlich ist. Jedenfalls entsprach die historische Standortbestimmung der SPD durch den jungen „linken", in den Bahnen von Karl Marx denkenden Genossen ganz und gar nicht dem volksparteilichen Öffnungskonzept des in der Parteiarbeit gereiften Mannes.

Das Ende öffentlicher politischer Betätigung. Der Schritt in die Illegalität

Der vom jungen Kühn in der Endphase der Weimarer Republik prognostizierte „Ent-scheidungskampf" zwischen Bürgertum und Arbeiterschaft blieb aus. Als Kanzler ei-nes Präsidialkabinetts – wie vor ihm schon Brüning, Papen und Schleicher – übernah-men Hitler und die Nationalsozialisten scheinlegal und ohne Gegenwehr die Macht in Deutschland. Ungestört von protestierenden oder aufbegehrenden Arbeitermassen konnte die SA am 30. Januar 1933 in Berlin und einen Tag später in Köln mit Fackel-zügen die Ernennung Hitlers zum Reichskanzler feiern. Die Kölner SA-Demonstrati-on beobachtete Heinz Kühn zusammen mit seinem Freund Peter Keller. Kühn stand, die Reichsbanner-Uniform tragend, am Straßenrand in vorderster Reihe und versuch-te durch provokative Bemerkungen auf sich aufmerksam zu machen.[86] Es war ein von Zivilcourage zeugender, wenn auch ein ohnmächtiger Protest.

Mut bewies Kühn auch in den folgenden Wochen während des Wahlkampfes zu den Reichstagswahlen am 5. März 1933. Als Reichsbanner-Mann und Parteiredner brachte er sich in diese unter terroristischen Bedingungen verlaufende Wahlkampagne voll ein. Am 26. Februar z. B. fand, wie die „Rheinische Zeitung" meldete, eine „Mas-senkundgebung" der „Eisernen Front" (eines Zusammenschlusses von SPD, freien Gewerkschaften, Reichsbanner und Arbeitersportorganisationen zur Durchführung antifaschistischer Veranstaltungen) im bergischen Wiehl statt, bei der Kühn als einzi-ger „Referent" auftrat.[87]

Nach den März-Wahlen konnte sich Kühn nur noch aus der Illegalität heraus poli-tisch betätigen, da er mit öffentlichen Aktivitäten seine sofortige Verhaftung durch die Nationalsozialisten riskiert hätte.[88] Er wurde dennoch unmittelbar nach den Kommu-nalwahlen am 12. März als Überbringer eines Briefes führender Kölner SPD-Genos-sen an den gerade von den Nationalsozialisten seines Postens enthobenen Kölner Oberbürgermeister Konrad Adenauer von SA-Leuten verhaftet und in das Kölner Ge-fängnis „Klingelpütz" gebracht. Ein von der SPD zur NSDAP übergelaufener Verneh-mungsbeamter der politischen Polizei verfügte jedoch völlig unerwartet noch in der

---

86 Interview mit Peter Keller v. 17.11.1998.
87 Rheinische Zeitung v. 25./26.2.1933.
88 Das Folgende nach Kühn: Widerstand und Emigration, S. 84 ff.

Nacht der Verhaftung seine Entlassung. Diesen „Fauxpas" wollten SS und Gestapo in den Wochen danach unbedingt korrigieren. Sie blieben Heinz Kühn auf der Spur und nahmen vor allem die elterliche Wohnung (in der Heinz Kühn noch ein Mansarden-zimmer hatte) ins Visier. Sie führten in ihr mehrere Haussuchungen durch und demo-lierten sie partiell. Eine Rückkehr dorthin war für Kühn ausgeschlossen. Er hatte aller-dings nicht vergessen, einen Teil seiner mit viel Liebe aufgebauten Privatbibliothek rechtzeitig bei einer älteren Dame in Sicherheit zu bringen. Wochenlang fand Kühn Unterschlupf bei verschiedenen Freunden. Auch das Büro der Firma, in der seine Freundin Marianne Schley arbeitete, mußte einmal für ihn und Peter Keller als illega-les nächtliches Quartier herhalten.[89]

Die nationalsozialistische Machtergreifung blieb nicht folgenlos für Kühns Hal-tung gegenüber der SAP, von der er sich noch in seiner Lagebeurteilung vom Novem-ber mit ironischen Worten distanziert hatte. Kühn war maßlos enttäuscht von der SPD, die – wie er meinte – dem Faschismus kampflos das Feld überlassen habe. Die SAPler schienen mit ihrer kritischen Einschätzung der SPD recht behalten zu haben.

Im Frühjahr 1933 trafen sich unter konspirativen Umständen im Kölner Bayen-park eine SAJ-Gruppe unter Leitung von Heinz Kühn und eine SJV-Gruppe unter Führung von Peter Keller. Kühn nutzte die Begegnung, um die SAJler der Obhut der SJV-Führung zu unterstellen.[90] Kühn war ideologisch zum SAP-Mann geworden – ohne formal aus der SPD ausgetreten und ohne formell Mitglied der SAP geworden zu sein.

Kurze Zeit später, am 5. Mai 1933, mußte Heinz Kühn wegen des nicht nachlas-senden Verfolgungsdrucks Köln verlassen. Er ging auf Vermittlung des Kölner SPD-Bezirkssekretärs Willi Sieke[91] ins Saargebiet, das nicht zum Deutschen Reich gehörte, sondern unter dem Mandat des Völkerbundes stand. In Saarbrücken hielten sich schon seit März Georg Beyer (Kulturredakteur der seit dem 28. Februar 1933 verbote-nen „Rheinischen Zeitung") und der von SA und SS in seiner Kölner Wohnung und im „Braunen Haus" in der Mozartstraße brutal mißhandelte Wilhelm Sollmann[92] auf. Saarbrücken wurde zur ersten Emigrationsstation Heinz Kühns.

89 Gespräch mit Peter Keller v. 17.11.1998.
90 Darstellung Peter Kellers im Gespräch v. 17.11.1998.
91 Heinz Kühn an Erich Ollenhauer v. 23.5.1945, in: AdsD, Bonn, Emigration Sopade, Allgemeine Korrespondenz, Mappe 67.
92 Ein Bericht von Sollmann an den sozialdemokratischen Parteivorstand über seine Miß-handlungen durch SS- und SA-Leute Anfang März 1933 in Köln ist abgedruckt in: Wil-helm Sollmann I. Kölner Biographien (16), S. 92 ff.

2. Stationen der Emigration

Saarbrücken

Das Saargebiet wurde zwar nach der Machtergreifung für Kühn und mehrere tausend anderer aus dem Reich flüchtender NS-Gegner zur ersten Emigrationsstation, aber es war für sie ein Zufluchtsland ganz eigener Art.[1] Die Zugehörigkeit des Saargebiets zum deutschen Sprach- und Kulturkreis sorgte dafür, daß die Flüchtlinge nicht das Empfinden hatten, sie befänden sich im Ausland. Hinzu kam der besondere völkerrechtliche Status des Saarlands. Er basierte auf dem Versailler Vertrag. Das in ihm enthaltene „Saarstatut" bestimmte: Deutschland muß 1920 bayerisches und preußisches Gebiet beiderseits der mittleren Saar für fünfzehn Jahre dem Völkerbund abtreten und auf die dem Reich sowie den Ländern Bayern und Preußen zustehenden Souveränitätsrechte verzichten. Nach Ablauf der fünfzehn Jahre sollte die saarländische Bevölkerung über die staatliche Zukunft ihrer Heimat abstimmen können. Die Vereinigung mit Deutschland wurde als Wahlmöglichkeit konzediert. Die Wahrscheinlichkeit war also sehr groß, daß die deutschbewußten Saarländer 1935 trotz bestehender NS-Diktatur für eine Rückgliederung der Saar an das Reich votieren würden. Von dieser Wahrscheinlichkeit mußten die im Saargebiet Aufnahme begehrenden deutschen Flüchtlinge ausgehen. Für sie konnte das Saarland deshalb realistischerweise nur ein *provisorischer* Aufenthaltsort, eine *Anfangs*etappe auf dem Weg ins Exil sein.

Das traf auch für Kühn zu, der, obwohl er in Köln gesinnungsmäßig mit der SPD gebrochen hatte, sich im sozialdemokratischen Milieu Saarbrückens wiederfand. Für sein leibliches Wohl sorgte die „Arbeiterwohlfahrt". Im Saarbrücker Haus der Arbeiterwohlfahrt lernte er Marie Juchacz erstmals aus der Nähe kennen,[2] die diese SPD-nahe soziale Hilfsorganisation einst in Berlin mitbegründet hatte und für die nun ebenfalls das Saarland zur ersten Exilstation geworden war. Gesprächskontakt zu Wilhelm Sollmann und Georg Beyer gab es für Kühn nun reichlich. Auf Sollmanns Vermittlung ist es möglicherweise zurückzuführen, daß Kühn mit dem Posten eines technischen Leiters der Jugendgruppen des Sozialistischen Schutzbundes (SSB) an der Saar betraut wurde,[3] einer dem deutschen Reichsbanner und dem österreichischen Schutzbund nachgebildeten Verteidigungsorganisation.

---

1 Das Folgende nach Patrik von zur Mühlen: Das Saargebiet 1933–1935 als Etappe der deutschen Emigration, in: Wolfgang Frühwald/Wolfgang Schieder (Hg.): Leben im Exil, Hamburg 1981, S. 181ff.; ders.: „Schlagt Hitler an der Saar!" Abstimmungskampf, Emigration und Widerstand im Saargebiet 1933–1935, Bonn 1979; Gerhard Paul: „Deutsche Mutter – heim zu Dir". Warum es mißlang, Hitler an der Saar zu schlagen. Der Saarkampf 1933–1935, Köln 1984, S. 26 ff.
2 Kühn: Widerstand und Emigration, S. 93.
3 Nach Rundschreiben Emil Kirschmanns an die Sopade, die Sozialistische Arbeiter-Internationale und andere Adressaten v. 15.8.1933, in: Internationaal Instituut voor Sociale Geschiedenis, Amsterdam, Bestand Sozialistische Arbeiter-Internationale (SAI).

Heinz Kühn kümmerte sich auch um den Straßenvertrieb der „Deutschen Freiheit", der – wie sie im Untertitel hieß – „einzige[n] unabhängige[n] Tageszeitung Deutschlands". Zum Redaktionsteam des seit Juni 1933 in Saarbrücken mit einer Startauflage von 100.000 Exemplaren[4] erscheinenden Organs gehörten Wilhelm Sollmann und Georg Beyer. Ihr Chefredakteur war der Vorsitzende der saarländischen SPD Max Braun. Es war beabsichtigt, die „Deutsche Freiheit" vor allem ins deutsche Grenzgebiet einzuschmuggeln, um so den Widerstand gegen das NS-Regime zu aktivieren.[5]

In der Wochenendausgabe der „Deutschen Freiheit" vom 16./17. Juli 1933 gelang es Kühn, unter dem Titel „Zu neuen Ufern!" einen von ihm verfaßten Artikel zu plazieren, in dem er aus seinem Herzen keine Mördergrube machte und mit der Politik der SPD schonungslos abrechnete.[6] Der junge Kölner begann seinen Aufsatz mit der Bemerkung, die Zeit sei noch nicht gekommen, „die Vergewaltigung der deutschen Arbeiterbewegung [durch die Nationalsozialisten] bis *in ihre letzten Wurzeln* zu untersuchen". Das möge „den Historikern des Sozialismus in politisch ruhigeren Zeiten vorbehalten bleiben". Dennoch glaubte Kühn schon einige die Vergangenheit und die Zukunft der SPD betreffende wichtige „Feststellungen" machen zu können. Dazu gehörte die Aussage, „der Reformismus" der SPD habe „sich vor dem Urteil der Geschichte nicht bewährt", ja habe sich als „falsche theoretische Grundlage" herausgestellt. Es bedürfe einer Revision des Reformismus. Diese dürfe „nicht nur Schönheitsreparatur, nur Modernisierung sein". Auch in der Politik gelte, „daß Ladenhüter, auch renoviert, Ladenhüter bleiben". Reformismus bleibe „auch mit aktivistischem Vorzeichen" Reformismus.

Die Erneuerung der theoretischen Grundlage müsse, so Kühns zweite Feststellung, einhergehen mit einer „Erneuerung der Führerschaft". Eine Bewegung, die wie die untergegangene SPD „ihr Augenmerk vorwiegend auf die Konservierung des Erreichten, zu wenig auf das noch zu Erreichende gerichtet" habe, werde in ihrem „Führerstab eine überwiegende Anzahl Menschen von der Mentalität bürokratischer Verwaltungsbeamter haben, die im Schacher politischer Kompromisse häufig genug große Zielsetzungen aus dem Auge" verlören. Diese SPD-Führerschaft mußte – so Kühn – in dem Augenblick, in dem „das Schwergewicht des Klassenkampfes von dem Parkett des Parlaments auf den Asphalt der Straße verlagert wurde, versagen". Die neue, zukünftige sozialistische Führerschaft hat nach Kühns Einschätzung zwei Wesensmerkmale: Sie werde sich „in Deutschland selbst herausbilden" und sie werde „Konzentrationslagererfahrung" (!) haben.

Sehr aufschlußreich ist der Artikel in einer ganz bestimmten Hinsicht: Die Rückkehr zu einer demokratischen Ordnung à la Weimar kann sich der junge Kölner nach der Überwindung des Nationalsozialismus überhaupt nicht mehr vorstellen. Ja, für

---

4 Nach Axel Redmer: Wer draußen steht, sieht manches besser. Biographie des Reichstagsabgeordneten Emil Kirschmann, Birkenfeld 1987, S. 77.
5 Ebd., S. 77f.
6 „Deutsche Freiheit", Saarbrücken, 1. Jg., Nr. 23, 16./17. Juli 1933.

ihn ist der Gedanke der (bürgerlichen) Demokratie durch die Weimarer Erfahrung schlechthin diskreditiert. Kühn befürchtete, daß im Fall einer Ablösung des NS-Staates durch ein demokratisches Staatsgebilde dem Bürgertum die Möglichkeit eingeräumt werde, „sich in neuen Parteien zu formieren und damit die Keimzellen einer Gegenrevolution zu schaffen". Der 21jährige Kühn plädierte deshalb energisch für die zeitweise Errichtung einer „Diktatur des Proletariats", die „nach der Liquidierung der Klassengegensätze" in eine Ordnung des „demokratischen Sozialismus" münden müsse.

Kühn nahm in seinem Aufsatz nicht nur die Politik der SPD aufs Korn, auch die KPD mußte Federn lassen. Sie habe in der Vergangenheit „Politik aus der Perspektive russischer Notwendigkeiten" betrieben und sei „durch die schematische Übertragung sowjetrussischer Parolen der deutschen Wirklichkeit nicht gerecht" geworden. Die Frage, ob der SPD oder der KPD zukünftig die Führung in der deutschen Arbeiterbewegung zufalle, ließ der junge Kölner bewußt offen: „Heute sieht das Problem der proletarischen Einheit so aus: die entmachtete Arbeiterschaft, deren Organisationen – gleich ob sozialdemokratische oder kommunistische – zerstört sind, muß sich eine neue Organisation aufbauen, die Heimat des Gesamtproletariats wird. Dieses Werk wird derjenigen sozialistischen Richtung gelingen, die mit dem klarsten Programm aufmarschiert."

Wilhelm Sollmann hatte dem Kühnschen Artikel eine redaktionelle Bemerkung vorangestellt.[7] Sie lautete: „Die Jugend, die durch die Schule der sozialistischen Organisationen Deutschlands gegangen ist, ist begreiflicherweise von vielen Fragen um Vergangenes und Künftiges bewegt. Eine solche Stimme stellt dieser Aufsatz dar: Er ist voller Anklage und Rebellion, bemüht sich aber um den Blick nach einer neuen Front."

Soviel Wohlwollen und Verständnis konnte Heinz Kühn nicht von allen sozialdemokratischen Emigranten erwarten. Ältere, „gestandene" SPD-Funktionäre, die an der Politik ihrer Partei während der Agonie der Republik nicht verzweifelt waren, sahen in dem Studenten Kühn den noch jugendlich-unreifen und undiszipliniert-vorlauten Genossen, der die Partei zur Unzeit im Stich ließ. Ihnen fehlte das Verständnis dafür, daß sich Kühn einerseits im Milieu der saarländischen Sozialdemokratie so munter bewegte wie ein Fisch im Wasser, andererseits aber keine Gelegenheit ausließ, seine Distanz zur SPD zu betonen. Zu den Kühn mit Mißtrauen begegnenden emigrierten Alt-Sozialdemokraten gehörte Emil Kirschmann[8], ein Schwager von Marie Juchacz.

Kirschmann war von 1919 bis 1924 Redakteur der „Rheinischen Zeitung" und von 1924 bis Anfang 1933 Reichstagsabgeordneter für den Wahlkreis Koblenz–Trier–Birkenfeld gewesen. Zwischen 1926 und 1932 arbeitete er außerdem im preußischen Innenministerium, zuletzt als Ministerialrat. Seit Ende April 1933 befand sich Kirschmann, der schon als Abgeordneter rege Kontakte zu zahlreichen saarländischen Partei-

---

7 Ebd.
8 Siehe Redmer: Wer draußen steht, sieht manches besser.

und Gewerkschaftsfunktionären unterhielt, in Saarbrücken. Dort wurde er von dem im Mai nach Prag emigrierten sozialdemokratischen Parteivorstand („Sopade") mit der Leitung eines „Grenzsekretariats" beauftragt. Das vom Prager Exilvorstand finanzierte Saarbrücker Grenzsekretariat firmierte unter der ironisch anmutenden Tarnbezeichnung „Internationale Kommissionen und Agenturen – Vermittlung von Geschäften aller Art".[9] Es sollte u. a. für den Transport illegaler Schriften ins Reich (in Kirschmanns ehemaligen Wahlkreis, in die Pfalz und nach Nordbaden) und für das Sammeln politischer Informationen und ihre Weiterleitung an die Sopade zuständig sein. Am 15. August 1933 verfaßte Emil Kirschmann in seiner Eigenschaft als Grenzsekretär ein an die Sopade in Prag, an die Sozialistische Arbeiter-Internationale in Zürich und an emigrierte SPD-Genossen in Straßburg, Brüssel und Arnheim gerichtetes Rundschreiben. Es befaßte sich ausschließlich mit dem „Studenten Heinz Kühn".[10] Der Brief, der mit Kirschmanns Decknamen „Stift" unterzeichnet ist, läßt kein gutes Haar an dem jungen Kölner.

Mit der Information, seit Mai halte sich „der aus Köln stammende Student Heinz Kühn" in seinem Grenzbezirk auf, leitet Kirschmann seinen Brief ein. Er habe Kühn zunächst „sehr stark gefördert und in vieler Beziehung bevorzugt behandelt", weil er sich von ihm wegen dessen Tätigkeit in Köln „eine starke Unterstützung in der Arbeit versprach". Seine „eigenen, sehr aufmerksamen Beobachtungen" hätten jedoch bald ergeben, daß sich die Arbeitsfreudigkeit des Kölner Studenten „aufs Reden" beschränke. Auf diesem Gebiet sei er „gleich intensiv, ob es sich um große Versammlungen, um Konferenzen oder um kleine (Stänker-)Zirkel handelt". Kühns „hervorstechendste Eigenschaft" sei freilich „seine Unzuverlässigkeit". Kirschmann versuchte dieses Negativurteil durch Schilderung eines Vorfalls zu erhärten. Kühn habe seine Funktion als Leiter der Jugendgruppen des Sozialistischen Schutzbundes „plötzlich" vernachlässigt und sei trotz wichtigster Veranstaltungen „auf Fahrt" nach Luxemburg gegangen. Von dort zurückgekehrt habe er das Gerücht in Umlauf gesetzt, ihm seien durch einen Beauftragten des sozialdemokratischen Exilvorstands in Prag Weisungen erteilt worden, „über die er im einzelnen nicht sprechen könne und die unter allen Umständen Geheimnis zwischen ihm und dem Beauftragten des P. V. bleiben müßten". Kirschmann faßte zusammen: Student Kühn habe sich „sachlich als unzuverlässlich und charakterlich als phantasievoller Darsteller erwiesen". Seine „unkontrollierbare Phantasie" „mit dem Hang zum Reden zu jeder Mann und zu jeder Zeit" machten ihm gegenüber „größte Vorsicht zur Pflicht".

Vieles spricht für die Vermutung, daß Kirschmanns Kühn-Schelte nicht unwesentlich von der SAP-freundlichen Gesinnung des jungen Kölners beeinflußt war. Der Grenzsekretär vergaß auch nicht, in seinem Schreiben zu erwähnen, daß die politischen Ansichten Kühns „stark zur SAP" neigten. Des jungen Kühns Hang zur Rhetorik und Redseligkeit und – wie es scheint – auch seine Neigung, Dinge mit der Absicht,

---

9 Ebd., S. 77f.
10 Rundschreiben Kirschmanns in: Internationaal Instituut voor Sociale Geschiedenis, Amsterdam, Bestand Sozialistische Arbeiter-Internationale (SAI).

sich interessant und wichtig zu machen, zu „erfinden", dürften bei dem auf Parteidis-
ziplin Wert legenden sozialdemokratischen Funktionär schließlich das Faß zum Über-
laufen gebracht haben. Der 21jährige Kühn scheint seinerseits in dem langjährigen
SPD-Reichstagsabgeordneten einen typischen Vertreter des „unbeweglichen" sozialdemokratischen „Establishments" gesehen zu haben, dem er angesichts des Nieder-
gangs von Partei und Republik kaum noch Respekt entgegenzubringen gewillt war
und dem er zeigen wollte, „was eine Harke ist".[11]

Freilich, lange brauchten sich Kirschmann und Kühn nicht gegenseitig auf die Ner-
ven zu gehen. Noch im August kehrte der Jüngere illegal nach Köln zurück mit der Absicht, dort die konspirativ operierenden Jugendgruppen von SAJ und SJV zu einer
„Sozialistischen Front" zusammenzuschweißen.[12] Aber als die Gestapo bei einer Haussuchung in der elterlichen Wohnung Indizien seiner Anwesenheit fand, wurde für
Kühn der Boden in Köln zu heiß. Um sich selbst und die anderen jungen Genossen
nicht zu gefährden, verließ er erneut seine Heimatstadt, diesmal jedoch nicht mit dem
Saarland als Ziel, sondern in Richtung Sudetenland (Tschechoslowakische Republik),
wo die Familie seines Vaters lebte.[13]

Königshan im Sudetenland (Tschechoslowakische Republik)

Heinz Kühns Großvater väterlichseits wohnte und arbeitete als Schuster in Potschendorf, einem am Rande des Riesengebirges direkt an der tschechisch-deutschen Grenze
gelegenen sudetendeutschen Dorf. Auch die handwerklich tätigen Söhne des Großva-
ters lebten in Dörfern diesseits oder jenseits der tschechisch-deutschen bzw. sudetendeutsch-schlesischen Grenze.[14] Nur einer der Söhne, Heinz Kühns Vater Hubert
Kühn, hatte als wandernder Schreinergeselle der heimatlichen Region den Rücken ge-
kehrt und sein Glück in der rheinischen Metropole Köln gesucht. Hubert Kühn blieb
sich aber seiner sudetendeutschen Wurzeln stets bewußt und bemühte sich, die Bande
zu seinen Eltern und Brüdern in der fernen Heimat nicht abreißen zu lassen. Es erschien ihm wichtig, auch seinen Sohn Heinz in diese gefühlsbetonte familiäre Kontaktpflege einzubeziehen. Mehrmals verbrachte Heinz als Gymnasiast und Student
seine Ferien im Schoße der väterlichen Familie, in deren Geborgenheit er sich recht
wohl fühlte. Zuletzt hielt er sich Weihnachten 1932 in der Heimat seines Vaters auf,
und es fiel ihm ziemlich schwer (wie er seinem Onkel Franz, dem Dorfschneider von
Königshan, anvertraute), angesichts der zugespitzten politischen Lage wieder nach
Köln zurückzukehren.[15]

---

11 Kirschmann zitiert Kühn in seinem Rundschreiben mit dieser Formulierung. Der Kölner
   habe sich gegenüber Dritten geäußert: „Endlich fände er Gelegenheit, den ‚Bonzen' hier,
   die sogenannte illegale Arbeit machten, zu zeigen, was eine Harke ist".
12 Heinz Kühn an Erich Ollenhauer v. 23.5.1945, in: AdsD, Bonn, Emigration Sopade,
   Allg. Korrespondenz, Mappe 67.
13 Ebd.
14 Gespräch mit Elfriede Anders, geb. Kühn (einer Cousine Kühns) v. 23.3.1999.
15 Ebd.

Als Heinz Kühn sich im August 1933 nach seiner kurzen illegalen Stippvisite in Köln erneut außerhalb des Reichs in Sicherheit bringen mußte, war ihm von seinen Eltern der Boden für eine Aufnahme im Sudetenland bereitet worden. Bei Onkel Franz und dessen Frau Berta in Königshan hatten Hubert und Elisabeth Kühn brieflich angefragt, ob sie dem von Verhaftung bedrohten Heinz Refugium gewähren könnten. Die positive Antwort ließ nicht lange auf sich warten.[16]

Zunächst fand Heinz Kühn für einige Tage Unterschlupf bei Onkel Gustav, dem Dorfschuster in Albendorf, einer kleinen Grenzgemeinde in Mittelschlesien. Von dort aus überschritt er am 5. September – nur mit einem Handkoffer versehen – auf Schleichwegen die grüne Grenze zur Tschechoslowakei.[17] Sein Ziel: das zwischen dem Riesengebirge und dem Rabengebirge in einem von Hügeln eingeschlossenen Tal liegende Grenzdorf Königshan.[18]

Es handelte sich um ein fast nur von Sudetendeutschen bewohntes Dorf. Die tschechische Einwohnerschaft des Dorfes befand sich in einer hoffnungslosen Minderheit. Mehr als 750 der 850 Dorfbewohner waren (Sudeten-)Deutsche katholischer Konfession. Viele der sudetendeutschen Königshaner lebten von Ackerbau und Viehzucht oder gingen einem Handwerk nach. Es gab unter den Einwohnern auch Bergleute, die in den Kohlegruben des nahegelegenen und mit der Eisenbahn erreichbaren Ortes Schatzlar arbeiteten. Königshan besaß neben der Eisenbahnstation ein Postamt, einen Gendarmerieposten, ein Zollamt, eine Kirche und eine Volksschule.

Von Tante Berta und Onkel Franz, der in seiner florierenden Dorfschneiderei vier Gesellen beschäftigte und es zu bescheidenem Wohlstand gebracht hatte, wurde Heinz Kühn mit offenen Armen empfangen. Und wie einem Sohn begegneten die beiden ihrem jungen Verwandten aus Köln während seines einjährigen Aufenthaltes im Sudetenland. Die gute sudetendeutsche Küche der Tante war ganz nach Heinz Kühns Geschmack, und vom handwerklichen Geschick des Onkels profitierte seine Garderobe. So manchen schicken Anzug aus gutem tschechischem oder englischem Stoff schneiderte Hubert Kühn bereitwillig für seinen Neffen.

Im Hause lebte auch Elfriede, die einzige, gerade mal zwölf Jahre alte Tochter von Franz und Berta Kühn, die in ihrem „studierten" Vetter den „großen Bruder" sah. Da sie ihn sehr mochte, schaute sie ihm manchen Wunsch von den Augen ab. Sie fungierte auch als seine „Sekretärin". Mit wachsendem Erfolg schrieb sie von ihm diktierte Briefe und politische Texte auf der Schreibmaschine. Heinz „revanchierte" sich, indem er seinen „alten Fritz" (wie er seine Cousine nannte) sonntäglich zur Dorfkirche begleitete. Er nahm aber nicht neben ihr in der Kirchenbank Platz, sondern hielt sich während

---

16 Ebd.
17 Ebd.
18 Informationen zum Dorf Königshan (auch seiner geschichtlichen Entwicklung) in folgenden Nachschlagewerken: Allgemeines geographisch-statistisches Lexikon aller Österreichischen Staaten. Hg. v. Franz Raffelsperger, 3. Bd., 2. Aufl., Wien 1846, S. 1073. Orientierungs-Lexikon der Tschechoslowakischen Republik v. Prof. Ernst Pfohl, Reichenberg 1931, 3. neubearb. Aufl., S. 276; Adreßbuch für den politischen Bezirk Trautenau, Trautenau 1930, S. 61 ff.

der Messe – seine Distanz zur katholischen Kirche andeutend – stehend im hinteren Teil des Gotteshauses auf.[19]

Politische Zurückhaltung war selbst in Königshan nicht Kühns Sache. Dafür war der politische Betätigungsdrang des 21jährigen viel zu stark. Natürlich hatte er seine politischen Aktivitäten der neuen Umgebung und den veränderten Bedingungen anzupassen. Heinz Kühn suchte politische Kontakte nach Deutschland. Er fand sie in der schlesischen Kundschaft seines Onkels, die über die Grenze nach Königshan kam (was 1933/34 noch möglich war), um sich preiswerte und qualitativ gute Anzüge schneidern zu lassen.[20] Kühn zog die schlesischen Kunden des Onkels – unter ihnen Gewerkschafter und Sozialdemokraten – in einem Hinterstübchen der Dorfschneiderei ins politische Gespräch. Auf diese Weise erfuhr er manche Neuigkeit aus dem Reich, und er fand Gelegenheit, den Gesprächspartnern wortgewandt seine Sicht der Dinge zu vermitteln. Beziehungen knüpfte Heinz Kühn auch zu sudetendeutschen Arbeitern, etwa zu den Bergarbeitern von Schatzlar und zu Mitgliedern von Arbeitersportvereinen.[21] Der Umgang mit ihnen machte ihn vertraut mit Stimmungen und Meinungen an der Basis der sudetendeutschen Sozialdemokratie.

Sehr engen politischen und persönlich freundschaftlichen Kontakt pflegte Heinz Kühn in seiner Königshaner Zeit zu zwei Personen: zu dem Arbeiter Alfred Preißler und dem Studenten Hans Ziedorn.[22] Preißler, deutlich älter als Kühn und verheiratet, wohnte in Lampersdorf, einem Nachbarort von Königshan. Die betont linkssozialistische Gesinnung Preißlers schien ihre Attraktion auf Heinz Kühn nicht zu verfehlen. Immer wieder besuchte er abends seinen „proletarischen" Freund in Lampersdorf, um mit ihm politisch zu „fachsimpeln". Ziedorn, wie Kühn 1912 geboren und nach der nationalsozialistischen Machtergreifung als Stadtteilleiter der SAP in Breslau „hochverräterisch" tätig (wie es in einem Schriftsatz der Gestapo vom Mai 1941 an den Oberreichsanwalt beim Volksgerichtshof hieß[23]), hatte sich seiner Verhaftung noch gerade rechtzeitig durch Flucht ins Sudetenland entzogen. Er lebte in der nahe bei Königshan gelegenen Gemeinde Glasendorf.

Zusammen mit Ziedorn organisierte Heinz Kühn den Schmuggel illegaler politischer Schriften über die Grenze ins Reich.[24] Ohne Kontaktpersonen auf schlesischer Seite war diese Arbeit nicht zu bewerkstelligen. Einige aus dem Kundenkreis seines Onkels stammende Gesprächspartner Heinz Kühns gehörten zu dieser Personengruppe. Als Schmuggelware boten sich Publikationen der sudetendeutschen Sozialdemo-

---

19 Alle Angaben Elfriede Anders, geb. Kühn, im Gespräch v. 23.3.1999.
20 Ebd.
21 Kühn: Widerstand und Emigration, S. 108 f.
22 Gespräch Elfriede Anders v. 23.3.1999.
23 Bundesarchiv Berlin, R 58/2294. Reichssicherheitshauptamt. Abt. IV. Geheimes Staatspolizeiamt Berlin an den Oberreichsanwalt beim Volksgerichtshof v. 23.5.1941. Es handelt sich um einen aus dem Zentralen Parteiarchiv der SED übernommenen Aktenbestand.
24 Gespräch Elfriede Anders v. 23.3.1999; Kühn: Widerstand und Emigration, S. 105ff. u. S. 127; Heinz Kühn an Kurt Oppler v. 23.6.1945, in: AdsD, Bonn, Nl. Heinz Kühn, 1/ HK AA 000001.; Heinz Kühn im Gespräch mit Werner Höfer.

kratie an bzw. – wie sie offiziell hieß – der „Deutschen Sozialdemokratischen Arbeiter-partei" (DSAP) in der Tschechoslowakischen Republik. Zum Schmuggelgut Kühns und Ziedorns gehörten aber ebenso in größerem Umfang Schriften, die der Exilvorstand der SPD in Prag herausgab und die für die illegale Einfuhr nach Deutschland bestimmt waren. Das trifft z. B. für die *Deutschland-Berichte* zu. Sie beruhten auf einer Auswertung von Nachrichten über die Zustände im Reich, mit denen die Sopade durch ihre diversen Grenzsekretariate versorgt wurde.

Kühns politisches Verhalten war (wie schon in Saarbrücken) nicht widerspruchsfrei. Einerseits schmuggelte er Tarnschriften und Flugblätter des emigrierten SPD-Vorstandes über die Grenze nach Deutschland, andererseits sympathisierte er mit der SAP und forderte in einem von ihm in Königshan verfaßten Aufsatzmanuskript (das mit dem Titel „Die nächsten Schritte in Deutschland" versehen war und offenbar unveröffentlicht blieb) „den sofortigen, bedingungslosen Rücktritt des gesamten Parteivorstandes der SPD",[25] was in seinen Augen Bedingung für „die Liquidation der Spaltung innerhalb der Arbeiterklasse" und für „die Bildung einer einheitlichen", ehemalige Sozialdemokraten und Kommunisten vereinenden „revolutionären Partei" war. An der Spitze dieser Partei sollten nach seiner Meinung „die Führer der in Deutschland illegal arbeitenden Gruppen" stehen. Das kämpferisch anzustrebende Ziel der neuen Partei müsse die Überwindung des Faschismus durch eine „sozialistische Revolution" sein.

Im Mai 1945 behauptete Heinz Kühn in einem Brief an Erich Ollenhauer, er habe „das Jahr in den Sudeten […] zu Studien verwendet", die ihn „dem orthodoxen Marxismus gegenüber skeptisch werden ließen". „Diktatur des Proletariats" und andere Marxsche „Formeln" seien ihm „nicht mehr so überzeugungskräftig erschienen".[26] In dem Manuskript fehlen entsprechende theoretische Diskurse, so daß es Kühns retrospektive Aussage weder bestätigt noch widerlegt. Andere politische Texte aus seiner Königshaner Zeit sind nicht überliefert.

Am 20. Oktober 1933 – Heinz Kühn befand sich seit gut eineinhalb Monaten in Königshan – verhaftete die Gestapo in Köln seine Mutter und lieferte sie in das Behelfskonzentrationslager Brauweiler ein.[27] Die braunen Machthaber, die vermuteten, Heinz Kühn hielte sich noch illegal im Reich auf, bedeuteten dem Ehepaar Kühn, mit einer Freilassung Elisabeth Kühns sei erst dann zu rechnen, wenn sich ihr Sohn stellen würde.[28] Heinz Kühn erfuhr von diesem barbarischen Akt zunächst nichts. Denn Hubert Kühn wagte es nicht, seinen Sohn davon zu unterrichten. Er befürchtete, dieser

---

25 Das Manuskript befindet sich im AdsD, Bonn, Nl. Heinz Kühn (1/HK AA 00 0001). Aus dem Inhalt läßt sich schließen, daß es etwa im Frühjahr 1934 abgefaßt worden ist.

26 Heinz Kühn an Erich Ollenhauer v. 23.5.1945, in: AdsD, Bonn, Emigration Sopade, Allg. Korrespondenz, Mappe 67.

27 Der Zeitpunkt der Einlieferung Elisabeth Kühns in das Behelfs-KZ Brauweiler ist in der Liste der in den Jahren 1933/34 von der Staatspolizei in Brauweiler untergebrachten weiblichen Personen enthalten. Sie befindet sich im Rheinischen Archiv- und Museumsamt, Pulheim.

28 Das Folgende nach Kühn: Widerstand und Emigration, S. 110f.

werde sich in der Absicht, seine Mutter zu retten, der Gestapo ausliefern. In seiner Ver-
zweiflung ließ Vater Kühn seine Kontakte zu emigrierten Genossen in Brüssel spielen.
Von dort erhielt Heinz Kühn einen „aufwühlenden" und „dramatisch" formulierten
Brief, dessen Absender sich als Freund bezeichnete, aber seinen Namen nicht nannte.
Über die Inhaftierung von Kühns Mutter verlor der Verfasser kein Wort. Der Brief
enthielt aber die dringende Bitte, eine amtliche Bestätigung seines Aufenthalts in der
Tschechoslowakei nach Brüssel zu schicken. Für Heinz Kühn war es ein leichtes, ein
gefälschtes, aber mit amtlichen Stempeln versehenes Dokument aufzutreiben. Das Papier mit dem Beweis von Kühns Auslandsaufenthalt gelangte über Brüssel in die Hände der Gestapo. Aber erst Wochen später ließ sie Heinz Kühns schwer mißhandelte
Mutter frei. Jetzt wurde Heinz Kühn über die Hintergründe des Hilferufs aus Brüssel
informiert. Er erfuhr auch, daß sich hinter dem schreibenden Anonymus Max Sievers
verbarg, der Vorsitzende des „Deutschen Freidenker-Verbandes" (DFV) in der Weimarer Republik. Unter Führung von Sievers war dem Verband – einer Art sozialdemokratischer Nebenorganisation – in den Weimarer Jahren ein starker Aufschwung beschieden. Die Nationalsozialisten stürmten im März 1933 die DFV-Zentrale in Berlin
und nahmen Sievers zeitweise in „Schutzhaft". Er floh ins Ausland (Schweiz/Belgien).
Zu seinem Hauptwohnsitz wählte er dann bis 1935 Saarbrücken. Nach der Saarab-
stimmung zog er zusammen mit seiner belgischen Frau nach Brüssel.[29]

Im Frühjahr oder Sommer 1934 erhielt Heinz Kühn in Königshan Besuch von seiner Kölner Freundin Marianne Schley.[30] Von ihr hatte er sich schon vor seiner Flucht
ins Saarland getrennt, denn, so rechtfertigt er diese Entscheidung in seinen Memoiren,
„auf einer Barrikade oder in einem Gestapokeller umzukommen, verlangte nach Un-
gebundenheit."[31] Jetzt, in Königshan, beim Wiedersehen nach langer Zeit, erwachten
die alten starken Gefühle füreinander. Beide verlebten unbeschwerte Tage. Sie gingen
zum Tanzen in das Städtchen Trautenau, das dem Bezirk, in dem Königshan lag, den
Namen gab. Über Politik wurde nur am Rande gesprochen. Heinz und Marianne
konnten sich nun – trotz der politischen Widrigkeiten – die Zukunft nur gemeinsam
vorstellen; sie verlobten sich.[32] Als die 19 Jahre junge Kölnerin Königshan wieder verließ, war Heinz Kühn sehr deprimiert. Auf der Rückfahrt nach Köln nahm die Gestapo
Marianne Schley ins Visier. In Dresden mußte sie den Zug verlassen. Ihr Gepäck wurde durchsucht, und selbst den sudetendeutschen Mohnkuchen, ein Geschenk ihrer
Königshaner Gastgeber, nahm man auseinander.[33] Spätestens nach dem Besuch von
Marianne Schley in Königshan besaß die Gestapo konkrete Anhaltspunkte, wo sich
Heinz Kühn in der Tschechoslowakei aufhielt. In dieser Zeit soll Kühn, wie die Zeit-

---

29 Ausführlich zu Sievers Wirken bis 1933 und in der Emigration: Jochen-Christoph Kaiser:
    Max Sievers in der Emigration 1933–1944, in: Internationale Wissenschaftliche Korre-
    spondenz (IWK), 16. Jg. (1980), Heft 1, S. 33ff.
30 Hierzu die Gespräche mit Elfriede Anders v. 23.3.1999 und Marianne Kühn v. 9.1.1999.
31 Kühn: Widerstand und Emigration, S. 84.
32 Die Verlobung wird in den Zeitzeugengesprächen mit Elfriede Anders und mit Marianne
    Kühn erwähnt.
33 Gespräch mit Marianne Kühn v. 9.1.1999.

zeugin Elfriede Anders berichtet, im schlesischen Grenzort Libau steckbrieflich gesucht worden sein. 3.000 Reichsmark seien für seine Ergreifung geboten worden.

Kurz vor dem Ende seines Aufenthalts in Königshan erreichte Heinz Kühn eine Hiobsbotschaft vom deutschen Konsulat im tschechischen (sudetendeutschen) Reichenberg: Da der Kölner Regierungspräsident ihm die deutsche Staatsangehörigkeit aberkannt habe, solle er seinen (deutschen) Reisepaß an das Konsulat überstellen. In der Tat hatte ihm der Regierungspräsident in Köln am 2. Oktober 1934 die Staatsangehörigkeit entzogen.[34] Er berief sich dabei auf ein Reichsgesetz vom 14. Juli 1933 „über den Widerruf von *Einbürgerungen* und die Aberkennung der deutschen Staatsangehörigkeit". Nach diesem Gesetz war es möglich, *Einbürgerungen*, die zwischen dem 9. November 1918 und dem 30. Januar 1933 vorgenommen worden waren, zu widerrufen, „falls die Einbürgerung nicht als erwünscht anzusehen ist".[35] Hubert Kühn, Heinz Kühns sudetendeutscher Vater, war zunächst österreichischer Staatsbürger (auch noch in seinen frühen Kölner Jahren) und erhielt, als die Sudeten 1918 zur Tschechoslowakei kamen, deren Staatsangehörigkeit. Erst 1925 nahm er die deutsche (preußische) Staatsangehörigkeit an, wurde also *eingebürgert*. Mit ihm sein 13jähriger Sohn Heinz[36], der wie sein Vater dem Paß nach zuerst österreichischer und dann tschechoslowakischer Staatsbürger war. Heinz Kühn konnte übrigens der Aufforderung des deutschen Konsulats in Reichenberg nicht nachkommen. Schon im Juli 1934 hatte er das angeforderte Dokument beim Bezirksamt Trautenau hinterlegen müssen.[37] Noch heute befindet es sich in den Akten des Zentralen Staatsarchivs in Prag.[38]

Prag

Ende Oktober 1934, gut ein Jahr nach seiner Ankunft in den Sudeten, verließ Heinz Kühn Königshan, um nach Prag überzusiedeln. Was veranlaßte ihn, die familiäre Nestwärme im kleinen überschaubaren Grenzdorf gegen das für ihn völlig fremde Milieu in der Hauptstadt der tschechoslowakischen Republik einzutauschen? Entscheidend war sicher, daß Kühns persönliche Kontakte zu Mitemigranten in den Sudeten

---

34   Der Zeitpunkt von Kühns Ausbürgerung ist einer Verbalnote des (deutschen) Auswärtigen Amtes an die tschechoslowakische Gesandtschaft in Berlin v. 31.5.1935 entnommen. Eine Abschrift befindet sich im Státní Ústřední Archiv Praha (Staatl. Zentralarchiv Prag), Bestand Ministerstvo vnitra (Innenministerium) – stará registratura, 1931–1935, Sign. 5/221/642, Kart. 2541.

35   Helmut Weidelener/ Fritz Hemberger: Staatsangehörigkeitsrecht, München (u. a.) 1998, 5. Aufl., S. 187 ff.

36   Daß Kühn am 14.9.1925 die deutsche Staatsangehörigkeit erhalten hatte, also eingebürgert worden war, ist in der Verbalnote des Auswärtigen Amtes v. 31.5.1935 erwähnt. Siehe Anm. 34.

37   Státní Ústřední Archiv Praha, Policejní ředitelství Praha (Polizeidirektion Prag) 1931–1940, Sign. K 5722/6 Kühn, Heinrich.

38   Státní Ústřední Archiv Praha, Policejní ředitelství Praha, spisové období 1941–1950, Sign. K 7335/31.

nur sehr dünn gesät waren. Der rede- und kommunikationsfreudige Kölner sehnte sich nach einer Umgebung, in der die Möglichkeit eines regen Meinungsaustauschs mit vielen anderen Schicksalsgenossen bestand. Die tschechoslowakische Hauptstadt war ein solcher Ort. In der Mitte der 1930er Jahre lag das „Goldene Prag" in der geographischen Statistik der politischen Emigranten aus Deutschland gleich nach Paris an zweiter Stelle. Prag und Paris galten als die eigentlichen Hauptstädte der Emigration, bis der herannahende Krieg London zum Zentrum des Exils machte.[39]

Die Emigrantenpolitik der tschechoslowakischen Republik (vom Innenministerium in Prag am 30. Juni 1933 formuliert) kann als liberal bezeichnet werden. Sie bestand in der Gewährung von befristeten Aufenthaltsgenehmigungen und Reisepässen und deren Verlängerung. Keine der sechs bis 1938 amtierenden tschechoslowakischen Regierungen (samt und sonders große Koalitionen unter den konservativen Ministerpräsidenten Jan Malypetr und Milan Hodza) änderte das liberale Asylreglement. Die Prager Emigrantenpolitik wurzelte in einer Republik, die sich auf liberale Traditionen berief. Sie war nicht zuletzt darauf zurückzuführen, daß die beiden Staatspräsidenten Thomas Masaryk (der Republikgründer) und Edvard Benes (Präsident seit 1935) in ihrem Kampf gegen die untergegangene Habsburgermonarchie selbst einst politische Emigranten gewesen waren. Die liberale Asylpolitik blieb auch erhalten, als sich die tschechoslowakische Regierung der seit 1935 anschwellenden und nazistisch werdenden sudetendeutschen Bewegung (bzw. Partei) Konrad Henleins zu erwehren hatte.[40]

Einige hundert deutsche Kommunisten und Sozialdemokraten lebten im Prager Asyl. „Die Genossen im Prager Kyffhäuser" – wie die im Prager Stadtteil Karolinenthal, in der Palackého trída 24,[41] residierenden SPD-Exilvorständler genannt wurden – waren unter den sozialdemokratischen Prag-Emigranten zweifellos die prominentesten. Zur Sopade gehörten u. a.: Otto Wels, der Parteivorsitzende; Erich Ollenhauer, der eigentliche Organisator der Sopade und ehemalige Chef der Sozialistischen Arbei-

---

39   Zur Emigrationssituation in Prag Mitte der 1930er Jahre siehe Peter Heumos: Tschechoslowakei, in: Claus-Dieter Krohn/Patrik von zur Mühlen/Gerhard Paul/Lutz Winckler (Hg.): Handbuch der deutschsprachigen Emigration 1933–1945, Darmstadt 1998, S. 411 ff.; Bohumil Černý: Der Parteivorstand der SPD im tschechoslowakischen Asyl (1933–1938), in: Historica 14, S. 175 ff.; Peter Becher/Peter Heumos (Hg.): Drehscheibe Prag. Zur deutschen Emigration in der Tschechoslowakei 1933–1939, München 1992; In diesem Sammelband vor allem folgende Beiträge: Werner Röder: Drehscheibe – Kampfposten – Fluchtstation. Deutsche Emigranten in der Tschechoslowakei, S. 15 ff.; Martin K. Bachstein: Die Beziehungen zwischen sudetendeutschen Sozialdemokraten und dem deutschen Exil: Dialektische Freundschaft, S. 41 ff.; Peter Becher: Kurt R. Grossmann und die Demokratische Flüchtlingsfürsorge, S. 53 ff. Informativ auch der Aufsatz von Brigitte Seebacher-Brandt: Die deutsche politische Emigration der Tschechoslowakei, in: Peter Glotz/Karl-Heinz Pollok/Karl Schwarzenberg/John van Nes Ziegler (Hg.): München 1938. Das Ende des alten Europa, Essen 1990, S. 229 ff.; dies.: Ollenhauer. Biedermann und Patriot, Berlin 1984, S. 83 ff.
40   Die Außenpolitik unter Edvard Benes hoffte durch rührige Aktivitäten im Völkerbund und durch ein Bündnis mit Frankreich und der Sowjetunion Hitlers Strategie, die Tschechoslowakei mit Hilfe der Henlein-Bewegung zu zerschlagen, unterlaufen zu können (Heumos, Tschechoslowakei, S. 412).
41   Seebacher-Brandt: Die deutsche politische Emigration der Tschechoslowakei, S. 238.

terjugend, und Friedrich Stampfer, Chefredakteur des Parteiblattes „Vorwärts" in der Weimarer Zeit und des Exilblattes „Neuer Vorwärts".[42]

Neben Sozialdemokraten und Kommunisten lebten auch andere, kleinere Emigrantengruppen in Prag, so z. B. 20 bis 30 SAPler[43] und die „Schwarze Front" des linken Ex-Nazis Otto Strasser. Ihn schützte die tschechoslowakische Polizei gegen wiederholte Mord- und Entführungsversuche der Gestapo.

In Prag waren auch verschiedene Hilfsorganisationen entstanden, die die Emigranten mit Nahrung und Unterkünften versorgten. Heinz Kühn hatte sich noch von Königshan aus mit der Bitte um Betreuung an die Sozialdemokratische Flüchtlingshilfe gewandt,[44] eine gemeinsam von der sudetendeutschen Sozialdemokratie und dem SPD-Exilvorstand ins Leben gerufene Einrichtung. Die Sozialdemokratische Flüchtlingshilfe konnte oder wollte Heinz Kühn nur einen Betreuungsplatz in dem nordmährischen Städtchen Sternberg vermitteln, was dieser dankend ablehnte. Durch Fürsprache von Max Sievers und SAP-Genossen fand Kühn schließlich Anerkennung bei der Demokratischen Flüchtlingsfürsorge in Prag.[45] Dieses von dem Pazifisten und einstigen Generalsekretär der Deutschen Liga für Menschenrechte Kurt R. Grossmann gegründete Hilfskomitee kümmerte sich hauptsächlich um linkssozialistische und liberal-pazifistische Emigranten.[46]

Als Kühn am 22. Oktober 1934 mit der Eisenbahn in Prag eintraf,[47] führte ihn sein Weg in zwei Richtungen: zur polizeilichen Meldebehörde und zum Büro der Demokratischen Flüchtlingsfürsorge. Letzteres befand sich im Palais Kolowrat, Am Graben Nr. 17, in unmittelbarer Nähe des Wenzelsplatzes. Heinz Kühn, nicht mehr im Besitz eines gültigen deutschen Reisepasses, erhielt eine vom Innenministerium genehmigte begrenzte Aufenthaltserlaubnis bis zum 31. Dezember 1935.[48] Ein Reisepaß, der es ihm ermöglicht hätte, die CSR zu verlassen und wieder zurückzukehren (im Besitz eines solchen Dokuments war z. B. Sopade-Mitglied Erich Ollenhauer[49]) wurde ihm zunächst nicht ausgestellt.

Nicht uninteressant ist, daß sich das Prager Innenministerium im Falle des Studenten Kühn an das Prager Außenministerium mit der Anfrage wandte, ob es Einwände gegen eine Aufenthaltsgenehmigung ohne gültigen Reisepaß gebe. Das Außenmini-

---

42 Näheres zur personellen Zusammensetzung der Sopade: Marlis Buchholz/Bernd Rother: Der Parteivorstand der SPD im Exil. Protokolle der Sopade 1933–1940 (Archiv für Sozialgeschichte, Beiheft 15), Bonn 1995, hier: Einleitung, S. XIX ff.

43 Jörg Bremer: Die Sozialistische Arbeiterpartei Deutschlands (SAP). Untergrund und Exil 1933–1945, Frankfurt a. M./New York 1978, S. 106 ff.

44 Heinz Kühn an Erich Ollenhauer v. 23.5.1945, in: AdsD, Bonn, Emigration Sopade, Allg. Korrespondenz, Mappe 67.

45 Ebd.

46 Peter Becher: Kurt R. Grossmann und die Demokratische Flüchtlingsfürsorge, S. 53 ff.

47 Státní Ústřední Archiv Praha, Policejní ředitelství Praha, Sign. K 5722/6.

48 Státní Ústřední Archiv Praha, Ministerstvo vnitra – stará registratura, 1931–1935, Sign. 5/221/642, Kart. 2541.

49 Seebacher-Brandt: Die deutsche politische Emigration der Tschechoslowakei, S. 232.

sterium verneinte die Frage.[50] Es beauftragte aber die tschechoslowakische Gesandt-schaft in Berlin, beim deutschen Auswärtigen Amt Erkundigungen über Heinz Kühn einzuziehen. Das Auswärtige Amt übermittelte der CSR-Gesandtschaft am 31. Mai 1935 eine Verbalnote. In ihr hieß es, Heinz Kühn habe seine durch Einbürgerung er-worbene deutsche Staatsangehörigkeit verloren. Er habe sich außerdem „nach der na-tionalsozialistischen Erhebung aktiv am Wiederaufbau der KPD [!] beteiligt" und sei „nach seiner Flucht in deutschfeindlichem Sinne tätig gewesen". Die Note schloß mit der Bemerkung, beim Oberreichsanwalt in Leipzig, Zweigstelle Berlin, schwebe gegen Kühn „ein Strafverfahren wegen Vorbereitung zum Hochverrat".[51]

Bei seiner Meldung auf der Prager Polizeibehörde mußte Heinz Kühn – wie jeder andere Emigrant auch – einen Revers unterschreiben, in dem er sich verpflichtete, in der CSR weder einen Beruf noch Geschäfte auszuüben.[52] Hintergrund für diese Ver-pflichtung war die hohe Arbeitslosigkeit in der Tschechoslowakei (1933 erreichte die Weltwirtschaftskrise in der CSR mit über 700.000 Arbeitslosen ihren Höhepunkt, 1937 gab es immer noch mehr als 400.000 Erwerbslose).[53] Auch werde er, so hieß es in der Verpflichtungserklärung, die Gastfreundschaft des tschechoslowakischen Staates zu keiner politischen Tätigkeit mißbrauchen.

Im ersten Monat seines Prager Aufenthalts wurde Heinz Kühn von der Demokrati-schen Flüchtlingsfürsorge eine provisorische Wohnunterkunft in der Vodičková 28,[54] einer sehr zentral zwischen Wenzelsplatz und Neustädter Rathaus gelegenen Straße zu-gewiesen. Als seine Aufenthaltsgenehmigung vom Innenministerium abgesegnet war, bekam er einen Platz in einem Wohnkollektiv im Prager Vorort Zábehlice, Hlavni (Hauptstraße) 1784/6 vermittelt.[55] Hier lebte er – wie sich Kühn in seinen Memoiren erinnert – im zweiten Stock eines modernen Mietshauses zusammen mit sieben weite-ren Flüchtlingen im Alter zwischen zwanzig und vierzig Jahren in einer Kleinstwoh-nung: Küche, Zimmer, Bad.[56] Hlavni 1784/6 blieb Heinz Kühns Domizil bis zu seiner Abreise nach Belgien.

Auch zu Heinz Kühns leiblichem Wohl dürfte die Demokratische Flüchtlingsfür-sorge keinen unwesentlichen Beitrag geleistet haben. Es ist anzunehmen, daß er in den von der Fürsorge eingerichteten oder mitfinanzierten Essensküchen[57] häufig zu Gast war. Nichtsdestoweniger befand sich Heinz Kühn – was die Ernährungslage betraf – gegenüber manch anderem Emigranten-Genossen in einer ziemlich privilegierten,

---

50 Státní Ústřední Archiv Praha, Ministerstvo vnitra – stará regristratura, 1931–1935, Sign. 5/221/642, Kart. 2541.
51 Ebd. Verbalnote des (deutschen) Auswärtigen Amtes an die tschechoslowakische Ge-sandtschaft in Berlin v. 31.5.1935 (Abschrift).
52 Státní Ústřední Archiv Praha, Policejní reditelství Praha, Sign. K 5722/6. Kühn, Hein-rich.
53 Heumos, Tschechoslowakei, S. 412f.
54 Státní Ústřední Archiv Praha, Policejní reditelství Praha, Sign. K 5722/6. Kühn, Hein-rich.
55 Ebd.
56 Kühn: Widerstand und Emigration, S. 134.
57 Becher: Grossmann und die Demokratische Flüchtlingsfürsorge, S. 58.

beneidenswerten Position. Mit schöner Regelmäßigkeit konnte er opulente Lebensmittelpakete aus Königshan empfangen. Absender war sein „alter Fritz", also seine Cousine Elfriede.[58] Damit nicht genug. Kühn unterbrach auch hin und wieder seinen Prager Aufenthalt und fuhr mit dem Zug zu Besuchen nach Königshan,[59] was seinem seelischen und leiblichen Befinden nur zugute kam.

Das von den tschechoslowakischen Behörden verhängte Arbeitsverbot für Exilanten wurde von Kühn nicht strikt eingehalten. Um über einige Barmittel zu verfügen, schrieb er monatlich zwei Zeitungsartikel (über die leider nichts Näheres bekannt ist) und trug zeitweise für die Prager Kohlefirma Nothdurft Säcke mit Briketts in die Keller.[60] Das Emigrantendasein in der Stadt an der Moldau war für den 23jährigen jungen Mann aber überwiegend keine bedrückende oder triste Angelegenheit. Es bot viel Anregung und Abwechslung, es hatte durchaus auch Züge von Romantik. Heinz Kühn führte viele lange Gespräche in Prager Café-Häusern; er ging in Zwiegespräche vertieft den Wenzelsplatz, den lebhaften Broadway der tschechischen Metropole, hinauf und hinab; er saß disputierend oder singend zu Füßen des Jan-Hus-Denkmals am Altstädter Ring oder auf der bemoosten Mauer beim Hradschin. Im Sommer wanderte er abends zusammen mit anderen Angehörigen seines Wohnkollektivs durch Parks und Schrebergärten aus dem Zentrum der Stadt heimwärts in den südöstlich gelegenen Vorort Zábehlice. Im Winter verbrachte er so manche Stunde lesend in den Räumen der Karls-Universität, an der er freilich nicht immatrikuliert war.[61]

Noch in Königshan hatte sich Heinz Kühn (wie sich Cousine Elfriede erinnert[62]) von seinem Onkel Franz aus gutem graugrünem Tuch einen Anzug schneidern lassen, der den Charakter einer Phantasie-„Uniform" besaß und seinem Träger ein militärisches Outfit gab: diese „Phantasie-Uniform" bestand aus einem eng anliegenden Oberteil mit aufgesetzten Taschen und einer weiten Hose. Dazu trug Kühn überaus lange Schaftstiefel. So gekleidet trat er in den Straßen Prags des öfteren in Erscheinung, und im Fotohaus Saska am Altstädter Ring ließ er sich für die Nachwelt ablichten.[63] Daß Kühn seiner Umwelt mit der „Uniform" eine Botschaft vermitteln wollte, wird man vermuten dürfen. Sie scheint gelautet zu haben: Ich bin kein Zivilist oder Pazifist, sondern ein allzeit kampfbereiter Parteigänger des Sozialismus und Feind des Faschismus!

Kühns militantes Parteigängertum war sicherlich auch dafür verantwortlich, daß er sich Mitte 1935 für kurze Zeit wild entschlossen zeigte, die Tschechoslowakei zu verlassen, um nach Spanien zu gehen. Dort befand sich – nach Ausrufung der Republik

58 Gespräch mit Elfriede Anders v. 23.3.1999.
59 Ebd.
60 Kühn: Widerstand und Emigration, S. 135.
61 Ebd., S. 132, S. 138 und S. 142. – Die Information, daß Kühn *nicht* an der Karls-Universität eingeschrieben war, verdanke ich einer mündlichen Auskunft von Prof. Dr. Jan Havránek vom Archiv Univerzity Karlovy.
62 Gespräch v. 23.3.1999.
63 Der Name des Fotohauses befindet sich auf der Rückseite des im Besitz von Elfriede Anders befindlichen Bildes.

im Jahre 1931 – die politische Linke in einem schweren innenpolitischen Kampf mit der politischen Rechten, in dem sich der Bürgerkrieg schon als Wetterleuchten ankündigte. Heinz Kühn bat am 26. Juli 1935 „dringend" das Landesamt in Prag, ihm „schleunigst" einen vorläufigen Reisepaß für Ausländer auszuhändigen, „damit er nach Spanien fahren kann, denn er hat in diesem Staat im August die Möglichkeit eine Stelle als Lehrer anzutreten".[64] Der Plan des Wechsels nach Spanien zerschlug sich; nicht deshalb, weil ihm der Paß nicht ausgestellt wurde, sondern aus einem anderen Grund, über den wir nichts wissen.

Zwischen den in Prag lebenden Angehörigen des SPD-Exilvorstandes und dem einstigen sozialdemokratischen Aktivisten Heinz Kühn kam es zu keinerlei persönlichen Kontakten. Ein Umgang mit dieser prominenten Personengruppe verbot sich für Heinz Kühn, da sie sich in seinen Augen politisch gründlich diskre-

Heinz Kühn im militärähnlichen Outfit während seines Prager Exils.

ditiert hatte. In engerem Kontakt stand er während der Prager Zeit zunächst mit emigrierten SAP-Mitgliedern. Auf ihren Zusammenkünften hielt er Vorträge.[65] Der kleinen linkssozialistischen Partei schienen seine Sympathien zu gehören. Förmliches Mitglied ist er allem Anschein nach aber auch jetzt nicht geworden. Jedenfalls übernahm er dort keinerlei Funktionen. Allmählich ging er sogar zunehmend auf Distanz, ja, am Ende seines Prager Aufenthaltes stand der Bruch Kühns mit der SAP. Zwei Ursachen führten zu dieser Entwicklung, die sich freilich nicht fein säuberlich voneinander trennen lassen, da sie sich in der Realität miteinander verquickten. Zum einen zeigte Heinz Kühns persönlicher Kontakt zu Max Sievers Wirkung, zum anderen war sein Intellekt viel zu wach und empfänglich für neue geistige Tendenzen innerhalb der sozialistischen Emigration. Kühns lebendiger Geist obsiegte schließlich über die sektiererischen Anwandlungen, die zeitweise von ihm Besitz ergriffen hatten.

---

64 Státní Ústřední Archiv Praha, Policejní reditelství, spisové období, 1941–1950, Sign. K 7335/31.

65 Diese Information gab im Verhör ein der Gestapo ins Netz gegangener SAPler preis: Bundesarchiv Berlin, R 58/2294. Reichssicherheitshauptamt. Abt. IV. Der Oberreichsanwalt beim Volksgerichtshof an den Generalstaatsanwalt beim Oberlandesgericht in Hamm v. 3.7.1941.

In Heinz Kühns Prager Zeit blieb es nicht bei den brieflichen Kontakten, die sich zwischen ihm und Max Sievers während seines Königshaner Aufenthalts angebahnt hatten. Der ehemalige „Freidenkerpapst" Sievers, der als „unabhängiger Sozialist" im Brüsseler Exil lebte, reiste nach Prag und suchte u. a. das (politische) Gespräch mit dem jungen Kölner.[66] Man stellte eine Menge Gemeinsamkeiten fest. Das betraf nicht das Freidenkertum. Kühn stand zwar inzwischen der katholischen Kirche als Institution und ihren Dogmen sehr kritisch gegenüber, aber zum Austritt hatte er sich bisher nicht entschlossen. Religiöses Empfinden war ihm nicht abhanden gekommen.[67] In der Analyse der politischen Katastrophe von 1933 stimmten Kühn und der 25 Jahre ältere Sievers aber vollständig überein.[68] Sie vertraten die Meinung, daß die Preisgabe der revolutionären Perspektive durch die SPD und die in ihr dominante Vorstellung, allein mit reformistischen Mitteln die kapitalistische Gesellschaft in eine sozialistische umwandeln zu können, zum Fehlverhalten und zur Niederlage der Arbeiterbewegung im Jahre 1933 beigetragen habe. Gleichzeitig waren sie der Überzeugung, auch die KPD habe im Kampf gegen den Nationalsozialismus versagt. Mit ihrer auf die SPD gemünzten „Sozialfaschismus"-Theorie trage sie wesentliche Mitschuld an der Spaltung der deutschen Arbeiterbewegung. Hinsichtlich der politischen Zukunft vertraten beide die Auffassung, daß der Sturz der faschistischen Diktatur in Deutschland nur durch eine antikapitalistische, soziale Revolution bewerkstelligt werden könne. Ziel dieser Revolution müsse die Schaffung einer „sozialistischen Demokratie" in Deutschland sein. Eine solche Revolution sei vielleicht auch imstande, einen vom Nationalsozialismus letztlich eingeplanten europäischen Krieg zu verhindern. Die neue revolutionäre Bewegung zur Überwindung des Faschismus müsse in Deutschland selbst entstehen. Die Emigration habe in diesem Zusammenhang nur eine anregende, vorbereitende, planende Funktion.

Besonders reizvoll an der Beziehung zu Sievers war für Kühn aber ein ganz bestimmter Aspekt. Der „Freidenkerpapst" unterhielt rege persönliche und briefliche Kontakte zu drei prominenten Persönlichkeiten der politischen Emigration, die weder Kommunisten waren noch zur Gruppe der in Prag lebenden SPD-Exilvorständler gehörten. In diesem Gesprächskreis wurde, wenn auch noch sehr vage, das Projekt eines *Viererbündnisses* bzw. einer *Einheitsfront, Koalition* oder *Sammlung* verschiedener sozialistischer Gruppen *unter Ausschluß* der KPD und der Sopade in Prag ventiliert. Kühn hatte für ein solches Unternehmen viel übrig.[69] Denn der Glaube, die Splitterpartei SAP könne das Ferment für eine neue breite sozialistisch-antifaschistische Bewegung bilden, war ihm mittlerweile abhanden gekommen.

---

66 Heinz Kühn an Erich Ollenhauer v. 23.5.1945, in: AdsD, Bonn Emigration Sopade, Allg. Korrespondenz, Mappe 67.
67 Kühn: Widerstand und Emigration, S. 125f.
68 Zu Sievers politischer Vergangenheitsanalyse und Zukunftsperspektive siehe Kaiser: Max Sievers in der Emigration, S. 41 f.
69 Kühn an Ollenhauer v. 23.5.1945: „Sein Projekt schien mir aussichtsreich."

Einer der Gesprächspartner Sievers war *Otto Strasser*[70], der promovierte Nationalökonom und abtrünnige linke Kampfgefährte Hitlers. Mit seiner persönlichen Dynamik, seiner „Schwarzen Front" und seiner Wochenschrift „Deutsche Revolution" sorgte Strasser in Prag für viel Furore. Er verstand sich als unorthodoxer *Volks*sozialist, der großen Wert auf das *nationale* Bekenntnis, auf die *nationale* Dimension einer sozialistischen Revolution legte. Strasser hatte sein volkssozialistisches Glaubensbekenntnis in engem Austausch mit Wenzel Jaksch, dem Führer der sudetendeutschen Sozialdemokratie, entwickelt; beide wurdem „Freunde fürs Leben".[71]

Ein weiterer Gesprächspartner von Sievers wurde in diesen Jahren ebenfalls als „Volkssozialist" bezeichnet: *Wilhelm Sollmann*.[72] Der einstige Führer der rheinischen Sozialdemokratie war zwar Mitglied des SPD-Exilvorstandes, aber er lebte im luxemburgischen Exil und erwies sich als ein solch unabhängiger Kopf, daß es sich verbietet, ihn den „Genossen im Prager Kyffhäuser" zuzurechnen. Schließlich gehörte zum Sieversschen Gesprächskreis zeitweilig auch der katholische Gewerkschaftsführer und linke Zentrumspolitiker *Heinrich Imbusch*[73], der ebenfalls als Exilant in Luxemburg lebte.[74]

Für Strasser, Sollmann und Imbusch war die Beziehung zu Sievers schon allein deshalb nicht uninteressant, weil dieser mit Hilfe des von ihm ins Ausland geretteten Vermögens des Deutschen Freidenkerverbandes die Herausgabe eines Exil-Wochenblattes plante.[75] Der Gedanke lag nahe, die Zeitung zur Diskussionstribüne für verschiedene sozialistische Gruppen zu machen, um so vielleicht das Projekt einer sozialistischen Sammlung voranzutreiben. Großes Interesse an dem Zeitungsunternehmen mußte auch Journalismus-Freak Heinz Kühn haben, zumal ihn Sievers mit einer

70 Zu Otto Strasser siehe Biographisches Handbuch der deutschsprachigen Emigration nach 1933. Bd. I. Politik, Wirtschaft, Öffentliches Leben. Leitung und Bearbeitung: Werner Röder, München – Herbert A. Strauss, New York, München/New York/London/Paris 1980, S. 740ff.; Bachstein: Die Beziehungen zwischen sudetendeutschen Sozialdemokraten und dem deutschen Exil, S. 48f.

71 Martin K. Bachstein: Wenzel Jaksch und die sudetendeutsche Sozialdemokratie (Veröffentlichungen des Collegium Carolinum, Bd. 29), München/Wien 1974, S. 68.

72 In der vom SPD-Exilvorstand herausgegebenen wissenschaftlich-theoretischen „Zeitschrift für Sozialismus" (Verlagsanstalt „Graphia", Karlsbad) erschien 1935 ein von Wilhelm Sollmann unter dem Titel „Sozialistische Machtpolitik" verfaßter Aufsatz (Jg. 2, Heft 24/25, Sept./Okt. 1935, S. 758ff.). In ihm hieß es: „… die deutsche sozialistische Emigration hat nur dann eine politische Aufgabe, wenn sie ihre Blicke fest auf ihr Volk und ihr Land gerichtet hält und aus deutschem Wurzelboden sich nährt. Und wenn zuträfe, was total unrichtig ist, daß es deutsches Wesen ist, was jetzt drüben unsere Heimat schändet, dennoch: dieses Deutschland und sein Volk, wie es ist, sind die Urstoffe unseres politischen Denkens und Handelns. Davon haben wir auszugehen …" „Mit freudiger Zustimmung" brachte Otto Strasser einen Nachdruck des Artikels in der „Deutschen Revolution" (Jg. 10, Nr. 20 v. 1. Dez. 1935).

73 Biographisches Handbuch der deutschsprachigen Emigration nach 1933, S. 320f.

74 Die Gesprächskontakte Sievers–Strasser–Sollmann–Imbusch thematisiert Wilhelm Sollmann in einem Brief an SPD-Vorstandsmitglied Siegmund Crummenerl (in Prag) v. 21.12.1935, in: AdsD, Bonn, Emigration Sopade, Allg. Korrespondenz, Mappe 122. Siehe auch den Brief Sollmanns an Strasser v. 2.12.1935, in: HiAdSt Köln, Nl. Wilhelm Sollmann, Nr. 558. Zu den Kontakten auch Kaiser: Max Sievers in der Emigration, S. 44 ff.

75 Kaiser: Max Sievers in der Emigration, S. 48 f.

Redakteurstelle lockte.[76] Im Frühjahr 1936 waren die Gespräche zwischen Kühn und Sievers soweit gediehen, daß Heinz Kühn (versehen mit einem falschen Paß auf den Namen Josef Svoboda) Prag verließ – was ihm nicht leicht fiel.

Auf der Reise nach Belgien machte Heinz Kühn mehrere Zwischenstationen. Im Sudetenland verabschiedete er sich von der Familie seines Vaters.[77] Auch dem sozial-demokratischen Grenzsekretär in Trautenau Helmut Hertel (d. i. Franz Bögler), den er vom Saarbrücker Exil her kannte, stattete er einen Abschiedsbesuch ab. Ihm erzählte er, daß er nach Frankreich oder Belgien gehe, um dort weiter zu studieren. Im Gespräch mit Hertel ließ er auch die Bemerkung fallen, er trete jetzt entschieden für die Liquidierung der SAP ein, da sie keine Daseinsberechtigung mehr habe.[78] Kühns nächste Zwischenstation war Wien. Von dort ging die Reise weiter in die Schweiz, wo er Bekannte aus Belgien traf, die mit ihm zusammen seine Übersiedlung nach Brüssel vorbereiteten.

Belgien I.
Redakteurstätigkeit bei der Exilwochenzeitung „Freies Deutschland" und andere Aktivitäten Kühns

Anfang Mai 1936 erreichte Heinz Kühn mit dem Zug Brüssel. Die belgische Hauptstadt war kein ausgesprochenes Zentrum der Emigration wie Prag oder Paris. Aber sie war doch Zufluchtsort einer ansehnlichen Zahl deutscher, vor allem rheinischer Emigranten, was natürlich mit der räumlichen Nähe Brüssels zum Rheinland zusammenhing.[79]

Bei Kühns Ankunft in Brüssel regierte in dem kulturell-sprachlich zerrissenen und innenpolitisch aufgewühlten Königreich Belgien eine Dreierkoalition aus Katholiken,

---

76 Kühn: Widerstand und Emigration, S. 153.
77 Gespräch mit Elfriede Anders v. 22.3.1999.
78 Helmut Hertel an Erich Ollenhauer v. 14.8.1936, in: AdsD, Bonn, Emigration Sopade, Allg. Korrespondenz, Mappe 122.
79 Angaben zur Exilsituation in Belgien zwischen 1933 und 1945 in: Ursula Langkau-Alex: Belgien, in: Krohn/von zur Mühlen/Paul/Winckler (Hg.): Handbuch der deutschsprachigen Emigration 1933–1945, S. 168ff.; Österreicher im Exil. Belgien 1938–1945. Eine Dokumentation. Herausgeber: Dokumentationsarchiv des österreichischen Widerstandes. Auswahl und Bearbeitung: Ulrich Weinzierl, Wien/München 1987, S. 18 ff. – Daß sich in Brüssel während der 1930er Jahre viele politische Emigranten aus Köln aufhielten, betont Marianne Kühn in einem Gespräch, das in einer vom Kölner EL-DE-Haus herausgegebenen Publikation in leicht gekürzter Form enthalten ist: Unter Vorbehalt. Rückkehr aus der Emigration nach 1945. Bearbeitet von Wolfgang Blaschke, Karola Fings und Cordula Lissner, Köln 1997, S. 75–81; hier: S. 76.
In Brüssel sah Kühn auch Henry Kersten wieder, einen guten Bekannten aus Kölner „Falken"-Zeiten. Kersten war 1931 zum Jugendverband der SAP gewechselt und 1934 als bekennender und illegal Widerstand leistender Genosse verhaftet und zu zweieinhalb Jahren Zuchthaus verurteilt worden. Nach seiner Entlassung emigrierte Kersten nach Belgien, später in die USA (Gespräch mit Henry Kersten v. 7.9.1999 und AdsD, Bonn, Emigration Sopade, Mappe 40. Bericht über die Verurteilung von ehemaligen Mitgliedern der SAJ).

Liberalen und Sozialisten. Für erheblichen innenpolitischen Zündstoff sorgten die Konflikte zwischen Flamen und Wallonen und speziell (seit Mitte der 1930er Jahre) die *Rexisten,* eine antiparlamentarische und ständisch-faschistische Bewegung, die starken Zulauf aus dem von der Wirtschaftskrise gebeutelten wallonischen Mittelstand erhielt. Ihr Führer war der Katholik und Wallone Léon Degrelle, ein Bewunderer Mussolinis und Hitlers gleichermaßen.

Der junge Außenminister Paul-Henri Spaak von der Sozialistischen Partei (Parti Ouvrier Belge/Belgische Werkliedenpartij)[80] löste im engen Einvernehmen mit König Leopold III. Mitte der 1930er Jahre (dem Drängen weiter flämischer Kreise entsprechend und unter dem inoffiziellen Druck Hitler-Deutschlands) die nach dem Ersten Weltkrieg entstandenen engen Bindungen an die Westmächte. Im Oktober 1936 kündigte Belgien das Militärbündnis mit Frankreich aus dem Jahre 1923, und im Frühjahr 1937 wurde das Königreich durch eine französisch-englische und im Herbst durch eine deutsche Garantie-Erklärung neutralisiert.[81] Ein neutrales Land ist Belgien schon zwischen 1839 und 1914 gewesen. Durch den Einmarsch der deutschen Truppen war die Neutralität am Anfang des Ersten Weltkriegs gebrochen worden.

Heinz Kühn meldete sich, als er im Mai 1936 in Brüssel eintraf, beim „Matteotti-Fonds" im Maison du Peuple, dem Hauptquartier der belgischen Sozialisten. Beim Matteotti-Fonds handelte es sich um den belgischen Ableger des Internationalen Matteotti-Komitees, das für sozialistische Flüchtlinge zuständig war. Namensgeber des Komitees war der von den Faschisten ermordete italienische Sozialist Giacomo Matteotti.[82] Die Aufgabe des Fonds Matteotti der belgischen Sozialistischen Partei bestand u. a. darin, die Identität des um Aufenthalt nachsuchenden Emigranten festzustellen und ihn als Flüchtling anzuerkennen. Danach meldete es den Ankömmling den belgischen Behörden, mit denen es eng kooperierte. Diese stellten dem Emigranten eine Carte d'Identité aus.[83] Sie war auf ein halbes Jahr befristet,[84] konnte aber im Regelfall ohne Schwierigkeiten beliebig oft verlängert werden.

Zur wichtigsten Anlaufstelle für Heinz Kühn in Brüssel wurde die Rue l'Ecuyer 47.[85] Hier, mitten im Herzen der belgischen Metropole, wohnte Max Sievers. Nicht zuletzt seinetwegen war Kühn nach Brüssel gekommen, und im Hause des einstigen „Freidenkerpapstes" und dessen belgischer Ehefrau Denise Wauquier (mit der Sievers seit 1921 verheiratet war) ging der 24jährige nun ein und aus. Das wurde arg-

---

80 Siehe den Artikel „Belgische Arbeiterpartei (POB/BWP)" in: Lexikon zur Geschichte der Parteien in Europa. Unter Mitarbeit zahlreicher Fachgelehrter hg. v. Frank Wende, Stuttgart 1981, S. 12ff.

81 Siehe hierzu ausführlich Peter Klefisch: Das Dritte Reich und Belgien 1933–1939, Frankfurt/M. (u. a.) 1988, S. 157 ff.

82 Zu Giacomo Matteotti siehe Kühn: Widerstand und Emigration, S. 20f.; zum Matteotti-Fonds in Brüssel: Österreicher im Exil. Belgien 1938–1945, S. 24.

83 Vgl. Unter Vorbehalt. Rückkehr aus der Emigration nach 1945, S. 76. – Heinz Kühns Carte d'Identité ist im Privatarchiv Marianne Kühns erhalten geblieben.

84 Heinz Kühn an Erich Ollenhauer v. 23.5.1945, in: AdsD, Bonn Emigration Sopade, Allg. Korrespondenz, Nr. 67.

85 Kühn: Widerstand und Emigration, S. 181.

wöhnisch beobachtet von Gustav Ferl, dem ebenfalls in Brüssel lebenden und für das linksrheinische Gebiet zuständigen Sopade-Grenzsekretär. Vor 1933 gehörte Ferl als langjähriger Reichstagsabgeordneter und führender Reichsbanner-Funktionär[86] dem sozialdemokratischen „Establishment" an. Auch im Brüsseler Matteotti-Fonds besaß Ferl Sitz und Stimme.[87] Auf Sievers, der in der Emigration als *unabhängiger* Sozialist auftrat und sich von der Sopade und der Weimarer SPD scharf distanzierte, war Ferl überhaupt nicht gut zu sprechen.[88]

Ferls Abneigung gegen Sievers übertrug sich auf Personen, die beim Ex-„Freidenkerpapst" verkehrten. So auch auf Kühn. In einem Brief an Wilhelm Sollmann vom 9. September 1936 machte Ferl über Heinz Kühn wenig schmeichelhafte Bemerkungen. Er schrieb: „Neuerdings ist übrigens Heinz Kühn aus Köln hier. Er steht in Verbindung mit Sievers. Mir hat er angegeben, dass er aus der Tschechoslowakei komme, weil er dort bei seinem Onkel, der Oberförster und Anhänger der Henlein-Partei sei, nicht mehr bleiben könne. Die Prager[89] haben sich erkundigt und der zuständige Mann aus dem Grenzbezirk hat mitgeteilt, dass er zwar Heinz Kühn kenne, dass er aber bis jetzt nur gewusst habe, dass dieser einen Schneidermeister als Onkel in der Tschechei habe. Im übrigen sei der Junge sehr verworren. Hier will Heinz K. angeblich studieren und die Mittel dazu will er von seinem Onkel aus der Tschechei bekommen…".[90]

Ferls abwertende Kühn-Charakteristik verfing jedoch bei Sollmann nicht. Er erkannte, daß der Grenzsekretär in Kühn den Parteigänger Sievers' sah und sich deshalb schwer tat, über ihn objektiv zu urteilen. Außerdem war Sollmann lange genug Exilant, um zu wissen, daß das Streuen zweifelhafter Gerüchte und das Verächtlichmachen Andersdenkender innerhalb der politischen Emigration nichts Außergewöhnliches war. Prompt kam Sollmanns Replik aus Luxemburg: „Dass Heinz Kühn dort ist, erfuhr ich von Sievers. An mich hat sich Heinz Kühn seit seiner Emigration ins Saargebiet nicht gewendet. Heinz Kühn ist der Sohn eines Arbeiters oder Handwerkers. Er hat unter grossen Mühen und Entbehrungen sein Abitur gemacht und in Koeln zu studieren begonnen […] Er ist zweifellos begabt und war damals bestimmt überzeugter Sozialist. Ich vermute, dass wird er auch jetzt noch sein. Dass er unehrlich ist, glaube ich nicht. Vielleicht hat er mit seinem Onkel etwas aufgeschnitten. Da er aus seinem Studium herausgerissen ist und in den letzten Jahren sich kümmerlich durchschlagen musste, mag es sein, dass er ,etwas verworren' ist. Mir scheint aber, wenn ich Europa, die Internationalen und unsere diversen grossen Geister überblicke, teilt Kühn die Verworrenheit mit vielen anderen …"[91]

---

86 Nach Biographisches Handbuch der deutschsprachigen Emigration nach 1933, S. 171.
87 Ebd. und Gustav Ferl an die Sopade in Prag v. 7.8.1936, in AdsD, Bonn, Emigration Sopade, Mappe 39.
88 Gustav Ferl an Wilhelm Sollmann v. 28.12.1937, in: HiAdSt Köln, Nl. Wilhelm Sollmann, Nr. 405.
89 Gemeint ist die Sopade.
90 Ferl an Sollmann v. 9.9.1936, in: HiAdSt Köln, Nl. Wilhelm Sollmann, Nr. 560.
91 Sollmann an Ferl v. 10.9.1936, ebd.

Kühn wurde von Sievers materiell unterstützt. Der „Freidenkerpapst" betraute seinen Protegé auch sofort mit einigen Aufgaben. Er schickte Heinz Kühn für einige Monate nach Antwerpen. Dort sollte er die drucktechnischen Voraussetzungen für das ins Auge gefaßte Zeitungsprojekt klären und den illegalen Transport politischer Schriften auf deutschen Schiffen nach Hamburg organisieren.[92] Das hatte mittels Matrosen zu geschehen, die von der „Internationalen Transportarbeiterföderation"[93] als „gesinnungsecht" vermittelt wurden. Der erfolgreiche Druckschriften-Schmuggel lag Sievers sehr am Herzen, denn durch ihn war gewährleistet, daß auch ein von ihm selbst publizierter „Informationsdienst", die sogenannte „Sievers-Korrespondenz" („SIKO"), seine Leser erreichte. Die auf knitterfreiem Seidenpapier gedruckte Korrespondenz war nicht primär für die Emigration, sondern für die illegalen „sozialistischen Kämpfer" im Reich bestimmt.[94] Ihnen sollte sie als theoretisches Rüstzeug dienen. Die „SIKO" berief sich auf die marxistischen Traditionen der deutschen Arbeiterbewegung. Im Zentrum ihrer Analyse stand die Kritik am „Reformismus" der Weimarer SPD.

Nach gewissenhafter Erfüllung seiner Aufgaben in Antwerpen kehrte Kühn nach Brüssel zurück. Inzwischen hatte Max Sievers von der belgischen Koalitionsregierung die beantragte Lizenz für das projektierte Exil-Wochenblatt erhalten. Die Regierung des Gastlandes stellte nur eine Bedingung: Das Periodikum sollte unter einem „chapeau belge" herausgegeben werden.[95] Das bereitete Sievers keine Schwierigkeiten: Er machte seine belgische Frau Denise Wauquier pro forma zur Herausgeberin. Nun konnten alle Vorbereitungen für die erste Ausgabe des Wochenblattes zügig getroffen werden. Sein Erscheinen war für Anfang 1937 vorgesehen. Max Sievers stellte zwei Redakteure ein, die unter seiner Chefredaktion arbeiten sollten. Der eine war Leo Friedmann, ein aus Königsberg stammender gelernter Journalist und streng marxistisch gesinnter Sozialist jüdischer Herkunft.[96] Zu ihm hatte Sievers ein besonderes Vertrauensverhältnis; Friedmann fungierte schon als fester Mitarbeiter der Sievers-Korrespondenz. Der andere war Heinz Kühn, dem Sievers ein Monatsgehalt von 500 belgischen Francs[97] konzedierte.

Auf den ersten Blick schienen sich die Dinge zur Zufriedenheit Kühns entwickelt zu haben. Dennoch gab es einige Punkte, die Heinz Kühn ernstlich störten und die er sich ursprünglich – als er von Prag nach Brüssel übersiedelte – ganz anders vorgestellt

---

92 Kühn: Widerstand und Emigration, S. 181f. und S. 185f.; Heinz Kühn an Werner Glaeseker v. 24.6.1987, in: AdsD, Bonn, Nl. Heinz Kühn, 1/HK AA 000097.
93 Zum antinazistischen Widerstand der Internationalen Transportarbeiter-Föderation und ihres legendären Generalsekretärs, des Niederländers Edo Fimmen: Bob Reinalda (Hg.): The International Transportworkers Federation 1914–1945. The Edo Fimmen Era, Amsterdam 1997, und – ganz aktuell –: Dieter Nelles: Widerstand und internationale Solidarität. Die Internationale Transportarbeiter-Föderation (ITF) im Widerstand gegen den Nationalsozialismus (Veröffentlichungen des Instituts für soziale Bewegungen, Bd. 18), Essen 2001.
94 Kaiser: Max Sievers in der Emigration, S. 40 f.
95 Ebd., S. 48.
96 Biographisches Handbuch der deutschsprachigen Emigration nach 1933, S. 200.
97 Gespräch mit Marianne Kühn v. 9.1.1999.

hatte. Das von ihm schon während der Prager Zeit erhoffte, ja herbeigesehnte Viererbündnis Sievers–Strasser–Sollmann–Imbusch stellte sich als Trugbild heraus. Die Bündnisgespräche, die die vier prominenten Emigranten im Laufe des Jahres 1936 führten, scheiterten.[98] Kühn blieb nicht verborgen, daß das Nichtzustandekommen des Bündnisses in erster Linie auf die programmatische Enge und kompromißlose Unnachgiebigkeit seines neuen Gönners zurückzuführen war. Er erkannte klarsichtig: Das Scheitern des Bündnisses konnte Folgen für das Zeitungsprojekt haben. Zu einem Diskussions- und Integrationsforum verschiedener sozialistischer Exilanten-Gruppen oder -Fraktionen würde es sich wohl schwerlich entwickeln. Viel eher war zu erwarten, daß Sievers, der dank des geretteten Freidenkerverband-Vermögens das Blatt alleine finanzierte, ihm seine politische Richtung aufzwang.

Seine Bedenken und Sorgen wegen des Blattes äußerte Kühn in einem Brief vom 10. Januar 1937 an Wilhelm Sollmann – vier Tage bevor die erste Nummer der Wochenzeitung erschien. Sollmann war im Begriff, ins US-amerikanische Exil zu gehen. Sein Abschied von Europa trug sicher dazu bei, daß Heinz Kühn ihm sein Herz ausschüttete. Kühn sprach zunächst von einem nicht näher beschriebenen „Konflikt" zwischen Max Sievers und ihm, der inzwischen beigelegt sei. Aber, so fügte er hinzu, bei der Art, die Sievers an den Tag lege, wisse man natürlich nie, „wie lange eine Zusammenarbeit möglich ist". Dann wurde Heinz Kühn deutlicher: Er habe „politische Befürchtungen gegenüber der Entwicklung der Zeitung und der darumgelagerten Projekte". Um ein derartiges Unternehmen erfolgreich durchzuführen, sei eine „politische Aufgelockertheit und Hellhörigkeit" vonnöten, die Sievers vermutlich fehle, „so sehr manchmal Ansätze dazu vorhanden zu sein scheinen".

An anderer Stelle des Briefes kam Heinz Kühn erneut auf sein Verhältnis zu Sievers zu sprechen. Das geschah dort, wo er Sollmann klarmachte, daß sich seine (Kühns) politischen Anschauungen seit seinem Aufenthalt an der Saar im Jahre 1933 geändert hätten. Kühn wörtlich: „Damals war ich noch keine 21 Jahre, ein Alter, in dem man ja einer Ihrer eigenen Volkshausreden in Köln nach noch das Recht hat, kommunistische Anschauungen zu haben, um später ein guter Sozialdemokrat zu werden. Nun war ich zwar nie Kommunist (damals ging ich ja zur SAP) und habe auch gewiss nicht die Absicht, guter Sozialdemokrat zu werden, aber meine Überzeugung an die alleinseligmachende Richtigkeit des doktrinären Marxismus ist doch sehr erschüttert. Hier sind innerlich gewiss grössere Differenzen zwischen mir und M. S. [d. i. Max Sievers, D. D.], die im Laufe der gemeinsamen Zeitungsarbeit gewiss zum Austrag kommen werden. Unter anderem habe ich auch nicht das mindeste Verständnis für jene Art liberalistischen Freidenkertums, die in Max S. leider mehr als lebendig ist. Meiner ganzen Erziehung nach kann ich da nicht mit. Ich komme aus der katholischen Jugendbewegung und habe heute noch Freunde, die ich mit Stolz meine besten nenne, die katholische Geistliche sind. Als ich für die erste Nummer der Zeitung einen Artikel über die sozialistischen Strömungen im Katholizismus schrieb, der nur referierend, ohne eine eigentlich persönliche Stellung zu enthalten, gehalten war, meinte Max, ich hätte

---

98   Kaiser: Max Sievers in der Emigration, S. 45 f.

‚bedenkliche Anwandlungen zum religiösen Sozialismus'; nur weil ich formuliert hatte, dass auch wir in einem freien Deutschland in der weltanschaulichen Auseinandersetzung mit dem Katholizismus uns anderer Mittel zu bedienen hätten als früher. Den Artikel, den ich mit ‚Katholische Bundesgenossen' überschrieben hatte, wandelte er in ‚Strömungen im Katholizismus'. Es ist bei mir gewiss nicht gekränkte Autoreneitelkeit, sondern die Auffassung, dass so Menschen vor den Kopf gestossen werden – eben die jungen Katholiken – die einer neuen Frontformierung nicht verloren gehen dürfen, was mir diese Haltung bedenklich erscheinen lässt."[99]

Am 14. Januar 1937 kam die neue Exilzeitung unter dem Namen „Freies Deutschland" (Untertitel: „Organ der deutschen Opposition") erstmals heraus. Etwas mehr als zweieinhalb Jahre sollte das Blatt im Folioformat und von acht Seiten Umfang jeden Donnerstag in insgesamt 137 Ausgaben erscheinen.[100] In allen Ausgaben prangte auf der Titelseite der Name der Zeitung in roten Lettern. Bis Herbst 1938 wurde „Freies Deutschland" in Antwerpen in der Somersstraat 22 gedruckt (es handelte sich um die Druckerei der belgisch-sozialistischen „Volksgazet"). Dann kam es aufgrund der Intervention belgischer Behörden zu einem Druckortwechsel. Diese hatten sich (nach der Annexion des Sudetenlandes durch Nazi-Deutschland) starken Pressionen der deutschen Regierung und deutscher Diplomaten in Belgien[101] gebeugt. Ab der Ausgabe vom 17. November 1938 erfolgte der Druck von „Freies Deutschland" deshalb außerhalb von Belgien, nämlich in Frankreich, in Creil-sur-Oise nordöstlich von Paris.

99 Kühn an Sollmann v. 10.1.1937, in: HiAdSt Köln, Nl. Wilhelm Sollmann, Nr. 565.
100 Die zwischen dem 14.1.1937 und dem 22.8.1939 erscheinende Wochenzeitung ist im Archiv der sozialen Demokratie (AdsD), Bonn, vollständig erhalten. Sie wurde von mir ausgewertet.
Außerdem existieren zwei Arbeiten über „Freies Deutschland". Bei der einen handelt es sich um ein fünfseitiges Kurzporträt, das in einem Sammelbandbeitrag zur Exilpublizistik enthalten ist: Thomas Biene: Exilpublizistik in den Niederlanden, Belgien und Luxemburg, in: Hanno Hardt/Elke Hilscher/Winfried B. Lerg (Hg.): Presse im Exil. Beiträge zur Kommunikationsgeschichte des deutschen Exils 1933–1945, München (u. a.), S. 181– 221, hier: S. 200ff. Die zweite Abhandlung ist eine unveröffentlichte Magisterarbeit: Werner Glaeseker: „Freies Deutschland" (Brüssel). Eine Zeitung unabhängiger deutscher Sozialisten im Exil (1937–1939). Wissenschaftl. Hausarbeit zur Erlangung des akademischen Grades eines Magister Artium der Universität Hamburg, Hamburg 1987. Für die Möglichkeit des Einblicks in diese Arbeit danke ich Arnold Sywottek.
Informationen habe ich auch dem Briefwechsel entnommen, den Werner Glaeseker wegen des Untersuchungsgegenstandes mit Heinz Kühn im Mai/Juni 1987 führte. Der Briefwechsel befindet sich im Bonner (Teil-)Nachlaß Kühns: AdsD, Bonn, Nl. Heinz Kühn, 1/HK AA 000097.
101 Am 12.11.1937 berichtete z. B. der deutsche Generalkonsul in Antwerpen an das Auswärtige Amt in Berlin, „der frühere Reichsangehörige" Max Sievers beabsichtige, sein Wochenblatt „Freies Deutschland" „nach und nach zu einer Tageszeitung auszubauen". Außerdem teilte er dem AA mit, die „Mittel zur Ausgestaltung der Zeitung" würden Sievers „von einem aus Sovjet-Russland geflüchteten Kommissar zur Verfügung gestellt". Beide Behauptungen entsprachen nicht der Wahrheit. Der Generalkonsul schloß seinen Bericht mit den Sätzen: „Sievers erfreut sich hier nach wie vor der Protektion seiner belgischen Parteifreunde; seine Tätigkeit halte ich für sehr gefährlich." Nach: Politisches Archiv des Auswärtigen Amtes, Bonn, Microfiche-Nr. 6254.

Während der ganzen Zeit des Erscheinens von „Freies Deutschland" befand sich aber dessen Redaktion in Brüssel, wo Chefredakteur Sievers und die beiden festange-stellten Redakteure Friedmann und Kühn wohnten. In der Kopfzeile der Zeitung wur-de Max Sievers über ein Jahr lang als Chefredakteur („Schriftleiter") genannt. Seit der Ausgabe vom 17. März 1938 erschienen dort bis Herbst 1938 anstelle seines Namens die beiden französischen Worte „Hebdomadaire Antifasciste" („Antifaschistische Wo-chenzeitung"). Sie brachten (unmittelbar nach der Annexion Österreichs durch Hit-ler-Deutschland) die politische Hauptstoßrichtung des Blattes pointiert zum Aus-druck. Das änderte aber nichts an Sievers weiterer hauptverantwortlicher Tätigkeit in der Redaktion. Freilich halste er sich nicht die alltägliche redaktionelle Kleinarbeit auf. Er wachte mit Argusaugen über den politischen Kurs der Zeitung und schrieb in der Regel den wöchentlichen Kommentar auf Seite eins. Außerdem betrachtete sich Sievers als allein zuständig für die finanzielle Seite des Zeitungsunternehmens. Für sei-ne beiden Redakteure war das Finanzgebaren tabu.

„Freies Deutschland" wollte *in erster Linie* eine Zeitung für die in Europa und sogar im außereuropäischen Ausland lebenden deutschen Emigranten sein, darüber hinaus aber auch von anderen Auslandsdeutschen gelesen werden. Deshalb war es bemüht, in möglichst vielen Ländern Landesbüros zu eröffnen, die für seinen Absatz zuständig waren. Gegen Ende seines Erscheinens wies „Freies Deutschland" eine ansehnliche Zahl von Landesvertretungen auf, die nicht mit *Korrespondenten*büros zu verwechseln sind. In allen Ländern West- und Nordeuropas mit Ausnahme von Irland gab es derar-tige Niederlassungen. Auch in Polen und der Schweiz, selbst in überseeischen Ländern wie Palästina, Argentinien, Mexiko und den USA existierten Landesbüros. Einige Staaten entschieden sich aber aus Rücksicht gegenüber Nazi-Deutschland, die Vertre-tungen wieder zu schließen.

„Freies Deutschland" war nicht nur eine Zeitung *für,* sondern auch *von* Emigran-ten. Als Autoren für das Wochenblatt arbeiteten neben den drei Redakteuren mehrere deutsche Emigranten als freie Mitarbeiter.[102] Die allermeisten von ihnen lebten nicht in Belgien. Sie übersandten ihre gegen ein bescheidenes Honorar verfaßten Artikel aus Prag, Paris oder den skandinavischen Hauptstädten. Wichtigster freier Mitarbeiter war Dr. Arcadius Gurland, der die Wirtschaftsseite des Exilorgans regelmäßig füllte. Arcadius wohnte in Paris und war dort an einem wirtschaftswissenschaftlichen Institut angestellt.

Die Auflagenhöhe von „Freies Deutschland" dürfte einige tausend Exemplare be-tragen haben. Das entspricht in etwa der gedruckten Auflage anderer vergleichbarer deutscher Exil-Periodika, wie z. B. dem von der Sopade herausgegebenen „Neuen Vor-wärts". Exaktes läßt sich freilich zur Höhe der gedruckten Auflage von „Freies Deutschland" nicht sagen. Dienststellen im nationalsozialistischen Deutschland gin-gen von 3.000 Exemplaren aus, Leo Friedmann nannte rückblickend die Zahl 8.000 und Heinz Kühn glaubte sich zu erinnern, daß zumindest für einen kürzeren Zeitraum

---

102 Hierzu ausführlich Glaeseker: „Freies Deutschland", S. 48ff.

von jeder Ausgabe 12.000 Exemplare gedruckt wurden.[103] Über das numerische Verhältnis zwischen gedruckter und verkaufter Auflage fehlen Angaben, ebenso über die Zahl der ins Reich geschmuggelten Exemplare.

„Freies Deutschland" wurde nach einem bestimmten Schema aufgemacht.[104] Auf Seite eins erschien der Leitartikel und der Kommentar. Deren Inhalte waren jeweils aktuelle innerdeutsche Ereignisse oder die neuesten Entwicklungen in der europäischen Politik und Diplomatie. Seite zwei brachte Informationen zur Innenpolitik im nationalsozialistischen Deutschland. Das konnten Meldungen über Verfolgungsmaßnahmen und Prozesse gegen Oppositionelle sein, aber auch Nachrichten über Interna der NS-Bewegung. Die ganze dritte Seite war reserviert für analytische Artikel über die Wirtschafts- und Finanzpolitik im Dritten Reich. Als Kulturseite war Seite vier aufgemacht. Ein unpolitisches Feuilleton bot die Zeitung dem Leser aber nicht. Die Mehrzahl der kulturellen Beiträge wies politische Implikationen auf. Sie dokumentierten die antifaschistische Grundhaltung des Wochenblattes. Es wurden hier u. a. Werke der Exilliteraur besprochen und Aufsätze über die auswärtige Kulturpolitik des NS-Regimes und zu Themen wie ‚Jugend im Dritten Reich' oder ‚Kirche im Faschismus' veröffentlicht. Seite fünf war als Programmatikseite gestaltet. Sie diente der Verdeutlichung der von der Redaktion vertretenen politischen Zukunftsvorstellungen. In der Frühzeit des Blattes erschien auf dieser Seite die Artikelserie „Das kommende Deutschland", in der die Redaktion ihr Modell für ein sozialistisches Deutschland entwickelte.[105] Die Programmatikseite war auch für Leserbriefe zu bestimmten, von der Redaktion vorgestellten Themen der Exilpolitik offen. Auffallend ist, daß zwar von der Redaktionsposition abweichende Lesermeinungen abgedruckt, aber von der Redaktion sofort inhaltlich „zurechtgerückt" wurden. Als Auslandsseiten kann man die Seiten sechs und sieben bezeichnen. Sie beschäftigten sich mit der Außenpolitik Hitler-Deutschlands und Ereignissen außerhalb des Reiches. Hier gab es auch die Rubriken „Außenpolitischer Wochenspiegel" und „Blick in die Auslandspresse". Mit Kurznachrichten, satirischen Beiträgen und gelegentlichen kritisch-polemischen Besprechungen anderer deutscher Exilzeitungen schloß „Freies Deutschland" auf Seite acht.

Welche Rolle spielte Heinz Kühn bei der Herstellung der Wochenzeitung? Welchen Einfluß nahm er auf ihre inhaltliche Gestaltung?[106] Er war zum einen für die technische Bearbeitung des Blattes zuständig. Er nahm den Umbruch vor und beaufsichtigte den Druck, jedenfalls so lange es in Antwerpen hergestellt wurde. Dazu fuhr er für zwei Tage pro Woche in die Antwerpener Druckerei. Zum anderen redigierte er

---

103 Zahlen nach Glaeseker: „Freies Deutschland", S. 17; Thomas Biene: Exilpublizistik, S. 204; Heinz Kühn an Werner Glaeseker v. 24.6.1987, in: AdsD, Bonn, Nl. Heinz Kühn, 1/HK AA 000097.
104 Zum formalen und inhaltlichen Aufbau von „Freies Deutschland" vgl. Glaeseker, „Freies Deutschland", S. 20ff. Siehe auch Biene, Exilpublizistik, S. 203f.
105 Vgl. „Freies Deutschland", Jg. 1, Nr. 1 (14.1.1937); Nr. 5 (11.2.1937); Nr. 8 (4.3.1937); Nr. 9 (11.3.1937); Nr. 17 (6.5.1937).
106 Zum Folgenden Kühn: Widerstand und Emigration, S. 198; Heinz Kühn an Werner Glaeseker v. 24.6.1987; Glaeseker: „Freies Deutschland", S. 44 ff.

Artikel und kürzte von auswärts zugesandte Manuskripte, wenn sich dies aus Platzgründen als nötig erwies. Vor allem aber schrieb er selbst eine große Zahl von Artikeln für „Freies Deutschland". Alle seine Beiträge erschienen unter Pseudonym oder waren mit einem Namenskürzel versehen. Das geschah aus Camouflagegründen gegenüber der Gestapo. Heinz Kühn bediente sich folgender Pseudonyme und Kürzel: Audax (lat. „Der Kühne"), -x, Henri, Henri Hardi (franz. „Der kühne Heinrich"), H. H., H., H. Bold, H. K., kü., Kn.

Heinz Kühns Aufsätze für „Freies Deutschland" deckten ein breites Themenspektrum ab. Eine ausgesprochene Vorliebe besaß der junge Redakteur für *außen*politische Themen und für die Innenpolitik diverser europäischer und außereuropäischer Länder. Mehrere Artikel verfaßte er zur Außen- und Kriegspolitik Hitler-Deutschlands und zum faschistischen Italien. In ihnen setzte er sich kenntnisreich mit den imperialen, geopolitischen und ökonomischen Aspekten dieser Politik auseinander. „Imperium des Wahnsinns. Zur Reichsidee der Hitlerdiktatur" titelte er z. B. einen seiner Artikel,[107] „Iran – Hitlers Operationsbasis gegen UdSSR" einen anderen,[108] „Autarkie und Blitzkrieg. Probleme der italienischen Kriegswirtschaft" einen dritten.[109] Wiederholt und voller Anteilnahme befaßte sich Heinz Kühn mit dem spanischen Bürgerkrieg.[110] Aber immer wieder wurde sein Blick auch von Vorgängen außerhalb Europas gefesselt: von den Bestrebungen nach einer jüdischen „Heimstätte" in Palästina, vom japanisch-chinesischen Krieg, von Veränderungen im kolonialen Afrika und sozialen Unruhen in Südamerika und von der mexikanischen Agrarrevolution, um nur Beispiele zu nennen.[111]

„Jugend in Deutschland" war ein anderes Schwerpunktthema, das den Brüsseler Exil-Journalisten Heinz Kühn nicht losließ. Er nahm in Artikeln des „Freien Deutschland" die Hitlerjugend unter die Lupe und schilderte die Verfolgung bündischer Jugendorganisationen durch die Nationalsozialisten. Ganz besonders aber trieb den ehemaligen SAJ-Funktionär die Frage um: Wie läßt sich die unter dem Einfluß der NS-Diktatur stehende deutsche Jugend dereinst für ein sozialistisches Deutschland gewinnen?[112]

„Katholische Kirche und Nationalsozialismus" sowie „Kultur und Nationalsozialismus" waren weitere Themen, zu denen Heinz Kühn im „Freien Deutschland" wie-

---

107 Freies Deutschland, Jg. 3, Nr. 13 (30.3.1939), S. 1.
108 Freies Deutschland, Jg. 2, Nr. 50 (15.12.1938), S. 6.
109 Freies Deutschland, Jg. 3, Nr. 8 (23.2.1939), S. 1.
110 Z. B. in „Freies Deutschland", Jg. 2, Nr. 41 (13.10.1938), S. 6 („Um das Schicksal der spanischen Republik") und Jg. 3, Nr. 12 (23.3.1939), S. 5 („Der wahre Sinn des spanischen Volkskriegs").
111 „Freies Deutschland", Jg. 3., Nr. 9 (2.3.1939), S. 6; Jg. 3, Nr. 4 (26.1.1939), S. 6; Jg. 2, Nr. 25 (23.6.1938), S. 6f.
112 Siehe „Freies Deutschland", J. 1, Nr. 3 (28.1.1937), S. 2 („Reichswehr rüffelt Hitler-Jugend"); Jg. 1, Nr. 20 (27.5.1937), S. 5 („Anwachsen der ‚Bünde' trotz Verbot"); Jg. 1, Nr. 32 (19.8.1937), S. 5 („Der Weg der deutschen Jugend"); Jg. 1, Nr. 39 (7.10.37), S. 5 („Sozialistische Jugend, wohin?"), Jg. 3, Nr. 33 (17.8.1939), S. 5 („Leben und Wandlung der deutschen Jugend").

AUS DEM INHALT: Konzernexpansion oder Staatswirtschaft — London-Jerusalem-Damaskus — Funks Methodenwechsel.

FREIES DEUTSCHLAND

ORGAN DER DEUTSCHEN OPPOSITION

Jahrg. 3. — Nr. 13. — 30. März 1939.   WOCHENZEITUNG   HEBDOMADAIRE DEMOCRATIQUE

Um die Strategie der Atempause

Imperium des Wahnsinns
Zur „Reichsidee" der Hitlerdiktatur

Doppelspiel mit Slowaken — Zur Geschichte des rumänischen Wirtschaftsultimatums — Legenden um Memel oder Vorstoss ins Baltikum — Die Antwort der Kleinstaaten auf Europas Hilflosigkeit

Titelseite von „Freies Deutschland" vom 30. März 1939.
Der Leitartikel „Imperium des Wahnsinns" stammt von Kühn.
In ihm rechnet er mit dem „totalen Imperialismus" Hitlers ab.

derholt Stellung bezog. In einem „Deutsche Katholische Volkskirche?" betitelten Artikel vertrat er die These, die katholische Kirche sei zu einer *begrenzten* Zusammenarbeit mit dem NS-Staat bereit. Sie werde, „wenn auch mit Widerwillen, die faschistische Staatstotalität als letztes Bollwerk gegen den Sozialismus tolerieren". Die Bereitschaft der katholischen Kirche zu Zugeständnissen gegenüber dem „faschistischen Staat" habe jedoch „stets ihre Begrenzung in dem unwandelbar ultramontanen und universalistischen Charakter der Kirche". Sie werde sich also nicht in eine „Nationalkirche" verwandeln, wie es der Faschismus wünsche.[113]

Schließlich gab es eine Thematik, die Heinz Kühn in inhaltlich recht disparaten Artikeln gedanklich immer wieder umkreiste. Es war das vielschichtige Thema „Nation und Nationalismus". Er philosophierte über den „revolutionären Nationalismus" Ernst Jüngers und Ernst Niekischs,[114] reflektierte (im Zusammenhang mit dem spanischen Bürgerkrieg) über „die Niederlage des baskischen Nationalismus"[115], beschäftigte sich mit dem Reichsnationalismus eines Ulrich von Hutten (aus Anlaß seines 450. Geburtstags),[116] und er machte sich Gedanken über „Nation und Sendung des Schweizertums"[117].

Die Summe aller Beiträge Kühns für „Freies Deutschland" läßt nur einen Schluß zu: Der junge Journalist war enorm belesen. Mit großer Akribie studierte er die ihm in Brüssel zugängliche deutsche, aber ebenso die ihm zur Verfügung stehende französisch- und englischsprachige Presse. Seine Belesenheit erstreckte sich selbstverständlich auch auf den aktuellen politischen und literarischen Büchermarkt. Außergewöhnlich waren die geschichtlichen Kenntnisse des jungen Zeitungsmanns. Mit ihnen konnte er in vielen seiner dem politischen Tagesgeschehen gewidmeten Artikel brillieren. Durch das historische Hintergrundwissen ihres Autors erhielten sie Überzeugungskraft.

Trat das ein, was Kühn unmittelbar vor dem Erscheinen von „Freies Deutschland" befürchtet hatte? Kam es wegen der zwischen ihm und Sievers bestehenden politisch-ideologischen Differenzen im Laufe der gemeinsamen Zeitungsarbeit zu Konflikten? Die Frage muß mit einem klaren Ja beantwortet werden. Gewiß, es gab zwischen den beiden auch durchaus einen beachtlichen Vorrat identischer Überzeugungen und Standpunkte: Beide waren (wie schon bei ihren ersten Unterredungen in Prag) übereinstimmend der Meinung, der „antifaschistische Kampf", dem sie sich verschrieben hatten, verfolge *ein* Endziel: die „soziale Revolution" in Deutschland. Durch sie müsse die „kapitalistische Herrschaftsform" restlos beseitigt und eine „sozialistische Demokratie" errichtet werden. Die Rückkehr zu einer „bürgerlich-liberalen Demokratie" sei – angesichts ihres Versagens in der Weimarer Zeit – ein Anachronismus.[118] Auch als es

---

113 „Deutsche Katholische Volkskirche?", in: Freies Deutschland, Jg. 1, Nr. 11 (25.3.1937), S. 4.
114 Freies Deutschland, Jg. 1, Nr. 18 (13.5.1937), S. 6.
115 Freies Deutschland, Jg. 1, Nr. 23 (1.6.1937), S. 6.
116 Freies Deutschland, Jg. 2, Nr. 17 (28.4.1938), S. 8.
117 Freies Deutschland, Jg. 3, Nr. 17 (27.4.1939), S. 4.
118 Siehe hierzu in „Freies Deutschland" die programmatischen Aufsätze unter dem Titel „Das kommende Deutschland": Jg.1, Nr. 1 (14.1.1937), S. 5; Nr. 2 (21.1.1937), S. 5;

für Sievers und Kühn fast zur Gewißheit wurde (seit etwa Ende 1938), daß ein durch Hitler vom Zaune gebrochener europäischer Krieg unmittelbar bevorstehe, gaben sie die Hoffnung auf eine von den Deutschen selbst auszulösende „soziale Revolution" nicht auf.

Restlose Übereinstimmung bestand zwischen dem Chefredakteur von „Freies Deutschland" und seinem jungen Redaktionskollegen aus Köln auch in einem anderen Punkt. Beide lehnten *Volksfront*bündnisse deutscher Emigranten gegen Hitler rundweg ab.[119] Damit waren Koalitionen und konzertierte Aktionen kommunistischer, sozialistischer, sozialdemokratischer und bürgerlich-liberaler Exilanten gemeint. Ein „Ausschuß zur Vorbereitung einer deutschen Volksfront" hatte sich im Februar 1936 unter der Präsidentschaft des Schriftstellers Heinrich Mann in Paris konstituiert.[120] Energische Befürworter und Betreiber der „Pariser Volksfront" waren die deutschen Kommunisten, nachdem auf dem 7. Weltkongreß der Komintern (1935) die Volksfrontparole ausgegeben worden war.[121] Für Kühn und Sievers war die Volksfrontpolitik eine „Sackgasse", die „Pariser Volksfront" eine „Mißgeburt", denn sie mißtrauten den Kommunisten zutiefst. Aus ihrer Sicht handelte es sich um ein durchsichtiges politisches Manöver der Kommunisten, um den untauglichen Versuch, andere politische Gruppen in ihre Einflußsphäre zu bringen. Im übrigen sahen Kühn und Sievers die deutschen Kommunisten in völliger Abhängigkeit von Stalin. Dieser hätte sich aber durch seine „Säuberungen" und Schauprozesse gründlich diskreditiert. Über sie berichtete „Freies Deutschland" wiederholt voller Abscheu.[122]

Noch in einem dritten Punkt herrschte zwischen Kühn und Sievers Einverständnis. Als *unabhängige,* keiner politischen Organisation angehörige Sozialisten standen sie nicht nur mit der emigrierten KPD-Führung auf Kriegsfuß, sondern auch mit der Sopade. Keine von beiden sollte nach ihrer Meinung bei der Entstehung einer neuen deutschen Arbeiterbewegung eine Rolle spielen. Denn sie seien „ins Ausland verschlagene Organisationstrümmer der alten Arbeiterbewegung", „vom tatsächlichen politischen Leben abgeschnürte Apparatreste".[123] Sie stünden einer geistigen Erneuerung und sozialistischen Neuformierung nur im Wege.

So weit die „programmatischen" Übereinstimmungen von Kühn und Sievers. Nun aber zu ihren konfliktträchtigen Differenzen. Max Sievers verfolgte als strenggläubiger

Nr. 4 (4.2.1937), S. 5; Nr. 5 (11.2.1937), S. 5; Nr. 7 (25.2.1937), S. 5 und weitere Artikel unter diesem Titel in den folgenden Nummern.

119 Glaeseker: „Freies Deutschland", S. 94ff.

120 Siehe hierzu Ursula Langkau-Alex: Volksfront für Deutschland. Bd 1: Vorgeschichte und Gründung des „Ausschusses zur Vorbereitung einer deutschen Volksfront", 1933–1936, Frankfurt a. M. 1977.

121 Siehe Arnold Sywottek: Deutsche Volksdemokratie. Studien zur politischen Konzeption der KPD 1935–1946, Düsseldorf 1971, S. 36 ff.

122 Freies Deutschland, Jg. 2, Nr. 10 (10.3.1938), S. 1f. („Prozeß in Moskau"); Jg. 2, Nr. 11 (17.3.1938), S. 5 („30. Juni – Kirow Mord – Moskauer Prozesse"); Jg. 2, Nr. 12 (24.3.1938), S. 6 („Die Selbstentlarvung des Stalinismus").

123 Freies Deutschland, Jg. 3, Nr. 4 (26.1.1939), S. 5: „Auf die Einzelnen kommt es an". Der in Briefform veröffentlichte Beitrag stammt aus der Feder Kühns.

Marxist einen *proletarischen* Sozialismus. Die nach der „sozialen Revolution" in Deutschland zu errichtende „sozialistische Demokratie" konnte er sich nur als „revolutionäre Arbeiterdemokratie" vorstellen. Damit war gemeint: eine Organisierung der Arbeiter innerhalb der Betriebe und die Vereinigung dieser Organisationen zu politisch verantwortlichen regionalen und fachlichen Körperschaften. Dieses *syndikalistische* Sozialismus-Modell wurde von „Freies Deutschland" als das einzige für Deutschland mögliche Zukunftsmodell propagiert.[124] Mit ihm mochte sich Heinz Kühn nicht anfreunden. Für ihn konnte es kein Ziel sein, den faschistischen Totalitätsanspruch durch einen proletarischen zu ersetzen. Für ihn war Sozialismus nicht nur eine Angelegenheit der Arbeiterschaft. Beseitigung des Kapitalismus und Aufbau des Sozialismus betrachtete er als *nationale,* gesamtgesellschaftliche Aufgabe, nicht nur als historische Aufgabe des Proletariats. Kühn brachte also Sozialismus und Nation in enge Beziehung und konnte sich dabei auf Ferdinand Lassalle berufen. Heinz Kühn begab sich mit diesem *nationalen* Sozialismus-Konzept nicht nur in die Nähe von Wilhem Sollmann, sondern durchaus auch in die von Otto Strasser, dessen *Volkssozialismus* inzwischen bei Sievers auf heftigste Ablehnung stieß. Es kam nicht von ungefähr, daß Kühns bester Freund in Brüssel Fritz Heimann war, der, obwohl Jude und ehemaliger Berliner Sozialdemokrat, in der Emigration Gefolgsmann Strassers wurde und diesem und seiner „Schwarzen Front" sein gesamtes ins Exil gerettetes Vermögen zur Verfügung stellte.[125]

Inakzeptabel war für Kühn auch Sievers' prinzipielle Weigerung, sich mit anderen *unabhängigen* sozialistischen (d. h. nicht-kommunistischen und „nicht-sopadistischen") Exil-Persönlichkeiten und -Gruppen zu verbünden. Aus weltanschaulichem Purismus verwarf Sievers solche Koalitionen. Sein Atheismus hinderte ihn am Zusammengehen mit sozialistisch gesinnten Katholiken (wie z. B. Heinrich Imbusch), und sein orthodoxer Marxismus verbot ihm die Zusammenarbeit mit *ethischen* Sozialisten wie Willi Eichler, der im Pariser Exil den Internationalen Sozialistischen Kampfbund (ISK) leitete und die Exilwochenschrift „Sozialistische Warte" herausgab. Kühn, der zwar „antiklerikal" eingestellt war (d. h., dem vieles an den politischen Optionen und manches am religiösen Dogmatismus der katholischen Kirche mißfiel), der aber weder ungläubig noch doktrinärer Marxist war, hatte solche Schwierigkeiten nicht. Ja, zur Bildung einer „sozialistischen Front" hielt er solche Bündnisse sogar für dringend notwendig. Es ist bezeichnend, daß Heinz Kühn in Brüssel mit dem aus dem Rheinland stammenden Emigranten, Linkskatholiken und (bis 1933) Zentrumspolitiker Heinrich („Hein") Müller „eng befreundet" war[126] und zum ethischen Sozialisten Willi Eichler 1938 erfolgreich brief-

---

124 Propagiert wurde es auch in einem von Max Sievers 1939 publizierten Buch: Max Sievers: Unser Kampf gegen das Dritte Reich. Von der nazistischen Diktatur zur sozialistischen Demokratie, Stockholm 1939. Hierzu auch Kaiser: Max Sievers in der Emigration, S. 54f.

125 Kühn: Widerstand und Emigration, S. 188. – Der Grundstein für Kühns nationales Denken ist sicherlich nicht erst in der Emigration gelegt worden. Geweckt wurde es, als der junge Oberschüler Mitglied des katholischen „Bundes Neudeutschland" war. Nach seinem Wechsel zu den „Falken" trat es in den Hintergrund, blieb aber als ideelle „Restgröße" vorhanden und wurde dann in den Jahren der Emigration neu „aktiviert".

126 Heinz Kühn an Erich Ollenhauer v. 3.7.1945, in: AdsD, Bonn, Emigration Sopade, Allg.

liche Kontakte knüpfte. Kühn gelang es sogar, seine vom „Sievers-Programm" abweichenden Überzeugungen (die in „Freies Deutschland" zu artikulieren ihm weitgehend verwehrt blieb) in der Pariser „Sozialistischen Warte" zu veröffentlichen. Zwischen 1938 und 1940 erschienen von ihm in dem ISK-Organ unter den Pseudonymen Hendrik H. Frans und Georg Hellmuth eine ganze Reihe von Beiträgen.[127] In einem Aufsatz, den er am 3.2.1939 in der „Sozialistischen Warte" publizierte, faßte er sein persönliches Sozialismus-„Programm" zusammen. Heinz Kühn wählte (ohne seinen Namen preiszugeben) die Form eines offenen Briefes an seinen in den USA lebenden und ihm wohlgesonnenen journalistisch-politischen „Ziehvater" Wilhelm Sollmann.[128]

Kühns gedruckter Brief war ein leidenschaftliches Plädoyer für eine „sozialistische Erneuerung". Der Autor sprach von einer „Revisionsnotwendigkeit des Sozialismus". So sei es notwendig, von tradierten marxistischen Schlagworten wie „Diktatur des Proletariats" und „Klassenkampf" Abschied zu nehmen. Gleichzeitig müsse sich die sozialistische Bewegung für Werte öffnen, die bisher „dem parteiamtlichen Verdammnisurteil verfielen". Kühn nannte die Begriffe „Staat, Nation, Führung". Er stellte die Frage: „Müssen national und international einander ausschließende, können es nicht einander ergänzende Wertordnungen sein? Müssen Demokratie und Führung unvereinbare Gegensätze sein?"

Mit Verve sprach sich der Briefschreiber auch für einen Positionswandel der sozialistischen Bewegung gegenüber dem Christentum aus. Wer sich zum Erben der europäischen Kultur und ihrem Verteidiger gegen die faschistische Unkultur erkläre, müsse sich der christlichen Wurzeln dieser Kultur bewußt sein. So sehr er den „Antiklerikalismus" als eine *„politische* Notwendigkeit" bejahe – er werde den Sozialisten „durch die Haltung der Kirche in allen sozialen Auseinandersetzungen" aufgezwungen –, so falsch sei es, „den Atheismus zum verbindlichen weltanschaulichen Bekenntnis der Arbeiterbewegung zu erklären", bemerkte Kühn. Weder sei Religion notwendigerweise Opium für das Volk, noch sei die Kirche ein prinzipiell antifaschistischer Faktor. „Aber es hieße blind sein, die sozialistischen Möglichkeiten zu leugnen, die in Millionen gläubiger Katholiken und Protestanten liegen", resümierte Heinz Kühn diesen Teil seines offenen Briefes.

Mit Nachdruck kritisierte Kühn auch die „industrieproletarische Klassenbeschränktheit" der sozialistischen Bewegung. Die Trennungslinie verlaufe nicht mehr zwischen Industriearbeitern einerseits und dem „Rest" des Volkes andererseits. Bauern und Mittelstand müßten „in breiten Massen" als „potentielle Armeen für den Sozialismus" gesehen werden. Es seien keine „Hilfstruppen", sondern „gleichberechtigte

---

Korrespondenz, Mappe 67. – Zu Heinrich Müller: Biographisches Handbuch der deutschsprachigen Emigration, S. 512. Bis 1940 und zwischen 1944 und 1947 arbeitete Müller als Sekretär des Comité Catholique d'Aide aux Réfugiés Allemands et Autrichiens in Brüssel. In den Jahren 1954 bis 1962 war er nacheinander deutscher Konsul in Lüttich und Generalkonsul in Antwerpen.

127 Siehe Sozialistische Warte v. 5.8.1938, 21.10.1938, 28.10.1938, 11.11.1938, 23.12. 1938, 3.2.1939, 23.11.1939, 18.1.1940, 15.2.1940, 28.3.1940 und 11.4.1940.
128 G. Hellmuth: Brief an Wilhelm Sollmann, in: Sozialistische Warte v. 3.2.1939.

Bündnispartner" in einem Kampf, der – „mit Ausnahme der Parasitenschicht" – „der Volksgesamtheit den Sozialismus bringen" solle.

Am Schluß seines offenen Briefes distanzierte sich Kühn unmißverständlich von der SPD. Er stellte die Frage, ob man unbedingt Sozialdemokrat sein müsse, „um sozialistischer Demokrat zu sein". Kühn lieferte die Antwort: „Ein Bekenntnis zur 'Sozialdemokratie' ist nicht ein *geistiges* Bekenntnis zu den Ideen, die die Sozialdemokratie hätte erfüllen sollen, sondern ein *politisches* Bekenntnis zu jener Summe aus Schwächlichkeit [und] Unglauben an den Sozialismus und Verrat." „Ja, auch Verrat", bekräftigte Heinz Kühn, womit er die Haltung der SPD am Ende der Weimarer Republik und in den ersten Monaten der NS-Diktatur meinte.

Dieser „Brief an Sollmann" ist ein untrügliches Dokument dafür, wie sehr sich der „linke" Heinz Kühn politisch-weltanschaulich dem „rechten" Wilhelm Sollmann angenähert hatte. Denn alle Revisionsvorschläge, die Kühns Artikel enthielt, waren von Sollmann schon vor 1933 oder in den ersten Emigrationsjahren mehr oder weniger deutlich artikuliert worden. Gerade die weltanschauliche Öffnung der sozialistischen Bewegung für Christen lag dem einstigen Chefredakteur der „Rheinischen Zeitung" sehr am Herzen. Bereits auf dem Magdeburger Parteitag der SPD im Jahre 1929 hatte er, der selbst keiner Kirche angehörte, für religiöse Toleranz innerhalb der Partei geworben. Das ethische Ziel des Sozialismus könne „ebensowohl aus einer atheistischen wie aus einer christlichen Weltanschauung begründet werden".[129] Und in Köln setzte er durch, daß im Verlagshaus der „Rheinischen" seit Juni 1929 „Das Rote Blatt der katholischen Sozialisten" erschien.[130]

Es kann deshalb nicht überraschen, daß Sollmann, als er einige Wochen später in der „Sozialistischen Warte" den an ihn adressierten offenen Brief beantwortete[131] (ohne zu wissen, daß Kühn ihn geschrieben hatte), voll des Lobes war. Allen von Kühn unterbreiteten Vorschlägen für eine „sozialistische Erneuerung" stimmte er zu. Nur in einem Punkt widersprach er dem Verfasser des offenen Briefes entschieden. Dessen Einstellung zur SPD wollte er nicht gelten lassen. Trotz „Fehler[n]" und „Unzulänglichkeit" bleibe für ihn die Sozialdemokratie „Quell' seelischer Kraft" und „tiefstes Erlebnis". Sollmann wurde konkret: „Ich war, bin und bleibe Sozialdemokrat. Ganz genau: Mitglied der Sozialdemokratischen Partei Deutschlands. Noch genauer: Mitglied ihres Parteivorstandes." Schließlich zitierte Sollmann Novalis: „Wenn alle untreu werden, so bleibe ich Dir treu, Dass Dankbarkeit auf Erden nicht ausgestorben sei."

Kühns Mitarbeitertätigkeit bei der „Sozialistischen Warte" blieb nicht folgenlos. Mehr und mehr fühlte er sich zu den Ideen des *ethischen* Sozialismus hingezogen, ohne freilich seine *volks*sozialistischen Neigungen preiszugeben und ohne dem ISK formell beizutreten. Der ethische Sozialismus, den Willi Eichler und der ISK vertraten und

---

129 Lösche/Walter: Die SPD, S. 57.
130 Kühn: Sollmann, S. 62. – Für eine Annäherung von Katholizismus und Sozialismus warb vor 1933 auch Sollmanns engster Redaktionsgefährte, der Kulturredakteur Georg Beyer. Er widmete dem Thema sogar eine mehr als 150 Seiten umfassende Schrift: Georg Beyer: Katholizismus und Sozialismus, Berlin 1927.
131 W. Sollmann: Meine Antwort, in: Sozialistische Warte v. 24.3.1939.

mit dem Kühn seit 1938/39 stark sympathisierte, war antimarxistisch. Die im ISK organisierten Sozialisten lehnten den Marxschen Materialismus und jeglichen historischen und ökonomischen Determinismus strikt ab. Sie bekannten sich zu einem *ethisch-kulturell* begründeten Sozialismus, der sich nicht mit geschichtlicher Notwendigkeit, mit Zwangsläufigkeit verwirklicht, sondern auf die ethisch-kulturellen Triebkräfte des Individuums und der Gemeinschaft angewiesen sei. Kultur, Bildung und Erziehung hatten deshalb für den ISK einen hohen Stellenwert.

Der Glaube an die Zwangsläufigkeit der ökonomischen und sozialen Entwicklung war bei den ISKlern nicht zuletzt durch die grausame Erfahrung der NS-Diktatur gründlich erschüttert worden. Die ISKler verstanden sich als eine auf die Gesellschaft ausstrahlende politische und moralische Elite. Entstanden war der ISK in der Weimarer Republik durch eine Abspaltung von der SPD. Nach dem frühen Tod seines Begründers und Vorsitzenden, des Göttinger Philosophie-Professors und Neukantianers Leonard Nelson (1927), übernahm dessen Sekretär Willi Eichler den Vorsitz.[132]

Am 22. August 1939, einen Tag vor Abschluß des deutsch-sowjetischen Nichtangriffspakts und gut eine Woche vor Ausbruch des Zweiten Weltkriegs durch den Überfall Hitler-Deutschlands auf Polen, stellte Max Sievers' „Freies Deutschland" sein Erscheinen ein. Massiver Druck der belgischen Regierung in dieser äußerst angespannten außenpolitischen Situation[133] dürfte dafür den Ausschlag gegeben haben. Von ihm scheint die Redaktion überrascht worden zu sein. Denn in der letzten Nummer der Wochenzeitung fehlte ein Wort des Abschieds. Mit dem Aus für „Freies Deutschland" endete für Kühn die bisher produktivste Zeit in seiner Emigration. Das regelmäßige Arbeitenmüssen als Journalist und Zeitungsmacher hatte seine Geister in jeder Hinsicht aktiviert. Trotz intensiver Arbeit in der Redaktion fand er noch Zeit für andere Betätigungen. Ausgesprochene Mutproben stellten die Reisen dar, die er – versehen mit einem falschen belgischen Paß – ab und an mit der Eisenbahn ins Rheinland unternahm.[134] Ziel der höchst gefährlichen Fahrten war seine Heimatstadt Köln. Psychische Wechselbäder aus Angst und Heimweh mußte Heinz Kühn bei diesen Unternehmungen durchstehen. Angst bemächtigte sich seiner z. B., wenn ein Mitreisender in den Verdacht geriet, Gestapo-Spitzel zu sein, Heimweh beschlich ihn, wenn er die Türme des Kölner Doms vor sich sah.

Heinz Kühn besuchte in Köln alte politische Freunde – natürlich unter strengster Beachtung der konspirativen Regeln. Bei einem der Besuche kam es sogar zu einer Begegnung zwischen ihm und seiner Mutter mitten auf der Hohenzollernbrücke. In der Abenddämmerung näherte sich Elisabeth Kühn von der Domseite und Heinz Kühn von der Deutzer Seite dem Treffpunkt. Mutter und Sohn konnten nur wenige Worte miteinander wechseln. Dann setzten sie ihre Wege in entgegengesetzter Richtung fort.

---

132 Vgl. Werner Link: Die Geschichte des Internationalen Jugend-Bundes (IJB) und des Internationalen Sozialistischen Kampfbundes (ISK). Ein Beitrag zur Geschichte der Arbeiterbewegung in der Weimarer Republik und im Dritten Reich, Marburg 1961; Die Sozialistische Republik. Das Programm des ISK, London 1937.
133 Zur „Polenkrise" Klefisch: Das Dritte Reich und Belgien, S. 379ff.
134 Das Folgende nach Kühn: Widerstand und Emigration, S. 220ff.

Selbst für ein außergewöhnliches Hobby, das mit Politik nur am Rande zu tun hatte, nahm sich Kühn Zeit. In ihm fand er Entspannung und den nötigen Ausgleich zu der aufreibenden Arbeit eines politischen Journalisten und Zeitungsmachers. Als begeisterter Leser englischer Kriminalromane versuchte er sich in den Abendstunden selbst als Kriminalschriftsteller. Zwischen 1938 und 1940 schrieb er einen Kriminalroman und ein Kriminalroman-Fragment. Beide wurden von ihm nicht veröffentlicht, sind aber in Form maschinenschriftlicher Manuskripte in seinem Nachlaß überliefert.[135]

Weder der vollendete noch der unvollendete Krimi trägt einen Titel; Handlungsort des einen ist das New York der 1930er Jahre, der andere spielt zur selben Zeit in England. In beiden Krimis fällt einem 29jährigen die Rolle des „Helden" zu, also einem jungen Mann, der nur geringfügig älter ist als Autor Kühn. In dem zum Abschluß gebrachten Roman heißt der Held William Carter. Als Reporter der New Yorker Zeitung „Daily Sketch" hat er sich durch farbige Berichte über seine Abenteuer „in den Steppen der Mongolei, in den Wüsten Arabiens und in den Urwäldern des Amazonas" einen Namen gemacht. Hauptfigur in dem nicht abgeschlossenen Roman ist der Engländer Ralph Donald, einstiger Eton-Schüler und Abenteurer. Als „Reisebegleiter, Kohlentrimmer, Polizist in Australien, Pelzjäger in Alaska, Kaufmann in Singapur, Dolmetscher und Postflieger in China und Journalist in Aegypten" ließ er sich den Wind der großen weiten Welt um die Nase wehen.

William Carter gelingt ein Schlag gegen die „organisierte Unterwelt" New Yorks. Er klärt eine spektakuläre Serie von Kindesentführungen auf und macht die Täter dingfest. Ralph Donald ist im Auftrag des Secret Service mit der Aufdeckung mehrerer mysteriöser Mordfälle beschäftigt, die alle etwas gemeinsam haben: Die Ermordeten sind ausnahmslos bekannte China-Experten. Beide Kühn-Krimis sind sehr spannend geschrieben und enthalten etliche Versatzstücke, die einen klassischen Kriminalroman auszeichnen. Vor allem verraten sie, daß ihr Verfasser kein schriftstellernder Dilettant ist, sonder ein mit Sprache professionell umgehender Autor.

Während Kühn für Sievers' „Freies Deutschland" arbeitete, trat ein Ereignis ein, das zumindest das *private* Leben des jungen Redakteurs positiv beeinflußte. Aber die Vermutung liegt sehr nahe, daß von ihm auch eine belebende Wirkung auf seine beruflichen und politischen Aktivitäten ausging: Marianne Schley, seine Verlobte, kam nach Brüssel, um mit ihm das Leben in der Emigration zu teilen. Im Mai 1938 traf die 24jährige in der belgischen Hauptstadt ein.[136] Schon ein Jahr zuvor hatte sie Heinz Kühn in Brüssel besucht. Als die Gestapo in Köln ihr nach diesem Auslandsaufenthalt den Reisepaß abnahm, reifte in ihr der Entschluß, Deutschland auf illegalem Wege zu

---

135 HiAdSt Köln, Nl. Heinz Kühn, Nr. 42 u. 43. – Die Information, daß die Manuskripte zwischen 1938 und 1940 von Kühn verfaßt wurden, verdanke ich Marianne Kühn. Sie hat jüngst (im Jahr 2001) – nach dem Wiederaufspüren der Manuskripte in Heinz Kühns Nachlaß – den vollendeten Roman unter dem Titel „Die grüne Leuchtspur" in einer limitierten, nicht für den Buchhandel bestimmten Auflage von 50 Exemplaren drucken lassen.

136 Unter Vorbehalt. Rückkehr aus der Emigration nach 1945, S. 75.

verlassen.[137] Nur mit Handgepäck und ihrer Gitarre ging sie dann bei Aachen über die grüne Grenze nach Belgien.[138]

Marianne Schley, die einstige sozialistische „Fälkin", war nach wie vor eine politisch bewußte junge Frau. An der Zeitungsarbeit ihres Verlobten nahm sie sofort regen Anteil. Keineswegs begnügte sie sich mit dem Schreiben Kühnscher Beiträge auf der Schreibmaschine. Marianne Schley ging bald dazu über, selbst Artikel für „Freies Deutschland" zu verfassen. Zwischen Herbst 1938 und August 1939 erschienen in der antifaschistischen Emigranten-Zeitung dreizehn Aufsätze von ihr.[139] Alle waren mit dem Pseudonym Jane Marley gekennzeich-

Heinz Kühn und seine Verlobte Marianne Schley 1938 in Brüssel.

net. In ihren Artikeln setzte sich Marianne Kühn mit dem idealisierten Frauenbild der Nationalsozialisten auseinander und konfrontierte es mit den Alltagsschwierigkeiten deutscher Frauen, z. B. mit deren mangelhafter Ernährung und beruflicher Belastung. In einem Beitrag nahm Marianne Schley die Verhaftung von Elisabeth Lüders durch die Nationalsozialisten zum Anlaß, sich mit dieser demokratischen Frauenrechtlerin zu beschäftigen.[140]

Im Spätsommer 1939 entschlossen sich Heinz Kühn und Marianne Schley zu heiraten. Das für die Eheschließung notwendige Identitätspapier Marianne Schleys war inzwischen aus Köln eingetroffen.[141] Am 26. August 1939 – vier Tage nach Einstellung von „Freies Deutschland" und drei Tage nach Unterzeichnung des deutsch-sowjetischen Nichtangriffspakts – gingen Marianne und Heinz die Ehe ein. Der einfachen standesamtlichen Zeremonie im Rathaus der Brüsseler Stadtteilgemeinde Watermael-Boitsforf[142] folgte eine jugendbewegt-fröhliche Feier mit Emigrantenfreunden in der kleinen Wohnung des frisch getrauten Ehepaars am Square des Archiducs 3.[143] Unter den Anwesenden waren Kühns bester Freund in Brüssel, Fritz Heimann, und einige in die Schweiz emigrierte Mitglieder des Internationalen Sozialistischen Kampfbundes (ISK), zu denen Kühn Kontakte besaß. Klampfe, Mundharmonika und die alten Lieder aus der „Falken"-Zeit sorgten bei der Feier für die angemessene Stimmung. Am

137 Zeitzeugengespräch Marianne Kühn v. 9.1.1999.
138 Unter Vorbehalt. Rückkehr aus der Emigration nach 1945, S.75f.
139 Glaeseker: „Freies Deutschland", S. 83.
140 Vgl. „Freies Deutschland", Jg. 3, Nr. 9 (2.3.1939), S. 8 („Die ‚intellektuelle' Gefahr. Zur Verhaftung einer deutschen Frauenrechtlerin").
141 Es befindet sich noch heute im Privatarchiv Marianne Kühns.
142 Eine Fotokopie der Heiratsurkunde ebenfalls im Privatarchiv von Marianne Kühn.
143 Marianne Kühn im Gespräch v. 9.1.1999.

nächsten Morgen beschwerten sich belgische Hausbewohner wegen der lautstarken Gesänge. Sie befanden sich in dem Irrglauben, die Deutschen hätten den deutsch-sowjetischen Nichtangriffspakt gefeiert.

Mit dem Ende von „Freies Deutschland" begann für Kühn und seine junge Frau eine Zeit materieller Sorgen. Es gab kein Redakteurs-Gehalt mehr, und Max Sievers zeigte keinerlei Anstalten, seinen einstigen Mitarbeiter finanziell zu unterstützen. Seine Schwierigkeiten erläuterte Heinz Kühn in mehreren Briefen an Wilhelm Sollmann[144], der inzwischen eine gesicherte Existenz und ein fruchtbares Tätigkeitsfeld in den USA gefunden hatte. Er arbeitete als Dozent für Politische Wissenschaften an der Quäker-Hochschule in Pendl Hill im Staate Pennsylvania. Bald nach Einstellung von „Freies Deutschland" bemühte sich Heinz Kühn um einen brieflichen Kontakt zu Sollmann. Der von ihm erbetene Briefwechsel kam auch zustande. Er endete freilich abrupt im Mai 1940, als die Kriegsmaschinerie Hitler-Deutschlands das neutrale Belgien angriff und besetzte.

Heinz Kühn gab Sollmann zu verstehen, die großen politischen Differenzen zwischen ihm und Sievers seien daran schuld, daß dieser „jede Unterstützung" ablehne. Er sei seinerzeit (1936) auf Wunsch Sievers' unter der Voraussetzung eines Viererbündnisses Sievers–Sollmann–Imbusch–Strasser nach Brüssel gekommen. Diese der geistigen Konzeption nach volkssozialistische Orientierung sei von Sievers „recht bald" preisgegeben worden. Er habe sich seitdem hinter einem „naiven Syndikalismus" verschanzt, der sein Blatt, „das eine wertvolle Diskussionsfunktion hätte haben können, völlig steril machte". Zwischen der Sieverschen Grundposition und der seinigen sei so ein „immer grösserer Abstand" entstanden. Im übrigen fehle ihm – Kühn – die Fähigkeit zum „Hofideologen", noch sei er entfernt dazu bereit.[145]

Kühn schilderte Sollmann seine gegenwärtige materielle Situation als „doppelt schwierig", weil er seine Braut, eine ehemalige Kölner SAJ-Funktionärin, geheiratet habe und weil wegen des in Belgien bestehenden Arbeitsverbots für Emigranten und wegen der grassierenden Arbeitslosigkeit keine Arbeit zu finden sei. Angesichts dieser Sachlage zögerte Kühn nicht, seinen Briefpartner zu fragen, ob er ihm bei einer US-amerikanischen Zeitung die Möglichkeit verschaffen könne, „gelegentlich einen Artikel unterzubringen". „Vielleicht können Sie mir auch eine Empfehlung an eine europäische Zeitung verschaffen", insistierte Kühn.[146]

Es waren nicht allein die materiellen Sorgen, die Heinz und Marianne Kühn in den letzten Monaten des Jahres 1939 und in den ersten Monaten des Jahres 1940 niederdrückten. Der Gedanke, daß auch Belgien der Aggression Hitler-Deutschlands zum Opfer fallen werde, war allgegenwärtig. Aus den Briefen Heinz Kühns an Sollmann ist herauszulesen: Er und seine Frau rechneten fast täglich mit dem Angriff der Deutschen auf das kleine Land, das ihnen Zuflucht gewährte. Die bange Frage stellte sich: Wel-

---

144 Heinz Kühn an Wilhelm Sollmann v. 10.9.1939, 12.11.1939, 7.2.1940, 10.4.1940, in: HiAdSt Köln, Nl. Wilhelm Sollmann, Nr. 568, 569, 571, 575.
145 Kühn an Sollmann v. 7.2.1940 u. 10.4.1940.
146 Kühn an Sollmann v. 7.2.1940.

ches Schicksal hatte man als deutscher Emigrant und deutsche Emigrantin in Belgien zu gewärtigen, wenn das Gastland durch einen „Blitzkrieg" in die Hände der Deutschen fiel?

Es ist schon erstaunlich, daß Heinz Kühn selbst in dieser Situation die Hoffnung auf eine „soziale Revolution" im Reich und auf eine Rückkehr nach Deutschland („so bald wie möglich") nicht aufgab. Entsprechend äußerte er sich in einem Brief an Sollmann. Nachdenklich fügte er freilich hinzu: „Ich bin mir vollkommen bewusst, dass die kommende Revolution kaum unseren idealen Vorstellungen entspricht – vielleicht müssen wir nach Hitler Deutschland erst noch von Stalin befreien –, aber diese Gefahren sollten uns umso mehr zusammenstehen lassen, um zu erreichen, dass die Revolution wenigstens näherungsweise so weit wie möglich an unsere Ideale herankommt."[147]

Belgien II.
Die Zeit der deutschen Okkupation (1940–1944). Kühns „Freiheitsbriefe an die deutsche Wehrmacht". Theoretische Schriften

Am 10. Mai 1940 trat das ein, was von Heinz und Marianne Kühn schon seit längerem erwartet und befürchtet worden war: Deutschland begann den Krieg gegen die Niederlande, Belgien, Luxemburg und Frankreich.[148] Als das junge Ehepaar am frühen Morgen dieses Tages erwachte, hörte es die Detonationen der östlich von Brüssel niedergehenden Hitler-Bomben. Beide hatten für den Tag X vorgesorgt: Zwei Rucksäcke und zwei Handköfferchen standen fertig gepackt für die gemeinsame Flucht bereit. Dazu sollte es jedoch zunächst nicht kommen. Der belgische Rundfunk verbreitete unentwegt

---

147 Kühn an Sollmann v. 12.11.1939.
148 Die folgende Darstellung der Ereignisse in den Kasernen von Schaerbeek, der abenteuerlichen Flucht des Ehepaars Kühn aus Brüssel an die Kanalküste, seiner Rückkehr in die belgische Hauptstadt und seines Überlebens während der deutschen Besatzung beruht zum überwiegenden Teil auf den detaillierten Schilderungen Marianne Kühns in drei Gesprächen: 1. Zeitzeugengespräch Guido Grünewalds vom EL-DE-Haus in Köln mit M. Kühn v. 10.7.1990. Über die computergeschriebene Transkription dieses Gesprächs verfügt das Kölner NS-Dokumentationszentrum. Werner Jung vom Dokumentationszentrum stellte mir eine Kopie zur Verfügung, wofür ich ihm danke. 2. Zeitzeugengespräch Wolfgang Blaschkes vom EL-DE-Haus mit M. Kühn v. 14.5.1996. Eine Kopie der korrigierten maschinenschriftlichen Abschrift des Gesprächs befindet sich im Privatarchiv Marianne Kühns. Eine leicht gekürzte Fassung ist enthalten in der Publikation: Unter Vorbehalt. Rückkehr aus der Emigration nach 1945. 3. Zeitzeugengespräch, das ich am 9.1.1999 mit Marianne Kühn führte.
Den Lebenserinnerungen Kühns kommt bei der folgenden Ereignisschilderung quellenmäßig eine ergänzende und vergleichende Funktion zu (Kühn: Widerstand und Emigration, S. 245ff.).
Zum deutschen Überfall auf Belgien und zur Situation in Belgien während des ersten Jahres der Besatzung: José Gotovitch: L'an 40. La Belgique occupée. Brüssel o.J.; zur deutschen Invasion am 10. Mai und zum Widerstand österreichischer Exilanten im besetzten Belgien: Österreicher im Exil. Belgien 1938–1945, S. 41ff.

die Meldung, alle in Belgien befindlichen männlichen Deutschen hätten sich – versehen mit Handgepäck – bei den nächstgelegenen Polizeidienststellen zu melden. Heinz Kühn blieb nichts weiter übrig, als der Aufforderung nachzukommen. Kurze Zeit später fand er sich zusammen mit den anderen in Brüssel lebenden Männern deutscher Nationalität in den Kasernen von Schaerbeek wieder. Hier wurde von den Belgiern ihr Abtransport nach Südfrankreich in die berüchtigten Lager von Gurs, Le Vernet, Les Milles und Saint Cyprien organisiert. Währenddessen warteten vor dem Kasernentor die Frauen der internierten Männer mit bangem Herzen – unter ihnen Marianne Kühn.

Ab und zu öffnete sich das Tor und entließ eine Handvoll Internierter in die Freiheit. Daß sie nicht die Waggons der Transportzüge besteigen mußten, verdankten sie einer aus Pfadfindern und Beamten der Sicherheitspolizei (Sureté Publique)[149] zusammengesetzten Kommission. Sie überprüfte im Kasernenhof die Identität der Deutschen und entließ einige wenige aus der Internierung. Am zweiten oder dritten Tag spuckte das Kasernentor auch Heinz Kühn aus. Voller Erleichterung fielen sich Marianne und Heinz in die Arme.

Was verhinderte Heinz Kühns Deportation nach Südfrankreich? Wodurch wurde seine Freilassung bewirkt? Heinz Kühn erwähnt in seinen Memoiren, daß er auf dem Tisch der Kommission seinen ganzen „Dokumentenreichtum" ausbreiten konnte. Zu ihm gehörte der Ausbürgerungsbescheid des Kölner Regierungspräsidenten und das Schreiben des deutschen Konsulats in Reichenberg, das die Rückforderung des Passes dokumentierte.[150] Aus seinen Unterlagen ging also hervor: Er war im Sinne des Staatsbürgerrechts kein Deutscher mehr, er war „apatride", staatenlos. Diese Tatsache und der Umstand, daß ein Mitglied der Prüfungskommission ihn persönlich kannte, dürften für ihn zum „Sesam-öffne-dich' in die Freiheit" geworden sein.[151]

„In welche Freiheit?" fragt Heinz Kühn mit mokantem Unterton in seinen Memoiren.[152] Offensichtlich gab es in ihr nur eine Chance des Überlebens, nämlich vor der unaufhaltsam näher rückenden Front zu flüchten. Ein gewaltiger Strom von Belgiern setzte

149 Bei der Sureté Publique handelte es sich um eine dem Justizministerium unterstehende Abteilung, zu der auch die Fremdenpolizei gehörte (Nelles: Widerstand und internationale Solidarität, S. 170).
150 Kühn: Widerstand und Emigration, S. 232f.
151 Ebd., S. 233. – Max Sievers hingegen blieb interniert. Er konnte sich aber nach einem deutschen Luftangriff auf den Gefangenenzug, der ihn nach Südfrankreich bringen sollte, befreien. Nach einer abenteuerlichen Flucht fand er zusammen mit seiner Frau in Chérenge an der belgisch-französischen Grenze ein vorläufiges Unterkommen. Im Juni 1942 verhaftete ihn dort die Gestapo. Nach langen Verhören in Belgien und im Strafgefängnis Berlin-Plötzensee wurde er vom Oberreichsanwalt beim Volksgerichtshof angeklagt. Dieser warf ihm vor, „vom April 1933 bis zu seiner Festnahme im In- und Ausland, insbesondere in Brüssel, den marxistischen Hochverrat als führender Emigrant durch die jahrelange Herausgabe von Hetzschriften […] sowie durch die Aufrechterhaltung enger Beziehungen zu marxistischen Emigranten agitatorisch und organisatorisch vorbereitet und damit die Feinde des Reiches begünstigt zu haben". Der Präsident des Volksgerichtshofes, Robert Freisler, verkündete am 17.11.1943 gegen Sievers das Todesurteil. Vollstreckt wurde es Anfang 1944 im berüchtigten Zuchthaus Brandenburg-Görden. Max Sievers blieb standhaft bis zuletzt. Nach Kaiser: Max Sievers in der Emigration, S. 53ff.
152 Kühn: Widerstand und Emigration, S. 233.

sich aus Brüssel in südöstliche Richtung über Flandern zur Kanalküste hin in Bewegung. In ihn reihten sich die Kühns mit ihren Fahrrädern und gepackten Utensilien ein. Die mehrtägige Flucht verlief unter abenteuerlichen und chaotischen Umständen. Sie nahm an Dramatik zu, je mehr sich herausstellte, daß die Front zusammenbrach und die Deutschen im Besitz der Lufthoheit über Flandern waren. Unter die flüchtende Zivilbevölkerung mischten sich nun auch zurückweichende belgische und französische Einheiten sowie Teile des an den Kämpfen beteiligten britischen Expeditionskorps. Deutsche Tiefflieger schossen in den Flüchtlingsstrom, wenn sie militärische Objekte vermuteten. Der schutzsuchende Sprung in die seitlichen Gräben der Landstraße beim Herannahen der Luftjäger wurde für die Kühns und andere Flüchtlinge zur Gewohnheit.

In der Nähe des westflandrischen Städtchens Kortrijk verloren sich Heinz und Marianne Kühn im Gedränge der Menschenmassen aus den Augen. Allein am Straßenrand stehend, fiel Marianne durch ihr suchendes Verhalten einer belgischen Gendarmerie-Patrouille auf. Da sie keinerlei Identitätspapiere bei sich trug (sie steckten in der Tasche ihres Mannes) wurde sie ins Gefängnis nach Kortrijk gebracht. Sie war in den Verdacht geraten, als parachutiste (Fallschirmspringerin) von einem deutschen Flugzeug abgesprungen zu sein, um zu spionieren. Erst nach Stunden gelang es dem nach ihr suchenden Heinz Kühn, sie aus der Haft zu befreien.

Heinz und Marianne Kühn erreichten schließlich De Panne, einen direkt an der belgisch-französischen Grenze gelegenen Küstenort. Sie befanden sich in jenem übriggebliebenen schmalen Raum zwischen Frontlinie und Kanalküste, in dem sich unzählige Soldaten aus den sich auflösenden verbündeten Einheiten zusammendrängten. In dieser für die belgische Armee ausweglosen Situation kapitulierte der König der Belgier. Das geschah am 27. Mai. Weiterhin zäh verteidigt wurde der „Kessel von Dünkirchen" vom britischen Expeditionskorps. Die Engländer wollten Zeit gewinnen, um ihre Einschiffung zu organisieren.

Heinz und Marianne Kühn klammerten sich an die Hoffnung, von einem der englischen Schiffe mitgenommen zu werden, um so der Falle, in die sie geraten waren, zu entkommen. Die Flucht nach Frankreich war ihnen verbaut, da die französische Gendarmerie die Grenze scharf bewachte. Heinz Kühn entschloß sich zu einem waghalsigen Vorstoß, um mit den Engländern ins Gespräch zu kommen. Trickreich schaffte er es, ins „Allerheiligste" der Briten vorzudringen: eine hermetisch abgeschirmte Villa in der Nähe von De Panne, in der der britische Generalstab residierte und die Evakuierung leitete. Doch diesmal blieb Kühns persönlicher „Dokumentenreichtum" ohne Wirkung. Die Briten sagten höflich, aber bestimmt „sorry"; für Zivilisten sei auf den Schiffen kein Platz. Enttäuscht fügten sich die Kühns in ihr Schicksal. In einem Keller von De Panne warteten sie zusammen mit anderen Flüchtlingen auf den Abzug der Engländer und das Einrücken der Deutschen.

Einer der ersten Befehle der deutschen Ortskommandantur lautete: Rückkehr aller Flüchtlinge (damit war die belgische Zivilbevölkerung gemeint) in ihre Heimatorte. Dem Treck von Menschen, der sich nun in umgekehrter Richtung bewegte, schlossen sich die Kühns notgedrungen an. Drei Wochen benötigten sie für den Fußweg nach Brüssel (ihre Fahrräder waren abhanden gekommen). Des Nachts schliefen sie in Ställen und Scheunen, immer darauf bedacht, nicht als Deutsche aufzufallen. In Brüssel angekommen, wagten sie es nicht, in ihre alte Wohnung zurückzukehren. Ihre Beschlagnahmung durch die Besatzungsmacht oder ihre Observierung durch die Gestapo schien nicht ausgeschlossen. Die Kühns fanden Unterschlupf bei belgischen Freunden, bei René und Maria Decroupette, einem jungen, sozialistisch gesinnten Ehepaar. Obwohl René (ein wallonischer Arbeiter) und Maria (eine geborene Deutsche) zwei kleine Kinder hatten, nahmen sie die Kühns in ihrem winzigen Reihenhaus auf.[153] Mehrere Monate lebten Marianne und Heinz Kühn hier versteckt – ohne den geringsten Kontakt zur Außenwelt.

Dann, als das Leben unter dem Besatzungsregime sich zu normalisieren begann, verließen die Kühns ihr Versteck. Heinz Kühn war inzwischen mit einem falschen belgischen Paß auf den Namen Henri Fernand Coolens ausgestattet. Belgische Freunde aus dem sozialistischen Lager hatten ihn besorgt. Marianne mietete für sich und ihren Mann in Brüssel-Schaerbeek eine möblierte Wohnung. Um zu überleben, verkaufte Heinz Kühn die kostbaren Briefmarken, die er über viele Jahre hinweg gesammelt hatte. Schließlich fand Marianne Kühn eine Stelle als Schreibkraft beim Emigranten und Ex-Zentrumsmann Hein Müller, der der Deportation nach Südfrankreich ebenfalls entgangen war. Müller leitete jetzt erstaunlicherweise eine Wehrmachtsgarage mit Werkstatt.[154] Trotz des Beschäftigungsverhältnisses von Marianne Kühn blieben die Kühns von Entbehrungen und Hunger nicht verschont. Das hing mit der prekären Ernährungslage in Belgien während der Besatzung zusammen. Immer mehr lebenswichtige Ernährungsgüter wurden für die Besatzungstruppen abgezweigt oder ins Reich abtransportiert.[155]

Daß sich die Kühns seit Winter 1940/41 in Brüssel öffentlich frei bewegen konnten, ohne allzusehr Gefahr zu laufen, von den Deutschen als politische Emigranten entdeckt und verhaftet zu werden, ist auf das *verhältnismäßig* liberale Besatzungsregime zurückzuführen. Anders als die Niederlande, wo ein rigides Besatzungsregiment unter dem Reichskommissar Seyß-Inquart, der SS und der Gestapo errichtet wurde (als Vorstufe der Einverleibung ins Dritte Reich), blieb Belgien bis wenige Wochen vor seiner Befreiung im September 1944 unter der Verwaltung der Wehrmacht. Zwar hatte sich auch die Gestapo in Brüssel eingenistet, aber ihre Kompetenzen und Aktivitäten waren hier zunächst eher begrenzt.[156]

---

153 In der Nachkriegs-Korrespondenz des nach Köln heimgekehrten Ehepaars Kühn befinden sich zwei lange, sehr herzliche Briefe Marianne Kühns an Maria Décroupette in Brüssel: M. Kühn an M. Décroupette v. 16.7. und 25.9.1946, in: HiAdSt Köln, Nl. Heinz Kühn, Nr. 19.

154 Zeitzeugengespräche Guido Grünwalds v. 10.7.1990 und Wolfgang Blaschkes v. 14.5. 1996 mit Marianne Kühn.

155 Schon seit Herbst 1940 herrschte in Belgien eine angespannte Versorgungslage. Auf sie und die schlechte Stimmung in der belgischen Bevölkerung wurde auch in den Tätigkeitsberichten der deutschen Militärverwaltung für die Monate September und Oktober 1940 hingewiesen. Enthalten im Politischen Archiv des AA, Bonn, Politische Angelegenheiten Belgien, Lageberichte, Band R 101 301 u. R 101 302.

156 Nach Kühn: Widerstand und Emigration, S. 247ff.

Das erklärt, warum Heinz Kühn nicht aufgespürt wurde,[157] obwohl er im Deutschen Fahndungsbuch „wegen Vorbereitung zum Hochverrat" „zur Festnahme ausgeschrieben" war und der Oberreichsanwalt beim Volksgerichtshof und die Gestapo in Berlin deshalb 1941 gegen ihn ermittelten.[158] Das Geheime Staatspolizeiamt in der Berliner Prinz-Albrecht-Straße wußte zwar, daß Heinz Kühn als ehemaliger Kölner Reichsbanner-Mann und „Funktionär des SJV [!]" ins Saarland geflüchtet war („wo er" – wie es hieß – „seine staatsfeindliche Tätigkeit fortsetzte") und sich danach in der CSR aufhielt, sein „gegenwärtiger Aufenthalt" war ihm aber „nicht bekannt".[159]

Im Laufe des Jahres 1942 wurde Heinz Kühn der Aufenthalt in Brüssel zu brisant. Er glaubte Hinweise zu haben, daß seine Denunziation im Hauptquartier der Gestapo in der Avenue Louise bevorstehe. Wiederum waren es belgische, diesmal *flämische* sozialistische Freunde, die ihm beim Untertauchen halfen. Er setzte sich nach Gent ab, während Marianne Kühn in Brüssel blieb. Hendrik de Vos, seines Zeichens Gymnasialprofessor, Angehöriger des belgisch-sozialistischen Widerstands und *ethischer* Sozialist (nach der Lektüre der Schriften von Leonard Nelson),[160] verschaffte ihm in seinem Privathaus ein Refugium.[161] Hier, in der Zurückgezogenheit seines Domizils in der Genter Diksmuidestraat 3, und in der Bibliothek der Universität Gent (zu der ihm ebenfalls Hendrik de Vos den Zutritt ebnete) konnte sich Heinz Kühn nun unerkannt und unbehelligt politisch-historischen Studien hingeben. Kaum jemals habe er so viel gelesen, so zahlreiche Exzerpte gemacht und Gedanken skizziert wie in den Genter Jahren (1942–1944), urteilte Heinz Kühn rückblickend.[162] Mehrere historisch-politische Manuskripte, die er in dieser Zeit verfaßte, sind in seinem Kölner Nachlaß überliefert.

157 Ein weiterer Grund dafür, warum die Gestapo seiner nicht habhaft wurde, nennt Kühn in seinem Brief v. 8.3.1945 an den emigrierten SPD-Vorstand in London: Er habe während seiner Brüsseler Zeit immer nur eine „Halbjahresaufenthalts-Genehmigung" besessen. Als Inhaber eines solchen Dokumentes sei sein Name „glücklicherweise" nicht ins normale Einwohnerregister aufgenommen worden (Heinz Kühn aus Brüssel an die Sopade in London v. 8.3.1945, in: AdsD, Bonn, Emigration Sopade, Allgem. Korrespondenz, Mappe 67).

158 Bundesarchiv Berlin, R 58/2294. Reichssicherheitshauptamt. Abtl. IV. Schriftsatz des Geheimen Staatspolizeiamts Berlin an den Oberreichsanwalt beim Volksgerichtshof v. 23.5.1941. Das Dokument, das sich bis zum Ende der DDR im Zentralen Parteiarchiv der SED befand, war Kühn selbst zeitlebens unbekannt. Das Ermittlungsverfahren richtete sich nicht nur gegen Kühn, sondern gegen 19 weitere namentlich genannte Personen, darunter den nach Norwegen geflüchteten Lübecker Willy Brandt.

159 Ebd. – Die Gestapo verlor also die Spur Heinz Kühns aus den Augen, als er von Prag nach Brüssel wechselte.

160 Ein Kurzporträt von Hendrik Jozef de Vos (1902–1965) enthält das Jaarboek van de Maatschappij der Nederlandse Letterkunde te Leiden 1970–1971, Leiden 1972, S. 174 ff. Auf diesen Aufsatz machte mich dankenswerterweise Wouter Steenhaut vom Archief en Museum van de Socialistische Arbeiderbeweging in Gent aufmerksam.

161 In einer am 15. November 1944 in flämischer Sprache verfaßten handschriftlichen Erklärung bestätigt Hendrik de Vos, daß Heinz Kühn während der deutschen Okkupation für längere Zeit in seinem Genter Haus verborgen gelebt habe („verborgen heeft geleefd"). Er habe ihn in sein Haus aufgenommen, fügt de Vos hinzu, weil Kühn sich allzeit als aktiver Antifaschist und ehrlicher Mann erwiesen habe („zich altijd als en actief anti-fascist en een eerlijk man gedragen"). Die Erklärung befindet sich im Privatarchiv von Marianne Kühn.

162 Kühn: Widerstand und Emigration, S. 301.

*Hendrik de Vos (mit Ehefrau und Adoptivsohn), der Heinz Kühn 1942 bis 1944
in seinem Genter Haus Unterschlupf gewährt.*

Aber Heinz Kühns Genter Jahre waren nicht nur Jahre strenger geistiger Klausur.
Des öfteren unterbrach er den Aufenthalt in Gent für Besuche in Brüssel, und seine Frau
kam ab und an zu ihm nach Gent. Ja, Heinz Kühn wäre nicht Heinz Kühn gewesen, hätte er nicht auch in dieser Zeit versucht, sich in das aktuelle politische Geschehen einzumischen – trotz der damit verbundenen Gefahr für Freiheit und Leben. Heinz Kühn gelang sogar ein besonderer Coup: In der Genter Abgeschiedenheit verfaßte er eine Serie
politischer Flugschriften, die er zusammen mit einigen wenigen anderen zum Widerstand entschlossenen Emigranten während seiner Brüsseler Visiten unter deutschen Offizieren und anderen Wehrmachtsangehörigen in Umlauf brachte.[163]

163 Es handelte sich um maschinenschriftlich hergestellte und mittels Büromaschinen ver-
vielfältigte Exemplare. *Im Druck* erschienen die Flugschriften unmittelbar nach der Befreiung Belgiens im September 1944. Siehe Heinz Kühn: Hitler oder Deutschland. Freiheitsbriefe an die deutsche Wehrmacht, Gent 1944. Die Broschüre hatte schon einige
Zeit vor der Liberation Belgiens in der illegalen Druckerei gelegen (vgl. Heinz Kühn an
die Redaktion des „Sozialdemokrat" (Kopenhagen) v. 24.9.1945, in: HiAdSt Köln, Nl.
H. Kühn, Nr. 14). Auch Hendrik de Vos betont in seiner Erklärung v. 15.11.1944, daß
sich Kühn während seines Aufenthalts in der Genter Diksmuidestraat 3 mit dem Verfassen illegaler Pamphlete gegen das Hitler-Regime („met het opstellen van illegale pamflet-
ten tegen het Hitler-regime") beschäftigt habe, die er dann unter Angehörigen der deutschen Wehrmacht verbreitet habe, um deren Moral zu untergraben („die hij dan ook on-
der het Duitsche leger heeft verspreid om het moreel aan te tasten"). Erklärung in Privatarchiv M. Kühn.

Geschrieben und verbreitet wurden die Flugschriften zwischen Februar und September 1943.[164] Jede der insgesamt dreizehn durchnummerierten Schriften trug den Titel „Freiheitsbrief an die deutsche Wehrmacht". Abgeschlossen wurde die Serie durch ein ebenfalls als Flugblatt verbreitetes Memorandum „an die verantwortlichen Offiziere der deutschen Wehrmacht". Es war betitelt „In letzter Stunde!" und hatte den Charakter einer Bilanz der in den „Freiheitsbriefen" vorgetragenen Argumente.

Elf der dreizehn „Freiheitsbriefe an die deutsche Wehrmacht" endeten mit dem Aufruf: „Stürzt Hitler, rettet Deutschland!" Der Appell war eine verbale Komprimierung der in den „Freiheitsbriefen" variantenreich verkündeten Botschaft, das Hitlersystem müsse zum Einsturz gebracht werden, um Deutschland vor dem Untergang zu bewahren. Die „Freiheitsbriefe" weckten keine Illusionen. Es gehe, so hieß es in ihnen, nicht mehr um Sieg oder Niederlage Deutschlands. Der Krieg sei nach der Katastrophe von Stalingrad für Deutschland so oder so verloren. Aber es gehe um die „nackte Existenz von Volk und Reich". Durch eine sofortige Beendigung des Krieges könne der Tod zehntausender deutscher Soldaten, die Zerstörung unzähliger deutscher Kulturgüter und das „soziale Chaos" in Deutschland verhindert werden. Der Weg dahin führe nur über den Sturz Hitlers und die restlose Beseitigung seines Herrschaftsapparates. Diese „entscheidende Tat" zu vollbringen, seien die deutschen Militärs prädestiniert.

Heinz Kühn betonte in den „Freiheitsbriefen" eindringlich, bei dem empfohlenen Projekt, Hitler zu stürzen und sein System zu beseitigen, handle es sich um ein *deutsch-patriotisches* Unternehmen, um eine *national-deutsche* Pflicht. Er legte auch großen Wert darauf hervorzukehren, daß aus den „Freiheitsbriefen" „keine Bolschewisten" sprechen, die eine „Verherrlichung der Sowjetunion" betrieben. Aus den „Freiheitsbriefen" würden „Deutsche zu Deutschen" reden. Diese hätten keinerlei Verbindung zu alliierten Nachrichtendiensten, und sie stünden weder im Solde noch unter dem Einfluß alliierter Rundfunksender. Freilich, Kühn ließ die Leser der Flugschriften auch nicht im Zweifel darüber, daß ihre Initiatoren „deutsche Sozialisten" seien. Diese glaubten, jedes Volk müsse „sich seine sozialistische Lebensform selbst aus den wirtschaftlichen und kulturellen Gegebenheiten seines Landes und seiner Geschichte gestalten". Auch der Begriff der „sozialen Revolution", die allein Deutschlands „nationale und kulturelle Zukunft neu zu begründen" vermöge, tauchte in den Flugschriften auf. Sie wurde definiert als „umwälzende Neuordnung unseres Vaterlandes auf der Grundlage sozialer Gerechtigkeit und persönlicher Würde".

Ein zentrales Anliegen Heinz Kühns war es, den Adressaten der „Freiheitsbriefe" klar zu machen, daß Hitler und die „Tyrannei" seines Systems „ein deutsches Verhängnis" seien, daß sie den Bedürfnissen und Interessen des deutschen Volkes diametral entgegenständen. Hitler wird in den „Freiheitsbriefen" als „erbärmlicher Hasardeur" charakterisiert, der „Gut und Blut des deutschen Volkes auf die Karte eines Eroberungskrieges gesetzt" habe. Kühn bezeichnet ihn als einen von „Triumphsucht", vom

---

164 Nach Kühn: Hitler oder Deutschland, Vorwort des Verfassers vom 5.9.1944. Die folgende Inhaltsanalyse der Flugschriften stützt sich auf die Druckfassung von 1944. Maschinenschriftliche Exemplare aus dem Jahr 1943 sind nicht überliefert.

„Cäsarenwahn" und „Siegesrausch" besessenen „politischen Desperado", als einen „größenwahnsinnigen militärischen Dilettanten", dem die „moralische Hauptschuld an diesem Kriege" zufalle. Heinz Kühn kennzeichnet den NS-Staat als „totalen Staat", in dem ein „brutaler Herrschaftsapparat" existiere. In ihm seien „Kadavergehorsam, Bespitzelung, Denunziantentum, Willkür, Führeranbetung, Rechtlosigkeit [und] Unterdrückung der Kritik" an der Tagesordnung. Kühn spricht von dem „System der braunen Bonzen" und „Systemgewinnler", das im Gegensatz zur Ausbeutung und Verarmung des Volkes durch Hitlers Kriegspolitik stehe. Heinz Kühn brandmarkt die „Gestapodiktatur" und die „Hölle der Konzentrationslager"; er geißelt den „Rassismus" des NS-Systems, seine „kommandierten Synagogenverbrennungen" und „organisierten Judenpogrome" als „nationale Schmach". Das System habe den Antisemitismus „zu einer Barbarei hochgepeitscht, die ohne Beispiel in der Geschichte ist". Im Geiste von Hitlers „Mein Kampf" würden „Hunderttausende von Juden – Männer und Frauen, Greise und Kinder – im Reichsgebiet und den eroberten Gebieten zusammengetrieben und im Osten in unvorstellbarer Weise vernichtet". Dadurch hätten die Nazis den Namen des deutschen Volkes „mit den finstersten Verbrechen der Geschichte" belastet.

Titelblatt einer im September 1944 in Gent erschienenen Broschüre. Sie enthält die antinazistischen Flugschriften, die Kühn 1943 verfaßte und unter Angehörigen der deutschen Besatzungsarmee in Brüssel in Umlauf brachte.

Die „Freiheitsbriefe" sind in sprachlicher Hinsicht ein kleines Meisterwerk. Sie enthalten eine Fülle eindrucksvoller Metaphern. So ist etwa die Rede von der „Friedhofsstille der Gestapodiktatur" oder der „Terrorpeitsche der Diktatur"; Deutschland habe sich, so heißt es, in einen „gigantischen Kriegsroboter" verwandelt, und die „Bannerträger des Dritten Reiches" seien in Wahrheit die „Totengräber des deutschen Volkes". Lebendigkeit erhalten Kühns Flugschriften durch die vielen in den Text eingestreuten Frage- und Ausrufesätze. Durch die wiederholte direkte Anrede der Adressaten – Heinz Kühn verwendet z. B. das Personalpronomen „ihr" – stellt der Autor außerdem einen unmittelbaren Bezug zwischen sich und den Lesern her. Auffallend ist auch der häufige Gebrauch statistischer Zahlen. Damit verleiht Kühn seinen Aussagen Authentizität.

Was die genannten Stilmittel betrifft, erinnern Kühns politische Flugschriften des Jahres 1943 stark an Georg Büchners politische Flugschrift „Der hessische Landbote" aus dem Jahre 1834. Es ist sehr wahrscheinlich, daß der junge Kühn – ein guter Kenner des deutschen Vormärz – sich bei der stilistischen Gestaltung seiner „Freiheitsbriefe" von Büchners berühmter Schrift Anregungen geholt hat. Nicht unerwähnt sollte bleiben, daß der Flugschrift-Autor Kühn durch eine Reihe von Zitaten „handverlesener" deutschsprachiger Autoren – wie Ulrich von Hutten, Jakob Grimm, Friedrich Nietzsche und Jakob Burckhardt – auf seine Leser Eindruck zu machen versuchte.

Noch vor seinem Wechsel nach Gent hatte Kühn in Brüssel sehr vorsichtig Verbindungen zu deutschen Truppenoffizieren und Beamten der Militärverwaltung (Hauptleuten, Oberleutnants, Korvettenkapitänen und Kriegsverwaltungsräten) geknüpft und mit ihnen mitunter nächtelang über Widerstandsaktionen gegen das Hitlerregime diskutiert.[165] Die Gespräche führte man in requirierten Appartements, in denen die Offiziere wohnten und die für die Gestapo unzugänglich waren. An diesen Kreis von Offizieren wurden die Flugschriften zunächst verteilt. Bald ging man dazu über, die „Freiheitsbriefe" in Hunderten von Exemplaren auch mit der Post zu verschicken, in Mannschaftsunterkünfte zu schmuggeln oder einfach vor Kasernen zu verstreuen.[166]

An der technischen Herstellung der Flugschriften beteiligte sich auch Marianne Kühn. Sie arbeitete inzwischen als Sekretärin bei einem belgischen Rechtsanwalt mit Namen Ledoux.[167] Dieser war von der deutschen Ortskommandantur zum Bearbeiter für das von den Deutschen beschlagnahmte „Feindvermögen" bestellt worden. Daß Marianne Kühn eine politische Emigrantin war, wußte Ledoux nicht. Er war in dem Glauben, sie gehöre der „deutschen Kolonie" in Brüssel an. Das im Büro von Maître Ledoux befindliche Kopiergerät nutzte Marianne Kühn zur Vervielfältigung der „Freiheitsbriefe". Aktiv bei der Verbreitung der „Freiheitsbriefe" mitgearbeitet haben auch Trude Thürlings, eine junge politische Emigrantin aus Mönchengladbach,[168] und Heinz Kühns linkskatholischer Freund Hein Müller.

Kühns Flugschriften (sie wurden insgesamt in etwa 3.000 Exemplaren verbreitet[169]) stießen bei etlichen antinazistisch eingestellten deutschen Offizieren auf viel Sympathie. Zum aktiven Widerstand mochte sich von ihnen jedoch keiner entschließen. Als Hauptgrund erwies sich der Treueid, den sie auf den „Führer und Reichskanzler" geschworen hatten. Ihn zu brechen, schien ihnen unmöglich. Als Kühn dies erkannte, stellte er im Herbst 1943 die Flugblattaktion ein. Hinzu kam, daß Abkommandierungen die mühsam hergestellten Kontakte zu oppositionell eingestellten Offizieren zu diesem Zeitpunkt abreißen ließen.

Heinz Kühn schrieb in seinem Genter Refugium nicht nur die „Freiheitsbriefe". Er verfaßte auch mehrere Schriften, mit denen er nicht auf die aktuellen politischen Ereignisse einzuwirken beabsichtigte. Die Arbeiten waren historisch-politischen Inhalts

---

165 Nach Kühn: Hitler oder Deutschland, Vorwort des Verfassers.
166 Ebd.
167 Das Folgende nach den genannten Zeitzeugengesprächen mit Marianne Kühn.
168 Heinz Kühn an Erich Ollenhauer v. 3.7.1945, in: AdsD, Emigration Sopade, Mappe 67.
169 Nach Kühn: Hitler oder Deutschland, Vorwort des Verfassers.

und besaßen einen eher theoretischen Charakter. Sie dienten mehr der Selbstvergewisserung, der Klärung der eigenen weltanschaulichen Position. Möglicherweise hoffte Heinz Kühn bei der Niederschrift der Manuskripte auch darauf, sie unmittelbar nach der Befreiung Belgiens oder der endgültigen Niederlage Hitler-Deutschlands publizieren zu können.[170]

„Die deutsche Katastrophe. Das Ende der bürgerlichen Epoche" ist der Titel des umfangreichsten, 146 Seiten langen Textes. Die Schrift versteht sich als Beweisführung für die von Heinz Kühn vertretene These, der Sieg des Nationalsozialismus im Jahre 1933 habe seine eigentliche Ursache in einer Fundamentalkrise der *bürgerlichen* Gesellschaftsordnung. Das deutsche Bürgertum sei nach dem Ersten Weltkrieg in eine so umfassende und tiefe Krisis geraten, in der es nur noch in der „Desertion in die Diktatur" für sich einen Ausweg sah. Er diagnostiziert für das Bürgertum in Deutschland vor 1933 ein dreifaches „Krankheitsbild": ein ökonomisches, ein geistig-kulturelles und ein politisches.

Das *ökonomische* manifestiere sich in der verheerenden Katastrophensituation des deutschen Kapitalismus. Zwar habe es in den späten 1920er Jahren eine *weltweite* Wirtschaftskrise gegeben, aber der *deutsche* Nachkriegskapitalismus sei – unter den Bedingungen eines verlorenen Krieges – das schwächste Glied im weltkapitalistischen System gewesen. Kühn listet die Gründe auf, warum der deutsche Kapitalismus „erstes Opfer" der Weltwirtschaftskrise wurde. Z. B. sei er infolge Beschlagnahme seiner Auslandsvermögen auf dem internationalen Kapitalmarkt vom Gläubiger zum Schuldner geworden. Die allgemeine Wirtschaftskrise habe jedenfalls die deutsche Volkswirtschaft bis in die Grundmauern erzittern lassen und das deutsche Wirtschaftsbürgertum (Kühn spricht vom „kapitalistischen Großbürgertum" oder von der „Bourgeoisie") im höchsten Maße verunsichert.

Ein eindrucksvolles Bild entwirft Heinz Kühn von der *geistig-kulturellen* „Krankheit" des deutschen Bürgertums der Zwischenkriegszeit. Dem bürgerlichen Menschen sei der vernunftbestimmte Fortschritts- und Erkenntnisglaube abhanden gekommen, der ihn seit Generationen ausgezeichnet habe. An seine Stelle sei ein deprimierender Skeptizismus und ein üppig emporschießender Irrationalismus getreten. Eine Entwertung überkommener bürgerlicher Normen habe stattgefunden. Diese sei von enormen Zukunftsängsten begleitet gewesen. Insbesondere die Erfahrungen des Ersten Weltkriegs seien für den geistig-kulturellen Zersetzungsprozeß der Bürgerwelt verantwortlich. Der geistig-kulturelle Verfall des Bürgertums erinnnert Kühn an das Krankheitsbild der folie circulaire in der Psychiatrie: „Der Mensch verfällt abwechselnd in äußerste Depression und Lethargie und in die maniakalischen Zustände eines pathologischen Aktionsdrangs. Es ist das gleiche Krankheitsbild, das uns das Bürgertum der Nachkriegszeit bietet. Ab-

---

170 Es handelt sich um vier maschinenschriftliche Texte, die sich alle im Kölner Kühn-Nachlaß befinden. Sie sind betitelt: „Die deutsche Katastrophe. Das Ende der bürgerlichen Epoche" (HiAdSt Köln, Nl. Heinz Kühn, Nr. 46); „Die sozialistische Wiedergeburt von Volk und Staat" (ebd., Nr. 49); „Vom liberalistischen Nachtwächterstaat zum sozialistischen Gemeinschaftsstaat" (ebd., Nr. 45); „Von der historischen Tragik des deutschen Nationalbewußtseins" (ebd., Nr. 44).

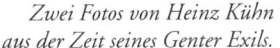
Zwei Fotos von Heinz Kühn
aus der Zeit seines Genter Exils.

wechselnd in einem Gefühl pessimistischer Depression an den ‚Untergang des Abendlandes‘ glaubend oder in einem pathologischen Nationalismus und Antisemitismus einen aggressiven Ausweg aus seiner Zukunftsangst suchend, hatte sich der geistige Horizont des bürgerlichen Menschen immer mehr zu dem von Hitler höhnisch verspotteten und zynisch ausgenutzten ‚Kaninchenhorizont‘ verengt.“[171]

Schließlich das *politische* Krankheitsbild: Als „krank“ mutet dem Autor die Neigung des deutschen Bürgertums an, seine (historisch gesehen) *ureigenen* politischen Prinzipien – die Prinzipien der liberalen Demokratie – in Frage zu stellen und letztendlich zu verraten. Das sei seit Ende der 1920er Jahre unter dem Eindruck der sich verschärfenden Klassengegensätze zwischen Bürgertum und Arbeiterschaft geschehen. Immer weniger habe das Bürgertum nun geglaubt, die eigenen Klasseninteressen ließen sich im Rahmen der Weimarer Republik (einer liberalen Demokratie par excellence) durchsetzen. Das Liebäugeln mit der Diktatur sei seitdem immer ungenierter betrieben worden.

In einem Punkte läßt Heinz Kühn keinen Zweifel aufkommen: Erst durch die sich auf den drei Ebenen – Wirtschaft, Geist/Kultur und Politik – vollziehende Totalkrise der bürgerlichen Lebenswelt sei die „Gesinnungskapitulation“ des Bürgertums vor der fragwürdigen Größe eines skrupellosen Demagogen möglich geworden. Letztlich habe das bürgerliche Sicherheitsverlangen den Ausschlag zugunsten der Hitler-Diktatur gegeben.

In seiner Genter Abhandlung „Die sozialistische Wiedergeburt von Volk und Staat“ greift Heinz Kühn das Thema der ersten Schrift wieder auf, indem er den Bogen

---

171 „Die deutsche Katastrophe. Das Ende der bürgerlichen Epoche“, S. 66.

von der Vergangenheit in die Zukunft schlägt. Brennend beschäftigt ihn die Frage: Was soll in Deutschland nach der militärischen Niederlage des Nationalsozialismus geschehen? Für ihn ist die Antwort unstrittig. Die Zukunft könne „nicht Restauration" sein; sie könne nicht wieder auf den Prinzipien einer bürgerlichen Gesellschaftsordnung gegründet werden. Denn diese habe Deutschland in die „Despotie des Faschismus" gestürzt. Für ihn ist auch völlig klar, daß nicht nur die bürgerliche Ordnung, sondern auch der (politische) Liberalismus als die genuin bürgerliche Weltanschauung „endgültig abgelebte Vergangenheit" sei. Der politische Liberalismus habe sich als völlig unfähig erwiesen, mit den gesellschaftlichen Problemen der Gegenwart fertig zu werden. Es könne deshalb auch nicht darum gehen, den von der politischen Ideenwelt des Liberalismus stark inspirierten Weimarer Verfassungsstaat zu restituieren. Kühn wörtlich: „All' denen, die an die Wiederaufrichtung der bürgerlichen Republik Weimarer Struktur denken, muß man mit Goethe zurufen: ,Entzieht Euch dem verstorbenen Zeug, Lebend'ges laßt uns lieben!'"[172] An seiner ablehnenden Haltung gegenüber der Weimarer Republik, die er schon im Juli 1933 in der Saarbrücker „Deutschen Freiheit" bekundete,[173] hatte sich also nichts geändert.

Heinz Kühn sieht nur einen Weg der Rettung (den er schon in „Freies Deutschland" und den „Freiheitsbriefen" propagierte): „den Wiederaufbau von Volk und Staat im Geiste des Sozialismus". Dieser Wiederaufbau, den Kühn als „letzte historische Chance" der Deutschen begreift, sei ohne eine „soziale Revolution, die unsere Nation bis in die tiefsten materiellen und sittlichen Fundamente erfaßt", nicht denkbar. Zu beachten ist, daß der nun gut 30 Jahre alte Kühn unter „Revolution" nicht (mehr) unbedingt eine mit dem Mittel der Gewalt herbeigeführte soziale Umwälzung versteht. Schon in seiner Schrift „Die deutsche Katastrophe" solidarisiert er sich ausdrücklich mit dem Revolutionsbegriff Ferdinand Lassalles. Danach ist „Revolution" eine Umwälzung, die „ein ganz neues Prinzip an die Stelle des bestehenden Zustandes setzt" – „gleichviel, ob mit oder ohne Gewalt".

Wie stellt sich der Heinz Kühn der frühen 1940er Jahre ein „im Geiste des Sozialismus" neugestaltetes Deutschland vor? Was versteht er überhaupt unter „Sozialismus"? Das Manuskript „Die sozialistische Wiedergeburt von Volk und Staat" gibt hierzu einige nähere Auskünfte.

Er beginnt mit einer Erläuterung seines Verständnisses von „Sozialismus". Dabei ist die antimarxistische Stoßrichtung in vielen Formulierungen mit den Händen zu greifen. Sozialismus erschöpfe sich nicht, so führt er aus, in der Vergesellschaftung der Produktionsmittel; er sei darüber hinaus „sozialistische Kulturgestaltung". Sozialistische Kultur könne man aber nur dann dauerhaft gestalten, wenn es gelinge, das ganze Volk „mit dem Glauben an eine neue Rangordnung der Werte zu erfüllen". Der Sozialismus habe deshalb seine „industrieproletarische Klassenbeschränktheit" zu überwinden; er müsse mehr sein als „die Doktrin einer kämpfenden Klasse", er müsse eine „erneuernde Kraft" für das „Volksganze" werden.

---

172 „Die sozialistische Wiedergeburt von Volk und Staat", S. 13.
173 Vgl. S. 40f. der Biographie.

An einer anderen Stelle heißt es, der „marxistische Sozialismus" sei durch den „Geist des Rationalismus" und durch einen „mechanistischen Fortschrittsglauben" dazu verführt worden, „die lebendigen Kräfte des Willens und die ethischen Impulse des Gewissens zu gering zu achten". Ohne diese werde der Sozialismus aber nicht Realität. Nicht als rationalistische Wissenschaft müsse der Sozialismus begriffen werden, sondern als eine „Neuordnung des Volkes auf der Grundlage einer neuen Gemeinschaftsethik". Unverkennbar stand Heinz Kühn jetzt im Banne des *ethischen* Sozialismus" Nelsonscher und Eichlerscher Prägung. Kühns enger Umgang mit Hendrik de Vos, seinem Protektor und Gönner in den Genter Jahren, dürfte für seine *ethisch*-sozialistischen Anschauungen und Bestrebungen ein zusätzliches Stimulans gewesen sein. Freilich, seinen „*volks*sozialistischen" Neigungen schwor Kühn nicht ab. (Deutsche) Nation und Sozialismus blieben für ihn in dieser Zeit zwei feste Bezugsgrößen, während der ISK stärker international orientiert war.

Auch zum institutionellen Aufbau der von ihm angestrebten „sozialen Demokratie" (die er scharf von der „toten liberalen Demokratie" à la Weimar abgrenzt) macht Kühn einige Angaben. In der „sozialen Demokratie" seien „lokale, landschaftliche und berufliche Selbstverwaltungskörperschaften" unverzichtbar, die als „echte Verantwortungsgemeinschaften Organe der demokratischen Kontrolle" sein müßten.

Dennoch: Kühn kann sich auch die „soziale Demokratie" nicht ohne ein zentrales Parlament vorstellen. Freilich, in ihm dürften nicht mehr die politischen Parteien das Sagen haben. Um das zu verhindern, sollten die Abgeordneten als *Persönlichkeiten, nicht aber als Parteivertreter"* gewählt werden. Überhaupt müsse in der „sozialen Demokratie" die *Funktion* der Partei eine ganz andere sein als in der „liberalen Demokratie". In letzterer sei die Partei „wirtschaftspolitischer Interessenverband", „Wahlkampforganisation" und „parlamentarische Institution". In der „Epoche des Sozialismus" solle hingegen die Partei nicht mehr Organ „der politischen Technik" sein, sondern nur noch Organ „der politischen Gesinnungsbildung".

Die Konsequenz dieses Funktionswandels erläutert Heinz Kühn an der zukünftigen „sozialistischen Partei" und ihren Mitgliedern. Zur sozialistischen Gesinnung gehöre neben der „gedachten Theorie" auch unbedingt das „gelebte Vorbild". Denn jedes Volk lebe „in vorgelebter Form". Deshalb könne Mitglied der sozialistischen Partei nur derjenige werden, „der die moralische Notwendigkeit anerkennt, daß Menschen, die sich Sozialisten nennen, auch als Sozialisten leben, dem auch im Privatleben Kants kategorischer Imperativ ein sozialistisches Memento ist".[174] Heinz Kühn denkt offenbar an eine sozialistische Elite-Gemeinschaft mit Vorbildcharakter für breite Volksschichten. Es sieht ganz so aus, als habe Eichlers elitär strukturierter „Internationaler Sozialistischer Kampfbund" bei diesem Modell Pate gestanden. Zum geistigen „Unterfutter" des Kühnschen Elitedenkens gehören aber sicherlich auch Einflüsse aus seiner Jugendzeit in Köln. Gedacht werden sollte an den katholischen „Bund Neudeutschland" und das in ihm existierende Elitebewußtsein. Vergessen werden sollte auch nicht Wilhelm Sollmann. Schon vor 1933 hatte der Chefredakteur der „Rheini-

---

174 „Die sozialistische Wiedergeburt von Volk und Staat", S. 54.

schen Zeitung" bekanntlich der Demokratie und der SPD dringend eine positive Einstellung zum „Führergedanken" empfohlen[175] (womit er nicht den „ins Groteske verzerrte[n] Führerkult" der Nationalsozialisten meinte).

Zu der Frage, ob in der „sozialen Demokratie" neben der sozialistischen Partei noch weitere *Gesinnung*sparteien existieren sollen, fehlt in Heinz Kühns Manuskript eine eindeutige Aussage. Das dürfte kein Zufall sein. Seine Meinungsbildung zu diesem heiklen Punkt scheint nicht abgeschlossen zu sein. Dezidiert ist dagegen (nach wie vor) seine Meinung in anderer Hinsicht: Weder die 1933 mit ihrer „Ideologie des Reformismus" untergegangene SPD könne Vorbild für die sozialistische Partei der Zukunft sein noch die ebenfalls gescheiterte KPD, deren Ideologie „auf der gebetmühlenhaften Wiederholung des orthodoxen Marxismus" und deren Praxis „auf einer sklavischen Abhängigkeit von Moskau beruhte".

In seiner dritten Genter Abhandlung „Vom liberalistischen Nachtwächterstaat zum sozialistischen Gemeinschaftsstaat" beschäftigt sich Heinz Kühn mit der Frage nach der Rolle des Staates in der liberal-bürgerlichen Geschichtsepoche und im (nach seiner Meinung) heraufziehenden sozialistischen Zeitalter. Der konsequente Liberalismus habe immer „die Tendenz zum Nicht-Staat" gehabt. Ihm sei es mehr auf die Freiheit des Einzelnen *vom* Staate als *im* Staate angekommen. „Staat" sei für den liberalen Bürger geradezu der Gegenbegriff zu „Gesellschaft". Selbst die höchst lobenswerte Idee des liberalen *Recht*sstaates sei von der Überlegung ausgegangen, die Freiheitssphäre des Einzelnen gegen *staatliche* Ansprüche zu schützen. Ferdinand Lassalle habe deshalb zu Recht den liberal-bürgerlichen Staat als „Nachtwächterstaat" gegeißelt.

Für Heinz Kühn ist es eine ausgemachte Sache, daß im zukünftigen sozialistischen Zeitalter an die Stelle liberaler Staatsdistanz ausgesprochene Staatsbejahung treten müsse. Auch in diesem Punkte setzt er sich klar von Karl Marx ab, der – unter dem Einfluß liberalistischer Staatsablehnung – von einem allmählichen Absterben des Staates im Sozialismus ausgegangen sei. Kühn macht für seine Vorstellung von einem starken Staat im Sozialismus Lassalle zum Kronzeugen. Der Gründer des „Allgemeinen Deutschen Arbeitervereins" habe in seinem „Arbeiterprogramm" den Gegensatz zwischen dem bürgerlich-liberalen und dem sozialistischen Staat folgendermaßen definiert: Der Zweck des Staates sei nicht, dem Einzelnen nur die persönliche Freiheit und das Eigentum zu sichern, sein Zweck müsse vielmehr sein, die vielen Einzelnen zu befähigen, eine solche Summe von Bildung, Macht und Freiheit zu erlangen, die für sie als Einzelne nicht erreichbar sei.

Kühns vierte Genter Abhandlung „Von der historischen Tragik des deutschen Nationalbewußtseins" ist einer Thematik gewidmet, der sein besonderes Interesse gilt. Extemporierte Einlagen zum Thema „Nation", „Nationalbewußtsein" und „Nationalismus" enthalten schon die Manuskripte „Die deutsche Katastrophe" und „Die sozialistische Wiedergeburt von Volk und Staat". Jetzt befaßt er sich mit diesem Themenkomplex nach intensivem Quellenstudium höchst kenntnisreich in einem 51 Seiten umfassenden Manuskript.

---

175 Vgl. S. 35 der Biographie.

Heinz Kühn vergleicht die Nationwerdung der Deutschen seit der frühen Neuzeit mit der anderer europäischer Völker, besonders der Franzosen und Engländer. Durch den Vergleich werde sichtbar, welche Tragik auf der nationalen Entwicklung des deutschen Volkes laste. Franzosen und Engländer hätten mit Konsequenz ein Nationalbewußtsein ausgebildet, das sie zu gereiften Nationen bzw. ihre Länder zu modernen Nationalstaaten gemacht habe. In Frankreich z. B. habe die Französische Revolution (1789) die „peuples de France" zur „nation française" zusammengeschweißt und unter der Parole „La France une et indivisible" den zentralistischen Nationalstaat vollendet. Ganz anders in Deutschland. Hier sei der Prozeß der Nationwerdung u. a. durch religiöse Spaltung und partikularstaatliche Zersplitterung auf verhängnisvolle Weise gehemmt worden und letztlich unvollendet geblieben. Der „Minderjährigkeitscharakter der deutschen Nation", ihre Unzulänglichkeit, Unvollkommenheit und Unfertigkeit falle immer wieder neben den gereiften Nationen des Westens auf. Das habe im deutschen Bürgertum, dem Träger der Nationsidee, zu erheblichen Minderwertigkeits- und Unterlegenheitsgefühlen geführt. Es sei jedoch ein Gesetz der Psychologie, daß Inferioritätskomplexe in gewissen Situationen in Aggression umschlügen. Hitler sei es deshalb leicht gefallen, mit den Mitteln seiner demagogischen Propaganda jene fiebrige Überreizung des Nationalismus bis zur Vergötzung von Gewalt, Nation und Rasse zu erzeugen, die die Voraussetzung seiner Eroberungspolitik wurde.

Hat die deutsche Nationsidee und hat die deutsche Nation eine Zukunftsperspektive? Heinz Kühn beantwortet die Frage mit einem klaren Ja. Der Sozialismus in Deutschland (von dessen geschichtlicher Chance er nach der Niederlage des Nazismus fest überzeugt ist) habe geradezu die „historische Aufgabe", die nationale Idee von den machtpolitischen Elementen zu befreien und die Nation in der Gestalt der *Kultur*nation zu *vollenden*. „Die Nation kann nicht ohne den Sozialismus und der Sozialismus kann nicht ohne die Nation Wirklichkeit werden", konstatiert Kühn.[176]

Er weitet aber den Blick über Deutschland hinaus und fragt nach der Struktur der internationalen Gemeinschaft in der Epoche des Sozialismus. Er gibt auch hier eine präzise Antwort: Die natürlichen Organe der Menschheit seien die Nationen und die Struktur der Völkergemeinschaft werde deshalb in Nationen gegliedert sein, wenn sich der Sozialismus nicht in einen wirklichkeitsfremden Utopismus flüchte. Das habe der Marxismus getan, indem er nicht die *Verwandlung* und *Vollendung*, sondern die *Vernichtung* der Nationalitäten zur Aufgabe der proletarischen Bewegung erklärt habe. Zustimmend zitiert Heinz Kühn den französischen Sozialistenführer Jean Jaurès, der davon gesprochen habe, daß „jede Nation schwingende Saite an der Lyra der Menschheit" sei.[177]

Für Heinz Kühn gibt es keinen Zweifel, daß auch das nachfaschistische Europa ein *Europa der Nationen* sein werde. Schon in seinem Aufsatz „Die sozialistische Wiedergeburt von Volk und Staat" formuliert er apodiktisch: „Die europäische Gemeinschaft ist nur als Gemeinschaft von Nationen denkbar." Nachdem die Deutschen ihre „na-

176 „Von der historischen Tragik des deutschen Nationalbewußtseins", S. 37.
177 Ebd., S. 45.

tionale Tragik" „zum Verhängnis Europas gemacht" hätten, sei es nun an der Zeit, daß eine durch den Sozialismus kultivierte deutsche Nation Baustein eines neuen, auf *Gemeinschaft* gegründeten Europas werde. Eindringlich plädiert er deshalb für europäische Nationalstaaten mit *eingeschränkter* Souveränität. Schon in „Die sozialistische Wiedergeburt von Volk und Staat" heißt es: „Wenn Europa nicht an seiner nationalstaatlichen Zerbröselung zugrunde gehen soll, muß das zur Anarchie führende Prinzip der schrankenlosen Souveränität der Nationalstaaten durch eine solidarische Föderation unseres Kontinents überwunden werden".[178] Und im Manuskript „Von der historischen Tragik des deutschen Nationalbewußtseins" findet sich der Satz: „Die Einengung der nationalstaatlichen Souveränität ist ein Gebot der Friedenserhaltung und der Wirtschaftsvernunft geworden".[179] Eine Gemeinschaft kultivierter und solidarischer europäischer Nationen – das ist eine der Visionen, aus der Heinz Kühn in seinem einsamen Genter Exil Hoffnung für die Zukunft schöpft.

Seit dem Frühsommer 1944 stellte sich für Heinz Kühn verstärkt die Frage, ob sein Versteck in der ostflandrischen Metropole wirklich sicher sei. Im Juni begann die Invasion der Alliierten in Nordfrankreich und Mitte Juli deportierten die Deutschen den belgischen König ins Reich, und sie gaben ihrem Besatzungsregime in Belgien eine ganz neue Struktur. An die Stelle der Militärverwaltung unter Generaloberst von Falkenhausen trat eine deutsche Zivilverwaltung unter dem Gauleiter und Reichskommissar Grohé. Für die Sicherheit war jetzt ein höherer SS- und Polizeiführer zuständig. Letzten Endes hatte nun Himmler in Belgien das Sagen.[180]

Aber das Glück war auf Heinz Kühns Seite. Die Gestapo spürte ihn nicht auf. Deren Schreckensregiment dauerte nur wenige Wochen. Die alliierten Truppen rückten unaufhaltsam vor. In den ersten Septembertagen eroberten sie die belgischen Städte – eine nach der anderen, auch Gent und Brüssel. Die Deutschen hatten den Rückzug angetreten. Belgien war frei.

Doch die Schwierigkeiten und Probleme waren damit für die Kühns nicht beseitigt.[181] Marianne Kühn, die hochschwanger war, erlebte das Ende des Krieges in Brüssel. Vom Fenster der angemieteten Wohnung aus konnte sie beobachten, wie sich auf der vorbeiführenden Chaussée de Louvain die Soldaten der einst siegreichen deutschen Wehrmacht einzeln oder in kleinen Trupps „heim ins Reich" bewegten.

Gut einen halben Monat später wurde Marianne Kühn – sie hatte gerade eingekauft und befand sich auf dem Heimweg – im befreiten Brüssel von Angehörigen der belgisch-royalistischen Widerstandsbewegung verhaftet. Sie mußte sich einem langen, aber durch Pausen unterbrochenen Verhör aussetzen. Ihr Auskünfte und Papiere konnten das Mißtrauen der Belgier nicht vollends ausräumen. Bis zur völligen Klärung ihrer Identität wurde sie vorübergehend inhaftiert, und zwar wegen ihrer Schwangerschaft in einem nahegelegenen Krankenhaus, mit einem Posten vor der Tür.

---

178 „Die sozialistische Wiedergeburt von Volk und Staat", S. 49.
179 „Von der historischen Tragik des deutschen Nationalbewußtseins", S. 47.
180 Kühn: Widerstand und Emigration, S. 300.
181 Die folgende Darstellung nach ebd., S. 303 ff., und nach den genannten Gesprächen mit Marianne Kühn.

Inzwischen liefen die Drähte zwischen Brüssel und Gent heiß; die Royalisten in Brüssel zogen bei den Leuten des flämisch-sozialistischen Widerstands in Gent Informationen über Marianne Kühn ein. Am dritten oder vierten Tag ihres Krankenhausaufenthalts öffnete sich die Tür, herein marschierte ein Trupp der sozialistischen „Untergrundleute" und verkündete ihre Freilassung. Einige Zeit später erschien auch Heinz Kühn in der belgischen Hauptstadt. Er hatte von einem Colonel des britischen Field Security Service ein Laissez-passer für Brüssel erhalten. Es kam zu einer fröhlichen Wiedersehensfeier in der Kühnschen Wohnung.

Bald setzten bei Marianne Kühn die Wehen ein und Heinz Kühn brachte seine Frau wieder schleunigst ins Krankenhaus. Dort spielte die werdende Mutter vor ihrer Niederkunft mit dem werdenden Vater noch eine Partie Schach. Marianne Kühn bestand auf der Anwesenheit ihres Mannes bei der Geburt. Heinz Kühn sträubte sich nicht. Er übernahm sogar – wegen Personalmangels in der Klinik – die Rolle eines aktiven Geburtshelfers, indem dem Arzt assistierte. Am 6. Oktober 1944 kam nach einer komplizierten Zangengeburt Marianne und Heinz Kühns einziges Kind zur Welt. Es war ein Sohn. Sie nannten ihn Hendrik, nach Heinz Kühns uneigennützigem und mutigem flämischen Freund Hendrik de Vos. Die Geburt des gemeinsamen Kindes – so bald nach der Befreiung Belgiens – war für die jungen Eheleute ein erhebendes Gefühl. Spontan bemerkte Heinz Kühn: „Unser Sohn ist der erste freigeborene Deutsche."[182]

Belgien III.
Kühn im befreiten Belgien: September 1944–Dezember 1945

Die äußeren Lebensverhältnisse in Belgien änderten sich nach der Befreiung drastisch. Jedenfalls gehörten Hungerperioden und Steckrübenwinter, die die Kühns zusammen mit anderen Emigranten und vielen Belgiern in der Zeit der Besatzung durchlebten, endgültig der Vergangenheit an. Die belgische Regierung, die wenige Tage nach der Liberation aus ihrem Londoner Exil nach Brüssel zurückkehrte, war in einer günstigen Lage. Sie verfügte über ansehnliche Guthaben, die sich während des Krieges aufgrund der Uran- und Kupferlieferungen aus dem Belgisch-Kongo an die Amerikaner angesammelt hatten. Mit ihnen konnte sie die heiß begehrten Lebensmittel bezahlen, die sich nun, von amerikanischen Liberty-Schiffen herbeigeschafft, in den Häfen Belgiens stapelten.[183]

Heinz Kühn blühte nach der Befreiung förmlich auf. Seinem stark entwickelten Kommunikationsdrang (dem er in der Genter Illegalität enge Fesseln anlegen mußte) stand jetzt fast nichts mehr im Wege. Den Jahren, in denen geistige Einkehr und innere Sammlung deutlich überwogen, folgten nun Monate ungebremster Aktivität und

---

182 Zitat aus dem ungekürzten Gespräch Wolfgang Blaschkes mit Marianne Kühn v. 14.5.1996.
183 Kühn: Widerstand und Emigration, S. 304f.

ausgelebter Extrovertiertheit. Wo immer es auch nur ging, suchte er den Kontakt zu Menschen, die ihm für seine politischen Ambitionen wichtig erschienen.[184]

Da war zunächst das knappe Dutzend politischer Emigranten in Brüssel, das wie die Kühns die Zeit der deutschen Besatzung überlebt hatte. Dazu gehörten der 47 Jahre alte Hein Müller und der gleichaltrige Walter Thamm: rheinischer Linkskatholik und von Beruf Kaufmann der eine, Alt-Sozialdemokrat und gelernter Schneider der andere. Zu beiden war Heinz Kühns Beziehung während der Besatzungszeit nicht abgerissen. Dazu zählte auch der Mittvierziger Egon Römer (ehemals Journalist bei Ullstein und Mitglied der linkssozialistischen Splittergruppe „Neu Beginnen"[185]) und Trude Thürlings (die mit Römer verheiratet war, aber im Exil von ihm geschieden wurde). Zu diesem Kreis gehörte auch Hans Meyer, der sich nach 1945 unter dem Namen Jean Améry als Essayist einen Namen machte. Hans Meyer, introvertiert, sensibel und so alt wie Heinz Kühn, stammte aus Wien, war Mitglied der SPÖ und als Doktor der Philosophie und Literatur Volkshochschuldozent in der österreichischen Hauptstadt gewesen. 1938, nach dem Anschluß Österreichs, emigrierte er nach Belgien, wo er 1943 der Gestapo in die Hände fiel. Er überlebte die Hölle von Auschwitz und kehrte 1945 ins Brüsseler Exil zurück.[186]

Das Häuflein übriggebliebener Emigranten ließ sich zwar innerhalb des Politikspektrums insgesamt „links" verorten, war aber in sich politisch doch zu heterogen, um daraus eine einheitliche politische Gruppierung zu formen. Das wußte auch Heinz Kühn. Aber ihm ging es darum, die Verbindung zwischen den einzelnen zu intensivieren. Mitte 1945 organisierte er zusammen mit Hein Müller und Walter Thamm eine Art Emigranten-Arbeitsgemeinschaft.[187] Sie tagte 14tägig und diente vor allem der gegenseitigen Information.

Mindestens so wichtig wie die Verbindung zu den Schicksalsgenossen in Brüssel waren Kühn die Kontakte zu belgischen Sozialisten – führenden Politikern und Presseleuten gleichermaßen –, die er bis zu seiner Rückkehr nach Deutschland im Dezember

---

184 Die Darstellung dieses Unterkapitels basiert hauptsächlich auf einer Auswertung des umfänglichen Briefwechsels Kühns mit deutschen sozialistischen Emigranten in London aus dem Jahre 1945. Die Korrespondenz – sie umfaßt 72 Briefe – befindet sich im Bonner (Teil-)Nachlaß Kühns: AdsD, Bonn, Nl. Heinz Kühn, 1/HK AA 000001. Ergänzend herangezogen wurden einige im Bonner Bestand *Emigration Sopade* enthaltene Briefwechsel (primär zwischen Kühn und Ollenhauer): AdsD, Bonn, Emigration Sopade, Allg. Korrespondenz, Mappe 67 u. 84. Die genannten Korrespondenzen liefern viele Informationen zum Kreis der deutschen Emigranten in Brüssel nach der Befreiung, zu den Kontakten Kühns zu belgischen Sozialisten, insbesondere zum „Mouvement Socialiste", zur Haltung Kühns gegenüber der „Union deutscher sozialistischer Organisationen in Großbritannien", zum ISK und zur wiederentstehenden SPD.

185 Zu „Neu Beginnen" vgl. S. 96 der Biographie.

186 Siehe „Liste der politischen Flüchtlinge in Belgien"; Beilage zu Kühns Brief an Willi Eichler v. 27.7.1945, in: AdsD, Bonn, Nl. Heinz Kühn, 1/HK AA 000001; zu Jean Améry in Belgien siehe auch: Österreicher im Exil. Belgien 1938–1945 (vgl. dort Personenregister, S. 159).

187 Heinz Kühn an Erich Ollenhauer v. 3.7.1945, in: AdsD, Bonn, Emigration Sopade, Allg. Korrespondenz, Mappe 67; Heinz Kühn an Erich Ollenhauer v. 22.9.1945, in: AdsD, Bonn, Nl. Heinz Kühn, 1/HK AA 000001.

1945 knüpfte. Dabei behilflich waren ihm seine Hartnäckigkeit beim Herstellen der Kontakte, seine Geschmeidigkeit im Umgang mit den Gesprächspartnern und nicht zuletzt seine exzellenten Fremdsprachenkenntnisse. Heinz Kühn sprach inzwischen fließend Französisch und Englisch. Auch auf Flämisch konnte er sich verständigen.

Persönlich lernte er kennen: Belgiens Außenminister Paul-Henri Spaak[188] (der schon zwischen Mai 1938 und Februar 1939 als erster Sozialist das Amt des belgischen Ministerpräsidenten innehatte[189]), den alten Sozialistenführer und Staatsminister Louis de Brouckère, den sozialistischen Senator Rolin (der Oberst und Chef der Belgian Civil Affairs Mission gewesen war) und den Direktor im Innenministerium G. Vanderveken (der auch als secrétaire national des Fonds Matteotti fungierte).[190] Die Bekanntschaft dieser einflußreichen Männer der belgischen Politik spielte u. a. eine gewisse Rolle bei der Realisierung von Heinz Kühns Wunsch, so bald wie möglich nach Deutschland zurückzukehren, was sich aber dennoch als schwieriges Unterfangen herausstellen sollte.

Durch Heinz Kühns Kontaktpflege zu Zeitungsleuten des Gastlandes gelang es ihm, wieder in seinem journalistischen Metier Fuß zu fassen. In verschiedenen belgischen Publikationen erschienen einzelne Beiträge aus seiner Feder. Kühn kannte Victor Larock, den Chefredakteur des Zentralorgans der belgischen Sozialisten „Le Peuple"; er war bekannt mit Redaktionsmitgliedern der den Sozialisten nahestehenden illustrierten Wochenschrift „Europe-Amérique" (die in einer Auflage von 160.000 Exemplaren erschien); er besaß Kontakte zu linksbürgerlichen Zeitungen, wie z. B. der „Tribune", und er war an der Vorplanung der Zeitschrift „Synthèses" beteiligt, hinter der Paul-Henri Spaak stand.

Am engsten verbunden war Heinz Kühn aber mit einer relativ kleinen Gruppe junger sozialistischer Intellektueller. Die meisten von ihnen waren Gymnasialprofessoren und jünger als 30 Jahre. Sie wollten keine eigene Partei sein, vertraten aber einen dezidiert undogmatischen Sozialismus, betonten (wie Eichlers Internationaler Sozialistischer Kampfbund) den Erziehungs- und Bildungsgedanken in der sozialistischen Bewegung und waren *europäisch* orientiert. Die Gruppe nannte sich „Mouvement Socialiste".[191] Heinz Kühn gehörte sogar ihrem „Comitée directoriale" an.[192] Mit führenden Vertretern der Gruppe (wie Guy Cudell, George Goriely, Maurice Lambilliotte, Gilbert Jaeger und Raymond Rifflet) war er befreundet. Der „Mouvement Socialiste" gab seit dem November 1944 unter dem Namen *Les Cahiers Socialistes* eine anspruchsvolle Theorie-Zeitschrift heraus. An ihr arbeitete Kühn regelmäßig mit. Die öffentliche Wirkung der „Cahiers Socialistes" stand im umgekehrten Verhältnis zu ihrer klei-

---

188 Zu Spaak neuerdings: Michel Dumoulin: Spaak, Brüssel 1999.
189 Nach: Österreicher im Exil. Belgien 1938–1945, S. 24 f.
190 Heinz Kühn an Erich Ollenhauer v. 22.9.1945 und Heinz Kühn an Wilhelm Sander v. 15.12.1945, in: AdsD, Bonn, Nl. Heinz Kühn, 1/HK AA 000001.
191 Siehe die „Principes Généraux du ,Mouvement Socialiste'" in: Les Cahiers Socialistes, Heft 1 (November 1944), S. 38f.
192 Heinz Kühn an Fritz Borinski v. 6.9.1945, in: AdsD, Bonn, Nl. Heinz Kühn, 1/HK 000001.

nen Auflage von 1.500 Stück. Sie wurden, wie Kühn im November 1945 an Wenzel Jaksch in London schrieb, von einem „Elite-Publikum" gelesen, das an den „intellektuellen Problemen des Sozialismus" interessiert sei. Die Zeitschrift habe „auch in Frankreich eine gewisse Verbreitung".[193]

Heinz Kühns Affinität zu den jungen Leuten des „Mouvement Socialiste" kam nicht von ungefähr. Seit seiner Tätigkeit als Redakteur bei „Freies Deutschland" beschäftigte ihn das Thema „Jugend und Politik".[194] Er war fest davon überzeugt, daß nach dem Sieg über den Nazismus ein wirklicher Neuanfang in Deutschland und Europa nur dann möglich sei, wenn es gelang, die junge Generation für die Ideen eines undogmatischen Sozialismus zu begeistern. Von den jungen Menschen erhoffte er sich zudem neue Impulse in der Politik und die Vermeidung der Fehler der Vergangenheit. In Deutschland bestand ein besonderes Problem: Wie sollte die im nazistischen Geist erzogene deutsche Jugend für den demokratischen Sozialismus gewonnen werden? Für Heinz Kühn wurde es im Laufe des Jahres 1945 zur Gewißheit: Zurückgekehrt nach Deutschland, wollte er sich bei der Lösung dieses Problems persönlich einbringen.

Mit einer Veröffentlichung in einem der ersten Hefte der „Cahiers Socialistes" – in der Märznummer 1945 – landete Heinz Kühn einen Coup. Unter dem Pseudonym „Audax" (das er schon in „Freies Deutschland" benutzt hatte) publizierte er in französischer Sprache einen offenen Brief an Camille Huysmans,[195] den – neben Louis de Brouckère – anderen großen alten Mann der belgischen Sozialisten. Huysmans (Bürgermeister von Antwerpen bis zur deutschen Okkupation; 1946/47 sollte er belgischer Premier werden) war wegen seiner kämpferischen antinazistischen und antideutschen Einstellung bekannt. Ende 1944 richtete Huysmans in seiner Eigenschaft als letzter Präsident der Sozialistischen Arbeiter-Internationale (die sich 1940 auflöste) an den Parteitag der britischen Labour-Party eine Adresse. Sie wurde in „Le Peuple" veröffentlicht. In ihr hieß es: „Ich weiß, daß die ehemaligen Vertreter der sozialistischen Parteien der feindlichen Mächte verlangen, auf der Ebene vollkommener Gleichberechtigung zu unserer internationalen Arbeit zugelassen zu werden. Ich weiß auch, daß sie schon einige hilfsbereite Geister gefunden haben, die willens sind, sie zu unterstützen in ihrem Bestreben, Versprechungen zukünftiger Handlungen als bare Münze auszugeben. Wir aber sagen ihnen: Zeigt uns erst einmal, was ihr getan habt und kommt dann mit den Beweisen zu uns. Niemand wird sie dann mit größerer Begeisterung aufnehmen als wir."[196]

Aus der Sicht Kühns war die Adresse in einem viel zu selbstgerechten Ton abgefaßt. Sie verstieß nach seinem Empfinden gegen die Regeln internationaler sozialistischer Solidarität, auch wenn er wußte, daß zahlreiche belgische Sozialisten so dachten wie Huysmans.

---

193 Heinz Kühn an Wenzel Jaksch (Repräsentant der Sudetendeutschen Sozialdemokratie) v. 2.11.1945, in: AdsD, Bonn, Nl. Heinz Kühn, 1/HK AA 000001.
194 Vgl. S. 64 der Biographie.
195 Lettre ouverte à Camille Huysmans, in: Les Cahiers Socialistes, Heft 3 (März 1945), S. 46 ff.
196 Zitiert nach ebd., S. 46.

Er spreche nicht als ehemaliger Vertreter der sozialistischen Partei eines feindlichen Landes, sondern als „schlichter Soldat dieser großen Armee deutscher Sozialisten" („en qualité de simple soldat de cette grande armée de socialistes allemands"), die in zwölf Jahren der Emigration und des illegalen Kampfes nicht müde geworden seien, „die Fahne des Sozialismus" („le drapeau du socialisme") hochzuhalten – mit diesen Worten stellte sich Kühn in seinem offenen Brief dem „Camarade Huysmans" vor.

Dann griff Heinz Kühn Huysmans frontal an: „Wir [die deutschen Sozialisten, D. D.] haben es nicht nötig, wie die politischen Falschmünzer [„comme les faux-monnayeurs"] Versprechen statt Taten aufzuweisen. Die Bilanz unserer Handlungen im Kampf gegen Hitler wurde mit Blut und Tränen geschrieben. Mehr als 10.000 deutsche Männer und Frauen waren schon bis zum Jahre 1936 als politische oder geistige Gegner Hitlers ermordet oder in den Freitod gezwungen worden. Bis zu diesem Zeitpunkt hatte das Terror-Regime Hitlers 225.000 Männer und Frauen aus politischen Gründen zu insgesamt 600.000 Jahren Gefängnis und Zuchthaus verurteilt, wobei die Opfer der Konzentrationslager und der Schutzhaft nicht berücksichtigt sind. Wegen der schamlosen Kapitulation des deutschen Bürgertums [„la honteuse capitulation de la bourgeoisie allemande"] vor Hitler und da die Massenverfolgung [„grandes persécutions"] der Juden erst viel später einsetzte, beziehen sich die Zahlen fast ausschließlich auf die ‚marxistischen' Opfer des Nationalsozialismus, von denen nur eine Minderheit nicht der Partei angehörte, der Sie, Genosse Huysmans, das moralische Recht abstreiten wollen, in der Sozialistischen Internationale vertreten zu sein."[197]

Heinz Kühn stand nicht an, in seinem offenen Brief einzugestehen, daß die deutschen Sozialisten auch Irrtümern erlegen seien und Fehler gemacht hätten „im Hinblick auf den Sieg des Faschismus in Deutschland". Aber, so fügte er eiligst hinzu, auch das Ausland und speziell „zahlreiche Sozialisten der demokratischen Länder" hätten sich bewußt oder unbewußt dazu hergegeben, Hitler moralisch und politisch zu unterstützen.

Kühn nannte Beispiele: Vom einstigen Chef der britischen Labour-Partei Lansbury sei nach seinem Besuch in Berchtesgaden Hitler als einer der größten Männer seiner Zeit gepriesen worden, dem jeder politische Ehrgeiz fehle. Ein anderer Labour-Politiker, Sir Stafford Cripps, habe in einer Rede erklärt, ein Sieg Hitlers werde nur für die englischen Kapitalisten von verheerender Wirkung sein. Und im theoretischen Organ der schwedischen Sozialdemokraten sei zu lesen gewesen, im Falle eines Krieges müsse die schwedische Flotte unter Umständen die Lieferung von Erzen an Hitler sicherstellen.

Bitterlich beklagte sich Heinz Kühn schließlich darüber, daß den emigrierten deutschen Sozialisten von der demokratischen Welt „jede wirksame Unterstützung" verweigert worden sei. Ja, in den demokratischen Ländern sei ihnen der antinazistische Kampf so erschwert worden, daß sie ihn konspirativ hätten führen müssen.

Gegen Ende seines mit viel Pathos geschriebenen offenen Briefes richtete Heinz Kühn den Blick in die Zukunft. Die Heilung des vom Nazi-Bazillus vergifteten deutschen Volkes empfiehlt er als dringendste Gemeinschaftsaufgabe für die deutschen Sozialisten und die Sozialisten anderer Länder: „Wenn die Sozialisten der ganzen Welt

---

197 Ebd., S. 46f.

verhindern wollen, daß Deutschland zu einem Leichnam werde, der – im Herzen Europas liegend – unseren ganzen Kontinent vergiften wird [„devienne un cadavre qui, gisant au coeur de l'Europe, empoisonnera tout notre continent"], dann müssen Sie uns deutschen Sozialisten endlich die moralische und politische Unterstützung gewähren, die so viele unter ihnen uns versagten, als wir wie verlorene Kinder [„en enfants perdus"] für den Sozialismus kämpften."[198]

Kühn ließ Huysmans nicht im Zweifel darüber, wer der Autor des offenen Briefes war. In einem persönlichen Schreiben an ihn gab er sich als Verfasser zu erkennen,[199] nicht ohne dem prominenten belgischen Genossen einige harte Fakten aus seinem eigenen Emigrantenschicksal mitzuteilen. Huysmans blieb unnachgiebig. Äußerst knapp und mehr als kühl war seine Replik: Er habe gegenwärtig keine Zeit zu verlieren für Debatten, die bereits vier Jahre dauerten und für ihn nutzlos geworden seien. Aber Huysmans Reaktion konnte nichts daran ändern, daß Heinz Kühn mit seinem zwei Monate vor Kriegsende in Europa verfaßten Beitrag bei seinen belgischen und französischen Lesern Aufmerksamkeit erzielte und Nachdenklichkeit auslöste.[200]

Neben den deutschen Exilanten in Brüssel und den belgischen Sozialisten gab es noch einen dritten Personenkreis, mit dem Kontakte herzustellen und zu vertiefen sich Heinz Kühn nach der belgischen Befreiung die größte Mühe gab. Es handelte sich um den Kreis deutscher sozialistischer Emigranten in London. Die britische Hauptstadt war seit dem Krieg Hitler-Deutschlands gegen Frankreich (1940) zum Zentrum der deutschen sozialistischen Emigration geworden. Freilich, zu *persönlichen Begegnungen* kam es zwischen Heinz Kühn und den „Londonern" wegen der in der Kriegs- und unmittelbaren Nachkriegssituation bestehenden Reisebeschränkungen nur in seltenen Fällen. Dafür waren aber die brieflichen Verbindungen um so intensiver. Für Kühn war der Kontakt mit London unter dem Aspekt seiner Rückkehr nach Deutschland von herausragender Wichtigkeit.

Heinz Kühn erfuhr aus dem britischen Rundfunk, der BBC, daß sich im Londoner Exil 1941 der emigrierte Parteivorstand der SPD (Sopade), der ISK, die SAP und Neu Beginnen (eine in der deutschen Illegalität des Jahres 1933 entstandene linkssozialistische Gruppe[201]) zur „Union deutscher sozialistischer Organisationen in Großbritannien" zusammengeschlossen hatten.[202] Die Meldung machte ihn hellhörig. Er war seit

---

198 Ebd., S. 48.
199 Heinz Kühn an Camille Huysmans v. 5.3.1945, in: AdsD, Bonn, Nl. Heinz Kühn, 1/HK AA 000001.
200 Ebenfalls unter dem Pseudonym „Audax" veröffentlichte Heinz Kühn in Heft 8 (Oktober/November 1945) der „Cahiers Socialistes" sein während der Genter Jahre verfaßtes Manuskript „Von der historischen Tragik des deutschen Nationalbewußtseins". Siehe: „Caractère tragique de la conscience nationale allemande", in: Les Cahiers Socialistes, Heft 8, S. 13ff.
201 Nach 1933 schlossen sich eine ganze Reihe sozialdemokratischer Funktionäre im Inland und in der Emigration Neu Beginnen an. Die Gruppe vertrat eine mehr aktivitätsorientierte Haltung als die Sopade und befürwortete Verhandlungen mit der KPD.
202 Heinz Kühn an Erich Ollenhauer v. 8.3.1945, in: AdsD, Bonn, Emigration Sopade, Allg. Korrespondenz, Mappe 67. Zur „Union" siehe jetzt Ludwig Eiber: Die Sozialdemokratie in der Emigration. Die „Union deutscher sozialistischer Organisationen in Großbritan-

Titelblatt der „Cahiers Socialistes". Unter dem Pseudonym „Audax" veröffentlicht Kühn in einem Heft einen Aufsatz über den „tragischen Charakter des deutschen Nationalbewußtseins". Mit diesem Thema hatte er sich schon während seiner Genter Jahre beschäftigt. Siehe Seite 88ff. der Biographie.

nien" 1941–1946 und ihre Mitglieder. Protokolle, Erklärungen, Materialien (Archiv für Sozialgeschichte, Beiheft 19), Bonn 1998.

seiner Prager Zeit bekanntermaßen Anhänger eines Zusammengehens der getrennt agierenden sozialistischen Emigrantenorganisationen. Aber: Genauso konsequent wie er für ein Bündnis der in sich fraktionierten sozialistischen Emigration eintrat, lehnte er aus den schon an anderer Stelle geschilderten Gründen die Einbeziehung der KPD und der Sopade in eine solche Union ab. Die Londoner Union entsprach also wegen der Einbindung der in England lebenden SPD-Exilvorständler (Erich Ollenhauer, Fritz Heine und des SPD-Vorsitzenden Hans Vogel) eigentlich nicht dem Kühnschen Bündniskonzept. Dennoch schien Heinz Kühn sofort intuitiv die historische Bedeutung dieser sozialistischen „Union" erfaßt zu haben. Ihm dürfte bewußt geworden sein, daß die „Union" möglicherweise die Keimzelle für die künftige sozialistische Partei im Nach-Hitler-Deutschland war und daß diese Partei vielleicht doch viel mehr in der Kontinuität der alten SPD stehen würde, als er sich das gewünscht hatte. Es war ein Zeichen für seinen Realitätssinn, daß er sich Anfang 1945 entschloß, brieflichen Kontakt zum Exilvorstand der SPD aufzunehmen. Man kann von einem Novum, einer Zäsur sprechen. Denn während der ganzen Emigrationszeit hatte zwischen Heinz Kühn und der Sopade absolute Funkstille geherrscht.

Welche Bedeutung der mit dem ISK sympathisierende Kühn zu diesem Zeitpunkt der Verbindung mit dem SPD-Exilvorstand beimaß, läßt sich daran erkennen, daß er den Briefkontakt zu den sozialdemokratischen Spitzengenossen noch einige Wochen vor dem mit Willi Eichler einfädelte, der, wie er wußte, als Leiter des ISK ebenfalls in London lebte.

Am 8. März 1945 schrieb der nunmehr 33 Jahre alte Heinz Kühn an die „werten Genossen" des Parteivorstandes. Er begann das Schreiben mit den Sätzen: „[…] mein im Januar über einen englischen Soldaten an Euch geleiteter Brief ist vielleicht nicht angekommen, da ich Eure Anschrift nicht kannte. Deshalb wiederhole ich hier dem Sinne nach seinen Inhalt und ergänze ihn."[203]

Kühn gab dann den SPD-Vorständlern zu verstehen, daß er während des Krieges in Belgien „ohne Organisationszugehörigkeit und ohne jede Verbindung" gewesen sei. Deshalb habe er ein Interesse daran, „so schnell wie möglich" über die politische Situation in der Emigration, vor allem aber „über Wesen und Ziele der Sozialistischen Union" informiert zu werden. Außerdem bat er um Zusendung der von der Sopade in den Kriegsjahren herausgegebenen Publikationen. Es folgte ein kurzer Bericht über das Schicksal Max Sievers'. Schließlich vergaß Heinz Kühn nicht zu erwähnen, daß er „in Beziehung" zu verschiedenen linksorientierten belgischen Tageszeitungen und Zeitschriften stehe, „in denen man trotz der noch im allgemeinen besonders deutschfeindlichen Stimmung bereits einiges über unsere künftigen Ziele und Aufgaben sagen" könne. Ein Exemplar seines offenen Briefes an Camille Huysmans lege er als Anlage bei. Weitere von ihm verfaßte und in sozialistischen und linkskatholischen Publikationsorganen erschienene Artikel werde er schicken, falls Interesse bestehe. Einen für Wilhelm Sollmann beigefügten Brief bat er an dessen amerikanische Adresse weiterzuleiten.

---

203 Heinz Kühn an den SPD-Vorstand (London) v. 8.3.1945, in: AdsD, Bonn, Emigration Sopade, Allg. Korrespondenz, Mappe 67.

Am 25. April 1945 beantwortete SPD-Exilvorstandsmitglied Erich Ollenhauer Kühns Schreiben. „Dein Brief vom 8. März und Deine Zusendung vom 10. März mit Deinem Artikel in ‚Cahiers Socialistes‘ waren die ersten direkten Lebenszeichen, die wir von Dir erhalten hatten", bemerkte er.[204] Ollenhauer ließ Kühn wissen, daß dessen Mitteilungen über sein Schicksal in den vergangenen Jahren die SPD-Vorständler „natürlich sehr interessiert" hätten. Den Antwortbrief solle er nur als „eine erste Empfangsbestätigung" betrachten. Das Schreiben an Sollmann sei weitergeleitet worden. Mit dem Satz: „Wir hoffen bald wieder von Dir zu hören und wir werden mit Dir in Verbindung bleiben", unterstrich Ollenhauer den Wunsch des Exilvorstandes, den frischen Kontakt mit dem jungen abtrünnigen Genossen zu verstetigen. Ausdrücklich bat er ihn, „auch in Zukunft" Abdrucke seiner Artikel zu übersenden.

Die briefliche Verbindung Kühns zu Ollenhauer sollte in der Tat in den nächsten Monaten – bis zum Ende von Heinz Kühns Exil – nicht mehr abreißen. Ab April 1945 hatte Kühn auch einen regen Briefkontakt zu Willi Eichler. Aber er korrespondierte auch mit anderen „Londonern" (wenn auch deutlich weniger oft); so mit Susanne Miller (Mitglied des ISK, die den manchmal verhinderten Eichler als Briefpartner vertrat), Fritz Borinski (einem sozialistischen Pädagogen), Artur Bratu (einem Erzieher und Mitglied der Landesgruppe deutscher Gewerkschafter in Großbritannien), Wilhelm Sander (einem engen Mitarbeiter der SPD-Vorstandsmitglieder) und Wenzel Jaksch (dem Londoner Repräsentanten der Sudetendeutschen Sozialdemokratie).

Aus fast allen Briefen, die Heinz Kühn Richtung London schickte (vor allem aus jenen, deren Adressaten Erich Ollenhauer und Willi Eichler waren) sprach sein brennender Wunsch, durch das Zustellen von Drucksachen über die Politik der „Union", des SPD-Exilvorstands und des ISK informiert zu werden. Er bat auch immer wieder um die Zusendung von englischsprachigen Zeitungen und Büchern. Sein Informations- und Wissensdurst war gewaltig.

Ollenhauer, Eichler und Susanne Miller versuchten so gut sie konnten, seine Wünsche zu erfüllen. Viele Sendungen aus London mit Zeitungsartikeln, Broschüren und Buchpublikationen erreichten Heinz Kühn in seiner und Mariannes Wohnung in der Brüssel-Schaerbeeker Rue du Radium 8. Auch der von Kühn gewünschte Briefkontakt zu Wilhelm Sollmann in den USA kam über die „Londoner" zustande, ebenso eine briefliche Verbindung zu seinen Eltern in Köln. Die Briefübermittlung in die britische Zone war von London aus offenbar viel leichter zu bewerkstelligen als von Brüssel.

Kühn seinerseits hielt die „Londoner" über seine eigenen Veröffentlichungen in Belgien auf dem laufenden. Zu den Drucksachen, die er ihnen zukommen ließ, gehörten neben dem offenen Brief an Huysmans natürlich auch die 1944 im Druck erschienenen „Freiheitsbriefe an die deutsche Wehrmacht". Ollenhauer zeigte sich von beiden Publikationen recht angetan. Zum Brief an Huysmans schrieb er Kühn: „Er war in seiner sachlichen und ruhigen Form sehr wirksam. Vielleicht ist es noch zu früh, um sich eine starke Wirkung von dieser Art Zurückweisung ungerechter und falscher Darstellungen zu erwarten, aber es ist trotzdem notwendig, die Dinge in das rechte Licht

---

204 Erich Ollenhauer an Heinz Kühn v. 25.4.1945, in ebd., Mappe 84.

zu rücken, und Deine Tätigkeit in Belgien in den letzten Jahren gibt Dir eine starke moralische Position".[205] Auch Eichler fand Heinz Kühns Brief an Huysmans bemerkenswert. Er veröffentlichte ihn in „Europe Speaks", einem für Mitglieder der „Union" herausgegebenen Periodikum.

Heinz Kühn stellte in seinen Briefen an die „Londoner" sein Licht nicht unter den Scheffel. Immer wieder strich er seine exzellenten Beziehungen zur belgischen Presse und zu prominenten und einflußreichen belgischen Politikern aus dem sozialistischen Lager hervor. Selbstverständlich vergaß er auch nicht, auf seine vorzüglichen Sprachkenntnisse hinzuweisen. Alles das weckte bei den „Londonern" Neugierde und blieb bei ihnen nicht ohne Eindruck. Artur Bratu, der Anfang Juni 1945 die Brüsseler Emigranten besuchte, konnte sich an Ort und Stelle von Heinz Kühns Aktivitäten und Fähigkeiten überzeugen. In einem Bericht an die Sopade betonte er, „der beste Mann" in Brüssel sei Heinz Kühn.[206] Und Ollenhauer ließ wenige Tage später den sozialdemokratischen Emigranten Dr. Rudolf Katz in New York wissen: „Der aktivste unter unseren in Belgien lebenden Genossen ist der Heinz Kühn."[207]

Im Mai 1945, nachdem Kühn die ersten Drucksachen aus London studiert hatte, gab er sich gegenüber Ollenhauer als Anhänger der „Union" zu erkennen. Er verschwieg nicht, daß ihn „durchaus freundschaftliche Gefühle" mit den ISK-Genossen verbänden (er teile „viele ihrer Auffassungen", habe freilich „in anderen Fragen Differenzen zu ihnen"), aber es komme jetzt darauf an, der „gemeinsamen Sache" aller demokratischen Sozialisten „nützlich zu sein". Heinz Kühn wörtlich: „[...] ich glaube, daß die relativ wenigen und angesichts der Ereignisse untergeordneten Differenzen, die uns demokratische Sozialisten, die wir gegen Hitlerismus und Stalinismus einig sind, noch trennen mögen, nichts daran ändern, daß wir eben letztlich doch eine gemeinsame Sache vertreten."[208]

Heinz Kühn bemühte sich im Briefwechsel mit Ollenhauer und Eichler, ein Dokument zu erhalten, daß ihn als offiziellen Repräsentanten oder Vertrauensmann der „Union" für Belgien auswies.[209] Kühn erhoffte sich dadurch noch stärkeren Einfluß bei belgischen Behörden und Regierungsstellen. Außerdem glaubte er, mit einer solchen Legitimation versehen ein von ihm verfolgtes Presseprojekt mit größerer Autorität durchsetzen zu können. Er beabsichtigte nämlich, unter dem Namen „Europe et Allemagne. Pour une Allemage européne" eine Pressekorrespondenz in französischer Sprache herauszugeben. Sie sollte die belgische Presse über die Politik der deutschen demokratisch-sozialistischen Emigration informieren. Heinz Kühn wollte auf diese Weise ein Gegen-

---

205 Erich Ollenhauer an Heinz Kühn v. 16.6.1945, in: ebd.
206 Bericht Bratus v. 8.6.1945, in: ebd.
207 Erich Ollenhauer an Dr. Rudolf Katz v. 14.6.1945, in ebd. Dr. Katz war Jurist und Mitarbeiter der New Yorker „Neuen Volks-Zeitung". Zurückgekehrt nach Deutschland, gehörte Katz 1948/49 dem Parlamentarischen Rat an. 1951 wurde er Richter und Vizepräsident des Bundesverfassungsgerichts.
208 Heinz Kühn an Erich Ollenhauer v. 19.5. und 23.5.1945, in: AdsD, Bonn, Emigration Sopade, Allg. Korrespondenz, Mappe 67.
209 Heinz Kühn an Erich Ollenhauer v. 3.7.1945, in ebd.

gewicht zum kommunistischen „Komitee Freies Deutschland" schaffen, das in Paris und Brüssel eine rührige Öffentlichkeitsarbeit betrieb.

Kühn erhielt die gewünschte Vollmacht, als „Repräsentant" der Londoner „Union" in Belgien agieren zu dürfen. Das am 31. Juli 1945 ausgestellte Dokument trug die Unterschrift des SPD-Vorsitzenden und Präsidenten der „Union" Hans Vogel.[210] Dennoch kam Heinz Kühns Pressekonferenz-Projekt nicht zustande. Es scheiterte an technischen Problemen.

Wie stellte sich Kühn die Gründung einer demokratisch-sozialistischen Partei in Deutschland vor? Sollten sich die in der Londoner „Union" auf der Basis der Gleichberechtigung vereinten vier demokratisch-sozialistischen Gruppen zu einer wirklich neuen sozialistischen Partei *zusammen*schließen? Oder sollten sich ISK, SAP und „Neu Beginnen" letztlich der reaktivierten sozialdemokratischen *Mutter*partei *an*schließen? Alle drei waren ja – historisch gesehen – organisatorische Abspaltungen der SPD.

Im Mai 1945, wenige Tage nach der deutschen Kapitulation, favorisierte Heinz Kühn noch eindeutig das Fusionsmodell. Er schrieb an Ollenhauer: „Es würde mich freuen, wenn es durch die Zusammenarbeit in der ‚Union' zur Bildung einer neuen sozialistischen Partei käme, die ideologisch und personell die Besten und das Beste zu einer Einheit zusammenfügt."[211] Aber schon drei Monate später (Ende August) hatte sich Kühns Haltung zur Organisationsfrage entscheidend geändert. Jetzt gab er Ollenhauer schriftlich zu verstehen, daß es seiner Einschätzung nach „keine andere Lösung" gäbe, „als in Deutschland eine organisatorisch wie ideologisch *erneuerte Sozialdemokratie* als die einheitliche sozialistische Partei aufzubauen".[212] Im selben Brief gab Heinz Kühn zu bedenken, ob er, Kühn, während der Zeit des Exils nicht vielleicht doch Mitglied der SPD geblieben sei: „Wenn ich auch in den Emigrationsjahren keinen Kontakt zum PV als solchem gehalten habe, so bin ich wahrscheinlich trotzdem noch Sozialdemokrat, da ich als Sozialdemokrat in die Emigration gekommen bin und nach der vor dem Kriegsausbruch praktizierten Auffassung in der Emigration weder Aufnahmen noch Ausschlüsse noch Austritte erfolgten."[213]

Wodurch wurde sein Sinneswandel bewirkt? Bis zu Kühns Ohren dürfte die Nachricht gedrungen sein, daß schon in den ersten Monaten nach dem Zusammenbruch des Hitler-Reiches in den deutschen Städten SPD-Ortsvereine wie Pilze aus dem Boden schossen. Er dürfte im Sommer 1945 auch bereits von der Existenz des „Büros Dr. Schumacher" erfahren haben. Kurt Schumacher, einer der jüngsten Reichstagsabgeordneten der Weimarer SPD und langjähriger KZ-Häftling während der Nazizeit, hatte mit großer Tatkraft in Hannover eine Art provisorische Zentrale der SPD für den Westen Deutschlands geschaffen – noch bevor die Partei offiziell zugelassen war. Der Sog der SPD-Wiedergründung innerhalb Deutschlands war also erheblich.

---

210 Das Dokument befindet sich im Privatarchiv von Marianne Kühn.
211 Heinz Kühn an Erich Ollenhauer v. 23.5.1945, in: AdsD, Bonn, Emigration Sopade, Allg. Korrespondenz, Mappe 67.
212 Heinz Kühn an Erich Ollenhauer v. 20.8.1945, in: AdsD, Bonn, Nl. Heinz Kühn, 1/HK AA 000001.
213 Ebd.

Diesem Trend trugen Willi Eichler und Erich Ollenhauer Rechnung.[214] Eichler unternahm von August bis Oktober 1945 eine Erkundungsreise nach Deutschland. Schon zu Beginn seiner Reise traf er sich in der Nähe von Hannover mit ca. 30 ISK-Mitgliedern und -Funktionären, die im Reich überlebt hatten. Sie berichteten ihm von Bemühungen, eine einheitliche sozialistische Partei unter Vermeidung des Namens „SPD" aufzubauen, die allesamt gescheitert seien. Man beschloß daraufhin, trennende Gesichtspunkte zurückzustellen und der sich neu formierenden SPD beizutreten, um durch aktive Mitarbeit in ihr Änderungen im Sinne des ethischen Sozialismus zu bewirken. Im August kam es auch zu einer Begegnung Eichlers mit Kurt Schumacher. In dem in herzlicher Atmosphäre verlaufenden Gespräch vereinbarte man den Anschluß des ISK an die SPD.

Anfang Oktober 1945 flog Erich Ollenhauer (zusammen mit seinen beiden Exilvorstands-Kollegen Fritz Heine und Erwin Schoettle) nach Deutschland. Sie folgten einer Einladung Kurt Schumachers zu einer sozialdemokratischen „Reichskonferenz" in Wennigsen bei Hannover. Eine wichtige Entscheidung der Konferenz war die Anerkennung des Berliner „Zentralausschusses" der SPD unter Otto Grotewohl als Parteileitung für die Ostzone und Kurt Schumacher (Hannover) als Beauftragter der SPD für die drei Westzonen. Die Auflösung der Londoner „Union" war nur noch eine Frage der Zeit, nachdem sich im November 1945 neben ihren ISK- auch ihre SAP- und „Neu Beginnen"-Mitglieder für einen Anschluß an die Sozialdemokratie aussprachen. Sie erfolgte im Dezember. Die der „Union" angeschlossenen Gruppen gründeten gemeinsam eine „Vereinigung deutscher Sozialdemokraten in England".

Kühn war über die Entwicklung im Herbst 1945 bestens informiert. Dazu trug nicht zuletzt Willi Eichler bei, der im Anschluß an seine Deutschlandreise Heinz Kühn in Brüssel besuchte. Am 10. November signalisierte Kühn dem nach London zurückgekehrten Ollenhauer, daß er „mit den Konferenzergebnissen von Hannover" (d. i. Wennigsen, D. D.) „vollends einverstanden" sei.[215] Mit anderen Worten: Spätestens seit Herbst 1945 stand für den nach wie vor mit den Ideen des ethischen Sozialismus sympathisierenden Kühn fest, daß er sich – zurückgekehrt nach Deutschland – sofort der wiedererstandenen und durch ehemalige ISK-, SAP- und „Neu Beginnen"-Mitglieder „bereicherten" SPD anschließen werde. Er beabsichtigte, die SPD von innen heraus im Sinne des ethischen Sozialismus zu verändern.

Kühns Rückkehr nach Köln verzögerte sich. Schon seit Mai hatte er das Thema Rückkehr in seinen Briefen an die „Londoner" immer wieder angeschnitten. Er stellte die Frage, ob die Remigration der sozialistischen Exilanten im Rahmen einer Art Gesamtplanung oder individuell, auf eigene Faust geschehen solle. Die nähere Beschäftigung mit dieser Frage erübrigte sich, da die westlichen Alliierten in den ersten Monaten nach Kriegsende kaum daran dachten, politischen Emigranten die Übersiedlung nach Deutschland zu gestatten. Sie befürchteten, daß die politisch aktiven Remigran-

---

214   Das Folgende nach Sabine Lemke-Müller: Ethischer Sozialismus und Sozialdemokratie. Der politische Weg Willi Eichlers vom ISK zur SPD, Bonn 1988, S. 187f.

215   Heinz Kühn an Erich Ollenhauer v. 10.11.1945, in: AdsD, Bonn, Emigration Sopade, Allg. Korrespondenz, Mappe 67.

ten die (noch nicht ausgereiften) alliierten politischen Konzepte für Deutschland und die Deutschen erheblich stören könnten.

Heinz Kühns Heimkehrplanung trat erst dann in die entscheidende Phase, als Willi Eichler auf seiner Deutschlandreise den Fall des auf Rückkehr drängenden Heinz Kühn vor der britischen Militärregierung zur Sprache brachte. Jetzt kam Bewegung in die Verhandlungen, die Heinz Kühn mit prominenten belgischen sozialistischen Politikern und dem alliierten Headquarter in Brüssel führte. Am 10. November konnte er Ollenhauer in London mitteilen: „Meine Übersiedlung nach drüben ist definitiv."[216] Die Frage: „Welche Anweisungen und Ratschläge kannst Du mir für drüben mit auf den Weg geben?"[217] folgte auf dem Fuße. Gleichzeitig informierte er Ollenhauer, daß seine Frau und sein 13 Monate alter Sohn noch für einige Monate in Belgien blieben. Heinz Kühn war der Meinung, daß sich beide nicht der akuten Hungerkrise in Deutschland aussetzen sollten. Marianne Kühn teilte diese Auffassung. An Willi Eichler in London schrieb sie: „[…] schließlich sehe ich […] nicht ein, weshalb man nun drüben in diesem Ausmaß wie die andern mithungern soll – Hunger werden wir auch noch so genug haben –; gehungert haben wir hier jahrelang und bitter gehungert, mir reicht es, und nie wieder möchte ich das erleben. Und nun soll das drüben wieder beginnen? Ja, wenn es absolut nicht anders ginge – aber es ist wirklich nicht nötig. Und ob man das Egoismus nennen kann, weiß ich nicht; falls ja, dann sehe ich diesen Egoismus als unser Recht an."[218]

Ende Dezember war der Zeitpunkt gekommen. Ein britischer Offizier händigte Heinz Kühn das Special Permit für die Einreise in die Britische Zone aus.[219] Am 21. Dezember – an einem Freitag – bestieg Kühn in Brüssel den PKW, der ihn nach Deutschland bringen sollte.[220] Mit allen Fasern seiner Seele hatte er die Heimreise herbeigesehnt. Aber nun, wo es soweit war, wurde ihm schwer ums Herz.[221] Heinz Kühn reiste als Zivilist. Erfolgreich hatte er dem Drängen der britischen Militärregierung widerstanden, in englischer Uniform nach Deutschland zurückzukehren. Sein Reisegepäck bestand aus einem Handkoffer, ein paar Decken und vier kleinen „Amerikapäckchen" mit Lebensmitteln. Mit ihm fuhr ein guter Bekannter: René Bertholet[222], Leiter des Schweizerischen Arbeiterhilfswerks und ISK-Mann. Als Widerstandskämpfer gegen Hitler hatte er eine Zuchthausstrafe abgesessen. Danach arbeitete er in der Résistance und für den britischen Nachrichtendienst. Der Wagen fuhr über Löwen und Maastricht in Richtung deutsche Grenze. Sein Ziel war Köln.

---

216 Heinz Kühn an Erich Ollenhauer v. 10.11.1945, in ebd.
217 Ebd.
218 Marianne Kühn an Willi Eichler v. 7.1.1946, in: AdsD, Bonn, Nl. Heinz Kühn, 1/HK AA 000001.
219 Kühn: Widerstand und Emigration, S. 325.
220 Marianne Kühn an Erich Ollenhauer v. 26.12.1945, in: AdsD, Bonn, Nl. Heinz Kühn, 1/HK AA 000001.
221 Marianne Kühn an Erich Ollenhauer v. 17.1.1946, in ebd.
222 Heinz Kühn an Marianne Kühn v. 31.12.1945, in: Privatarchiv Marianne Kühn. Zu René Bertholet siehe Eiber: Die Sozialdemokratie in der Emigration, S. CXXVIII, und Philippe Adant: Widerstand und Wagemut. René Bertholet – eine Biographie, Frankfurt a. M. 1996.

3. Neubeginn in Köln

Rückkehr

In den späten Abendstunden des 21. Dezember 1945 erreichte der PKW, der Heinz Kühn nach langen Jahren des Exils in seine Heimatstadt zurückbrachte, Kölner Stadtgebiet. Die ersten Blicke auf das kriegszerstörte Köln berührten Kühn tief. „Es war ein bedrückendes Erlebnis, diese beinahe unvorstellbare Trümmerwüste im gespenstischen Schein des Scheinwerferlichts zu sehen", schrieb er nur wenige Tage später an seine Frau in Brüssel.[1]

Schon am Abend seiner Rückkunft tauchte Heinz Kühn wieder ganz in das Milieu der wiedererstandenen Kölner SPD[2] ein – noch bevor er seine Eltern wiedersah. René Bertholet setzte ihn in Köln-Sülz, einem linksrheinisch gelegenen Arbeitervorort, ab. Dort befand sich inzwischen in der Grafenwerthstraße 4 die neue Kölner SPD-Zentrale, und dort wohnten, wie Heinz Kühn seiner Frau mitteilte, „die scheinbar brauchbarsten unserer aktiven Freunde". Unter ihnen befände sich einer, der aus der Schweizer Emigration zurückgekehrt sei, und ein anderer, der sich im englischen Exil aufgehalten habe. Heinz Kühn genoß die überschwengliche Begrüßung durch die Genossen in vollen Zügen. Alle würden ihn kennen und „alle Augenblicke" sei ihm „bildlich oder körperlich" jemand um den Hals gefallen, ließ er Marianne Kühn wissen. Nicht ohne Stolz registrierte er, alle Welt behaupte, er habe sich abgesehen vom Haarschwund gar nicht verändert. Und nicht ganz frei von Eitelkeit zog er das Resümee: „Ich scheine vor 33 viel bekannter gewesen zu sein, als ich angenommen hatte."[3]

Für die erste Nacht fand Kühn ein Quartier bei Freunden in Sülz. Am nächsten Morgen brachte ihn ein Parteiauto zu der elterlichen Wohnung im Grünen Hof in Köln-Mauenheim (Friedrich-Karl-Straße 1). Heinz Kühn bewegte sich auf bekanntem Terrain, denn hier, in derselben Wohnung, lebten seine Eltern und er schon vor Hitlers Machtergreifung. Das Zusammentreffen mit Hubert und Elisabeth Kühn

---

1 Heinz Kühn an Marianne Kühn v. 31.12.1945, in: Privatarchiv Marianne Kühn. Über Kühns Ankunft in Köln und seine Aktivitäten in der Domstadt während der ersten Wochen und Monate nach seiner Rückkehr informieren mehrere Briefe, die er zwischen dem 31.12.1945 und dem 19.5.1946 an seine Frau in Brüssel schrieb. Sie befinden sich im Privatarchiv von Marianne Kühn.
2 Zur restituierten SPD in Köln Otto Dann: Die Anfänge der Sozialdemokratie in Köln nach dem Zweiten Weltkrieg, in: ders. (Hg.): Köln nach dem Nationalsozialismus. Der Beginn des gesellschaftlichen und politischen Lebens in den Jahren 1945/46, Wuppertal 1981, S. 139ff.; Thomas Deres: „Die Fraktion beschließt einstimmig …" Die SPD-Fraktion im Rat der Stadt Köln 1945–1998, Köln 1999 (hier der Abschnitt: Die Wiedergründung der SPD, S. 13ff.). Zur Umbruchzeit von 1945 in Köln und Umgebung Jost Dülffer (Hg.): „Wir haben schwere Zeiten hinter uns". Die Kölner Region zwischen Krieg und Nachkriegszeit (Veröffentlichungen des Kölnischen Geschichtsvereins e. V., Bd. 40), Greifswald 1996.
3 Heinz Kühn an Marianne Kühn v. 31.12.1945.

schildert Heinz Kühn in einem Brief an Marianne Kühn mit folgenden Sätzen: „Ich blieb vor dem Haus solange im Wagen, bis der begleitende Genosse oben die vorbereitende Voranmeldung gestartet hatte und dann kam das erschütternde Erlebnis des Wiedersehens mit meinem Vater, der in einem wirklich furchtbaren Zustand ist. Die Mutter hat sich nicht viel verändert, natürlich sehr gealtert, aber Vater ist nur noch ein Wrack. Er sitzt im Stuhl und kann nur mühsam am Stock vom Stuhl ins Bett und vom Bett in den Stuhl kommen. Daheim sieht es ziemlich elend aus …"[4]

Das Weihnachtsfest feierte Heinz Kühn zusammen mit seinen Eltern. Währenddessen gaben sich Parteifreunde und Nachbarn die Klinke in die Hand. Heinz Kühn hatte das Gefühl, er werde bestaunt „wie ein zoologisches Wundertier". Am ersten Weihnachtstag zog es ihn auch in die Kölner Innenstadt. Es war ein trauriger Anblick, der sich ihm bot, als er sich über die Trampelpfade zwischen den Ruinen vorwärtstastete: „Innerhalb des Rings gibt es kein unbeschädigtes Haus und Beschädigung heißt hier Vernichtung. Die Hohestr., die bis vor kurzem nur ein Fußpfad war, ist nun für kleine Autos befahrbar. Nur ganz wenige Straßen sind passierbar gemacht. Im ehemaligen Tietzgebäude funktioniert der Westdeutsche Kaufhof in einer ausgebrannten und mühsam restaurierten Ecke. Aber zu kaufen gibt es nichts, fast nichts. Es ist wirklich deprimierend. Aber ganz ist das alte Stadtbild nicht zerstört, es stehen noch überall ausgebrannte, aber restaurationsfähige Steinskelette. So auch die Apostelkirche und die großen Betonklötze der modernen Großkaufhäuser sind auch nicht ganz verloren. Was nur sehr stark auffällt, ist die relativ geringe Aufräumarbeit, die für den Sommer die Gefahr von Seuchen akut machen wird. Aber den etablierten Plänen entsprechend wird Köln im Laufe des Frühjahrs restlos enttrümmert werden …"[5]

Die Lockrufe der Partei und der „Rheinischen Zeitung". Marianne Kühns Rückkehr

Viel Zeit zum Ordnen seiner privaten Dinge ließ die Kölner Partei Heinz Kühn nicht. Dessen gute Vorsätze, sich erst einmal langsam in die neuen Verhältnisse einzugewöhnen und sich vor allem „nicht durch irgendwelchen Versammlungsrummel drankriegen zu lassen"[6], blieben fromme Wünsche. Die „Herren Sekretäre", wie sich Heinz Kühn ausdrückte (gemeint waren die Parteisekretäre), erinnerten sich des großen rhetorischen Talents des studierten Genossen und bombardierten ihn mit Anträgen, doch wieder auf Parteiversammlungen als Redner aufzutreten. Schon im Januar begann Kühns Tätigkeit als Parteiredner in Köln und näherer Umgebung. So hielt er am 20. Januar einen Vortrag in Dünnwald-Höhenhaus zu dem Thema „Wir Sozialdemokraten wollen den Neubau Deutschlands".[7]

4 Ebd.
5 Ebd.
6 Heinz Kühn an Marianne Kühn v. 6.1.1946.
7 Gedruckter Handzettel, mit dem die SPD zum Vortrag einlädt, in: Privatarchiv Marianne Kühn.

Es dauerte nicht lange, und Kühn hatte auch beruflich Fuß gefaßt. Für ihn kam in dieser Hinsicht nur der parteipolitisch engagierte Journalismus in Frage. Schon als Abiturient hatte er davon geträumt, Chefredakteur der „Rheinischen Zeitung" zu werden. Diesem Wunsch sollte er nun einen erheblichen Schritt näher kommen. Es fügte sich nämlich glücklich, daß die „Rheinische Zeitung" am 2. März 1946 wieder neu zu erscheinen begann.[8] Die britische Militärregierung hatte sich dazu entschlossen, in ihrer Zone partei*nahe Lizenz*zeitungen mit regionalem Verbreitungsgebiet ins Leben zu rufen. Die Engländer vergaben die Zeitungslizenzen nicht direkt an politische Parteien, sondern an parteigebundene Einzelpersönlichkeiten, die sich in der NS-Zeit politisch nicht kompromittiert hatten. Mehrere dieser Persönlichkeiten wurden jeweils zu Lizenzträgern *einer* Zeitung ernannt. In Köln entstanden auf diese Weise eine christdemokratische, eine sozialdemokratische und eine kommunistische Lizenzzeitung. Die Lizenzträger der sozialdemokratischen Zeitung waren Robert Görlinger, Hans Böckler, Josef Pedrotti, Hans Reifferscheidt und Dr. Helmut Braubach. Unter ihnen hatte Görlinger zweifellos das größte politische Gewicht.

Görlinger[9] war schon vor der nationalsozialistischen Machtergreifung Chef der SPD-Fraktion im Kölner Stadtrat gewesen, emigrierte dann 1933 (um sich der Verhaftung durch die Nazis zu entziehen) nach Frankreich und verbrachte, nachdem die Wehrmacht seiner 1941 in Frankreich habhaft geworden war, die letzten vier Jahre der NS-Herrschaft als politischer Häftling in Gefängnissen und im KZ Sachsenhausen. Im Juli 1945 nach Köln zurückgekehrt, avancierte er zur dominierenden Persönlichkeit in der Kölner und oberrheinischen SPD. Im September 1945 wurde er zum Vorsitzenden des SPD-Bezirks Oberrhein und im März zum Kölner Bürgermeister berufen. Seit Ende 1948 sollte er sogar vorübergehend das Amt des Kölner Oberbürgermeisters ausüben.

Für Görlinger und die übrigen Lizenzträger war es eine Selbstverständlichkeit, die neue Zeitung unter dem traditionsreichen Namen „Rheinische Zeitung" erscheinen zu lassen. Zu ihrem Chefredakteur bestellten sie Willi Eichler. Der zur SPD übergetretene langjährige ISK-Vorsitzende hatte im Januar 1946 sein Londoner Exil verlassen, um nach Köln überzusiedeln. Schon während seines Deutschlandbesuchs im Jahr zuvor (August bis Oktober 1945) knüpfte der ethische Sozialist Beziehungen zu Kölner Sozialdemokraten.[10] Kühn, der bekanntlich bereits in der Emigration Kontakte zu Eichler gepflegt hatte und mit dem von ihm vertretenen ethischen Sozialismus sympathisierte, konnte die Übersiedlung des einstigen ISK-Vorsitzenden nach Köln nur recht sein. Der 50 Jahre alte Eichler schätzte den 16 Jahre jüngeren Kühn und war bestrebt, ihn für die redaktionelle Mitarbeit an der „Rheinischen Zeitung" zu gewinnen. Auch die Lizenzträger der „Rheinischen Zeitung" konnten sich Heinz Kühn als Redakteur des wiedererstandenen Blattes vorstellen. Einem entsprechenden Angebot

---

8 Peter Fuchs: Das schnelle Ende der sozialdemokratischen Presse in Köln, in: Brunn (Hg.): Sozialdemokratie in Köln, S. 273ff.

9 Peter Fuchs: Robert Görlinger. Der erste sozialdemokratische Oberbürgermeister, in: Brunn (Hg.): Sozialdemokratie in Köln, S. 295ff.

10 Zeitzeugengespräch Susanne Miller v. 10.10.1998.

verschloß dieser sich nicht. Am 12. März 1946 unterschrieb er einen Arbeitsvertrag mit der „Mittelrheinischen Druckerei und Verlags GmbH" ab, die von den Lizenzträgern gegründet worden war und in der die „Rheinische Zeitung" erschien. Der Vertrag sah vor, daß Heinz Kühn bei einem Monatsgehalt von 750 Reichsmark als „Schriftleiter mit besonderen Aufgaben" in die Redaktion der „Rheinischen" eintrat.[11] Heinz Kühn begann seine Arbeit für die RZ in deren wenig ansprechenden Redaktionsräumen. Sie waren zugig, ungeheizt und ihre Fenster hatte man mühselig mit Pappe geflickt. Seine Artikel schrieb der junge Redakteur auf klapprigen Schreibmaschinen mit oft klammen Fingern.[12] Aber das waren nur die äußeren Arbeitsbedingungen. Mit dem Eintritt Kühns in die Redaktion war der Grundstein gelegt für eine Periode freundschaftlicher Zusammenarbeit zwischen ihm und Eichler. Sachlich wie menschlich kamen beide sehr gut miteinander aus.

Es gab in der ersten Hälfte des Jahres 1946 zwei Ereignisse *privater* Natur, die sich auf Heinz Kühns Arbeitsleistung und -lust in Redaktion und Partei stimulierend auswirkten. Sofort nach seiner Ankunft in Köln stellte sich für Heinz Kühn die Frage nach einer Wohnung. Zunächst fand er Unterschlupf in der engen elterlichen Mietwohnung, in der er schon als Student eine winzige Mansarde besessen hatte. Aber ihm war sofort klar, daß es sich dabei nur um einen Notbehelf handelte, zumal er beabsichtigte, bald Frau und Kind zu sich nach Köln zu holen. Er werde deshalb „mit aller Kraft", ja „wie ein Löwe" um eine Wohnung kämpfen, ließ er Marianne in Brüssel wissen, obwohl Köln, das schon wieder fast eine halbe Millionen Einwohner habe, mit bewohnbaren Wohnungen absolut unterversorgt sei.[13]

Im April hatte Heinz Kühn es geschafft. In der Kirchhoffstraße 5 im rechtsrheinischen Kölner Stadtteil Buchforst fand er eine Vierzimmerwohnung. Vermieter war die „Gemeinnützige Aktiengesellschaft für Wohnungsbau zu Köln", eine in enger Verbindung zur Stadt Köln stehende Einrichtung. Die Wohnung selbst war sehr ansprechend, sie hatte nur einen Nachteil: Sie lag ziemlich weit entfernt von der SPD-Zentrale im linksrheinischen Sülz und von den Redaktionsräumen der „Rheinischen Zeitung". Letztere befanden sich in der City Kölns, im Pressehaus des Verlages M. DuMont Schauberg auf der Breite Straße, weil das im rechtsrheinischen Deutz gelegene Druck- und Verlagshaus, in dem die „Rheinische" zwischen 1931 und 1933 erschienen war („Bebel-Haus"), noch kriegszerstört war. Heinz Kühn mußte zwischen Wohnung und Arbeitsplatz einen Fuß- und Fahrweg von drei Stunden bewältigen, was mit den noch daniederliegenden Verkehrsverhältnissen zusammenhing. Seine Freude über die geräumige Wohnung war jedoch so groß, daß er diese Beschwernis gerne in Kauf nahm. In dieser Wohnung ließ sich endlich die von ihm angestrebte „gepflegte Heimkultur"[14] verwirklichen, auf die er und seine Frau in Belgien verzichten mußten.

---

11 Kühns Arbeitsvertrag ist überliefert in: HiAdSt Köln, Nl. Heinz Kühn, Nr. 6.
12 Heinz Kühn an Familie Hendrik de Vos v. 25.1.1947, in: HiAdSt Köln, Nl. Heinz Kühn, Nr. 19.
13 Heinz Kühn an Marianne Kühn v. 6.1.1946, in: Privatarchiv Marianne Kühn.
14 Ebd.

Noch viel wichtiger als der Erwerb der Wohnung war für Kühn aber die Übersiedlung seiner Frau Marianne und seines gut einjährigen Sohnes Hendrik („Rik") von Brüssel nach Köln. Immer wieder machte er in seinen Briefen Marianne deutlich, wie sehr er sich nach ihr – seiner „lieben kleinen Frau" – und Sohn Rik sehne,[15] und daß er alle Hebel in Bewegung setzen werde, um sie nach Köln zu holen. Auch Marianne Kühn betrieb nun mit Konsequenz die Rückkehr nach Deutschland – trotz der hier herrschenden prekären Ernährungslage. Indes, die Ankunft von Marianne und Rik verzögerte sich von Woche zu Woche, von Monat zu Monat. Immer wieder verweigerten die Briten Heinz Kühn die Ausreise (obwohl er Willi Eichler einschaltete, der exzellente Beziehungen zur Militärregierung besaß), und die Belgier hielten Marianne Kühn fest. Dennoch versuchte das Ehepaar Kühn dieser mißlichen Situation das Beste abzugewinnen.

So organisierten sie – wie es scheint – sehr effektive humanitäre Hilfsaktionen zugunsten der Arbeiterwohlfahrt in Köln. Beide standen in einem Briefwechsel mit Wilhelm Sollmann in den USA[16] (der inzwischen die amerikanische Staatsbürgerschaft angenommen hatte) und anderen deutschen – darunter auch jüdischen – Amerika-Emigranten. Noch vor der deutschen Kapitulation hatte Kühn von Brüssel aus die Korrespondenz mit Sollmann wieder aufgenommen.[17] Die Kühns informierten ihre amerikanischen Brieffreunde über die verheerende Ernährungslage in Deutschland. Diese leiteten daraufhin Quäker-Hilfsgüter nach Brüssel, die dort von Marianne Kühn für den Transport nach Köln zusammengestellt wurden. Hier verteilte dann die Arbeiterwohlfahrt die lebenswichtigen Nahrungsmittel an Bedürftige.[18]

Die für die Arbeiterwohlfahrt (AWO) bestimmten LKW-Transporte wurden von den Kühns aber auch genutzt, um die eigenen im Exil erworbenen Habseligkeiten nach Köln zu bringen. In einem der AWO-Lastwagen befand sich die Bibliothek, die sich die Kühns in der Emigrationszeit zusammengespart hatten und an der das bibliophile Ehepaar besonders hing.[19] Zusammen mit den erhalten gebliebenen Resten von Heinz Kühns einstiger Studentenbibliothek bildete sie den stattlichen Grundstock für eine sich in den nächsten Jahrzehnten ständig vergrößernde Privatbibliothek. Sie sollte in den 1970er Jahren über 5.000 Bände umfassen.

15 Heinz Kühn an Marianne Kühn v. 14.3., 23.3., 1.4. und 19.5.1946, in: Privatarchiv Marianne Kühn.
16 HiAdSt Köln, Nl. Wilhelm Sollmann, Nr. 337, 338, 339, 595, 596, 599 u. 600.
17 Heinz Kühn an Wilhelm Sollmann v. 8. März 1945 (der Brief ist in englischer Sprache verfaßt), in: HiAdSt Köln, Nl. Wilhelm Sollmann, Nr. 595.
18 Marianne Kühn an Wilhelm Sollmann v. 18.4.1946, in ebd, Nr. 596. Zur Entstehung der Arbeiterwohlfahrt in Köln nach dem Kriege: HiAdSt Köln, Nl. Heinz Kühn, Nr. 22 („Aus dem Nichts. Rechenschaftsbericht über ein Jahr Aufbauarbeit in der Arbeiter-Wohlfahrt Köln" v. Hans Dohrenbusch); Franz Irsfeld: Ein schwieriger Anfang – ein schwerer Weg: die Jahre 1945–1948, in: Die Wiedergeburt der AWO aus ihren Traditionen 1947–1997: Hg. von der Arbeiterwohlfahrt Kreisverband Köln, Köln 1997, S. 23ff.
19 Marianne Kühn an Wilhelm Sollmann v. 18.4.1946; Heinz Kühn an Marianne Kühn v. 23.3.1946, in: Privatarchiv Marianne Kühn.

Endlich, im Juni 1946, kam Marianne und Hendrik Kühns Übersiedlung nach Köln zustande. Die Ausreise war jedoch nur im Rahmen eines Massentransports für displaced persons möglich. Außerdem mußten Mutter und Kind einen dreiwöchigen, höchst strapaziösen und abenteuerlichen Aufenthalt in einem Brüsseler Repatriierungslager in Kauf nehmen. Erst danach setzte sich der LKW-Sammeltransport mit Richtung Deutschland in Bewegung. Sein Ziel war ein Durchgangslager für Flüchtlinge in Rheine/Westfalen. Von dort fuhren Marianne und Hendrik Kühn mit dem D-Zug nach Köln. Am Abend des 21. Juni gegen 21 Uhr konnte Heinz Kühn seine Frau und sein Kind – beide todmüde und hungrig – auf dem Kölner Hauptbahnhof in die Arme schließen.[20]

Die Doppelaufgabe: Journalist und Parteiarbeiter

Die Wiedervereinigung mit Frau und Kind und die Existenz eines gemütlichen Heims gaben Heinz Kühn erst die nötige innere Schubkraft, um sich in Beruf und Partei voll zu entfalten.[21]

Heinz Kühns Aufstieg in der Redaktion der „Rheinischen Zeitung" kam einer Bilderbuchkarriere gleich. Schon im April 1946 (nur einen Monat nach Arbeitsbeginn und noch vor Marianne Kühns Rückkehr) war er zum Ressortleiter für Außenpolitik aufgestiegen. Im April 1947 wechselte er in die Innenpolitik und wurde stellvertretender Chefredakteur. Seit Anfang Februar 1948 war er für die gesamte Politik zuständig, und im Juni 1949 sollte er zum gleichberechtigten Chefredakteur neben Willi Eichler avancieren.[22] Damit ging Heinz Kühns Jugendtraum in Erfüllung.

Im Redaktionsteam der „Rheinischen" (dem nicht nur Zeitungsmacher mit lupenreiner sozialdemokratischer oder sozialistischer Vergangenheit angehörten[23]) war Kühn von Anbeginn an eine markante Figur. Peter Fuchs, ein 1946 gerade erst 25 Jahre alter Redaktionskollege von Heinz Kühn (Fuchs arbeitete zu diesem Zeitpunkt als „Hilfsredakteur" für die Kölner Lokalredaktion der „Rheinischen") erinnert sich: Äußerlich drahtig, ja asketisch, mit wachen Augen und wachem Verstand brillierte Kühn vor seinen Kollegen mit historischen und aktuellen politischen Kenntnissen sowie druckreifen, geschliffenen Diskussionsbeiträgen. Im Kreis der Versammelten stets auf

---

20 Die konkreten Umstände ihrer Rückkehr nach Köln beschreibt Marianne Kühn in ihren Briefen an Maria Decroupette (Brüssel) v. 16.7.1946 und an Hedi Weiner (Brüssel) v. 18.9.1946, in: HiAdSt Köln, Nl. Heinz Kühn, Nr. 19.

21 Dieses Unterkapitel stützt sich quellenmäßig vor allem auf eine große Zahl von Briefen, die Heinz und Marianne Kühn von Köln aus zwischen Mitte 1946 und Ende 1948 an (private und politische) Freunde und andere Personen geschrieben haben. Die Durchschläge der umfänglichen Korrespondenz sind überliefert in: HiAdSt Köln, Nl. Heinz Kühn, Nr. 10, 11, 13, 16, 17, 18, 19, 23, und 71.

22 Kühns Karriereschritte in der Redaktion der „Rheinischen Zeitung" habe ich ermittelt anhand des Impressums dieser Zeitung.

23 Vgl. Peter Köpf: Schreiben nach jeder Richtung. Goebbels-Propagandisten in der westdeutschen Nachkriegspresse, Berlin 1995, S. 120ff.

und ab gehend, manchmal die Hände auf dem Rücken, manchmal gestikulierend, dozierte er Leitartikel. Ein besonderes Markenzeichen Heinz Kühns war das Zitieren von Aussprüchen berühmter Persönlichkeiten aus Geschichte, Politik und Literatur, womit er seine Kollegen stark beeindruckte. Überhaupt sei seine Belesenheit von großer Wirkung gewesen. Kühn habe etwas von einem geistvollen „Solisten" oder „Individualisten" an sich gehabt, der eine gewisse Distanz pflegte, um sich nicht vereinnahmen zu lassen. Dennoch sei er durchaus kooperationsbereit und nicht unkollegial gewesen. Er und Heinz Kühn seien oftmals nach getaner Arbeit durch die Trümmerberge Kölns Richtung Rhein spaziert, um dort mit der Fähre überzusetzen und schließlich im Rechtsrheinischen auf getrennten Wegen nach Hause zu gehen. Auf der gemeinsamen Wegstrecke wurde „viel philosophiert, politisiert und polemisiert". Er, Fuchs, habe „die überlegene Erfahrung" des um neun Jahre älteren Weggenossen gespürt. Bei seinem ersten Besuch in Kühns Wohnung in Köln-Buchforst sei er von der Menge der Bücher, die sich ungeordnet in und vor den Bücherregalen befanden, überwältigt gewesen. Dieses Erlebnis habe ihn animiert, sich zielstrebig eine eigene Bibliothek aufzubauen.[24]

Wie sehr Heinz Kühn in den ersten Nachkriegsjahren ein energischer Verfechter des parteipolitisch gebundenen Journalismus war, offenbart sich an einem Konflikt, der innerhalb der „Rheinischen Zeitung" (RZ) ausbrach. Die Lizenzträger der Zeitung hatten sich entschlossen, neben der *Hauptausgabe* der „Rheinischen", die für die große Masse der Leser bestimmt war, auch eine auflagenschwächere Spezialausgabe, die sogenannte *Westausgabe,* herauszubringen. Die Westausgabe wandte sich an eine bestimmte Zielgruppe: Mit ihr sollten *bürgerliche Bildungsschichten* für sozialdemokratische Ideen und Ziele gewonnen werden. Entsprechend dieser Konzeption war die Westausgabe (die in ganz Westdeutschland verbreitet wurde und nicht nur, wie die Hauptausgabe, im Regierungsbezirk Köln) journalistisch und formal anders gestaltet. Die aktuelle Berichterstattung trat zurück zugunsten eines gehobenen Kulturteils und anspruchsvoller Wirtschafts- und Politikanalysen.

Die Westausgabe der RZ besaß einen eigenen kleinen Redaktionsstab unter Leitung von Dr. Heinz Pettenberg, der vom Verlagshaus DuMont Schauberg kam und dort bis Kriegsende das Lokalressort des „Stadt-Anzeigers" geleitet hatte. Ganz offenbar versuchte die Pettenberg-Gruppe, bei der RZ zu „überwintern", bis der Altverleger von den Briten die Erlaubnis erhielt, wieder seine Zeitung herauszubringen. Kühn, der auch die Funktion des Koordinators zwischen Haupt- und Westausgabe ausübte, mußte nun 1948 zu seinem Mißvergnügen erkennen, daß die Westausgabe parteipolitisch eigene Wege ging. In einer Reihe innen- und außenpolitischer Fragen vertrat diese CDU-freundliche Positionen. Damit mochte sich Heinz Kühn nicht abfinden. Er schrieb den Lizenzträgern einen Brief, in dem er es als „unerträglich" bezeichnete, daß die „Rheinische Zeitung" in Haupt- und Westausgabe „ein Doppelgesicht" zeige. Er forderte, „in Fragen der politischen Redaktionsgestaltung" müsse die Westausgabe der

---

24 Zeitzeugengespräch mit Peter Fuchs v. 8.10.1998.

Chefredaktion (Eichler/Kühn) unterstellt werden.[25] Die Pettenberg-Gruppe widersetzte sich offenbar diesem Ansinnen, woraufhin die Lizenzträger im September 1948 den Entschluß faßten, die Westausgabe einzustellen. 1949, als der „Kölner Stadt-Anzeiger" wieder erscheinen durfte, wurde Heinz Pettenberg sein erster Nachkriegs-Chefredakteur. Der Kölner Politiker Heinz Kühn behielt zu ihm ein recht gespanntes Verhältnis.

1948 kam es in den Redaktionsstuben der „Rheinischen" zu einer bemerkenswerten und bewegenden Begegnung: Wilhelm Sollmann, einstiger Chefredakteur, und Heinz Kühn, amtierender Chefredakteur-Stellvertreter, sahen sich nach mehr als zehn Jahren wieder.[26] Sollmann, der amerikanische Staatsbürger, befand sich auf einer Deutschlandvisite und machte der Chefredaktion seine Aufwartung. „Sein trauriger Blick ging über das spärlich-kümmerliche Mobiliar und über die kaum reparierten Fenster des Raumes", in dem Eichler und Kühn ihrer Arbeit nachgingen. „Es war ein herzlich-schmerzliches Wiedersehen, und die gesprochenen Worte wollten nicht so fließen, wie die geschriebenen Gedanken in unseren Briefen", erinnerte sich Kühn.[27]

Heinz Kühns Rednertätigkeit für die Partei in Köln und Umgebung nahm seit Mitte 1946 immer mehr zu. Er konnte sich bald kaum noch vor Rednerangeboten retten. Dazu mag auch beigetragen haben, daß er im Mai 1946 auf dem Parteitag der SPD Obere Rheinprovinz (später Mittelrhein) in den Bezirksvorstand gewählt wurde.[28] In der engeren Region war Heinz Kühn nun einer der gefragtesten SPD-Redner.[29] Aber sein Redetalent sprach sich unter Sozialdemokraten auch außerhalb der Region herum. Schon 1946 erhielt er von den örtlichen Parteigremien in Trier, Bremen und selbst in Berlin Einladungen zu Vorträgen. In Trier sprach er am 20. Juli, dem Jahrestag des Hitler-Attentats, zum Problem des deutschen Widerstands. In dieser, wie Kühn meinte, „vielleicht schwärzesten Stadt des Rheinlandes" seien acht Tage vor der Kundgebung bereits 1.000 Eintrittskarten verkauft gewesen, und am Abend selbst hätten Hunderte von Menschen wegen Überfüllung wieder nach Hause gehen müssen, teilte er nicht ohne Stolz in einem Rundschreiben Freunden im Ausland mit.[30] Das Thema seines Vortrags in der Hansestadt handelte er brieflich mit dem Bremer Senator Hermann Wolters aus. Am 16. August 1946 schrieb er dem „lieben Genossen Wolters" höchst selbstbewußt, indem er ihm eine ganze Palette von Vortragsthemen zur Auswahl offerierte: „Die Frage der Themen überlasse ich ganz Eurer Wahl. Nur müßt Ihr mir dann, falls es ein extravagantes Thema sein sollte, das frühzeitig genug mitteilen. Vielleicht machen wir eine große öffentliche Kundgebung allgemeinen

---

25 Heinz Kühn an die Lizenzträger der „Rheinischen Zeitung" v. 2.4.1948, in: Privatarchiv Peter Fuchs.

26 Ihre letzte Begegnung hatte 1936 in Brüssel stattgefunden, wo sich Sollmann – von Luxemburg kommend – zu einem Besuch aufhielt.

27 Kühn: Sollmann, S. 81f.

28 Heinz Kühn an Henry Kersten v. 14.7.1946, in: HiAdSt Köln, Nl. Heinz Kühn, Nr. 18.

29 Heinz Kühn an Hans Schoemann (Brüssel) v. 8.9.1946: „Die Partei hetzt mich von Versammlung zu Versammlung" (HiAdSt Köln, Nl. Heinz Kühn, Nr. 19).

30 Rundbrief Heinz Kühns v. 22.8.1946, in: HiAdSt Köln, Nl. Heinz Kühn, Nr. 71.

Charakters unter dem Thema ‚Deutschland zwischen den Entscheidungen' oder unter dem Titel ‚Deutschland – Schicksalsland Europas!' Falls Ihr wünscht, daß ich mich speziell mit den Kommunisten auseinandersetze, wenigstens darauf das Hauptgewicht lege, würde ich vielleicht das Thema ‚Achse Berlin-Moskau?' empfehlen. Ein in das Thema der deutschen Nationalpsychologie hineingreifendes Problem wäre: ‚Erhebung oder Ergebung?' mit dem Untertitel ‚Das Problem des deutschen Widerstandes'. Das wäre allerdings beinahe so etwas wie eine populäre geschichtsphilosophische Auseinandersetzung vor dem aktuellen Hintergrund der Ereignisse unserer unmittelbaren Vergangenheit. Daß es trocken werden sollte, braucht Ihr wohl bei mir nicht zu befürchten. Doch sollte bei einem solchen Thema der Zuhörerkreis drei- bis vierhundert Leute nicht übersteigen. Wie Ihr mich propagandamäßig herausstellt, überlasse ich Euch. Falls es irgendwo eine Kundgebung für die Jugend sein sollte, dann würde sich vielleicht ‚Leiter der jungsozialistischen Arbeitsgemeinschaften des Rheinlands' empfehlen; bei einem Thema, das sich mit dem Problem der deutschen Widerstandsbewegung beschäftigt, müßte es heißen ‚der ehemalige Leiter der deutschen Widerstandsbewegung in Belgien und Nordfrankreich' […].“[31]

Ein erster Höhepunkt in Kühns parteirhetorischer Tätigkeit unmittelbar nach dem Kriege war eine Großkundgebung der Kölner SPD am 1. September 1946 in der überfüllten Aula der Universität. Unter dem Motto „Abrechnung mit Adenauer" traten auf dieser Veranstaltung Robert Görlinger, der starke Mann der Kölner SPD, und Heinz Kühn als Redner auf. Die ersten Kommunalwahlen im gerade erst gegründeten Land Nordrhein-Westfalen standen bevor. Diese Tatsache hatte Konrad Adenauer in seiner Eigenschaft als Vorsitzender der CDU in der britischen Zone zum Anlaß genommen, auf mehreren öffentlichen Versammlungen schweres rhetorisches Geschütz gegen die SPD aufzufahren. Er stellte wiederholt die abenteuerliche Behauptung auf, am Hunger und an der Not jener Tage sei vor allem die SPD schuld, die z. B. als Regierungspartei in Nordrhein-Westfalen eine sozialistische, ja marxistische Politik verfolge. Geschickt nutzte Adenauer den Umstand, daß die CDU an der ersten Amelunxen-Regierung in Nordrhein-Westfalen (die erst seit August 1946 amtierte!) *nicht* beteiligt war, für seine Zwecke.

Die Führung der Kölner SPD war der Meinung, auf Adenauers groben Klotz gehöre ein grober Keil, dessen infame Beschuldigung könne nur mit ätzender Polemik beantwortet werden. Dafür war Heinz Kühn der richtige Mann. Er unterzog sich dieser Aufgabe mit Bravour. Dem 34jährigen Kölner Arbeitersohn machte es eine diebische Freude, den im Kölner Bürgertum verwurzelten 70jährigen polemisch frontal anzugehen.

Dr. Adenauer ähnele Goebbels „in der Waghalsigkeit, mit der er unbeweisbare Behauptungen aufstellt", meinte Heinz Kühn in seiner Rede. „Goebbels war der Erfinder der Propagandalüge von der marxistischen Republik. Adenauer ist der Erfinder der Propagandalüge von der marxistischen Regierungspartei", gab er seinem Auditorium

---

31 Heinz Kühn an Hermann Wolters v. 16.8.1946, in: HiAdSt Köln, Nl. Heinz Kühn, Nr. 16.

Als Manuskript gedruckt!

Schriftenreihe für die Unterrichtung und die Arbeit des sozialdemokratischen Funktionärs

Nur für den Gebrauch der Funktionäre!

Nr. 18

Kölner antworten Dr. Adenauer

Zwei Reden von einer Kundgebung der Sozialdemokratischen Partei Köln am Sonntag, dem 1. September 1946 in der Aula der Universität Köln

Es sprechen:

Robert Görlinger
Bürgermeister und Fraktionsführer in Köln
Vorsitzender der SPD, Bezirk Obere Rheinprovinz

Heinz Kühn
Redakteur der „Rheinischen Zeitung"
und Mitglied des Bezirksvorstandes Obere Rheinprovinz der SPD

Köln 1946

Der Text der Rede, die Heinz Kühn im September 1946 auf einer Kundgebung gegen Adenauer hält, wird in einer Parteibroschüre verbreitet. (Titelseite der Broschüre)

113

zu verstehen. Indem Dr. Adenauer immer wieder erkläre, die Sozialdemokratische Partei sei schuld am Hunger, versuche er über den *Magen* seiner Zuhörer deren *Köpfe* zu gewinnen. Das sei ein Materialismus „wie ihn auch der materialistischste Materialist nicht materialistischer betreiben" könne. Adenauers Behauptung, die SPD trage vor der Geschichte „in vielen Dingen eine große Verantwortung dafür, wie es jetzt bei uns aussieht", begegnete Kühn mit den Worten: „Adolf Hitler wird Konrad Adenauer für diesen Freundschaftsdienst noch nachträglich mit dem goldenen Parteiabzeichen dekorieren! Denn dafür, wie es bei uns aussieht, ‚das danken wir dem Führer'. Ihm und seinen kapitalistischen Helfershelfern, ihm und jenen Parteien, die mit dem Ermächtigungsgesetz Hitler von jeder Volkskontrolle entbanden und ihm damit erst die formale Legalisierung seiner unbeschränkten Terrorherrschaft gegeben haben. Sie allein tragen die *Schuld* und die *Verantwortung*. Wir tragen nichts anderes als die *Last*". Schließlich versuchte Heinz Kühn, den 70jährigen in eine bestimmte Ecke zu drängen. Dr. Adenauer sei der „zur Zeit prominenteste Wortführer" des „reaktionären kapitalistischen Besitzbürgertum[s]", er sei „der vergreiste Vertreter vergreister Ideen".[32]

Schon in der Emigration hatte Kühn den Entschluß gefaßt, sich in dem vom Nazismus befreiten Deutschland vor allem der politischen *Jugend*arbeit zu widmen. Er stellte sich vor, die im Geiste des Nationalsozialismus erzogene und ins politisch aktionsfähige Alter hineingewachsene deutsche Jugend für die Ideen eines undogmatischen, ethischen Sozialismus zu gewinnen. Zurückgekehrt nach Köln, vergaß Heinz Kühn diesen Vorsatz nicht. Der Parteiarbeiter Kühn bemühte sich, ihn im Rahmen der wiederentstandenen SPD zu verwirklichen. Bereits Mitte 1946 wurde er als Mitglied des SPD-Bezirksvorstands Obere Rheinprovinz (Mittelrhein) mit der Organisierung und Leitung der „Jungsozialistischen Arbeitsgemeinschaften" im Bezirk betraut.[33] Den „Jungsozialisten in der SPD" sollten, wie der erste Nachkriegsparteitag der Sozialdemokraten im Mai 1946 in Hannover beschlossen hatte, alle Parteimitglieder zwischen 18 und 35 Jahren angehören. Heinz Kühn nahm sich der ihm übertragenen Spezialaufgabe mit großem Elan an. Er organisierte für die Jusos seines Bezirks Bildungskurse sowie öffentliche Diskussionsveranstaltungen und regte die Gründung von Juso-Bibliotheken und -Clubhäusern an.[34] Mit Befriedigung registrierte er, daß in den „Jungsozialistischen Arbeitsgemeinschaften" Kölns alte politische Freunde aus der Sozialistischen Arbeiterjugend und dem „Sozialistischen Jugendverband" (der SAP) von vor 1933 mitarbeiteten. Unter ihnen befand sich auch sein alter persönlicher Freund Peter Keller.[35] Wie Kühn waren sie natürlich schon in einem fortgeschrittenen Juso-Alter.

---

32 Zitate nach: Kölner antworten Dr. Adenauer. Zwei Reden von einer Kundgebung der Sozialdemokratischen Partei Köln am Sonntag, dem 1. September 1946 in der Aula der Universität Köln (Schriftenreihe für die Unterrichtung und die Arbeit des sozialdemokratischen Funktionärs, Nr. 18), Köln 1946 (enthalten im Privatarchiv Marianne Kühn). Ein Bericht über die Kundgebung befindet sich auch in der „Rheinischen Zeitung" v. 4.9.1946.
33 Heinz Kühn an Henry Kersten v. 14.7.1946, in: HiAdSt Köln, Nr. 18.
34 Heinz und Marianne Kühn an Eva und Otto Pfister (USA) v. 18.3.1947 und Marianne Kühn an Trudie Weaver v. 30.9.1947, in: ebd., Nr. 17.
35 Heinz Kühn an Henry Kersten v. 14.7.1946.

Bei vielen Veranstaltungen der Jungsozialisten trat Heinz Kühn als Redner auf. Einen Kongreß der Jungsozialisten des SPD-Bezirks Westliches Westfalen im November 1947 nutzte Kühn zum Beispiel, um in einem breit angelegten Referat seine jungen Freunde mit dem „Elite"-Begriff anzufreunden.[36] „Wir müssen Elite werden!", beschwor er seine jungen Zuhörer. Heinz Kühn räumte ein, daß es sich dabei um „ein abgeklappertes und zudem ein gefährliches Wort" handle. Aber dennoch sei richtig: „Jedes Volk, jede Klasse und jede Zeit" lebe „in vorgelebter Form". Kühn brachte den „Elite"-Begriff mit seinem *ethischen* Sozialismus-Verständnis in Verbindung. „Nicht als eine rationalistische Wissenschaft haben wir den Sozialismus zu begreifen, sondern als Neuordnung des Volkes auf der Grundlage einer neuen Gemeinschaftsethik, als sittliches Prinzip gesellschaftlicher Gestaltung", erklärte er seinen jungen Freunden. Dieses sittliche Prinzip könne aber erst dann zu einer gestaltenden gesellschaftlichen Kraft werden, wenn es von einer Gruppe von Menschen „vorgelebt" werde. Die (jungen) Sozialisten sollten deshalb nicht nur zu einer „politischen", sondern auch zu einer „moralischen Elite" werden, die durch ihren persönlichen „Lebensstil" die breiten Schichten des Volkes (Kühn spricht von „Massen") überzeuge und gewinne.

Kühns Aktivitäten zugunsten der Parteijugend blieben nicht auf die Region beschränkt. Maßgeblich beteiligt war er an der Vorbereitung der ersten sogenannten „Reichskonferenz" der Jungsozialisten im Mai 1947 in Gelsenkirchen. An ihr nahmen Jungsozialisten aus den drei Westzonen und der „fünften Zone" (Berlin) teil. Daß diese erste zentrale Konferenz der Jusos mit internationaler Beteiligung stattfand, war nicht zuletzt Heinz Kühn zu verdanken. Er hatte die Jeunesse Socialiste Belge schriftlich zu dem Kongreß eingeladen,[37] die auch mit einer Delegation zu der Veranstaltung erschien. Heinz Kühns unermüdlicher Einsatz für die jungsozialistische Sache wurde in Gelsenkirchen honoriert. Der Kongreß wählte ihn in die Juso-"Reichsleitung". Auf dem zweiten zentralen Kongreß der Jungsozialisten, der genau ein Jahr später in Hof (Bayern) abgehalten wurde, hielt Kühn einen wegweisenden Vortrag zu dem Thema „Die Verpflichtung der Jugend in der Krise unserer Zeit".[38]

Heinz Kühns Bildungs- und Schulungsoffensive machte vor der Parteijugend nicht halt. Zusammen mit einem kleinen Kreis anderer Kölner Sozialdemokraten (unter ihnen Susanne Miller und Willi Eichler) gründete er Ende der 1940er Jahre auf lokaler Ebene eine „Sozialistische Bildungsgemeinschaft" (SBG). Unbelastet von brennenden politischen Tagesfragen sollten auf den Zusammenkünften der Kölner SBG Fragen nach dem Sinngehalt, der Geschichte, den wesentlichen Zielen und Aufgaben des Sozialismus gestellt und beantwortet werden. Die Veranstaltungen der Kölner Sozialistischen Bildungsgemeinschaft hatten zwar keinen Massenzulauf, aber doch einen festen Besucherstamm.[39]

---

36 Heinz Kühn in: Protokoll des 5. Kongresses der Jungsozialisten Bezirk Westliches Westfalen 29./30.11.1947, in: HiAdSt Köln, Nl. Heinz Kühn, Nr. 69.
37 Text des Einladungsschreibens in: HiAdSt Köln, Nl. Heinz Kühn, Nr. 19.
38 Siehe hierzu S. 125f. der Biographie.
39 25 Jahre Sozialistische Bildungsgemeinschaften 1951–1976, Bonn (1976). Siehe in dieser Broschüre den Aufsatz von Susanne Miller: Zur Vorgeschichte der Bildungsgemein-

So viel persönlicher Tatendrang im Dienste der Partei konnte auch dem in Hannover residierenden SPD-Parteivorstand und insbesondere dem Parteivorsitzenden Dr. Kurt Schumacher nicht verborgen bleiben. Dafür sorgte allein schon Willi Eichler, der seit Mai 1946 dem Parteivorstand angehörte und der Schumacher (dem er freundschaftlich verbunden war) auf Kühn, seinen jungen vielversprechenden Kölner Redaktionskollegen, aufmerksam machte. Bereits in der ersten Hälfte des Jahres 1947 erhielt Heinz Kühn von Schumacher das Angebot, die freiwerdende Chefredaktion der Neuen Ruhr-Zeitung in Essen zu übernehmen, was dieser aber ablehnte, weil er, wie er es formulierte, seinem „vaterstädtischen Trümmerhaufen treu zu bleiben" beabsichtigte.[40]

Aber Kühn verließ sich nicht nur auf die Vermittlung durch Willi Eichler, was seine Beziehungen zur Parteizentrale in Hannover und zum Parteivorsitzenden Schumacher betraf. Heinz Kühn korrespondierte mit einflußreichen Leuten aus Schumachers unmittelbarer Umgebung, wie z. B. mit dem das Referat Presse und Propaganda leitenden Fritz Heine oder dem für Jungsozialisten-Fragen zuständigen Hans Hermsdorf.[41] Kühn scheute sich auch nicht, den charismatischen und die Partei autoritär führenden Kurt Schumacher höchstpersönlich anzuschreiben. Wenn er es für nötig hielt, fuhr er auch selbst nach Hannover, um in der Parteizentrale in der Odeonstraße 15/16 mit führenden Genossen zu sprechen und zu verhandeln.

Besonders wichtig war Heinz Kühn offenbar die Wertschätzung seiner Person durch Parteichef Schumacher. Anfang 1948, als der Parteivorsitzende einen rhetorischen Feldzug gegen die Kampagne der ostzonalen SED zugunsten eines „Deutschen Volkskongresses"[42] eröffnete, schickte Heinz Kühn ihm prompt zwei aus seiner eigenen Feder stammende Abhandlungen antikommunistischen Inhalts mit dem Vermerk: „Vielleicht findest Du in beiden Schriftchen den einen oder anderen Gedanken und das eine oder andere Zitat, die Dir nützlich sein könnten."[43] Eines der beiden Traktate war der Text eines Vortrags, den Heinz Kühn unter dem Titel „Deutschland zwischen Washington und Moskau" 1947 vor der „Deutschen Friedensgesellschaft" in Bochum gehalten hatte.[44]

Im Oktober 1948 sendete der Nordwestdeutsche Rundfunk (NWDR) Köln ein von Heinz Kühn verfaßtes Porträt Kurt Schumachers. Kühn hatte zweifellos ein sehr wir-

---

schaften, S. 5ff. – Der Initiative Kühns war es zu verdanken, daß 1951 ein Dachverband aller lokalen Sozialistischen Bildungsgemeinschaften in Nordrhein-Westfalen entstand. Er erhielt den Namen „Zentralausschuß der Sozialistischen Bildungsgemeinschaften Nordrhein-Westfalen e.V.". Erste Geschäftsführerin des Zentralausschusses wurde Marianne Kühn.

40 Heinz Kühn an Arthur Bratu v. 30.5.1947, in: HiAdSt Köln, Nl. Heinz Kühn, Nr. 10.
41 HiAdSt Köln, Nl. Heinz Kühn, Nr. 23.
42 Im November 1947 lud die SED alle Massenorganisationen in den vier deutschen Besatzungszonen zu einem „Deutschen Volkskongreß" nach Berlin ein. Er sollte (ohne durch Wahlen dazu legitimiert zu sein) eine gesamtdeutsche Vertretung darstellen.
43 Heinz Kühn an Kurt Schumacher v. 6.1.1948, in: HiAdSt Köln, Nl. Heinz Kühn, Nr. 16.
44 Siehe S. 123ff. der Biographie.

Der Parteivorsitzende Kurt Schumacher spricht am 22. September 1946 in Köln.
In der Mitte des Bildes stehend (mit dunklem Anzug) Heinz Kühn. Neben ihm rechts sitzend
Robert Görlinger. Ganz links unten (neben Schumacher) Willi Eichler.

kungsvolles, aber insgesamt gesehen nicht wenig idealisiertes Lebensbild des SPD-Vorsitzenden gezeichnet. Er berichtete von dem 37jährigen Parlamentarier Schumacher, der 1932 im Deutschen Reichstag eine leidenschaftliche und mutige Rede gegen Goebbels und die Nazis gehalten hatte. Und er schilderte die zehn Jahre während Leidenszeit Schumachers in deutschen Konzentrationslagern. Kühn vergaß aber auch nicht auf die hysterischen bis verletzenden Verbalattacken deutscher, sowjetischer und französischer Nachkriegs-Kommunisten auf Schumacher einzugehen, denen die kämpferisch-antikommunistische Haltung des SPD-Vorsitzenden ein Dorn im Auge war.[45]

Heinz Kühn konnte es sich nicht verkneifen, ein Manuskript seines Schumacher-Porträts an die Parteizentrale in Hannover zu senden. In einem Begleitbrief an Fritz Heine schrieb er: „Ich schicke Dir hier mein Manuskript der Rundfunksendung über Kurt. Es hat in der Tat einen Kampf gekostet, die Sendung zu bringen, da sie den Herren zu propagandistisch erschien."[46] Und in einem etwas später abgefaßten Schreiben an das Parteivorstands-Referat „Presse und Propaganda" betonte er: „Ich habe diese Sendung von vornherein weniger unter den Gesichtspunkten der NWDR-Wünsche

---

45 „Dr. Kurt Schumacher" v. Heinz Kühn. Sendung v. 5.10.1948. Manuskript in: Historisches Archiv des Westdeutschen Rundfunks Köln.
46 Heinz Kühn an Fritz Heine v. 8.10.1948, in: HiAdSt Köln, Nl. Heinz Kühn, Nr. 23.

als unter denjenigen der Zweckmäßigkeit unserer Parteipropaganda zusammengestellt und übertrage Euch deshalb gerne alle meine ‚Rechte'."[47] Schumacher und Heine waren, wie es scheint, von Kühns Sendung höchst angetan. Heinz Kühn erhielt jedenfalls aus Hannover die Nachricht, man beabsichtige, Tonbänder der Sendung „möglichst vielen Parteistellen" für Wiedergabezwecke zur Verfügung zu stellen.[48]

War der nach Deutschland zurückgekehrte Heinz Kühn zu einem stromlinienförmigen, angepaßten Sozialdemokraten geworden? Hatte er, der über weite Strecken seiner Emigration ein organisatorisch unabhängiger und mit der Sopade auf Kriegsfuß stehender Sozialist gewesen war, am Kurs und Erscheinungbild der zu neuem Leben erwachten SPD überhaupt nichts auszusetzen? Fast könnte man diesen Eindruck haben, wenn man an Heinz Kühns unermüdlichen und kräftezehrenden Einsatz für die sich wieder formierende Partei denkt. Aber der Eindruck täuscht. Kühn sah die SPD durchaus mit sehr kritischen Augen. Er nahm Schwächen und Mängel an ihr wahr – sowohl im Detail als auch im Grundsätzlichen. Aber er äußerte diese Kritik nicht in den Parteigremien und nur zurückhaltend gegenüber einzelnen, ihm besonders nahestehenden Genossen in Deutschland. Deutlich wurde Heinz Kühn dagegen in Briefen, die er an gute Freunde im Ausland richtete, an deutsche (auch deutsch-jüdische) Emigranten und an einige belgische Genossen aus dem Mouvement Socialiste. In einem Rundschreiben an die Freunde im Ausland vom 22. August 1946 heißt es zum Beispiel: „Die neue Sozialdemokratische Partei ist heute ein ideologisch noch völlig ungeklärtes Sammelbecken, in dem sehr viele Kräfte zusammengeströmt sind, und das vorläufig noch keine Gewißheit über die künftige Flußrichtung gibt. Der notwendige innere Klärungsprozeß, der sehr wahrscheinlich in den kommenden Jahren nicht ohne ideologische Kämpfe sich vollziehen wird, kann erst die Voraussetzungen einer wirklich konstruktiven und sozialistischen Politik schaffen. Vorläufig schwimmen wir noch mit den Ereignissen und es gibt noch sehr wenig Konzeptionsklarheit."[49]

In Briefen an die mit ihm befreundeten Ehepaare Max und Marcelle Breyer sowie Otto und Eva Pfister (beide emigrierten Ehepaare lebten im weit entfernten New York) artikulierte sich Heinz Kühn noch unmißverständlicher. An die Breyers schrieb er am 7. Juli 1946: „Die Sozialdemokratische Partei ist in ihrem Funktionärsbestand wirklich kaum etwas anderes als ein mobilgemachter Kriegerverein […] Aber vielleicht gelingt es, soviel ordentliche Kerle in sie hineinzubringen, daß doch noch etwas daraus wird. Vorläufig sind wir eine Partei ohne Programm, in den grundsätzlichen Dingen ohne Linie und ohne ausreichende Zukunftsperspektive. Die Kämpfe um all diese Probleme werden unausbleiblich kommen, aber wie ich annehme, nicht vor ein bis zwei Jahren. Wenn uns die weltgeschichtlichen Ereignisse bis dahin Zeit lassen […]"[50]

Im Brief an die Pfisters vom 8. September 1946 finden sich Sätze voller Pessimismus: „Die Partei ist eine Institution ohne eigentliche geistige Orientierung und auch

---

47 Heinz Kühn an Herbert Treichel, Referat Presse u. Propaganda, v. 19.11.1948, in ebd.
48 Herbert Treichel an Heinz Kühn v. 11. 11. 1948, in ebd.
49 Rundbrief Heinz Kühns v. 22.8.1946, in: HiAdSt Köln, Nl. Heinz Kühn, Nr. 71.
50 Heinz Kühn an Max und Marcelle Breyer v. 7.7.1946, in: HiAdSt Köln, Nl. Heinz Kühn, Nr. 17.

ohne wirklich bedeutende Köpfe. Schumacher, den ich bereits mehrfach bei politischen Besprechungen aus der Nähe beobachten konnte, ohne ihn allerdings bisher als Redner auf einer Großkundgebung zu hören, macht davon eine Ausnahme. Ganz offensichtlich hat er Format, obschon auch bei ihm in der Argumentation nicht immer ganz unbedenkliche Tendenzen anklingen. Aber er ist auch der einzige, der über den bedenklich niedrigen Durchschnitt herausragt. Überall stößt man auf nicht sehr viel anderes als auf die abgeklapperten Ideologien von vor 1933. Innerorganisatorisch herrscht im Augenblick, und gewiß noch für längere Zeit, eine friedliche Harmonie, die man nicht einmal mit einem Burgfrieden vergleichen kann; denn die latenten Gegensätze sind nur außerordentlich wenigen bewußt. Aber sie werden ausbrechen müssen, sobald die Partei in politisch ernsthafte Konflikte einsteigen muß. Diese Konflikte werden sehr schnell kommen, denn möglicherweise werden wir uns bereits in wenigen Wochen aus allen Regierungen der Westzonen zurückziehen, was nicht ganz ohne Konsequenzen auch für die inneren Diskussionen der Partei sein wird. Die große politische Entwicklung in den Westzonen verläuft in einer keineswegs für uns als Partei günstigen Linie. So sehr erfreulich die Vereinigung der amerikanischen und der britischen Zone ernährungsmäßig sein mag, so wenig ist sie es politisch. Denn unzweifelhaft bedeutet sie die Unterwerfung der Engländer unter die wie mir scheint höchst kapitalistischen Absichten der Amerikaner. Damit fällt für uns jede Beteiligung an den Regierungen, die sich gerade erst zu bilden im Begriffe sind. Persönlich begrüße ich diese Entwicklung, denn sie gibt uns die Möglichkeit, alle Anstrengungen auf den inneren Klärungsprozeß zu richten. Aber auf welcher günstigen Grundlage soll er sich vollziehen? Auch auf der sogenannten ‚Linken‘ gibt es kaum jemanden, den noch die ehemalige Überzeugtheit von der Gültigkeit all' jener Dogmen erfüllt, an die wir vor 1933 geglaubt haben. Es gibt überhaupt niemand, der eine geschlossene Konzeption hat oder der auch nur behauptet, sie zu haben ...“[51]

Solche negativen Urteile und pessimistischen Einschätzungen Heinz Kühns sind freilich auf das Jahr 1946 beschränkt. In der Flut überlieferter Briefe Kühns aus den Jahren 1947/48 sucht man nach ihnen vergebens. Selbst in der Kühnschen Korrespondenz des Jahres 1946 gibt es auch ganz andere Töne. Ein Brief vom 14. Juli 1946 an seinen alten SAJ-Jugendfreund Henry Kersten (der im französischen Exil lebte und den Heinz Kühn vergeblich zur Rückkehr nach Deutschland zu bewegen versuchte) enthält die optimistisch klingenden Sätze: „Wir können die sozialistische Bewegung einer wirklichen Erneuerung entgegenführen. Die historische Chance ist groß, daß wir uns gegen alle überalteten Ideen und Institutionen durchsetzen.“[52] Und in dem schon angeführten Rundschreiben Heinz Kühns vom 22. August 1946 liest man die Feststellung: „Ich selbst empfinde es für mich als Pflicht, mich rückhaltlos für die Partei einzusetzen, die ich unter den obwaltenden Umständen für die beste halte.“[53]

---

51 Heinz Kühn an Otto und Eva Pfister v. 8.9.1946, in: HiAdSt Köln, Nl. Heinz Kühn, Nr. 17.
52 Heinz Kühn an Henry Kersten v. 14.7.1946, in: HiAdSt Köln, Nl. Heinz Kühn, Nr. 18.
53 Rundbrief Heinz Kühns v. 22.8.1946.

In der Tat: Trotz der von ihm diagnostizierten großen Mängel gab es für den inzwischen gereiften und die Realität in Rechnung stellenden Kühn zur wiedererstandenen SPD keine Partei-Alternative. Zum realitätsbezogenen Kalkül des ehrgeizigen und mittlerweile 34 Jahre alten Heinz Kühn gehörte sicherlich auch, daß er in dieser Partei vorwärtskommen, daß er in ihr Karriere machen wollte – was natürlich nichts Verwerfliches ist. Kühn war jedoch in den Jahren nach 1946 in der Partei nie ein aalglatter Anpasser. Seiner Vorstellung von einer „undogmatischen", „undoktrinären", die marxistischen „Eierschalen" hinter sich lassenden SPD blieb er treu. Er verfolgte dieses Ziel mit Beharrlichkeit, indem er sich bemühte, die Ideen eines *ethischen und religiös toleranten Sozialismus* in der Partei heimisch zu machen. Dabei ging er nicht als „Bilderstürmer", sondern als ein umsichtiger, um Verbündete innerhalb der Partei bemühter Reformer zu Werke. Bei Willi Eichler fand er sehr viel Rückhalt. Auch auf Kurt Schumacher konnte er zählen. Als Parlamentarier im nordrhein-westfälischen Landtag erzielte er in dieser Hinsicht *innerparteilich* einen wegweisenden Erfolg. Davon wird ausführlich im nächsten Kapitel die Rede sein.

Die schon geschilderten Aktivitäten Heinz Kühns nach seiner Rückkehr aus dem Exil (Redakteur bei der „Rheinischen", Parteiredner, Juso-Funktionär) beschreiben noch nicht die ganze Fülle von Aufgaben, die er in diesen ersten Jahren des Neubeginns übernahm. Sein Betätigungsfeld war noch umfassender. Auch *außerhalb* der Partei entfaltete er eine rege Rednertätigkeit, z. B. vor Gewerkschafts- und Betriebsversammlungen.[54] Sein journalistisches Arbeitsgebiet blieb nicht auf die „Rheinische" beschränkt. Sehr bald faßte er im Nordwestdeutschen Rundfunk Köln Fuß. Seit 1947 ging er in dessen Funkhaus in der Dagobertstraße ein und aus. Er hielt für den Kölner Sender als freier Mitarbeiter politische Vorträge und schrieb politische Features, für die ansehnliche Honorare flossen. Das Medium Rundfunk faszinierte Heinz Kühn Dies ging eindeutig auf die Emigrationszeit zurück, als er den politischen Meinungskampf zwischen Nazi-Deutschland und den Alliierten am eigenen Radio miterlebte.[55] Seit dieser Zeit war ihm bewußt, welchen Einfluß dieses Medium auf Menschen ausübte.

Übrigens: Sich über die parteipolitischen Neigungen und Bindungen der Mitarbeiter des Kölner Senders zu informieren oder darüber Spekulationen anzustellen, schien für Kühn eine Beschäftigung voller Reiz zu sein. Das dokumentieren Briefe, die er im April 1949 an SPD-Vorstandsmitglied Fritz Heine in der PV-Zentrale in Hannover schrieb.[56] In einem der Schreiben machte Kühn sogar den höchst problematischen Vorschlag, beim PV einen zentralen „Rundfunk-Überwachungs- und Analysierungsdienst" einzurichten.[57] Seine eigene, für den PV bestimmte politische Analyse des Kölner Senders fiel gar nicht negativ aus: Es stimme nicht, daß Intendant Hartmann ein

---

54 Heinz Kühn an Marianne Kühn v. 1.4.1946 und 19.5.1946, in: Privatarchiv Marianne Kühn.
55 Zeitzeugengespräch Marianne Kühn v. 9.1.1999 und Heinz Kühn an Wilhelm Sollmann v. 12.11.1939, in: HiAdSt Köln, Nl. Wilhelm Sollmann, Nr. 569.
56 Heinz Kühn an Fritz Heine v. 21.4. und 26.4.1949, in: HiAdSt Köln, Nl. Heinz Kühn, Nr. 23.
57 Heinz Kühn an Fritz Heine v. 21.4.1949.

alter Zentrums-Mann sei und der CDU in die Hände arbeite. Er, Heinz Kühn, glaube nicht, daß der Intendant „überhaupt einer Partei nahesteht". Er mache „den Eindruck eines diplomatisch sehr geschickten und sehr ehrgeizigen Mannes, der sich mit all denjenigen Kräften gut zu stehen bemüht ist, die für seine persönliche Machtsicherung oder Machtsteigerung von Bedeutung sind".[58]

Auch die politische Abteilung des Kölner Funkhauses könne „keineswegs als CDU-freundlich" bezeichnet werden. Ihr Leiter, Walter Steigner (vor seinem Wechsel zum NWDR Köln Redakteur bei der „Rheinischen Zeitung"), sei sogar ausgewiesener SPD-Mann. Nur der „Wirtschaftsfunk" des Kölner Senders machte Heinz Kühn Sorgen. Denn dieser vertrete einseitig „Unternehmer-Interessen": In ihm herrsche die „Blutgruppe Zahn" vor. Kühn wollte damit zum Ausdruck bringen, daß in der Wirtschaftsabteilung Journalisten tätig seien, die sich – wie der Rundfunkjournalist Peter von Zahn – durch „ausgeprägte Unternehmer-Sympathien" auszeichneten.[59]

Zwischen 1946 und 1949 wirkte Heinz Kühn auch als Korrespondent, Mitarbeiter und Rezensent mehrerer linksgerichteter Zeitschriften und Zeitungen in Belgien. Es handelte sich um „Le Peuple", „Europe Amérique", „La face à main" und die „Cahiers Socialistes", also Periodika, für die er schon 1944/45 im Brüsseler Exil gearbeitet hatte. Jetzt kam noch die neue sozialwissenschaftliche Monatsschrift „Synthèses" hinzu, die sich eine geistig-politische Synthese Westeuropas unter betontem Einschluß Deutschlands zum Ziel setzte. Auch für zwei namhafte Schweizer Zeitungen, die Baseler „Arbeiter-Zeitung" und die Züricher „Weltwoche", schrieb Heinz Kühn Beiträge.[60]

Mit seinen journalistischen und sozialistischen Freunden in Belgien hatte Kühn einen intensiven Briefwechsel,[61] und liebend gern wäre er zum mündlichen Meinungsaustausch nach Brüssel gefahren. Schon 1946 lagen Einladungen vor und auch das belgische Visum ließ nicht lange auf sich warten. Aber die Ausreise scheiterte immer wieder an dem fehlenden Military-Exit-Permit der Engländer. Erst Anfang 1948 ließen sich die Briten erweichen und gestatteten Heinz Kühn die Ausreise nach Belgien (nur zwei Fahrten in die Niederlande waren ihm von der Militärregierung 1947 erlaubt worden).[62] Nun folgte eine Reise Kühns nach der anderen: nach Belgien (wo er auch Gespräche mit Ministerpräsident Paul-Henri Spaak führte), Holland und im November 1948 im Rahmen einer parlamentarischen Delegation zum ersten Mal in seinem Leben nach England (London).

Angesichts der Unmenge von Arbeit, die Kühn sich aufbürdete und die er sich aufbürden ließ, wundert es nicht, daß er fast permanent überlastet war. In den Briefen, die er und seine Frau in diesen ersten Nachkriegsjahren an Freunde und Bekannte schrieben, tauchen fast stereotyp die Bemerkungen auf, er sei „furchtbar gehetzt", „schwer

---

58 Ebd.
59 Ebd. und Heinz Kühn an Fritz Heine v. 26.4.1949.
60 Heinz Kühn an Max Wullschleger (Chefredakteur der Baseler „Arbeiterzeitung") v. 24.1.1948, in: HiAdSt Köln, Nl. Heinz Kühn, Nr. 13; H. K. an Raymond Rifflet v. 11.8.1946, Guy Cudell v. 2.3.1947 und Ossian Mathieu v. 5.3.1947 in: ebd., Nr. 19.
61 HiAdSt Köln, Nl. Heinz Kühn, Nr. 19.
62 Marianne Kühn an Ehepaar Weiner (Brüssel) v. 12.2.1948, in: ebd.

abgekämpft", „mit Arbeit überhäuft", „dauernd unterwegs" bzw. – wie Heinz Kühn es ausdrückte – er befände sich in „zigeunerhafter Vagabundage".[63] In einem Brief an die befreundete amerikanische Lehrerin Trudie Weaver (Chester, Pennsylvania) beschrieb Marianne Kühn den Zustand ständiger Arbeitsüberlastung mit den Worten, Heinz Kühn sei „so überladen mit Aufgaben aller Art, daß er kaum noch Zeit zum Schlafen findet, ganz zu schweigen von einer Stunde Freizeit zum Ausspannen während des Tages oder sonntags. Tagsüber macht er seine Arbeit als Redakteur an der ‚Rheinischen Zeitung', dazwischen hält er Referate vor der Jugend großer Betriebe, vor Gewerkschaften, in Schulungskursen oder hat teilzunehmen an Sitzungen und am Abend wieder Referate, wieder Sitzungen, Parteiversammlungen oder Ausarbeitung von Vorträgen und Rednerschulungsmaterial, dazu lange Fahrten über Land in politisch zu bearbeitende Gebiete, in denen er zu reden hat und dazu noch die Jugendarbeit, d. h. den Aufbau der ‚Jungsozialistischen Arbeitsgemeinschaften' […] Der Volksmund sagt zu so etwas hier: ‚Das hält das stärkste Pferd nicht aus'."[64]

Gut ein Jahr später lieferte Marianne Kühn dem Ehepaar Breyer in New York die folgende Beschreibung des kaum veränderten Zustands: „Organisationsarbeit bis zum Ersticken, durchschnittlicher Schlaf 5 – 6 Stunden, kaum noch ein privates Leben – wenn man die wenigen gemeinsamen Mahlzeiten, bei denen man sich von eigenen Dingen unterhalten kann, als solche bezeichnen mag. Der einzige lichte Punkt in dieser Hetze ist unser kleiner Bengel, der sich prächtig entwickelt […]."[65] Mit dem „kleinen Bengel" war der (inzwischen drei Jahre alte) Sohn Hendrik gemeint, zu dem Heinz Kühn – trotz des nicht enden wollenden „Arbeitstumults" (Marianne Kühn) – eine recht innige Vater-Sohn-Beziehung aufbaute.[66]

Wenn sich Heinz Kühn immer mal wieder am Rande der körperlichen Erschöpfung befand,[67] so hing das natürlich mit der Arbeitsüberlastung zusammen, aber es stand auch in direktem Zusammenhang mit der äußerst miserablen Ernährungslage. Die „Hunger-" oder „Magenfrage" (die sich bis zur Währungsreform im Juni 1948 stellte) machte den Kühns – wie den meisten Deutschen (besonders im Hungerwinter 1946/47) – schwer zu schaffen, obwohl sie von den Freunden im Ausland so manches Paket mit Nahrungsmitteln empfingen oder sich Heinz Kühn seine Honorare für Beiträge in ausländischen Zeitungen mitunter in Form dringend benötigter Lebensmittel auszahlen ließ.

Nicht unerwähnt darf bleiben, daß Heinz Kühn in diesen Aufbruchjahren bei seiner Arbeit fortwährend Hilfe durch seine Frau erfuhr. Sie war seine „Gehilfin" und

---

63 Heinz Kühn an O. Witow v. 22.6.1948, in: HiAdSt Köln, Nl. Heinz Kühn, Nr. 13.
64 Marianne Kühn an Trudie Weaver v. 5.9.1946, in: HiAdSt Köln, Nl. Heinz Kühn, Nr. 17.
65 Marianne Kühn an Max und Marcelle Breyer v. 4.12.1947, in: HiAdSt Köln, Nl. Heinz Kühn, Nr. 17.
66 Zeitzeugengespräch Susanne Miller v. 10.10.1998.
67 Am 25.1.1947 schrieb Kühn an die Familie Hendrik de Vos' in Gent: „Ich bin im November ganz einfach einmal zusammengeklappt und habe in der letzten Zeit überhaupt häufiger eine richtige Art von Schwindelanfällen […]" (HiAdSt Köln, Nl. Heinz Kühn, Nr. 19).

„Privatsekretärin". Aber Kühns Frau besaß auch eigene politische Ambitionen. Sie engagierte sich für die Arbeiterwohlfahrt und in der Jugend- und Frauenarbeit der Kölner SPD. Um sich für die Frauenarbeit Wissen und Erfahrung anzueignen, nahm sie seit dem Frühjahr 1948 wiederholt an mehrwöchigen „Frauenkursen" in der Heimvolkshochschule Göhrde in Niedersachsen teil.[68] Leiter der Schule war Dr. Fritz Borinski[69], ein mit dem Ehepaar Kühn befreundeter sozialistischer Pädagoge und einstiger Emigrant in England.

Deutschland, Europa, Jugend – zentrale Themen Kühnscher Rhetorik und Publizistik

Es gab eine Menge von Themen, die der nach Deutschland heimgekehrte Kühn als Journalist und (Partei-)Redner aufgriff und mit denen er sich auseinandersetzte. Ganz besonders lagen ihm aber in der Zeit des „Vierzonen-Deutschland" (also bis zur Gründung der Bundesrepublik und der DDR im Jahre 1949) drei Themen am Herzen: „Deutschland", „Europa", „Jugend". Mit ihnen beschäftigte er sich gedanklich am intensivsten. Das schlug sich nieder in seinen Vorträgen und Veröffentlichungen.

Noch bevor in Europa die Waffen schwiegen, war es für Kühn absehbar, daß die Anti-Hitler-Koalition bald nach Kriegsende zerbrechen würde. Zu groß war aus seiner Sicht der *System*gegensatz zwischen der stalinistisch-kommunistischen Sowjetunion und den „kapitalistischen" westlichen Demokratien; zu groß war nach seiner Einschätzung auch die *Macht*rivalität zwischen den Supermächten UdSSR und USA. Spätestens 1947, als der kalte Krieg zwischen Ost und West, zwischen Moskau und Washington, schon voll entbrannt war, bestätigte sich Kühns Prophetie. Was kann man tun, damit der „kalte Krieg" nicht in einen „heißen Krieg" umschlägt? Wie läßt sich verhindern, daß Deutschland „zwischen den gigantischen Mühlsteinen" zu Staub zermahlen wird? Diese Fragen trieben Heinz Kühn um. Auf sie versuchte er, Antworten zu geben. Am komprimiertesten geschah das in seinem 1947 gehaltenen (und schon erwähnten) Vortrag „Deutschland zwischen Washington und Moskau", der im selben Jahr auch als Broschüre erschien.[70] In ihm beschrieb er eindrucksvoll das Szenario des Blockgegensatzes: auf der einen Seite die Sowjetunion, im Inneren „totalitär" und eine Außenpolitik betreibend, die von einer „Doppeltendenz" beherrscht sei, „von einer Mischung aus defensiver Interventionsangst und offensivem Machtimperialismus". Die Konsequenz beider Tendenzen sei die gleiche: Verteidigung wie Angriff, Machtsicherung wie Machtsteigerung „des Nationalstaates Rußland" verlangten bei-

---

68 Marianne Kühn an Fritz Borinski v. 10.9.1947, 7.2.1948 u. 3.3.1948, in: HiAdSt Köln, Nr. 11, und an Gertrud Pommerencke v. 6.7.1948, in: ebd., Nr. 10.

69 Zu Borinski siehe: Hildegard Feidel-Mertz/Hermann Schnorbach: Die pädagogisch-politische Emigration, in: Handbuch der deutschsprachigen Emigration, S. 584ff., hier S. 589.

70 Heinz Kühn: Deutschland zwischen Washington und Moskau. Vortrag, gehalten auf dem Verbandstag der Deutschen Friedensgesellschaft, Bochum 1947.

de „die Einverleibung Deutschlands in den Ostblock" und die Ausdehnung der sowjetischen Einflußsphäre „bis an die Küsten des Atlantik".

Auf der anderen Seite die Vereinigten Staaten: In der Außenpolitik der USA hätten sich mit der Verkündung der Truman-Doktrin (März 1947) Kräfte durchgesetzt, die „die politische Nachkriegsoffensive der Sowjets" stoppen und den „Weltdualismus Kommunismus–Kapitalismus" durch Kampf zugunsten des Kapitalismus entscheiden wollten. Westeuropa – einschließlich Westdeutschland – solle durch großzügige Dollarkredite (Marshallplan) stabilisiert und als „konservativ-katholische Föderation kapitalistischer Staaten" innerhalb des Westblocks gegen jede politische Offensive aus dem Osten „sturmsicher" gemacht werden.

Für Kühn gab es keinen Zweifel: Weder die Absichten der Sowjetunion noch die der USA, weder „östlicher Totalitarismus" noch „westliche Restauration" lagen im Interesse Deutschlands und Europas. Beide würden durch die Politik der Weltmächte zu politischen Objekten degradiert. Außerdem berge der Konflikt zwischen Moskau und Washington die Gefahr eines dritten Weltkriegs in sich. Er würde für Europa eine Katastrophe sein, ganz besonders aber für Deutschland als dem „entscheidenden europäischen Operationsglacis des Ostens und des Westens".

Aber Kühn sah eine Chance für Deutschland und Europa. Wenn sich Europa auf seine eigenen Kräfte besinne, dann habe sogar seine Stunde geschlagen. Europa habe sich politisch als „dritte Kraft" zwischen den Blöcken zu begreifen und entsprechend zu reorganisieren. Heinz Kühn konfrontierte sein Publikum mit einer Vision, auf die er sich schon in seinem Genter Exil (in der Abhandlung „Von der historischen Tragik des deutschen Nationalbewußtseins") eingelassen hatte: Als „demokratischer Sozialist" oder „europäischer Sozialist deutscher Nationalität" (wie er sich jetzt bezeichnete) könne er sich das zukünftige Europa nur als politische, demokratische *Föderation* vorstellen, deren wirtschaftliche und soziale Basis nach den Prinzipien des demokratischen Sozialismus umzugestalten sei.

In dieser *europäischen Föderation* müsse zwar die *kulturelle* Identität der einzelnen Nationen erhalten bleiben, aber nicht deren staatliche Souveränität. Die Souveränität der überkommenen Nationalstaaten sei nicht nur einzuschränken (wie sich das Heinz Kühn noch in seinem Genter Exil vorstellte[71]), sie müsse letztlich aufgehoben und auf die europäische Föderation übertragen werden. Kühn war nicht zuletzt durch den Umgang mit seinen belgischen Freunden vom „Mouvement Socialiste" im letzten Emigrationsjahr zum entschiedenen Europäer geworden, *ohne* sich vom Gedanken der Nation zu verabschieden.

Heinz Kühn resümierte: „Deutschland im Herzen Europas, eines Europa, das zwischen Ost und West orientierungslos nach einer neuen Lebensform sucht, kann sozial und geistig eine vorbildliche Kraft entwickeln, wenn wir uns der geschichtlichen Aufgabe bewußt und gewachsen zeigen. Diese Aufgabe heißt: Europäische Föderation nach außen auf der Basis einer sozialen Erneuerung der Völker nach innen. Nur ein solches Europa vermag Brücke und Ausgleich zwischen Ost und West zu werden. Nur

---

71 Vgl. S. 90 der Biographie.

ein solches Europa, das weder unter dem Gesetz der kapitalistischen Restauration noch unter der Herrschaft des östlichen Totalitarismus steht, vermag zur wirkungsmächtigen dritten Kraft im Spannungsfeld der Weltpolitik zu werden und damit dieses Spannungsfeld auszugleichen.“[72]

In einem Beitrag für die „Cahiers Socialistes“ aus dem Jahr 1948 ließ sich Heinz Kühn noch genauer über das Procedere der europäischen Einigung aus.[73] Eine europäische Föderation müsse als *politische Union* mit einem *europäischen Parlament* beginnen, um auf dieser Grundlage zu einer Wirtschaftseinheit zusammenzuwachsen. Der umgekehrte Weg (Erlangung der politischen Einheit durch vorherige Wirtschaftsunion) oder europäische Einigung mittels einer Militärkonvention erschienen ihm als „Utopie“ oder „Illusion“. Daß Heinz Kühn auf die militärische Einigungsvariante zu sprechen kam, geschah aus einem aktuellen Grund. 1948 hatten Großbritannien, Frankreich und die Beneluxstaaten die Westeuropäische Union (WEU), eine reine Militärallianz, ins Leben gerufen.

Die entscheidende Initiative für die Bildung einer europäischen Union konnte nach Kühns fester Überzeugung nur von einer „Massenbewegung“ ausgehen. Die gewerkschaftlichen Organisationen, die politischen Parteien und die breite nicht organisierte Öffentlichkeit müßten für die europäische Idee gewonnen und aktiviert werden. Weder die Regierungen noch die Parlamentarier seien bereit, sie zu verwirklichen, „es sei denn, daß sie von einer breiten Strömung der öffentlichen Meinung dazu gezwungen werden“.[74]

In dem Beitrag nannte Kühn auch stichpunktartig einige wesentliche Elemente der Wirtschafts- und Sozialverfassung des vereinten Europas: „Europäische Planification der Rohstoffe und Schlüsselindustrien, europäische Planung der industriellen Investitionen, Anerkennung des Rechtes auf Arbeit für alle, europäische Sozialschutzgesetzgebung“.[75]

Kühns dritter zentraler Schwerpunkt – „Jugend“ – war nicht von den Themen „Deutschland“ und „Europa“ separiert, sondern stand sogar zu diesen in unmittelbarer Beziehung. Heinz Kühn ging von einer Beschreibung des Seelenzustands der deutschen Jugend in der unmittelbaren Nachkriegszeit aus.[76] Nach zwölf Jahren nazistischer Herrschaft und nach dem beispiellosen Zusammenbruch des „Dritten Reiches“ herrsche in der deutschen Jugend die ungemein niederdrückende Atmosphäre der Enttäuschung, der Skepsis, der Apathie. Nicht, daß die junge Generation in Deutsch-

---

72 Kühn: Deutschland zwischen Washington und Moskau, S. 15f.
73 Manuskript des Beitrags in Form eines Frage-Antwort-Gesprächs in: HiAdSt Köln, Nl. Heinz Kühn, Nr. 60.
74 Ebd.
75 Ebd.
76 Heinz Kühn: Die Verpflichtung der Jugend in der Krise unserer Zeit, in: Die deutsche Jugend in der Krise unserer Zeit. Zentrale Jahreskonferenz 1948 Hof/Saale, 12. bis 14. Mai 1948, o. O. o.J, S. 14ff. Ein ausführlicher Bericht über die Kühn-Rede auf der Jungsozialisten-Konferenz befindet sich auch in der Berliner Zeitung „Tagesspiegel“ v. 22.5.1948. Zeitungsausschnitt enthalten in: Landtagsarchiv NRW, Biographisches Kompendium Heinz Kühn, Bd. Ia.

land noch vom Nazismus erfüllt wäre, sondern daß sie von gar nichts mehr erfüllt sei, sei das entscheidende Problem: „Nicht Vollpfropfung mit vergiftetem Glaubensgut, sondern Entleerung von jedem Glaubensgut" kennzeichne die überaus große Masse der deutschen Jugend.

Die deutsche Jugend sei jedoch kein Sonderfall. Was für sie zutreffe, gelte im Grunde für die Jugend Europas. Denn „Faschismus, Krieg und Okkupation" hätten auch sie geistig-seelisch orientierungslos gemacht. Nicht nur die Jugend Deutschlands, nein, die Jugend ganz Europas sei heute eine Generation, die sich in ihrer großen Mehrheit keiner verpflichtenden Lebensaufgabe mehr bewußt sei. Sie sei „ein Gefäß ohne Inhalt". Auf Dauer aber könne die Jugend nicht ohne Ideale, nicht ohne „eine höhere Idee dahinleben". Kühn empfahl der europäischen Jugend einen neuen „geistig-sittlich-politischen Leitstern" mit Namen „ethischer Sozialismus". Eine europäische Jugend, die sich diesen Leitstern auserkoren habe, werde dem Kontinent, der heute noch „zwischen der Szylla des stalinistischen Ostens und der Charybdis des kapitalistischen Westens" schwanke, helfen, seinen Lebensweg zu finden. Sie werde nämlich hingebungsvoll am „Neubau eines solidarischen Europa", an einer „europäischen Föderation sozialistisch geordneter Völker" arbeiten.

Tiefschlag aus Ostberlin

Es blieb nicht aus, daß man auf den sozialdemokratischen Journalisten und Redner Kühn aus Köln auch in SED-Kreisen Ostberlins aufmerksam wurde. Dessen „Dritte-Kraft"-Offerte stieß dort natürlich auf keinerlei Gegenliebe, zumal sie mit einer Beurteilung des östlichen Kommunismus verbunden war, die an Eindeutigkeit nichts zu wünschen übrig ließ. In dieser Hinsicht lag Kühn ganz auf der Linie Kurt Schumachers. Heinz Kühn stellte übrigens nicht nur der Sowjetunion ein denkbar schlechtes Zeugnis aus, er ließ auch an den herrschenden deutschen Kommunisten in der Ostzone kein gutes Haar.

Schon unmittelbar nach dem 2. Parteitag der Sozialistischen Einheitspartei im September 1947 brandmarkte er die SED in einem Zeitschriftartikel als „stalinistisch" und disqualifizierte sie zur „unpopulärste[n] Partei" Deutschlands. Die Leute um Ulbricht waren für ihn „Quislinge Rußlands", und den politischen Herrschaftsapparat in der Sowjetzone klassifizierte er als „Diktatur eines Einparteiensystems". Mehr als 90 Prozent der ostzonalen Bevölkerung seien, so Kühn, „der erbittertste Feind Rußlands". Denn die Massen, die erleben, „wie die Sowjets unter roten Fahnen für den russischen Staat demontieren", hätten „keine Lust unter den gleichen roten Fahnen für den Sozialismus zu demonstrieren."[77]

Solche wenig zimperlichen Verbalattacken ließen die Angegriffenen in Ostberlin nicht ruhen. Anfang Juni 1948 (rund drei Wochen vor Einführung der D-Mark in den

---

77 Manuskript des Artikels in: HiAdSt Köln, Nl. H. Kühn, Nr. 61. In welchem Periodikum Kühns Aufsatz erschien, konnte ich nicht ermitteln.

Westzonen und vor Beginn der Blockade Berlins durch die Sowjets) holten sie zum Gegenschlag aus. Der Ostberliner Rundfunk und die Berliner Wochenschrift „Die Weltbühne" behaupteten, „der sozialdemokratische Funktionär Heinz Kühn", der vor kurzem auf der Jungsozialistenkonferenz in Hof auf so „merkwürdige" Weise hervorgetreten sei, habe „in gewissen westlichen Geheimdiensten eine Rolle gespielt".[78] Gleichzeitig wurden auch einige prominente Mitglieder des SPD-Parteivorstands in Hannover (darunter Willi Eichler) der Agententätigkeit für den britischen Secret Service bezichtigt. Mehrere ostzonale Zeitungen übernahmen die Meldung.

Heinz Kühn reagierte in der Öffentlichkeit auf die unzutreffende persönliche Beschuldigung nicht. Doch wäre es falsch zu glauben, sie hätte ihn völlig kaltgelassen. Seine Abneigung gegen die östliche Seite erhielt durch den ihm zuteil gewordenen Tiefschlag weitere Nahrung. Das gibt ein Brief zu erkennen, den er im August 1948 an die Ehefrau eines journalistischen Kollegen und Freundes schrieb, der von Köln nach Berlin verzogen war und dort unter den Einfluß Ostberliner Rundfunkleute geraten war.[79] Dieser Kollege und Freund hatte – trotz seiner Gesinnungsmetamorphose – Kühn einige Aufsatzmanuskripte für den Abdruck in der „Rheinischen Zeitung" geschickt.

Heinz Kühn kam in dem Brief auf den Agentenvorwurf zu sprechen und meinte, daß es sich dabei um „Methoden der Kampfführung" handle, die zu diesen Leuten passten und „nicht weiter erwähnenswert" seien. „Wir haben in dieser Beziehung hinreichend Erfahrung mit ihnen", betonte er und fuhr fort: „Aber es kann niemand von uns erwarten, daß wir soviel Dummheit aufbringen, ihnen Eingang in unsere Zeitungen zu verschaffen." Kühn riet seiner Briefpartnerin, ihren Mann zu veranlassen, „absoluten Abstand vom Funkhaus zu halten und in seinen ärztlichen Beruf zurückzukehren". Denn selbst wenn er sich dem persönlichen Einfluß eines Karl-Eduard von Schnitzler zu entziehen vermöge (der Journalist von Schnitzler war 1947 vom NWDR Köln zum Ostberliner Rundfunk gewechselt[80]), so bleibe „die ekelhafte SED-Atmosphäre für ihn in jedweder Beziehung eine Gefahr, mit der er aus eigenen Kräften nicht fertig werden kann". Heinz Kühn schloß den Brief mit den aufmunternden Sätzen: „Ich habe die Hoffnung, daß es Dir oder irgendeinem guten Freunde, den er, wie ich um seinetwillen hoffen möchte, in Berlin findet, gelingen möge, ihn wieder zu sich selbst zu bringen, denn ich glaube, daß er trotz allem ein anständiger und ordentlicher Kerl ist. Aber das kann man unglücklicherweise in der Gesellschaft, in die er hineingeraten ist, schnell aufhören zu sein."

---

78 Die Weltbühne. Wochenschrift für Politik-Kunst-Wirtschaft. Neu hg. v. Maud von Ossietzky u. Hans Leonard, III. Jg., Nr. 22 (1. Juni 1948), S. 628 (Artikel: „Demaskierung", S. 625ff.).
79 Heinz Kühn an „Pünktchen" v. 10.8.1948, in: HiAdSt Köln, Nl. Heinz Kühn, Nr. 10.
80 Nach Wolf Bierbach: „Ohne Mikrophon …". Der Neubeginn des Rundfunks, in: Dülffer (Hg.): „Wir haben schwere Zeiten hinter uns", S. 391ff., hier S. 399.

4. Parlamentarische Lehrjahre: Landtagsabgeordneter in Düsseldorf (1948–1954)

Einzug ins Parlaments-Provisorium. Erste parlamentarische Gehversuche

Am 5. April 1948 begann für den 36jährigen Heinz Kühn ein neuer Lebensabschnitt, der sehr lange dauern sollte: Er wurde *Parlamentarier*, nicht nach einem glänzenden Wahlsieg, sondern, ziemlich unspektakulär, als Nachrücker über die Reserveliste. Aus seiner Sicht war es ein verspäteter parlamentarischer Start. Er hatte sich seinen Einzug ins nordrhein-westfälische Parlament schon ein Jahr zuvor erhofft. Am 20. April 1947 fanden die ersten Wahlen zum nordrhein-westfälischen Landtag statt.

Kühn kandidierte direkt im Wahlkreis Köln III. Seine christdemokratische Gegenkandidatin war Christine Teusch, eine um viele Jahre ältere, streng katholische Oberlehrerin, die schon zwischen 1919 und 1933 im Reichstag als Zentrumsabgeordnete auf sich aufmerksam gemacht hatte. Kühn unterlag seiner Kontrahentin, obwohl er sich während des Wahlkampfs als Redner mächtig angestrengt hatte. Er unterbreitete der Kölner CDU-Kreisleitung kurz vor dem Wahlgang auch eine recht unkonventionelle Offerte: „Um eine faire und loyale Information unserer Wähler zu ermöglichen", solle die CDU zu seiner letzten Versammlung im Kölner Wahlkreis III (sie werde im Stadtteil Ehrenfeld abgehalten) einen Vertreter entsenden, der dort „in freier Aussprache" die Möglichkeit habe, zu seinen Ausführungen Stellung zu nehmen. Im Gegenzug erhoffe er sich selbst die gleiche Möglichkeit in der letzten *Wahlkreis*-Versammlung der CDU. Die Kölner Christdemokraten antworteten ebenso prompt wie trickreich: Die Anregung habe man mit Interesse zur Kenntnis genommen, allerdings fände keine CDU-Versammlung mehr im *Bezirk Ehrenfeld* statt, die es gestatte, Kühn einzuladen.[1]

Allzu persönlich brauchte Heinz Kühn die Niederlage gegen Christine Teusch nicht zu nehmen. Denn auch die anderen Kölner SPD-Direktkandidaten waren unterlegen. Alle fünf Kölner Wahlkreise eroberte die christdemokratische Konkurrenz. Dazu zählten Oberbürgermeister Hermann Pünder und der bekannte Repräsentant des Arbeitnehmer-Flügels der CDU Johannes Albers. Die Kölner CDU war in die Fußstapfen des Zentrums von vor 1933 getreten und zur politischen Vertreterin des dominant katholischen Milieus in der Domstadt geworden. Nur zwei Kölner SPD-Wahlkreiskandidaten schafften 1947 *über die Reserveliste* den Sprung in den Landtag: Robert Görlinger und Willi Eichler. Seinem Redaktionskollegen Eichler verdankte Kühn schließlich seinen verspäteten Einzug ins Parlament. Eichler legte im März 1948 sein Landtagsmandat nieder, als er von seiner Partei in den Frankfurter Wirtschaftsrat

---

1 Heinz Kühn an die Kreisleitung der CDU v. 15.4.1947 und das Antwortschreiben der CDU-Kreisleitung v. 16.4.1947, in: HiAdSt Köln, Nl. Heinz Kühn, Nr. 16.

der Bizone delegiert wurde. Nun kam der auf Platz 19 der Landesreserveliste[2] „abgesicherte" Heinz Kühn zum Zuge. Die Lizenzträger der „Rheinischen Zeitung" richteten an den stellvertretenden Chefredakteur ihrer Zeitung das Ansinnen, das Mandat nicht anzunehmen. Sie dachten offenbar an die arbeitsmäßige Mehrbelastung des zu diesem Zeitpunkt zweitwichtigsten Mannes in der Redaktion der RZ. Kühn bat sich Bedenkzeit aus.[3] Dann entschied er sich gegen den Wunsch seiner Arbeitgeber. Er wollte ins Parlament.

Der Landtag, dessen Mitglied er wurde, war – was seine Arbeitsbedingungen anging – noch ein ausgesprochenes Provisorium. Angesichts des kriegsbedingten baulichen Zerstörungsgrads in der jungen Landeshauptstadt Düsseldorf besaß er noch kein eigenes Haus. Quasi als Untermieter hatte er im Theatersaal der Henkel-Werke Unterschlupf gefunden.[4] Diese Tagungsstätte im südlichen Düsseldorfer Vorort Holthausen mußten sich die Landtagsabgeordneten freilich mit den Werksangehörigen und den in der Waschmittelfirma stationierten Truppen der britischen Rheinarmee teilen. Erstere benutzten den Raum für Theateraufführungen und Weihnachtsfeiern, letztere als Filmvorführsaal. Es konnte geschehen, daß die Abgeordneten ihre Plenumssitzungen vorzeitig abbrechen mußten, wenn Henkelbelegschaft oder Rheinarmee den Saal für ihre Zwecke benötigten. Überhaupt war das Parlamentarierdasein in den Henkelwerken recht beschwerlich. Auf wackligen Stühlen und Bänken saßen eng zusammengepfercht die Landtagsmitglieder im schlecht beleuchteten und belüfteten Theatersaal. Die allermeisten von ihnen hatten die Unterlagen auf ihren Knien deponiert, da nur den in der ersten Reihe Sitzenden Tische zur Verfügung standen.[5] Angemessene Räume für die Sitzungen der Ausschüsse und Fraktionen gab es nicht. Einige Fraktionen hielten ihre Zusammenkünfte in oft unbeheizten Cafés und Restaurants ab. Die SPD-Fraktion hatte sich, als Kühn zu ihr stieß, das Restaurant „Rheinterrassen" in Düsseldorf-Benrath als Sitzungslokal auserkoren. Erst Mitte März 1949 sollten sich die Arbeitsverhältnisse für die Abgeordneten grundlegend ändern. Der NRW-Landtag erhielt ein eigenes Domizil: das unweit der Stadtmitte gelegene und partiell wieder hergerichtete *Ständehaus* des alten Provinziallandtags am Schwanenspiegel.

Fünf Fraktionen gehörten dem ersten gewählten NRW-Landtag an; nach der Reihenfolge ihrer Stärke waren es die von CDU, SPD, KPD, des Zentrums und der FDP. Aus Vertretern der vier zuerst genannten Parteien formierte sich nach den Aprilwahlen 1947 die Landesregierung. Nur die kleine FDP-Fraktion mit ihren 12 Mandaten bildete die Opposition. Zum Ministerpräsidenten wählte der Landtag den CDU-Politi-

---

2 Heinz Kühn an Artur Bratu v. 30.5.1947, in: HiAdSt Köln, Nl. Heinz Kühn, Nr. 10.
3 Heinz Kühn an die Lizenzträger der „Rheinischen Zeitung" v. 2.4.1948, in: Privatarchiv Peter Fuchs.
4 Siehe hierzu Dieter Düding: Zwischen Tradition und Innovation. Die sozialdemokratische Landtagsfraktion in Nordrhein-Westfalen 1946–1966, Bonn 1995, S. 47ff.
5 Vgl. Heinz Kühn: Fast vergessene Erinnerungen. Einige Mosaiksteine aus den ersten Landtagen, in: Karl Josef Denzer (Hg.): 40 Jahre Parlamentarismus in Nordrhein-Westfalen (Schriften des Landtags Nordrhein-Westfalen, Bd. 1), Düsseldorf 1986, S. 106ff., hier S. 110.

ker und christlichen Gewerkschafter Karl Arnold, einen geborenen Schwaben, der aber seit den 1920er Jahren in Düsseldorf lebte. Kurz bevor Kühn Abgeordneter wurde, war aber aus der *Vier*parteien-Regierung eine *Drei*parteien-Regierung geworden. Im Februar 1948 (der kalte Krieg trieb einem ersten Höhepunkt entgegen) verließen die Kommunisten unfreiwillig die Regierung.

Markante Persönlichkeiten saßen auf der Regierungsbank, als Kühn in das Landtagsprovisorium einzog. Da war *Christine Teusch*, seine Kölner Konkurrentin vom Vorjahr, die nun das wichtige Amt der Kultusministerin innehatte. Da war auch der CDU-Politiker und Essener Oberbürgermeister *Gustav Heinemann*, der das Justizressort leitete. Die imponierendsten sozialdemokratischen Regierungsmitglieder waren Wirtschaftsminister Professor *Erik Nölting*[6], ein ausgewiesener Nationalökonom und Rhetoriker von großer Sprachgewalt, sowie Innenminister *Walter Menzel*, ein promovierter Jurist, der schon vor 1933 zum jüngsten preußischen Landrat reüssiert und während der NS-Zeit als Rechtsanwalt tätig war.

Auch auf den Abgeordnetenbänken des Landtags saßen eindrucksvolle und eigenwillige Persönlichkeiten. Da ist *Konrad Adenauer* zu nennen, der die CDU-Fraktion führte. Auf sein hartnäckiges Intervenieren war es hauptsächlich zurückzuführen, daß die Kommunisten die Landesregierung hatten verlassen müssen. In einer wichtigen Personalfrage gelang es dem CDU-Fraktionschef aber nicht, sich bei seiner eigenen Fraktion und bei Regierungschef Arnold durchzusetzen. Er versuchte vergeblich, die Berufung Christine Teuschs zur Kultusministerin zu vereiteln.

An der Spitze der SPD-Fraktion stand der Dortmunder Oberbürgermeister *Fritz Henßler*[7]. Vor der Nazi-Diktatur war Henßler sozialdemokratischer Reichstagsabgeordneter und während der NS-Herrschaft befand sich der gesinnungsfeste Sozialdemokrat aus politischen Gründen mehr als neun Jahre in Haft, davon die ganz überwiegende Zeit in einem Konzentrationslager. Wie kaum ein anderer Sozialdemokrat an Rhein und Ruhr verkörperte Henßler sozusagen die integre, auch im Verfolgungsterror der NS-Zeit sich selbst treu gebliebene SPD. Henßler, von Gestalt klein und gedrungen, verfügte in der SPD-Fraktion über große Autorität, ja, er war „ein geachtetes Vorbild des gesamten Parlaments".[8]

Ein anderes Mitglied der SPD-Fraktion war noch mehr als Henßler Exponent der Weimarer SPD: *Carl Severing*[9], langjähriger preußischer und für einen kürzeren Zeitraum Reichs-Innenminister in der Weimarer Republik. Der über 70 Jahre alte Severing gehörte unstrittig zur Führungsriege seiner Fraktion – nicht nur wegen seines großen Namens und seiner Spitzenstellung in Ostwestfalen, auch wegen seiner profunden parlamentarischen Erfahrung, die an jüngere Fraktionskollegen zu vermitteln er sich

---

6 Claudia Nölting: Erik Nölting. Wirtschaftsminister und Theoretiker der SPD (1892–1953). (Düsseldorfer Schriften zur Neueren Landesgeschichte und zur Geschichte Nordrhein-Westfalens, Bd. 25), Essen 1989.
7 Düding: Zwischen Tradition und Innovation, S. 29ff.
8 Heinz Kühn über Fritz Henßler, in: Kühn: Fast vergessene Erinnerungen, S. 109.
9 Thomas Alexander: Carl Severing. Sozialdemokrat aus Westfalen mit preußischen Tugenden, Bielefeld 1992.

besonders angelegen sein ließ. Mit Respekt und Verehrung begegnete man ihm, dem weißhaarigen, feingliedrigen, konzentriert und ruhig wirkenden „Grandseigneur" allenthalben in der Fraktion.[10]

Gefühle der Verehrung gegenüber Severing stellten sich auch bei dem Parlamentsnovizen Heinz Kühn ein. Der nähere Umgang mit dem sozialdemokratischen Urgestein Severing ließen Kühns Erinnerung an dessen „unrühmliche" Rolle im Zusammenhang mit dem 20. Juli 1932 verblassen. Die Amtsenthebung der preußischen Regierung Otto Braun (SPD) durch Reichskanzler von Papen an jenem Tag und die fehlende Bereitschaft von Preußens Innenminister Severing, die preußische Schutzpolizei gegen den gesetzwidrigen Akt des rechtsgerichteten Kanzlers von Hindenburgs Gnaden zu mobilisieren, waren beim jungen Kühn auf völliges Unverständnis gestoßen und hatten zur Entfremdung zwischen ihm und der Weimarer SPD beigetragen.[11]

Nicht nur zu Severing, auch zu den anderen sozialdemokratischen Größen in Landesparlament und -regierung stellte Parlamentsneuling Kühn sehr rasch persönliche Kontakte her. Für längere Zeit die Rolle eines parlamentarischen Hinterbänklers zu spielen, blieb ihm erspart. Dafür war seine Dynamik, Kontaktfreude, Wortgewandtheit, intellektuelle Ausstrahlung und nicht zuletzt seine Fähigkeit, seine Talente und Beziehungen im richtigen Lichte erscheinen zu lassen, zu groß.[12] Ein besonderes Auge hatte Fraktionschef Henßler auf ihn geworfen. Er mochte den alerten jungen Mann aus Köln und förderte ihn, wo er konnte. Dennoch dauerte es rund eineinhalb Jahre, bis Heinz Kühn seine erste Plenumsrede hielt, was mit den hierarchischen Verhältnissen in der SPD-Fraktion zusammenhing.

Am 13. Oktober 1949 gab Kühn sein Debüt als Plenumsredner. Die SPD-Fraktion schickte den inzwischen zum Chefredakteur der RZ aufgestiegenen Heinz Kühn in die Debatte, die der Landtag wegen der Verabschiedung eines Landespressegesetzes führte. Kühn gab sich als Befürworter eines solchen Gesetzes zu erkennen. Er verstand es als Übergangslösung bis zur Verabschiedung eines *Bundes*pressegesetzes. Vehement setzte er sich dafür ein, daß durch das Gesetz jeder Zeitungsherausgeber gezwungen werde, die „Finanzierungshintergründe" seines Organs offenzulegen. „Es ist unseres Erachtens eine staatsbürgerliche Notwendigkeit", betonte er, „daß bereits im Gesicht der Zeitung in Erscheinung tritt, wer finanziell hinter ihr steckt, wenn wir vermeiden wollen, daß die Presse wiederum die Wegbereiterin des Unheils wird, wie es vor 1933 gerade der Typ der Generalanzeigerpresse gewesen ist".[13]

10 Kühn: Fast vergessene Erinnerungen, S. 109.
11 Vgl. S. 34 der Biographie.
12 Erik Nölting und Walter Menzel versuchte Heinz Kühn durch das Hervorstreichen seiner intensiven Kontakte zu führenden belgischen Sozialisten und Zeitschriften zu beeindrucken. Er lud beide ein, Artikel für das belgische Organ „Synthèses" zu schreiben, „das unter der besonderen Protektion des belgischen Ministerpräsidenten Spaak" stehe. Kühn an Nölting v. 31.12.1948, in: HiADSt Köln, Nl. Heinz Kühn, Nr. 15. In demselben Brief vergaß Kühn nicht zu erwähnen, daß er „jetzt gerade wieder aus Brüssel zurückgekehrt" sei, wo er „längere Unterhaltungen auch mit dem Ministerpräsidenten Spaak hatte".
13 Stenograph. Bericht über die 107.–111. Sitzung des Landtages Nordrhein-Westfalen, 1. Wahlperiode, S. 3206.

Schon am nächsten Tag, am 14. Oktober, ergriff Kühn erneut das Wort im Plenum. Er bezog für seine Fraktion Stellung zu einem von der Landesregierung eingebrachten Gesetzentwurf „über die Berufsausübung von Verlegern, Verlagsleitern und Redakteuren". Mit ihm sollten Personen aus dem Pressegeschäft herausgehalten werden, die in der Vergangenheit das öffentliche Bewußtsein mit rassistischen, militaristischen und nazistischen Gedanken vergiftet hatten. Heinz Kühn begrüßte den Entwurf grundsätzlich. Er übte aber auch scharfe Kritik an bestehenden, durch die Militärregierung herbeigeführten Verhältnissen im Pressewesen. Kein Verständnis zeigte er dafür, „daß die Drucker der Zeitungen, die von 1933 bis 1945 nazistische Blätter herausgegeben haben, heute immer noch im Besitz ihrer Druckereien sind, während die demokratischen Zeitungen ihre Druckereianlagen noch nicht zurückbekommen haben".[14] Diese Zustände hätten mancherorts seltsame Blüten getrieben. So seien z. B. am sozialdemokratischen Pressehaus in Köln, am August-Bebel-Haus in Deutz, „noch quadratmetergroße Hakenkreuze angebracht, die wir nicht entfernen können, weil sich dieses Gebäude noch unter Treuhandverwaltung befindet".[15]

Anfang 1950 hielt Kühn weitere Plenumsreden. Er nahm Stellung zum nordrheinwestfälischen Wahlgesetz und zu zwei Anträgen der kommunistischen Fraktion. Mit dem einen wollten die Kommunisten Verhandlungen zwischen der Regierung der Bundesrepublik und der DDR-Regierung initiieren, mit dem anderen wollten sie ein Bekenntnis des Landtags zum Verbleib des Saarlands bei Deutschland erzwingen. Wie schon die beiden Kühnschen Debattenbeiträge vom Oktober 1949 zeichneten sich auch diese Reden durch Scharfsinnigkeit, Schlagfertigkeit, Witz und Polemik aus. Heinz Kühn verstand es, sein Auditorium zu fesseln. Auch Kostproben seiner Belesenheit gab er zum besten. Wenn er Friedrich den Großen, Napoleon und Lenin zitierte, so zog ein Hauch von großer Politik durch das Haus am Schwanenspiegel.

Auffallend war, daß er es geradezu liebte, Attacken gegen die Kommunisten zu reiten. Mit ihnen heimste er sich den Beifall des ganzen Hauses mit Ausnahme der kommunistischen Fraktion ein. So bezeichnete er z. B. den das Saarland betreffenden Antrag der KPD-Fraktion als „propagandistisches Scheinmanöver", mit dem man von dem „großen Hauptoperationsplatz des Stalinismus ablenken" wolle. Denn wenn man schon die politisch umkämpften deutschen Flüsse erwähne, dann dürfe man nicht nur die Saar, sondern „dann muß man auch die Oder und Neiße nennen". Wenn die Verwandlung von Saarbrücken in Saarbrouque ein Schlag gegen die deutschen nationalen Interessen sei, dann sei es die Verwandlung von Königsberg in Kaliningrad „mindestens ebenso".[16] Und als im Zusammenhang mit dem Pressegesetz über die Offenlegung der Finanzquellen diskutiert wurde, konnte Kühn nicht die polemische Bemerkung unterdrücken, bei den kommunistischen Zeitungen ergebe sich die Frage, „ob die Finanzstelle in Mark oder in Rubel aufgeführt werden" müsse.[17]

14 Ebd., S. 3297.
15 Ebd., S. 3298.
16 Stenograph. Bericht über die 124. und 125. Sitzung des Landtages Nordrhein-Westfalen, S. 4188.
17 Stenograph. Bericht über die 107.–111. Sitzung des Landtages Nordrhein-Westfalen,

Mit seinen Plenumsreden im Oktober 1949 und Anfang 1950 war Kühn in Fraktion und Parlament der Durchbruch gelungen. Die SPD-Fraktion hatte seine Talente erkannt und wies ihm bei den im Landtag anstehenden Beratungen über eine *Landesverfassung* eine führende Rolle zu. Schon im Dezember 1949 war er auf Vorschlag seiner Fraktion zum ordentlichen Mitglied des Verfassungsausschusses gewählt und nur einen Monat später zum stellvertretenden Vorsitzenden dieses Landtagsgremiums ernannt worden. In den großen, leidenschaftlichen Debatten des Landtags um die Volksschulartikel der Landesverfassung, die im Mai und Juni 1950 geführt wurden und das Parlament förmlich aufwühlten, übernahm Kühn für seine Fraktion eine Protagonistenrolle.

Der Streit um die Volksschulartikel der Verfassung

Es kam nicht von ungefähr, daß der Abgeordnete Kühn die Mitarbeit an der Landesverfassung als eine sehr reizvolle Angelegenheit empfand. Von Ferdinand Lassalle, den er genau studiert hatte, wußte er: Verfassungsfragen sind *Macht*fragen und jede Verfassung spiegelt die realen gesellschaftlichen Machtverhältnisse zum Zeitpunkt ihrer Formulierung. Daraus ergab sich: Nicht nur juristische Spezialisten sind bei der Kodifizierung einer Verfassung gefragt, sondern auch Politiker mit real- und machtpolitischem Feeling. Kühn war davon überzeugt, ein solcher Politiker zu sein.

Es verwundert auch nicht, daß sich Kühn in besonderer Weise bei der Abfassung derjenigen Verfassungsartikel engagierte, die die Organisation und weltanschaulich-religiöse Ausrichtung der Volksschule regeln. Er hatte die vom einstigen ISK und von Willi Eichler vertretene Überzeugung verinnerlicht, daß Fragen der Kultur, der Bildung und Erziehung von fundamentaler Bedeutung für eine (sozialistische) Gesellschaftsordnung seien. Heinz Kühn war hier also ganz dem Denken der ethischen Sozialisten verpflichtet.

Warum wurde im Landtag der Streit um die Volksschulartikel mit so großer Erbitterung, mit so beachtlichem mentalem und emotionalem Engagement ausgetragen? Warum verlief die Frontlinie in diesem Streit nicht zwischen den Regierungs- und den Oppositionsparteien, sondern zwischen den beiden sich „christlich" verstehenden Parteien CDU und Zentrum auf der einen Seite und den traditionell „laizistisch" orientierten Parteien SPD, FDP und KPD auf der anderen Seite?

Zunächst gilt es festzuhalten: Die acht Schuljahre umfassende Volksschule war in der Nachkriegszeit die bei weitem wichtigste Schulart. Um 1950 wurde sie von 85 Prozent eines Schülerjahrgangs besucht. Es gab damals in Nordrhein-Westfalen 1,8 Mio. Volksschüler und nur 182.000 höhere Schüler.[18] Schon allein dieses Zahlenverhältnis ist *ein* Erklärungsgrund dafür, warum die Volksschule weltanschaulich so hart umkämpft war.

S. 3207.
18 Vgl. Johann Paul: 50 Jahre Landesverfassung Nordrhein-Westfalen, Düsseldorf 2000, S. 59.

Hinzu kommt ein anderes sehr wichtiges Moment: Die katholische Kirche hatte ganz konkrete Vorstellungen von der religiösen Gebundenheit und organisatorischen Form der Volksschule, die sie mit kompromißloser Härte verfocht. Zum Teil war diese Intransigenz der Amtskirche ein Resultat der nationalsozialistischen Schulpolitik. Unter Bruch des Reichskonkordats hatten die Nationalsozialisten im Westen des Reiches zu Beginn des Schuljahres 1939 die *Bekenntnis*schule durch die sogenannte *Deutsche Gemeinschafts*schule ersetzt, was den Nerv der katholischen Kirche traf.[19]

Sofort nach dem Zusammenbruch des Dritten Reiches ergriffen die rheinischen und westfälischen Bischöfe Initiativen zur Wiedereinführung der Bekenntnisschule. Der Kölner Erzbischof Josef Kardinal Frings forderte z. B. schon in einem Hirtenbrief vom 27. Juli 1945 die katholischen Eltern auf, „mit aller Kraft und einmütig für die katholische Schule einzutreten".[20] Anfang 1946 waren auf Anweisung der britischen Militärregierung die Eltern in den Stadt- und Landkreisen Nordrheins und Westfalens aufgefordert worden, darüber abzustimmen, welcher Volksschulart sie den Vorzug geben würden. Vor der Abstimmung verboten die Briten eine öffentliche Diskussion dieser Problematik in den Medien, und sie untersagten den Lehrern, die Eltern in der Angelegenheit zu beraten. Das hinderte die katholische Bischofskonferenz aber nicht daran, in einer Erklärung zugunsten der Konfessionsschule und eines sehr weit gefaßten Elternrechts auf die Elternbefragung Einfluß zu nehmen – eine Verfahrensweise, die von der SPD heftig kritisiert wurde.

In der Abstimmung entschied sich eine überwältigende Mehrheit der Eltern für die Konfessionsschule. Die Elternbefragung war Ausgangspunkt für eine Re-Konfessionalisierung und organisatorische Zersplitterung (u. a. Gründung *ein*klassiger Schulen!) des Volksschulwesens. Zum Zeitpunkt der Beratungen über die Schulartikel im Landtag gab es in NRW bei weitem mehr Bekenntnisschulen als Gemeinschaftsschulen. Die katholische Kirche konnte also mit der Entwicklung im Volksschulbereich vollauf zufrieden sein. Aber ihr ging es auch um eine „wasserdichte" *verfassungsmäßige* Verankerung der Bekenntnisschule und eines extensiven und inhaltlich konkret bestimmten Elternrechts. In dieser Hinsicht hatte sie aber bei den *Grundgesetz*beratungen im Bonner Parlamentarischen Rat (September 1948 bis Mai 1949) ein herbe Niederlage erlitten. Alle diesbezüglichen Anträge, die CDU/CSU, Zentrum und DP im Parlamentarischen Rat stellten, waren von SPD, FDP und KPD niedergestimmt worden.[21] Was im Grundgesetz der Bundesrepublik Deutschland fehlte, sollte nun in die Verfassung des einwohnerstärksten Bundeslandes Eingang finden. CDU und Zentrum, die sich vorbehaltlos die schulpolitischen Grundsätze der katholischen Kirche zu eigen machten, waren fest entschlossen, ihre Niederlage im Parlamentarischen Rat ein Jahr später beim parlamentarischen Kampf um die Schulartikel in der NRW-Verfassung wettzumachen. Die Voraussetzungen dafür waren günstig: CDU und Zentrum verfügten zusammen im Landtag über eine knappe Mehrheit.

19 Ebd., S. 60.
20 Zitiert nach ebd., S. 61.
21 Vgl. Werner Sörgel: Konsensus und Interessen. Eine Studie zur Entstehung des Grundgesetzes für die Bundesrepublik Deutschland, Opladen 1985, S. 188ff.

Die Sprecher von CDU und Zentrum im Verfassungsausschuß und im Landtagsplenum machten ihren Kontrahenten von SPD, FDP und KPD deutlich, daß für sie das Elternrecht (gemäß katholischem Verständnis) ein im Naturhaften verwurzeltes Recht, also ein *Natur*recht sei. Deshalb verbiete es sich, dieses Recht durch irgendwelche staatlichen Akte einzuschränken oder aufzuheben. Das Elternrecht müsse in der Verfassung als das im Schul- und Erziehungswesen *einzig und allein* gültige *Fundamental*recht festgeschrieben werden. Zum Elternrecht gehöre auf jeden Fall die Entscheidungsbefugnis darüber, welchen Schultyp das Kind besuchen solle – eine Bekenntnis-, eine Gemeinschafts- oder eine Weltanschauungsschule. Damit nicht genug. Das Elternrecht schlösse auch die Kompetenz ein, *ein*klassige (=ungeteilte) Volksschulen ins Leben zu rufen. Die damit verbundene Absicht war klar: Es sollten in konfessionell gemischten Gebieten und auf dem Lande auf Antrag und durch Abstimmung der Eltern Bekenntnisschulen auch dann eingerichtet werden können, wenn das für eine Schule solchen Typs vorhandene Schülerpotential verschwindend gering war.

Die kulturpolitischen Sprecher der beiden „christlichen" Fraktionen bekannten sich zwar zur prinzipiellen verfassungsmäßigen Gleichrangigkeit von Bekenntnis-, Gemeinschafts- und Weltanschauungsschule, sie selbst favorisierten aber eindeutig die Bekenntnisschule. Sie hatten gute Gründe zu hoffen, daß sich dieser Volksschultyp in NRW durchsetzen werde. Dafür sprach die inhomogene konfessionelle Struktur des Landes, und dafür sprach besonders der massive Einsatz der katholischen Kirche und das (wenn auch moderatere) Votum der evangelischen Landeskirchen zugunsten dieser Schulart.

Wie begegneten SPD, FDP und KPD der festgefügten Phalanx aus CDU und Zentrum in der Schulpolitik? Die sozialdemokratische Fraktion übernahm als die größte der drei „laizistischen" Fraktionen die Meinungsführerschaft. Seit Dezember 1949 erarbeitete sich die SPD-Fraktion eine dezidierte und differenzierte Position in der Schulfrage.[22] Dieser Position drückte vor allem Heinz Kühn seinen Stempel auf. Sowohl konzeptionell als auch sprachlich-argumentativ übernahm er eine Führungsrolle. Als stellvertretender Vorsitzender des Verfassungsausschusses beschäftigte er sich – höchst emsig und viele eigenständige Gedanken produzierend – in diesem Gremium immer wieder mit dem Schulthema. Und im Plenum verstand er es, quasi als erster „Verfassungssprecher" seiner Fraktion, deren Haltung zur Schulproblematik selbstsicher und mit beeindruckender Eloquenz zu formulieren. Sekundiert wurde ihm in der Parlamentsarena von Fritz Henßler und Carl Severing.

Was war das auffälligste an den schulpolitischen Vorschlägen und Anträgen, die Kühn im Namen der Fraktion formulierte und interpretierte? Am meisten sprang ins Auge, daß es sich bei ihnen nicht mehr um die alten schulpolitischen „Ladenhüter" der SPD aus der Zeit vor 1933 handelte. Dazu zählten Positionen wie die weitestgehende Ablehnung des Elternrechts, absolute Priorität des Staates in der Schulpolitik, Befürwortung der laizistischen, also nicht-christlichen Gemeinschaftsschule (= Simultanschule), strikte Unterbindung des kirchlich-religiösen Einflusses auf das öffentliche Schulwesen.

---

22 Zum Folgenden Düding: Zwischen Tradition und Innovation, S. 98ff.

Sich von diesem stark marxistisch beinflußten bildungspolitischen Erbe der SPD definitiv zu trennen, hatte die Partei auch nach 1945 noch keinen ernsthaften Versuch unternommen. Kühn und der SPD-Fraktion blieb es vorbehalten, in den Verfassungsberatungen des NRW-Landtags erstmals wichtige Teile dieses Erbes über Bord zu werfen. Die Landtagssozialdemokraten in Düsseldorf, allen voran Kühn, beschritten den Weg der bildungspolitischen „Enttraditionalisierung" der SPD, indem sie sich zu Positionen durchrangen, die eine *Annäherung* an die schulpolitischen Grundsätze der katholischen Kirche und ihrer uneingeschränkten Sachwalter im parlamentarischen Raum (CDU/ Zentrum) bedeuteten. Wie sahen diese Positionen im einzelnen aus?

Noch bevor die schulpolitischen Debatten im Parlament in die entscheidende Phase kamen, brach Kühn in der von Willi Eichler herausgegebenen Theoriezeitschrift „Geist und Tat" eine Lanze für das *Elternrecht als Naturrecht*, was in bildungspolitischen Kreisen Aufsehen erregte. Er begründete seinen für einen Sozialdemokraten bis dato ungewöhnlichen Vorstoß mit dem Argument, es sei nachgerade eine geschichtliche Notwendigkeit, daß das historisch belastete Verhältnis zwischen der SPD und den Kirchen auf eine neue Basis gestellt werde.[23]

Im Landtagsplenum griff Kühn das Elternrechtsthema auf und knüpfte kenntnisreich und sensibel argumentierend an das theologisch begründete Elternrechtsverständnis der katholischen Kirche an. Ausdrücklich solidarisierte er sich im Namen seiner Fraktion mit der katholischen Vorstellung eines vorstaatlichen, natürlichen, vom Schöpfer selbst den Menschen eingepflanzten und somit vor jeder manipulativen Einwirkung zu schützenden Elternrechts. Das ließ die „kulturpolitische Mehrheit" im Parlament aufhorchen. Aber, so fügte Kühn an dieser Stelle hinzu, nicht nur das *Eltern*recht sei ein Naturrecht, sondern auch das *Kindes*recht. Heinz Kühn identifizierte dieses Recht mit dem Anspruch des Kindes auf eine im Rahmen seiner Anlagen und Befähigungen optimale Erziehung und Bildung. Wobei offenbar nicht allein an den Erwerb intellektueller Fähigkeiten, sondern auch an die Aneignung sozialer und sittlicher Normen gedacht war.

Für seine Fraktion, so stellte Heinz Kühn fest, rangiere dieses Kindesrecht „an der ersten Stelle". Gegenüber dem Kind hätten die Eltern „eine treuhänderische Aufgabe" wahrzunehmen, indem sie – „ihrem Gott und ihrem Gewissen […] verantwortlich" – dem Kind die bestmögliche Ausbildung sicherten. Ja, die Eltern seien „die ersten Treuhänder des Kindes – vor dem Staat", der nur für den Fall einen Treuhänder-„Vorranganspruch" anmelden dürfe, wenn die Eltern ihr Elternrecht „mißverstehen und mißbrauchen und dadurch das Recht des Kindes verletzen".[24]

Allen „staatlichen Totalitätsansprüchen" im Erziehungsbereich erteilte Kühn mit Blick auf die NS-Vergangenheit eine unmißverständliche Absage: „[…] wenn ein Regime die Hirne und die Herzen der Kinder mit irgendeinem ideologischen Gift anfüllt, sei es das Gift des Nationalismus oder des Rassismus oder welches auch immer,

---

23 Geist und Tat. Monatsschrift für Recht, Freiheit und Kultur. Jg. 5 (1950), Februarheft, S. 52ff.

24 Stenograph. Berichte über die 128.–131. Sitzung des Landtages Nordrhein-Westfalen, 1. Wahlperiode, S. 4385ff. (Sitzung v. 2.5.1950).

dann müssen die Eltern über ein in der Verfassung verankertes und verbrieftes Recht verfügen, ein Recht, das sie gegen den Staat in Anspruch nehmen können".[25]

Nach der Vorstellung der beiden „christlichen" Fraktionen sollte der Elternrechts-Artikel der Verfassung den Wortlaut haben: „Das Recht der Eltern, die Erziehung ihrer Kinder zu bestimmen, bildet die Grundlage des Schul- und Erziehungswesens."[26] Kühn machte im Verfassungsausschuß einen Alternativvorschlag: „Pflege und Erziehung der Kinder sind das natürliche Recht der Eltern und die zuvörderst ihnen obliegende Pflicht. Dieses Recht der Eltern, die Erziehung der Kinder zu bestimmen, der Anspruch der Kinder auf eine bestmögliche Ausbildung sowie die Verpflichtung der Gemeinschaft, eine solche Erziehung und Ausbildung allen Kindern zu gewährleisten, bilden die Grundlage des Schul- und Erziehungswesens."[27] Heinz Kühn war der Meinung, daß durch den Gegenvorschlag das Elternrecht „in seiner ganzen Berechtigung garantiert" sei. Jedoch bringe der Antrag das Elternrecht „mit dem Anspruch des Kindes und der Verpflichtung der Gemeinschaft in eine Rangordnung der Werte".[28]

In einem konkreten mit dem Elternrecht im Zusammenhang stehenden Punkt zeigten sich Kühn und seine Fraktion reserviert. Der Vorstellung von CDU und Zentrum, daß Eltern auch das verfassungsmäßige Recht erhalten sollten, *ein*klassige Volksschulen ins Leben zu rufen, wollten sie sich nicht anschließen. Kühn motivierte die ablehnende Haltung gegenüber der einklassigen Schule vor allem mit pädagogischen Effizienzkriterien. Es gelte, eine „unnötige Zertrümmerung in leistungsbehinderte Zwergschulen", eine „Atomisierung unseres Erziehungswesens" zu verhindern.[29] Aber auch in diesem Dissenspunkt zeigten sich Kühn und die Landtags-SPD durchaus kompromißbereit: Heinz Kühn meinte im Verfassungsausschuß, daß auch in einer *sechs*klassigen Schule noch geordneter Schulbetrieb möglich sei. Und die Fraktion brachte schließlich im Plenum einen Antrag ein, in dem sie eine „mehrklassige" Schule zum hinreichenden Kriterium für geordneten Schulbetrieb erklärte – was auch immer das konkret bedeuten mochte. Kühn glaubte feststellen zu können, man habe damit eine „Formel" gewählt, der auch die CDU- und Zentrums-Parlamentarier zustimmen könnten.[30]

Auch in der heiß umkämpften Frage, ob die Konfessions- oder die Gemeinschaftsschule Priorität genieße, bezogen die Sozialdemokraten im Düsseldorfer Landtag unter Kühns Wortführerschaft eine neue Position. Wie die „christlichen" Parteien waren sie prinzipiell bereit, die Ranggleichheit von Bekenntnis-, Gemeinschafts- und Weltanschauungsschule in der Verfassung zu verankern. Jedoch ließen sie keinen Zweifel daran aufkommen, daß für sie die Gemeinschaftsschule die „vorzugwürdigste" Schule (Kühn) sei. Aber die Gemeinschaftsschule solle nicht eine *laizistische*, von kirchlichen

25 Ebd., S. 4361.
26 Landtagsdrucksache Nr. II-1359.
27 Stenograph. Bericht über die 126. u. 127. Sitzung des Landtages Nordrhein-Westfalen, 1. Wahlperiode, S. 4329 (Bericht Dr. Krekelers [FDP] im Plenum v. 25.4.1950).
28 Stenograph. Bericht über die 128.–131. Sitzung des Landtages Nordrhein-Westfalen, 1. Wahlperiode, S. 4361.
29 Ebd., S. 4364.
30 Ebd.

und religiösen Einflüssen freie Simultanschule sein (das war das traditionelle SPD-Postulat), sondern es solle sich um eine *christliche* Gemeinschaftsschule handeln. Nachdrücklich forderten die sozialdemokratischen Fraktionssprecher, in der Verfassung müsse die Gemeinschaftsschule mit dem attributiven Zusatz „christlich" versehen werden. Welche Argumente führten die SPD-Sprecher zugunsten der „christlichen Gemeinschaftsschule" ins Feld?

Aus Sicht der SPD-Parlamentarier war die „christliche Gemeinschaftsschule" eine „Schule der Toleranz". Weil nämlich in einer Schule, in der katholische und evangelische Kinder gemeinsam erzogen werden, es am ehesten möglich sei, so Kühns Formulierung, „Achtung vor der Andersartigkeit und Andersgläubigkeit" des Menschen im „Seelenerdreich der Kinder" fest zu gründen.[31] In einer „Konfessionalisierung des Rechnens, des Turnens, der Geographie" sah Heinz Kühn dagegen keinen Sinn.[32] Der christliche Charakter der Gemeinschaftsschule sollte sich nach der Vorstellung des Abgeordneten Kühn im Religionsunterricht offenbaren (der nach Konfessionen getrennt zu erteilen sei) und es empfehle sich, den gesamten Unterricht nach den Grundsätzen der den Katholiken und Protestanten gemeinsamen „christlichen Ethik" (Kühn) zu gestalten.[33] Kühn unternahm auch den Versuch, der von ihm ins Gespräch gebrachten „christlichen Ethik" Substanz zu geben: Sie manifestiere sich in den zehn Geboten und in der Bergpredigt.[34]

Wie läßt sich der bildungspolitische Neuanfang der Düsseldorfer Landtagssozialdemokraten erklären? Welche Antriebsquellen lagen dieser (gemessen an der sozialdemokratischen Programmatik) hochkarätigen schulpolitischen Trendwende zugrunde? Vor allem: Was veranlaßte Heinz Kühn, sich als geistiger Motor dieses Kurswechsels, der in der SPD bundesweit für Furore sorgte, zu betätigen?

Obwohl Kühn Anfang 1949 aus der katholischen Kirche ausgetreten war[35] – ein Schritt, den er aus großer Verärgerung über die nach seiner Meinung intime Liaison zwischen Amtskirche und CDU tat –, war er energischer Befürworter einer grundlegenden Verbesserung des gegenseitigen Verhältnisses von Sozialismus und Christentum. Schon in der Emigration hatte er einer weltanschaulichen Öffnung der sozialistischen Bewegung für Katholiken und Protestanten das Wort geredet.[36] In den ersten Nachkriegsjah-

---

31 Ebd., S. 4363.
32 Ebd., S. 4256.
33 Ebd., S. 4363.
34 Stenograph. Bericht über die 135.–139. Sitzung des Landtages Nordrhein-Westfalen, 1. Wahlperiode, S. 5015.
35 Heinz und Marianne Kühn erklärten ihren Austritt aus der katholischen Kirche vor dem Kölner Amtsgericht am 3. Januar 1949 (Bescheinigung über die Austrittserklärung im Privatarchiv Marianne Kühn). Ein halbes Jahr vorher hatte Kühn noch die Kirchensteuer für das Rechnungsjahr 1947 an das katholische Kirchensteueramt in Köln überwiesen (siehe Steuerbescheid der Kirchenbehörde und Postquittung über die von Heinz Kühn bezahlte Kirchensteuer v. 19.6.1948 in: HiAdSt Köln, Nl. Heinz Kühn, Nr. 7). Kühn selbst hat das Faktum seiner Trennung von der katholischen Kirche zwar öffentlich erwähnt, aber nie den konkreten Zeitpunkt genannt.
36 Siehe S. 69 der Biographie.

ren wurde für Kühn der Gedanke einer Annährung der SPD an die christlichen Kirchen immer wichtiger. Dazu trug der Gedankenaustausch mit seinem Redaktionskollegen Willi Eichler bei. Der gebürtige Berliner Willi Eichler, als ethischer Sozialist aus freidenkerischer Tradition kommend (im ISK war ein virulenter Antiklerikalismus zu Hause!), begann in den späten 1940er Jahren seine Haltung zum Christentum zu revidieren.[37] Das hing mit dem katholisch geprägten Köln (seiner neuen Heimat) und seinen fast freundschaftlichen Kontakten zu dem agilen Dominikanerpater Laurentius Siemer im Kloster Walberberg zusammen, der für die Ideen eines „christlichen Sozialismus" warb.[38] Eichler vertrat jetzt die Auffassung, man müsse anerkennen und würdigen, daß Christen Menschen mit einer ethisch fundierten Überzeugung seien.[39] Solche Ansichten stießen natürlich bei Kühn auf offene Ohren.

Es kam nicht von ungefähr, daß Kühn in Eichlers Zeitschrift „Geist und Tat" in einem „Das Landesgrundgesetz Nordrhein-Westfalen" betitelten Aufsatz erstmals ein Bekenntnis zum Elternrecht als einem Naturrecht ablegte. Er unterstrich seinen Gesinnungswandel mit der Sentenz: „Wir leben in einer Zeit, in der eine Revision der sozialistischen Einstellung zu den Kirchen ebenso notwendig ist wie eine Revision der kirchlichen Einstellung zum Sozialismus."[40] Auch in den Schuldebatten des Landtags gab Heinz Kühn dem neuen bildungspolitischen Kurs eine weltanschauliche Tiefendimension. In ihnen bekundete er den Wunsch, „jene historisch entstandenen und systematisch vertieften Mißverständnisse zwischen der sozialistischen Bewegung und den christlichen Kirchen zu überwinden". Er sprach sogar von einer „europäischen Schicksalsnotwendigkeit", „eine Brücke der Verständigung zu schlagen zwischen Christentum und Sozialismus".[41] Eine Chance des Brückenschlags sah Kühn vor allem in der Bildungs- bzw. Kulturpolitik.

---

37 Zeitzeugengespräch Susanne Miller v. 10.10.1998.
38 Nach Stefan Noethen: Christlicher Sozialismus im Nachkriegsdeutschland? Die vom Kloster Walberberg ausgehenden Neuordnungskonzeptionen und der Versuch ihrer politischen Umsetzung. Unveröffentlichte Magisterarbeit am Historischen Seminar der Universität Köln 1994, S. 126. Informationen zu Laurentius Siemer enthält auch der Aufsatz von Stefan Noethen: Christlicher Sozialismus in der Stunde der Neuordnung 1945. Das Dominikanerkloster Walberberg und die Kölner Leitsätze der CDU, in: Geschichte im Westen, Jg. 11 (1996), Heft 1, S. 48ff.
39 Zeitzeugengespräch Susanne Miller v. 10.10.1998.
40 Geist und Tat. Monatsschrift für Recht, Freiheit und Kultur. Jg. 5 (1950), Februarheft, S. 52ff., hier S. 57.
41 Stenograph. Bericht über die 128.–131. Sitzung des Landtages Nordrhein-Westfalen, S. 356 (Sitzung v. 2.5.1950). Heinz Kühns Brückenschlagstheorie scheint auch durch Gedanken beeinflußt gewesen zu sein, die ihm Wilhelm Sollmann schon 1946 brieflich aus den USA mitteilte. Sollmann wörtlich: „Das Problem Katholizismus und Sozialismus ist brennend ueberall in Europa. Ich kann mir nirgendwo eine vernuenftige Regierungsbildung auf demokratischer Grundlage vorstellen, [w]enn diese beiden Kraefte nicht cooperieren koennen. Dann bleibt nur Bolschewismus oder irgend ein[e] andre Form von Diktatur uebrig. Weder im Rheinland, noch in Bayern, noch in Rumpfdeutschland werden wir, soweit ich sehe, eine Mehrheit bekommen. Da ist viel Einsicht und Geduld auf beiden Seiten notwendig." (Wilhelm Sollmann an Heinz Kühn v. 13.9.1946, in: AdsD, Bonn, Nl. Heinz Kühn, 1/HK AA 000037).

Ohne Zweifel verfolgte Heinz Kühn mit seinem kirchenfreundlichen bildungspolitischen Revisionismus-Plädoyer die ernsthafte wie legitime Absicht, die SPD *weltanschaulich und sozial* zu öffnen. Es ging ihm um die Überwindung des Marxismus in ihr und um die Gewinnung neuer Wählerschichten, vor allem katholischer Arbeiterwähler, deren Zahl im dominant katholischen Bundesland NRW erheblich war. Daß sich Heinz Kühn mit seinem neuen bildungspolitischen Kurs in der Fraktion durchsetzen konnte, verblüfft auf den ersten Blick. Denn unter den 64 SPD-Parlamentariern gab es nur ein einziges Mitglied der katholischen Kirche, und nur 18 gehörten der evangelischen Kirche an.[42] Aber es gibt gute Erklärungsgründe dafür, warum die Fraktion mitzog. Die meisten der Hauptakteure an der bildungspolitischen Front der Fraktion waren evangelische Christen. Darunter auch Werner Jacobi (Jurist, Verfassungsausschußvorsitzender und persönlicher Freund von Heinz Kühn), Carl Severing und dessen Schwiegersohn Walter Menzel. Sie zählten zu den Anhängern einer geistigen und sozialen Öffnung der Partei. Das traf auch für den kirchlichen „Dissidenten" Fritz Henßler zu, der Heinz Kühn uneingeschränkt den Rücken stärkte. Gerade das unmißverständliche Bekenntnis des Fraktionsvorsitzenden zum schulpolitischen Revisionismus dürfte seinen Eindruck auf so manchen Unentschiedenen in der Fraktion nicht verfehlt haben.

Henßler hielt Kühn auch die Stange, als innerparteilich ein Sturm mittlerer Größe gegen ihn und seinen bildungspolitischen Entrümpelungsversuch losbrach. Entfacht von der (Bundes-)„Arbeitsgemeinschaft sozialdemokratischer Lehrer" (AsL) brauste er vor allem aus norddeutschen Parteigefilden gen Nordrhein-Westfalen.[43] Bei Erscheinen von Heinz Kühns Elternrechts-Artikel im Februarheft von „Geist und Tat" reagierte der Bundesvorsitzende der AsL Willi Henkel (Hannover) ziemlich aufgebracht. Augenblicklich schrieb er einen geharnischten Brief an Henßler. Er beschied dem Düsseldorfer Fraktionschef, daß sich „die Auffassung der überwiegenden Mehrheit der AsL von der Einstellung der Landtagsfraktion „in wesentlichen Punkten" unterscheidet, und er kündigte öffentlichen Widerspruch an.

Größte Schwierigkeiten hatten die sozialdemokratischen Lehrer mit der Akzeptanz des Elternrechts. Ein Elternrecht auf Bestimmung der Schulart durch Antrag oder Wahl der Eltern war für sie unvorstellbar. Es erschien ihnen als „kirchlich ferngesteuertes Elternrecht". Völlig inakzeptabel war für sie auch, daß Sozialdemokraten für die verfassungsmäßige Verankerung konfessioneller Schulen stimmen würden.

Henßler parierte Henkels Attacke. Er forderte den sozialdemokratischen Parteivorstand auf, dem AsL-Vorsitzenden klarzumachen, daß eine öffentliche Diskussion zu unterbleiben habe, da sie „unseren Kampf erschwert". Henkel, von Fritz Heine (dem Pressereferenten der SPD-Zentrale und engen Vertrauten Kurt Schumachers) „zurückgepfiffen", machte daraufhin einen Rückzieher. Dafür starteten im März die Vorsitzenden des niedersächsischen und des braunschweigischen Lehrerverbandes,

---

42 Handbuch des Landtages Nordrhein-Westfalen, 1. Wahlperiode, S. 244.
43 Das Folgende nach Düding: Zwischen Tradition und Innovation, S. 111f. Dort auch die Quellenbelege für die Zitate.

die Sozialdemokraten Prof. Gustav Heckmann und Prof. Heinrich Rodenstein, eine gegen die Schulpolitik der „Düsseldorfer" Genossen gerichtete Unterschriftenaktion. Sie wurden von vielen SPD-Politikern unterstützt, denn sie sahen die Nordrhein-Westfalen auf „Schmusekurs" gegenüber der katholischen Kirche, den zu tolerieren sie nicht bereit waren. Die meisten von ihnen wohnten in Niedersachsen. Unter ihnen befanden sich Wolfgang Abendroth, Heinrich Albertz, Georg Diederichs, Fritz Eberhard, Georg Eckert, Wilhelm Kaisen, Alfred Kubel und Richard Voigt (niedersächsischer Kultusminister). Indes, auch dieser Vorstoß konnte Kühn und der Düsseldorfer Landtags-SPD nichts anhaben. Kurt Schumacher und der Parteivorstand solidarisierten sich mit ihnen, indem sie einen Widerruf von den Urhebern und Unterzeichnern des Protests verlangten.

Die mit der schulpolitischen Tradition der SPD brechende Bildungspolitik Kühns und der Fraktion scheiterte nicht am innerparteilichen Widerstand; ihr blieb der Erfolg versagt, weil sie bei der katholischen Kirche, der CDU und dem Zentrum auf keine Gegenliebe stieß. Der von Heinz Kühn wohlüberlegt und mit betörender Eloquenz in Szene gesetzte Annäherungsversuch an die schulpolitischen Positionen der katholischen Amtskirche wurde von dieser und den beiden „christlichen" Fraktionen im Landtag nicht honoriert. Das Diktum des CDU-Abgeordneten Heinrich Wolf: „Kompromisse kann und wird es für uns auf diesem Gebiete nicht geben"[44] brachte exakt und schnörkellos die Haltung von CDU und Zentrum auf den Punkt. Die christdemokratischen und Zentrums-Parlamentarier waren nicht bereit, das Elternrecht im Verfassungstext mit dem Kindesrecht und staatlichen Rechten in eine „Rangordnung der Werte" (Kühn) zu bringen. Für sie blieb das Elternrecht *alleiniges* Fundamentalrecht im Erziehungs- und Bildungswesen. Sie lehnten es ebenso kategorisch ab, aus ihrem Verfassungsentwurf die Bestimmung zu streichen, daß auf Antrag der Eltern auch „ungeteilte", d. h. *ein*klassige Schulen einzurichten sind. Und gleichsam mit Händen und Füßen sträubten sie sich dagegen, im Verfassungsentwurf den Schultyp „Gemeinschaftsschule" mit dem Attribut „christlich" zu versehen. Für sie war eine der „christlichen Ethik" verpflichtete Schule keine wirklich christliche Schule. Der Zentrumsabgeordnete Peter Tollmann sprach von einer „verwaschenen Form christlicher Unterweisung".[45] Und der schon zitierte Abgeordnete Wolf behauptete, die evangelischen und katholischen Christen hätten „die Pflicht", in der schulischen Erziehung das „fundamentum" ihrer jeweiligen Konfession „rein zu bewahren".[46]

Als in der dritten Lesung über die Verfassung (5./6. Juni 1950) – nur wenige Tage vor den für den 18. Juni festgesetzten Landtagswahlen – vollends klar wurde, daß CDU und Zentrum nicht willens waren, bei den Schulartikeln einen Verfassungskompromiß einzugehen, konnten die SPD-Plenumssprecher ihre Verbitterung nicht

44 Stenograph. Bericht über die 135.–139. Sitzung des Landtages Nordrhein-Westfalen, 1. Wahlperiode (Sitzung v. 5.6.1950), S. 4975.
45 Landtagsarchiv, Ausschußprotokolle, 1. Wahlperiode, Bd. 5, Sitzung des Kulturausschusses v. 19.1.1950, S. 5.
46 Stenograph. Bericht über die 135.–139. Sitzung des Landtages Nordrhein-Westfalen, 1. Wahlperiode (Sitzung v. 5.6.1950), S. 4973f.

Zweimal Heinz Kühn im Jahr 1950 – öffentlich und privat.
Oben: während einer Abstimmung über die NRW-Landesverfassung im Landtag.
Unten: zusammen mit Sohn Hendrik („Rik") in der Privatbibliothek.

verbergen. Diese war doppelt groß, weil die bildungspolitischen Mehrheitsfraktionen einen Beschlußantrag vorlegten, wonach zusammen mit den Wahlen am 18. Juni auch ein Volksentscheid über die vorher vom Landtag zu verabschiedende Verfassung stattfinden sollte. Die SPD-Sprecher waren überhaupt nicht damit einverstanden, daß zwischen Verfassungsverabschiedung (im Parlament) und Volksentscheid nur ein Zeitraum von zwölf Tagen liegen sollte. Severing machte deshalb der bildungspolitischen Mehrheit den Vorwurf, sie verlasse „den klaren Rechtsboden der ‚angemessenen Frist'", ja, sie setze das Zustandekommen der Verfassung „unter den Terrorismus eines Datums". Henßler sprach von „Verfassungsfabrikation", Kühn von einer „Fehlschöpfung der Nervosität", von „Überpeitschung des Tempos", von einem „Überrumpelungsentscheid".[47]

Mit knapper Mehrheit verabschiedete der Landtag am 6. Juni die Verfassung. SPD, FDP und KPD stimmten wegen der Schulartikel geschlossen dagegen. Allem Anschein nach gab es in der SPD-Fraktion die Hoffnung, Landtagswahl und Volksentscheid könnten zu ihren Gunsten ausgehen. Kühn gebrauchte jedenfalls in der letzten Landtagssitzung der ersten Wahlperiode das Wort von der „sterbenden kulturellen Mehrheit dieses Hauses", von einer „kulturkämpfende[n] Mehrheit" und ihrem „letzten Triumph".[48]

Enttäuschte Hoffnung: keine Wiederauflage der großen Koalition

Kühns Prognose erwies sich als zu voreilig. Volksentscheid und Landtagswahl bescherten der SPD-Landespolitik eine Doppelniederlage. 57 Prozent der Abstimmenden sprachen sich für die Verfassung und nur 35,2 Prozent gegen sie aus. Kirchliche Autorität hatte bei diesem Ergebnis die Hände mit im Spiel. Die katholischen Bischöfe NRWs und die evangelischen Kirchenleitungen von Rheinland und Westfalen riefen nämlich in einem Hirtenwort und in Kanzelabkündigungen die Gläubigen wenige Tage vor der Wahl dazu auf, für die Verfassung zu votieren.[49]

Aus der Landtagswahl ging die SPD wieder nur als zweitstärkste Partei hervor – wie schon 1947. Mit ihren gut 32 Prozent der Stimmen konnte sie der CDU mit ihren knapp 37 Prozent die führende Position nicht streitig machen. Diese behielt außerdem auch im zweiten gewählten Landtag eine knappe absolute Mandatsmehrheit zusammen mit dem Zentrum. Es gab also auch nach der Wahl im Parlament eine „kulturelle Mehrheit".

Trotz des tiefen Grabens, der beim Kampf um die Schulartikel gegen Ende der ersten Legislaturperiode zwischen den Koalitionspartnern CDU und SPD entstanden war: Unter sozialdemokratischen Landespolitikern existierte nach dem Wahlgang eine starke Stimmung zugunsten einer Wiederauflage der großen Koalition unter Ein-

---

47 Zitate nach ebd. (Sitzung v. 5.6.1950), S. 5013, 5066, 5075 u. 5077f.
48 Ebd., S. 5075 u. 5085.
49 Burkhard van Schewick: Die katholische Kirche und die Entstehung der Verfassungen in Westdeutschland 1945–1950, Mainz 1980.

schluß des Zentrums. Auch Heinz Kühn, der über die Landesliste erneut in den Landtag einzog, war ein unbedingter Anhänger der Fortsetzung des Regierungsbündnisses mit den Christdemokraten. Dem Gedanken, der Wähler habe der SPD die Rolle der parlamentarischen Opposition zugewiesen, konnten er und andere Sozialdemokraten in Düsseldorf nichts abgewinnen. Völlig ausgeschlossen war für sie auch eine andere Koalitionskonstellation: ein Bündnis aus SPD, FDP und Zentrum (das rein rechnerisch möglich war). Dagegen sprachen die himmelweit auseinanderliegenden wirtschaftspolitischen Positionen von SPD und FDP. Einem solchen Dreierbündnis stand auch der eklatante personelle Rechtsruck der Landtags-FDP entgegen. Die Liberalen hatten ihre Landesliste partiell für nationalistische Kandidaten geöffnet.

Welche Überlegungen ließen Kühn für die Fortsetzung der Koalition aus Christ- und Sozialdemokraten plädieren? Zum einen spielte die von ihm in den Rang einer historischen „Schicksalsnotwendigkeit" erhobene Überzeugung eine Rolle, daß es im Nachkriegseuropa zu einem Brückenschlag zwischen Christentum und Sozialismus kommen müsse. Diese „Brückenschlagstheorie" schloß auch den Gedanken der Kooperation zwischen CDU und SPD ein; d. h. zwischen der sich vom Christentum her definierenden und der sich mit dem demokratischen Sozialismus identifizierenden Partei.

Eine andere Überlegung Kühns ging stärker von einem gesellschaftspolitischen Aspekt, vom Gedanken der sozialen Gerechtigkeit aus: Die Zahl der aus der Arbeiterschaft stammenden und von der katholischen Soziallehre inspirierten Politiker war in der *rheinischen* CDU sehr ansehnlich. Viele von ihnen kamen aus der Tradition der christlichen Gewerkschaften und liebäugelten nach 1945 zumindest zeitweise mit der Idee eines „christlichen Sozialismus". Das trifft auch durchaus für den Ministerpräsidenten Karl Arnold zu, der selbst ein Exponent des Arbeitnehmerflügels der nordrhein-westfälischen Christdemokraten war. In diesem Arbeitnehmerflügel sah Kühn den natürlichen Bündnispartner der SPD. Eine Koalition der NRW-SPD mit der NRW-CDU hatte deswegen für ihn Vorrang vor anderen Koalitionsbildungen; sie besaß für ihn die Qualität einer „sozialen Koalition".

Schließlich eine dritte, von *bundes-* und *gesellschafts*politischen Gesichtspunkten gleichermaßen bestimmte Überlegung Kühns.[50] Heinz Kühn war der Meinung, daß mit der Wahl zum ersten Deutschen Bundestag im August 1949 und der Bildung der ersten Bundesregierung durch Konrad Adenauer einen Monat später ein neues, nämlich *zweites* Kapitel deutscher Nachkriegsgeschichte begonnen habe. Zwischen Mai 1945 und August/September 1949 sei die innenpolitische Situation im Westzonen-Deutschland durch einen annähernden „Gleichgewichtszustand der Gesellschaftskräfte" gekennzeichnet gewesen, nämlich durch ein Gleichgewicht zwischen den „restaurativen Kräften des Kapitalismus" und den „progressiven Kräften des Sozialismus". „Parlamentarisch repräsentiert" worden seien diese sich oft in einer geradezu „paralysierenden Balance" gegenüberstehenden gesellschaftlichen Kräfte hauptsächlich

---

50 Das Folgende hauptsächlich nach Kühns Aufsatzmanuskript „Vor einem neuen Kapitel deutscher Politik" (1949), in: HiAdSt Köln, Nl. Heinz Kühn, Nr. 59.

durch die CDU (der – insgesamt gesehen – „konservativen Partei der Struktur-Erhaltung") und die SPD (der „progressiven Partei der Struktur-Reform"). Mit der Bundestagswahl vom 14. August 1949 sei der Gleichgewichtszustand „umgestürzt worden". Der Wahlkampf, der unter der Parole „Freie Marktwirtschaft oder Sozialistische Planwirtschaft" geführt wurde, habe von den 25 Mio. Wählern nur neun Mio. für die Idee der Planwirtschaft mobilisieren können. Für Kühn war es deshalb nur konsequent, daß Adenauer die vier ökonomisch-konzeptionell eng verbündeten Parteien CDU/CSU, FDP und Deutsche Partei (DP) zu einer Regierungskoalition im Bund zusammenfügte.

Heinz Kühn glaubte aber nicht an die innere Stabilität der Bonner Koalition. In der FDP und der DP sah er nationalistisch-rechte Kräfte am Werke, die den politischen Schwerpunkt des Bündnisses nach rechts verschieben wollten. Das würde aber auf Dauer vom gewerkschaftlichen Flügel in der Union „mit dem nordrhein-westfälischen Ministerpräsidenten Arnold an der Spitze" nicht hingenommen. Um so eher sehe sich die bürgerliche Koalition im Bund vor eine Zerreißprobe gestellt, so Kühns Spekulation, wenn im einwohner- und industriestärksten Bundesland ein politisches Gegengewicht zu Bonn in Gestalt einer „sozialen Koalition" bestehe. Schon bei Kühns Koalitionsüberlegungen des Jahres 1950 spielten also die Zusammenhänge von Bundes- und Landespolitik keine geringe Rolle.

Für Heinz Kühn und andere Landtags-Sozialdemokraten gab es einen guten Grund zu hoffen, es werde zu einer Neuauflage der „sozialen Koalition" kommen. Sie wußten aus vielen Gesprächen, daß der Regierungschef und Gewerkschafter Arnold aus tiefer innerer Überzeugung ebenfalls für ein Zusammengehen von CDU und SPD war. Arnold verband mit dem Land Nordrhein-Westfalen eine bestimmte Vision: Es sollte zum „soziale[n] Gewissen der Bundesrepublik" werden.[51] Das konnte es aus seiner Sicht aber nur, wenn in Düsseldorf eine Koalition regierte, für die soziale und gesellschaftliche Reformpolitik ein politisches Grundanliegen war.

Karl Arnold besaß aber einen innerparteilichen Widersacher, der ihm an taktischem Geschick und Schläue überlegen war: Konrad Adenauer. Als Galionsfigur des bürgerlichen Flügels der CDU und als Konstrukteur und Kanzler der bürgerlichen Regierung in Bonn kollidierten seine politischen Pläne mit denen Arnolds. Adenauer war sich voll bewußt, daß er, als er in Bonn die SPD auf die Oppositionsbänke schickte, eine politische *Richtungs*entscheidung traf. Nicht nur auf dem Felde der Wirtschaftspolitik waren Bundes-CDU und Bundes-SPD Gegner. Die auf den Wiedervereinigungsgedanken festgelegte SPD Kurt Schumachers lehnte auch die von Adenauer konzipierte Politik der *Westintegration* und der *Wiederaufrüstung* leidenschaftlich ab. Angesichts dieser gravierenden Gegensätze zwischen seiner CDU und der Schumacher-SPD konnte sich Adenauer die Sozialdemokraten nicht allein im Bund, sondern auch im einflußreichen Bundesland NRW nur in der Oppositionsrolle vorstellen. Aus

---

51 Diese Formulierung verwendete er in der Landtagssitzung vom 21.9.1950 (Landtag Nordrhein-Westfalen, 2. Wahlperiode, Stenographische Berichte, 1.–30. Sitzung, S. 61).

Gründen des politischen Gleichklangs und zum Zwecke der Stabilisierung des Bonner Bündnisses wünschte er sich auch im größten Bundesland eine bürgerliche Koalition.

Kanzler Adenauer tat alles, um seinen Wunsch Wirklichkeit werden zu lassen. Bereits Ende 1949/Anfang 1950 versuchte er, der bis zu seiner Wahl zum Kanzler Chef der CDU-Landtagsfraktion gewesen war, von Bonn aus über einen einflußreichen Düsseldorfer Abgeordneten auf die Landtags-CDU im Sinne einer Auflösung der bestehenden Koalition einzuwirken.[52] Zu diesem Zeitpunkt platzte das Bündnis aber noch nicht. Freilich, Adenauer ließ nicht locker. Nach der Landtagswahl unternahm er weitere Beeinflussungsversuche zugunsten einer bürgerlichen Regierung in Düsseldorf.[53] Außerdem machte er innerparteilich Stimmung gegen Arnold, der für eine Fortsetzung der Dreierkoalition aus CDU, SPD und Zentrum warb. Diesmal setzte sich Adenauer durch. Die Mehrheit der CDU-Landtagsfraktion sprach sich Anfang Juli 1950 für ein Regierungsbündnis CDU/FDP/Zentrum aus und wies der SPD die „staatspolitisch notwendige Funktion der Opposition" zu. Arnold schien sich zu fügen. Noch bevor die Koalitionsgespräche zwischen den drei bürgerlichen Parteien zum Abschluß gekommen waren, ließ er sich Ende Juli im Landtag mit CDU-, FDP- und Zentrumsstimmen erneut zum Ministerpräsidenten wählen.

Nun wendete sich das Blatt. Durch seine Wiederwahl fühlte sich Arnold politisch und persönlich gestärkt. Der Gedanke an die große Koalition gewann in seinen Überlegungen wieder an Virulenz. Außerdem hatte sich an seiner großen Abneigung gegenüber den Liberalen, die er für „rechtslastig" hielt, nichts geändert.

Arnold wollte Zeit gewinnen. Am 1. Juli berief er ein nur aus CDU-Ministern bestehendes Kabinett. Nach erneuten massiven Interventionen Adenauers (einschließlich einer Rücktrittsforderung des Kanzlers an die Adresse des Ministerpräsidenten[54]) ging Arnold Mitte September eine Koalition mit dem Zentrum ein. Diese „Liliputkoalition" (Kühn) erschien den Kennern der landespolitischen Szene aber nur als eine Übergangslösung. Schon seit Juli rechnete man fest mit einer Offerte Arnolds an die SPD. Entsprechende Gerüchte sorgten in der Lobby des Düsseldorfer Landtags für Aufregung und knisternde Spannung.

Just zu diesem Zeitpunkt traf Kühn eine bedeutsame persönliche Entscheidung. Er gab die Stelle des Chefredakteurs der „Rheinischen Zeitung" auf[55] und übernahm Führungsaufgaben in der Landtags-SPD. Er wurde (bezahlter) Geschäftsführer der Fraktion und ließ sich zum Fraktionsvorsitzenden-Stellvertreter wählen. Faktisch war er jetzt der zweitwichtigste Mann in der Fraktion. Die Vermutung liegt sehr nahe, daß Kühns Entscheidung auf dem optimistischen Glauben beruhte, die SPD-Fraktion werde sich recht bald in der einflußreichen Rolle einer *Regierungs*fraktion wiederfinden. Andererseits dürfte Heinz Kühn der Entschluß nicht allzu schwer gefallen sein. Er

52 Klaus Peter Eich: Schulpolitik in Nordrhein-Westfalen 1945–1954, Düsseldorf 1987.
53 Das Folgende nach Detlev Hüwel: Karl Arnold. Eine politische Biographie (Düsseldorfer Schriften zur Neueren Landesgeschichte und zur Geschichte Nordrhein-Westfalens, Bd. 1), Wuppertal 1980, S. 226ff.
54 Ebd., S. 233.
55 Fuchs: Das schnelle Ende der sozialdemokratischen Presse in Köln, S. 278.

wußte nur zu gut, daß das Presseunternehmen „Rheinische Zeitung" kriselte. Der gnadenlose Konkurrenzkampf mit dem „Kölner Stadt-Anzeiger" (der nach Beendigung der Lizenzperiode seit September 1949 wieder im Altverlag DuMont Schauberg erscheinen durfte) war dafür ein Grund. Hausgemachte strukturelle Probleme (z. B. trieben allzu viele Lokal- und Bezirksausgaben die Produktionskosten der RZ ungebührlich in die Höhe) ein anderer. Wenn man bedenkt, daß die „Rheinische" Ende 1951 tatsächlich ihr Erscheinen einstellen mußte,[56] wird man feststellen dürfen, daß Heinz Kühn für seinen Absprung von der RZ und für seinen Entschluß, *Berufs*politiker zu werden, einen günstigen Zeitpunkt wählte.

Der Fraktionsgeschäftsführer Kühn hielt das Ziel einer Beteiligung der SPD an der Düsseldorfer Regierung fest im Auge. Heinz Kühn ließ sich auch nicht beirren, als er registrieren mußte, daß Arnold das Angebot an die Sozialdemokraten immer länger hinauszögerte – ganz offenbar wegen innerfraktioneller und innerparteilicher Widerstände. Kühn schlüpfte in die Rolle des stetigen öffentlichen Mahners. Schon Ende September 1950 sprach er von der Tribüne des Landtags Arnold persönlich an: „Sie müssen eine Entscheidung treffen, Herr Ministerpräsident", und fuhr fort: „Sie selbst haben Ihr Kabinett ein ‚erweitertes Übergangskabinett' genannt. Übergang wozu? Wir warten nach wie vor auf eine entschlossene Konstruktion, die dem Land das gibt, was diese Regierung nicht ist, die dem Land eine stabile, im Volk tief verwurzelte, im Parlament breit verankerte und in der Konstruktion gefestigte Regierung gibt."[57]

Im Dezember 1950 versuchte Heinz Kühn den Düsseldorfer Regierungschef durch eine mündliche Presseerklärung zum Handeln zu bewegen. Er beschwor nun die Gefahr von „links" und „rechts" (unter „rechts" verstand er die nordrhein-westfälische FDP) und meinte, die „Rettung der Demokratie vor dem Radikalismus sei nur möglich, wenn die staatserhaltenden Parteien sich zu einem konstruktiven Bündnis zusammenschlössen".[58] Die SPD sei dazu bereit.

Ein Dreivierteljahr später – das Koalitionsangebot Arnolds ließ noch immer auf sich warten – verfaßte Kühn als Gastkommentator der „Rheinischen Zeitung" einen Artikel mit dem fordernden Titel „Ministerpräsident Arnold muß sich entscheiden".[59] Etwas orakelhaft sprach Heinz Kühn nun von Problemen, vor denen Deutschland stehe und die es ausschlössen, daß man „mit gebrechlichen Übergangskabinetten" hantiere. Man brauche im Land an Rhein und Ruhr endlich eine „echte", auf „nachbarlichen, zielverwandten politischen Kräften" basierende Koalition.

Endlich, Ende 1951, war es dann soweit. Am 16. Dezember suchte Arnold den SPD-Fraktionsvorsitzenden Henßler auf, um mit ihm über eine Koalition zu sprechen.[60] In der Unterhaltung mußte der Chef der Landtags-Sozialdemokraten aber er-

---

56 Ebd., S. 289ff.
57 Landtag Nordrhein-Westfalen, 2. Wahlperiode, Stenographische Berichte, Bd. 1, 1.–30. Sitzung, S. 109 (Sitzung v. 22.9.1950).
58 Zitiert nach „Rheinische Post" v. 5.12.1950 (Artikel: „SPD: Große Koalition möglich").
59 Rheinische Zeitung v. 17.9.1951.
60 Zu den Kontaktgesprächen Arnold/Landtags-SPD an der Jahreswende 1951/52 siehe die Briefdokumente Nr. 33–40 im Anhang zu Düding: Zwischen Tradition und Innovation.

fahren: Der Ministerpräsident war im Alleingang vorgeprescht; sein Vorstoß war nicht mit der CDU-Fraktion abgesprochen. Henßler forderte deshalb Arnold auf, in der Koalitionsangelegenheit zunächst Klarheit in seiner eigenen Fraktion zu schaffen. Eine Verständigung mit ihm sei ja noch keine Verständigung über die Koalition.[61]

Kritik an der Vorgehensweise Arnolds enthielt auch ein Brief, den Henßler (der sich inzwischen mit seinen Fraktionsvorstands-Kollegen beraten hatte) dem Düsseldorfer Regierungschef Anfang Januar 1952 schrieb. Er enthielt die Sätze: „Meine Freunde und ich meinen [...], daß die Periode des leisen und vorsichtigen Sondierens und Pläneschmiedens bald abgeschlossen werden sollte. Man muß, so meinen wir, wissen, was man will, und dann die Voraussetzungen für die Realisierung prüfen."[62]

Der Gesprächskontakt blieb vorerst bestehen. Mitte Januar traf sich Arnold mit den SPD-Fraktionsvorständlern, unter ihnen Kühn, im Gästehaus der Landesregierung. Bei dieser Gelegenheit nahm der linke Christdemokrat eine Einschätzung der Koalitionswilligkeit seiner CDU-Fraktionskollegen vor, die halb hoffnungsvoll, halb ernüchternd klang: Nach seinen Beobachtungen sei die Zahl derer gewachsen, die aus innerer Überzeugung für die große Koalition eintreten, aber niemand könne voraussagen, wie sich die Fraktion bei Anwesenheit von Parteichef Adenauer entscheiden werde.[63]

Ende des Monats führte Kühn mit Arnold ein Sondierungsgespräch unter vier Augen. In einem Brief an Severing zog der Fraktionsgeschäftsführer ein eher pessimistisches Resümee der Begegnung. Sein Eindruck sei gewesen: Arnold habe das Gefühl, die Widerstände gegen seine Konzeption seien eher gewachsen als geringer geworden. Heinz Kühn rundete seine Beurteilung der Lage mit der Bemerkung ab: „Ohne handgreifliche Beweise dafür zu haben, habe ich das Empfinden, daß Adenauersche Interventionen gegen eine große Koalition in der letzten Zeit eher noch lebhafter geworden sind".[64]

Kühns Eindrücke entsprachen durchaus der Wirklichkeit. Adenauers Einfluß auf die „Düsseldorfer" Christdemokraten war schließlich so stark und nachhaltig, daß Arnolds Koalitionsinitiative scheitern mußte. Unter den führenden Sozialdemokraten im Düsseldorfer Ständehaus gab es jemanden, der dies Ende Januar/Anfang Februar 1952 noch klarsichtiger als Heinz Kühn erkannte: Carl Severing. Sehr realistisch schätzte der politikerfahrene Ostwestfale die herausragende Rolle Adenauers in der Bundes- und Landes-CDU und auf die Koalitionsdiskussion im Düsseldorfer Landtag ein. An Kühn schrieb er: Je näher die wehr- und außenpolitischen Bundestagsdebatten über den Beitritt der Bundesrepublik zur Europäischen Verteidigungsgemeinschaft (EVG) rückten, desto mehr werde sich die Haltung Adenauers versteifen, und er werde sich berufen fühlen, eine derart wichtige Entscheidung wie die Koalitionsbildung in NRW in seinem Sinne zu beeinflussen.[65] Mit anderen Worten: Severing sah einen direkten Zusammenhang zwischen Bundes- und NRW-Landespolitik, und für

61 Ebd., S. 330.
62 Ebd., S. 335.
63 Ebd., S. 341.
64 Ebd., S. 340.
65 Ebd., S. 341.

ihn gab es keinen Zweifel, daß angesichts der andersgearteten Koalitionskonstellation in Bonn eine große Koalition in Düsseldorf ein Wunschtraum bleiben werde.

Ende Januar 1952 riß der Gesprächsfaden zwischen Arnold und den sozialdemokratischen Spitzenleuten ab. Heinz Kühns Enttäuschung und Verärgerung über das Nichtzustandekommen der großen Koalition war groß. Enorm vergrätzt war er aber kurze Zeit später noch aus einem anderen Grunde.

Seit Februar 1951 wurde im Landtag über den Entwurf eines Schulordnungsgesetzes verhandelt. Ihn hatte die „Liliputkoalition" aus CDU und Zentrum vorgelegt. Das beabsichtigte Gesetz sollte dazu dienen, die in den Schulartikeln der Verfassung fixierten bildungspolitischen Grundsätze in die schulische Praxis zu überführen. Es war also ein Ausführungsgesetz zur Verfassung, aber eines von großer Brisanz. Das Gesetz bot nämlich die Möglichkeit, durch ergänzende und präzisierende Bestimmungen den Verfassungstext in einem verschärfenden oder abmildernden Sinne zu interpretieren. Der eingebrachte Gesetzentwurf besaß durchgehend eine verschärfende oder, wie Kühn es ausdrückte, „katholisierende Tendenz".[66] Nur zwei Beispiele: 1. Der Entwurf dekretierte, daß *alle* Lehrer an Konfessionsschulen dem Bekenntnis angehören müßten, für das die Schule bestimmt sei. 2. Die Vorlage deutete den *Privat*schul-Terminus der Landesverfassung extensiv. (Katholische) Privatschulen sollten nicht nur als Ergänzungs-, sondern auch als Ersatzschulen zugelassen werden.

Schon während der ersten Lesung im Landtag attackierte Kühn als kulturpolitischer Sprecher seiner Fraktion den Entwurf mit fast ungebremster Leidenschaft. Er sprach von einem „Dokument der Gegenreformation"[67] und deklamierte (Walther von der Vogelweide paraphrasierend und Beifallsstürme bei der SPD, aber „Oho!"-Rufe bei der CDU-Fraktion auslösend): „Dies Gesetz ist außen lieblich, weiß, grün und rot, doch innen schwarzer Farbe, finster wie der Tod".[68] Als sich im Verlauf der Gesetzesberatungen herausstellte, daß die „kulturelle Mehrheit" nur bereit war, am Entwurf kosmetische Retuschen zuzulassen, in den schulpolitischen Kernfragen aber in absoluter Unbeweglichkeit verharrte, überzog Kühn in der dritten Lesung die Vorlage und ihre Verteidiger noch einmal mit ätzender Kritik. Er sprach jetzt sogar von „Kulturkampf", den sich die Sozialdemokraten nicht wünschten, dem sie aber nicht ausweichen würden, wenn er ihnen aufgezwungen werde.[69]

Anfang April 1952, nur gut zwei Monate nach dem endgültigen Aus für die große Koalition, verabschiedete der Landtag mit den CDU- und Zentrums-Stimmen das heiß umkämpfte Schulordnungsgesetz. Das Scheitern der CDU/SPD-Koalition und der fast zeitgleiche parlamentarische Triumph der beiden christlichen Parteien beim Schulgesetz führten Kühn drastisch vor Augen, daß seine Rechnung, als Spitzenmann einer einflußreichen Fraktion die Landespolitik verantwortlich mitgestalten zu kön-

---

66 Landtag Nordrhein-Westfalen, Stenographische Berichte, 2. Wahlperiode, Bd. 1, 1.–30. Sitzung, S. 539 (Sitzung v. 13.3.1951).
67 Ebd., S. 545.
68 Ebd., S. 538.
69 Landtag Nordrhein-Westfalen, Stenographische Berichte, 2. Wahlperiode, Bd. 2, 31.– 63. Sitzung, S. 1765 (Sitzung v. 1.4.1952).

nen (vielleicht sogar mit einem Ministeramt betraut zu werden), auf absehbare Zeit nicht aufging. Der Entfaltungsspielraum, den ihm die Landespolitik als *Oppositions*parlamentarier bot, war ihm aber zu gering, obwohl der Parlamentarismus an und für sich ein Metier war, das ihn, den leidenschaftlichen Rhetoriker und Debattierer, stark fesselte. Heinz Kühn begann sich nach einem anderen, attraktiveren parlamentarischen Betätigungsfeld umzusehen.

Nach Lage der Dinge konnte das nur der Bundestag sein. In ihm befanden sich die Sozialdemokraten zwar auch auf den harten Bänken der Opposition, aber die Bundespolitik eröffnete Kühn Möglichkeiten, die sich ihm in der Landespolitik verschlossen. Auf der Bonner Bühne war die direkte persönliche Auseinandersetzung mit Konrad Adenauer möglich, dessen überragende politische Rolle Heinz Kühn bewußt geworden war und an dem sich zu reiben ihm seit der Rückkehr aus der Emigration ausgesprochenes Vergnügen bereitete. In Bonn bot sich ihm auch endlich die Chance, als Politiker in der *Außen*politik Fuß zu fassen, die ihn bereits seit den Tagen des Exils journalistisch und theoretisch intensiv beschäftigte.

Für Heinz Kühns sich immer mehr konkretisierende Absicht, in den Bundestag zu wechseln, gab es „Düsseldorfer" Vorbilder. 1949 hatten sich schon Walter Menzel und der mit ihm befreundete Werner Jacobi erfolgreich um ein Bundestagsmandat beworben. Zustatten kam Kühn, daß er im Laufe des Jahres 1952 in zwei Gremien der *Bundes*-SPD berufen wurde: in den kulturpolitischen und in den rundfunkpolitischen Ausschuß beim Parteivorstand.[70] Kühn wurde schließlich Bundestagskandidat in einem rechtsrheinischen Wahlkreis seiner Heimatstadt Köln. Er war jedoch klug genug, sich auf einem günstigen Platz der Landesliste absichern zu lassen. An die Wahlkreiskandidatur und den Listenplatz zu kommen, bereitete Heinz Kühn keine Schwierigkeiten. Denn seit April 1953 war er SPD-„Bezirksfürst": Vorsitzender des Parteibezirks Mittelrhein[71] – in der Nachfolge von Willi Eichler, der dieses Parteiamt fünf Jahre lang bekleidet hatte. Mit seiner Wahl zum Chef des Mittelrhein-Bezirks nahm natürlich Kühns Gewicht in der nordrhein-westfälischen SPD merklich zu; er besaß jetzt in ihr eine „Hausmacht".

Bei der zweiten Bundestagswahl am 6. September 1953 wurde Heinz Kühn über die Landesliste in das Bonner Parlament gewählt. Bis zum Ablauf der Landtagswahlperiode im Juni 1954 behielt er aber auch sein Düsseldorfer Mandat. Ein knappes Jahr lang gehörte er also zwei Parlamenten an.

Kühn und die Entstehung des Westdeutschen Rundfunks (WDR)

Heinz Kühn verabschiedete sich jedoch nicht sang- und klanglos von der Landespolitik. Der schon sein Bundestagsmandat ausübende Kühn nahm seine parlamentarische Funktion in Düsseldorf noch durchaus ernst. Ja, er legte sich in den letzten Monaten seiner Zugehörigkeit zum Landtag noch einmal richtig ins Zeug. Man könnte fast von

70 HiAdSt Köln, Nl. Heinz Kühn, Nr. 23.
71 Nach Chronik SPD-Bezirk Mittelrhein 1945–1990 (4. Fassung), Köln o. J.

einem Paukenschlag sprechen, mit dem er seinen Abschied vom landespolitischen Geschäft nahm. Er gelang ihm auf medien-, genauer: *rundfunk*politischem Feld.

Zu Beginn des Jahres 1954 setzte die Regierung Arnold mit der Einbringung des Gesetzentwurfs über den „Westdeutschen Rundfunk Köln" das Thema „Errichtung einer Rundfunkanstalt für NRW" auf die Agenda der Landespolitik.[72] Mit der Gesetzesinitiative gedachte die Landesregierung aus CDU und Zentrum, dem bestehenden „Nordwestdeutschen Rundfunk (NWDR)", den die Briten als öffentlich-rechtliche Zonenrundfunkanstalt 1948 errichtet hatten, den Garaus zu machen.

Im NWDR waren die Gewichte zwischen den Funkhäusern Hamburg und Köln ungleich verteilt. Hamburg fungierte als Zentrale mit den Aufsichtsgremien des Senders und seinem Generaldirektor, dem Sozialdemokraten Adolf Grimme. Köln war Juniorpartner mit dem nicht parteigebundenen Intendanten Hanns Hartmann. Auf diese Senderstruktur ging es zurück, daß die Anteile Kölns am Mittelwellen-Gemeinschaftsprogramm des NWDR geringer waren als die Hamburgs und daß es zu einer Vernachlässigung nordrhein-westfälischer Themen im Zentralprogramm kam – was in Kreisen der NRW-Regierung argwöhnisch beobachtet wurde. Überhaupt war man der „roten Generaldirektion in der Rothenbaumchaussee" (Sitz des Hamburger Funkhauses) in nordrhein-westfälischen Regierungskreisen gram.

Die Düsseldorfer SPD-Landtagsfraktion hatte zunächst alles andere als eine feste Meinung zu dem WDR-Gesetzentwurf. Norddeutsche und Bonner SPD-Kreise standen in Treue fest hinter dem NWDR, den sie für „relativ rötlich" hielten, während sie sich einen zukünftigen WDR „im Schatten der Domtürme" nur als „Schwarzfunk" vorstellen konnten. Ganz anders Heinz Kühn, der von seiner Fraktion nach Einbringung der WDR-Gesetzesvorlage als rundfunkpolitischer Sprecher in die parlamentarische Arena geschickt wurde. Heinz Kühn sah, was den kommenden WDR betraf, überhaupt nicht so schwarz wie viele seiner Fraktionskollegen. Das hatte seinen Grund darin, daß er seit den späten 1940er Jahren ein äußerst intimer Kenner der Strukturen und parteipolitischen Präferenzen der Mitarbeiter des Kölner Funkhauses war.[73] In der wichtigen *politischen* Abteilung des Kölner Senders sah er (im Gegensatz zu dessen *Wirtschafts*abteilung*)* keineswegs CDU-freundliche Kräfte am Werke.

Da Kühn also den Kölner Sender ganz und gar nicht als notorischen „Schwarzsender" einstufte, signalisierte er der Regierung während der ersten Lesung des Gesetzentwurfs die Zustimmung seiner Fraktion zu einem Landesrundfunkgesetz. Voraussetzung sollte allerdings die Erfüllung gewisser sozialdemokratischer „Essentials" sein.[74] Auf eines davon kam er in seiner Plenumsrede ausführlich zu sprechen: Von der großen nationalpolitischen Klammerfunktion, die der NWDR gerade in Richtung „Sowjetzone und Berlin" habe, müsse auch bei einer Teilung der Anstalt unbedingt etwas

---

72 Vgl. zum Folgenden: Der neue WDR. Dokumente zur Nachkriegsgeschichte des Westdeutschen Rundfunks. Zusammengestellt und erläutert von Wolf Bierbach, Köln/Berlin 1978.
73 Vgl. S. 120f. der Biographie.
74 Landtag Nordrhein-Westfalen, Stenographische Berichte, 2. Wahlperiode, Bd. 4, 91.–113. Sitzung, S. 3655 (Sitzung v. 2.2.1954).

erhalten bleiben. Es sei deshalb Pflicht eines zukünftigen WDR, mit der norddeutschen Nachfolgeanstalt des NWDR bei der Lösung von Gemeinschaftsaufgaben zusammenzuarbeiten. Kühn dachte dabei nicht nur an die Frage der gemeinsamen Technik (z. B. beim Fernsehen), sondern auch an die Schaffung eines gemeinsamen Auslands-Korrespondentennetzes und an einen intensiven Programmaustausch.[75]

Ein weiterer wichtiger Punkt Kühns und der bald mit ihm an einem Strang ziehenden SPD-Landtagsfraktion kristallisierte sich während der Ausschußberatungen heraus – in dem Augenblick nämlich, als der rundfunkpolitische Sprecher der Landtags-CDU, Dufhues, Änderungsanträge seiner Fraktion zur Regierungsvorlage präsentierte. Nach Konsultation hoher Vertreter der katholischen Kirche beantragte die CDU-Fraktion, die Kompetenz des „Programmbeirats", der sich nach dem Wortlaut des Gesetzentwurfs aus Vertretern gesellschaftlicher Institutionen, Organisationen und Interessengemeinschaften (Parteien ausgeschlossen) zusammensetzen und eine beratende Funktion gegenüber dem Intendanten haben sollte, erheblich zu erweitern. Er habe – so lautete der CDU-Antrag – „allgemeine Richtlinien für das Programm aufzustellen".[76] Die Machterweiterung des Gremiums „Programmbeirat" korrespondierte mit einer Machteinbuße des Kontrollorgans „Rundfunkrat", der nach den im Gesetzentwurf enthaltenen Bestimmungen vom Landtag entsprechend dem Stärkeverhältnis der Fraktionen gewählt werden sollte.

Heinz Kühn diagnostizierte am CDU-Änderungsantrag „eine Veränderung der Gesamtsubstanz des Gesetzentwurfs", die auf eine „Entmachtung des Rundfunkrats" hinauslaufe.[77] In einem vermutlich aus der Feder Kühns stammenden Aufsatz in der SPD-Fraktionspostille „Demokratischer Aufbau" wurde argumentiert: Bei Berücksichtigung des CDU-Antrags käme ein „ständisches" Delegationsprinzip (angesichts des „ständischen Aufbaus" von Kirchen, Universitäten, Unternehmerverbänden) zum Zuge, wohingegen für die SPD nur das „parlamentarische Konstitutionsprinzip" Gültigkeit haben könne.[78] Der Artikel gab ungeschminkt zu erkennen, daß man in der SPD-Fraktion die Befürchtung hegte, bei einer kompetenzmäßigen Stärkung des Programmbeirats werde einer konfessionellen, sprich: katholischen Beherrschung des WDR Vorschub geleistet.

Kühn setzte sich in den Ausschußberatungen sowohl hinsichtlich der „Gemeinschaftsaufgaben" als auch in puncto „parlamentarisches Konstitutionsprinzip" durch. In den Gesetzentwurf wurde ein Paragraph eingefügt, der den WDR zur engen Kooperation mit den übrigen Rundfunkanstalten im Geltungsbereich des Grundgesetzes verpflichtete. Und die CDU-Fraktion zog ihren auf Kompetenzerweiterung des Programmbeirats abzielenden Änderungsantrag zurück.[79]

---

75 Ebd. S. 3652.
76 Kurzprotokoll über die 4. Sitzung des Unterausschusses des Hauptausschusses zur Beratung des Rundfunkgesetzes am 17.3.1954. Zitiert nach: Der neue WDR, S. 312.
77 Ebd., S. 315 u. 327.
78 Demokratischer Aufbau, Jg. 3 (1954), Nr. 4, S. 2 u. 5.
79 Der neue WDR, S. 393, und Demokratischer Aufbau, Jg. 3 (1954), Nr. 6 („Westdeutscher Rundfunk Köln in der Schublade").

Ministerpräsident Arnold hatte die feste Absicht, das WDR-Gesetz (im Gegensatz zum Schulgesetz) *zusammen* mit der SPD über die parlamentarische Bühne zu bringen. Denn es war abzusehen, daß nur ein von einer breiten Landtagsmehrheit beschlossenes Rundfunkgesetz die Briten bewegen würde, ihre noch bestehenden rundfunkpolitischen Vorbehaltsrechte aufzugeben und dem Gesetz die Zustimmung zu erteilen. Anfang Mai 1954 verabschiedete der Landtag das WDR-Gesetz. Ende Dezember desselben Jahres gab der britische Hohe Kommissar sein Plazet. Am 1. Januar 1956 nahm der WDR den Sendebetrieb auf. Heinz Kühn hatte bei der Geburt dieser öffentlich-rechtlichen Rundfunkanstalt eine sich durch viel Engagement und Sachkundigkeit auszeichnende Rolle gespielt. Den Christdemokraten rang er Zugeständnisse ab, und seine Fraktionskollegen konnte er davon überzeugen, daß ein „Westdeutscher Rundfunk Köln" kein politisches Unglück ist.

5. Parlamentarische Gesellenjahre: Bundestags- und Europaratsabgeordneter (1953–1963)

Kühn contra Adenauer. Adenauer contra Kühn

Am 13. Juli 1953 berichtete der „Kölner Stadt-Anzeiger" unter der Überschrift „Schärfe des Wahlkampfes nimmt zu", der Bundestagskandidat Heinz Kühn habe als Redner auf einer Delegiertentagung der Sozialistischen Jugend erklärt: „Wenn Adenauer weiter Bundeskanzler bleibe, würde es am Ende der zweiten Legislaturperiode keine Demokratie mehr geben".[1] Eiligst, nämlich schon am selben Tag, versuchte Heinz Kühn, die Meldung in einem Brief an den „Stadt-Anzeiger"-Chefredakteur Pettenberg in einem milderen Lichte erscheinen zu lassen. Das Zitat sei nicht korrekt. Er habe vielmehr gesagt, angesichts der starken Rechtsentwicklung in der FDP und in der Deutschen Partei (DP) könne bei einer Wiederauflage der bestehenden Bonner Koalition Adenauer zu deren „linkem Flügelmann" werden. Dadurch entstehe die Gefahr, daß es (unabhängig von dem Willen Adenauers, von dem man nicht wisse, ob er bei seinem Alter am Ende der Legislaturperiode noch lebe) dann keine Demokratie, sondern vielleicht eine neofaschistische Regierung geben werde.[2]

Selbst diese abgeschwächte Darstellung beinhaltete noch genügend Kritik an Adenauer. Die Kölner Tageszeitung blieb jedoch bei ihrer Version und beschied Heinz Kühns Bitte, die Leser von seiner Gegendarstellung zu unterrichten, abschlägig. Chefredakteur Pettenberg informierte Kühn, daß der „Stadt-Anzeiger"-Bericht nach Prüfung der ihm zur Verfügung stehenden Unterlagen keine sachliche Unrichtigkeit enthalte. Anhand der Notizen des Berichterstatters sei es nicht zweifelhaft, daß der strittige Satz von Kühn in Verbindung mit einer Charakteristik des Bundeskanzlers ausgesprochen wurde. Erst in den weiteren Ausführungen Kühns sei der Hinweis auf die starke Rechtsentwicklung der FDP mit dem abschließenden Satz erfolgt: „Wenn die bisherige Regierungskoalition die Führung behält, steht eine neofaschistische Regierung bevor."[3]

Die Frage, ob Kühn oder der „Kölner Stadt-Anzeiger" Recht hatte, muß offen bleiben. Sie ist nicht mehr zu klären. Dennoch ist der Vorgang in einer bestimmten Hinsicht sehr erhellend: Kühn, der Wahlkämpfer und Bundestagsabgeordnete in spe, hatte sich niemand anderen als den politisch mächtigsten Mann der Bundesrepublik und inzwischen weithin geachteten Spitzenkandidaten der bürgerlichen Konkurrenzpartei zur Zielscheibe für seine Polemik erkoren. Ganz so neu war das nicht. Denn bereits

---

1 Kölner Stadt-Anzeiger v. 13.7.1953, S. 11.
2 Heinz Kühn an Dr. Heinz Pettenberg v. 13.7.1953, in: HiAdSt Köln, Nl. Heinz Kühn, Nr. 13.
3 Dr. Heinz Pettenberg an Heinz Kühn v. 14.7.1953, in: ebd., Nr. 13.

1946, als noch nicht daran zu denken war, daß Adenauer Regierungchef eines deutschen Teilstaates werden würde, war dieser in seiner Eigenschaft als CDU-Vorsitzender der britischen Zone von Kühn hart angegangen worden.[4] Früh hatte Kühn erkannt, daß die CDU in Adenauer eine Führungsgestalt von überragender politischer Größe besaß. Sich mit dieser gegnerischen Übervater-Figur öffentlich kritisch und polemisch auseinanderzusetzen, an deren „Lack zu kratzen", reizte den 36 Jahre Jüngeren kolossal.

War dies ein Zeichen von Selbstüberschätzung? Auf jeden Fall war es ein Zeichen für Heinz Kühns stark ausgebildetes Selbstbewußtsein. Daß Adenauer geborener Kölner war – wie er selbst –, konnte Kühn nicht bewegen, mit seinem Kontrahenten „glimpflich" umzugehen. Im Gegenteil, dieser Umstand scheint seine Konkurrenz- und Wettbewerbs-Instinkte zusätzlich aktiviert zu haben.

Kühns Adenauer-Schelte im 1953er Bundestagswahlkampf war nur ein Vorspiel für seine Adenauer-Kritik im Bonner Parlament. Der in den Bundestag gewählte Kühn suchte förmlich den politischen Konflikt und verbalen Schlagabtausch mit dem Kanzler. Das in der parlamentarischen Praxis zu bewerkstelligen, war aber gar nicht so leicht. Denn in den großen kontroversen und leidenschaftlichen Debatten des Bundestages der 1950er Jahre – zur deutschen Wiedervereinigung, zum Beitritt der Bundesrepublik zur EVG, zu den Pariser Verträgen, zum Nato-Vertrag und zum Thema „Ausrüstung der Bundeswehr mit Atomwaffen" – blieb es dem Bundestagsneuling Kühn verwehrt, das Wort zu ergreifen (obwohl er es liebend gern getan hätte). In diesen Parlamentsdisputen waren es die oppositionellen „Platzhirsche" – vor allem Erich Ollenhauer, Carlo Schmid, Fritz Erler und Herbert Wehner –, die die Klinge mit dem Kanzler kreuzten.

Kühn wurde in der Bundestagsfraktion u. a. die Rolle des *medien*politischen Sprechers zuteil. Das war alles andere als eine Verlegenheitslösung, denn dank seiner langjährigen beruflichen Erfahrung im Zeitungswesen, seiner NWDR-Insiderkenntnisse, seinem Engagement beim Zustandekommen des WDR-Gesetzes, seiner Mitgliedschaft im rundfunkpolitischen Ausschuß beim Parteivorstand (seit 1952), im WDR-Verwaltungsrat (ab 1955) und seiner Rolle als Chef der Journalisten-Gewerkschaft in der IG Druck und Papier (seit 1957), war er für diese Aufgabe geradezu prädestiniert.

Als medienpolitischer Sprecher der Opposition hatte Kühn selbstverständlich auch über alle etatmäßigen Ausgaben zu wachen, mit denen die Regierung versuchte, Journalisten, Medien und andere in der politischen Öffentlichkeitsarbeit engagierte gesellschaftliche Gruppen und Institutionen in ihrem Sinne zu beeinflussen. Scharfsinnig erkannte Kühn, daß sich für ihn auf diesem Feld eine Möglichkeit eröffnete, den Kanzler pesönlich herauszufordern.

Seit 1955 sprach Kühn jedes Jahr in den Haushaltsberatungen des Bundestages zum Presse- und Informationsetat des Bundeskanzlers.[5] Kernstück dieses Etats war der

---

4 Siehe Seite 112ff. der Biographie.
5 Vgl. Verhandlungen des Deutschen Bundestages, 2. Wahlperiode, 89. Sitzung, S. 4979ff.; 150. Sitzung, S. 7981ff. u. 8000ff.; 207. Sitzung, S. 11877; 208. Sitzung, S. 11969ff. u.

– wie Kühn meinte – „berühmte oder berüchtigte" Titel 300, der unter der Bezeichnung „Zur Verfügung des Bundeskanzlers für Förderung des Informationswesens" lief. Es handelte sich um einen Informationsfonds, der dem Kanzler parlamentarisch *un*kontrolliert zur Verfügung stand. Mit schöner Regelmäßigkeit beklagte Kühn deshalb seit 1955 in den Etatberatungen die fehlende Transparenz dieses, wie er ihn nannte, „Geheim-", „Geheimniskrämer-" oder „Reptilienfonds" und forderte mit Nachdruck die parlamentarische Kontrolle über die politische Verwendung der Fonds-Mittel durch ein eigens dazu einzusetzendes Gremium.

Jede der Kühnschen Plenumsreden zu Adenauers „Reptilienfonds" war gut vorbereitet und ein kleines rhetorisches Glanzstück. In jeder dieser Reden stellte er dem Kanzler recht unbequeme Fragen und äußerte Vermutungen und Verdächtigungen, was die Verwendung der Fonds-Gelder durch den Regierungschef betraf: Er glaubte Anhaltspunkte zu haben, daß aus dem Fonds Journalisten Subsidien erhielten, um diese zum Schreiben regierungskonformer Artikel zu bewegen. Er unterstellte Adenauer, daß aus dem Fonds Mittel in die CDU-Wahlkämpfe flössen. Und er war sich ziemlich sicher, daß die sich überparteilich gebende, aber in Wirklichkeit CDU-nahe „Vereinigung demokratischer Kreise" aus dem „Reptilienfonds" gefüttert werde; eine Vereinigung, die, bis in die Schulen und die Kasernen hinein, politische Öffentlichkeitsarbeit zugunsten der CDU betreibe. Kühns Fazit war: Des Kanzlers „Reptilienfonds" sei kein Instrument der staatspolitischen Information, sondern der parteipolitischen Propaganda.

Adenauer setzte in seinen rhetorischen Repliken[6] den bohrenden und mit viel ironischer Schärfe gestellten Fragen Kühns seinen gelassenen Kölner Humor entgegen. In der Sache entkräftete er aber Kühns Vorwürfe kaum. Heinz Kühns Forderung nach parlamentarischer Kontrolle seines Informationsfonds lehnte er jedes Jahr aufs neue ab. Lapidar verwies er auf die Überprüfung durch den Bundesrechnungshof. Dies war ein Argument, das Kühn entrüstet zurückwies: Dabei handele es sich um eine rein *„kassentechnische* Überprüfung" und nicht um eine *„politische* Verwendungskontrolle".[7]

Am heftigsten gerieten Kühn und Adenauer im Bundestag im Mai 1957 aneinander. Kühn wollte gerade mit seiner Rede zum Titel 300 beginnen, als er feststellte, daß sich Adenauer nicht im Plenarsaal befand. Kurzentschlossen stellte er den Antrag, die Sitzung so lange zu unterbrechen, „bis der Herr Bundeskanzler den Raum betreten hat".[8] Kühns Antrag auf Unterbrechung wurde überraschenderweise von der Bundestagsmehrheit stattgegeben, denn auch Koalitionsabgeordnete waren offenbar der Meinung, daß der Kanzler das Parlament brüskiere, wenn er ausgerechnet bei der parlamentarischen Behandlung seines Haushaltsplans durch Abwesenheit glänze.

11985ff.; 3. Wahlperiode, 35. Sitzung, S. 1955ff., S. 1962 u. S. 1989ff.; 74. Sitzung, S. 4043ff. u. S. 4049.

6 Siehe Verhandlungen des Deutschen Bundestages, 2. Wahlperiode, 150. Sitzung, S. 7986; 208. Sitzung, S. 11975ff. u. 11987f.; 3. Wahlperiode, 35. Sitzung, S. 1960ff.

7 2. Wahlperiode, 208. Sitzung, S. 11971.

8 2. Wahlperiode, 207. Sitzung, S. 11877.

Für Adenauer war es eine bittere Pille, vom Parlament herbeizitiert zu werden. Ihm kam natürlich zu Ohren, wem er das zu verdanken hatte. Nicht gerade erhebend war für ihn auch die Rede Kühns, die er sich dann in der folgenden Parlamentssitzung anhören mußte. Heinz Kühn tischte Adenauer u. a. ein für ihn unangenehmes Vorkommnis aus dem 1953er Wahlkampf auf.[9] Er erinnerte ihn an die Affäre Schroth/Scharley. Adenauer hatte im zweiten Bundestagswahlkampf behauptet, die SPD-Abgeordneten Heinrich Schroth und Hubert Scharley hätten Gelder aus dem Osten empfangen. Bis zum Wahltermin am 6. September 1953 nahm der Kanzler diese wahrheitswidrige Feststellung nicht zurück. Kühn richtete jetzt, vier Jahre später, an ihn die unbequeme Frage, ob es stimme, daß dem Nachrichtenhändler, der ihm damals das falsche Material in die Hand gespielt habe (das er dann prompt in den Wahlkampf brachte), 2000 DM aus dem „Reptilienfonds" gezahlt wurden.

Adenauer vermied es, in seiner Antwortrede[10] auf die Kühnsche Frage einzugehen. Er sprach nur von „dunklen Andeutungen", die man sich „gegenseitig ersparen" sollte, denn sie gereichten „letzten Endes der ganzen parlamentarischen Demokratie zum Schaden". Im übrigen versuchte er durch witzelnde und humorvolle Bemerkungen zu punkten. Kalkuliert war wahrscheinlich auch die Anrede seines Kontrahenten mit „Herr Kollege Dr. Kühn". Widerspruch aus dem Plenum war zu erwarten, der dann auch prompt kam. „Er hat noch keinen Doktorhut! […] Er hat sich noch keinen aus Amerika geholt", lauteten die Zurufe, die Adenauer mit der Heiterkeit erweckenden Bemerkung „Meine Damen und Herren, er kann doch noch einen bekommen" konterte.

Kühn seinerseits sah sich veranlaßt, nach der Rede des Kanzlers noch einmal die Rednertribüne zu besteigen. Adenauers Einlassungen kommentierte er mit den Sätzen: „Ich besuche sehr gern mit meinem Jungen in Köln das ‚Hännesgen-Theater'. Ich habe fast das Gefühl: ich kann mir einen Besuch jetzt sparen, wenn ich mir Teile dieser Antwort ansehe." Außerdem bemerkte er, Adenauer habe dem Hohen Hause „eine Kostprobe" seiner Fähigkeit gegeben, „auf sachliche Fragen primitiv zu argumentieren".[11]

Daß Kühn ihn im Bundestag „vorgeführt" hatte, konnte Adenauer nicht vergessen. Gut ein Vierteljahr später, mitten im 1957er Wahlkampf, bot sich ihm die Gelegenheit der „Revanche".[12] In einer August-Nummer des Bonner Nachrichtendienstes „Kulisse" fand er eine Meldung, die dem Wahlkämpfer höchst willkommen war. In ihr hieß es, Kühn habe auf einer öffentlichen Kölner Vorort-Versammlung gesagt, er, Adenauer, spreche jeden Abend ein Gebet folgenden Inhalts: „Lieber Gott, hilf, daß

---

9 Zum Folgenden 2. Wahlperiode, 208. Sitzung, S. 11975.
10 Ebd., S. 11975–11978.
11 Ebd., S. 11985.
12 Der im folgenden geschilderte Streitfall Adenauer/Kühn ist gut dokumentiert in: AdsD, Bonn, Sammlung Personalia, Heinz Kühn 1946–1957. In der Sammlung befinden sich mehrere Zeitungsausschnitte und Meldungen von Presseagenturen zur Auseinandersetzung, darunter auch der Artikel der „Frankfurter Allgemeinen" v. 29.8.1957: „Verfügung gegen Adenauer aufgehoben".

ich diese Wahl gewinne. Ich werde Dir auch 15.000 Soldaten opfern. Der Anfang ist schon an der Iller gemacht."[13] Ohne es auf seinen Wahrheitsgehalt zu überprüfen, kolportierte Adenauer das Zitat genüßlich auf Wahlkundgebungen am 16. August in Bochum und am 17. August in Essen.

Als Kühn davon erfuhr, reagierte er blitzschnell. Er telegraphierte an Adenauer, diese Äußerung habe er weder dem Wortlaut noch dem Sinn nach gemacht. Sie sei „in vollem Umfange eine bösartige Unterstellung und Erfindung". Er sei „nicht so vermessen, Gott in den Wahlkampf zu ziehen und halte es für unwürdig, einen politischen Gegner mit solchen Äußerungen zu bekämpfen", wie er, Adenauer, es in seiner Rede getan habe.[14] Er fordere ihn deshalb auf, seine Behauptung zu widerrufen. Gleichzeitig erwirkte Kühn beim Bonner Landgericht eine einstweilige Verfügung, die dem Kanzler untersagte, die Äußerung zu wiederholen.

Adenauer gab jedoch nicht auf. Durch seinen Anwalt legte er Widerspruch gegen die Verfügung ein. In der anberaumten mehrstündigen Zeugenvernehmung und in der anschließenden Beratung der Bonner Zivilkammer konnte der Sachverhalt nicht geklärt werden. Kühn bestritt vor Gericht entschieden die Äußerung und war auch bereit, einen wesentlichen Teil seiner Aussage auf den Eid zu nehmen. Die von Kühn und von Adenauer ins Feld geführten Zeugen widersprachen sich jedoch gegenseitig. Ein Vermittlungsvorschlag des Kammervorsitzenden scheiterte daran, daß Adenauers Anwalt erklärte, der Kanzler bestehe auf einer Entscheidung. Wegen der widersprüchlichen Zeugenaussagen entschied daraufhin das Gericht, die einstweilige Verfügung aufzuheben. Adenauer hatte im „Nachtgebet"-Streit mit Kühn das erreicht, was er beabsichtigte: Er konnte, wenn er wollte, auch im weiteren Verlauf des Wahlkampfs von einem Zitat Gebrauch machen, dessen Authentizität sehr fragwürdig war.

Der Bundestagsabgeordnete Kühn als Medienpolitiker

Der Journalist Walter Henkels, ein guter Beobachter der politischen Szene in der provisorischen Bundeshauptstadt, meinte Mitte der 1950er Jahre, das hervorstechendste Merkmal an dem Bonner Nachwuchsparlamentarier Kühn sei sein „besonderes rednerisches Talent". Unterstützt werde dieses Talent von großer geistiger Beweglichkeit und ungewöhnlicher Belesenheit. Im „Freistilringen" der Bundestags-Rhetoren stehe er seinen Mann. Niemand bringe ihn aus dem Konzept. Seine rednerischen Waffen seien die Polemik, der pointierte Witz, die Bissigkeit, manchmal sogar der Hohn. Henkels wörtlich: „Wie anderen Rednern Phrasen aus dem Munde quillen, so ihm die Ironie." Der Bonner FAZ-Korrespondent schloß seine im Ganzen positive Charakteristik des Kölner Bundestagsabgeordneten mit den Sätzen: „Schade, daß Kühn, so sagt

---

13　Am 3.6.1957 waren während einer Geländeübung nördlich von Kempten (Allgäu) 15 Soldaten der Bundeswehr in der Iller ertrunken. Bei den Verunglückten handelte es sich ausnahmslos um Wehrpflichtige.

14　Zitiert nach Mitteilung der SPD-Bundestagsfraktion an die Presse v. 19.8.1957, in: AdsD, Bonn, Sammlung Personalia, Heinz Kühn 1946–1957.

ein Fraktionsfreund, keinen Humor hat. Der Säuregehalt seiner Rede nimmt ihm etwas von ihrer Überzeugungskraft."[15]

Schärfe, schnittiger Witz und Ironie sprachen nicht nur aus Kühns Wortbeiträgen, mit denen er Licht ins Dunkel von Adenauers „Reptilienfonds" brachte. Sie kamen auch in seinen anderen Reden zur Geltung, die er im Bundestagsplenum als medienpolitischer Sprecher seiner Fraktion hielt. Mit den Medien Film, Hörfunk und Fernsehen befaßte sich der zweite und dritte Deutsche Bundestag (1953–1961) eingehend. Den parlamentarischen Aktivitäten, die Kühn im Namen seiner Fraktion zugunsten dieser Mediensparten entfaltete, lag ein gemeinsames Anliegen zugrunde: Kühn ging es um eine Vereitelung aller wirklichen oder vermeintlichen Versuche der Regierung oder von einzelnen Regierungsmitgliedern, die genannten Medien zu gängeln oder unter ihre Kontrolle zu bringen. Er glaubte, daß diese Versuche aus weltanschaulichen oder/und machtpolitischen Motiven unternommen würden.

Weltanschaulichen Eifer sah er am Werk, als Adenauers katholischer Familienminister Wuermeling Mitte der 1950er Jahre die Gewährung von Bundes-Filmbürgschaften vom privaten Lebenswandel der vorgesehenen Hauptdarsteller abhängig machen wollte. Sarkastisch und mit dem Hang zur Überzeichnung kommentierte er – einen historischen Vergleich bemühend – diese Absicht: „Es wird also danach in Zukunft unter Umständen schon genügen, daß ein geschiedener oder in Scheidung befindlicher Schauspieler, der die Absicht seiner Wiederverheiratung in der Presse ankündigt, falls er in einem Film als Hauptfigur mitwirkt, die Bürgschaft für diesen Film verhindert. Meine Damen und Herren, angesichts dieser Tatsache […] scheint mir der selige Metternich geradezu ein liberalistischer Freiheitsfanatiker gewesen zu sein."[16]

Heftig mokierte sich Heinz Kühn auch über den von Wuermeling erfundenen und protegierten, aber von ihm nicht klar definierten Begriff der „Volkszensur". Geschickt brachte Bundestagsredner Kühn diese – wie er meinte – „verdächtige Vokabel", diesen „fragwürdigen Begriff" des Familienministers mit einem Ereignis in Düsseldorf in Verbindung. Dort war der Pfarrer Karl Klinkhammer „mit einem Aufgebot an Stinkbomben" gegen den Hildegard-Knef-Film „Die Sünderin" vorgegangen. Kühn meinte: „Wir bestreiten der Kirche keineswegs das Recht, ihr Wort der Belehrung und ihr Wort der Beurteilung zu jedem Film zu sagen […] Aber es ist etwas anderes, ob der Geistliche von der Kanzel, seinem hohen Amte verpflichtet, eine Beurteilung und eine Mahnung ausspricht, oder ob er mit Stinkbomben und einer Art von Rollkommando als Instrumentarium der Volkszensur in die Lichtspieltheater zieht. […] Warum bringe ich den Herrn Familienminister mit diesem Ereignis in Verbindung?" fragte Heinz Kühn schließlich. Weil er es gewesen sei, der nach den vorliegenden Pressemeldungen dem Pfarrer Klinkhammer „ein Glückwunschtelegramm zu schicken für gut befunden hat". Mit diesem Telegramm habe er deutlich gemacht, „welche Maßnahmen er für Aktionen der Volkszensur hält".[17]

---

15 Walter Henkels: Heinz Kühn. Bonner Köpfe, in: Frankfurter Allgemeine v. 6.8.1956.
16 Verhandlungen des Deutschen Bundestages, 2. Wahlperiode, 22. Sitzung, S. 762.
17 2. Wahlperiode, 22. Sitzung, S. 761f.

Eher parlamentarische Scharmützel waren Kühns Auseinandersetzungen mit Franz-Josef Wuermeling verglichen mit den Wortgefechten, die er sich in der 3. Wahlperiode (1957–1961) mit der Bundesregierung im allgemeinen und mit CDU-Innenminister Gerhard Schröder im besonderen wegen *rundfunk*politischer Streitfragen lieferte. Gerüchte, Meldungen, Indizien überschlugen sich und legten schon zu Beginn der Wahlperiode den Schluß nahe, die Adenauer-Regierung verfolge mit Konsequenz das Ziel, der bundesrepublikanischen Rundfunklandschaft partiell ein neues Gesicht zu geben. Die bestehende *föderale* und *öffentlich-rechtliche* Struktur des Rundfunks sollte auf dem Wege der Bundesgesetzgebung durch *zentralistische* und *privat-kommerzielle* Komponenten ergänzt werden. In ihrer Absicht ermuntert sah sich die Bonner Regierung durch die vom Grundgesetz vorgeschriebene Zuständigkeit des Bundes für das Fernmeldewesen, also durch ihre verfassungsmäßige Kompetenz, Sendelizenzen zu vergeben. Dem stand der eherne Anspruch der Länder auf Funkhoheit gegenüber, den diese aus ihrer *Kulturhoheit* ableiteten.

In dreierlei Hinsicht plante die Bundesregierung gesetzesinitiativ zu werden. Sie beabsichtigte, eine *Bundes*rundfunkanstalt zu gründen, die auf Kurzwelle für das Ausland, vor allem für Übersee bestimmte Programme in deutscher Sprache und in einigen Fremdsprachen verbreitet. Dieser *Deutschen Welle* sollte *der Deutschlandfunk* zur Seite gestellt werden, eine zweite Bundesanstalt, die auf Langwelle ein *gesamt*deutsches, insbesondere auf die Informationsbedürfnisse der DDR-Deutschen abgestelltes Programm ausstrahlt. Das dritte Vorhaben der Regierung war ihr ausgesprochenes Lieblingsprojekt. Sie wollte – Wünschen in der bundesdeutschen Öffentlichkeit Rechnung tragend – die gesetzlichen Voraussetzungen für ein *zweites* Fernsehprogramm schaffen. Das sollte ein Kontrastprogramm zu dem schon existierenden, von der Arbeitsgemeinschaft der (Länder-)Rundfunkanstalten produzierten Programm sein. Anfang 1958 verdichteten sich die Hinweise, daß die Regierung mit dem Gedanken spielte, eine *private, sich durch Werbung finanzierende* Fernsehgesellschaft ins Leben zu rufen.

Gegen diese Pläne der Adenauer-Regierung mobilisierte und artikulierte Kühn den parlamentarisch-oppositionellen Widerstand. Heinz Kühn gab Richtung und Ton der sozialdemokratischen Opposition im Rundfunkstreit an. Das geschah im Bundestagsplenum[18] wie im Parlamentsausschuß für Kulturpolitik und Publizistik, dessen stellvertretender Vorsitzender er war. Für ihn war der föderal organisierte öffentlich-rechtliche Rundfunk die beste aller möglichen Rundfunkkonstruktionen. In den öffentlich-rechtlichen Länderanstalten sei „eine umfassende demokratische Legitimation vorhanden", argumentierte das WDR-Verwaltungsratsmitglied Kühn, da über deren Aufsichtsgremien „alle" – wie er sich ausdrückte – „für das geistige Gesicht unseres Volkes bestimmenden Kräfte" zur Wirkung kämen. „Es gibt kein besseres Prinzip als dieses", ließ Heinz Kühn die Regierungsmitglieder und Koalitionsabgeordneten wis-

---

18 Vgl. Verhandlungen des Deutschen Bundestages, 3. Wahlperiode, 15. Sitzung, S. 688ff. u. 720ff.; 97. Sitzung, S. 5337ff.; 121. Sitzung, S. 7012ff., 7019ff. u. 7025ff.

sen, „und ich frage mich und ich frage Sie: Warum wollen Sie dieses Ordnungsprinzip brechen?"[19]

Es war eine eher rhetorische Frage. Denn Kühn glaubte die Antwort, oder besser: die Antwort*en*, zu wissen. Auf die Programminhalte der Bundesanstalten Deutsche Welle und Deutschlandfunk wolle sich die Bundesregierung über eine einseitige personelle Zusammensetzung der Aufsichtsorgane selbst den beherrschenden Einfluß sichern, mutmaßte er. Und durch die Gründung eines sogenannten *freien,* also kommerziellen Fernsehens gedenke sie der Wirtschaft, besonders dem Bundesverband der Deutschen Industrie, eine privilegierte Rolle im Prozeß der öffentlichen Meinungsbildung zuzuschanzen.

Alarmiert von den Meldungen über die Pläne der Bundesregierung brachte die SPD-Fraktion im Bundestag eine große Anfrage zur Rundfunkpolitik ein. In einer Plenumsdebatte am 28. Februar 1958 begründete Kühn sie ausführlich. An Heinz Kühns Rede ist auffallend, wie sehr er Hörfunk und Fernsehen als innenpolitische Machtfaktoren verstand. Mit griffigen, sentenzartigen Formulierungen versuchte er diesen Sachverhalt seinen Zuhörern gleichsam ins Gedächtnis zu hämmern: „Meine Damen und Herren, Rundfunk und Fernsehen (…) sind Machtinstrumente; sie sind über den Werbefunk und das Werbefernsehen wirtschaftspolitische Machtinstrumente zur Erzeugung und Lenkung von Konsumwünschen; sie sind über Nachrichten, über Kommentare und über zugeteilte Sendezeiten zugleich allgemeinpolitische Machtinstrumente zur Erzeugung und Lenkung politischer Meinungen. Darin verbirgt sich eine große Gefahr, die zur tödlichen Gefahr für die Demokratie werden muß, wenn dieses Instrument in die Hände bestimmter Machtgruppen gerät, seien es politische oder seien es wirtschaftliche."[20]

Den Anwesenden auf der Regierungsbank und den Abgeordnetenstühlen mußte es vorkommen, als spräche eine demokratische Kassandra, wenn Kühn ihnen einschärfte: „Wer für die Demokratie ist, der muß gegen die Privatisierung und er muß gegen die Gouvernementalisierung und gegen die Regierungsabhängigkeit von Rundfunk und Fernsehen sein. Die Mittel der Meinungsbildung Machtgruppen ausliefern, heißt die Demokratie zu Grabe tragen."[21]

Größter Stein des Anstoßes war für Kühn die erkennbare Absicht der Regierung, das zweite Fernsehprogramm zu privatisieren. Eingehend beschäftigte er sich in seiner Bundestagsrede vom 28. Februar 1958 mit den Folgen einer solchen Lösung: Ein sogenanntes „freies", „an Massenwerbung interessiertes privates Fernsehen" werde in einem gewissen Sinne „frei von Hemmungen sein". Nicht „als Vermittler von Kulturwerten" werde es sich begreifen, sondern „als Verursacher von Konsumwünschen". Denn es habe „ja wirtschaftliche, auf Gewinn orientierte und nicht kulturelle Absichten". Es werde deshalb ein „massenattraktives Programm" zu senden versuchen. Darin stecke „die Tendenz zu einer ständigen Niveausenkung nicht nur dieses privatwirt-

---

19 Verhandlungen des Deutschen Bundestages, 3. Wahlperiode, 15. Sitzung, S. 690.
20 Ebd.
21 Ebd., S. 693.

schaftlichen Fernsehens". Auch für die das erste Fernsehprogramm produzierenden öffentlich-rechtlichen Länderanstalten ergebe sich daraus „geradezu der animierende Zwang", „mit dem Niveau herunterzugehen", „weil die Neigung des Publikums nicht auf ein steigendes Niveau gerichtet" sei.[22]

In seiner Überzeugung, daß die Einführung eines privaten Fernsehkanals *insgesamt* zu einer „Verflachung" des Fernsehprogramms führe, fühlte Kühn sich nach einem England-Aufenthalt im Oktober 1958 gestärkt. Zusammen mit einigen Medienexperten anderer Bundestagsfraktionen hatte er eine Reise nach London unternommen, um die dortigen Fernsehverhältnisse zu studieren. Diese waren für die deutschen Beobachter allemal interessant. Denn es gab in England seit der Mitte der 1950er Jahre zwei miteinander konkurrierende Fernsehprogramme. Das eine wurde von der gebührenfinanzierten öffentlich-rechtlichen Fernsehanstalt BBC produziert, das andere von einer sich durch Werbeeinnahmen finanzierenden und auf privaten Gewinn ausgerichteten Gesellschaft.

Am 12. November 1958 referierte Kühn im Bundestagsausschuß für Kulturpolitik und Publizistik über seine Eindrücke in England.[23] Er kam zu dem Ergebnis, daß die beiden rivalisierenden Programme, wie sie in England produziert würden, in einer bestimmten Weise auf eine „Qualitätsgefährdung" hinausliefen. Die private Gesellschaft habe die Tendenz, in den zuschauerintensiven Zeiten Sendungen mit großer Publikumswirksamkeit, im Regelfall „niveauflachere Unterhaltungssendungen", auszustrahlen. Damit die BBC-Zuschauer nicht zum privaten Sender abwanderten, versuche die öffentlich-rechtliche Anstalt sich mit ihrem Programm der Konkurrenz anzupassen. Die Rivalität der Programme führe also dazu, daß in der Regel zur gleichen Zeit von beiden Gesellschaften derselbe Typus von Sendungen geboten werde. Die „für die Geschmacksbildung und Lebensbereicherung der Menschen" sehr viel wichtigeren Sendungen würden in die unwichtigeren Sendezeiten abgedrängt.

Im Herbst 1959 machte die Bundesregierung Nägel mit Köpfen. Sie brachte im Bundestag einen Gesetzentwurf ein, der auf die Gründung eines „Deutschen Rundfunkverbandes" abzielte. Zu ihm sollten die drei Bundesanstalten „Deutsche Welle", „Deutschlandfunk" und „Deutschland-Fernsehen" gehören. Die Bundesanstalt „Deutschland-Fernsehen" war nur als eine Art Auftraggeber für privatrechtliche Gesellschaften gedacht.[24]

Kühns Befürchtungen hatten sich erfüllt. Ihm drängte sich, als er den Regierungsentwurf im Bundestag kommentierte, ein bestimmtes Bild auf. Er sprach von dem „Griff nach der Macht", um sich jedoch gleich wieder zu korrigieren: Es sei doch eher ein „Mißgriff".[25] Als „unakzeptabel" bezeichnete er den Entwurf, auch wenn der In-

---

22 Ebd., S. 691.
23 Parlamentsarchiv des Deutschen Bundestages, Stenograph. Protokoll des Ausschusses für Kulturpolitik u. Publizistik v. 12.11.1958.
24 Vgl. Hans Bausch: Rundfunkpolitik nach 1945, 1. Teil 1945–1962, München 1980, S. 397f.
25 Verhandlungen des Deutschen Bundestages, 3. Wahlperiode, 97. Sitzung, S. 5337.

nenminister Schröder in seiner Begründungsrede dreiunddreißigmal das Wort „Freiheit" und neunzehnmal das Wort „Unabhängigkeit" gebraucht habe.[26] An dem Entwurf gebe es nichts zu feilen, erklärte er im SPD-Pressedienst. Denn da nutze „keine Feile, sondern allein der Spaten, um dem Gesetzentwurf ein tiefes Grab des Vergessens zu bereiten".[27]

Unumstritten war der Regierungsentwurf wegen seiner dreifach zentralistischen Lösung selbst in CDU/CSU-Kreisen nicht. Ja, mit den föderalistischen Gesinnungen in der Union war er nur schwer in Einklang zu bringen. Nicht zuletzt im Kreise der Unions-Ministerpräsidenten regte sich Widerstand. So war es kein Wunder, daß sie den Entwurf zusammen mit ihren SPD-Kollegen zur Freude Kühns schon im November 1959 im Bundesrat ablehnten.

Die Regierung gab sich aber noch nicht geschlagen. Die Medienexperten in der CDU/CSU-Bundestagsfraktion sprangen ihr zur Seite und versuchten ihr Glück mit einem aus der Regierungsvorlage herausgelösten Teil-Gesetzentwurf über die „Deutsche Welle" und den „Deutschlandfunk". Auch dieser Entwurf fand das Mißfallen Kühns und der SPD-Opposition.[28] Der Bundestag stimmte ihm aber Ende Juni 1960 zu. Gegen die sozialdemokratischen Länderstimmen wurde er auch (nach Anrufung des Vermittlungsausschusses) vom Bundesrat angenommen.

Unmittelbar danach unternahm Kanzler Adenauer höchstpersönlich einen Parforceritt in Sachen privates „Zweites Fernsehen". Ohne viel Federlesens ernannte er seinen Finanzminister Fritz Schäffer zum Treuhänder der Länder und schloß mit ihm im Juli 1960 einen Vertrag privaten Rechts zur Veranstaltung einer „Deutschland-Fernsehen GmbH".[29] Zum geschäftsführenden Intendanten machte er seinen Pressebeauftragten, einen Ministerialdirektor im Kanzleramt. Die Mehrheit der Anteile sicherte sich die Bundesregierung. Den Rest versuchte Schäffer den Ländern anzudrehen.

Sowohl die CDU- als auch die SPD-Länder sahen in Schäffer „eher einen Handhaber der Untreue"[30] als einen Treuhänder und zeigten ihm die kalte Schulter. Nicht nur das. Die SPD-regierten Länder Hamburg, Bremen, Niedersachsen und Hessen klagten auch beim Bundesverfassungsgericht gegen Adenauers rundfunkpolitischen Handstreich – und zwar mit Erfolg. In ihrem berühmt gewordenen Urteil vom 28. Februar 1961 erklärten die Karlsruher Richter die von Adenauer installierte „Deutschland-Fernsehen GmbH" für verfassungswidrig. Der Bund habe, so hieß es im Urteil,

---

26 Ebd., S. 5337f.
27 SPD-Pressedienst v. 10.10.1959, in: AdsD, Bonn, Personalia, Heinz Kühn 1958–1964. Kühn beließ es nicht bei der Kritik. Er unterbreitete Gegenvorschläge. Der wichtigste lautete: „Deutsche Welle", „Deutschlandfunk" und Zweites Fernsehen sollten ihre rechtliche Grundlage durch Bund-Länder-Verträge erhalten. Staatsverträge zwischen Bund und Ländern hatten auch die Ministerpräsidenten gefordert.
28 Vgl. Parlamentsarchiv des Deutschen Bundestages, Protokoll der Sitzung des Ausschusses für Kulturpolitik und Publizistik v. 10.3.1960 und die Protokolle der folgenden Sitzungen.
29 Vgl. Heinz Kühn: Aufbau und Bewährung, S. 146.
30 Ebd., S. 147.

gegen seine Pflicht zu bundesfreundlichem Verhalten und gegen die durch den Artikel 5 des Grundgesetzes gewährleistete Rundfunkfreiheit verstoßen.[31]

Der Medienpolitiker Kühn konnte mit diesem Lauf der Dinge sehr zufrieden sein. Zwar ließen sich die regierungsnahen Bundesanstalten „Deutsche Welle" und „Deutschlandfunk" nicht vereiteln, aber ungleich wichtiger war für ihn, daß einem privaten bundesweiten Fernsehen ein Riegel vorgeschoben wurde. Dieser sollte immerhin mehr als zwanzig Jahre lang in der Bundesrepublik ein privates Fernsehen verhindern.

Auswärtige Kulturpolitik, Interparlamentarische Union und Auslandsreisen

Neben der Medienpolitik legte sich der Bundestagsabgeordnete Kühn einen zweiten Arbeitsschwerpunkt zu: die *auswärtige Kulturpolitik*. Angesichts seines großen Faibles für die *Außen*politik und seiner unbestrittenen *kultur*politischen Kompetenz schien er für dieses sektorale und nicht im Fokus des öffentlichen Interesses stehende Politikfeld geradezu prädestiniert. Es handelte sich außerdem um ein Spezialgebiet, das schon den jungen Heinz Kühn beschäftigt hatte. Als Journalist bei der Brüsseler Emigrationszeitung „Freies Deutschland" beobachtete er, wie sehr das Dritte Reich die auswärtige Kulturpolitik als ein planmäßig kalkuliertes Instrument äußerer Machtpolitik nutzte und mißbrauchte.

Seit der 3. Wahlperiode war Kühn auf dem Gebiet der auswärtigen Kulturpolitik unbestrittener Sprecher seiner Fraktion. Er leitete seitdem auch einen sich mit der bundesdeutschen Kulturarbeit im Ausland beschäftigenden Unterausschuß des Auswärtigen Ausschusses. Es war der Unterausschuß „Deutsche Institute und Schulen im Ausland", der sich freilich in der dritten Wahlperiode nur zu vier Sitzungen traf.

Es ist auffallend, daß Kühn in der auswärtigen Kulturpolitik mit der Regierung nicht den offenen Konflikt suchte wie in der Medienpolitik. Ihm schien bewußt: Das Thema eignete sich nicht für den politischen Tageskampf und den lautstarken Parteienstreit. Der Ton, den er hier anschlug, war deshalb moderat. Er bemühte sich um eine Atmosphäre, in der in Ruhe über die Schwerpunkte und Akzente bundesdeutscher auswärtiger Kulturpolitik diskutiert werden konnte. Sicher, der Oppositionssprecher Kühn übte unüberhörbar Kritik und machte nicht wenige Änderungsvorschläge, aber er betonte auch die Gemeinsamkeiten mit der Regierung. Das Verhältnis zwischen ihm und Außenminister von Brentano war von erlesener Höflichkeit. Ein enges Arbeitsverhältnis bestand auch zum Leiter der Kulturabteilung des Auswärtigen Amtes, dem Ministerialdirigenten Trützschler von Falkenstein und seinem Nachfolger Sattler, die die Planer der regierungsamtlichen Kulturarbeit im Ausland waren.[32]

---

31 Siehe hierzu Näheres in Bausch: Rundfunkpolitik nach 1945, 1. Teil, S. 433ff.
32 Vgl. Parlamentsarchiv des Deutschen Bundestages, Kurzprotokolle der Sitzungen des Unterausschusses „Deutsche Institute und Schulen im Ausland" v. 25.2.1959 und v. 18.2.1960.

Welche Zwecke sollte die auswärtige Kulturpolitik der Bundesregierung nach Meinung Kühns verfolgen? Was erschien ihm an der Praxis dieser Politik kritikbedürftig und welche Verbesserungsvorschäge unterbreitete er?

Auswärtige Kulturpolitik habe grundsätzlich nichts mit *politischer* Öffentlichkeitsarbeit, mit *politischer* Propaganda zu tun, bemühte sich Heinz Kühn der Regierung einzuschärfen.[33] Ihrem Wesen nach unterscheide sie sich von dieser. Um den Unterschied auch begrifflich deutlich zu machen, sprach er deshalb fast nie von auswärtiger Kultur*politik,* sondern von auswärtiger Kultur*arbeit.* Kühn fühlte sich zu dieser Unterscheidung gedrängt, weil die machtpolitische Instrumentalisierung der deutschen auswärtigen Kulturpolitik durch die Nationalsozialisten für ihn noch lebendige Erinnerung war.

Drei Zwecken habe die bundesdeutsche auswärtige Kulturarbeit zu dienen, betonte MdB Kühn. Sie solle zum einen „Selbstdarstellung dessen sein, was wir [die Deutschen, D. D.] waren und was wir sind, was wir zu den geistigen Gütern der Welt beigetragen haben […] und was wir dazu beitragen, die Probleme der Zeit zu meistern". Gerade auf „die geistig-kulturelle Selbstdarstellung des neuen Deutschlands" legte er großen Wert. Zum anderen könne sie dazu beitragen, den Völkern in den Entwicklungsländern „bei der Meisterung ihrer Probleme zu helfen"; sie könne für diese Völker „Hilfe zur Selbstentscheidung und -entwicklung" sein.[34]

Nicht zuletzt aber, so hob Kühn hervor, müsse sich die auswärtige Kulturarbeit der Bundesrepublik als ein Element in der weltweiten „kulturelle[n] Auseinandersetzung mit dem Kommunismus" begreifen. Vor allem nach der „sowjetischen Kulturoffensive" unter Chruschtschow „im asiatisch-afrikanischen Raum" werde es von entscheidender Bedeutung sein, ob es den Sowjets gelänge, „die Milliarde Menschen" in diesen Entwicklungsländern „auf ihre Waagschale zu plazieren, oder ob man ihnen zu einer freiheitlichen Gestaltung aus ihren eigenen Gesetzen, nicht nach unseren Vorschriften, helfen kann". „Uns Deutschen" falle dabei eine besondere Aufgabe zu, merkte er an, denn: „Wir sind frei vom Geruch des Kolonialismus im Bewußtsein dieser Völker." Dies sei kein moralisches Verdienst, dies sei die Gunst der Geschichte, „die uns die Kolonien verlieren ließ".[35] Ein gewisser Widerspruch bestand zwischen Kühns Vorstellung, deutsche auswärtige Kulturarbeit sei ein Beitrag zum „Wettkampf der Systeme" und seiner etwas konstruierten, künstlichen Forderung an die Adresse der Regierung, zwischen Kulturarbeit und politischer Öffentlichkeitsarbeit im Ausland fein säuberlich zu unterscheiden. In der Praxis jedenfalls war und ist diese Unterscheidung nicht durchzuhalten. Auswärtige Kulturarbeit ist nicht frei von politischen Implikationen.

Was die Zweckbestimmung der Kulturpolitik im Ausland betraf, gab es zwischen Regierung und Opposition aber einen großen Vorrat an gemeinsamen Überzeugun-

---

33 Vgl. Verhandlungsprotokolle des Deutschen Bundestages, 3. Wahlperiode, 119. Sitzung, S. 6869 u. S. 6878.

34 Ebd., S. 6871f. u. 6895, und Verhandlungsprotokolle des Deutschen Bundestages, 3. Wahlperiode, 36. Sitzung, S. 2038.

35 36. Sitzung, S. 2040, u. 119. Sitzung, S. 6878.

gen. Nur in Nuancen bestanden Meinungsdifferenzen. Etwas anders sah es da schon bei der materiellen Ausstattung und der praktischen Umsetzung der auswärtigen Kulturpolitik aus.

Obwohl die Regierung den auswärtigen Kulturhaushalt, den Titel 302, in den 1950er Jahren kontinuierlich aufstockte (von 6,8 Mio. DM in 1954 auf 28 Mio. DM in 1959)[36], zeigte sich Kühn mit dieser Entwicklung unzufrieden. Er forderte noch deutlichere Zuwachsraten. Als Anfang 1959 im Ausschuß für Kulturpolitik und Publizistik über die finanzielle Ausstattung des auswärtigen Kulturfonds beraten wurde, bezeichnete er es als „katastrophal, daß im Grünen Plan für die Förderung des deutschen Edeleies mehr Geld ausgegeben werde als an dieser Stelle für die auswärtigen Kulturbeziehungen der Bundesrepublik".[37]

Kritik übte Kühn auch an der Veranstaltungspraxis der deutschen Kulturinstitute im Ausland. Nachdem 1955 die ersten beiden deutschen Kulturinstitute in Rom und Ankara errichtet worden waren, existierten Anfang 1960 schon 35 bundeseigene Kulturinstitute. Ihr Rechtsträger war das Auswärtige Amt.[38] Kühn monierte, das von den Instituten angebotene Kulturprogramm sei zwar „edel, aber verstaubt". Den ausländischen Besuchern werde „Kulturpolitik in der Postkutsche" dargeboten. Man weiche zeitnahen Themen aus, die Veranstalter wagten es nicht, heiße Eisen anzupacken. Die kulturelle Situation gegenüber dem Osten verlange aber eine andere Aktivität, sie erfordere Gegenwartsbezug.[39]

Heinz Kühn führte Negativbeispiele an: Im Kulturinstitut in Ankara sei das zeitnaheste Vortragsthema „Bismarck und die Reichsgründung", in Lissabon „Heinrich Heine und Portugal" und in Tokio „Die Bedeutung der Monarchie in der Gegenwart". Der Leiter eines großen deutschen Kulturinstituts im Ausland habe ihm gesagt: „Wenn ich über Bert Brecht einen Vortrag veranstalte, wäre das Haus vom Keller bis zum Dach voll; aber dann müßte man andere Richtlinien bekommen."[40]

Kühn schrieb den Kulturinstituten auch ins Stammbuch, sie hätten sich einen neuen Adressatenkreis für ihre Programme zu erschließen. Nicht an „die überkommenen Eliten der Vergangenheit" sollten sie sich „in dem Massenzeitalter, in dem wir leben", wenden, sondern an die mittelständisch-intellektuelle Elite, an die „Lehrer, Journalisten, Parlamentarier, Professoren, Jugendleiter, Studenten". Von ihr gingen wichtige

36 Kurzprotokoll der 2. Sitzung des Unterausschusses „Deutsche Institute und Schulen im Ausland" v. 25.2.1959.

37 Parlamentsarchiv des Deutschen Bundestages, Protokoll der Sitzung des Ausschusses für Kulturpolitik und Publizistik v. 26.1.1959.

38 Kurzprotokoll der 4. Sitzung des Unterausschusses „Deutsche Institute und Schulen im Ausland" v. 18.2.1960. Weitere 65 zu diesem Zeitpunkt bestehende Kulturinstitute waren deutsch-ausländische Gemeinschaftsgründungen, die nur einen Verwaltungszuschuß von deutscher Seite erhielten. Entsprechend begrenzt war der Einfluß der Bundesregierung auf diese Art von Instituten (ebd.).

39 Protokoll der Sitzung des Ausschusses für Kulturpolitik und Publizistik v. 26.1.1959 und Verhandlungen des Deutschen Bundestages, 3. Wahlperiode, 119. Sitzung, S. 6872.

40 Verhandlungen des Deutschen Bundestages, 3. Wahlperiode, 119. Sitzung, S. 6872f.

„Multiplikatoreneffekte" aus. Kühn sprach in diesem Zusammenhang von einer „Demokratisierung der auswärtigen Kulturarbeit".[41]

Für dringend geboten hielt Kühn auch personelle Veränderungen in den deutschen Botschaften zugunsten von Kultur- und Wissenschaftsspezialisten. Es herrsche in ihnen eine „Disproportionalität zwischen Kulturreferenten und Militärattachés". Er bezifferte das Verhältnis auf etwa 1 zu 4. Besonders alarmierend sei der Mangel an Kulturspezialisten an den deutschen Botschaften in den asiatischen und afrikanischen Ländern. „Wir haben in ganz Asien und Afrika etwa 10 Kulturreferenten und Hilfsreferenten", meinte er Mitte 1960.[42]

Mit großem Wohlgefallen betrachtete Kühn die *Goethe-Institute* zur Förderung der deutschen Sprache im Ausland, die vom Auswärtigen Amt unabhängig waren, aber von ihm gefördert wurden. Sie leisteten „eine ungewöhnlich verdienstvolle Arbeit", denn die Sprache als das Instrument der Vermittlung von Ideen und Vorstellungen sei von ungeheurer Bedeutung. Angelegentlich empfahl er, noch mehr Gelder für die Einrichtung von Sprachdozenturen bereitzustellen. Nachdruck verlieh er seiner Anregung, indem er auf die östliche Konkurrenz verwies: Die Sowjets hätten jetzt ein ähnliches Institut ins Leben gerufen, und „die Zone" (womit er die DDR meinte) begänne jetzt ebenfalls „mit einer ausgeprägten Sprachoffensive".[43]

Überhaupt versuchte Kühn die *kulturelle* Wettbewerbssituation zwischen Ost und West immer wieder an konkreten Einzelfällen zu veranschaulichen. Dabei war es kein Zufall, daß die von ihm gewählten Beispiele aus den Entwicklungsländern überwogen. Denn er war davon überzeugt, daß der Ost-West-Konflikt auch vor der Dritten Welt nicht haltmache und daß die Emanzipation der Völker in den Entwicklungsländern sich nicht auf das Politische, Wirtschaftliche und Soziale beschränke, sondern sich auch auf kulturellem Gebiet vollziehe.

In einer Bundestagsrede vom 27. Juni 1958 führte er als Beispiel die Situation an der Universität der birmesischen Hauptstadt Rangun an. Die Universität sei von den Amerikanern für mehr als 4000 Studenten errichtet worden. Die Studenten seien jedoch stark kommunistisch infiltriert und hätten den sowjetischen Führern Chruschtschow und Bulganin vor eineinhalb Jahren einen triumphalen Empfang bereitet. Andererseits hätten sie aber auch großes Interesse „an deutscher Literatur, deutscher Wissenschaft und deutschem Geist". Die bundesdeutsche Gesandtschaft in Rangun sei außerstande gewesen, jemanden abzustellen, der dort regelmäßig Vorträge halte. Sofort habe sich dort eine kulturelle Delegation der DDR etabliert, die die Studenten mit Vorträgen über Deutschland füttere und „die ganz aus der Sicht Pankows" gehalten würden.[44]

Die von Kühn geschilderten Ranguner Ereignisse waren nicht ein der Presse oder diplomatischen Kanälen entnommenes Fallbeispiel, sondern beruhten auf eigener An-

41 Zitate ebd., S. 6872f., und Kurzprotokoll der 4. Sitzung des Unterausschusses „Deutsche Institute und Schulen im Ausland" v. 18.2.1960.
42 Verhandlungen des Deutschen Bundestages, 3. Wahlperiode, 119. Sitzung, S. 6875.
43 Ebd., S. 6876.
44 Verhandlungen des Deutschen Bundestages, 3. Wahlperiode, 36. Sitzung, S. 2040.

schauung und Recherche vor Ort. So verhielt es sich mit einer ganzen Reihe anderer von ihm zur Illustration herangezogenen Paradigmen aus der Dritten Welt, die seinen Reden zur auswärtigen Kulturpolitik Anschaulichkeit und Überzeugungskraft verliehen. Möglich war dies nur, weil er in den 1950er und frühen 1960er Jahren eine Auslandsreise nach der anderen unternahm, die meisten davon in *außer*europäische Länder. So berechtigt Kühns Beobachtung sein mochte, daß die östliche Seite eine „*Kultur*"- und „*Sprach*-Offensive" gestartet habe, so richtig ist sicher auch die Feststellung, daß von ihm selbst in diesen Jahren eine „*Reise*offensive" ausging.

Zu der Offensive trug seine Mitgliedschaft in der *Interparlamentarischen Union* (IPU) ab Januar 1956 bei, wozu ihm die SPD-Bundestagsfraktion verhalf.[45] Er trat damit in die Fußstapfen seines journalistischen und – partiell – politischen Lehrmeisters Wilhelm Sollmann, der als Reichstagsabgeordneter seit 1920 an allen Tagungen der Interparlamentarischen Union teilgenommen hatte.[46] Die 1889 in Paris gegründete IPU vereinte und vereint Parlamentarier aus Ländern unterschiedlicher Herrschaftsform. Nach dem Zweiten Weltkrieg gehörten ihr Parlamentsabgeordnete aus den Staaten des Ostblocks, des Westens und der Dritten Welt an. Sie verfolgt das Ziel, unter ihren Mitgliedern Verständnis für internationale Solidarität zu entwickeln und durch ihre Einflußnahme auf die nationalen Regierungen zur friedlichen Regelung von Konflikten beizutragen.[47] Organisatorisch setzt sich die IPU, die sich zu jährlichen Konferenzen trifft, aus Exekutivkomitee, Rat und Ausschüssen (Arbeitsgruppen) zusammen. Daß Kühn von der Bundestags-SPD in den IPU-*Kultur*ausschuß delegiert wurde, kann kaum überraschen. Im Herbst 1956 lud die Interparlamentarische Union in die thailändische Hauptstadt Bangkok ein. Es war die erste IPU-Jahrestagung, an der Heinz Kühn teilnahm. Die „Entwicklung der asiatischen und afrikanischen Länder" stand als Schwerpunkt auf der Agenda der Konferenz.[48]

Die kleine, interfraktionelle Bundestagsdelegation, der Heinz Kühn angehörte, machte auf ihrer Reise nach Bangkok in den Städten anderer asiatischer Staaten für mehrere Tage Station: in Bagdad, Teheran, Kabul, Neu-Delhi, Kalkutta, Agra und Rangun. Im Irak erlebte Kühn das Gepränge der Haschemiten-Monarchie, im Iran die Prachtentfaltung des höfischen Zeremoniells von Schah Resa Pahlewi. Auch Israel

---

45 Die SPD-Fraktion im Deutschen Bundestag. Sitzungsprotokolle 1949–1957. Bearbeitet von Petra Weber, Zweiter Halbband (Quellen zur Geschichte des Parlamentarismus und der politischen Parteien. Im Auftrag der Kommission für Geschichte des Parlamentarismus und der politischen Parteien hg. v. K. D. Bracher, R. Morsey u. H.-P. Schwarz), Düsseldorf 1993, S. 263.

46 Nach Kühn: Sollmann, S. 54.

47 Siehe Datenhandbuch zur Geschichte des Deutschen Bundestages 1949 bis 1982. Hg. vom Presse- und Informationszentrum des Deutschen Bundestages, Bonn 1983, S. 956.

48 Belege für Kühns diverse Auslandsreisen, die ich im folgenden einzeln erwähne, in: Politisches Archiv des Auswärtigen Amtes, Bonn, Abt. 7, 80.00/2, 80.05/3, Bd. 540; Abt. 7, 82.03-82.80, Bd. 959; Ref. 306/IB2, 82.20, Bd. 71; HiAdSt Köln, Nl. Heinz Kühn, Nr. 48 u. Nr. 96; AdsD, Bonn, Sammlung Personalia, Heinz Kühn 1958–1964; Privatarchiv Marianne Kühn, Briefe Heinz Kühns an M. Kühn v. 1.3.1953 (aus Chicago), v. 23.7.1958 (aus Rio de Janeiro) und v. 22.11.1959 (Poststempel) aus Bagdad.

168

Heinz Kühn vor dem Tadsch Mahal in Agra (Indien) im Jahr 1956.

stattete die Delegation einen Besuch ab. Am 29. Oktober 1956 betrat sie, von Kairo kommend, über jordanisch-Jerusalem durch das Mandelbaumtor israelischen Boden. Zwei Tage später verließ sie auf demselben Wege wieder das Land, um nach Beirut weiterzufliegen. Es war Kühns erste Visite im jüdischen Staat. In den folgenden Jahrzehnten zog es ihn immer wieder zu Besuchen nach Israel.

Ende Juli 1958 reiste Kühn – wieder im Rahmen einer Bonner Parlamentarier-Delegation – zur Jahrestagung der IPU nach Brasilien. Unmittelbar nach der Konferenz in Rio de Janeiro besuchte er Anfang August zusammen mit einer Handvoll deutscher Abgeordneten-Kollegen São Paulo und den Süden Brasiliens. Dort wurden sie auch in einigen Zentren der deutschen Besiedlung willkommen geheißen. Bei einem Empfang in der Präfektur und Stadtverordnetenversammlung von São Leopoldo replizierte Kühn auf die Begrüßungsansprache eines deutschstämmigen Stadtvertreters mit einer Rede. Für sie fand er, wie der deutsche Konsul in Porto Alegre an das Auswärtige Amt berichtete, „der schwierigen psychologischen Lage in überlegener Weise Rechnung tragend, den dankbaren und herzlichen Beifall der Stadtverordneten".[49]

Ein Jahr später, vom 26. August bis 4. September 1959, nahm Kühn an der IPU-Jahreskonferenz in Warschau teil. Diese Tagung war für die deutschen Teilnehmer

---

49 Politisches Archiv des Auswärtigen Amtes, Bonn, Ref. 306/IB2, 82.20, Bd. 71, Deutscher Konsul in Porto Alegre an das AA v. 25.8.1958.

eine besonders heikle Angelegenheit, weil sich am 1. September zum 30. Male der Überfall Hitler-Deutschlands auf Polen jährte. Heinz Kühn kombinierte die Reise mit Besuchen in Prag und Moskau, auf die weiter unten näher eingegangen wird.

Aber Kühns Drang hinaus in die Welt konnten die IPU-Jahreskonferenzen alleine nicht befriedigen. Schon 1953 begab er sich – eingeladen durch das Amerika-Haus in Köln – auf eine mehrwöchige USA-Reise (Marianne Kühn war bereits einige Monate zuvor in den Vereinigten Staaten gewesen). Iowa City, der „Dschungel Chikago"[50], Detroit, Washington D. C. und New York standen auf dem Programm. Er führte Gespräche mit nicht unwichtigen Männern aus der amerikanischen Politik, Wissenschaft und Gewerkschaftsbewegung. Den Hauptquartieren von CIO und AFL, den beiden Gewerkschaftsverbänden, stattete er einen Besuch ab.[51] 1957 unternahm er, eingeladen durch die französische Regierung, eine dreiwöchige Informationsreise durch West- und Äquatorialafrika. Im November 1959 sah er als Leiter einer Delegation der Sozialistischen Internationale Bagdad wieder. Nur gut ein Jahr vorher hatte im Irak eine Revolution stattgefunden. Der 23 Jahre junge König Faisal II. war durch eine Offiziersgruppe gestürzt und das Zweistromland war Republik geworden. Es habe sich seit seinem ersten Besuch im Jahre 1956 im Lande „manches geändert", schrieb er an seine Frau.[52] Im September 1960 brach Heinz Kühn zusammen mit 4 weiteren Bundestagsabgeordneten zu einer Mittelamerikareise auf. Anlaß der Reise waren die 150-Jahr-Feiern des mexikanischen Staates. Außer Mexiko besuchte er bei dieser Gelegenheit Guatemala, San Salvador, Haiti, Jamaika und – das revolutionäre Kuba Fidel Castros. Im Frühjahr 1961 startete er wieder zu einer mehrwöchigen Studienreise quer durch Westafrika; diesmal als Mitglied einer Delegation des Auswärtigen Ausschusses des Bundestages. Er besuchte den Senegal, Mali, Guinea, die Elfenbeinküste, Dahomay, Togo, Obervolta, Ghana und Nigeria.

Der rastlos Reisende fand zwischendurch aber immer wieder Muße, die bundesdeutsche Öffentlichkeit über seine Eindrücke in fernen Ländern zu informieren. Durch selbstverfaßte Zeitungsartikel, Mitteilungen im SPD-Pressedienst und durch viele Vorträge ließ er sie an seinen Afrika-, Süd- und Mittelamerika-Reisen teilhaben.[53]

---

50 Heinz Kühn an Marianne Kühn v. 1.3.1953, in: Privatarchiv M. Kühn.

51 In einer Kölner SPD-Wahlkampfbroschüre zur Bundestagswahl 1953 schilderte er seine Eindrücke von der Amerikareise: „Gesamteindruck? Für junge, arbeitsfähige Menschen, insbesondere solche mit technischen Berufen, ist dieses Land in der gegenwärtigen Konjunktur ein Land geradezu beneidenswerter Möglichkeiten. Der Lebensstandard weit über dem europäischen, die Freiheit des einzelnen so unbegrenzt wie kaum irgendwo anders in der Welt. Aber da sind auch Schattenseiten: Eine nur sehr ungenügende Hilfe bei Unfällen und langer Krankheit. Für hart vom Schicksal geschlagene Menschen, für Arbeitsinvaliden und langfristig Kranke kann sich dieses freundliche Paradies schnell in ein qualvolles Fegefeuer verwandeln." („Ein paar Bemerkungen zu meiner Amerikareise", in: „Letzte Meldungen vom Wahlkampf um das rechtsrheinische Köln"; befindl. in: AdsD, Bonn, Nl. Heinz Kühn, 1/HK AA 000001).

52 Heinz Kühn an Marianne Kühn v. 22.11.1959 (Poststempel), in: Privatarchiv M. Kühn.

53 Zeitungsartikel über Kühns Vorträge befinden sich in: HiAdSt Köln, Nl. Heinz Kühn, Nr. 96. Sie sind Quellen für die folgende Darstellung; außerdem zwei Aufsätze Kühns in Manuskriptform aus den Jahren 1958 und 1962: „Afrikanische Impressionen", in:

Bei den Vorträgen fehlten nie die Farblichtbilder als Anschauungsmaterial, die er mit seiner eigenen Kamera unterwegs geschossen hatte. Am Ende jedes Lichtbildervortrags war ihm der Beifall seiner Zuhörer gewiß. Denn Langeweile kam in ihnen nie auf. Sie waren eine Mischung aus locker-amüsanter, fesselnder und auf jeden Fall mit viel Witz dargebotener Reisebeschreibung und einem Stück Analyse der politischen und sozialen Wirklichkeit der Gastländer.

Wenn er über seine Erlebnisse im Schwarzen Erdteil erzählte, vergaß er nie, die Schönheit und die Reize der afrikanischen Frauen zu preisen. Mit viel persönlicher Teilnahme schilderte er aber auch seine Eindrücke in dem von ihm besuchten Urwaldkrankenhaus Albert Schweitzers in Lambarene. Kenntnisreich sprach er über die hauchdünne schwarze Intellektuellen-Elite „zwischen Dakar und Brazzaville". Und er zeichnete mit viel Einfühlungsvermögen Kurzporträts von Führungsfiguren des antikolonialen Befreiungskampfes in Westafrika, von denen er einige persönlich kannte: von Leopold Senghor (Senegal), Sekou Touré (Guinea), Felix Houphouet-Boigny (Elfenbeinküste), Kwame Nkrumah (Ghana) und Sylvanus Olympio (Togo). Deutliche Skepsis schwang mit, wenn er von dem Loi cadre (Rahmengesetz) der französischen Kolonialmacht aus dem Jahre 1957 berichtete, mit dem den Afrikanern *beschränkte* Selbstverwaltungsrechte eingeräumt wurden. Daß dies ein Versuch war, den politischen Unabhängigkeitsbewegungen der Afrikaner den Wind aus den Segeln zu nehmen, schien allzu offensichtlich. Skeptisch beurteilte er auch französische Bemühungen, die Investitionskraft der Mitgliedsländer der 1957 ins Leben gerufenen Europäischen Wirtschaftsgemeinschaft (EWG) zugunsten des Lebensniveaus der Afrikaner einzusetzen. Kühn verriet seinem deutschen Publikum in diesem Zusammenhang: Nicht selten habe er aus dem Munde afrikanischer Politiker die Befürchtung gehört, würde die Absicht Realität, bedeute dies eine Ersetzung des französischen Kolonialismus durch einen europäischen.

Mit viel Neugier bei seinen deutschen Lesern und Hörern konnte Kühn, der Vielgereiste, natürlich rechnen, wenn er seine Eindrücke von der Revolutionsinsel Kuba zum besten gab. Zwanzig Monate nach dem Sieg von Castros „Bewegung des 26. Juli" über das Batista-Regime hielt er sich auf dem Zuckerrohr-Eiland auf. Eine gewisse Sympathie für das sozialrevolutionäre Experiment klang durch, wenn er Fidel Castro, „halb Robin Hood, halb Don Quichotte", als jemanden charakterisierte, der nichts mit den „operettenhaften und gewaltgierigen Machtergreifern" zu tun habe, die die Politik mancher lateinamerikanischer Länder ausstoße „wie die Vulkane Glut und Dreck". Castro selbst sei kein Kommunist und der von ihm kreierte „Fidelismus" habe etwas von „Halbstarkentum", besitze aber auch eine „sehr ernste sozial- und nationalpolitische Substanz". Sein Programm sei Entfeudalisierung und Unabhängigkeit vom „kolonialistischen Kapitalismus". Auch gut eineinhalb Jahre nach dem Sieg stünden die kubanischen Massen unverändert hinter dem „Màximo Lìder", glaubte Kühn feststellen zu können. Dieser regiere die Insel plebiszitär-autokratisch. Mit Sorge betrach-

HiAdSt Köln, Nl. Heinz Kühn, Nr. 48; „Westafrikanische Eindrücke", in: AdsD, Bonn, Sammlung Personalia, Heinz Kühn 1958–1964.

tete er freilich das „Einsickern" von „Beratern" aus Moskau, Peking und Ostberlin. Das Schicksal der kubanischen Revolution hänge von ihrer Fähigkeit ab, die Unabhängigkeit vom Osten zu bewahren. Einen Artikel über das Kuba Fidel Castros schloß er mit dem Satz: „Solche Bewegungen können allerdings leicht kommunistisch werden und zögernd oder begierig nach den ‚vorfabrizierten Alternativen' Moskaus oder Pekings greifen, wenn die westliche Staatspolitik aus der Verletzung westlicher Privatinteressen die falsche Alternative zieht."[54]

Der Sammler „exotischer" Kunstschätze bei der Betrachtung einer afrikanischen Maske in seinem Eigenheim in Köln-Dellbrück.

Seine ausgedehnten Reisen in die Länder der Dritten Welt entfachten in Kühn eine neue private Sammelleidenschaft. Bisher erstreckte sich diese auf Bücher (und zeitweise auf Briefmarken), ab jetzt auch auf „exotische" Kunstschätze, auf Gegenstände, die man der religiösen und profanen *Volks*kunst Afrikas, Asiens und Lateinamerika zurechnen kann. Auf Märkten, Basaren und bei persönlichen Begegnungen mit Einheimischen erwarb er ein buntes Mixtum an Skulpturen, Schnitzereien, Masken und Malereien. Bald hingen, standen oder lagen sie in seinem schmucken Eigenheim[55], das er und seine Frau sich im rechtsrheinischen Köln-Dellbrück in ruhiger Wohnlage, auf dem Roteichenweg, bauen ließen und in das das Ehepaar mit Sohn Hendrik 1958 einzog. In den folgenden Jahren wuchs seine Exotik-Sammlung ständig, denn von jeder neuen Reise in ferne Länder brachte er weitere Liebhaberobjekte mit.

54 Heinz Kühn: Die Demokratie hat viele Formen. Das Kuba Fidel Castros und der Westen (Zeitungsausschnitt aus dem „Vorwärts"; undatiert, in: Nl. Heinz Kühn, Nr. 96).
55 Vgl. „Disput am jungen Chinabaum. Am Roteichenweg 5 macht Heinz Kühn Atempause von der Politik" (Neue Rhein-/Neue Ruhr-Zeitung v. 14.6. 1962) und „Politik aus einem Guß. Porträt des Politikers Heinz Kühn" (Vorwärts v. 27.6.1962), in: AdsD, Bonn, Sammlung Personalia, Heinz Kühn, 1958–1965.

Deutschlandpolitik, Ost-West-Konflikt, Europarat.
Kühn als sozialdemokratischer „Eisbrecher" in Prag

Mit seiner Arbeit als Medienpolitiker, als Spezialist für Fragen deutscher Kultur im Ausland und als ein durch ständige Reisen gebildeter Fachmann für die Dritte-Welt-Problematik scheint MdB Kühn noch nicht voll ausgelastet gewesen zu sein. Seine politischen Neigungen gingen noch in eine andere Richtung: Die *zentralen* Politikprobleme der jungen Bundesrepublik schlugen ihn in ihren Bann. Das waren *außen*politische oder durch die Außenpolitik zu lösende Probleme. Das große Thema der deutschen Nachkriegspolitik war die Wiedervereinigung Deutschlands. Auf welchem Wege sollte sie erreicht werden? Ganz eng verwoben mit diesem Problem war die Frage nach der politischen Positionierung der Bundesrepublik im Ost-West-Konflikt. An der Frage „Westintegration und Wiederbewaffnung der Bundesrepublik: ja oder nein?" schieden sich die Geister. Führte eine „Politik der Stärke" gegenüber der Sowjetunion zur Wiedervereinigung, oder war sie eher dazu angetan, dieses Politikziel zu verfehlen und den Ost-West-Gegensatz auf bedrohliche Weise zu verschärfen?

Die Fraktionsräson verhinderte, daß Kühn zu diesem brisanten deutschland- und außenpolitischen Problemkreis von der Tribüne des Bundestages aus Stellung nahm. Die erste Garde der Bundestags-SPD (zu der Kühn nicht zählte), Männer wie Ollenhauer, Carlo Schmid, Erler und Wehner (die dem Parlament schon seit 1949 angehörten), hatten – wie schon erwähnt – diesen zentralen Bereich personell besetzt. Auch im hochangesehenen Auswärtigen Ausschuß des Bundestages, dem Kühn immerhin seit 1956 als Vollmitglied angehörte, spielte er in den ersten Jahren eher eine Statistenrolle. Er hielt sich mit Wortmeldungen zurück, peinlich darauf bedacht, in diesem erlauchten Parlamentszirkel nicht die Kreise seiner prominenten, sich für die Außen- und Deutschlandpolitik zuständig fühlenden Fraktionskollegen zu stören.

Blieb Kühn innerhalb des Bundestages in den ersten Jahren seiner Parlamentszugehörigkeit weitgehend stumm, wenn es um die zentralen außenpolitischen Fragen ging, so sah das außerhalb des Parlaments schon anders aus. Seit 1954 trat er in seiner Eigenschaft als MdB in den Medien, hauptsächlich in Rundfunksendungen, als Interpret der sozialdemokratischen Deutschland- und Außenpolitik auf. Dabei waren für ihn persönliche Anregungen und Vorschläge tabu. Strikt hielt er sich an die von der Partei- und Fraktionsführung vorgegebene Linie, so z. B. in der am 9. Oktober 1954 vom NWDR auf UKW West ausgestrahlten Sendung am „Runden Tisch". In ihr diskutierte er zusammen mit seinen Bundestagskollegen Kurt Georg Kiesinger (CDU) und Dr. Erich Mende (FDP) über, wie es im Titel der Sendung hieß, „außenpolitische Tagesfragen: Wiedervereinigung, Wiederbewaffnung u. a."[56]

Kühn erklärte in der Sendung, daß es für die deutschen Sozialdemokraten bei allen internationalen Vereinbarungen „entscheidend" sei, ob man auf dem Wege zur Wiederherstellung der deutschen Einheit „einen Schritt vorwärts" komme. Die von der

---

56 Manuskript der Sendung in: AdsD, Bonn, Sammlung Personalia, Heinz Kühn, 1946–1957.

Regierung geplante Einbindung der Bundesrepublik in eine westliche Militärallianz betrachte die Sozialdemokratie als einen zum Wiedervereinigungsgebot im Widerspruch stehenden Schritt. Außerdem: Es könne für das wiedervereinigte Deutschland nur der Status der militärischen Bündnisfreiheit in Frage kommen. Die Russen würden „die sowjetische Zone" nicht herausgeben, wenn Gesamtdeutschland in ein westliches militärisches Paktsystem eingegliedert werde.

Knapp ein Jahr später, im September 1955 (die Bundesrepublik war inzwischen aufgrund der Pariser Verträge Mitglied der Nato und im Gegenzug die DDR Mitglied des Warschauer Paktes geworden), sprach Kühn in der NWDR-Sendung „Die Woche in Bonn" zur deutschen Außenpolitik. Er nahm den erst wenige Tage zurückliegenden Besuch des Kanzlers in Moskau zum Anlaß, die offizielle SPD-These zu vertreten, Adenauers „Politik der Stärke" sei zum Scheitern verurteilt. Auf SPD-Linie lag auch seine Forderung nach einer „gemeinsamen Außenpolitik" von Regierung und Opposition „um der Wiedervereinigung Deutschlands willen". Gemeinsame Aufgabe müsse es sein, das Konzept zu einem „kollektiven Sicherheitssystem" zu erarbeiten, das die Pariser Verträge ebenso auflöst wie die Warschauer Abmachungen, um die deutsche Vereinigung in Freiheit zu ermöglichen.[57]

Auf die Dauer gab sich Kühn mit der Rolle des medialen „Verkäufers" und Interpreten aber nicht zufrieden. Er wollte auf den zentralen Feldern der bundesdeutschen Außenpolitik selbst Akzente setzen. Ende der 1950er Jahre erfüllte er sich diesen Wunsch. Inzwischen war sein Ansehen als Parlamentarier merklich gestiegen. 1957 wählte die SPD-Bundestagsfraktion den polyglotten und viele westeuropäische Politiker zu seinen Bekannten zählenden Kölner in die Beratende Versammlung des *Europarats*. Hier erwarb sich Heinz Kühn rasch das Vertrauen der aus 15 Ländern stammenden sozialistischen Abgeordneten. Die 36 Mitglieder der sozialistischen Fraktion wählten ihn im April 1959 einstimmig zu ihrem Vorsitzenden.[58] Zum ersten Mal stand damit ein Deutscher an der Spitze einer Fraktion im Straßburger Europarat.

Erstaunlicherweise nutzte Kühn seine herausgehobene Position in der sozialistischen Fraktion nicht zu publikumswirksamen Redneraufritten im Plenum der Beratenden Versammlung. Wahrscheinlich legte er sich als Deutscher in dieser europäischen Institution *nach außen* bewußt Zurückhaltung auf. Abgesehen von Wortmeldungen zur Geschäftsordnung hielt er in den Jahren seiner Mitgliedschaft zum Europarat (bis 1963) nur eine einzige Plenumsrede. Das war im Oktober 1958. Bezeichnenderweise thematisierte sie das Problem der deutschen Teilung. Die Beratende Versammlung hatte sich in einer Generaldebatte mit der aktuellen Situation in den kommunistischen Staaten Ost- und Mitteleuropas auseinandergesetzt und eine die „So-

---

57 Der Text von Kühns Sendebeitrag wurde von der Pressestelle der SPD-Bundestagsfraktion am 24.9.1955 verbreitet. Er ist enthalten in AdsD, Bonn, Sammlung Personalia, Heinz Kühn, 1946–1957.

58 Nach dpa-Meldung vom 24.4.1959, in: ebd. 1959 wurde Kühn auch zum Vorsitzenden der Sozialistischen Fraktion in der Versammlung der *Westeuropäischen Union* gewählt, der er ebenfalls seit 1957 als Mitglied angehörte. Beide Vorsitzenden-Funktionen übte er bis zu seinem Ausscheiden aus dem Europarat und der WEU im Jahre 1963 aus.

wjetzone von Deutschland" betreffende Entschließung verabschiedet. In ihr bekundete sie der Bundesregierung, „der einzigen rechtmäßigen Sprecherin der Sowjetzonen-
bevölkerung", ihre Solidarität und Sympathie für die Leiden der Ostdeutschen, die
diese aufgrund der „totalitären Unterdrückung" zu ertragen hätten.[59] Kühns Rede bezog sich auf die Entschließung.

Er bedankte sich zunächst bei der Versammlung, um dann – in sehr höfliche Worte
verpackt – einige kritische Bemerkungen zu machen. Nach seiner Deutung spreche die
Resolution die Bundesregierung nur in ihrer Rolle als *Vermittlerin* an. Denn er vermute, daß die Sympathie der Versammlung in Wirklichkeit der Bevölkerung der Bundesrepublik, deren Parlament und vor allem dem Senat der Stadt Berlin gelte, „der arg ge-
prüften Hauptstadt Deutschlands". Lasse man einmal alle Bekundungen der Sympathie und alle gefühlsbetonten Deklarationen beiseite, so seien die Deutschen mit einer
extrem drückenden Aufgabe konfrontiert: der allmählichen, schrittweisen Wiederherstellung individueller Freiheit und des Rechts auf ein freies Leben für die 17 Millionen
Menschen in der „Ostzone". Um dieses Ziel zu erlangen, müßten die Deutschen jede
sich bietende Gelegenheit nutzen. „Totale Sklaverei" („total slavery") könne nicht einfach bekämpft werden, indem man gut klingende Resolutionen verfasse. Hier werde
die deutsche Politik ihren Weg auf schwierigem Gelände finden müssen („Here ger-
man policy will have to find its way along a difficult road").[60]

Kühn war der festen Überzeugung, daß die deutsche Politik auch intensive Gesprächskontakte zu Politikern aus dem kommunistischen Machtbereich suchen müsse. Er selbst, der durch das Amt eines Fraktionschefs im Europarat deutlich an Reputa-
tion gewonnen hatte, suchte solche Verbindungen. Im Vorfeld seiner Reise zur IPU-
Jahrestagung in Warschau Ende August/Anfang September 1959 streckte er erfolgreich seine Fühler Richtung Prag und Moskau aus. Vom Auswärtigen Ausschuß der
tschechoslowakischen Nationalversammlung wurde er schließlich zu einem Besuch
nach Prag, unmittelbar vor Beginn des Parlamentariertreffens in Warschau, eingeladen. Und vermittelt durch die sowjetische Botschaft in Bonn, zu der Kühn gute Kontakte hatte, erhielt er auch eine Einladung nach Moskau im direkten Anschluß an die
IPU-Konferenz.

Kühns Besuch in Prag dauerte eine ganze Woche, vom 20. bis 26. August 1959. Er
führte Gespräche mit dem Präsidenten der Nationalversammlung, Zdeněk Fierlinger,
anderen Abgeordneten des Parlaments, den führenden Leuten des tschechoslowakischen Rundfunks und Fernsehens und leitenden Mitarbeitern des Außenministeriums der CSR. Zum Besuchsprogramm gehörten Besichtigungen Prager Museen, ein
Kinobesuch und viele offizielle Essen. Als erster SPD-Politiker wurde Kühn vom CSR-
Rundfunk und -Fernsehen interviewt. Für eine von den Gastgebern ursprünglich vorgesehene Betriebsbesichtigung zeigte Kühn angeblich kein Interesse.

---

59 Council of Europa, Consultative Assembly, Official Report of Debates, Bd. III, Sitzung
    v. 17.10.1958, S. 752.
60 Ebd., S. 751f. Die Texte der Reden in der Beratenden Versammlung des Europarats,
    ebenso die von ihr verabschiedeten Empfehlungen und Entschließungen, sind nur in
    englischer und französischer Sprache überliefert.

Über den Ablauf des Besuchs, vor allem über den Inhalt der Gespräche, sind wir jetzt aus kommunistischer Quelle durch einen Fund im Archiv des tschechischen Nationalmuseums informiert. Im Nachlaß Zdeněk Fierlingers befinden sich schriftliche Aufzeichnungen über Kühns Prager Gespräche. Abgefaßt wurden sie in tschechischer Sprache von Fierlinger selbst und von anderen, namentlich nicht genannten tschechoslowakischen Gesprächspartnern. Die Berichte tragen die Stempel „Geheim" oder „Streng geheim".[61]

Um den Inhalt der Gespräche besser zu verstehen, ist es nützlich, sich den historischen Hintergrund, vor dem sie stattfanden, kurz zu vergegenwärtigen. Er ist gekennzeichnet durch eine Verschärfung des Ost-West-Gegensatzes, andererseits durch Bemühungen, diesen abzubauen.[62] Im März 1958 beschloß der Deutsche Bundestag nach vorangegangenen Protesten in der Öffentlichkeit und heftigen Auseinandersetzungen zwischen Regierung und Opposition die atomare Bewaffnung der Bundeswehr. Im November 1958 richtete der sowjetische Partei- und Regierungschef Chruschtschow an die Westmächte das Berlin-„Ultimatum". Er forderte den Abzug der westlichen Besatzungstruppen aus Berlin und die Umwandlung der drei Westsektoren in eine „Freie Stadt" innerhalb von sechs Monaten. Auf der Genfer Außenministerkonferenz der vier Siegermächte, die – mit Unterbrechungen – von Mitte Mai bis Anfang August 1959 stattfand, konnte in der Berlin- und Deutschlandfrage keine Einigung erzielt werden. Einziges greifbares Ergebnis der Konferenz, an der Vertreter beider deutscher Regierungen als „Berater" an „Katzentischen" teilnahmen, war die Vereinbarung eines Gipfeltreffens zwischen Parteichef Chruschtschow und Präsident Eisenhower Ende September 1959 in den USA. Eine gewisse Rolle spielte zu dieser Zeit in den Gesprächen zwischen Ost und West der vom polnischen Außenminister Rapacki Ende 1957 verkündete Plan einer atomwaffenfreien Zone in Mitteleuropa. Danach sollten in der Bundesrepublik, der DDR, Polen und der Tschechoslowakei keine Kernwaffen stationiert werden und die genannten Staaten auf die Aufstellung eigener atomarer Waffen verzichten. Inspiriert vom Rapacki-Plan war der im März 1959 von der SPD vorgelegte Deutschlandplan, der unter maßgeblicher Mitarbeit von Herbert Wehner konzipiert worden war. Er sah eine militärisch „verdünnte" Zone in Mitteleuropa und eine schrittweise Zusammenführung der beiden Teile Deutschlands als Vorbereitung gesamtdeutscher Wahlen vor.[63]

---

61 Archiv Národního muzea, Praha (Archiv des tschechischen Nationalmuseums, Prag), Nachlaß Zdeněk Fierlinger, Karton 37, Fasz. „Záznamy rozhovoru Zdenka Fierlingera s cizími představiteli", 1378 a–m, hier: 1378 g. Den archivalischen Fund verdanke ich Dr. Peter Heumos (München), die Übersetzung der Gespräche ins Deutsche Vera Brantsch (Köln), wofür ich beiden herzlich danke.

62 Vgl. zum Folgenden Adolf M. Birke: Nation ohne Haus. Deutschland 1945–1961, Berlin 1994, S. 457ff.

63 Nach Susanne Miller/Heinrich Potthoff: Kleine Geschichte der SPD. Darstellung und Dokumentation 1848–1990, Bonn 1991, 7. Auflage, S. 201.

Folgt man den Aufzeichnungen im Nachlaß Fierlinger,[64] so bemühte sich Kühn um eine flexible, die Bewußtseinslage seiner Gesprächspartner in Rechnung stellende Argumentation. Gleichzeitig scheute er sich aber nicht, seinen kommunistischen Gastgebern unangenehme Wahrheiten zu sagen. Als diese zum Beispiel wiederholt den Vorwurf erhoben, in Westdeutschland existierten „Revanchismus" und „Militarismus", gab Kühn zu, daß es im öffentlichen Leben der Bundesrepublik solche „Erscheinungen" gebe (er verwies auf Reden von Vertriebenenfunktionären), aber sie würden in der Tschechoslowakei aufgebauscht. Außerdem habe der „Revanchismus" auf die Politik in Bonn keinen Einfluß.

Kühn war auch bereit zu konzedieren, daß man beim Aufbau einer sozialistischen Tschechoslowakei unbestreitbare Erfolge erzielt habe. Das hinderte ihn aber nicht daran, im gleichen Atemzuge festzustellen, es gebe noch viele Menschen im Lande, die mit dem Kommunismus nicht einverstanden seien. Befragt nach seinem Verhältnis zur DDR war Kühn so unbefangen zuzugeben, daß er persönlich von der Existenz und der ständig wachsenden Bedeutung des zweiten deutschen Staates ausgehe. Dennoch sei er ein Gegner der DDR, denn mit der Unfreiheit, die dort herrsche, könne sich das deutsche Volk niemals abfinden.

Zum Teil massive Vorwürfe richteten Kühns Gesprächspartner an die Adresse der SPD. Besonders Fierlinger tat sich als SPD-Kritiker hervor. In der deutschen Sozialdemokratie sei schon nach dem Ersten Weltkrieg der „Unglaube an die Möglichkeit der sozialistischen Veränderung" vorherrschend gewesen. Und nach 1945 habe die SPD unter dem Druck des „Monopolkapitals" und des sich im Schlepptau der Amerikaner befindlichen „Adenauer-Regimes" ihre Ziele immer weiter zurückgesteckt. Die SPD habe das Volk durch die Vorstellung eines „kapitalistischen Wohlfahrtsstaates" getäuscht, meinte Fierlinger.

Kühn entkräftete die Vorwürfe seiner Gastgeber mit dem Hinweis, die SPD könne in der gegenwärtigen Situation kaum eine andere Politik treiben. Die breiten Massen in Westdeutschland seien gegenüber „sozialistischen Erlösungsparolen" immun. Sie sähen im Sozialismus eher ein „Schreckgespenst, besonders im Ulbrichtschen Sozialismus-Typ". Auch die Enthüllungen über das Stalin-Regime wirkten immer noch nach. Außerdem käme die andauernd gute Konjunktur der westdeutschen Wirtschaft der CDU zugute. „Das Sein des Menschen bestimmt sein Bewußtsein", zitierte er in diesem Zusammenhang Karl Marx. Kühn wies auch darauf hin, daß eine Reihe führender SPD-Politiker (er nannte Carlo Schmid, Fritz Erler, Karl Mommer, Willy Brandt, Heinrich Deist, Georg August Zinn und Max Brauer) eine große Koalition mit der CDU anstrebe, um so die Regierungsfähigkeit der Partei unter Beweis zu stellen.

Offenherzig machte Heinz Kühn seinen Gesprächspartnern klar, daß die SPD aus innenpolitischen Gründen, aus Rücksicht gegenüber den Wählern, in deutschland- und außenpolitischen Fragen vorsichtig operieren müsse. Das betreffe u. a. ihre Einstellung zur DDR und ihre Haltung zur Oder-Neiße-Grenze. Ein Gradmesser sei die

---

64 Das Folgende nach Archiv Národního muzea, Praha, Nl. Zdeněk Fierlinger, Karton 37, Fasz. 1378 a-m, hier 1378 g.

Resonanz auf den „Deutschlandplan" der Partei; er sei von Teilen der Bevölkerung, selbst von einem Teil der SPD-Mitglieder, negativ aufgenommen worden. Freimütig tadelte er Herbert Wehner, den starken Mann der SPD, „der durch seinen Radikalismus die Massen abstoße" (an anderer Stelle lobte er ihn freilich als denjenigen, der aus der SPD eine schlagkräftige Organisation gemacht habe).

Die SPD stehe aber für die Einrichtung einer atomwaffenfreien Zone in Mitteleuropa (nach seinen Informationen werde der amerikanische Präsident Eisenhower bei seiner Begegnung mit Chruschtschow eine solche Zone vorschlagen) und für die Aufnahme diplomatischer Beziehungen zu den Staaten des Warschauer Paktes. Er glaube jedoch nicht, daß während der Kanzlerschaft Adenauers diplomatische Beziehungen zustande kommen. Dagegen sträubten sich einflußreiche Leute in der CDU/CSU-Bundestagsfraktion. Kühn nannte die Namen Ernst Majonica und Karl Theodor Freiherr von und zu Guttenberg. Letzterer sei „ein Ideologe der Übersiedler". Andererseits arbeite aber die Zeit für das Anknüpfen der Beziehungen, meinte Kühn, zumal die einflußreiche Presse in der Bundesrepublik sich dafür einsetze. Er empfahl, bis zur Aufnahme der diplomatischen Kontakte die Beziehungen Schritt für Schritt enger zu knüpfen, z. B. durch kulturelle Austauschprogramme. Zufrieden konnten die tschechoslowakischen Gastgeber mit Kühns Bemerkung sein, aus der Sicht der SPD sei die Frage der Grenzen der ČSR „ein für allemal gelöst". Nicht akzeptabel war für sie seine Bemerkung, in Zukunft käme nur die Rückkehr „von einigen 100–200 Tausend [sudetendeutschen, D. D.] Personen in Betracht".

Die Ohren gespitzt haben dürften die tschechoslowakischen Gesprächspartner, als ihr deutscher Gast die Vermutung aussprach, daß es in fernerer Zukunft zu einer „Transformation", einer „Lockerung" (also Liberalisierung) im sozialistischen Lager kommen werde, die das Verhältnis der kommunistischen Parteien des Ostens zu den sozialdemokratischen Parteien im Westen positiv verändern werde. Nebenbei meinte Kühn, das Heranwachsen einer neuer Politikergeneration in den kommunistischen Ländern und in der SPD werde sich auf die Ost-West-Verhandlungen günstig auswirken.

Die unverkrampfte, flexible und offene Art, in der Kühn die Gespräche führte, blieb nicht ohne Eindruck auf seine kommunistischen Gastgeber. In einem zusammenfassenden Bericht heißt es, Kühn habe zu einigen internen (bundesrepublikanischen) und ausländischen Problemen offen Stellung bezogen. Verglichen mit anderen Sozialdemokraten habe er einen „weit realistischeren Standpunkt zu einer ganzen Reihe delikater Fragen" eingenommen. Kühn sei ein „professioneller Politiker", der die ganze Welt kenne und der unbestritten ambitioniert sei, früher oder später eine bedeutende Stellung innerhalb der SPD einzunehmen. Es sei erforderlich, mit ihm dauerhaften Kontakt zu halten.

Über Heinz Kühns Gespräche in Moskau im Anschluß an die Warschauer IPU-Konferenz stehen uns keine Aufzeichnungen zur Verfügung. Bekannt ist aber, daß er eine zweistündige Aussprache mit dem stellvertretenden Sowjetaußenminister Sorin hatte. Von Moskau reiste er sofort nach Straßburg zu einer Sitzung des Europarats. Dort berichtete er der Presse über seine Unterredung mit dem Sowjetpolitiker. Sorin habe ihm erklärt, daß die Lösung der deutschen Frage aus Sicht der Sowjetregierung im Moment realisierbarer erscheine als die Abrüstungsfrage. Die russische Regierung sei nach den Worten Sorins bestrebt, das Wiedervereinigungs- und Berlin-Problem auch ohne Klärung der Abrüstungsfrage zu lösen. Kühn zitierte Sorin: „Wir sind in Genf zu der Überzeugung gekommen, daß eine Lösung möglich ist, wenn nicht Adenauer Schwierigkeiten in den Weg legt.“[65]

Durch seine Reisediplomatie gen Osten erhielt Kühns Selbstbewußtsein starken Auftrieb. In einer Sitzung des Auswärtigen Bundestagsausschusses meldete er sich am 8. Oktober 1959 erstmals mit einem langen Redebeitrag zu Wort.[66] Der Ausschuß beschäftigte sich mit den Beziehungen der Bundesrepublik zu den osteuropäischen Staaten. Berichterstatter war der Abgeordnete von und zu Guttenberg. Der CSU-Politiker lehnte die Aufnahme diplomatischer Beziehungen zu den osteuropäischen „Satellitenländern“ rundweg ab, weil diese „Vollstreckungsorgane einer zentral gesteuerten Politik“ seien.

Kühn antwortete von und zu Guttenberg unmittelbar und „zerpflückte“ dessen Argumente. Die Aufnahme diplomatischer Beziehungen sei – so Kühn – schon aus bundesrepublikanischem Eigeninteresse notwendig. Denn mit solchen Beziehungen werde die diplomatisch-kulturelle Monopolstellung der DDR in diesen Ländern gebrochen. Mit vorsichtigen Worten, quasi „durch die Blume“, gab Kühn der erlauchten Runde zu verstehen, die Bundesrepublik werde auch nicht um die Anerkennung der Oder-Neiße-Grenze herumkommen. Dies war eine Vorstellung, die nicht auf SPD-Linie lag, und sie wurde deshalb prompt an Ort und Stelle von Ausschußmitglied Fritz Erler wieder zurechtgerückt. Das änderte aber nichts an der Tatsache, daß Kühns Wort zu den zentralen Fragen bundesdeutscher Außenpolitik seit Ende der 1950er Jahre nicht mehr überhört werden konnte.

Kühns Anstöße zur Parteireform

Mit der festen Absicht, die SPD zu reformieren, kehrte der mit den Ideen des ethischen Sozialismus sympathisierende Heinz Kühn 1945 aus dem Exil nach Deutschland zurück. Er fand eine Partei vor, die sich in vielem nicht von der Weimarer Sozialdemokratie unterschied. Die SPD war als eine auf „letzte Wahrheiten“ abonnierte Arbeiter- und Milieupartei *wieder*gegründet worden. Marxistisch beinflußtes Denken war in ihr nach wie vor vorhanden. Das war nicht im Sinne von Heinz Kühn. Aber für ihn gab es keine parteipolitische Alternative zur SPD. Er wollte deshalb die Partei von innen verändern; er beabsichtigte, sie *weltanschaulich* und *sozial* zu öffnen. Wir haben erfahren, daß ihm beim parlamentarischen Kampf um die Schulartikel der NRW-Verfassung (1950) ein erster Erfolg gelang. Gegen heftigen innerparteilichen Widerstand schwor

---

65 Nach Bericht des Straßburger Korrespondenten der Ludwigsburger Kreiszeitung. Zeitungsausschnitt v. 17.9.1959, in: AdsD, Bonn, Sammlung Personalia, Heinz Kühn, 1958–1965.

66 Das Folgende nach Parlamentsarchiv des Deutschen Bundestages, Stenograph. Protokoll der Sitzung des Auswärtigen Ausschusses v. 8.10.1959.

er die Landtagsfraktion auf Positionen ein, die eine Abkehr von der marxistisch geprägten Bildungspolitik und eine Öffnung für die Ideen eines ethischen und religiös
toleranten Sozialismus bedeuteten. Kühn hegte die Hoffnung, die SPD mit diesem
bildungspolitischen Kurswechsel für neue Wählerschichten, vor allem für katholische
Arbeiterwähler, attraktiv zu machen. Daß Kühns Hoffnung zunächst einmal ein from-
mer Wunsch blieb, war in erster Linie auf die katholische Kirche zurückzuführen, die
seine Annäherungsversuche mit Mißachtung strafte.

Aber Heinz Kühn ließ nicht locker. Sein Ziel, die SPD aus dem „Getto" weltanschaulicher Enge und sozialer Isoliertheit zu befreien, verlor er nicht aus den Augen.
Ihm wurde bewußt, daß dieses Ziel bei einer so eingefleischten *Programm*partei wie
der SPD ohne einschneidende programmatisch-theoretische Veränderungen nicht zu
erreichen war. Kühn drängte deshalb seit den frühen 1950er Jahren auf die Formulierung eines neuen Partei-*Grundsatz*programms. Das letzte von der SPD formulierte
Grundsatzprogramm, in dem klassenkämpferisch-marxistische Töne überwogen,
stammte aus der Weimarer Zeit. Es war 1925 in Heidelberg verabschiedet worden und
faktisch noch in Kraft.

1952 legte sich die Nachkriegs-SPD auf ihrem Dortmunder Parteitag nur ein *Ak-
tions*programm zu. Es hatte nicht die Aufgabe, die Partei langfristig programmatisch-
theoretisch neu zu positionieren, sondern es war mit Blick auf die nächste Bundestagswahl verabschiedet worden, diente also kurzfristigen Bedürfnissen. Parteireformer
Kühn war mit dieser Lösung unzufrieden. Er mahnte deshalb in einer engagierten
Rede die Parteitagsdelegierten, die Abfassung eines neuen Grundsatzprogramms nicht
aus den Augen zu verlieren. Er nannte auch die Gründe, warum ihm ein solches Programm so wichtig erschien. Kühn wörtlich: „Ich möchte vor der Illusion warnen, die
sich vielleicht in unserem Bewußtsein festsetzt, daß wir nach Verabschiedung des Aktionsprogramms nicht mehr mit hinreichender Aktivität an ein darüber hinausrei-
chendes Grundsatzprogramm heranzugehen brauchen. Wir brauchen dringend ein
solches, weit über die Dimensionen des Aktionsprogramms hinausgehendes Grundsatzprogramm. Wir brauchen es für den Hausgebrauch der Partei und darüber hinaus,
[…] um die Schichten anzusprechen, die innerlich auf dem Wege zu uns sind. Ich denke dabei besonders an die junge Generation unseres Volkes, aber auch an die geistige
Mittelschicht, an die technische Intelligenz usw."[67]

An anderer Stelle seiner Rede machte Kühn klar, daß das Gewinnen neuer Schichten für die SPD nur mit ihrer weltanschaulichen Öffnung, mit ihrer Bereitschaft, verschiedene geistige Strömungen in sich zuzulassen, erreichbar sei. „Um diese Orientierung weiterzuentwickeln, müssen wir positive Auseinandersetzungen mit den sozial-
politischen progressiven Kräften im Katholizismus und mit den sozial- und national-
politisch progressiven Kräften auch in der protestantischen Kirche suchen", meinte
Heinz Kühn. Erst dann werde es möglich sein, „die Hürde der 34-Prozent-Grenze, die
uns überall bei den Wahlergebnissen ein Halt geboten hat", zu nehmen.[68]

---

67 Protokoll der Verhandlungen des Parteitages der Sozialdemokratischen Partei Deutsch-
    lands vom 24. bis 28. September 1952 in Dortmund, Bonn o. J., S.129.
68 Ebd., S.130f.

Die programmatische Erneuerung der Partei, ihre Öffnung in weltanschaulicher und sozialer Hinsicht, sollte länger dauern als 1952 voraussehbar war. Immerhin, nach der verlorenen Bundestagswahl 1953 beschloß der Berliner Parteitag im Jahre 1954 die Ausarbeitung eines Reform-*Grundsatz*programms. Aber die Arbeit der 1955 eingesetzten Programmkommission kam nur sehr schleppend voran. Der Widerstand der „Traditionalisten" in der Partei war zu groß. Erst nach der verheerenden Wahlniederlage der SPD im Bund am 15. September 1957 – CDU/CSU standen mit einem Wähleranteil von 50,2% im Zenit ihrer Popularität – begannen die „Dämme der Tradition" wirklich zu brechen.[69] Der Bundestagsabgeordnete Kühn gehörte zu denjenigen, die bei diesem Dammbruch eine aktive Rolle spielten.

Schon in der Wahlnacht, als das Wahlfiasko der SPD feststand, ließ es MdB Kühn auf eine (am Telefon ausgetragene) Kontroverse mit dem Parteivorsitzenden und „Traditionalisten" Erich Ollenhauer ankommen. Ollenhauer hatte gegenüber den Medien die Niederlage zu verharmlosen versucht. Die SPD habe zwar das wichtigste Nahziel, die Brechung der absoluten Unionsmehrheit, verfehlt, sie habe aber das „zweite Nahziel" – so stark zu werden, daß Verfassungsänderungen nicht gegen ihren Willen durchgesetzt werden könnten – erreicht.[70] In einem Brief, den Heinz Kühn drei Tage später an Ollenhauer schrieb, machte er seiner Verärgerung über die Erklärung des Parteivorsitzenden noch einmal Luft: „Ich halte es nicht für gut, das was eine klare Niederlage ist, durch die Erfindung eines ‚zweiten Nahziels', welches man erreicht hat, beschönigen zu wollen. Gewiß, gemessen an einem noch schlimmeren Ergebnis, ist jedes Ergebnis noch ein Erfolg. Was mir aber psychologisch richtig, ja geradezu erforderlich schien, das war das freimütige Eingeständnis, daß wir die Schlacht verloren haben. Ein solches Eingeständnis der Tatsache sollte jedoch auch in dem Augenblick erfolgen, in dem man sie erkennt. Auch um der Parteiorganisation willen."[71]

Interessant ist der nur wenige Tage nach dem Wahldebakel verfaßte Brief auch deshalb, weil sein Schreiber Parteireformen oder, wie er es ausdrückt, „organisatorische und politische Konsequenzen im Sinne von Veränderungen und Verbesserungen" anmahnte. Expressis verbis forderte er seinen Partei- und Fraktionsvorsitzenden auf, er solle sich „weit aufschließen für alle Vorschläge, die in der Partei nun entstehen mögen". „Viele davon werden illusorisch sein, vielleicht auch die meinen", fügte er hinzu, aber das sei „nicht so schlimm wie die Vorstellung, daß alles so gut ist, wie es ist". Kühn unterbreitete in dem Brief auch schon konkrete Vorschläge zur personell-organisatorischen Umgestaltung der Parteispitze. Es solle die Funktion eines „Generalsekretärs" geschaffen und zu stellvertretenden Parteivorsitzenden sollten „die beiden nach der Struktur ihrer Persönlichkeit und nach der Richtung ihres Wirkens so verschiedenen

---

69 Lösche/ Walter: Die SPD, S. 113.
70 Vgl. Kurt Klotzbach: Der Weg zur Staatspartei. Programmatik, praktische Politik und Organisation der deutschen Sozialdemokratie 1945 bis 1965, Berlin/Bonn 1982, S. 398.
71 Heinz Kühn an Erich Ollenhauer v. 18.9.1957 (von H. K. fälschlicherweise auf den 18.10.1957 datiert, siehe Datumsstempel des Posteingangs), in: AdsD, Bonn, Bestand Erich Ollenhauer, Nr. 387, Parteidiskussion 1957.

Genossen Carlo Schmid und Herbert Wehner" gewählt werden.[72] Ganz offensichtlich vertrat Kühn jetzt die Meinung, daß personelle und organisatorische Veränderungen an der Parteispitze Voraussetzung für ihre programmatische Erneuerung waren.

Es dauerte nicht lange, und MdB Kühn gab sich auch in der Öffentlichkeit als drängender Reformer zu erkennen. Anfang Oktober 1957 öffnete die „Neue Rhein-/Neue Ruhr-Zeitung" (NRZ) ihre Spalten für zwei Artikel aus der Feder von Heinz Kühn. „Reformen in der SPD sind nicht aufzuschieben" und „Links und Rechts sind überholte Begriffe" lauteten die Titel der Aufsätze,[73] in denen der Kölner – wie schon im Brief an Ollenhauer – die Wahl Carlo Schmids und Herbert Wehners zu stellvertretenden Vorsitzenden empfahl (um „die geistige Spannweite der Sozialdemokratie zu kennzeichnen") und die Schaffung eines Generalsekretärpostens anregte (um „politische Führung und organisatorische Exekutive" schärfer voneinander zu trennen). Auffallend ist, daß Kühn in diesen Artikeln auch den Begriff der „Volkspartei" oder der „modernen Volkspartei" für die SPD reklamierte.

Personelle Veränderungen brachen sich zunächst nicht an der Parteispitze, sondern an der Spitze der Bundestagsfraktion Bahn. Anstelle der „Traditionalisten" Wilhelm Mellies und Erwin Schoettle wählte die Fraktion Ende Oktober die eng miteinander kooperierenden Reformer Carlo Schmid, Fritz Erler und Herbert Wehner zu ihren stellvertretenden Vorsitzenden. Auch Heinz Kühn wurde von seinen Fraktionskollegen für sein reformambitioniertes Verhalten belohnt: Er schaffte den Sprung in den Fraktionsvorstand.[74]

Im Mai 1958 sorgte dann der Stuttgarter Parteitag für eine historisch zu nennende Strukturreform an der Spitze der SPD. Wortführer bei dieser Aktion war Heinz Kühn. Schon vor dem Parteitag hatten die Reformer „den Apparat", „das Büro", d. h. die alte Garde der fünf *besoldeten* Parteivorstandsmitglieder, zur Zielscheibe ihrer Kritik gemacht. Die Gruppe der „Hauptamtlichen" (die auf den Parteitagen immer separat von den übrigen Vorstandsmitgliedern gewählt wurden) sah sich mit dem massiven Vorwurf konfrontiert, die Partei mehr verwaltet und „verbürokratisiert" als politisch effektiv geführt zu haben. Gerade auch die Niederlagen der SPD bei den Bundestagswahlen 1953 und 1957 lasteten die Reformer den „Hauptamtlichen" an; unter ihnen ganz besonders dem seit 1946 für Propaganda und Öffentlichkeitsarbeit zuständigen Fritz Heine. Gemäß den Vorstellungen der Reformer gaben die Parteitagsdelegierten der Institution des „Büros" den Abschied und setzten an ihre Stelle ein *politisches* Führungsgremium, das aus der Mitte des Vorstands zu wählende Parteipräsidium.

Heinz Kühn übernahm auf dem Stuttgarter Parteitag die Aufgabe, den Antrag auf Abschaffung des „Büros" zu begründen, was er mit der ihm eigenen Eloquenz erledigte. Er meinte, man könne nicht länger um eine bestimmte Gruppe von Vorstandsmitgliedern „den Naturschutzzaun eines besonderen Wahlgangs" ziehen. Die Partei brauche „eine effektive Führung" und deshalb müsse man „personell die besten Lösungen

---

72 Ebd.
73 NRZ v. 8. und 9.10.1957.
74 Nach Klotzbach: Der Weg zur Staatspartei, S. 404f.

und organisatorisch bessere Lösungen finden". Der starke Beifall der Delegierten war Kühn gewiß, als er seine Antragsbegründung mit den Worten schloß: „Die Partei […] ist ein lebendiger Prozeß im Wandel der historischen Bedingungen. Dieser lebendige Prozeß und dieser Wandel gilt nicht nur für die Denkinhalte, sondern auch für die Organisationsformen. Sie sollten wir der Zweckmäßigkeit anpassen. Unwandelbar allein bleiben unsere Ideale und die sittlichen Impulse unseres Handelns."[75]

Kann man ausschließen, daß sich Heinz Kühn bei der Antragsbegründung an seine Jugend erinnerte, an die Jahre 1932/33? Schon damals hatte er leidenschaftlich – wenn auch unter ganz anderen historischen Bedingungen – für eine Reorganisation des SPD-„Apparates" und für eine „Erneuerung der Führerschaft" in der sozialistischen Bewegung plädiert.[76]

Die Abschaffung des „Büros" geschah 1958 gegen den Willen des Parteivorsitzenden Erich Ollenhauer. Während der Rede des Hamburger MdB Helmut Kalbitzer, der Kühns Attacke gegen die „Besoldeten" voll unterstützte, rief der sonst für seine ruhige Art bekannte Parteivorsitzende erregt in den Saal (ohne daß sich eine Hand zum Beifall rührte): „Dem Geiste der Loyalität und der Aufrichtigkeit und der Sauberkeit entspricht ein solches Vorgehen nicht."[77] Daraufhin ergriff Kühn noch einmal zu einer persönlichen Erklärung das Wort, die er auch im Namen von Kalbitzer und MdB Willi Birkelbach abgab: „Wir wollen uns streng an die Grenzen einer persönlichen Erklärung binden, obwohl dies schwer fällt, und uns hier vor dem Forum der Öffentlichkeit darauf beschränken, diesen Vorwurf [gemeint ist Ollenhauers Zuruf, D. D.] entschieden zurückzuweisen."[78]

Durch das Wahldebakel vom September 1957 hielt auch die Arbeit der 1955 installierten Programmkommission neuen Auftrieb. Damit zeigte sich der Parteivorsitzende durchaus einverstanden. Ja, Ollenhauer drängte die Kommission sogar, so bald wie möglich einen ersten *Grundsatz*programm-Entwurf fertigzustellen.[79] Schon acht Monate später, beim Stuttgarter Parteitag, lag der Entwurf vor. Und nach dem Parteitag setzte die Kommission die Programmvorbereitung zügig fort. Heinz Kühn gehörte der Kommission oder einem ihrer Unterausschüsse nicht an. Das war aber auch nicht nötig, denn die Leitung der Kommission war aus seiner Sicht in den besten Händen. Sie lag bei Willi Eichler, dem Heinz Kühn in erster Linie verdankte, daß er in der Emigration zum Sympathisanten des ethischen Sozialismus wurde.

Im November 1959 lag dem SPD-Sonderparteitag in Bad Godesberg der überarbeitete Programmentwurf zur Beratung, Abänderung und Beschlußfassung vor. Als „Vater" des vom Parteitag verabschiedeten *Godesberger Programms* wird wohl zu Recht der ethische Sozialist Willi Eichler betrachtet, der als Vorsitzender der Programmkom-

---

75 Protokoll der Verhandlungen des Parteitages der Sozialdemokratischen Partei Deutschlands vom 18. bis 23. Mai 1958 in Stuttgart, Bonn o. J., S. 308f.
76 Vgl. S. 36 und 40 der Biographie.
77 Nach Stefan Appelius: Heine. Die SPD und der lange Weg zur Macht, Essen 1999, S. 305.
78 Protokoll der Verhandlungen des Parteitages in Stuttgart, S. 343.
79 Miller/Potthoff: Kleine Geschichte der SPD, S. 204.

mission wie kein anderer einen Beitrag zur inhaltlichen Ausgestaltung des Entwurfs leistete. Für die Abfassung des Wirtschaftsteils des Programms zeichnete Heinrich Deist verantwortlich, der Wirtschaftsexperte der sozialdemokratischen Bundestagsfraktion. Als Präsident des Reformparteitages fungierte zeitweise Heinz Kühn.[80] Er verdankte diese Ehre sicherlich vordergründig dem Umstand, daß der Parteitagsort in dem SPD-Bezirk lag, dessen Vorsitzender er war. Aber Kühns Parteitags-Präsidentschaft besaß zweifellos Symbolkraft. Heinz Kühn gehörte zu den entschiedenen Parteireformern und von ihm gingen, wie wir feststellen konnten, im Laufe der 1950er Jahre wichtige Reformimpulse aus.

Das Hervorstechendste am Godesberger Reformprogramm – dem ersten *Grundsatz*programm der Nachkriegs-SPD – war „sein Verzicht auf jede weltanschauliche oder theoriegeschichtliche Festlegung".[81] Der die Mitglieder verpflichtende „demokratische Sozialismus" beruhe zwar auf „gemeinsamen sittlichen Grundwerten" („Freiheit, Gerechtigkeit, Solidarität"), er wolle aber „keine letzte Wahrheiten verkünden".[82] Sozialistisches Wollen war nach Auffassung der Verfasser des Grundsatzprogramms auf unterschiedliche Weise religiös oder philosophisch begründbar. Die christliche Ethik, der Humanismus, die klassische Philosophie wurden als Quellen für den europäischen Sozialismus genannt. Der Marxismus blieb unerwähnt.

Außerdem: Das Godesberger Programm bejahte nicht nur die Landesverteidigung, es verteidigte auch weitgehend die in der Gesellschaft zur Entfaltung kommenden kulturellen und ökonomischen Interessen von Gruppen und Individuen gegenüber den Ansprüchen des Staates. In seinem kulturellen Teil konzedierte es den Kirchen und Religionsgemeinschaften einen „besonderen Auftrag" im „reich gegliederten und vielfältigen kulturellen Leben". In seinen wirtschaftspolitischen Passagen erwies das Programm der „freien Unternehmerinitiative", dem „freien Wettbewerb" seine Reverenz. „Wettbewerb soweit wie möglich, Planung soweit wie nötig" war die Devise.

Mit ihrem Godesberger Grundsatzprogramm hatte die SPD ideologischen Ballast abgeworfen – so konsequent wie nie zuvor in ihrer Geschichte. Seit Godesberg war die *volks*parteiliche Öffnung zu einer die SPD verpflichtenden Aufgabe geworden. Zwischen Aufgabe und Tat, zwischen *programmatisch-theoretischer* und *praktisch-politischer* Modernisierung der Partei gilt es jedoch zu unterscheiden. Für die Reformer war wichtig, daß der Geist von Godesberg in den frühen 1960er Jahren in alle Gliederungen der Partei einzog, sich auf allen ihren Ebenen ausbreitete, um in *praktische* Reformpolitik umgesetzt zu werden. Ganz und gar nicht war bei der Verabschiedung des Godesberger Programms abzusehen, daß Heinz Kühn zum erfolgreichen Partei- und Politik-Modernisierer auf der Ebene des Landes Nordrhein-Westfalen werden sollte.

---

80 Protokoll der Verhandlungen des Außerordentlichen Parteitages der Sozialdemokratischen Partei Deutschlands vom 13.–15. November 1959 in Bad Godesberg, Bonn o. J., S. 233ff.
81 Miller/Potthoff: Kleine Geschichte der SPD, S. 205.
82 Text des Godesberger Grundsatzprogramms in Miller/Potthoff: Kleine Geschichte der SPD, S. 407ff.

Der Parteireformer auf dem SPD-Sonderparteitag 1959 in Godesberg.

6. Der Oppositionsführer

Rückkehr in die Landespolitik. Spitzenkandidat in der Landtagswahl 1962

In der politischen Laufbahn Kühns waren ohne Zweifel die Jahre 1933 und 1945 die wichtigsten Zäsuren. Mit dem unfreiwilligen Gang ins Exil und mit seiner Rückkehr nach Deutschland veränderten sich die Bedingungen grundlegend, unter denen er politisch tätig sein konnte. Aber es gibt in Kühns Vita einen *dritten* Einschnitt, der für seine weitere politische Karriere richtungweisend war. Er wird durch das Jahr 1962 markiert: Kühn kehrte aus der Bundes- und Europapolitik in die *Landes*politik zurück. Warum?

Heinz Kühn hatte sich in den knapp zehn Jahren Bonner Parlamentarierdaseins nach oben gearbeitet. Er gehörte noch nicht zu dem kleinen Kreis wirklicher Spitzenleute in der Bundestagsopposition, aber in der Fraktionshierarchie spielte er eine herausgehobene Rolle. Bei seinen Bonner Fraktionskollegen genoß er Ansehen (seine Delegierung in die IPU und den Europarat sind dafür Indizien), obwohl er etwas von einem intellektuellen „Solisten" an sich hatte, der eine gewisse persönliche Distanz durchaus zu schätzen wußte. Auf jeden Fall besaß er eine Reihe von Fähigkeiten und Eigenschaften, die ihn in Bonn vorankommen ließen: rhetorisches Talent, rasche Auffassungsgabe, schnelles Reaktionsvermögen, Ehrgeiz, Fleiß und Umtriebigkeit. Auffallend war seine zunehmende außenpolitische Kompetenz. Einiges spricht dafür, daß sich Kühn, wäre er in Bonn geblieben, im Laufe der 4. Wahlperiode (1961–1965) zum profilierten außenpolitischen Sprecher seiner Fraktion gemausert hätte. Mit großer Wahrscheinlichkeit hat der ehrgeizige Heinz Kühn auch mit dem Gedanken spekuliert (ohne ihn auszusprechen), nach einem Regierungswechsel in Bonn eines Tages Außenminister der Bundesrepublik zu werden. Zugetraut hätte er sich jedenfalls diesen Posten ohne weiteres. Warum also der Wechsel von der Bonner und Straßburger Bühne auf die „Provinz"-Bühne in Düsseldorf, in die „Niederungen" der Landespolitik? Enttäuschungen und Frustrationen gab es auf seiten Kühns nicht. Seine Bonner Karriere konnte sich durchaus sehen lassen.

Ohne die prekäre Situation, in der sich die nordrhein-westfälischen Sozialdemokraten 1962 befanden, ist Kühns Wechsel nicht zu verstehen.[1] Der „Geist von Godesberg" hatte Anfang der 1960er Jahre auch Teile der nordrhein-westfälischen SPD erfaßt, aber eben nur Teile. In der SPD an Rhein und Ruhr rangen die „Traditionalisten", die sich mit dem Godesberger Programm sehr schwer taten, mit den Reformern. Je näher der Landtagswahltermin (8. Juli 1962) rückte, desto heftiger wurden die parteiinternen Kämpfe. Die Auseinandersetzungen fokussierten sich auf die Frage: Mit welcher Spitzenfigur soll die Partei in den Landtagswahlkampf ziehen?

---

1 Vgl. zum Folgenden Düding: Zwischen Tradition und Innovation, S. 167ff.

Die „Traditionalisten" entschieden sich für den Westfalen Fritz Steinhoff.[2] Der Mittsechziger Steinhoff, ein gelernter Bergmann, hatte schon in der SPD der Weimarer Zeit Wurzeln geschlagen. In der NS-Zeit mußte der bekennende Sozialdemokrat Zuchthausaufenthalt und KZ-Internierung erdulden. Zwischen 1956 und 1958 stand Steinhoff als erster sozialdemokratischer Ministerpräsident Nordrhein-Westfalens einer Koalition aus SPD, FDP und Zentrum vor.[3] Diese Regierung blieb jedoch ein landespolitisches Intermezzo. Schon nach zweieinhalb Jahren wurde sie in der Landtagswahl vom 6. Juli 1958 „abgewählt". Seitdem regierte die CDU das Land mit absoluter Mehrheit. Zum „Geist von Godesberg" hatte Steinhoff nur einen sehr begrenzten Zugang gefunden. Mit seinem parteireformerischen Elan war es jedenfalls nicht allzuweit her. Er repräsentierte viel mehr die SPD „vor Godesberg": die alles in allem traditionsgeleitete demokratisch-sozialistische *Arbeiter*partei. Noch Anfang der 1960er Jahre war Steinhoff als Vorsitzender des mächtigen SPD-Bezirks Westliches Westfalen und Chef des SPD-Landesausschusses in der nordrhein-westfälischen Sozialdemokratie eine einflußreiche Größe.

Die Reformer setzten auf Fritz Kassmann[4] als Spitzenkandidaten. Auch er war Westfale wie sein Rivale Steinhoff. Aber das blieb so ziemlich das einzige verbindende Element zwischen den beiden. Die Herkunft Kassmanns, eines katholischen Mittfünfzigers, war bürgerlich. Er hatte keinen sozialen Aufstieg aus engen Lebensverhältnissen hinter sich. Zur SPD stieß er erst nach 1945 und hatte in ihr keinerlei Gedanken auf mühevolle Parteiarbeit verschwendet. Dafür legte er den Habitus des dynamischen Reformers, des Politikmanagers und beruflich Arrivierten an den Tag. 1959 war der studierte Jurist mit dem scharfen Intellekt kaufmännischer Direktor der Vereinigten Elektrizitätswerke Westfalen AG geworden. Er galt unter Genossen und darüber hinaus als Symbolfigur der SPD „nach Godesberg", der sich auch für bürgerliche Wählerschichten öffnenden *Volks*partei. Im November 1961 war Kassmann von einer Mehrheit reformorientierter, hauptsächlich jüngerer Kräfte in der Landtags-SPD gegen den erbitterten Widerstand der „Traditionalisten" zum Fraktionsvorsitzenden gewählt worden.

Seinen Höhepunkt erreichte der Kampf zwischen „Traditionalisten" und Reformern um die Spitzenkandidatur auf einer Delegiertenversammlung der nordrheinwestfälischen SPD am 5. Mai 1962 in Düsseldorf.[5] Die Konferenz, auf der die Entscheidung über die Kandidatur fallen sollte, nahm einen Verlauf, der an Dramatik kaum zu überbieten war. Der Landesausschuß, das außerparlamentarische Lenkungsgremium der SPD auf Landesebene, ging mit einer klaren personellen Vorstellung in die Landeskonferenz. Er empfahl den Delegierten, Fritz Steinhoff zum Spitzenmann zu wählen. Schon zu Beginn der zwölf Stunden dauernden Marathon-Versammlung entstand aber aus der Mitte der jüngeren Delegierten heraus eine Pro-Kassmann-

2 Zu Steinhoff ebd. S. 43f. u. 168ff.
3 Zu dieser Regierungskoalition ausführlich ebd., S. 152ff.
4 Zu Kassmann ebd., S. 126 u. 170ff.
5 Ausführliche Berichte über den Verlauf der Delegiertenversammlung: Westdeutsche Allgemeine v. 7.5.1962 und Der Spiegel v. 16.5.1962, S. 26f.

Fronde. Sie ging von den Delegierten des Parteibezirks Niederrhein aus, die eine separate Versammlung abhielten. Die Pro-Kassmann-Bewegung erfaßte bald auch die mittelrheinischen und ostwestfälischen Delegierten und machte selbst vor Mitgliedern des Landesausschusses nicht halt. Daraufhin revidierte dieser seine Wahlempfehlung. Er schlug nun Kassmann für den Platz eins der Landesliste vor.

Aber augenblicklich formierte sich innerhalb der Delegiertengruppe der Westlichen Westfalen, unter denen Kassmann die meisten Widersacher hatte, eine Opposition. Die Kassmann-Gegner unter den West-Westfalen bestürmten Steinhoff, ebenfalls zur Wahl anzutreten. Dieser wehrte mehrmals ab, gab aber schließlich, als von Parteiveteranen Erinnerungen an gemeinsame Parteikampfzeiten beschworen wurden, zu Tränen gerührt nach. In der Abstimmung der Landesdelegierten über Platz eins standen sich also Kassmann, der Fraktionschef, und Steinhoff, der Landesausschußvorsitzende, gegenüber. In der geheimen Wahl siegte Kassmann mit 99 zu 88 Stimmen.

Zur totalen Verblüffung der Delegierten erklärte unmittelbar nach dem Urnengang Kassmann mit bleichem Gesicht seinen Verzicht. Er begründete ihn mit einer zu geringen Vertrauensbasis im Partei-„Apparat". Das knappe Ergebnis habe gezeigt, welche Kräfte auch künftig parteiintern gegen ihn mobilisierbar seien. Kassmanns sensationeller Schritt ist nur mit seiner „Dünnhäutigkeit" zu erklären, die ihm trotz aller nach außen zur Schau gestellten managerhaften Nüchternheit eigen war. Sie sollte seiner politischen Karriere deutliche Grenzen ziehen.

Als nach Kassmanns Rückzieher der desillusionierte Steinhoff es ablehnte, sich im Alleingang zur Nummer eins wählen zu lassen, standen die Delegierten vor einem Scherbenhaufen. Erlöst wurden sie aus dem Dilemma, als ihnen der Landesausschuß Heinz Kühn wie eine Art Deus ex machina als neuen Kandidaten präsentierte. Warum gerade Heinz Kühn?

Der Bundes-, Europa- und Dritte-Welt-Politiker Kühn hatte sich als Vorsitzender des SPD-Bezirks Mittelrhein einen gewissen Zugang zur Landespolitik bewahrt. Bekanntlich leitete er diesen kleinsten SPD-Bezirk in Nordrhein-Westfalen seit 1953. Für Heinz Kühn war deshalb auch die Teilnahme an der Landesdelegiertenkonferenz vom 5. Mai 1962 eine Selbstverständlichkeit. Hinzu kam, daß sich viele in der SPD seiner glanzvollen Zeit als Landesparlamentarier zwischen 1948 und 1954 erinnerten.

Aber es gab noch andere, tiefere, im „Seelenerdreich" der SPD zu suchende Gründe dafür, warum ihn die Mitglieder des Landesausschusses bestürmten, sich für die Wahl zum Spitzenamt zur Verfügung zu stellen. Kühn konnte etwas aufweisen, was auch Steinhoff auszeichnete, Kassmann aber fehlte und auf das die „Traditionalisten" in der Partei Wert legten: Er besaß trotz seiner intellektuellen Ausstrahlung sozialdemokratischen „Stallgeruch". Kühn war Arbeitersohn und schon vor 1933 zur SPD gekommen. Und nach 1945 hatte er sich u. a. wieder als Aktivist der Parteiorganisation zur Verfügung gestellt.[6] Diese Fakten versöhnten die „Traditionalisten" im SPD-Esta-

---

6 Kühns Abkehr von der SPD zwischen 1933 und 1945 war den allermeisten SPD-Genossen in NRW unbekannt. Bekannt dagegen war das Faktum seiner politisch motivierten Emigration, die für sein Ansehen in der Partei nur förderlich war.

blishment Nordrhein-Westfalens mit dem entschiedenen Parteireformer und über-
zeugten „Godesberger" Kühn.

Vom geballten Liebeswerben des „Landesausschusses" auf der Mai-Konferenz
konnte sich Kühn geschmeichelt fühlen, obwohl die Rückkehr auf die landespolitische
Bühne gewiß nicht zu seiner Lebensplanung gehörte. Schon vor dem 5. Mai unter-
nommene Versuche führender Jugendfunktionäre aus dem SPD-Bezirk Westliches
Westfalen, ihn zur Spitzenkandidatur zu bewegen, hatte er stets abgewehrt. Die von
der Landeskonferenz ausgehende Eigendynamik veränderte jedoch die Lage. Hinzu
kam, daß das während der Konferenz aus der Bonner SPD-„Baracke" telefonisch übermittelte Verdikt Herbert Wehners („Der Kühn muß das machen"[7]) ihn quasi zur Kandidatur verpflichtete. Heinz Kühn fiel die Entscheidung schwer;[8] aber er wurde – so
beschrieb er die Situation rückblickend metaphorisch – „wie ein halb resignierend,
halb widerstrebend störrischer Esel mit dem Strick der Disziplin an die Kandidatur gebunden".[9]

Kühns Wahl zur sozialdemokratischen Führungsfigur im NRW-Wahlkampf war
fast nur noch ein formaler Akt. Die durch den vielstündigen Verhandlungsmarathon
strapazierten Delegierten entschieden sich mit 163 von 166 Stimmen für ihn. Jetzt
stand er vor der schwierigen Aufgabe, sich in der knapp bemessenen Zeit bis zur Landtagswahl am 8. Juli 1962 als sozialdemokratischer Spitzenkandidat in das Bewußtsein
der NRW-Wähler einzugraben.

Kühn suchte sofort eine Anbindung an die Landtagsfraktion, deren Vorsitzender
auch weiterhin Fritz Kassmann hieß. In den Landtagsräumlichkeiten der Fraktion
richtete er das Wahlkampf-„Büro Heinz Kühn" ein. Von hier aus wurden Presse, Funk
und Fernsehen über alle persönlichen Erklärungen, Konferenzen, Besuche und Treffen des SPD-Spitzenmanns informiert. Mit ganzer Kraft stürzte er sich in den Wahlkampf. Dank Kühn war es eine innovative, moderne Wahlkampagne.[10]

Neu war z. B., daß die nordrhein-westfälischen Sozialdemokraten in einem Landtagswahlkampf Wählermeinungs-Analysen in Auftrag gaben, und zwar bei dem erst
seit kurzer Zeit bestehenden SPD-nahen „Institut für angewandte Sozialwissenschaften (Infas)" in Bad Godesberg. Dessen Leiter, Klaus Liepelt, nahm sogar in beratender
Funktion an mehreren Sitzungen des Landesausschusses und der Wahlkampfleitung
teil. Neu war auch, daß die SPD-Wahlkampfleitung konsequent die moderne Technik für ihre Zwecke einsetzte. So produzierte die NRW-SPD erstmalig bei einer Land-
tagswahlkampagne Fernsehwahlspots, und ihr Spitzenkandidat benutzte erstmals

---

7 Nach Heinz Kühn: Aufbau und Bewährung, S. 160.
8 Dieses Selbstbekenntnis ist enthalten in einem Brief Kühns an Fernand Georges, den Vi-
    zepräsidenten des Parti Ouvrier Socialiste Luxembourgeois v. 15.8.1966: HStA Düssel-
    dorf, RW 180 (Bestand SPD-Landtagsfraktion), Nr. 577 (Der Fraktionsvorsitzende. All-
    gem. Schriftverkehr, 1962–1966).
9 Kühn: Aufbau und Bewährung, S. 161.
10 Das Folgende nach HStA Düsseldorf, RW 138 (Bestand SPD-Landesverband), Nr. 305;
    Wolfgang Leirich: Die Landtagswahl vom 8. Juli 1962 in Nordrhein-Westfalen. Politik
    in einem Bundesland. Diss. rer. pol. Köln 1966, S. 52ff.

Hubschrauber und Charterflugzeuge als Fortbewegungsmittel. Modern mutete die sozialdemokratische Kampagne auch deshalb an, weil sie mit neuen Methoden den Spitzenkandidaten ins öffentliche Gespräch brachte. In den Wochen vor dem Wahltag gab Kühn täglich Pressekonferenzen in kleineren und mittelgroßen Städten, um so die Aufmerksamkeit der *lokalen* Presse auf sich zu ziehen. Zur gleichen Zeit schaltete die SPD-Wahlkampfleitung in allen Tageszeitungen Nordrhein-Westfalens eine Anzeigenserie, die ganz auf die Nummer eins abgestellt war. In halbseitigen Annoncen wurde Kühn den Wählern als der „brillanteste politische Kopf des Landes", als Politiker „von europäischem Format" schmackhaft gemacht, der die „ungelösten Probleme der modernen Gesellschaft" nicht mit „hausbackenen Rezepten" zu meistern versuche.[11] Die Botschaft war: Kühn ist ein auf der Höhe der Zeit befindlicher, perspektivisch denkender und die moderne Reform-SPD repräsentierender Politiker. Dieser Eindruck wurde durch gemeinsame Wahlkampfauftritte Kühns mit Willy Brandt noch verstärkt. Brandt galt bundesweit als der neue Hoffnungsträger der SPD. 1961 war es dem Berliner als „Kanzlerkandidat" immerhin gelungen, in einer stark amerikanisierten Wahlkampagne, die absolute Mehrheit der Union im Bund zu brechen.

Kühn scheute sich auch nicht, den Wahlkampf mit bundespolitischem Zündstoff anzureichern: Die erneute Kanzlerschaft des fast 86jährigen Konrad Adenauer nach der Bundestagswahl 1961, für die viele Bundesbürger kein Verständnis zeigten und die erst durch den „Umfall" der Bundes-FDP möglich wurde, geriet zu einem Top-Thema im NRW-Wahlkampf.

Eine besondere Note gab Heinz Kühn der Wahlkampagne auch dadurch, daß er für die Zeit nach der Wahl die Bildung einer „sozialen Koalition", also einer Regierung aus CDU und SPD, propagierte. Er knüpfte damit an ein von ihm und anderen führenden Sozialdemokraten Nordrhein-Westfalens schon Anfang der 1950er Jahre favorisiertes Koalitionsmodell an. Es gründete auf der Überzeugung, die nordrhein-westfälische CDU mit ihrem relativ starken christlichen Gewerkschaftsflügel stehe der SPD näher als die sozialpolitisch kaum engagierte FDP. Der Reformer Kühn hatte Karl Arnolds Wort, Nordrhein-Westfalen solle das „soziale Gewissen" der Bundesrepublik sein, nicht vergessen.

Kühns einfallsreich geführte Kampagne ließ am Wahltag die Zahl der SPD-Wähler in die Höhe schnellen. Der sozialdemokratische Wählerstimmen-Anteil stieg um mehr als vier Punkte auf 43,3%. Zum ersten Mal hatten die Sozialdemokraten bei nordrhein-westfälischen Landtagswahlen die 40-Prozent-Marke überschritten. Entscheidend war jedoch, daß die Christdemokraten bei dieser Wahl – wie schon ein Jahr zuvor im Bund – ihre absolute Mehrheit einbüßten. Sie lagen mit einem Stimmenanteil von 46,4% nur noch mit gut drei Punkten vor den Sozialdemokraten.[12]

---

11 Leirich: Die Landtagswahl vom 8. Juli 1962, S. 59.
12 Vgl. z. B.: Die Landtagswahlen in Nordrhein-Westfalen von 1947 bis 1990 (Schriften des Landtags Nordrhein-Westfalen, Bd. 6). Hg. von der Präsidentin des Landtags Nordrhein-Westfalen, Düsseldorf 1993, S. 55.

Die von Kühn ins Gespräch gebrachte „soziale Koalition" wurde nach dem Urnengang aber nicht Wirklichkeit. Die zwischen CDU und SPD geführten Koalitionsverhandlungen[13] verliefen bald im Sande – trotz anfänglich großer Sympathien für ein solches Bündnis auch innerhalb der Landtags-CDU. Die Intervention der CDU-Bundesparteileitung bei den Düsseldorfer Parteifreunden zugunsten einer CDU/FDP-Landesregierung – analog dem Bonner Koalitionsmodell – gab offenbar den Ausschlag. Ministerpräsident der neuen Koalitionsregierung wurde der Mönchengladbacher Rechtsanwalt Franz Meyers, der auch schon zwischen 1958 und 1962 Chef der allein von der CDU gestellten Landesregierung gewesen war. Als sein Stellvertreter und Innenminister fungierte der Hagener Liberale Willi Weyer. Dem schwarz-gelben Regierungsbündnis stand im Landtag eine durch den Wahlausgang selbstbewußt gewordene Opposition gegenüber. Deren Führer hieß Heinz Kühn. Denn völlig einmütig hob die Landtags-SPD in ihrer ersten Sitzung nach dem Wahltag den erfolgreichen Wahlkämpfer Kühn auf den Schild des Fraktionsvorsitzenden. Damit ging die Fraktionsära Kassmann nach nur acht Monaten zu Ende.

Kühn als Reformer von Partei, Fraktion und Parlament

Mit dem Bonus eines Mannes, der die Landes-SPD aus einer Bredouille gerettet und ihr dazu noch zu einem beachtlichen Wahlergebnis verholfen hatte, begann Kühn seine Arbeit als SPD-Fraktionschef und Oppositionsführer.[14] Erstmals führte ein Rheinländer die Fraktion, an deren Spitze bisher immer Westfalen gestanden hatten und in deren Mitgliedschaft die Westfalen eine solide Mehrheit besaßen.[15] Kühn war als Reformer nach Düsseldorf zurückgekehrt, und er wollte diesen Anspruch durch praktische Politik einlösen. Nur dann sah er die Chance eines Wahlsiegs bei der Landtagswahl 1966, wenn Fraktion und Partei im Sinne des Godesberger *Volks*partei-Konzepts auf Reformkurs gebracht würden. Der SPD-Erfolg bei den Juli-Wahlen konnte Heinz Kühn nicht darüber hinwegtäuschen, daß es in der nordrhein-westfälischen SPD einen erheblichen Reformstau gab. Kassmann hatte in seinem achtmonatigen Fraktionsregiment noch nicht viel an Veränderung bewirken können. Das lag nicht an ihm, sondern an den innerparteilichen Reformgegnern, die ihm das Leben schwer machten.

Schon am Tag seiner Wahl zum Fraktionschef, am 12. Juli 1962, eröffnete Kühn den Reformdialog. In einem Gespräch mit den Vorsitzenden und den Geschäftsführern der SPD-Bezirke in NRW machte er klar, daß er eine *Modernisierung der Partei-*

---

13 Ausführlich zu den Koalitionsgesprächen Leirich: Die Landtagswahl vom 8. Juli 1962, S. 110ff.
14 Dieses Unterkapitel insgesamt in enger Anlehnung an das Kapitel „Fraktion als Reformmotor" in Düding: Zwischen Tradition und Innovation, S. 165–240.
15 Nach Datenhandbuch zur Geschichte der SPD-Landtagsfraktion NRW (1946–1992). Hg. von der SPD-Landtagsfraktion Nordrhein-Westfalen. Bearbeitet von Michael Regenbrecht und Christoph Meyer, Düsseldorf 1993, S. 184.

organisation in Nordrhein-Westfalen für überfällig halte. Bis zu diesem Zeitpunkt besaß die nordrhein-westfälische SPD nur ein (außerparlamentarisches) Lenkungsgremium, den vielköpfigen und nur in längeren Zeitabständen tagenden Landesausschuß. Er war ein recht schwerfälliges und nicht wirklich effizient arbeitendes Parteigremium. Kühn schlug nun den „Bezirksfürsten" die Konstituierung eines über eigene Finanzmittel verfügenden SPD-Landes*verbandes* und die Wahl eines Landes*vorstandes* und Landes*vorsitzenden* vor.[16] Die Stoßrichtung war klar: Die Allmacht der vier SPD-Bezirke im Lande sollte zugunsten einer Landesorganisation, die diesen Namen verdient, eingedämmt werden. Zentralisierung und Effizienzsteigerung in der SPD Nordrhein-Westfalens war angesagt.

In den nächsten Monaten bewegte sich jedoch nichts. Der Bezirks-„Koloß" Westliches Westfalen, geführt von Fritz Steinhoff, befleißigte sich einer Hinhaltetaktik. In dieser Situation spielte Kühn sein überlegenes taktisches Geschick aus. Er revidierte seine Entscheidung, das Bundestagsmandat mit Ablauf des Jahres aufzugeben.[17] Kühn stellte also einen Zusammenhang zwischen der Organisationsreform und seinem Verbleiben in Düsseldorf her. Damit setzte er die zögernden „Traditionalisten" unter Druck.

Im Januar 1963 begann Kühns taktisches Kalkül aufzugehen. Im größten SPD-Bezirk fing man an, sich für eine Reform zu erwärmen. Nachdem der Bezirksausschuß der West-Westfalen grünes Licht für eine Organisationsreform gab, ließ auch die Zustimmung der übrigen SPD-Bezirke (Ostwestfalen-Lippe, Niederrhein und Mittelrhein) nicht auf sich warten. Auf einer Landesdelegiertenkonferenz im März 1963 sollte die Reform beschlossen werden. Kühn nutzte die Zusammenkunft, um den Anwesenden nachdrücklich die Bedeutung des Reformvorhabens vor Augen zu führen. Der Organisationswandel der SPD müsse als Teil des allgemeinen Wandels der Sozialdemokratie von einer Klassen- zu einer Volkspartei begriffen werden, schärfte er den Delegierten ein. So wie die Partei mit ihrem Godesberger Programm den veränderten Zeitverhältnissen ideologisch-politisch Rechnung getragen habe, so habe sie auch die „Infrastruktur" ihrer Organisation den modernen Erfordernissen anzupassen. Viel zu lange, nämlich „bis in die jüngste Zeit hinein", hätten die Sozialdemokraten „mit dem Organisationsinstrumentarium der August-Bebel-Zeit" hantiert.[18]

Mit der von der März-Konferenz verabschiedeten Organisationsreform („Richtlinien der SPD im Lande NRW") reiften nicht alle Blütenträume Kühns. Aber wichtige Teile seines Reformvorschlags wurden verwirklicht. Nicht realisiert wurde der Landes*verband*, dessen Konstituierung auch die Einberufung von Landes*parteitagen* möglich gemacht hätte. Zustande kam aber ein siebenköpfiger Landes*vorstand*. Er und der Landes*vorsitzende* sollten – so sahen es die Richtlinien vor – vom Landesausschuß gewählt

16 Düding: Zwischen Tradition und Innovation, S. 178.
17 Westdeutsche Allgemeine v. 5.1.1963 („Kühn bleibt bei seinen Bedingungen") u. Kölner Stadt-Anzeiger v. 5.1.1963 („Sozialdemokraten planen Neuordnung der Partei in Nordrhein-Westfalen").
18 Maschinenschriftl. Manuskript der von Kühn während der Landesdelegiertenkonferenz gehaltenen Rede in: HiAdSt Köln, Nl. Heinz Kühn, Nr. 73.

werden. Mit dem Landesvorstand wurde erstmals ein landeszentrales außerparlamentarisches SPD-Gremium geschaffen, mit dem rasches Agieren und Reagieren, aber ebenso kontinuierlich-konzeptionelles Planen möglich wurde. Das schon bestehende SPD-Landes*sekretariat* sollte personell aufgestockt werden. Die neu strukturierte SPD-Landesspitze (Vorstand, Sekretariat, Ausschuß) wurde mit Kompetenzen betraut, die bisher in der Alleinzuständigkeit der Bezirke lagen. Koordinierend sollte sie zuständig sein für Öffentlichkeitsarbeit (Wahlkampf eingeschlossen), Bildungs- und Kommunalpolitik.[19] Heinz Kühn konnte also zufrieden sein, zumal ihn der Landesausschuß schon vor der Konferenz zum *ersten SPD-Landesvorsitzenden* gewählt hatte. Nur knapp einen Monat nach der März-Konferenz legte er sein Bundestags- und auch sein Europarats-Mandat nieder.[20] Kühns Entscheidung für Nordrhein-Westfalen war nun endgültig.

Die gelungene Organisationsreform war nur der Auftakt, die Ouvertüre eines *mehrgleisigen* Reformprozesses in der 5. Landtagswahlperiode (bis 1966), der von Kühn initiiert und virtuos in Gang gehalten wurde. Der *Schwerpunkt* der Kühnschen Reformbemühungen lag in Fraktion und Parlament. Aber von den Neuerungen in der Fraktion blieb die Partei nicht unberührt. Mit Geschick verstand es Kühn, „die Partei im Parlament" mit der „Partei außerhalb des Parlaments" zu verkoppeln. Dazu trug allein schon bei, daß er beide in Personalunion führte. Viele andere personelle Querverbindungen leisteten bei diesem Verkoppelungsmanöver wertvolle Dienste.

Nach dem sozialdemokratischen Wahldebakel bei der Bundestagswahl 1957 hatte MdB Kühn schon der *Bundes*partei zu verstehen gegeben, daß nach seiner Meinung *organisatorische Reformen* und *personelle Veränderungen* in der SPD zusammengehören. Jetzt, als Fraktionschef in NRW, sah er das nicht anders. Deshalb betrieb er als Vorsitzender der 90 Mitglieder starken SPD-Fraktion eine *engagierte Personalpolitik*. Ziel dieser Politik war die Erhöhung der Schlagkraft und Arbeitseffizienz der Opposition. Dabei ließ er sich von einer Vorstellung leiten, die er von Wilhelm Sollmann, von Willi Eichler und den anderen ethischen Sozialisten des ISK lernt und die er tief verinnerlicht hatte. Es handelte sich um die Überzeugung, daß Demokratie und *politische Elite* sich nicht gegenseitig ausschlössen.[21]

Wie kein SPD-Landtagsfraktionschef in NRW vor ihm verfolgte er eine sich durch gezielte Talent- und Nachwuchsförderung auszeichnende Personalpolitik.[22] In der Fraktion sammelte er eine kleine Gruppe von besonders leistungsstarken und fachlich versierten Politikern um sich. Mit ihnen pflegte er durch persönliche Gespräche und

19 Vgl. ebd.; außerdem HiAdSt Köln, Bestand SPD-Bezirk Mittelrhein, Nr. 318. Landessekretär Scheffler an die Bezirksvorsitzenden v. 12.1963 und (Bielefelder) Freie Presse v. 12.3.1963.

20 Vgl. Datenhandbuch zur Geschichte des Deutschen Bundestages 1949 bis 1982, S. 1128.

21 Die allerersten Anfänge von Kühns Elitedenken dürften bis in die Kindheit und frühe Jugendzeit zurückreichen, als er der Aktivitas des katholischen „Bundes Neudeutschland" am Köln-Mülheimer Realgymnasium angehörte. Vgl. S. 16 der Biographie.

22 Nach Düding: Zwischen Tradition und Innovation, S. 185ff.

Briefkontakte einen regen Gedanken- und Meinungsaustausch. Dieses Führungsteam trug Verantwortung für die wichtigsten Politikfelder der Fraktion. Zu Kühns leistungsorientierter Fraktionselite, in der Mehrzahl Akademiker, gehörte kein einziges Mitglied der „alten Fraktionsgarde", kein einziger „Traditionalist". Die meisten der zu Kühns Führungselite zählenden Abgeordneten waren zwischen 40 und 50 Jahre alt. Gemessen am Durchschnittsalter der Fraktionsmitglieder – es lag bei gut 50 Jahren – war es also ein durchaus junges Führungsteam.

Zur Fraktionselite gehörten drei Parlamentarier, die ihre Leistungskraft als Kommunalpolitiker unter Beweis gestellt hatten: der Bildungsexperte der Fraktion *Fritz Holthoff* als Schuldezernent von Duisburg, der Fraktionsfinanzexperte *Hans Wertz* als Stadtkämmerer von Aachen, der Fachmann für Fragen der inneren Verwaltung *Walter Kliemt* als Oberstadtdirektor von Dortmund.

Weitere drei Politiker brachten juristischen Sachverstand in das Führungsteam ein: der dem Bürgertum entstammende Kölner *John van Nes Ziegler*, der Düsseldorfer bürgerlich-jüdischer Herkunft *Josef Neuberger* und – *Fritz Kassmann*. Alle drei hatten den Rechtsanwaltsberuf ausgeübt oder übten ihn noch aus. Kühns Verhältnis zu seinem Amtsvorgänger Kassmann war nicht sonderlich herzlich. Aber er konnte es sich nicht leisten, den Ex-Fraktionsvorsitzenden zu schneiden, da das westfälische Multitalent in der Fraktion immer noch über starken Rückhalt verfügte.

Ökonomisches Fachwissen kam in Kühns Führungsmannschaft ebenfalls nicht zu kurz. Es wurde vertreten durch den studierten Volkswirt mit der steilen Gewerkschaftskarriere *Wilhelm Haferkamp* und den aus Thüringen stammenden und nach dem Volksaufstand in der DDR (1953) in den Westen geflüchteten Betriebs- und Volkswirtschaftler *Heinz Nehrling*.

Der Jüngste in Kühns parlamentarischer Führungsmannschaft war *Johannes Rau*, Leiter eines evangelischen Jugendverlages in Wuppertal und Sohn eines Predigers. Gerade einmal 31 Jahre alt war der hoffnungsvolle und ehrgeizige Nachwuchspolitiker. Seit 1958 gehörte er dem Landtag an. 1963 übernahm er den Vorsitz im Fraktionsarbeitskreis „Jugend und Sport". Bildung und Kultur waren andere Arbeitsschwerpunkte des Wuppertalers. Im Januar 1965, als Kühn erfuhr, Rau sei in seiner Heimatstadt Anwärter für eine Bundestagskandidatur, schrieb der aufgeschreckte Fraktionschef einen langen Brief an das jüngste Mitglied seines Teams. In ihm bescheinigte er Rau, zu den wirklichen „politischen Talenten und Temperamenten", zu den „qualifiziertesten und erfolgreichsten Abgeordneten" der Fraktion zu gehören. Er erteilte ihm den freundschaftlich-persönlichen und den „von den sachlichen Notwendigkeiten der Fraktionsarbeit" diktierten Rat, „der Landespolitik die Treue zu bewahren".[23]

Der Personalpolitiker Kühn dachte auch perspektivisch. Er schaute sich im Lande nach ausgewiesenen Experten mit und ohne sozialdemokratisches Parteibuch um. Zu einigen von ihnen knüpfte er enge Kontakte. Es gelang ihm, sie für eine Landtagskandidatur im Jahre 1966 zu bewegen oder sie für die Idee zu gewinnen, sich im Falle einer

---

23 Heinz Kühn an Johannes Rau v. 21.1.1965, in: HStA Düsseldorf, Bestand RW 180 (SPD-Landtagsfraktion), Nr. 585.

Übernahme der Regierung durch die SPD nach den nächsten Landtagswahlen, für ein wichtiges Regierungamt zur Verfügung zu stellen. Zu diesem Personenkreis gehörten der Agrarexperte *Diether Deneke*, Regierungsdirektor im Bonner Landwirtschaftsministerium, *Hermann Lübbe*, Philosophie-Ordinarius an der Ruhr-Universität Bochum, der Diplom-Ingenieur und Technikfreak *Leo Brandt*, Honorarprofessor an der TH Aachen, *Friedrich Halstenberg*, Leiter der Abteilung Städtebau und Raumordnung im Bonner Wohnungsbauministerium, und *Fritz Stallberg*, stellvertretender Chefredakteur der sozialdemokratischen Wochenzeitung „Vorwärts".

Selbst einen prominenten sozialdemokratischen Bundespolitiker hätte Kühn liebend gerne für die Fraktion gewonnen: den bekennenden evangelischen Christen und aus der CDU ausgetretenen *Gustav Heinemann*, der als doppelt promovierter Staatswissenschaftler und Jurist sowie als Ex-Bergwerksdirektor und Rechtsanwalt ein bürgerliches „Aushängeschild" war. Allein, Heinz Kühns Überredungskunst fruchtete in diesem Falle nicht. Heinemann konnte sich für die Kandidatur nicht erwärmen. Ihn hielt es in Bonn. Er erteilte Kühn deshalb nach einer Bedenkzeit eine höflich formulierte Absage.[24]

Zum mehrgleisigen Reformprozeß, den Kühn als Fraktionschef und Oppositionsführer durchsetzte, gehörte auch eine von Grund auf veränderte *Öffentlichkeitsarbeit*. Kühn war – wie führende Reformer der Bundes-SPD – von der Notwendigkeit eines kommunikativen Öffnungsprozesses der SPD zutiefst überzeugt. Er verstand ihn als integratives Element der allgemeinen Modernisierung der Partei. Schon auf der Konferenz der Landesdelegierten im März 1963 hatte er verkündet, eine „gute Öffentlichkeitsarbeit" könne zukünftig nicht mehr „erst ein halbes Jahr vor der Wahl" gemacht werden, sie sei vielmehr „permanent über die ganze Legislaturperiode hinweg" zu gestalten. Ausgangspunkt der Öffentlichkeitsarbeit müsse die Fraktion sein, von hier aus sei sie „zu forcieren und zu stärken".[25]

Wichtigster Adressat der Öffentlichkeitsarbeit waren für den gelernten Journalisten Kühn selbstverständlich die Massenmedien.[26] So steuerte er als Fraktionschef einen konsequenten Öffnungskurs gegenüber den *Print*medien. Bis zur Übernahme des Fraktionsvorsitzes durch Kühn waren für die Fraktion die nicht der SPD nahestehenden Zeitungen im Lande als Ansprechpartner quasi tabu. Jetzt öffnete sie sich erstmals für die parteipolitisch neutrale oder mit anderen politischen Parteien sympathisierende Presse, zum Beispiel durch die Einrichtung eines regelmäßig erscheinenden Presse-Informationsdienstes und das Organisieren von Pressekonferenzen. Vor allem Kühn wurde als Interviewpartner zum hoch geschätzten Informations- und Ideenlieferanten für Journalisten nicht SPD-naher Zeitungen.

Es nimmt nicht wunder, daß die größte Medieneinrichtung des Landes, der Westdeutsche Rundfunk, im Kalkül Kühns, des agilsten Öffentlichkeitsarbeiters von Frak-

---

24 Gustav Heinemann an Heinz Kühn v. 8.12.1965, in: HStA Düsseldorf, Bestand RW 180, Nr. 579.
25 Maschinenschriftl. Manuskript der Kühn-Rede in: HiAdSt Köln, Nl. Heinz Kühn, Nr. 73.
26 Das Folgende nach Düding: Zwischen Tradition und Innovation, S. 195f. u. 201f.

tion und Partei, eine prominente Rolle spielte. Als stellvertretender Verwaltungsrats-vorsitzender des WDR richtete Heinz Kühn sein besonderes Augenmerk auf das unter der Regie des Kölner Senders entstehende dritte Fernsehprogramm. In ihm sollte der Selbstdarstellung des Landes ein besonderer Platz eingeräumt werden. Kühn wußte den Vorstand seiner Fraktion bei der wichtigsten Personalentscheidung in diesem Zu-sammenhang hinter sich. Der stellvertretende Verwaltungsratsvorsitzende favorisierte den Rundfunk- und Fernsehjournalisten Werner Höfer für den Posten des Pro-grammdirektors. Höfers einstige NSDAP-Mitgliedschaft tangierte ihn in seiner Ent-scheidung nicht. Für Kühn waren zwei Gründe ausschlaggebend: Er hielt Höfer fach-lich für sehr qualifiziert, und der Kandidat stand nach seiner Einschätzung der SPD *nahe*, obgleich sich Kühn und der Fraktionsvorstand einig in der Überzeugung waren, daß Höfers liberale Präferenzen – im Sinne *partei*politischer Nähe – noch größer wa-ren. Kühns Einsatz für Höfer war von Erfolg gekrönt. Ende 1964 wurde der Karriere-journalist vom Verwaltungsrat des WDR zum Programmdirektor gekürt.

Kühn schöpfte noch andere Möglichkeiten der Öffentlichkeitsarbeit aus. Seit An-fang 1964 unternahm er in seiner Funktion als Oppositionsführer eine Vielzahl von „Informationsreisen".[27] Sie führten ihn in so gut wie alle Regionen Nordrhein-West-falens. Die Fahrten waren nicht nur pure Public-Relations-Touren. Während seiner ausgedehnten Reisen – oft begleiteten ihn Experten seiner Fraktion – konnte auch et-was zustande kommen, das Kühn für wichtig hielt: das Gespräch mit dem Bürger. Heinz Kühn besuchte Rathäuser, Industriebetriebe, Zechen, Schulen, Universitäten, soziale Einrichtungen. Er sprach nicht nur mit Kommunalpolitikern, kommandieren-den Generälen, Arbeitgebern und Werksdirektoren, sondern auch mit Arbeitern, An-gestellten, Gewerkschaftern, Lehrern, Schülern, Studenten. Sicherlich war Kühn nicht nur geduldiger Zuhörer. Als „großer Kommunikator" brachte er auch die landes-politischen Vorstellungen der Landtags-SPD „an den Mann" und „an die Frau".

Merklich nervös reagierte die Landesregierung auf den ungewöhnlichen Informa-tionstourismus. Schon im März 1964 untersagte sie Kühn durch ein Schreiben des In-nenministers Weyer den von ihm ins Auge gefaßten Besuch der Landespolizeischule „Carl Severing" in Münster in seiner Eigenschaft als Oppositionsführer. Der Minister beschied dem Oppositionschef, das Informations- und Kontrollrecht werde durch die Parlamentsausschüsse ausgeübt.[28]

Mit viel Konsequenz verfolgte der reformfreudige Oppositionschef auch ein *parla-ments*reformerisches Ziel. Ihm ging es um eine Intensivierung, Verlebendigung der Landtagsarbeit. Dahinter steckte die Absicht, die öffentliche Resonanz der eigenen, *oppositionellen* Aktivitäten zu steigern und – vice versa – den Wettbewerbsvorsprung der Regierung in der aktuellen Berichterstattung zu verringern.

Schon Anfang 1963 brachte er im Namen seiner Fraktion einen Antrag auf Ände-rung der Geschäftsordnung des Landtags ein, der die Arbeitsweise des Parlaments

27 Ebd., S. 197.
28 Willi Weyer an Heinz Kühn v. 11.3.1964, in: HStA Düsseldorf, RW 180, Nr. 593.

Porträt des Oppositionsführers

substantiell verändern sollte.[29] Im Landtagsplenum begründete er seine parlamentsreformerischen Absichten en détail. Drei Elemente barg das Reformpaket in sich. Zur Belebung des Dialogs zwischen Parlament und Regierung (insbesondere zwischen Opposition und Regierung) solle nach Bonner Vorbild die parlamentarische *Fragestunde* eingeführt werden. Durch nichts könne dieses Institut ersetzt werden, weder durch die kleine noch durch die große Anfrage, die wegen ihrer schriftlichen Form viel zu zeitraubende und schwerfällige Vehikel seien. „Warum sollte" – fragte Kühn rhetorisch –, „was in London der Mutter der Parlamente gut zu Gesicht steht, nicht über Bonn kommend auch in Düsseldorf der Tochter Europas zur parlamentarischen Zierde gereichen?"

Um den Plenarsitzungen das Protokollarische, Notarielle, Zeremonielle zu nehmen, forderte Kühn (auch in diesem Fall vom Bonner Modell inspiriert) die Einführung von *Zwischenfragen.* Sie sollten von im Saal verteilten Mikrofonen aus gestellt werden können.

Der dritte Reformvorschlag bezog sich auf die Arbeit der Parlamentsausschüsse. Der Oppositionsführer empfahl – erstmals für ein deutsches Parlament – nach US-amerikanischem Vorbild in den Ausschüssen *öffentliche Hearings* zu institutionalisieren. Mit den Anhörungen, in denen Sachverständige oder Vertreter betroffener Interessen zu Wort kommen sollten, werde der Landtag zu „einer Art Clearingstelle der Ideen, der Erkenntnisse und der Einsichten". Dieser Reformvorschlag enthielt eine Spitze gegen gewohnheitsrechtliche Kompetenzen der Exekutive: gegen ihre erdrückende Anwesenheit in den Sitzungen der Parlamentsausschüsse und ihr, wie Kühn es sah, faktisches Informationsmonopol. Der Oppositionsführer zitierte in diesem Zusammenhang Max Weber: Der habe darauf hingewiesen, „daß es eine Schicksalsfrage der Demokratie sei, sich von der Vorherrschaft der Bürokratie zu befreien".

Als äußerst schwierig erwies sich die Durchsetzung der drei Reformvorschläge. Nicht die CDU-Fraktion, aber die CDU/FDP-Regierung sperrte sich. Erst im Mai 1965 gab das Kabinett Meyers die Blockade der Parlamentsreform auf und der Landtag verabschiedete eine neue Geschäftsordnung. Dank Kühn, dem „Vater der Parlamentsreform"[30], konnte sich die SPD-Opposition noch gerade rechtzeitig vor den 1966er Wahlen der neuen parlamentarischen Instrumente publikumswirksam bedienen.

Parallel zu seinem Bestreben, die Parlamentsarbeit substantiell zu reformieren, bemühte sich der Oppositionsführer auch um die Einführung eines neuen parlamentarischen *Stils,* um die Durchsetzung einer *wettbewerbs*orientierten Plenumsstrategie. Der neue parlamentarische Oppositionsstil wurde von Kühn in mehreren großen Landtagsreden zum Thema gemacht. Der Oppositionschef lieferte in ihnen das *theoretische* Unterfutter für den Stilwandel.

29 Nach Düding: Zwischen Tradition und Innovation, S. 211ff. Dort auch die Quellen für die folgenden Zitate.
30 Johannes Rau verlieh Kühn knapp zwei Monate nach Verabschiedung der Parlamentsreform diesen Ehrentitel: Johannes Rau an Heinz Kühn v. 20.7.1965, in: HStA Düsseldorf, RW 180, Nr. 585.

Der neue, von Kühn kreierte Parlamentsstil hatte rein gar nichts mit einer fundamentalistischen Oppositionsstrategie zu tun. „In der industriellen pluralistischen demokratischen Massengesellschaft von heute, die sich auf dem Wege zum Wohlfahrtsstaat bewegt", gehe „es nicht mehr um gegensätzliche gesellschaftliche Konzeptionen". Ein „Prozeß der gegenseitigen Annäherung" zwischen den nicht mehr von weltanschaulichen Gegensätzen beherrschten Parteien habe stattgefunden, dozierte der von der Volksparteiidee erfüllte Oppositionschef.[31] Demzufolge könne sich die parlamentarische Opposition nicht durch ein totales Kontrastprogramm von der Regierung unterscheiden. Sie müsse vielmehr mit ihr den Wettbewerb aufnehmen, indem sie die Prioritäten und Akzente in der Politik anders setze, sich durch ein Mehr an Motorik und Dynamik auszeichne, sich als die ideenreichere, innovativere, initiativfreudigere Politikergemeinschaft präsentiere.[32]

Zu dem von der Wettbewerbsidee bestimmten parlamentarischen Stil gehörte zum Beispiel, daß die Opposition die Zahl ihrer Interpellationen und kleinen Anfragen um ein Vielfaches erhöhte. Dazu gehörte aber auch, daß der weltläufige und in der Parlaments-Arena aufblühende Kühn bestrebt war, den eher bodenständig und bieder wirkenden Ministerpräsidenten Franz Meyers möglichst oft im parlamentarischen Disput zu stellen. Kulturexperte Holthoff und Finanzexperte Wertz nahmen sich an ihrem Chef ein Beispiel: Immer wieder suchten die „Schattenminister" der Oppositionsfraktion das Rededuell mit den Ressortministern.

Die Beschreibung von Kühns Reformkurs wäre unvollständig, ließe man ein Bestreben außer acht, das dem Oppositionsführer besonders am Herzen lag. Heinz Kühn ging es um einen *Klimaumschwung im Verhältnis zwischen nordrhein-westfälischer SPD und katholischer Kirche*. Schon einmal war Kühn treibende Kraft bei dem Versuch gewesen, die Beziehung zwischen SPD und Kirche grundlegend zu verbessern und zwar Anfang der 1950er Jahre als kulturpolitischer Sprecher seiner Fraktion beim Zustandekommen der Schulartikel und des Schulordnungsgesetzes im NRW-Landtag. Jetzt waren aber die Voraussetzungen für einen solchen Versuch ungleich günstiger als damals. Die Bundes-SPD hatte sich nämlich mit „Godesberg" gegenüber den Katholiken und ihrer Kirche programmatisch geöffnet. Sie verzichtete in ihrem neuen Grundsatzprogramm auf jedwede einseitige weltanschauliche Positionierung. Sie erklärte ihre Bereitschaft, mit den Kirchen „im Sinne einer freien Partnerschaft" zusammenzuwirken. Und sie bekannte sich zum Ausbau der Mitspracherechte der Eltern in der Schulerziehung.[33] Bald nach Godesberg gingen von der SPD-Führung weitere Signale der Verständigungsbereitschaft an die katholische Kirche aus. In ihrem „Regierungsprogramm" von 1961 akzentuierte die Bundes-SPD z. B. noch viel stärker als im

---

31 Landtag Nordrhein-Westfalen, Stenographische Berichte, 5. Wahlperiode, Bd. 2, 31.–58. Sitzung, S. 1214 u. 1738.

32 Ebd., S. 1738, u. Landtag Nordrhein-Westfalen, Stenographische Berichte, 5. Wahlperiode, Bd. 1, 1.–30. Sitzung, S. 434. Zur veränderten Plenumsstrategie der SPD-Opposition zwischen 1962 und 1966 vgl. Brigitte Dierl/Reinhard Dierl/Heinz Werner Höffken: Der Landtag von Nordrhein-Westfalen, Teil II, Bochum 1982, S. 917ff.

33 Miller/Potthoff: Kleine Geschichte der SPD, S. 416f.

Grundsatzprogramm die „Öffentlichkeitsaufgabe" der Kirchen, d. h. deren Recht, „ihr Wort zu den Fragen des öffentlichen Lebens zu sagen".[34]

Kühn trat auf mehreren großen Veranstaltungen der NRW- und der Bundes-SPD in den Jahren 1963/64 als eloquenter Anwalt des Öffnungskurses der SPD gegenüber dem Katholizismus auf. Den Auftakt stellte sein Referat auf der Landesdelegiertenkonferenz im März 1963 dar, das – wie wir schon feststellen konnten – auch aus anderen Gründen für die NRW-SPD richtungweisende Bedeutung besaß. Der neue Oppositionsführer schwor die Sozialdemokraten in NRW auf die Idee der Öffnung ein. Er erklärte die Zeiten, in denen sich katholische Kirche und SPD in „weltanschaulichen Gespensterschlachten" gegenübergestanden hätten, für beendet. Beide, katholische Kirche und SPD, hätten einen historischen Prozeß durchlaufen, der sie in der Gegenwart zu einem „aufrichtigen, partnerschaftlichen Verhältnis" befähige. Aufgabe der kommenden Landespolitik der Sozialdemokraten müsse es sein, „Gespräche und Begegnungen" mit Vertretern der katholischen Kirche zu suchen.[35]

Allein, der gewünschte Dialog ließ auf sich warten. Der katholische Episkopat „mauerte". In den vielen Stimmen aus dem katholischen Lager, die die SPD-Gesprächsofferte kommentierten, überwogen Skepsis, Zweifel und Ablehnung bei weitem.[36] Es ist bezeichnend, daß das Gespräch zwischen SPD-Führung und katholischer Kirche nicht in Deutschland begann, sondern in Rom. Im Februar 1964 empfing Papst Paul VI. eine vierköpfige SPD-Delegation unter Leitung Fritz Erlers in Privataudienz.[37]

Kühns Austritt aus der katholischen Kirche erwies sich bei seinem Liebeswerben um dieselbe natürlich als ein Handikap. Das mußte er schon bei den 1962er Landtagswahlen erfahren, als gewisse katholische Kreise ihn als Dissidenten bloßzustellen versuchten, wie z. B. anläßlich seiner Wahlkundgebung im westfälischen Münster am 4. Juli 1962. Nach seinem Auftritt wurden anonyme Flugzettel folgenden Inhalts verteilt: „Wer ist Heinz Kühn? Der Spitzenkandidat der SPD. Was denkt Heinz Kühn? Das sagte er in der Landtagssitzung am 1.4.1952 bei der Debatte über das Schulgesetz: Ich habe meine Trennung von der Kirche vollzogen, ich habe sie in Wort und Tat vollzogen (Landtagsprotokoll v. 1.4.1952, Band II). Die christlichen Wähler Münsters nehmen diese Erklärung des SPD-Spitzenkandidaten mit Interesse zur Kenntnis. Sie werden ihm am 8. Juli ihre Antwort geben."[38]

Solche und andere Attacken konnten Kühn aber nicht nachhaltig beeindrucken. Unverdrossen bemühte sich der Oppositionschef um Gesprächskontakte zu katholischen Bischöfen in NRW. Gleichzeitig bediente er sich einer Trumpfkarte. Genüßlich malte er in der Öffentlichkeit den Erosionsprozeß aus, der sich im katholischen Wahl-

---

34 Nach Hartmut Soell: Fritz Erler – Eine politische Biographie, Bd. II, Berlin/Bonn-Bad Godesberg 1976, S. 860.
35 Maschinenschriftl. Manuskript der Kühn-Rede in: HiAdSt Köln, Nl. Heinz Kühn, Nr. 73.
36 Frederic Spotts: The Churches and Politics in Germany, Middletown 1973, S. 339f.
37 Hierzu ausführlich Soell: Fritz Erler, Bd. II, S. 861ff.
38 HStA Düsseldorf, RW 138, Nr. 306, Bl. 116.

volk schon bei der Landtagswahl 1962 zugunsten der SPD vollzogen hatte.[39] In den dominant katholischen Großstädten Münster, Neuss, Köln und Bonn konnte die SPD überdurchschnittliche Gewinne verbuchen. Kühn spekulierte darauf, daß dieser Erosionsprozeß an der katholischen Basis schließlich auch die geschlossene Reihe der Gesprächsgegner im NRW-Episkopat ins Wanken bringen würde.

Anfang 1965 hatte er es geschafft. Lorenz Jäger, Erzbischof von Paderborn, empfing den NRW-Oppositionschef zu einem Gedankenaustausch. Davon bekamen die Medien Wind und verhalfen ihm zur Publizität. Kühn wäre nicht Kühn gewesen, hätte er sich diese nicht gewünscht. In einem Brief vom 20. April 1965 an Jäger (diesem war inzwischen die Kardinalswürde verliehen worden) setzte er freilich aus taktischen Erwägungen die Akzente anders: Er sei der Meinung, daß „solche Kontaktgespräche" „allein dem Gedankenaustausch" dienen sollten und nicht unter dem Aspekt einer „kurzfristigen propagandistischen", sondern einer „langfristigeren, sachlichen [...] Wirkung" gesehen werden müßten – zum Nutzen der katholischen Kirche und der SPD.[40] Kühn hatte etwas erreicht, was bis zu diesem Zeitpunkt keinem Bundespolitiker der SPD gelungen war: Er besaß einen Gesprächskontakt zu einem führenden Repräsentanten der katholischen Kirche in Deutschland, und die nordrhein-westfälische Öffentlichkeit war darüber informiert.

Erneuerung der Politikfelder

Kühns Bestreben, die von ihm geführte Opposition dem Wähler als reformfreudige Alternative zur Regierung zu präsentieren, hatte selbstverständlich auch Auswirkungen auf die *Inhalte* der Politik. Der Oppositionsführer rückte solche Politikfelder ins Zentrum der Fraktionsarbeit, mittels derer sich die Reform- und Zukunftsorientiertheit der Oppositionspolitik am ehesten demonstrieren ließ. An der Spitze standen drei Themen: Bildungspolitik, Raumordnung und Landesplanung, Bewältigung der Bergbaukrise.

Die *Bildungs- und Kulturpolitik* (in allen ihren Facetten) war Kühns ureigenes Thema. Speziell mit den Fragen der Schulbildung in Nordrhein-Westfalen hatte er sich schon Anfang der 1950er Jahre höchst intensiv auseinandergesetzt. Nun, in der 5. NRW-Wahlperiode (1962–1966), erhielt die Bildungspolitik wieder einen Platz ganz oben auf der Agenda der Landespolitik. Dafür gab es verschiedene Gründe. Nicht unwichtig war, daß in der bundesdeutschen Gesellschaft in der ersten Hälfte der 1960er Jahre eine Bildungsdiskussion in Gang gekommen war, die Reformpädagogen ausgelöst hatten. Als ihr Exponent galt der evangelische Pädagoge und Religionsphilosoph Georg Picht. Er und andere Pädagogen argumentierten, das Schulsystem der Bundesrepublik sei im Vergleich mit den Bildungssystemen anderer Industrieländer zurückgeblieben. In Nordamerika und verschiedenen europäischen Ländern habe

---

39   Maschinenschriftl. Manuskript der Kühn-Rede in: HiAdSt Köln, Nl. Heinz Kühn, Nr. 73.
40   Heinz Kühn an Lorenz Kardinal Jäger vom 20.4.1965, in: HStA Düsseldorf, RW 180, Nr. 580.

man leistungsfähigere schulische Organisationsformen entwickelt. Gradmesser für die Zurückgebliebenheit sei der erschreckende Abiturienten- und Lehrermangel in Deutschland. Nordrhein-Westfalen rangiere in der bildungspolitischen Vergleichsstatistik der Bundesländer sogar ziemlich weit unten.[41]

NRW besaß seit Juli 1962 einen neuen Kultusminister, den selbstbewußt-agilen und ohne „tierischen Ernst" Politik machenden Rechtsprofessor Paul Mikat. Er war der unbestrittene „Star" im CDU/FDP-Kabinett von Franz Meyers. Mikat knüpfte nicht an die reformabstinente Bildungspolitik der Kultusministerin Christine Teusch (1947–1954) oder des Kultusministers Werner Schütz (1954–1956 und 1958–1962) an. Der „aufgeklärte" Konservative distanzierte sich – wenn auch vorsichtig – von einer primär weltanschaulich motivierten Bildungspolitik. Und er war offen für die in Kreisen zeitgenössischer Pädagogen an Boden gewinnende Erkenntnis, daß bildungspolitische Reformen überfällig seien.

Neidlos erkannte der Oppositionschef an, daß Mikat ein Gewinn für die Landespolitik sei. Er stelle einen „großen Fortschritt" „gegenüber Christine Teusch" dar, schrieb Kühn an den Chefredakteur der NRZ Jens Feddersen. Er begreife die Auseinandersetzung mit dem neuen Kultusminister als eine solche „um Akzente und Nuancen", während jene zwischen Frau Teusch und den Sozialdemokraten eine „Auseinandersetzung zwischen Epochen" gewesen sei.[42]

Mikat hatte jedoch ein Problem. Sein bildungsreformerisches Wollen ging über das hinaus, was andere, konservativere Christdemokraten in Regierung und Fraktion zuzugestehen bereit waren. Sein Handlungsspielraum war also begrenzt. Das wurde von Kühn und seinen „beiden Brüdern im Geiste", Holthoff und Rau, messerscharf erkannt. Das kulturpolitische Spitzentrio der Opposition setzte mit einem wahren Feuerwerk bildungspolitischer Initiativen den Kultusminister unter Zugzwang und trieb aus der Opposition heraus die bildungspolitische Entwicklung in NRW ein Stück weit voran. Gleichzeitig gaben sie damit der eigenen Fraktion ein unverwechselbares bildungspolitisches Profil.

Die Initiativen waren breit gefächert. Gefordert wurde die Einführung von Schulkindergärten, die Errichtung von mehr Gymnasien in ländlichen Räumen zur Mobilisierung von Begabtenreserven, eine positivere Einstellung der Schulaufsichtsbehörden zur Koedukation, die stärkere Förderung der Erwachsenenbildung, die Einführung der Lernmittelfreiheit, die Umwandlung der Pädagogischen Hochschulen in *wissenschaftliche* Hochschulen – um nur einige Beispiele zu nennen. Einige der Petita konnte die Opposition durchsetzen, andere blieben unerfüllt.[43]

Der am weitesten gehende und brisanteste bildungspolitische Antrag der Opposition war jedoch der auf eine institutionelle Teilung der Volksschule in *Grund*- und *Haupt*schule.[44] Letztere sollte – um ein Pflichtschuljahr ergänzt – die 5. bis 9. Klasse

---

41 Georg Picht: Die deutsche Bildungskatastrophe. Analyse und Dokumentation, Olten/ Freiburg i.Br. 1964.
42 Heinz Kühn an Jens Feddersen v. 18.4.1966, in: HStA Düsseldorf, RW 180, Nr. 584.
43 Düding: Zwischen Tradition und Innovation, S. 233 u. 238ff.
44 Ebd., S. 236.

umfassen. Der Antrag war ein unverhüllter Angriff auf die durch Landesverfassung und Schulgesetz (1952) gedeckte einklassige oder nur aus wenigen Jahrgangsklassen bestehende „Zwergschule". Für Kühn und die anderen Bildungsexperten in der SPD-Fraktion war sie ein Anachronismus sondergleichen und der schlagende Beweis für die Rückständigkeit des nordrhein-westfälischen Schulsystems. Konsequenterweise brachte die Opposition deshalb auch Gesetzentwürfe zur Änderung der Landesverfassung und des Schulgesetzes im Landtag ein. Mikat wies die verfassungsändernde Vorlage der Opposition zurück.[45] Er wußte: Die CDU-Fraktion war für eine grundlegende Schulreform noch nicht „reif". Auf keinen Fall würde sie geschlossen für eine verfassungs- und gesetzmäßige Annullierung der Volksschule stimmen.

Mit einem wahren Feuereifer stürzte sich Oppositionsführer Kühn auch auf das sich in den frühen 1960er Jahren mehr und mehr in den Vordergrund schiebende Politikfeld der *Raumordnung und Landesplanung*.[46] Das Thema war zweifellos en vogue. Städte- und Gemeindetage, Verbände und Gewerkschaften griffen es auf, Länderparlamente und Landesregierungen nahmen sich seiner an. Mochte ihm auch ein modischer Beigeschmack anhaften, in seinem Kern war es aus den Notwendigkeiten der Zeit heraus geboren.

Nach 1945 war es auf dem Gebiet der Bundesrepublik wegen der enormen Vermehrung von Arbeitsplätzen in einigen Räumen mit vorteilhaften Standortbedingungen zu einer Verdichtung von Wohn- und Arbeitsstätten gekommen. Den partiell überlasteten Verdichtungsräumen mit ihren Problemen (Wohnungsmangel, überlastete oder unzureichende Verkehrssysteme, Luft- und Wasserverunreinigung, Lärm) standen industrie- und bevölkerungsschwache ländliche Problemgebiete gegenüber. Diese hatten wirtschaftlich und in ihrer Infrastruktur den Anschluß an den allgemeinen Entwicklungsstand in der Bundesrepublik verloren. Nordrhein-Westfalen war für diese ungleiche Entwicklung ein Paradebeispiel. Im bevölkerungsreichsten Bundesland lebten fast vier Sechstel der Einwohner in Verdichtungsräumen (Ruhrrevier, Rheinschiene), die zusammen nur ca. ein Sechstel der Fläche des Landes ausmachten. Dagegen verteilten sich die beiden anderen Sechstel der NRW-Bevölkerung auf fünf Sechstel der Landesfläche. Die großen Veränderungen in der Siedlungsstruktur Westdeutschlands nach dem Zweiten Weltkrieg und die damit zusammenhängenden Probleme verlangten nach komplexen *raumordnenden* Maßnahmen.

Auch die Regierung von Franz Meyers war sich der Dringlichkeit von Lösungen auf diesem problembeladenen Politikfeld bewußt. Aber bei der Beschäftigung mit dem Thema lief ihr der clevere und umtriebige Oppositionschef den Rang ab. Er hatte ein feines Gespür dafür, daß für seine Fraktion die Möglichkeit bestand, sich hier zu profilieren. Viel besser als die führenden Männer der Regierungskoalition verstand es der wortgewandte Kölner, das spröde Thema einer breiteren Öffentlichkeit in einer publikumsgerechten Sprache zu vermitteln. Der Reformer Kühn bezeichnete „Raumord-

---

45 Ebd., S. 237.
46 Das Folgende nach ebd., S. 223ff.

nung" schlankweg als eine „neue Dimension der Politik", als „ein wesentliches Mittel der Gesellschaftspolitik", als ein „Instrument der Gesellschafts*reform*".[47]

Um für den Wettkampf mit der Regierung auf diesem Felde gerüstet zu sein, organisierte der Oppositionschef beim SPD-Landesvorstand einen hochkarätig besetzten Brain-Trust. Ihm gehörten die versiertesten Fachleute für Raumordnung und Landesplanung an, unter ihnen Friedrich Halstenberg. Das Spezialistenteam legte Arbeitsergebnisse vor, die sich die Fraktion zu eigen machte und die ihr auf dem umkämpften Politikfeld ein eigenes Profil gaben. Es hob sich von dem der Regierungsparteien in zweierlei Hinsicht deutlich ab.

Die Meyers-Regierung beharrte bis zur Landtagswahl 1966 auf einer strikten organisatorisch-ressortmäßigen Trennung von raumordnender Landesplanung und *Struktur*politik. Für die SPD-Fraktion gehörten dagegen Raumordnung/Landesplanung und Strukturpolitik zusammen, für sie waren es nur zwei Seiten einer Medaille. Raumordnende Landesplanung sollte sich nicht nur im Unterbreiten von Analysen und Denkschriften erschöpfen. Sie hatte sich auch mit deren politischer Umsetzung, mit dem Entwerfen konkreter *Strukturprogramme* mit dem Ziel der Wirtschaftsförderung und der Verbesserung der Infrastruktur zu beschäftigen. Für das neue, aus herkömmlicher Landesplanung und Strukturpolitik *kombinierte* Politikfeld begann sich in der Fraktion der Begriff der *Landesentwicklungspolitik* durchzusetzen.

Anders als die Meyers-Regierung brachte die SPD-Fraktion Raumordnung und Landesplanung auch mit dem Gedanken der *kommunalen Gebietsreform* in engste Verbindung. Zwei Reformmodelle wurden in ihr gehandelt. Zum einen sollten sich in Verdichtungsgebieten („Ballungszonen") Nachbarstädte – ohne ihre Eigenständigkeit aufzugeben – zu Kommunalverbänden zusammenschließen. Zum anderen plädierte man für eine Gebietsreform auf dem Lande durch Zusammenschluß von Gemeinden und Landkreisen zu größeren, leistungsfähigeren Kommunen und Kreisen.

Heinz Kühn ließ es sich nicht nehmen, für beide Modelle öffentlichkeitswirksam zu werben,[48] was den Ruf der NRW-SPD, eine Sachwalterin kommunaler Interessen zu sein, bis zur Landtagswahl stärkte. CDU und FDP hängten sich dagegen selbst die Schelle der Kommunalfeindlichkeit um, als ihre beiden Landtagsfraktionen 1965 die Schaffung eines Regierungsbezirks „Ruhr" beantragten. Selbst konservative Medien warfen ihnen daraufhin vor, sie wollten mit diesem Antrag nur die „roten Rathäuser" an der Ruhr an die Leine nehmen.

Spätestens 1964 wurde die *Krise des Steinkohlebergbaus* zu einem Spitzenthema für die oppositionellen Sozialdemokraten;[49] spätestens seit diesem Jahr begriff sich die SPD-Fraktion als entschiedene Anwältin des in der Existenzkrise befindlichen Ruhrbergbaus. Auch bei der fraktionellen Meinungs- und Strategiefindung auf diesem Politikfeld ließ sich der Oppositionschef das Heft nicht aus der Hand nehmen.

47 Zitate aus Kühns Rede „Die gesellschaftspolitische Bedeutung der Raumordnung", gehalten auf der Raumordnungskonferenz der Nordrhein-Westfalen-SPD am 3.9.1964 in Essen (HStA Düsseldorf, RW 180, Nr. 359).
48 Z.B. ebd.
49 Zum Folgenden Düding: Zwischen Tradition und Innovation, S. 217ff.

Seit Ende der 1950er Jahre schwelte die *strukturelle* Bergbaukrise. Durch das Vordringen des Heizöls und der US-amerikanischen Kohle auf den deutschen Energiemarkt war die Steinkohle in die Bredouille geraten. Ab 1964/65 verschärfte sich die Krise an der Ruhr allerdings dramatisch: Zechen wurden geschlossen, Bergleute entlassen, Feierschichten gefahren, Kohlehalden türmten sich auf. Die für die Energiepolitik zuständige Bundesregierung unter Kanzler Ludwig Erhard (seit 1963) besaß kein geschlossenes energiepolitisches Gesamtkonzept. Erhard, Anhänger wettbewerblich-marktwirtschaftlicher Verhältnisse auf dem Energiemarkt, reagierte mit halbherzigen Maßnahmen.

Kühns Tatendrang in der Kohleangelegenheit speiste sich aus zwei Motiven: Er meinte, daß die politische Opposition im „Kohleland NRW" der Stachel im Fleisch der Landesregierung sein müsse, die nach seiner Überzeugung mit viel mehr Kraft die Interessen des Ruhrbergbaus im Bund zu vertreten habe (im Bundesrat und in Gesprächen mit der Bundesregierung). Das zweite Motiv lag tiefer. In den 1950er Jahren war im Ruhrgebiet – gegenläufig zum Bundestrend – eine politische Landschaft mit SPD-Hegemonie und eine sozialdemokratisch geprägte Lebens- und Arbeitskultur der „kleinen Leute" entstanden.[50] Für den Erhalt dieser Lebens- und Arbeitswelt, die durch die Kohlekrise bedroht schien, galt es nach Meinung Kühns zu kämpfen.

Der Oppositionsführer schreckte nicht vor der „brodelnden Atmosphäre" von Bergarbeiterversammlungen zurück,[51] aber der wichtigste Ort der Auseinandersetzung mit der Bundes- und Landesregierung war für ihn das Düsseldorfer Parlament. Unter seiner Federführung und in Abstimmung mit der Industriegewerkschaft Bergbau und Energie entwickelte die Opposition eine Krisenbewältigungsstrategie. Mit ihr zog die Landes-SPD einen klaren Trennungsstrich zu ihrer „Sozialisierungs-Vergangenheit". Die lag gar nicht so weit zurück. Noch im Landtagswahlkampf 1958 hatte die Steinhoff-SPD die „Überführung des Kohlebergbaus in Gemeineigentum" propagiert.

Die Krisenbewältigungs-Offerte der SPD-Fraktion mutete recht modern an. Sie bestand aus einer Flut von Anträgen und war inhaltlich ein Compositum aus *energie-*, *sozial-* und *struktur*politischen Maßnahmen. Sozial- und Strukturpolitik lag in der Kompetenz der Landesregierung. Auch im Handlungskonzept der Opposition waren Zechenstillegungen nicht ausgeschlossen. Aber vorher seien alle Möglichkeiten der innerbetrieblichen Rationalisierung (Anwendung neuer Technologien) auszuschöpfen. Auf jeden Fall sollten betriebsbedingte Entlassungen sozialpolitisch abgefedert werden. Modern war das Konzept vor allem, weil in ihm das Plädoyer für einen strukturpolitischen Wandel an der Ruhr nicht fehlte. Neue, zukunftsträchtige Industrien seien in der Ruhrregion anzusiedeln.[52]

---

50 Vgl. Lutz Niethammer (Hg.): „Die Jahre weiß man nicht, wo man die heute hinsetzen soll." Faschismus-Erfahrungen im Ruhrgebiet. Lebensgeschichte und Sozialkultur im Ruhrgebiet 1930 bis 1960, Bd. 1, Berlin/Bonn 1983, S. 7ff.
51 Nach Landtag Nordrhein-Westfalen, Stenographische Berichte, 5. Wahlperiode, Bd. 2, S. 1588.
52 Düding: Zwischen Tradition und Innovation, S. 220f.

Eine neunstündige, hitzige, von langen heftigen Tumulten begleitete Kohle-Debatte Mitte März 1966 im Landtag (nur wenige Monate vor der Landtagswahl) nutzte Kühn, um die Landesregierung auf die Anklagebank zu drängen. In ihr bezeichnete er den NRW-Wirtschaftsminister Gerhard Kienbaum (FDP) als „Symbolfigur des geradezu altliberalen Prinzips des Laufenlassens, des Laisser-faire, des Laisser-aller". Und Ministerpräsident Meyers machte er den Vorwurf, auf die Linie seines Wirtschaftsministers eingeschwenkt zu sein, obwohl er noch kürzlich die große Zukunftschance der Kohle entdeckt habe.[53] Daß in die „Gesamtdramaturgie der Debatte" auch die SPD-Oberbürgermeister der Revierstädte „eingefädelt" wurden, war Kühns Idee.[54] Mit der Landtagsdebatte konnte die NRW-SPD allem Anschein nach bei den Wählern und Wählerinnen im Ruhrgebiet weitere Punkte sammeln, zumal das Fernsehen die Debatte einem Millionenpublikum frei Haus lieferte und die Tageszeitungen über sie ausführlich berichteten.

Zwischen Wahlsieg im Juli und Wahl zum Ministerpräsidenten im Dezember 1966

Am Abend des 10. Juli 1966 – es war der Tag der Landtagswahl – konnte Oppositionsführer, SPD-Spitzenkandidat und -Wahlkampfleiter Kühn frohlocken. Der Sieg war eindeutiger als von ihm erwartet und von dem mit der Landes-SPD befreundeten Institut für angewandte Sozialwissenschaften (Infas) im Juni prognostiziert worden war[55]. Erstmals bei Landtagswahlen überflügelte die nordrhein-westfälische SPD ihre christdemokratische Konkurrentin. Sie wurde zur stärksten Partei, und das in höchst eindrucksvoller Weise. Mit 49,5 % der Wählerstimmen (dies war ein Stimmenzuwachs von 6,2 % gegenüber der Landtagswahl 1962) und 99 von insgesamt 200 Mandaten verfehlte sie nur ganz knapp die absolute Mehrheit an der Wahlurne und bei der Verteilung der Parlamentssitze. Alle sozialdemokratischen Mandate waren zudem *direkt* in den Wahlkreisen erobert worden. Großer Verlierer der Wahl war die CDU, die von 46,4 auf 42,8 % absackte, während sich die FDP bei 7,4 % (6,9 Punkte im Jahr 1962) einpendelte.[56] Das Ergebnis war ein persönlicher Wahltriumph Kühns; der größte in seiner politischen Laufbahn (was er zu diesem Zeitpunkt natürlich noch nicht wissen konnte).

Worauf war der Wahlsieg zurückzuführen? Sicherlich haben verschiedene Vorgänge das Wahlergebnis beeinflußt. Da ist zuerst der *Wahlkampf* zu nennen. Kühn hatte für eine gute Mischung aus *personen-* und *sachthemen*bezogenem Wahlkampf gesorgt. Seinem Willen entsprechend überzog die NRW-SPD das Land mit einer beispiellosen

---

53 Landtag Nordrhein-Westfalen, Stenographische Berichte, 5. Wahlperiode, Bd. 3, S. 2595 u. 2599.

54 Heinz Kühn an Horst Katzor (Bürgermeister von Essen) v. 23.5.1966, in: HStA Düsseldorf, RW 180, Nr. 581.

55 HiAdSt Köln, Nl. Heinz Kühn, Nr. 112 (Politogramm v. Juni 1966).

56 Vgl. Die Landtagswahlen in Nordrhein-Westfalen 1947 bis 1990, S. 59ff.

Geschafft! Kühn präsentiert sich und seine Fraktion einen Tag nach der gewonnenen 1966er Landtagswahl den Medien. Rechts neben ihm der – zu einem Blitzbesuch nach Düsseldorf herbeigeeilte – Willy Brandt. Links neben Kühn Wilhelm Haferkamp und Fritz Holthoff.

„Welle der tausend Versammlungen", auf denen die Wähler mit den *Inhalten* sozialde-mokratischer Landespolitik vertraut gemacht wurden. Ganz anders die CDU. Sie bau-te auf den Amtsbonus und Bekanntheitsvorsprung von Ministerpräsident Meyers. Sie entschied sich deshalb für eine ganz auf den Regierungschef abgestellte Kampagne. In der heißen Phase des Wahlkampfs überschwemmte sie das Land mit „Meyers macht es"-Plakaten, die das Bild eines optimistisch-jovialen Landesvaters zeigten.[57] Der *nicht* argumentative und *nicht* problemorientierte Wahlkampf der CDU erwies sich jedoch als Schlag ins Wasser. Er entsprach nicht der Erwartungshaltung vieler Wähler. Ein Teil der Wähler war nicht frei von sozialen Ängsten. Damit wären wir bei zwei wei-teren das Wahlergebnis beeinflussenden Faktoren.

Die eskalierende *Bergbaukrise* drückte im Wahljahr den Stimmungspegel in der Ruhrgebietsbevölkerung auf einen Tiefpunkt. Protestdemonstrationen verzweifelter Bergarbeiter gehörten in den Monaten vor dem Wahltermin fast zum alltäglichen Er-scheinungsbild im Revier. Daß diese Krisenstimmung an der Ruhr der CDU bei der Wahl nicht genützt hat, wird man annehmen dürfen.

---

57 Dieter von Herz: Die Landtagswahl von 1966 in Nordrhein-Westfalen. Die Politik des „verspäteten" Machtwechsels. Diss. rer. pol. Köln 1968, S. 118.

Ein zweites Krisenmoment kommt hinzu. 1966 erlebte die Bundesrepublik ihre erste ernster scheinende *gesamtwirtschaftliche Rezession*. Diese war – verglichen mit späteren Wirtschaftsrezessionen – bescheidenen Ausmaßes (Einknicken der Wachstumskurve beim Bruttosozialprodukt, leichte Preisauftriebe), löste aber nichtsdestoweniger bei einem Teil der Bundesbürger Angstgefühle aus. Nahrung erhielten die aufkeimenden Ängste durch das Verhalten des Bundeskanzlers. Ludwig Erhard, der als Veranstaltungsredner in den NRW-Wahlkampf eingriff, beließ es bei serienweise produzierten Maßhalteappellen an die Adresse der Bürger. Viele sahen darin eine allzu hausväterlich-antiquierte, für die Überwindung der Rezession untaugliche Therapie.

Soziale Ängste spielten also beim Wahlgeschehen 1966 in NRW mit. Aber Stimmungen waren noch nicht unbedingt Stimmen für die SPD. Die *entscheidenden, tieferliegenden* Gründe für das Wahlergebnis waren andere. Seit ihrem Godesberger Sonderparteitag von 1959 setzte die im Bund wie in Nordrhein-Westfalen auf die harten Banke der Opposition verwiesene SPD alles daran, sich aus den Fesseln einer weltanschaulich gebundenen *Klassen*partei zu lösen und sich in eine von ethischen Grundwerten geleitete *Volks*partei zu verwandeln. Mit ihrem volksparteilichen Öffnungskonzept, das sich durch Reformorientiertheit und Fortschrittsoptimismus auszeichnete, stieß die an die Schalthebel der Macht drängende Oppositionspartei zunehmend auf Resonanz in der bundesdeutschen Gesellschaft. Diese war nämlich Mitte der 1960er Jahre auf erstaunliche Weise in Bewegung geraten, nicht nur rein äußerlich durch Motorisierungswelle und boomenden Auslandstourismus, auch bewußtseinsmäßig. Angeregt durch Meinungsmultiplikatoren (Intellektuelle, Publizisten), stellte eine wachsende Zahl von Westdeutschen verinnerlichte Normen und eingerastete Denkschablonen der Nachkriegszeit in Frage. Es begann sich ein in vielerlei Hinsicht reformfreundliches, freiheitliches Klima auszubreiten. Die sich ändernde, freizügigere Einstellung zur Sexualität war ein Beispiel für den „Klimaumschwung", die Diskussion um eine Reform der althergebrachten Bildungsinstitutionen ein anderes.[58] Jedenfalls wehte in den mittsechziger Jahren der „wind of change" durch die Republik, und ihn verstärkte und von ihm profitierte die sich zur Volkspartei wandelnde SPD gleichermaßen.

Die zunehmende Akzeptanz der sozialdemokratischen Volkspartei bei den Wählern läßt sich an den Ergebnissen der Bundestags- und Landtagswahlen in den frühen und mittleren 1960er Jahren ablesen. Die SPD-Stimmenanteile nahmen kontinuierlich zu. Der „Genosse Trend" war auf dem Vormarsch. Daß den Sozialdemokraten der Volksparteikurs von den nordrhein-westfälischen Wählern bei der Landtagswahl 1966 aber besonders üppig honoriert wurde, daß der Wahlsieg so eindeutig war, so spektakulär ausfiel, hatte einen spezifischen Grund: Die SPD-Opposition in Nordrhein-Westfalen steuerte zwischen 1962 und 1966 im Windschatten der sich modernisierenden Bundes-SPD einen eigenständigen, konsequenten und vielgleisigen Re-

58 Zum gesellschaftlichen „Klimaumschwung" vor allem Hermann Korte: Eine Gesellschaft im Aufbruch. Die Bundesrepublik Deutschland in den sechziger Jahren, Baden-Baden 1987.

formkurs. Kein anderer als der Reformer Heinz Kühn, der neue Oppositionsführer, hatte (unterstützt von einer Schar gleichgesinnter Mitstreiter) diesen Kurs in der Landtags- und Landes-SPD durchgesetzt. Ihm, dem „großen Kommunikator", war es auch in erheblichem Maße zu verdanken, daß der neue Kurs der NRW-SPD beim Wähler „ankam" und bei den Wahlen Früchte trug.

Wähleranalysen und demoskopische Umfragen bestätigen den Einfluß der Kühn-schen Reformimpulse auf das 1966er-Wahlergebnis.[59] Heinz Kühns beharrliche Öff-nungspolitik gegenüber der katholischen Kirche schlug sich nieder in überdurch-schnittlichen Stimmengewinnen der SPD in Wahlkreisen mit zahlenmäßig dominan-tem oder extrem dominantem katholischem Bevölkerungsteil. Es war ein Trend, der sich am Mittel- und Niederrhein ebenso einstellte wie im westlichen und östlichen Westfalen. Die von Kühn initiierte bildungspolitische Offensive ließ verstärkt bil-dungs- und aufstiegsorientierte Arbeiter, Angestellte und Beamte für die SPD votie-ren. Und der erklärte Wille Kühns und der SPD-Landtagsfraktion, die Lebensbedin-gungen der großstädtischen Bevölkerung mittels moderner Raumordnungs- und Strukturpolitik zu verbessern, bewirkte, daß sich in den Großstädten noch mehr Wäh-ler der SPD zuwandten als vorher.

Dem sozialdemokratischen Wahlsieg folgte der Machtwechsel nicht auf dem Fuße. Kühns Ministerpräsidentschaft ließ auf sich warten. Noch in der Wahlnacht trafen sich die Mitglieder des CDU/FDP-Kabinetts. Angesichts einer hauchdünnen christ-demokratisch-liberalen Mehrheit von 101 zu 99 Stimmen im Landtag versprachen sich Regierungschef Meyers und sein liberaler Kompagnon Weyer in die Hand, mit den Sozialdemokraten kein Bündnis einzugehen. „Treue um Treue hieß es."[60] Der Koalitionsschwur machte die Sondierungsgespräche, die eine SPD-Verhandlungs-kommission unter Leitung Kühns am 12. Juli mit einer CDU-Delegation und am 13. Juli mit einer FDP-Delegation führte, zur Farce. Weder in der CDU- noch in der FDP-Führung NRWs dachte jemand ernsthaft an einen Koalitionswechsel. Auch dem aus CDU- und FDP-Kreisen kommenden Vorschlag, Kühn möge eine SPD-Minder-heitsregierung bilden,[61] fehlte das Moment der Ernsthaftigkeit. Man wollte die Öf-fentlichkeit glauben machen, es gebe die Bereitschaft, den Sozialdemokraten das Ge-setz des Handelns zu überlassen. Als Kühn daraufhin erklärte, er wolle die Möglichkeit einer Minderheitsregierung prüfen,[62] verstummten die eine solche Lösung empfehlen-den Stimmen aus dem Regierungslager abrupt. Eilig bereiteten CDU und FDP die

---

59 Nach Erhard Blankenburg: Kirchliche Bindung und Wahlverhalten. Die sozialen Fakto-ren bei der Wahlentscheidung. Nordrhein-Westfalen 1961 bis 1966, Olten/Freiburg i.Br. o. J.; „Landtagswahl 1966 analysiert", in: Vorn. Sozialdemokratische Monatsschrift für Nordrhein-Westfalen, Jg. XV (1966), Nr. 8, S. 6; von Herz: Die Landtagswahl von 1966, S. 141ff.; Erwin K. Scheuch: Zur Irrelevanz des Wählerwillens. Eine Untersu-chung der Landtagswahl 1966 in Nordrhein-Westfalen und ihrer politischen Konse-quenzen, in: Verfassung und Verfassungswirklichkeit. Jahrbuch 1966, Bd. 1, Köln/Opla-den 1966, S. 63ff.
60 Nach Heinz Nehrling: Machtwechsel in Nordrhein-Westfalen, Essen 1970, S. 13.
61 Ebd., S. 17 u. 19.
62 Ebd., S. 20.

Wiederauflage ihrer Koalition vor. Schon am 25. Juli wurde Meyers mit der denkbar knappsten Mehrheit zum Ministerpräsidenten gewählt. Auf ihn entfielen 100, auf Kühn, der auch zur Wahl antrat, 99 Stimmen.

Rhetorisch in blendender Form und ganz in der Pose des Staatsmanns rechnete Oppositionschef Kühn am 1. August in der Landtagsdebatte über die Regierungserklärung Franz Meyers' mit den verbündeten Christ- und Freien Demokraten ab. Er sprach von einer „Koalition der Geschlagenen", einer „Sperrkoalition". Die SPD sei nicht „parteipolitisch enttäuscht", sie sei aber „staatspolitisch bedrückt", denn, so Kühn an die Adresse der „Altkoalitionäre": „Sie [...] haben eine mathematische Möglichkeit des Parlamentarismus genutzt, und Sie haben damit zugleich ein moralisches Debakel der Demokratie angerichtet."[63]

Heilfroh war Kühn, daß der Kelch einer SPD-*Minderheits*regierung an ihm vorübergegangen war. Darüber sprach er aber in der Öffentlichkeit mit keinem Wort. Nur seinem neuen Freund Friedrich Halstenberg teilte er seine Erleichterung mit. Mitte August schrieb er ihm: „Ich bin jedenfalls persönlich mit dem Verlauf, den die Dinge genommen haben, zufriedener, als wenn ich die schier unbewältigbare Bürde einer sozialdemokratischen Minderheitenregierung hätte auf mich nehmen müssen. Sie wäre wirklich der alleräußerste Ausweg aus der verfahrenen Situation gewesen."[64]

Daß für die „Altkoalitionäre" in Düsseldorf nach dem Wahlausgang am 10. Juli von Anfang an nur die Fortsetzung ihres Bündnisses in Frage kam, hatte nicht zuletzt einen *außerhalb* der Landespolitik liegenden Grund. Ihnen ging es nicht nur um den Erhalt der Düsseldorfer, sondern auch der Bonner Machtbastion. Bundeskanzler Erhard, Chef der Bonner CDU/CSU/FDP-Koalition, hatte sich demonstrativ in den Landtagswahlkampf eingemischt und keinen Zweifel daran gelassen, daß er den Wahlausgang als Test zu seiner Wirtschaftspolitik verstehe. Das CDU-Wahldesaster an Rhein und Ruhr war deshalb auch die erste schwere persönliche Niederlage des „Volkskanzlers" Erhard. Ja, seit dem 10. Juli 1966 begann Erhards Stern am Politikerhimmel unaufhaltsam zu sinken. Die Wiederauflage der CDU/FDP-Koalition in Düsseldorf war so gesehen ein verzweifelter Versuch der Rückenstärkung für den angeschlagenen Bonner Regierungschef.

Nach der politischen Sommerpause verdichtete sich aber mehr und mehr der Eindruck, daß dieser Versuch zum Scheitern verurteilt war.[65] Erhards Verzicht auf eine

---

63 Landtag Nordrhein-Westfalen, Stenographische Berichte, 6. Wahperiode, Bd. 1, 1.–25. Sitzung, S. 25ff.

64 Heinz Kühn an Friedrich Halstenberg v. 15.8.1966, in: HStA Düsseldorf, Bestand RW 180, Nr. 579.

65 Zum Folgenden siehe ausführlich Klaus Hildebrand: Von Erhard zur Großen Koalition 1963–1969 (Geschichte der Bundesrepublik Deutschland in fünf Bänden, hg. v. K. D. Bracher, Th. Eschenburg, J. C. Fest u. E. Jäckel), Stuttgart/Wiesbaden 1984, S. 18ff. u. 241ff.; Klaus Schönhoven: Entscheidung für die Große Koalition. Die Sozialdemokratie in der Regierungskrise im Spätherbst 1966, in: Gestaltungskraft des Politischen. Festschrift für Eberhard Kolb. Hg. von Wolfram Pyta u. Ludwig Richter, Berlin 1998, S. 379ff.; Andrea H. Schneider: Die Kunst des Kompromisses: Helmut Schmidt und die Große Koalition, 1966–1969, Paderborn (u. a.) 1999, S. 19ff., 27ff. u. 30ff.

aktive staatliche Wirtschaftspolitik ließ sich wegen der anhaltenden Rezession einer verunsicherten Öffentlichkeit nicht mehr vermitteln. Sein Autoritätsverfall und seine Demontage in den eigenen Reihen schritt unaufhaltsam voran. Bundespräsident Lübke und Altbundeskanzler Adenauer gaben sich als Anhänger einer großen Koalition im Bund zu erkennen, die Erhard entschieden ablehnte. Führende Bonner Sozialdemokraten – wie Herbert Wehner und Helmut Schmidt – favorisierten ebenfalls eine solche Koalitionskonstellation.

Zu Fall kam Erhard aber nicht durch die innerparteilichen Gegner. Das besorgten die um ein eigenes Profil bemühten Bonner Liberalen. Am 27. Oktober zerbrach die Koalition, da sie sich nicht einigen konnte, wie die wegen der Wirtschaftsrezession notwendige Haushaltssanierung bewerkstelligt werden sollte. Die Unionisten plädierten für Steuererhöhungen, die Liberalen votierten dagegen. Schon am 10. November präsentierte die Unions-Bundestagsfraktion einen neuen Kanzlerkandidaten: den Baden-Württembergischen Ministerpräsidenten Kurt Georg Kiesinger. In den am 15. November beginnenden Koalitionsverhandlungen zwischen CDU/CSU, SPD und FDP wurde recht bald klar, daß nur die beiden Volksparteien zueinanderfinden würden. Den entscheidenden Durchbruch erzielten ihre Verhandlungsdelegationen am 24. November. In der Nacht vom 26. auf den 27. November entschied sich die SPD-Bundestagsfraktion für eine große Koalition. Am 28. November erhielten die sozialdemokratischen Verhandlungsführer vom Partei- und Fraktionsvorstand den Auftrag, mit der Union abschließend zu verhandeln.

Die dramatischen Veränderungen in der Bundeshauptstadt blieben nicht ohne Rückwirkungen auf die politischen Verhältnisse in Düsseldorf. Dafür, daß diese synchron zur Bonner Oktoberkrise in Bewegung kamen, sorgte Heinz Kühn. Mitte des Monats traf er sich zu zwei geheimen Kontaktgesprächen mit dem Vorsitzenden der CDU-Landtagsfraktion Wilhelm Lenz, einem gebürtigen Kölner wie Heinz Kühn. Vermittelt worden waren die Gespräche durch John van Nes Ziegler[66], den dritten Kölner im Bunde. Kühn und Lenz peilten fest entschlossen die Bildung einer großen Koalition in Düsseldorf an. Als Kühn und Lenz einen Monat später zu einem dritten Geheimtreffen zusammenkamen, führte die Bonner SPD-Spitze schon offizielle Koalitionsgespräche mit den Unionsparteien. Über ihren jeweiligen Stand war Kühn bestens informiert. Als SPD-Präsidiumsmitglied (seit 1966) nahm er an den Bonner Koalitionsverhandlungen sogar zeitweise teil.

Am 21. November erfuhr Kühns Marschroute, parallel zu Bonn auch in Düsseldorf zum Abschluß einer großen Koalition zu kommen, eine erste Korrektur durch die SPD-Landtagsfraktion.[67] In einer „Probeabstimmung" bekundete sie mehrheitlich ihre Präferenz für eine SPD/FDP-Koalition im Land. Die von der Landtags-SPD eingesetzte Verhandlungskommission führte daraufhin zwischen dem 24. und 29. November getrennte Koalitionsgespräche mit einer CDU- und einer FDP-Delegation. Während des mehrtägigen Verhandlungspokers mit den beiden möglichen Partnern

---

66 Nach Düding: Zwischen Tradition und Innovation, S. 258.
67 Das Folgende nach Nehrling: Machtwechsel, S. 89, 99f.

verlor Kühn, der Kommissionsleiter, seine Vorliebe für die große Koalition nicht. Dafür gibt es untrügliche Indizien. Am 24. November relativierte er vor der Presse das Ergebnis der Probeabstimmung seiner Fraktion mit den Worten, es sei eine „reine Gefühlsentscheidung" gewesen, nur ein „momentaner Stimmungstrend".[68] Und am 27. November bat er vor laufenden Fernsehkameras den CDU-Verhandlungspartner Lenz mit der Bemerkung „Herr Lenz, kommen Sie, Copilot", zum gemeinsamen Interview.[69]

Die SPD-Fraktion folgte aber ihrem Vormann in der Koalitionspartner-Frage nicht. Gegen Ende der Verhandlungsserie hatte sich die Pro-FDP-Haltung in der Fraktion so sehr verdichtet, daß sie nicht mehr länger negiert werden konnte. Die allermeisten SPD-Abgeordneten sahen sich viel stärker in Konkurrenz zur CDU als zur kleinen FDP und lehnten deshalb eine Koalition der beiden großen Volksparteien rundweg ab. Hinzu kam die Stimmung an der Parteibasis. Die schäumte gegen eine große Koalition. Das belegt eine wahre Flut von Telegrammen einfacher Genossen, die Ende November die Fraktion erreichten und in denen fast einhellig ein SPD/FDP-Bündnis angemahnt wurde.[70] Das Basisvotum trug zur Stabilisierung der Fraktionsmeinung bei. Den allerletzten Ausschlag gab der unerwartete Besuch Willy Brandts bei der Düsseldorfer Fraktion am 29. November. Trotz Bildung einer großen Koalition in Bonn sei die Fraktion in ihrer Koalitionsentscheidung souverän, erklärte der SPD-Vorsitzende den erleichterten Parlamentariern. Sie überschütteten Brandt mit Beifall.[71]

Kühn respektierte die Haltung der Fraktionsmehrheit. Umgekehrt stellte diese seine Führungsrolle und Anwartschaft auf das Ministerpräsidentenamt wegen der abweichenden Meinung in der Koalitionspartner-Frage auch nicht ansatzweise in Frage. Alles weitere lief fast präzise wie ein Uhrwerk ab.[72] Am 30. November führten in Düsseldorf SPD- und FDP-Unterhändler das abschließende Koalitionsgespräch. Am 1. Dezember – als in Bonn Kurt Georg Kiesinger zum Kanzler der großen Koalition gewählt wurde – votierten SPD-Landesausschuß und -Landtagsfraktion mit erdrückenden Mehrheiten für eine SPD/FDP-Koalition in NRW. Gleich nach der Entscheidung stellten die stellvertretenden SPD-Fraktionsvorsitzenden im Landtag den Antrag, auf dem Wege eines konstruktiven Mißtrauensvotums Kühn zum Ministerpräsidenten zu wählen. Am 8. Dezember fand die Wahl im Hohen Haus am Schwanenspiegel statt. Kühn setzte sich mit 112 gegen 85 Stimmen durch.[73] Zum ersten Mal in seinem Leben hatte er ein Regierungsamt inne. Und sogleich war es die Position des Regierungschefs. Noch am selben Tag ernannte er sein Kabinett.

---

68 Ebd., S. 105.
69 Ebd., S. 113.
70 Vgl. HStA Düsseldorf, RW 180, Nr. 395.
71 Nehrling: Machtwechsel, S. 128f.
72 Nach ebd., S. 130ff.
73 Landtag Nordrhein-Westfalen. Stenographische Berichte, 6. Wahlperiode, Bd. 1, 1.–25. Sitzung, S. 106.

7. Die Ministerpräsidentschaft

Kühns erste Regierung:
Reformelite, Planungseuphorie, persönlicher Regierungsstil,
Entschärfung der Bergbaukrise, Volksschulreform und andere Reformen,
„Düsseldorfer Modell"

Reformelite. Hohe Erwartungen lasteten auf Heinz Kühn, als er Regierungschef wurde. Als Krisenmanager und Reformer hatte sich der Oppositionsführer den nordrhein-westfälischen Wählern empfohlen. Jetzt, nach seiner um ein halbes Jahr „verspäteten" Wahl zum Ministerpräsidenten, galt es, den in ihn gesetzten Hoffnungen gerecht zu werden. Heinz Kühn war sich völlig im klaren darüber, daß das Abtragen des Berges von Problemen und die Verwirklichung grundlegender Reformen nicht das Werk eines einzelnen sein konnte. Dank seines seit frühester Jugend kultivierten Elite-Denkens besaß er ein stark personalisiertes Verständnis von Politik.[1] Deshalb war er unbedingt der Meinung, die Bewältigung der Bergbaukrise und die Auflösung des Reformstaus könne nur mit Hilfe eines hochqualifizierten politischen Spitzenteams gelingen. Kühn stellte also an die Fähigkeiten seiner Kabinettskollegen und anderer exponierter Mitarbeiter hohe Anforderungen. Er zitierte das Wort Kennedys, ein guter Regierungschef zeichne sich dadurch aus, daß er sich mit Ministern umgebe, die vom Fach mehr verstünden als er.[2]

Neun Ministerposten waren in Kühns erstem SPD/FDP-Kabinett zu vergeben. Davon sollten sieben mit Sozialdemokraten besetzt werden. So sah es die Vereinbarung zwischen den Koalitionären vor. Kühn griff erwartungsgemäß bei der Kabinettsbildung auf seine leistungsstarke Reformelite zurück, die er als Oppositionschef um sich geschart hatte (innerhalb und außerhalb der Fraktion).[3] Zum Finanzminister machte er Hans Wertz, zum Kultusminister Fritz Holthoff, zum Justizminister Josef Neuberger. Mit dem Ministerium für Ernährung, Landwirtschaft und Forsten betraute er Diether Deneke, und Minister für Bundesangelegenheiten wurde Fritz Kassmann.

Hans Wertz war aber nicht Kühns „erste Wahl". Am liebsten hätte er Hans Tröger, seines Zeichens Vizepräsident der Deutschen Bundesbank, zum Finanzminister gemacht. Dieser lehnte jedoch eine entsprechende Offerte dankend ab.[4] Eine Absage handelte sich Kühn auch von Willi Haferkamp ein,[5] auf den er ganz große Stücke hielt

---

1 So urteilt auch Johannes Rau: „Er sah die Politik sehr personalisiert" (Zeitzeugengespräch v. 26.1.1999).
2 Nach Gerhard Brunn/Jürgen Reulecke: Kleine Geschichte von Nordrhein-Westfalen 1946–1996, Köln/Stuttgart/Berlin 1996, S. 161.
3 Vgl. S. 193ff. der Biographie.
4 Heinrich Tröger an Heinz Kühn v. 2.1.1967, in: AdsD, Bonn, Nl. Heinz Kühn, 1/HK AA 000132.
5 Vgl. Kühn: Aufbau und Bewährung, S. 213.

und den er gerne als Wirtschaftsminister in seinem Kabinett gesehen hätte. Hafer-kamp, Hauptabteilungsleiter für Wirtschaftspolitik im DGB-Hauptvorstand, hatte indes noch Höheres im Sinn. Er wollte Mitglied der Europäischen Kommission wer-den, was ihm im Juli 1967 auch gelang. Statt seiner übernahm Professor Bruno Gleit-ze, Leiter des Wirtschaftswissenschaftlichen Instituts des DGB, das Wirtschaftsressort. Dazu bedurfte es seitens Kühns aber fast himmlischer Überredungskünste.[6] Gleitze war nämlich mit Leib und Seele Wissenschaftler und alles andere als ein politischer Praktikus. Schon bald wurde offenbar, daß der anerkannte Wirtschaftswissenschaftler sich selbst richtig eingeschätzt hatte. Für das politische Tagesgeschäft war er nicht ge-schaffen. Bereits nach gut neun Monaten kehrte er dem Kabinett den Rücken. Zu Gleitzes Nachfolger berief der Ministerpräsident Fritz Kassmann.

Daß Heinz Kühn nicht völlig freie Hand bei der Berufung der SPD-Minister hatte, wird bei der Besetzung des Arbeits- und Sozialministeriums deutlich. Zum Minister in diesem Ressort machte er Werner Figgen. Der gehörte nicht zu seiner Reformelite, ver-fügte aber als Vizevorsitzender der Landes-SPD und Chef des mächtigen SPD-Bezirks Westliches Westfalen über großen parteiinternen Einfluß.

Johannes Rau, dem der Oppositionsführer Kühn Hoffnung auf ein Ministeramt gemacht hatte,[7] ging bei der Kabinettsbildung leer aus. Dafür wurde der knapp 36jäh-rige Anfang Januar 1967 auf den Schild des SPD-Fraktionschefs gehoben – freilich erst nach einer Kampfabstimmung gegen Walter Kliemt.[8] Ungefähr in der Mitte der Wahlperiode nahm Kühn einen Mann in sein Kabinett auf, dessen intellektuelle und fachliche Qualitäten er sehr rasch schätzen gelernt hatte: Diether Posser, Rechtsanwalt aus Essen, der (wie Johannes Rau) über Gustav Heinemanns Gesamtdeutsche Volks-partei in den 1950er Jahren zur SPD gestoßen war und erst seit 1966 dem Düsseldor-fer Landtag angehörte. Im November 1968 wurde Posser Minister für Bundesangele-genheiten. Es war der Beginn einer langen, erfolgreichen (wenn auch nicht durch die Wahl zum Nachfolger von Landesregent Kühn gekrönten) Politiker-Karriere.

Von den zwei liberalen Ministern, die dem ersten Kabinett Kühn angehörten – Hermann Kohlhase als Wohnungsbau- und Willi Weyer als Innenminister und Stell-vertreter des Ministerpräsidenten – besaß Weyer das ungleich größere politische Ge-wicht. Der Westfale, studierte Jurist und FDP-Landesvorsitzende war das einzige Ka-binettsmitglied, das über langjährige Ministererfahrung verfügte. Unter drei Düssel-dorfer Regierungschefs – Arnold, Steinhoff und Meyers – hatte er gedient. Das machte ihn für Kühn interessant. Aber dies reichte allein nicht aus, um zwischen beiden eine Duz- und „kumpelhafte Freundschaft"[9] entstehen zu lassen. Was nicht vorherzusehen

6 Ebd., S. 214.
7 Gespräch mit Johannes Rau v. 26.1.1999.
8 Vgl. Dieter Düding: Volkspartei im Landtag. Die sozialdemokratische Landtagsfraktion in Nordrhein-Westfalen als Regierungsfraktion 1966–1990, Bonn 1998, S. 47.
9 So charakterisiert Kühn in einem Brief vom 16.2.1987 an Weyer die Beziehung zwischen sich und seinem ehemaligen „Copiloten": AdsD, Bonn, Nl. Heinz Kühn, 1/ HK AA 000097. Weyer hatte gegen diese Charakterisierung nichts einzuwenden (vgl. Willi Wey-er an Heinz Kühn v. 26.3.1987, in. ebd.).

war, trat ein: Kühn, der Intellektuelle mit der Ausstrahlung eines unsportlichen Aske-
ten, und Weyer, der burschikos-unbekümmert auftretende Sportsmann von hünen-
hafter Gestalt, fanden Gefallen einander. Daß die Koalition aus Sozial- und Freien Demokraten zu einem in sich fest gefügten Bündnis wurde, war in starkem Maße auf die
persönliche Freundschaft zwischen dem Ministerpräsidenten und seinem fünf Jahre
jüngeren Stellvertreter zurückzuführen. Spötter sprachen von einer „privaten Koalition" zwischen beiden. Angesichts dieser nicht vorauszusehenden Entwicklung ver-
schwendete Heinz Kühn keinen Gedanken mehr an eine große Koalition. Im Gegenteil: Der in geschichtlichen Zusammenhängen denkende Kühn neigte bald dazu, die
von ihm geführte „sozialliberale Reformkoalition" als *historische* Erscheinung zu sehen. Erwähnt werden sollte auch, daß Regierungschef Kühn und sein Stellvertreter
überdies eng im WDR-Verwaltungsrat miteinander kooperierten. Denn beide sahen
keinerlei Veranlassung, wegen der Regierungstätigkeit ihre Mitgliedschaft in diesem
einflußreichen Gremium der größten deutschen Medienanstalt aufzukündigen.

Zum Chef der Staatskanzlei berief Kühn einen Mann seines absoluten Vertrauens:
Friedrich Halstenberg. Dieser gehörte zwar in dieser Funktion dem Kabinett nur im
Range eines Staatssekretärs an, aber der Ministerpräsident stattete ihn mit einer solchen Machtfülle aus, daß Weyer – halb bewundernd, halb monierend – vom „regierenden Staatssekretär" sprach.[10] Über das Thema „Raumordnung und Landesplanung" hatten Halstenberg (promovierter Jurist, Honorarprofessor und zuletzt Direktor des Siedlungsverbandes Ruhrkohlenbezirk) und der Oppositionsführer Kühn Mitte der 1960er Jahre ihre Beziehung immer enger geknüpft. Dabei wurde Halstenberg,
bereits ein Sozialdemokrat der Gesinnung nach, zu einem Sozialdemokraten mit Parteibuch. Halstenberg war ein glänzender Administrator, was Kühn nicht war und was
ihn in dessen Augen für den Chefposten in der Staatskanzlei geradezu prädestinierte.
Schon im August 1966 – bald nach den Landtagswahlen – teilte er seinem neuen persönlichen Freund mit, daß er ihn als Leiter der Staatskanzlei in einer sozialdemokratisch geführten Regierung vorgesehen habe.[11]

Halstenberg behielt die Schlüsselfunktion in der Staatskanzlei am Rheinufer auch
noch, als Kühn ihm 1972 das Ministerium für Bundesangelegenheiten übertrug. Erst
mit seiner Berufung zum Finanzminister 1975 endete seine Tätigkeit im Zentrum
nordrhein-westfälischer Regierungsmacht. In all den Jahren gemeinsamer Arbeit verband den Regierungschef mit seinem Staatssekretär eine „Männerfreundschaft mit
von vornherein klar verteilten Rollen", wie Halstenberg rückblickend urteilt.[12] Kühn
schreibt in seinen Memoiren, Halstenberg habe sich auf sein „Vertrauen" und er,
Kühn, auf seines Staatssekretärs „Loyalität" verlassen können[13] – eine Einschätzung,
der Halstenberg nicht widerspricht.[14]

10 Zeitzeugengespräch mit Friedrich Halstenberg v. 16.12.1998.
11 Heinz Kühn an Friedrich Halstenberg v. 15.8.1966, in: HStA Düsseldorf, RW 180
    (SPD-Landtagsfraktion), Nr. 575.
12 Zeitzeugengespräch Halstenberg.
13 Kühn: Aufbau und Bewährung, S. 216.
14 Zeitzeugengespräch Halstenberg.

Loyalität, die Gedankenfreiheit nicht ausschließt, unterscheidet sich von persönlicher Ergebenheit. Letztere legte der von Kühn als Regierungssprecher (Landespressechef) eingesetzte Fritz Stallberg gegenüber seinem Dienstherrn an den Tag. Der Dortmunder Stallberg, der aus dem Parteijournalismus kam und den Kühn schon seit den späten 1940er Jahren gut kannte,[15] stand in absoluter Treue zum Regierungchef. Er suchte Identifizierung, er war quasi Kühns „Alter ego".[16] Der Ministerpräsident honorierte diese Hingabe. Stallberg blieb sein einziger Pressesprecher. Die Trennungsstunde zwischen beiden schlug erst, als Kühn demissionierte.

Noch zwei weitere Männer, die schon seiner Reformelite aus Oppositionszeiten angehörten, betraute der neue Ministerpräsident mit leitenden Funktionen. Leo Brandt, Naturwissenschaftler und Honorarprofessor, war der eine, Hermann Lübbe, Humanwissenschaftler und ordentlicher Professor, der andere. Der bereits an Jahren reife, aber ungebrochen agile Brandt wurde Staatssekretär im Wirtschaftsministerium und Leiter des Landesamtes für Forschung, der ebenso junge wie ehrgeizige Lübbe Staatssekretär für Hochschulfragen im Kultusministerium. Es war nicht zu übersehen, daß fast alle der von Kühn in hohe Regierungsämter berufenen Personen Männer mit akademischem Bildungsabschluß waren.

Planungseuphorie. Freilich, Kühn glaubte nicht, daß schon allein die Existenz eines hochqualifizierten und auf Reformen abonnierten Regierungspersonals eine ausreichende Garantie für erfolgreiche Krisenbewältigung und Reformpolitik sei. Er war der Meinung, um die anstehenden Aufgaben zu meistern, bedürfe es auch *institutioneller* Veränderungen im Regierungsapparat. Er richtete sein Augenmerk auf die Staatskanzlei. Diese war vor seiner Ministerpräsidentschaft (wie Kühn 1968 vor einem Parlamentsausschuß überspitzt formulierte) „ein reines Justitiariat" gewesen, das sich auf die Prüfung von Rechtsfragen, vornehmlich staats- und verfassungsrechtlicher Natur, beschränkte.[17] Kühn wollte dagegen aus der Staatskanzlei eine Stelle machen, „die den Regierungschef wirklich in die Lage versetzt, eine Regierung zu leiten".[18] Deshalb schuf er unmittelbar nach dem Machtwechsel die Voraussetzungen für die Umwand-

15 Vgl. Heinz Kühn an Fritz Stallberg v. 30.6.1947, in: HiAdSt Köln, Nl. Heinz Kühn, Nr. 22.
16 Zeitzeugengespräch Rau. – An Weihnachten 1967 schrieb Stallberg Kühn einen Brief. Die Anrede lautete: „Mein lieber Regierungschef, lieber Heinz". Das Schreiben enthält u. a. folgende Sätze: „Laß mich bitte mit meinen herzlichen Grüßen zum Weihnachtsfest und mit meinen besten Wünschen zum neuen Jahr den Dank dafür verbinden, daß ich an Deiner Seite arbeiten durfte. Sicherlich ist es mir nicht immer gelungen, Dir so zu helfen, wie ich es gern möchte. Das soll in der Zukunft besser werden. Ich wünsche mir, daß ich noch viele Jahre mit Dir arbeiten kann und darf und daß ich ein bißchen mithelfen kann zu Deinen Erfolgen. Bitte laß mich auch sagen, daß ich Dich sehr darum bitte, mir Deine Freundschaft zu erhalten. Es wäre schön, wenn das nächst[e] Jahr ab und an ein wenig Zeit lassen würde zu einer privaten Stunde." (AdsD, Bonn, Nl. Heinz Kühn, 1/HKAA 000131).
17 Kühn vor dem Ausschuß für Landesplanung v. 7.2.1968. Text seiner Rede in: AdsD, Bonn, Nl. Heinz Kühn, 1/ HK AA 000132.
18 Ebd.

lung der Staatskanzlei in eine Zentralstelle für Planung und Koordinierung. Das geschah in engstem Einvernehmen mit Friedrich Halstenberg. Eine regelrechte Planungseuphorie griff in der Staatskanzlei um sich. „Planung" wurde zu einem Schlüsselwort der Kühn-Regierung, ja, „Planung" und „Reform" waren bald Zwillingsbegriffe. Dahinter steckte der Gedanke, reformorientiertes staatliches Handeln sei durch Planung rationalisierbar.

Schon im Frühjahr 1967 begann man in der Staatskanzlei mit dem Aufbau eines „Planungs- und Beraterstabes".[19] Der „Stab" sollte, wie Kühn den Landtagsabgeordneten erläuterte, Vorschläge und Programme für „eine mittelfristige und langfristige Regierungsplanung", für ein zukunftsorientiertes Regierungshandeln erarbeiten.[20] Der Ministerpräsident berief sich auf Vorbilder in den Vereinigten Staaten. Dort würden „überall" solche Beratungsstäbe „an die Schaltstellen zwischen Politik und Verwaltung gesetzt". Auch in Deutschland seien die ersten Anfänge zu beobachten. In der hessischen Staatskanzlei existiere schon ein Arbeitsstab für Forschung und Planung.[21]

Der in der Staatskanzlei gebildete und von Halstenberg geleitete „Stab" war in der Tat eine recht unkonventionelle, zu den Usancen der Ministerialbürokratie im Widerspruch stehende Institution.[22] In ihm waren keineswegs nur einfallsreiche Staatskanzlei- und aus anderen Dienststellen abgeordnete Beamte tätig. In ihm arbeitete auch qualifiziertes Personal aus Wissenschaft und Wirtschaft, das unter zeitlich befristeten Werkvertrag genommen wurde. Man schuf ein roulierendes System. Nach ca. zwei Jahren wurden die Planungsstäbler, die im Schnitt nicht älter als vierzig Jahre waren, durch andere ersetzt. Seiner Planungs- und Koordinierungsaufgabe wurde der „Stab" auch dadurch gerecht, daß er sich auf Konferenzen mit Leitungs- und Fachpersonal aus den Ministerien traf. Diese Arbeitstreffen standen ebenfalls unter der formellen Leitung Halstenbergs.

In den Dienst der politischen Planung stellte die Staatskanzlei auch die modernste Technik, die Mikroelektronik. Anfang 1968 wurde eine Computeranlage installiert und (in Zusammenarbeit mit dem Statistischen Landesamt) ein Referat „Datenbank" eingerichtet.[23]

Sofort nach dem Regierungswechsel hatte Kühn auch die Referate „Generalverkehrsplan" und „Wirtschaftsstrukturförderung" aus dem Wirtschaftsministerium herausgelöst und sie der planenden Obhut Halstenbergs unterstellt. Diesen Schritt mußte er jedoch notgedrungen und zum großen Leidwesen seines Staatssekretärs bereits neun Monate später wieder revidieren. Fritz Kassmann war nur zur Übernahme des

---

19 Zeitzeugengespräch Dieter Uecker (erster persönlicher Referent des Ministerpräsidenten Kühn) v. 22.1.1999. Uecker war schon persönlicher Referent des *Oppositionsführers* Kühn gewesen.

20 Landtag Nordrhein-Westfalen, Stenographische Berichte, 6. Wahlperiode, Bd. 1, 1.–25. Sitzung, S. 738.

21 Ebd.

22 Das Folgende nach: Zeitzeugengespräch Halstenberg; Kühns Rede vor dem Landtag v. 28.11.1967 (Landtag NRW, Stenograph. Berichte, 6. WP, Bd. 1, S. 738); HStA Düsseldorf, NW 30 (Staatskanzlei), Nr. 924.

23 Nach Kühns Rede vor dem Ausschuß für Landesplanung v. 7.2.1968.

derangierten Wirtschaftsministeriums bereit, weil der Ministerpräsident ihm die Rückgabe der beiden Referate zusicherte.[24] Dessen ungeachtet blieb die Staatskanzlei die unbestrittene Steuerungszentrale der Kühn-Regierung, zumal ihr auch das Landespresseamt (das Fritz Stallberg leitete) eingegliedert und das Landesamt für Forschung (dem Leo Brandt vorstand) untergeordnet war.

Persönlicher Regierungsstil. Mit wohlüberlegter Personalpolitik und vorausschauender Planung versuchte also Kühn seinem Kabinett Konturen zu geben. Wie wichtig das auch sein mochte: Profil erhält eine Regierung erst durch die menschliche Ausstrahlung, den persönlichen Regierungsstil und die Führungsqualitäten ihre Chefs. Welche Wirkungen gingen von Kühn als Ministerpräsident aus? Wodurch verschaffte er sich Anerkennung und Autorität? Wie brachte er sich ganz persönlich in die Regierungsarbeit ein? Wo lagen die Schwerpunkte seiner Arbeit?

Ein „Landesvater" im herkömmlichen Sinne war der Kölner nicht. Von seinem Vorgänger Franz Meyers unterschied er sich in seinem äußeren Habitus und Auftreten grundlegend. Der Mönchengladbacher genoß Popularität durch seine Jovialität, seine Biederkeit, seinen rheinischen, manchmal etwas plumpen Humor. Auch zur volkstümlichen Garde prominenter SPD-Ministerpräsidenten der Nachkriegszeit von der Art eines Max Brauer (Hamburg), Hinrich Wilhelm Kopf (Niedersachsen) und Wilhelm Kaisen (Bremen) kontrastierte Kühn. Selbst unter den Ministerpräsidenten der späten 1960er und der 1970er Jahre war er „ein Typ für sich".[25]

Für die Fotographen Kinderköpfe zu streicheln und mit den Arbeitern Skat zu spielen, fiel ihm schwer. Er versuchte es auch erst gar nicht. Von ihm ging eine intellektuelle Ausstrahlung aus. Diese ließ kein väterliches Image entstehen.[26] Kühn war nicht humorlos. Den rheinischen Karneval zum Beispiel mied er nicht.[27] Aber es war ein doch recht dosierter und wohltemperierter, mit Spott und Ironie durchsetzter Humor – der Humor eines sudetendeutschen oder „schlesischen Rheinländers".[28]

Kühn wirkte in der Öffentlichkeit – wie kein nordrhein-westfälischer Ministerpräsident vor ihm – *durch seine Rede*, durch seine geschliffene, manchmal vom Pathos getragene und mit vielen gebildeten Zitaten, Aphorismen und anschaulichen Metaphern durchsetzte Rhetorik. Die Kühn näher kannten, wußten: In seiner Rhetorik spiegelt sich das persönliche Bildungsstreben des aus Arbeiterverhältnissen Aufgestiegenen. Insidern drängte sich auch manchmal der Eindruck auf, der Ministerpräsident sei in die eigenen funkelnden Formulierungen und in die Melodie seiner Sprache regelrecht ver-

---

24 Nach Westdeutsche Allgemeine v. 21.9.1967 („NRW-Strukturpolitik jetzt bei Kassmann").
25 Nina Grunenberg in „Die Zeit" v. 2.5.1975 („Immer noch ein Arbeiterkind").
26 So auch das zeitgenössische Urteil von Nina Grunenberg.
27 Vgl. Düsseldorfer Nachrichten v. 9.1.1967 („Kühn küßte kühn bei der Kürung") und Heinz Kühn an Lance Pope v. 20.1.1970, in: AdsD, Bonn, Nl. Heinz Kühn, 1/HK AA 000130.
28 So Johannes Rau im Zeitzeugengespräch v. 26.1.1999.

liebt.[29] Das ändert aber nichts an der Tatsache, daß für Kühn die Rhetorik ein ganz wichtiges Instrument war, um sich selbst und seiner Politik Respekt und Ansehen zu verschaffen. Bei ungezählten Reden im Landtag und „draußen im Lande" sollte ihm das gelingen. Mit ihnen zog er viele Menschen in seinen Bann. Er beeindruckte und überzeugte sie durch sein öffentlich gesprochenes Wort. Dieses wendete sich letztlich immer an den Verstand seiner Zuhörer, versuchte sie zum Mitdenken anzuregen. Das Schüren von Emotionen oder das Wecken niederer Instinkte lag dem Ministerpräsidenten fern. Die Gewalt seiner Sprache ließ bei seinen Zuhörern in der Regel auch keinerlei Zweifel darüber aufkommen, wer „Chef im Ring", wer die Führungsfigur in der Düsseldorfer Regierung war. Nicht ohne Grund fürchtete die CDU-Opposition seine Rhetorik. Sie spürte: Die öffentliche Rede des sozialdemokratischen Regierungschefs ist ein ganz wichtiges Element seiner persönlichen „Herrschaftstechnik".

In keiner Phase seiner Ministerpräsidentschaft besaß Kühn einen Ghostwriter.[30] Wer der Sprache einen solchen Stellenwert beimaß wie er, wollte seine Reden letztendlich selbst verfassen (was nicht ausschließt, daß er auch Zugriff auf Rede*entwürfe* von Mitarbeitern hatte). Ein großer Karton mit vielen Redetexten, die Kühn in den ersten Jahren seiner Regierungszeit (bis 1970) *selbst* per Hand oder Schreibmaschine auf kleinen handlichen Zetteln niederschrieb, ist überliefert. Viele der Redepassagen bestehen nicht aus vollständigen Sätzen, sondern sind stichpunktartig verkürzt und durch farbige Unterstreichungen besonders gekennzeichnet.[31] Sie beweisen: Kühn bereitete seine Reden sorgfältig vor, maß aber auch dem „freien", erst im Verlauf der Rede ausformulierten Wort große Bedeutung bei. Wenn der Ministerpräsident eine Etatrede im Landtag zu halten hatte, zog er sich – ausgerüstet mit einer Schreibmaschine, statistischem Datenmaterial und einer Kiste Mineralwasser – in eine kleine Wohnung im oberen Geschoß der Staatskanzlei zurück, wo er in völliger Ruhe und Abgeschiedenheit seine Rede ausarbeitete.[32]

Natürlich wurde Kühn beim Schreiben seiner Reden durch „Füllmaterial" aus der Staatskanzlei unterstützt, die dieses unaufgefordert oder erbeten zu bestimmten Sachthemen zur Verfügung stellte.[33] Bis 1970 erhielt er auch von seinem persönlichen Referenten Dieter Uecker Rede*konzepte*.[34] Danach, als sich u. a. durch sein zunehmendes bundespolitisches Engagement der Termindruck erheblich verstärkte, arbeitete ihm in der Staatskanzlei unter der Aufsicht Halstenbergs eine aus drei jüngeren Wissenschaftlern bestehende persönliche „Beratergruppe" direkt zu. Sie lieferte ihm neben Gutachten zu den verschiedensten politischen Themen auch *Entwürfe* für außerhalb des

29 Vgl. Horst Ravensberg im SPD-Pressedienst v. 29.8.1967 („Heinz Kühn – ein Jahr danach"), in: AdsD, Bonn, Nl. Heinz Kühn, 1/ HK AA 000040.
30 Kühn im Bonner General-Anzeiger v. 18.2.1987: „Ich habe nie einen Ghostwriter gehabt." (Artikel: „Ich habe die Neigung, im Mittelpunkt zu stehen").
31 HStA Düsseldorf, NW 270 (Staatskanzlei), Nr. 200.
32 Zeitzeugengespräch Johannes Rau v. 26.1.1999.
33 Zeitzeugengespräch Dieter Uecker v. 22.1.1999.
34 Ebd.

Parlaments zu haltende Reden und für Pressebeiträge.[35] Aber immer blieb Kühn ganz Herr seiner öffentlichen Verlautbarungen, immer wieder legte er selbst Hand an beim Redenschreiben – nachts, ganz früh am Morgen oder zwischen zwei Terminen.[36]

Es gab neben der Rede ein zweites Element, das den persönlichen Regierungsstil Kühns kennzeichnete. Das war *das politische Gespräch*. Er suchte es nach allen Seiten, auf allen Ebenen und an vielen Orten. Selbst das Privathaus des Ehepaars Kühn in Köln-Dellbrück war oft Ort politischer Gespräche.[37] Das Lesen der Akten empfand Kühn dagegen als lästige Pflicht. Dies war überwiegend die Aufgabe des Chefs der Staatskanzlei. Durch ihn und seinen persönlichen Referenten ließ sich Kühn dann mittels Vortrag unterrichten. 1990 – Heinz Kühn war schon fast zwölf Jahre aus dem Amt – bedankte er sich noch einmal bei seinem einstigen Staatssekretär dafür, daß dieser ihm „die Schreibtischplatte" „immer leergehalten" habe.[38]

Regierungschef Kühn suchte den Dialog mit *Journalisten*, auf Pressekonferenzen, im kleinen Kreis bei „Kamingesprächen" und unter vier Augen. Wie die Rede nutzte er das Pressegespräch und Interview dazu, um für sich und seine Politik in der Öffentlichkeit zu werben. Der Ministerpräsident Kühn blieb dabei auf der Linie des Oppositionsführers Kühn: Nicht nur Journalisten, die ihm politisch nahestanden, „bediente" er, sondern auch Medienleute, die anderer politischer Meinung waren als er. Kühn war grundsätzlich ein Anhänger des „*Gesinnungs*journalismus".[39] Er selbst hatte in diesem Genre gearbeitet. Einen indifferenten oder angepaßten Journalismus verabscheute er. Als „Urvater" des Gesinnungsjournalismus galt ihm der vormärzliche Schriftsteller Ludwig Börne.[40] Gerne zitierte er die Mahnung Ludwig Börnes: „Seid brunnenkaltes Wasser oder heißer Glühwein, aber nicht lauwarmes Naß."[41]

Selbstverständlich brillierte Kühn in den journalistischen Gesprächsrunden mit seiner Rhetorik. Deshalb kann es nicht verwundern, daß sich der Landespremier auch unter solchen Medienleuten persönliche Bewunderer schuf, die gesinnungsmäßig nicht seinem politischen Lager angehörten. Seine journalistischen Gesprächspartner wußten außerdem seine Auskunftsfreudigkeit hoch zu schätzen. Seine Mitteilsamkeit

---

35 HStA Düsseldorf, NW 451 (Staatskanzlei), Nr. 388.
36 Gespräch mit Dieter Uecker.
37 Die Kölnerin Katharina Focke (die 1966 als SPD-Abgeordnete ins nordrhein-westfälische Parlament einzog) meint z. B. im Zeitzeugengespräch v. 10.11.1998, das Haus der Kühns sei „ein gastliches Zentrum für politische Begegnungen" gewesen.
38 Heinz Kühn an Friedrich Halstenberg v. 11.6.1990, in: AdsD, Bonn, Nl. Heinz Kühn, 1/ HK AA 000099. Natürlich konnte sich Kühn dem Aktenlesen nicht völlig entziehen. Dafür sorgte schon sein erster persönlicher Referent Dieter Uecker. Er packte z. B. seinem Chef wichtige Akten zur Durchsicht ins Auto, wenn dieser zu Dienstreisen innerhalb des Landes aufbrach (Zeitzeugengespräch Uecker v. 22.1.1999).
39 Siehe Fernschreiben des Ministerpräsidenten Kühn an den Journalisten Werner Giers (Westfälische Nachrichten) aus dem Jahre 1978 (genaues Datum unleserlich), in: AdsD, Bonn, Nl. Heinz Kühn, 1/HK AA 000128.
40 Ebd.
41 Nach SPD-Pressemitteilungen und Informationen v. 21.8.1975, in: AdsD, Bonn, SPD-Parteivorstand. Büro Stellv. SPD-Vorsitzender Heinz Kühn, 2/PVCV 000030, Laufzeit 1974–75, Interviews u. Leserbriefe.

und Fabulierfreude war einer gedeihlichen Regierungsarbeit aber nicht immer förderlich. Sie stiftete Verwirrung, wenn er z. B. im Interview freizügig Positionen bezog, die regierungsintern umstritten oder überhaupt noch nicht abgeklärt waren.[42]

Ministerpräsident Kühn suchte das Gespräch mit allen Personen, Institutionen und gesellschaftlichen Gruppen, die ihm bei der Durchsetzung seiner Krisenbewältigungs- und Reformpolitik wichtig erschienen, die er in diese Politik in irgendeiner Form einzubinden hoffte. Er suchte es mit der eigenen Fraktion, der Fraktion des Koalitionspartners und der Opposition; mit den Gewerkschaften, den Unternehmern, den Hochschulen, der Kirche, dem (jeweiligen) Bundeskanzler, anderen Mitgliedern der Bundesregierung, Spitzenleuten in der Bundespartei, im Bundestag und Bundesrat, mit seinen Ministerpräsidentenkollegen. Nicht zuletzt suchte er es mit den Mitgliedern seines eigenen Kabinetts. Er ließ ihnen viel freie Hand. Einen autoritären Führungsstil pflegte er ganz und gar nicht. Es war bezeichnend, daß die Maschinerie seiner Regierung dann ins Stottern geriet, wenn die Gespräche versiegten, wenn sich Kühn z. B. für längere Zeit im Ausland aufhielt oder wegen Krankheit ausfiel. Eine die Gespräche ergänzende Rolle spielte die Korrespondenz. Wenn der gewünschte Gesprächspartner nicht erreichbar war, kommunizierte er mit ihm auf postalischem Wege.

Kühns persönlicher Regierungsstil kam schon sehr bald nach dem Machtwechsel voll zur Entfaltung, nämlich bei zwei Projekten, deren Realisierung für den neuen Regierungschef und seine Mannschaft absolute Priorität besaßen und bei deren Verwirklichung Kühn sich persönlich ganz einbrachte: die *Entschärfung der Bergbaukrise* und die *Reform der Volksschule.*

Entschärfung der Bergbaukrise. Ungetrübte politische Reformlaune vermochte sich in der neuen Landesregierung zunächst nicht einzustellen. Dafür stand das Land zu sehr im Zeichen der strukturellen Bergbaukrise[43] und der *gesamt*wirtschaftlichen Rezession.[44] Für die Bewältigung der Doppelkrise war in erster Linie der Bund zuständig, weil er in der Wirtschafts- und Energiepolitik das Gesetzgebungsrecht für sich beanspruchen kann.

Seit Dezember 1966 war erstmals seit Bestehen der Bundesrepublik ein Sozialdemokrat für die deutsche Wirtschaftspolitik verantwortlich: der Professor für Volkswirtschaft Karl Schiller, Wirtschaftsminister der großen Koalition. Für Schiller hatte

---

42 Zu einem ähnlichen Urteil kommt Katharina Focke im Zeitzeugengespräch. Nach einem problematischen Journalistengespräch im Jahr 1975 bemerkte Kühn, er werde sich ein „Vorhängeschloß" kaufen, um in Zukunft nicht zuviel zu sagen. Daraufhin schickte ihm eine nordrhein-westfälische Bürgerin mit einem humorvollen Brief ein solches Schloß. Kühn brachte es zur nächsten Landespressekonferenz mit „als Erinnerung daran" – wie er den Journalisten erläuterte –, „daß ich gelegentlich mein Temperament zu zügeln habe". (Nach Tonband-Niederschrift aus der Fragestunde des Ministerpräsidenten mit der Landespressekonferenz v. 20.10.1975, in: AdsD, Bonn, SPD-Parteivorstand. Büro Stellv. Vorsitzender Heinz Kühn, 2/PVCV 000030).

43 Vgl. S. 204ff. der Biographie.

44 Vgl. S. 208 der Biographie.

die Überwindung der *gesamt*wirtschaftlichen Flaute in der Bundesrepublik Vorrang. Er war der Meinung, daß von einem allgemeinen konjunkturellen Aufschwung auch der daniederliegende Bergbau profitieren werde.

Kaum in das Ministeramt gelangt, setzte Schiller eine Wirtschaftspolitik in Gang, die sich von der seines CDU-Vorgängers Ludwig Erhard prinzipiell unterschied. War Erhard im Herbst 1966 nur bereit gewesen, durch Einsparungen und Steuererhöhungen auf die Krise zu reagieren (ansonsten auf die Selbstheilungskräfte des Marktes hoffend), so leitete Schiller eine antizyklische Konjunkturpolitik ein. Ihr lag die Idee des britischen Nationalökonomen John M. Keynes zugrunde, wonach es in Zeiten konjunkturellen Abschwungs Aufgabe des Staates sein müsse, der Krise mit Hilfe einer kreditfinanzierten Ausgabenerhöhung (deficit spending) entgegenzusteuern. Schon im Januar 1968 legten Schiller und die große Koalition ein beachtliches Konjunkturprogramm auf.

Eines hatte Schiller mit Kühn gemeinsam. Sie waren beide Meister der Sprache. Schiller verstand es, seinen „Keynesianismus" mit einem von ihm geprägten Begriffsvokabular höchst öffentlichkeitswirksam zu „verkaufen": Er sprach von „Globalsteuerung", „konzertierter Aktion", „mittelfristiger Finanzplanung", „sozialer Symmetrie", „Aufschwung nach Maß", „flankierenden Maßnahmen".[45]

Kühn und sein Kabinett unterstützten Schillers „Aufschwung nach Maß". Mit einem von Finanzminister Wertz erstellten „Konjunktur-Sofortprogramm" von 886 Mio. DM beteiligte sich die Landesregierung an der „konzertierten Aktion" des Bonner „Chefökonomen".[46] Mit dessen abwartender Haltung gegenüber der Strukturkrise im deutschen Steinkohlebergbau war Kühn jedoch überhaupt nicht einverstanden. Die Krise schwelte seit gut acht Jahren. 62 Zechen mit einer Jahresförderung von 35 Mio. Tonnen waren stillgelegt worden. 220.000 Menschen hatten ihren Arbeitsplatz verloren. Die Kohlehalden wuchsen weiter in gigantische Höhen. Das Fahren von Feierschichten war an der Tagesordnung und das Zechensterben entzog sich öffentlicher Kontrolle. Der Bergbau befand sich faktisch „im Sturzflug". Dementsprechend schlecht war die Stimmung unter den Bergleuten, ihren Familien und in der Gesamtbevölkerung des Ruhrreviers. Sofortiges und entschlossenes Handeln der Politik war deshalb nach Meinung Kühns unbedingt angezeigt. Er verlangte vom Bund *energie*politische Maßnahmen. *Sozial-* und *struktur*politisch sollten – so Kühns Vorstellung – Bund und Land gemeinsam den Gesundungsprozeß des Bergbaus begleiten.

Schon einen Tag nach Übernahme des Ministerpräsidentenamtes hatte Kühn eine eingehende Unterredung mit Schiller.[47] Und seit Februar 1967 stand er mit ihm in ständigem Gesprächskontakt.[48] Aus diesen Unterhaltungen kannte er nicht nur die

---

45 Siehe Hildebrand: Von Erhard zur Großen Koalition 1963–1969, S. 260ff.; Helmut Kistler: Die Bundesrepublik Deutschland. Vorgeschichte und Geschichte 1945–1983, Bonn 1985, S. 260ff.
46 Düding: Volkspartei im Landtag, S. 22.
47 Nach Rede Kühns v. 6.6.1967 im NRW-Landtag (Landtag Nordrhein-Westfalen, Stenographische Berichte, 6. Wahlperiode, Bd. 1, S. 430).
48 Ebd., S. 434.

zögerliche Haltung des Bundeswirtschaftsministers gegenüber einer energiepolitischen Gesetzesinitiative. Er wußte auch: Schillers Vorstellungen zur Entschärfung der Bergbaukrise wichen in wichtigen Punkten von den seinigen ab.

Kühn favorisierte – wie die Bergarbeitergewerkschaft – die Gründung einer Ruhrkohle-*Einheitsgesellschaft* auf privatwirtschaftlicher Grundlage. Durch die Einheitsgesellschaft sollte das plötzliche, „wilde", „chaotische" Zechensterben gestoppt und die notwendige Anpassung der Kohleförderung an den Absatz in geordnete, (durch den Staat) kontrollierte, für jedermann einsehbare Bahnen gelenkt werden. Überhaupt versprach man sich von der Einheitsgesellschaft eine „Gesundung" der Branche. Schiller konnte sich mit der Idee der Einheitsgesellschaft nicht anfreunden. Auf dem Gewerkschaftstag der IG Bergbau und Energie im Februar 1967 in der Bonner Beethovenhalle erwähnte er sie z. B. mit keinem Wort. Kühn stellte dage-

Grubenfahrt des Ministerpräsidenten auf der Zeche „Robert Müser" in Bochum-Werne am 1. Februar 1967.

gen auf demselben Kongreß fest: „Wir bewegen uns zunehmend in Richtung einer Einheitsgesellschaft."[49] Den Delegierten sprach er damit aus dem Herzen.

Kühn war (wiederum in Übereinstimmung mit den Funktionären der Bergarbeitergewerkschaft, aber ebenso mit den Unternehmern der Bergbauindustrie) Anhänger eines außenwirtschaftlichen Protektionismus zugunsten der deutschen Kohle. Er trat für eine Beschränkung der Mineralöl- und Erdgaseinfuhren und für eine Kontingentierung von Kohleimporten ein. Für Schiller kamen solche Eingriffe nicht in Frage. Sie standen außerdem dem von ihm angepeilten gesamtwirtschaftlichen Aufschwung im Wege.

Angesichts dieser Divergenzen verließ sich Kühn in der Bundeshauptstadt nicht allein auf den Kontakt zum Bundeswirtschaftsminister. Er konfrontierte auch andere „Bonner" mit dem nordrhein-westfälischen Krisenthema Nummer eins. Ein offenes Ohr lieh ihm schon im Februar 1967 der stellvertretende SPD-Fraktionschef Helmut

---

49 Westdeutsche Allgemeine v. 23.2.1967 („Heinz Kühn: Ich schmiere euch keinen Honig um den Mund").

Schmidt.[50] Mitte März unternahm Schmidt (er war inzwischen zum Vorsitzenden der Bundestags-SPD avanciert) zusammen mit Bundesfinanzminister Alex Möller eine Informationsreise mit Zechenbesuch durch das Ruhrrevier.[51] Danach äußerte sich Schmidt, die Krise der Steinkohlenreviere habe sich dramatisch zugespitzt. Es handle sich um ein Problem der deutschen Innenpolitik, das allen anderen weit voranstehe.[52] Am 17. März erörterte das SPD-Präsidium das Thema „Bergbaukrise". Kühn, der seit 1966 dem höchsten Gremium seiner Partei angehörte, erstattete Bericht und stellte seinen Kollegen eine Unterlage zur Verfügung. Sie war von der Staatskanzlei und drei Düsseldorfer Ministerien „gegengezeichnet".[53] Am 20. März wandte sich Heinz Kühn – „von großer Sorge gedrängt" – wegen der Krise des Bergbaus brieflich an SPD-Chef und Bundesaußenminister Willy Brandt. Kopien des Kühnschen Briefes (den auch sein Arbeitsminister Werner Figgen unterzeichnete) gingen an Karl Schiller, Herbert Wehner und Helmut Schmidt.

Kühn kritisierte in dem Schreiben den Bundeswirtschaftsminister ungeniert. Schillers Perspektive scheine „allzusehr auf die Hoffnung gegründet [...], daß die Bergbaukrise in Nordrhein-Westfalen relativ leicht durch den erwartbaren Konjunkturaufschwung in anderen Industriezweigen aufgefangen werden könnte". In Wirklichkeit sei das Problem aber „ohne energiepolitische Entscheidungen, auch wenn sie dirigistischen Charakter tragen", nicht lösbar. Damit der „Sturzflug in einen Gleitflug" übergehe, komme das Bundeskabinett nicht darum herum, ein energiepolitisches Instrumentarium zu entwickeln.[54] Heinz Kühn bediente sich in dem Brief auch eines probaten Druckmittels. Er rief in Erinnerung, daß der Eintritt der SPD in die Bundesregierung durch die Landtagswahlen in Nordrhein-Westfalen am 10. Juli 1966 „erzwungen" worden sei. Es werde „aller Voraussicht nach" von den nordrhein-westfälischen Wählern auch über „die künftige Chance" der SPD in der Bundesregierung entschieden.[55]

Schiller bewegte sich. Ende April präsentierte er dem Bundeskabinett den Entwurf eines „Kohleanpassungsgesetzes". Er enthielt die Institution eines „Kohlebeauftragten". Dieser sollte gegenüber den Zechengesellschaften Empfehlungen über Förderkapazitäten und über Fusionen zu „optimalen Unternehmenseinheiten" aussprechen. Vor allem sollte er befugt sein, denjenigen Gesellschaften die staatlichen Subventionen zu streichen, die nicht bereit waren, den Empfehlungen Folge zu leisten.[56]

Kühn und seine Düsseldorfer Mannschaft waren enttäuscht. In Schillers Vorlage fehlte die Einheitsgesellschaft und der (außenwirtschaftlich-)protektionistische Maßnahmenkatalog. Ihre Enttäuschung war um so größer, als der Bonner Sozialdemokrat

50 Nach Heinz Kühn an Helmut Schmidt v. 20.2.1967, in: AdsD, Bonn, Depositum Helmut Schmidt, 1/ HS AA 005347.
51 Nach Christoph Nonn: Die Ruhrbergbaukrise. Entindustrialisierung und Politik 1958–1969 (Kritische Studien zur Geschichtswissenschaft, Bd. 149), Göttingen 2001, S. 327.
52 Heinz Kühn an Willy Brandt v. 20.3.1967, in: AdsD, Bonn, Depositum Helmut Schmidt, 1/ HS AA 005347.
53 Nach ebd.
54 Ebd.
55 Ebd.
56 Nonn: Die Ruhrbergbaukrise, S. 309.

mit seinem Gesetzentwurf die Vorstellung von einer „schnellen Anpassung" verband. Bis 1970, d. h. innerhalb von nur zwei Jahren nach Inkrafttreten des Gesetzes, sollte die Kohlefördermenge um 40 Mio. Tonnen (nämlich von 130 auf 90 Mio. Tonnen) gedrosselt werden. Nach realistischer Einschätzung bedeutete das eine „Freisetzung" von über 100.000 im Bergbau beschäftigten Menschen. Für die Arbeitslosen in der kurzen Frist Ersatzarbeitsplätze zu schaffen, schien ausgeschlossen. Im Kreise von Kühns Düsseldorfer Mitstreitern machte man noch eine andere Rechnung auf: Durch die „Freisetzungen" könne eine „Mantelbevölkerung" von ungefähr eineinhalb Millionen Menschen in wirtschaftliche und soziale Schwierigkeiten geraten. Da sich die Entlassungen auf ein eng begrenztes Gebiet konzentrierten, sei überdies mit der „Verödung" ganzer Stadtteile zu rechnen.[57]

Als Schillers Gesetzentwurf das Bonner Kabinett passierte – das war im Mai – schrillten bei Kühn alle Alarmglocken. In einer vertraulichen Sitzung des wirtschafts-politischen Arbeitskreises der SPD-Landtagsfraktion ließ er Dampf ab: Schillers Gesetz werde besser „Kohle-Liquidations-Gesetz" genannt, da es „nur auf einen unbegrenzten Rückzug ziele". Der „Kohlebeauftragte" sei in Wirklichkeit ein „Kohle-Demontage-Beauftragter". Dem Bundeswirtschaftsminister warf er vor, ein durch „politischen Ehrgeiz" motivierter Mann zu sein.[58]

Kühns Verärgerung verflog jedoch rasch. Sie wich konstruktiver Politik. In den folgenden Monaten legte der Ministerpräsident souveränes taktisches Geschick an den Tag. Im Juli verbuchte er einen ersten beachtlichen Erfolg. Es gelang ihm, die Landes-Opposition in die Kohlepolitik der SPD/FDP-Koalition einzubinden. Am 13. Juli verabschiedeten die Fraktionen von SPD, CDU und FDP im Düsseldorfer Landtag einstimmig einen Entschließungsantrag zur „Situation im Steinkohlebergbau". Er hatte eine klar protektionistische Stoßrichtung und forderte einen Anpassungsprozeß in „einem *angemessenen* Zeitraum" und „*ohne soziale Härten*".[59] Erleichtert bedankte sich Kühn bei der Opposition für das Zustandekommen der gemeinsamen „Kohlefraktion". Sie sei für die Landesregierung eine Rückenstärkung bei der Durchsetzung ihrer Position in Bonn.[60]

Im Oktober 1967 erreichte Kühns Politik des Drucks und der Seelenmassage zugunsten des Ruhrreviers einen Höhepunkt. Als frischgebackener Vorsitzender der Ministerpräsidentenkonferenz lud er die Regierungschefs der Länder am 20. Oktober nach Düsseldorf ein. Kurzerhand verfrachtete er seine Kollegen in einen Bus, um sie zum „Lokaltermin" nach Oberhausen zu bringen.[61] Dort stand die Zeche „Concordia" kurz vor der Schließung. Luise Albertz, die Oberbürgermeisterin der Stadt, Walter Arendt, der Vorsitzende der Bergarbeitergewerkschaft, und Kühn selbst versuchten

---

57 Nach Düding: Volkspartei im Landtag, S. 78f.
58 Zitiert nach Nonn: Die Ruhrbergbaukrise, S. 325.
59 Drucksache Nr. 307 v. 6.6.1967 (Landtag Nordrhein-Westfalen, 6. Wahlperiode, Drucksachen, Bd. 2).
60 Landtag Nordrhein-Westfalen, Stenographische Berichte, 6. Wahlperiode, Bd. 1, S. 454 u. S. 462.
61 Die Welt v. 21.10.1967 (Reportage: „Heinz Kühn bat zum Lokaltermin").

vor Ort, die Länderchefs von der Notwendigkeit einer gründlichen „Nachbesserung"
des Schillerschen Gesetzentwurfs zu überzeugen. Zumindest bei einem der „revierfer-
nen" Ministerpräsidenten, bei Hessens Regierungschef Georg August Zinn, schien der
„Lokaltermin" nicht ohne Wirkung geblieben zu sein.[62]

Noch viel wichtiger sollte ein anderer Kontakt sein, den Kühn – unterstützt durch
Johannes Rau[63] – im Sommer/Herbst 1967 immer enger knüpfte. Es war die Verbindung zur SPD-Bundestagsfraktion, vor allem zu deren Chef Helmut Schmidt. Am
23. Oktober kam der Vorstand der Bonner Fraktion unter Leitung Schmidts zu einem
„großen Kohlegespräch" in die Düsseldorfer Staatskanzlei. Neben Kühn, Kassmann
und Rau nahmen an ihm auch die Landespolitiker Lange (FDP), Dufhues (CDU) und
einige Kohlefachleute (Unternehmer/Gewerkschafter) teil.[64] Die Unterredung war in
einem zentralen Punkte sehr erhellend: Die Spitze der SPD-Bundestagsfraktion ging
zu wichtigen Punkten des Schillerschen Gesetzentwurfs klar auf Distanz. Helmut
Schmidt sprach sich für eine zeitliche Streckung der Förderreduzierung „auf vier bis
sechs Jahre" aus.[65] Auch als Anhänger der Einheitsgesellschaft gab er sich zu erkennen.[66] In der Presse las man, Schiller habe wegen seiner Energiepolitik nicht mehr das
Vertrauen der SPD-Bundestagsfraktion. Im Präsidium der Partei kam es zu einem heftigen Zusammenstoß zwischen Fraktionsvorsitzendem und Wirtschaftsminister.[67]
Das waren höchst beachtliche Vorgänge. Schmidt, der als Hamburger die Sympathie
für die Steinkohle nicht gerade mit der Muttermilch aufgesogen hatte, ergriff Partei für
die Nordrhein-Westfalen.[68] Kühn konnte mehr als zufrieden sein. Er hatte in Bonn einen einflußreichen Verbündeten gewonnen.

Wie sehr Kühn im Herbst 1967 als Krisenmanager gefragt war, beweist ein spekta-
kuläres Ereignis, das zwischen der Visite der Ministerpräsidenten in Oberhausen und
Schmidts Besuch in Düsseldorf lag: die Bergarbeiter-Demonstration auf dem Marktplatz von Dortmund-Huckarde am 21. Oktober. Anlaß der Protestkundgebung,
die von der IG Bergbau und Energie einberufen wurde, war die drohende Schließung
der Zechen „Hansa" in Dortmund und „Pluto" in Wanne-Eickel. Beide Zechen galten
als hochmodern und sehr produktiv.[69] Wenn Zechenbesitzer sogar solche Anlagen
aufgeben wollten, war dann nicht mit der Stillegung vieler weiterer Zechen zu rech-

---

62 Georg August Zinn an Heinz Kühn v. 30.11.1967, in: AdsD, Bonn, Nl. Heinz Kühn, 1/
    HK AA 000131.
63 Nach Düding: Volkspartei im Landtag, S. 78f.
64 Ebd.
65 HStA Düsseldorf, RW 180 (SPD-Landtagsfraktion), Nr. 240. Protokoll der Fraktions-
    sitzung v. 30.10.1967.
66 Positionspapier Schmidts zur Kohlekrise v. 25.10.1967, in: AdsD, Bonn, Nl. Heinz
    Kühn, 1/ HK AA 000131.
67 Nach Nonn: Die Ruhrbergbaukrise, S. 331.
68 Mitentscheidend für Schmidts Haltung war – wie er in seinem Positionspapier zur Kohle-
    krise betonte – „die seelische Situation" der Bergleute und der ebenfalls von der Krise be-
    troffenen „Mantelbevölkerung". Sie sei „gekennzeichnet durch Angst". Von Geistlichen
    beider Konfessionen und von der IG Bergbau werde die Angst übereinstimmend als
    „Existenzangst" interpretiert (Positionspapier Schmidts v. 25.10.1967).
69 Nonn: Die Ruhrbergbaukrise, S. 330.

nen? Außerdem: „Pluto" war die letzte von ehemals fünf Zechen in Wanne-Eickel.[70] Eine hochexplosive Stimmung verbreitete sich unter den Bergarbeitern im Vorfeld der Dortmunder Demonstration. Meldungen über eine bedenkliche *politische* Radikalisierung der Bergleute machten in Bonn und Düsseldorf die Runde und lösten ernste Besorgnis aus. Nicht nur für *links*radikale, sondern auch für die von der NPD verbreiteten *rechts*radikalen Parolen seien die Bergarbeiter angeblich empfänglich.[71]

Angesichts dieser Meldungen lehnten es Schiller und Bundeskanzler Kiesinger ab, zu der Kundgebung zu gehen.[72] Das politische Risiko erschien ihnen zu groß. Kühn, ebenfalls nach Dortmund gerufen, scheute das riskante Unternehmen nicht, obwohl ihm sein gesamtes Kabinett und seine beiden Vertrauten Halstenberg und Stallberg dringend abrieten.[73] Nur einen Ersatzanzug nahm er mit für den Fall, daß er Zielscheibe von Tomatenwürfen werden sollte.[74]

Hochspannung herrschte am besagten Oktobertag auf dem Marktplatz von Dortmund-Huckarde, auf dem sich 15.000 Menschen eingefunden hatten. In ein „brodelndes Meer der Empörung" schaute Kühn, als er die Tribüne bestieg, hinter der auf einer großflächigen Leinwand eine riesige rote Fahne in Arbeiterhand zu sehen war.[75] Überhaupt lösten bei der Kundgebung in Huckarde rote Fahnen die bisher bei Zechenstillegungen üblichen schwarzen Fahnen ab. Eher radikallinks als radikalrechts waren die Protestformen, deren sich die verzweifelten Demonstranten bedienten. Die Internationale und das Rotfrontkämpferlied aus der Weimarer Zeit „Wacht auf, Verdammte dieser Erde" wurden angestimmt. Auf mitgeführten Transparenten war unübersehbar zu lesen: „Kühn und Schiller – Zechenkiller", „Eh der Kumpel verreckt, muß die Regierung weg."[76]

Nach dem Bergarbeiterführer Walter Arendt trat Kühn ans Rednerpult. Mit lauten Pfiffen und feindseligen Zurufen wurde er empfangen. Aber während seiner Rede wendete sich das Blatt. Kühn gelang es, die Aufmerksamkeit seiner Zuhörer zu gewinnen, sie mit seinen Worten zu fesseln, ihre Erregung zu dämpfen. Beifall brandete an einzelnen Stellen auf. Am Schluß überschütteten ihn die Versammelten mit Beifall und Hochrufen.[77]

Kühns kämpferische Rede war geschickt angelegt, sie war eine rhetorische Meisterleistung.[78] Schon der Beginn ließ aufhorchen: „Ich habe gewußt, welche Erbitterung

---

70 Die Welt v. 21.10.1967 („Heinz Kühn bat zum Lokaltermin").

71 Ebd. und Nonn: Die Ruhrbergbaukrise, S. 332f. Die rechtsradikale NPD war 1964 gegründet worden und hatte es zwischen 1966 und 1968 geschafft, Mandate in sieben deutschen Landtagen zu erringen.

72 Kühn: Aufbau und Bewährung, S. 226.

73 Sitzung des Landeskabinetts v. 17.10.1967, in: HStA Düsseldorf, NW 30 P (Staatskanzlei), 949–955; Zeitzeugengespräch Halstenberg v. 16.12.1998.

74 Kühn: Aufbau und Bewährung, S. 226.

75 Ebd.

76 Nonn: Die Ruhrbergbaukrise, S. 330 u. 332.

77 Kühn: Aufbau und Bewährung, S. 228f.

78 Maschinenschriftl. Text der Rede in: HStA Düsseldorf, NW 451 (Staatskanzlei), Nr. 33. Abgedruckt unter dem Titel „Schwarze Fahnen über dem Revier", in Heinz Kühn: Den

mir auf diesem Platz entgegenströmen wird. Man hat mir gesagt: Geh nicht hin! Aber Ihr könnt gegen mich sagen, was Ihr wollt, ein Feigling bin ich nicht." Ein Band der persönlichen Solidarität knüpfte er zwischen sich und den Angesprochenen: Gleich zweimal erwähnte er, daß er aus einer Arbeiterfamilie stamme (die in den Jahren der Arbeitslosigkeit vor 1933 „bittere Not gelitten" habe), um daran die Feststellung anzuschließen: „Ich weiß, was in Euch wühlt, in jedem Vater, in jeder Mutter in der Sorge um das Kind." Der persönlichen Solidarisierung diente auch die Bemerkung: „Ich stehe hier gemeinsam mit Euch, um meine Stimme zu erheben nach Bonn, wo die Entscheidung über die Wirtschafts- und Energiepolitik fällt."

Wichtigstes Anliegen Kühns war es, den Protestierenden klarzumachen, daß sich „seine" Regierung in voller Übereinstimmung mit den Zielen der Bergarbeitergewerkschaft befände. Nicht Düsseldorf blockiere eine die Interessen der Arbeiter berücksichtigende Lösung, sondern Bonn. Es dürfe kein Kohleanpassungsgesetz geben, das ein „Kohle-Totengräbergesetz" sei. Kühn bat die Bergleute um „Besonnenheit" und versprach ihnen gleichzeitig, in Bonn die „harte Sprache" zu sprechen, die „die Bedingungen dieses Reviers" verlangten. Sprachlich wirkungsvoll und mit Seitenhieb auf Schiller rief er ihnen zu: „Ich schmiere Euch keinen Honig um den Mund, und ich traktiere Euch nicht mit flankierenden Tröstungen. Es kommt jetzt darauf an, Bonn zum Handeln zu bringen." Am Schluß der Rede legte er ein Versprechen ab: „Keine Stillegung ohne neue, gleichwertige Arbeitsplätze! Das ist die Politik, für die ich vor Euch stehe und für die ich in Bonn stehen werde."

Bonn, d. h. Schiller, handelte. Die Oktoberereignisse – „Huckarde", der massive Druck Kühns und Schmidts – gaben ihm zu Denken, ließen ihn einlenken. Während der ersten Lesung seines Gesetzentwurfs im Deutschen Bundestag am 8. November 1967 revidierte er wesentliche Teile seiner Position. In der Bundestagsdebatte, in der Schmidt und Kühn (als Bundesratsvertreter) noch einmal mit Bestimmtheit und unisono die nordrhein-westfälischen Positionen vertraten,[79] unterbreitete er „Nachbesserungen". Erstmals bekannte er sich zur Einheitsgesellschaft – er sprach von „Gesamtgesellschaft" – für den Ruhrbergbau. Durch das Anpassungsgesetz müsse die einheitliche Gesellschaft, diese „optimale Unternehmenseinheit", auf privatrechtlicher Grundlage „angezielt" werden. Das Gesetz werde den nötigen Druck zur Fusion bringen. Es werde die Handhabe schaffen, Bergbaugesellschaften, die keine Anstalten zum Zusammenschluß machten, die staatlichen Subventionen zu streichen.[80]

Außerdem machte Schiller klar, daß mit dem Gesetz kein konkreter Zeitplan für die Anpassung verbunden werde. Die von ihm bis dato favorisierte „schnelle" Rückführung der Kohle-Förderkapazität von 40 Mio. Tonnen innerhalb von zwei Jahren

---

Staat menschlicher machen. Beiträge zu gesellschaftlichen Fragen und persönlichen Begegnungen, Bonn-Bad Godesberg 1972, S. 124ff.
79 Verhandlungen des Deutschen Bundestages, 5. Wahlperiode, 131. Sitzung, S. 6640ff. u. S. 6650ff.
80 Ebd., S. 6633f.

war damit faktisch vom Tisch. Schiller betonte, daß der zeitliche Rahmen stark vom kommenden Konjunkturverlauf abhängen werde.[81]

Nur in einem Punkt blieb Schiller hart: Elemente eines außenwirtschaftlichen Protektionismus (Schiller sprach von „nacktem Einfuhrprotektionismus") werde das Gesetz aus gesamtkonjunkturellen Gründen nicht enthalten.[82]

Im November 1967 war Kühn in Bonn der Durchbruch gelungen. Im Mai 1968 trat das von Schiller umgeschriebene „Kohleanpassungsgesetz" in Kraft.[83] Mit ihm konnten die Düsseldorfer Regierung und die Bergleute mehr als zufrieden sein. Nicht nur deshalb, weil es die Einheitsgesellschaft „anzielte" und in ihm die „schnelle Anpassung" fehlte. Es schrieb auch einen „Gesamtsozialplan" vor, der die in der Krisenbranche Beschäftigten umfassend absicherte. Und es enthielt einen „Strukturverbesserungsplan", wonach die Gründung *neuer* Industrien in Steinkohlebergbaugebieten durch die Gewährung einer zehnprozentigen Investitionsprämie erleichtert werden sollte.

Damit nicht genug. Schon zwei Monate vor Inkrafttreten des Kohlenanpassungsgesetzes, im März 1968, konnte Kühn der Öffentlichkeit ein ureigenes Programm seiner Regierung zur Überwindung der Ruhrkrise präsentieren: das „Entwicklungsprogramm Ruhr".[84] Es war unter Federführung Halstenbergs vom Planungsstab in der Staatskanzlei erarbeitet worden und hatte die Funktion einer „flankierenden" Maßnahme zum Bundesgesetz. Der Ruhrplan war ein mittelfristiger, bis 1973 gültiger Handlungsrahmen. Er zielte nicht nur darauf, zukunftssichere Industrien anzusiedeln, er sollte vor allem auch zur Verbesserung der Infrastruktur im Revier beitragen. Investitionen in Höhe von 25 Mrd. DM sah das Programm vor. An ihnen wollte sich der Bund beteiligen. Auch das hatte Schiller zugesichert.

In den Frühjahrsmonaten des Jahres 1968 trat auch das ein, was Schiller mit seiner antizyklischen Konjunkturpolitik beabsichtigte: Der konjunkturelle Aufschwung der bundesdeutschen Wirtschaft setzte ein. Er mündete in eine mehrere Jahre dauernde Hochkonjunkturphase. Von ihr gingen auch für den Bergbau Erholungseffekte aus.

Im Frühjahr 1968 konnte Kühn tief durchatmen. Die Entschärfung der Bergbaukrise schien geglückt. Der „Chimborasso von Sorgen"[85], der wegen des Ruhrproblems seit Amtsantritt auf seinen Schultern lastete,[86] hatte an Gewicht verloren. Nur eines

---

81 Ebd., S. 6631 u. S. 6693.

82 Ebd., S. 6636.

83 „Gesetz zur Anpassung und Gesundung des deutschen Steinkohlebergbaus und der deutschen Steinkohlenbergbaugebiete". Bundesgesetzblatt Teil I. Ausgegeben zu Bonn am 18. Mai 1968.

84 Landesregierung Nordrhein-Westfalen: Entwicklungsprogramm Ruhr 1968–1973, Düsseldorf 1968.

85 Diese Metapher verwendete Kühn – bezogen auf die Ruhrkrise – in einer Landtagsrede vom 28.11.1967 (Landtag Nordrhein-Westfalen, 6. Wahlperiode, Bd. 1, S. 739).

86 In einem Antwortbrief an den SPD-Vorsitzenden von Hamm, der sich wegen der Bergbaukrise sorgenvoll an Kühn gewandt hatte, schrieb er im April 1967: „Du darfst mir glauben, daß ich keinen Morgen wach werde, ohne das bedrückende Gefühl der Sorgen, die keineswegs geringer werden ..." (Heinz Kühn an Wilhelm Prenger v. 17.4.1967, in: AdsD, Bonn, Nl. Heinz Kühn, 1/ HK AA 000130).

fehlte noch: die Gründung der Einheitsgesellschaft. Aber Gespräche darüber waren zwischen der Bergarbeitergewerkschaft, den Unternehmern, Schiller und dem Landeswirtschaftsminister (Kassmann) im Gange. Die Gesprächsrunde, von Schiller initiiert, lief unter dem harmonieverströmenden Begriff „Konzertierte Aktion Kohle". Ganz so harmonisch war sie freilich in Wirklichkeit nicht. Zunächst taten sich zwischen den „Sozialpartnern" Gräben auf. Aber Kühn konnte getrost davon ausgehen, daß die Verhandlungen zu einem positiven Ende führen würden. Denn das Bundesgesetz hielt genügend Druckmittel für eine Fusion bereit.

Am 27. November 1968 war es dann soweit: 19 von 23 Bergbauunternehmen unterschrieben im Essener Ruhrkohle-Haus das Gründungsprotokoll (Vorvertrag) der Einheitsgesellschaft, der *Ruhrkohle-AG* (RAG). Gut ein halbes Jahr später, am 18. Juli 1969, kam es zur Unterzeichnung des Grundvertrages der Einheitsgesellschaft. Rechte und Pflichten Nordrhein-Westfalens im Zusammenhang mit der Gesellschaftsgründung wurden in einem Abkommen des Landes mit dem Bund geregelt. Es beinhaltete u. a. die „Drittelbeteiligung" Nordrhein-Westfalens an den staatlichen Hilfen für die Ruhrkohle-AG. Die Einheitsgesellschaft schloß Verträge mit stahlerzeugenden Ruhrkonzernen („Hüttenverträge"), in denen diese sich verpflichteten, ihren gesamten Bedarf an Kohle und Koks für eine Laufzeit von 20 Jahren durch die Ruhrkohle-AG abdecken zu lassen. Feste Lieferverträge brachte die Einheitsgesellschaft auch mit mehreren Kraftwerken unter Dach und Fach.[87]

Als „Kohle- und Krisenpremier" hatte Kühn das Jahr 1967 hindurch agiert. Das Ruhr-Thema beanspruchte seine Energie und seine Zeit in hohem Maße. Im November gestand er dem Journalisten Werner Höfer in einem „Zeit"-Interview, ein Buch habe er in den letzten zehn Monaten nicht mehr in der Hand gehabt. Wohl aber seien Memoranden zur Kohlekrise seine „ständige Sonntagslektüre" gewesen.[88] Dennoch: Es gab in diesem Jahr noch ein zweites Thema, dem Kühn höchste Aufmerksamkeit schenkte, weil es ihm sehr am Herzen lag – die *Volksschulreform*.

Volksschulreform. Als junger Abgeordneter war er für seine Fraktion in die parlamentarischen Gefechte gezogen, in denen es um die weltanschauliche Ausrichtung und Organisation der Volksschule ging. Zwei bittere Niederlagen mußten er und seine politischen Freunde einstecken: beim Kampf um die Schulartikel der Verfassung (1950) und beim Schulordnungsgesetz (1951/52).[89] Als Oppositionsführer brachte er das heißumkämpfte Schulthema erneut aufs Tapet.[90] Fast mit Engelszungen hatten er, Holthoff und Rau die Meyers-Regierung zu überreden versucht, endlich eine Schulreform zu wagen. Ohne Erfolg. Jetzt, nach dem Machtwechsel, war die Zeit gekommen, die Reform selbst in die Hand zu nehmen. Der historischen Bedeutung dieses Vorha-

---

87 Werner Abelshauser: Der Ruhrkohlenbergbau seit 1945. Wiederaufbau, Krise, Anpassung, München 1984, S. 127ff.
88 Die Zeit v. 17.11.1967 („Feurige Kohle für die Große Koalition. Gespräch mit Ministerpräsident Kühn").
89 Vgl. S. 133ff. u. 149 der Biographie.
90 Vgl. S. 202f. der Biographie.

bens waren sich der Ministerpräsident und seine Mitstreiter voll bewußt. Ein Hinaus-
zögern des Unternehmens kam für sie überhaupt nicht in Betracht. Die Volksschulreform sollte aus Prestigegründen und ihrer Dringlichkeit wegen am Anfang aller Bildungsreformen stehen. Das war sozialdemokratischer Konsens.

Fritz Holthoff, der Kultusminister, und Johannes Rau, der sozialdemokratische
Fraktionsvorsitzende, spielten bei der Verwirklichung dieser Reform zweifellos eine
exponierte Rolle. Aber mindestens ebenso wichtig waren die Beiträge, die Kühn zum
Gelingen beisteuerte. Keine wichtige Entscheidung fiel ohne sein Zutun. Außerdem
war er es, der sehr stark die strategisch-taktische Vorgehensweise bei der Realisierung
dieses Projekts bestimmte.

Schon in seiner Regierungerklärung vom Dezember 1966 hatte er die Marschroute
ausgegeben, es werde dem Lande nützen, wenn die „wichtigen politischen Grundsatz-
entscheidungen von allen drei Fraktionen gemeinsam getragen" würden. Das erfordere „Kompromisse in den Sachlösungen".[91] Jedem Abgeordneten war klar, daß er damit
nicht nur auf das Ruhrproblem, sondern auch auf die Volksschulreform anspielte (zumal der Ministerpräsident in seiner Regierungserklärung einen entsprechenden Re-
formgesetzentwurf ankündigte[92]). Kühns Kompromißangebot kam nicht von ungefähr. Er wußte: Eine grundlegende Reform der Volksschule war nur durch eine Änderung der Verfassung möglich. Dazu brauchte er aber Stimmen aus dem Oppositions-
lager. Die SPD/FDP-Koalition verfügte im Landtag über insgesamt 114 Mandate. Zur
Verfassungsänderung waren mindestens 134 nötig.

Von Kühns Kompromiß-Strategie inspiriert war dann auch ein Reformpapier, das
die Koalitionäre Mitte März 1967 formulierten und das sie zur Grundlage für Gespräche mit der Opposition machten. Es firmierte unter dem Namen „Kalkumer Empfehlungen", da es während einer Klausur, an der Heinz Kühn selbstverständlich teilnahm,
auf Schloß Kalkum (bei Düsseldorf) entstanden war.[93] Die „Empfehlungen" sahen die
institutionelle Teilung der Volksschule in eine Grund- und eine Hauptschule vor. Im
Bereich der Grundschule sollte die verfassungsmäßige Gleichrangigkeit von Bekennt-
nis-, Gemeinschafts- und Weltanschauungsschule bestehenbleiben, was als Zuge-
ständnis an die oppositionelle CDU gedacht war. Die Hauptschule war dagegen als
„weiterführende" und entkonfessionalisierte Schule konzipiert. Sie sollte „von Amts
wegen" als Gemeinschaftsschule eingerichtet werden. Um dem Elternrecht zu genügen (das für die katholische Kirche eine so überaus große Rolle spielte), wurde die
Gründung *privater konfessioneller* Hauptschulen zugestanden. Aber diesen sei nur ein
Teil ihrer Unkosten aus öffentlichen Mitteln zu erstatten. Den „Zwergschulen" (den
einklassigen oder wenig gegliederten Schulen)[94] wollten die „Kalkumer Empfehlun-

---

91 Landtag Nordrhein-Westfalen, Stenographische Berichte, 6. Wahlperiode, Bd. 1, S. 116.
92 Ebd., S. 114.
93 Nach HStA Düsseldorf, RW 180 (Landtagsfraktion), Nr. 240. Protokoll der Fraktions-
    sitzung v. 3.4.1967.
94 1967 besuchten in Nordrhein-Westfalen noch 22.000 Schüler einklassige Schulen und
    500.000 Schüler keine reinen Jahrgangsklassen. Diese Zahlen nannte Fritz Holthoff in
    der SPD-Fraktionssitzung v. 10.5.1967 (HStA Düsseldorf, RW 180, Nr. 240).

gen" den Garaus machen. Das sollte geschehen durch die ersatzlose Streichung des Artikels 12 der Landesverfassung, der lautete: „Auch die wenig gegliederte und ungeteilte Schule gilt grundsätzlich als geordneter Schulbetrieb".[95]

Kühn ließ sich von seiner durch Ausgleich gekennzeichneten Linie auch nicht um ein Jota abbringen, als am 29. März (nur wenige Tage nach Bekanntwerden der „Kalkumer Empfehlungen") die katholischen Bischöfe NRWs eine scharfe Attacke gegen das Reformkonzept ritten. In einer Erklärung protestierten sie „entschieden" gegen die angebliche „Ausschaltung des Elternwillens". Die „Mißachtung des Elternwillens" verletze „die demokratischen Grundrechte" und stehe „im Gegensatz zur Allgemeinen Erklärung der Menschenrechte (Art. 26)".[96]

Heinz Kühn reagierte gelassen. Ohne sich mit dem schweren Vorwurf inhaltlich auseinanderzusetzen, meinte er in einem bundesweit ausgestrahlten Fernsehinterview, es gehe ihm in der Auseinandersetzung um die Schulreform darum, eine „Verständigungslösung" zu erreichen, die die „breiteste Zustimmung aller Menschen in unserem Lande" finde. Um diese Verständigungslösung werde er sich „mit leidenschaftlicher Geduld" bemühen.[97] Sicherlich glaubte er auch, daß ihn seine Gesprächskontakte zu dem Paderborner Erzbischof Lorenz Kardinal Jäger, dem Kölner Erzbischof Josef Kardinal Frings und dem Leiter des Katholischen Büros NRW, Prälat Paul Fillbrandt, (die er unmittelbar nach Amtsantritt aktiviert bzw. geknüpft hatte) dem Ziel der Verständigung näher bringen würden.

„Leidenschaftlicher Geduld" befleißigte Kühn sich auch, als die Gespräche mit der CDU nur schleppend vorankamen und sogar einmal ins Stocken gerieten, weil die Christdemokraten eine „Denkpause" benötigten. Ungeduldige in den eigenen Reihen wollten deshalb Nägel mit Köpfen machen. Sie beabsichtigten, die Gemeinschaftshauptschule auf dem Erlaßwege als Versuchsschule einzuführen. Selbst Kultusminister Holthoff schien ein Anhänger dieser Vorgehensweise zu sein.[98] Kühn hielt jedoch nichts von einem solchen Schnellschuß. Er wollte die Gespräche mit der CDU in Ruhe zu Ende bringen. Ihm gelang es, die weniger Geduldigen im eigenen Lager zu überzeugen. Man einigte sich: Solange die Gespräche mit der Opposition nicht abgeschlossen waren, solle das Vorhaben, die Reform durch Regelungen auf dem Erlaßwege einzuleiten, nicht weiter verfolgt werden.[99]

Kühn war eigentlich ziemlich guter Hoffnung, daß sich die CDU-Fraktion einem Kompromiß nicht verschließen werde, obwohl die erdrückende Mehrheit ihrer Mitglieder aus Katholiken bestand.[100] Im Frühjahr 1967 bekanntwerdende Meinungs-

95 Nach Düding: Volkspartei im Landtag, S. 26 u. 106f.
96 Zitiert nach Kirchlicher Anzeiger für die Erzdiözese Köln, 107. Jg., 1.5.1967, S. 490.
97 Interview Kühns mit Ernst Dieter Lueg in „Bericht aus Bonn" (ARD) v. 7.4.1967, in: AdsD, Bonn, Nl. Heinz Kühn, 1/ HK AA 000040.
98 Sitzung des Landeskabinetts v. 18.4.1967, in: HStA Düsseldorf, NW 30 P (Staatskanzlei), 931–940.
99 Sitzung des Landeskabinetts v. 2.5.1967, in: ebd.
100 Der CDU-Fraktion gehörten 60 katholische und 26 evangelische Christen an. Nach Hein Hoebink: Verfassung und Schule: Grundregelungen auf einem umstrittenen Feld, in: Kontinuität und Wandel. 40 Jahre Landesverfassung Nordrhein-Westfalen.

Gespräch Kühns mit Prälat Paul Fillbrandt in gelöster Atmosphäre (1967).

umfragen ließen keinen Zweifel daran, daß selbst unter den *katholischen* Eltern des Landes nurmehr eine Minderheit für die Konfessionsschule votierte. Auch unter katholischen Pädagogen bröckelte die Front der Konfessionsschulbefürworter. Diesen offensichtlichen Säkularisierungsprozeß mußte auch die CDU in Rechnung stellen.

Kühns behutsamer Kurs gegenüber der Opposition zahlte sich aus. Am 16. Mai 1967 einigten sich die Unterhändler der CDU und der Koalition auf ein „Schulpapier", das in allen wesentlichen Punkten den „Kalkumer Empfehlungen" entsprach. Die Christdemokraten akzeptierten die Teilung der Volksschule in Grund- und Hauptschule, sie fanden sich mit einer Hauptschule ab, die „von Amts wegen" als Gemeinschaftsschule eingerichtet werden sollte, und sie erklärten sich bereit, der „Zwergschule" die Verfassungslegitimation zu entziehen. Nur in einem eher nebensächlichen Punkt wich das Kompromißpapier von den „Kalkumer Empfehlungen" ab: *Konfessionelle* Hauptschulen sollten als *öffentliche* Schulen durch Elternantrag errichtet

Hg. v. Präsidenten des Landtags Nordrhein-Westfalen, Düsseldorf 1990, S. 189ff., hier: S. 211.

233

werden können; allerdings nur für den sehr eingeschränkten Fall, daß die beantragte Schule einen geordneten Schulbetrieb (Zweizügigkeit) gewährleiste und in zumutbarer Weise (Nähe) der Besuch einer mehrzügigen Gemeinschaftshauptschule garantiert sei.[101]

Mit der Einigung auf das Kompromißpapier war die Schulreform aber noch keineswegs unter Dach und Fach. In der CDU-Fraktion „rumorte" es nach dem 16. Mai. Man wollte „Grenzbegradigungen" oder „Verbesserungen". So wurde *die vollständig aus öffentlichen Mitteln finanzierte private konfessionelle* Hauptschule als Ersatzschule ins Gespräch gebracht.[102] Jetzt änderte Kühn seine Taktik völlig. Er legte unerwartete Härte an den Tag. Ein „Zurück" hinter die einmal getroffenen Vereinbarungen kam für ihn nicht in Frage. Vor Journalisten in Düsseldorf erklärte er nachdrücklich: „Regierung und Koalition werden an dem Kompromiß keinen Abstrich vornehmen."[103] Der Opposition drohte er mit den Worten. „In einigen Jahren werden Eltern ohnehin den Wunsch haben, auch bei der Grundschule der Gemeinschaftsschule den Vorzug zu geben."[104]

Härte in der Sache – bei aller Konzilianz im Umgang – bewies Kühn auch bei Unterredungen mit dem päpstlichen Nuntius in Bonn, Erzbischof Corrado Bafile. Die ab Mai 1967 in der Düsseldorfer Staatskanzlei und in der päpstlichen Nuntiatur in Bonn geführten Gespräche waren auf Wunsch der Kirche zustande gekommen. In der Amtskirche vertrat man die Auffassung, das 1933 zwischen dem Heiligen Stuhl und Hitler-Deutschland abgeschlossene Konkordat verbiete die geplante Reform. Als der Nuntius den Vorschlag machte, in den Gemeinschaftshauptschulen konfessionelle Arbeitsgemeinschaften für Deutsch und Geschichte einzurichten, wies Kühn dieses Ansinnen zurück.[105]

Bald sollte sich herausstellen, daß Kühns geänderte Taktik aufging. Die Opposition lenkte ein und kehrte zum vereinbarten Kompromiß zurück. Im Juni brachten die Fraktionen von SPD, CDU und FDP einen gemeinsamen Entwurf für die Änderung des Artikels 12 (Schulartikel) der Landesverfassung vor den Landtag.[106]

Noch einmal, nämlich eineinhalb Monate vor der Schlußabstimmung im Landtag, unternahmen die katholischen Bischöfe in Nordrhein-Westfalen den Versuch, die Verfassungsänderung zu vereiteln. Mit einer unversöhnlich-spektakulären Erklärung, die in Zeitungen als halbseitige Anzeige abgedruckt wurde, wandten sie sich an die Öffentlichkeit. „Wir legen Verwahrung ein gegen die Beeinträchtigung eines mensch-

---

101 Zum Schulkompromiß: HStA Düsseldorf, RW 180 (SPD-Landtagsfraktion), Nr. 240. Protokoll der Fraktionssitzung v. 23.5.1967; RW 180, Nr. 650. Protokoll des SPD-Fraktionsarbeitskreises „Kultur/Schule/Jugend" v. 19.6.1967; Vorn. Sozialdemokratische Monatsschrift. Jg. XVI, Juni 1967 („Kurz vor Mitternacht: Das entscheidende ‚Schulpapier'"); Juli 1967 („Auftakt zur Schulreform").
102 Die Welt v.15.6.1967 („Kühn sagt nein zur Bedingung der CDU").
103 Der Mittag v. 15.6.1967 („Kühn bleibt hart").
104 Ebd.
105 Ebd.
106 Drucksache Nr. 320 v. 20.6.1967 (Landtag Nordrhein-Westfalen, 6. Wahlperiode, Drucksachen, B. 2).

lichen Grundrechtes auf die Erziehung der Kinder", hieß es dort. Von „großer Sorge und Bestürzung" seien sie erfüllt, weil „das Recht der Eltern im Bereich der Hauptschule weiterhin beschnitten werden" solle. Man könne sich nicht der Überzeugung verschließen, daß es hier nicht allein um die Leistungsfähigkeit der Hauptschule gehe, „sondern um einen vernichtenden Schlag gegen die freie Gewissensentscheidung der Eltern".[107]

So zurückhaltend Kühn die erste gemeinsame Erklärung der NRW-Bischöfe vom März 1967 aufgenommen hatte, so harsch reagierte er jetzt. Auf dem Parteitag des SPD-Bezirks Mittelrhein betonte er unter dem Beifall der Delegierten, die katholische Kirche berufe sich zu Unrecht auf den Elternwillen. Das bestätige eine von der Landesregierung in Auftrag gegebene Meinungsumfrage, wonach 68 Prozent der praktizierenden Katholiken für die Gemeinschaftsschule seien. Die Erklärung der Bischöfe müsse als Versuch gewertet werden, „die CDU auf den Weg des Konservatismus zurückzuzerren". Wenn der erzielte Kompromiß wider Erwarten nicht verwirklicht würde, werde die Regierung die gesamte wahlberechtigte Bevölkerung des Landes und nicht nur die Eltern befragen. Dabei werde es dann auch nicht mehr nur um die künftige Hauptschule, sondern auch um die Grundschule gehen.[108]

Der Vorstoß der Bischöfe lief ins Leere. Am 29. Februar 1968 erhoben sich bei der Schlußabstimmung im Landtag 172 von den 200 Abgeordneten zugunsten der Verfassungsänderung von ihren Sitzen.[109] Mit den Stimmen der allermeisten CDU-Abgeordneten hatte damit die Volksschulreform die parlamentarischen Hürden genommen.

Die Zähmung der Bergbaukrise und die Volksschulreform waren zeitlich parallel in Angriff genommen worden. Und es sollte sich so fügen, daß die Verwirklichung beider Projekte ungefähr zur selben Zeit glückte: im Frühjahr 1968. Der Doppelerfolg und die gleichzeitig „anspringende" Wirtschaftskonjunktur beflügelte die Regierung Kühn kolossal. Sie ging in die Reformoffensive. Schon bis zum Ende der Wahlperiode (Juni 1970) brachte sie ein Reformwerk auf den Weg, das sich sehen lassen konnte.

Andere Reformen. Weitere *Bildungs*reformen folgten auf dem Fuße. In der Logik des verfassungsändernden Schulkompromisses lag die Entkonfessionalisierung der Lehrerausbildung an den Pädagogischen Hochschulen. Sie wurde 1969 Realität. Auch hierzu bedurfte es der Modifikation eines Schulartikels der Verfassung (Art. 15), und auch hierfür gab die Opposition ihre Zustimmung.[110]

---

107 Erklärung der Bischöfe vom 11.1.1968. Abdruck des vollständigen Textes der Erklärung in Aachener Volkszeitung v. 20.1.1968.
108 Nach Westfälischer Anzeiger und Kurier v. 22.1.1968 („Kühn: Entweder Schulkompromiß oder Volksbefragung"); Westfalenblatt v. 22.1.1968 („Schulkompromiß oder Volksbefragung").
109 Landtag Nordrhein-Westfalen, Stenographische Berichte, 6. Wahlperiode, Bd. 2, S. 1106.
110 Walter Peters: Lehrerausbildung in Nordrhein-Westfalen 1955–1980, Frankfurt a. M. (u. a.) 1996, S. 169ff.

Einem anderen bildungspolitischen Reformprojekt begegnete die Opposition mit Reserve: der Einführung der *Gesamt*schule als *Versuchs*schule. Die Experimentalschule verstand sich als zeitgemäße Alternative zum überkommenen Schulsystem. Sie bot für Schüler beider Sekundarstufen eine integrierte, aber dennoch in sich differenzierte und auf den Aspekt des „sozialen Lernens" Wert legende Bildung. 1969/70 entstanden in Nordrhein-Westfalen die ersten sieben Gesamtschulen.[111]

Auch die Hochschullandschaft begann sich während Kühns erster Regierung rasant zu verändern. 1968/69 öffneten die Universitäten Dortmund und Bielefeld ihre Pforten. Die Medizinische Akademie Düsseldorf erhielt den Rang einer Volluniversität (1968). Freilich, die Würfel zugunsten dieser universitären Projekte waren schon zu Zeiten der letzten Meyers-Regierung gefallen, es handelte sich also nicht um originär sozialliberale Hochschul-Gründungsinitiativen.[112] Anders sah das bei der Umwandlung der Ingenieurschulen und Höheren Fachschulen in Fach*hoch*schulen aus (1969). Mit der Statusanhebung entstand ein ganz neuer Hochschultyp. Das war eine eigenverantwortliche Entscheidung der Regierung Kühn.[113]

Seit 1968 nahm sich die Regierung auch der *kommunalen Gebietsreform* an. Bis zum Ende der Wahlperiode wurden in der Hauptsache Gemeinden in *ländlichen* Räumen zu größeren und leistungsstärkeren Kommunen zusammengefaßt.[114]

Zum reformerischen Aufbruch in der Landespolitik der späten 1960er Jahre gehörte auch unbedingt das *justiz*reformerische Anliegen. Vom Leitgedanken der Resozialisierung ausgehend, wurde von der sozialliberalen Regierung der Strafvollzug durch ein Bündel von Sofortmaßnahmen auf dem Verwaltungswege reformiert: Personalvermehrung, zeitgemäßere Ausbildung des Wachpersonals, Hafturlaub, Vollstreckungsstopp für Verurteilte mit geringer Haftstrafe.[115] Nie zuvor fand die Justizpolitik in der nordrhein-westfälischen Öffentlichkeit ein so großes Echo wie zu Zeiten der ersten Kühn-Regierung.

Reform und Planung gehörten – wie schon angedeutet – für die Kühn-Regierung unmittelbar zusammen. Das wurde nirgendwo offensichtlicher als beim *Nordrhein-Westfalen-Programm 1975*, mit dem die Regierung am Ende der Wahlperiode in die Öffent-

---

111 Wolfgang Brüggemann: Bildungspolitik, in: Hans Boldt (Hg.): Nordrhein-Westfalen und der Bund, Köln/Stuttgart/Berlin 1989, S. 189ff., hier S. 197f.; Hans Georg Kirchhoff: Gesamtschule, in: Nordrhein-Westfalen. Landesgeschichte im Lexikon. Redaktion: Anselm Faust in Verbindung mit Norbert Andernach u. Dieter Lück, Düsseldorf 1993, S. 150ff.

112 Kurt Düwell: Krise und Wandel. Die Jahre 1958 bis 1966, in: Nordrhein-Westfalen. Ein Land in seiner Geschichte. Aspekte und Konturen 1946–1996. Redaktion: Christian Reinicke u. Horst Romeyk unter Mitarbeit von Ingeborg Schnelling-Reinicke, Münster 1996, S. 315ff., hier S. 318.

113 Werner Mayer: Der Einstieg in die Hochschulreform – Fach- und Gesamthochschulen, in: Nordrhein-Westfalen. Ein Land in seiner Geschichte, S. 505ff.

114 Vgl. Alois Vogel: Der Landtag Nordrhein-Westfalen. Schlaglichter aus fünf Jahrzehnten, in: 50 Jahre Landtag Nordrhein-Westfalen. Das Land und seine Abgeordneten. Hg. v. Präsidenten des Landtags NRW, Düsseldorf 1996, S. 9ff., hier S. 62.

115 Hugo Altmann: Im Schatten des „Klingelpütz" – Die Reform des Strafvollzugs, in: Nordrhein-Westfalen. Ein Land in seiner Geschichte, S. 455ff.

lichkeit ging. Wie das Entwicklungsprogramm Ruhr war das NRW-Programm '75 vom Planungsstab der Staatskanzlei erstellt worden. Es listete alle jene Maßnahmen von struktur- und gesellschaftspolitischer Bedeutung auf, die die Kühn-Regierung bis 1975 in Nordrhein-Westfalen zu realisieren gedachte.[116] War der Ruhrplan ein mittelfristiges Entwicklungsprogramm für eine Region, so das NRW-Programm '75 ein solches für das ganze Land.

So sehr *persönlich* involviert wie bei der Zähmung der Bergbaukrise und der Volksschulreform war der Ministerpräsident bei den zuletzt genannten Reformprojekten nicht. Mitglieder von Kühns „Reformelite" (d. h. die zuständigen Minister und Staatssekretäre) kamen hier hauptsächlich zum Zuge. Die Bildungsreformen sind ohne Kultusminister Fritz Holthoff und seinen Hochschulstaatssekretär Hermann Lübbe nicht denkbar. Für die kommunale Gebietsreform war im Kabinett Innenminister Willi Weyer zuständig. Die Justizreformen standen und fielen mit Justizminister Josef Neuberger. Und für die Entstehung des NRW-Programms '75 war der Chef der Staatskanzlei Friedrich Halstenberg unverzichtbar. Dennoch übte sich der Regierungschef auch bei diesen Reformen keineswegs in vornehmer Zurückhaltung. Er griff hier und da ein (oder sogar durch) – gerade dann, wenn es brenzlig wurde, wie in der Bildungspolitik.

Ein Beispiel: Im Sommer 1968 traten die Studenten nahezu aller 43 Ingenieurschulen Nordrhein-Westfalens in einen unbefristeten Vorlesungsboykott. Vorausgegangen war eine eindrucksvolle, diszipliniert verlaufene Demonstration der Ingenieurstudenten Ende April in Düsseldorf. Ihr Protest galt dem Akademiegesetzentwurf, den die sozialliberale Regierung im Landtag zu verabschieden gedachte. Das Akademiegesetz sollte den Ingenieurschulen und höheren Wirtschaftsfachschulen eine Stellung *zwischen* Schule und Hochschule verschaffen. Die Forderungen der protestierenden Studenten gingen weiter. Sie wollten für ihre Schulen u. a. den *Hoch*schulstatus. Der Druck auf die neue Regierung wuchs. Da schaltete sich ihr Chef persönlich ein. Der Gesetzentwurf wurde kassiert, und Kühn führte Anfang Juli 1968 auf der Konferenz der Ministerpräsidenten einen Beschluß herbei: Aus den Ingenieur- und höheren Fachschulen sollten bundesweit Fach*hoch*schulen werden.[117]

Ein zweites Beispiel: Gesundheitsbedingt ließ sich Fritz Holthoff Anfang Juli 1969 vom Geschäftsbereich Hochschulwesen seines Ministeriums entbinden. Er war den aggressiven studentischen Protesten, die – ausgelöst durch den Sozialistischen Deutschen Studentenbund (SDS)[118] und die Außerparlamentarische Opposition (APO) – Ende der 1960er Jahre auch vor nordrhein-westfälischen Universitäten nicht haltmachten, psychisch-physisch nicht mehr gewachsen. Go-ins, Sit-ins und Teach-ins gegen den „Bildungsnotstand", die „Ordinarienuniversität", das „bürgerliche Establishment" und die Notstandsgesetze der großen Koalition waren an der Tagesordnung.[119] Erschwerend kam hinzu, daß studentische Gruppen den Kultusminister *per*-

---

116 Vgl. Brunn/Reulecke: Kleine Geschichte von Nordrhein-Westfalen, S. 164.
117 Mayer: Der Einstieg in die Hochschulreform, S. 507.
118 Schon 1960 hatte die SPD die Beziehungen zum SDS wegen seiner Radikalisierung abgebrochen (Albrecht: Der Sozialistische Deutsche Studentenbund [SDS], S. 440).
119 Peter Dohms: Studentenunruhen in Nordrhein-Westfalen, in: Gaudeamus … Das

sönlich zur Zielscheibe von höchst fragwürdigen Aktionen machten: Sie zündeten in der Eingangshalle seines Ministeriums ein Feuer an und luden nachts vor seiner Haustür einen Misthaufen ab, um auf ihm beleidigende Transparente zu entfalten.[120] In dieser Situation übernahm Regierungschef Kühn den Geschäftsbereich Hochschulwesen in Personalunion. Für ihn war das nicht nur eine Pro-forma-Dienstverpflichtung. Er schaltete sich in die Hochschulpolitik ein und versuchte, zwischen den streitenden Hochschulgruppen (Professoren, Assistenten und Studenten) zu vermitteln – nicht ganz ohne Erfolg. Mit dem Rektor der gerade eröffneten Bielefelder Universität Kurt Biedenkopf beispielsweise führte er vertrauliche Gespräche. Dieser bedankte sich, als mit Beginn des Wintersemesters 1969/70 seine Amtszeit als Rektor ablief, beim Ministerpräsidenten mit warmen Worten. Die Unterhaltungen mit ihm gehörten – so Biedenkopf – „zu den wertvollsten Erfahrungen" seines Amtes.[121]

Wert legte Kühn auch darauf, daß einzelne Reformprojekte, die nicht unbedingt „Chefsache" waren, von der Öffentlichkeit mit seiner Person in Verbindung gebracht wurden. Hierfür ein Beispiel: Josef Neuberger liebte es, seiner justizreformerischen Politik durch Blitzvisiten in den Haftanstalten Nachdruck zu verleihen. Am 20. September 1967 besuchte er die Kölner Strafanstalt „Klingelpütz". In seiner Begleitung befand sich kein Geringerer als der Ministerpräsident – was die Presse aufmerksam registrierte.[122] Als Kühn winzige, überbelegte Gefängniszellen mit miserablen sanitären Verhältnissen zu Gesicht bekam, meinte er in Anwesenheit von Medienleuten: „Das sind Keimzellen für weitere Verbrechen!"[123]

„Düsseldorfer Modell". Die sozialliberale Regierung in Düsseldorf war Ende der 1960er Jahre ein in jeder Hinsicht erfolgreich operierendes Reformbündnis. Nimmt es da wunder, daß Heinz Kühn und sein liberaler Kompagnon Willi Weyer immer mehr der Meinung zuneigten, die Koalition in NRW tauge auch als Modell für Bonn? Je sichtbarer sich im Bundeswahlkampfjahr 1969 Risse in der großen Koalition auftaten,[124]

Hochschulland wird 50. Eine Ausstellung des Ministeriums für Wissenschaft und Forschung des Landes Nordrhein-Westfalen, Düsseldorf 1996, S. 258ff.

120 Brunn/Reulecke: Kleine Geschichte von Nordrhein-Westfalen, S. 170.

121 Kurt Biedenkopf an Heinz Kühn v. 23.10.1969, in: AdsD, Bonn, Nl. Heinz Kühn, 1/ HK AA 000127.

122 Altmann: Im Schatten des Klingelpütz, S. 456.

123 Düsseldorfer Nachrichten v. 21.9.1967 („Gefängnis als Keimzelle der Kriminalität").

124 Zwischen Kanzler Kiesinger und Außenminister Brandt kam es zu einem großen Streit wegen der Frage, wie die Bundesrepublik auf die Anerkennung der DDR durch Kambodscha reagieren solle (vgl. Hildebrand: Von Erhard zur Großen Koalition 1963–1969, S. 330, u. Schneider: Die Kunst des Kompromisses, S. 237ff.). Kiesinger wollte getreu der Hallstein-Doktrin den Abbruch der diplomatischen Beziehungen zu dem ostasiatischen Land. Brandt sprach sich dagegen aus. Man einigte sich schließlich, die diplomatischen Beziehungen nicht abzubrechen, aber den bundesdeutschen Botschafter vorerst aus Phnom-Penh abzuziehen. Während des Wahlkampfs lagen Bundesfinanzminister Strauß (CSU) und Bundeswirtschaftsminister Schiller (SPD) wegen einer wirtschaftspolitischen Streitfrage miteinander im „Clinch" (vgl. Schneider: Die Kunst des Kompromisses, S. 240ff.). Schiller plädierte aus Gründen der Preisstabilität für eine Aufwertung der D-Mark. Strauß nahm die Gegenposition ein. Der Streit wurde bis zum Wahltag nicht entschieden.

*Nach getaner Reform-
arbeit: Entspannung
in Künstlerkreisen.*

*Oben: Mit der grie-
chischen Sängerin
Melina Mercouri und
der Kabarettistin Lore
Lorentz in „Fatty's
Atelier" in der Düssel-
dorfer Altstadt.*

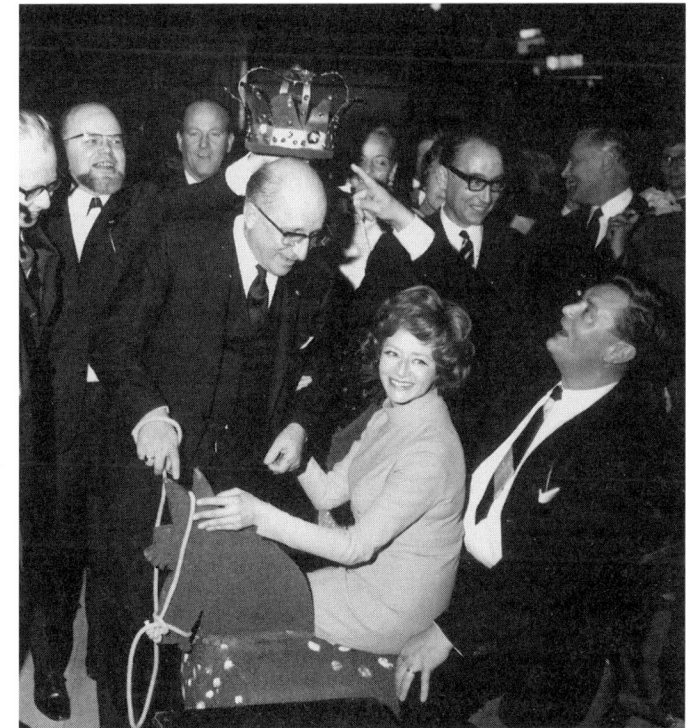

*Rechts: Besuch im
Düsseldorfer „Kom-
mödchen". „Krönung"
des Ministerpräsiden-
ten durch „Kommöd-
chen"-Chef Kay Lo-
rentz. Vorne sitzend:
Lore Lorentz und
Willi Weyer. Im Hin-
tergrund (halb rechts,
mit Brille) der CDU-
Politiker Paul Mikat.*

Heinz Kühn und Willy Brandt im Bundestagswahlkampf 1969
bei der Abschlußkundgebung in der Essener Grugahalle.

desto verlockender erschien eine Übertragung des „Düsseldorfer Modells" auf den Bund. Die war aber realistischerweise nur zu bewerkstelligen, wenn Sozial- und Freie Demokraten nach der Wahl im September über eine passable Mehrheit im Bundestag verfügten.

Am späten Abend des 28. September 1969, des Wahltags, stand fest, daß SPD und FDP im 6. Deutschen Bundestag eine recht knappe, aber ausreichende Mehrheit besaßen. Die Union blieb zwar stärkste politische Kraft (46,1 %), verlor aber anteilsmäßig (− 1,6 %). Die SPD steigerte sich auf 42,7 % (+3,4 %), und die FDP pendelte sich auf 5,8 % ein (das war ein Verlust von 3,7 %). Schon am Wahlabend, als sich das Ergebnis abzeichnete, ging Kühn (Mitglied des Präsidiums seiner Partei) in die Offensive. Er traf sich mit Willi Weyer (dem stellvertretenden Bundesvorsitzenden der FDP) zu einem zweieinhalbstündigen Gespräch.[125] Journalisten beobachteten nach dem Treffen einen fröhlich pfeifenden und sich optimistisch äußernden Ministerpräsidenten. „Das Ding wird schon laufen. Wir schaffen es", meinte er.[126] Auch Willy Brandt, SPD-Vorsitzender und Bundesaußenminister, erkannte am Wahlabend sofort die Gunst der Stunde. Er telefonierte mit dem FDP-Vorsitzenden Walter Scheel.[127] Kurz vor Mit-

125 Arnulf Baring: Machtwechsel. Die Ära Brandt–Scheel, Stuttgart 1982, S. 177.
126 Nach HStA Düsseldorf, RWN 251 (Nl. Willi Weyer), Nr. 69. Zeitungsausschnitte.
127 Willy Brandt: Erinnerungen, S. 269.

ternacht gab er ein Fernsehinterview, in dem er sich als Anhänger eines SPD/FDP-Bündnisses bekannte.[128]

Am Tag nach der Wahl berichtete Kühn dem Parteipräsidium von seinem Gespräch mit Weyer.[129] Das höchste Gremium beschloß, sofort Verbindung mit der FDP aufzunehmen mit dem Ziel, offizielle Koalitionsgespräche zu beginnen. Eine siebenköpfige Kommission wurde für Verhandlungen mit der FDP eingesetzt, der – man möchte sagen *selbstverständlich* – auch Kühn angehörte.[130] Mit derselben Selbstverständlichkeit machten die Liberalen Willi Weyer zum Mitglied ihrer Verhandlungsdelegation. Die Koalitionsgespräche wurden (auch das kein Zufall) in der Bonner Vertretung des Landes Nordrhein-Westfalen geführt. Sie begannen am 30. September und endeten erfolgreich schon nach gut zwei Wochen – am 15. Oktober.

Durch seinen intimen Kontakt zu Willi Weyer besaß Kühn Informationen aus dem Lager der FDP, die selbst die SPD-Delegation während der Koalitionsverhandlungen nicht erhielt. Am 2. Oktober unterrichtete er seine Kollegen im SPD-Präsidium über die angeblich schwierige finanzielle Situation der FDP bei einem Koalitionsabschluß.[131] Die Industrie werde der FDP keine Spenden mehr geben. Das sei hart angesichts bevorstehender Kommunalwahlen. Alex Möller hatte ähnliche Informationen. Er machte die SPD-Präsidialen auf „Pressionen" aufmerksam, die auf FDP-Abgeordnete ausgeübt würden. Das komme einer „Sabotage gegen die Demokratie" gleich. Das Präsidium beschloß daraufhin, die Kontakte zur Industrie zu nutzen, über die Kühn, Möller und Alfred Nau verfügten, um diese auf die möglichen Folgen ihres Verhaltens aufmerksam zu machen.[132]

Kühn beeinflußte nicht nur während der Koalitionsverhandlungen die Regierungsbildung. Er tat es auch zwischen den Gesprächsterminen. Jedenfalls ist ein langer Brief überliefert, den er am 12. Oktober wegen der personellen Zusammensetzung der neuen Bundesregierung an Willy Brandt schrieb[133] und ihm per Boten überbringen ließ. Der Düsseldorfer Regierungschef empfahl dem Bundeskanzler in spe dringend, kein „Kabinett der alten Männer" und „der innerorganisatorischen Rücksichtnahme" zu bilden. Die von den SPD- und FDP-Unterhändlern beschlossene quantitative Verringerung des Kabinetts werde „nur dann gut ankommen", wenn sie mit einer „qualitativen Verbesserung" verbunden sei, „d. h. wenn von einem solch kleinen Kabinett ein großer persönlicher Magnetismus" ausgehe. Es war ganz offensichtlich: Sein personalisiertes Verständnis von Politik, sein Elitedenken, das schon bei der Bildung seiner eigenen Regierung eine so große Rolle spielte, hatte Kühn veranlaßt, den Brief zu schreiben.

---

128 Text des Brandt-Interviews für das 1. und 2. Fernsehprogramm v. 28.9.1969, 23.30 Uhr, in: Willy-Brandt-Archiv im AdsD, Bonn, Bundeskanzler u. Bundesregierung 1969–1974, Mappe 62.
129 AdsD, Bonn, SPD-Präsidium, Sept.–Okt. 1969. Sitzung des Präsidiums am 29.9.1969.
130 Ebd.
131 AdsD, Bonn, SPD-Präsidium, Sept.–Okt. 1969. Sitzung des Präsidiums am 2.10.1969.
132 Ebd.
133 Heinz Kühn an Willy Brandt v. 12.10.1969, in: Willy-Brandt-Archiv im AdsD, Bonn, Bundeskanzler u. Bundesregierung 1969–1974, Mappe 62.

Heinz Kühn scheute sich nicht, Brandt von einigen für die Aufnahme ins Kabinett im Gespräch befindlichen Personen dringend abzuraten, ihm andere dagegen wärmstens zu empfehlen.[134] Nicht einverstanden war er mit der Berufung Horst Ehmkes, seines Zeichens Staatsrechtler, zum Chef des Bundeskanzleramtes im Range eines Ministers. Diese Konstruktion setze ein hohes Maß an Fähigkeit zur Zurückhaltung voraus, das bei Ehmke nicht ohne weiteres zu erwarten sei. Aufgrund „seiner agilen und auf Eigenwirkung bedachten Persönlichkeitsstruktur" werde er „allzu leicht in die Rolle eines eigentlichen Vizekanzlers hineingeraten". Das löse Konflikte „mit der anderen Seite", mehr noch mit den sozialdemokratischen Ministern aus. Diese Kritik an Ehmke mindere aber nicht dessen Qualifikation „für eine ganze Reihe von Ministerien".

Heinz Kühn riet Brandt auch ab, Carlo Schmid zum Wissenschaftsminister zu berufen – trotz „großer Wertschätzung für Carlo" (Kühn). Dieser käme in diesem Amt „sehr bald in arge Bedrängnis". Denn in seinen Augen sei Schmid „der Repräsentant einer abgelaufenen Bildungsepoche, dessen Verwendungsmöglichkeit an der Spitze eines auf moderne Technologie orientierten Ministeriums nur äußerst beschränkt sein" könne. Schmid solle das Amt des Bundestagsvizepräsidenten übernehmen (das er schon von 1949 bis 1966 ausgeübt hatte) und den Status eines Sonderbotschafters erhalten.

Die vorgesehene Beauftragung des Niedersachsen Egon Franke mit dem innerdeutschen Ministerium war für Kühn ein klarer Fall parteiinterner Rücksichtnahme. Er empfahl, mit diesem Ressort Erhard Eppler zu betrauen, der gegen Ende der großen Koalition Entwicklungshilfeminister wurde und große Chancen hatte, es auch während der sozialliberalen Regierung zu bleiben. Kühn schlug als Entwicklungshilfeminister Hans-Jürgen Wischnewski vor. Der Kölner habe das Ressort schon einmal „erfolgreich geleitet" (1966–1968). Schließlich brachte Heinz Kühn als neuen Bundesarbeitsminister mit Nachdruck einen weiteren Nordrhein-Westfalen in Vorschlag: den Bergarbeiterführer und SPD-Bundestagsabgeordneten Walter Arendt.

Willy Brandt befolgte einige der Ratschläge Kühns, andere nicht. Nach seiner Wahl zum Kanzler am 21. Oktober machte er – konträr zur Empfehlung des Nordrhein-Westfalen – Horst Ehmke zum Chef des Kanzleramtes und zum Minister für besondere Aufgaben.[135] Er erfüllte auch nicht Heinz Kühns Wunsch, von der Berufung Egon Frankes zum innerdeutschen Minister abzusehen und statt seiner Erhard Eppler mit diesem Ressort zu betrauen. Leer ging bei der Kabinettsbildung SPD-Bundes-

134 Ebd.
135 Dennoch scheinen Kühns Bedenken gegen die „Konstruktion" des Kanzleramtsministers den SPD-Vorsitzenden nicht ganz unbeeindruckt gelassen zu haben. Um von vornherein alle Mißverständnisse auszuschließen, erklärte der neue Kanzler dem Kanzleramtchef in einem amtlichen Schreiben Pflichten und Grenzen seiner Tätigkeit. Er habe sich im besonderen Maße um die laufende Unterrichtung des Vizekanzlers (d. h. Außenminister Scheels) zu bemühen. Meinungsverschiedenheiten zwischen Bundesministern würden unter Vorsitz des Bundeskanzlers (also nicht unter dem des Kanzleramtchefs) geklärt (Entwurf des Schreibens von Willy Brandt an Horst Ehmke o. D., in: Willy-Brandt-Archiv im AdsD, Bonn, Bundeskanzler u. Bundesregierung 1969–1974, Mappe 62).

geschäftsführer Hans-Jürgen Wischnewski aus. Nicht er (wie Kühn empfohlen hatte) wurde Entwicklungshilfeminister, sondern Eppler.

Der Grund, den Kühn gegen eine Berufung Carlo Schmids zum Wissenschaftsminister anführte, scheint Brandt dagegen überzeugt zu haben. Nicht Schmid erhielt das Ressort, sondern der parteilose Ingenieur-Professor Hans Leussink. Der 72jährige Schmid wurde Bundestagsvizepräsident und Sonderbotschafter Brandts für besondere Anlässe, so wie Kühn empfohlen hatte. Außerdem ernannte ihn der neue Kanzler zum Koordinator für die deutsch-französischen Beziehungen.[136] Durchsetzen konnte sich der NRW-Regierungschef auch mit der Personalie Walter Arendt. Der Nordrhein-Westfale wurde Arbeits- und Sozialminister. Es gab noch einen anderen Personalvorschlag Kühns, der in seinem Schreiben nicht enthalten war. Gesprächsweise machte er Brandt auf die SPD-Landtagsabgeordnete Katharina Focke aufmerksam.[137] Der Kölner hielt die Kölnerin für ministrabel. Brandt machte sie (die Kühn in einem späteren Schreiben an den SPD-Kanzler als eine „nordrhein-westfälische Leihgabe an den Bund" bezeichnete[138]) zur parlamentarischen Staatssekretärin im Bundeskanzleramt.[139] Resümierend läßt sich sagen: Kühn und Weyer waren bei der Entstehung der sozialliberalen Koalition im Bund zwei treibende und sich gegenseitig die Bälle zuspielende Kräfte. Ohne ihre Initiative und ihre tatkräftige Mithilfe bei der Realisierung des Koalitionsprojekts wäre der erste wirkliche Machtwechsel im Bund[140] nicht so reibungslos verlaufen. Kühn und Weyer betätigten sich als „Geburtshelfer". Schon Zeitgenossen waren sich dessen bewußt. Das Wort von den „Königsmachern von der Königsallee" machte in Düsseldorf und im 80 Kilometer rheinaufwärts gelegenen Bonn die Runde.

136 Nach Petra Weber: Carlo Schmid 1896–1979. Eine Biographie, München 1996, S. 734.
137 Zeitzeugeninterview Katharina Focke v. 10.11.1998.
138 Heinz Kühn an Willy Brandt v. 16.1.1973, in: HStA Düsseldorf, NW 451 (Staatskanzlei), Nr. 34.
139 Während der Bonner Koalitionsgespräche wurde in Rundfunk- und Pressemeldungen ein Mitglied von Kühns Düsseldorfer „Elite-Kabinett" im Zusammenhang mit der Besetzung des Bundesjustizministeriums genannt: Diether Posser. Daran konnte Kühn nicht gelegen sein. Auf den fähigen Bundesratsminister wollte er nicht verzichten. Auch Posser dachte nicht an einen Wechsel. An Willy Brandt wandte dieser sich deshalb mit der Bitte, ihn „in der Kabinettsliste nicht zu berücksichtigen". Er fühle sich in der Landesregierung „sehr wohl" und wolle „als Führungsgehilfe bei Heinz Kühn" diesen „mehr und mehr bei der politischen Arbeit unterstützen". Außerdem könne er von seiner jetzigen Position aus der neuen Bundesregierung „wirksame Hilfe" leisten (Diether Posser an Willy Brandt v. 8.10.1969, in: Willy-Brandt-Archiv im AdsD, Bonn, Bundeskanzler und Bundesregierung 1969–1974, Mappe 62).
140 Der Wechsel von der „bürgerlichen" zur großen Koalition im Jahre 1966 war ja quasi nur ein halber Machtwechsel, da CDU und CSU Regierungsparteien blieben.

Kühns zweite Regierung:
Reformpolitik im Zenit. Kühns Schwierigkeiten in Fraktion,
Partei und Koalition: Die Fälle Stallberg, Heidecke und Götz,
der Dauerkonflikt mit den Jusos. Beginn der Weltwirtschaftskrise

Reformpolitik im Zenit. Der Reformmotor, der schon während Kühns erster Regierung mächtig auf Touren gekommen war, büßte auch im Verlauf seiner zweiten Regierung – in den Jahren 1970 bis 1975[141] – nichts von seiner Leistungsfähigkeit ein. Im Gegenteil, er wurde eher noch leistungsstärker, wenn man an Ausmaß und Tragweite der Reformen denkt. Die Reformpolitik stand jedenfalls in dieser Phase der Ära Kühn ganz obenan. Die Landesregierung hatte außerdem jetzt eine mächtige Verbündete: die sozialliberale Regierung in Bonn. Auch sie begriff sich als eine Staat und Gesellschaft gründlich reformierende Kraft. Daran hatte Willy Brandt schon in seiner Regierungserklärung von Ende Oktober 1969 keinen Zweifel gelassen.[142]

In der Rangskala der Reformpolitiken der Kühn-Regierung nahm auch zwischen 1970 und 1975 die Bildungspolitik unbestritten den ersten Platz ein. Innerhalb der Bildungspolitik verschoben sich aber (verglichen mit den späten 1960er Jahren) die Gewichte eindeutig zugunsten der *Hoch*schulpolitik. Das zeichnete sich schon bei der Kabinettsbildung im Juli 1970 ab: Kühn gliederte die Hochschulabteilung aus dem Kultusministerium aus und schuf ein *Wissenschafts*ministerium. Mit der Leitung dieses neuen Ressorts betraute er Johannes Rau, den bisherigen Fraktionsvorsitzenden der SPD.

Hatten die Sozialliberalen in Düsseldorf bereits mit dem *Fach*hochschulgesetz neue Wege in der Hochschulpolitik beschritten, so taten sie es erst recht mit ihrem Projekt der Gründung von *Gesamt*hochschulen. Die Idee, „Gesamthochschulbereiche" entstehen zu lassen, also Hochschulen unterschiedlichen Typs (Universitäten, Pädagogische Hochschulen, Fachhochschulen) miteinander zu vernetzen, tauchte erstmals 1967 im „Dahrendorf-Plan" auf, einem für Baden-Württemberg bestimmten „Hochschulgesamtplan". Nirgendwo fiel diese Idee aber auf so fruchtbaren Boden wie bei den regierenden Sozialliberalen in Nordrhein-Westfalen. Im Mai 1972 errichtete die Regierung Kühn per Gesetz mit einem Schlag gleich fünf integrierte Gesamthochschulen: in Duisburg, Essen, Paderborn, Wuppertal und Siegen. Dies war ein einmaliger Vorgang in der deutschen Hochschulgeschichte. Stärkere Ausrichtung auf die berufliche Praxis und soziale Durchlässigkeit – das sollten nach dem Willen der Regierung Kühn und der sie tragenden Koalition die Markenzeichen des Gesamthochschulstudiums sein.[143]

---

141 Dieser Zeitraum ist identisch mit der 7. Wahlperiode des nordrhein-westfälischen Landtags, die (im Gegensatz zu den vorangegangenen) nicht mehr 4, sondern 5 Jahre betrug. Durch ein verfassungsänderndes Gesetz vom 2.7.1969 hatte der NRW-Landtag die 5jährige Legislaturperiode eingeführt.

142 Regierungserklärung Willy Brandts v. 29.10.1969, in: Bulletin des Presse- und Informationsamtes der Bundesregierung, Nr. 132.

143 Vgl. Mayer: Der Einstieg in die Hochschulreform, S. 507ff.; Sigrid Blömeke: Die Universität-Gesamthochschule. Eine Spezialität der nordrhein-westfälischen Hochschulland-

Zum vorläufigen Abschluß kam die Neugestaltung der nordrhein-westfälischen Hochschullandschaft durch die Gründung der ersten deutschen Fernuniversität in Hagen (1974/75). Fernuniversiät und Gesamthochschule gehörten konzeptionell eng zusammen. Denn mit beiden wollte die Regierung Kühn dem Gedanken der sozialen Chancengleichheit im Bereich der wissenschaftlichen Bildung zum Durchbruch verhelfen. So ist das auf Studienbriefen und Veranstaltungen in Studienzentren beruhende Fernstudium für Personenkreise attraktiv, denen der Zugang zu einer normalen Hochschule erschwert ist.[144]

Die Gründung von fünf Gesamthochschulen und einer Fernuniversität war ein hochschulpolitischer Kraftakt erster Güte. Das trifft auch dann noch zu, wenn man berücksichtigt, daß die seit Herbst 1969 in Bonn existierende sozialliberale Koalitionsregierung dem gleichgearteten Düsseldorfer Bündnis bei seinen hochschulpolitischen Unternehmungen finanziell „unter die Arme griff". Dafür hatte das Kabinett Brandt/Scheel eine klare verfassungsrechtliche Grundlage. Seit Mai 1969 gehörten nämlich Bildungsplanung, Forschungsförderung und Ausbau/Neubau von Hochschulen laut Grundgesetz zu den „Gemeinschaftsaufgaben" von Bund und Ländern.[145]

Mit dem *hochschulpolitischen* Kraftakt allein gab sich die Regierung Kühn zwischen 1970 und 1975 nicht zufrieden. Sie mutete sich einen zweiten zu: die Fortsetzung und Vollendung der *kommunalen Gebietsreform*. Der Neugliederungsschub der Jahre 1968–1970 (die Reform der Gemeinden in *ländlichen* Räumen) war nur eine Art „Testlauf" gewesen für das, was nun geschah: *die Neugliederung der Städte und Gemeinden in den Ballungszonen und die Reform der Kreise*. Kühn war sich von Anfang an im klaren darüber, daß dieses Mammutwerk (man hat auch von einem „Jahrhundertwerk" gesprochen[146]) „nur von allen die Landespolitik tragenden politischen Kräften gemeinsam verantwortet werden" könne.[147] Dem Ministerpräsidenten ging es also um die Einbeziehung der Opposition in dieses gewaltige Reformprojekt. Wie bei der Entschärfung der Bergbaukrise und der Volksschulreform sollte ihm die Einbindung gelingen. Der neue Oppositionsführer Heinrich Köppler griff Kühns Kooperationsangebot bereitwillig auf.[148]

schaft, in: Gaudeamus ... Das Hochschulland wird 50, S. 78ff.; Peter Hüttenberger: Hochschul- und Wissenschaftspolitik, in: Boldt (Hg.): Nordrhein-Westfalen und der Bund, S. 202ff.; Handbuch Hochschulen in Nordrhein-Westfalen. Hg. v. Minister für Wissenschaft und Forschung des Landes Nordrhein-Westfalen, Düsseldorf 1984, S. 12ff.

144 Blömeke: Die Universität-Gesamthochschule, S. 89ff.; Handbuch Hochschulen in Nordrhein-Westfalen, S. 23ff. u. 48ff.

145 Vgl. Kurt Düwell: Föderalismus und Zeitgeschichte. Zur Kontinuitätsproblematik des Bund-Länder-Verhältnisses, in: Geschichte im Westen, Jg. 4 (1989), Heft 1, S. 36ff.; Heiderose Kilper/Roland Lhotta: Föderalismus in der Bundesrepublik Deutschland. Eine Einführung, Opladen 1996, S. 185 ff.

146 Brunn/Reulecke: Kleine Geschichte von Nordrhein-Westfalen, S. 171.

147 Regierungserklärung Kühns v. 28.7.1970 (Landtag Nordrhein-Westfalen, Plenarprotokolle, 7. Wahlperiode, Bd. 1, S. 16).

148 Rede Köpplers v. 31.7.1970 (Landtag Nordrhein-Westfalen, Plenarprotokolle, 7. Wahlperiode, Bd. 1, S. 32).

Die Gebietsreform beschäftigte Regierung und Parlament die ganze Wahlperiode hindurch. Denn nacheinander wurden acht Neugliederungsgesetze für eine gleiche Zahl von Neugliederungsräumen beschlossen, die schon im NRW-Programm '75 benannt worden waren. „Maßstabsvergrößerung" war das charakteristische Merkmal für jedes dieser Neugliederungsgesetze. Denn durch Eingemeindungen, kommunale Zusammenlegungen und Kreisvergrößerungen sollten die mit der Gebietsreform angepeilten Ziele erreicht werden: Stärkung der Leistungskraft und Dienstleistungsqualität der Kommunen und Kreise, Schaffung einheitlicher Lebensverhältnisse in den Regionen und in Stadt und Land. Die beschlossenen Reformgesetze veränderten die Gliederung Nordrhein-Westfalens auf seiner unteren Verwaltungsebene radikal.[149]

Die Widerstände gegen die Gebietsreform waren vor Ort zum Teil beträchtlich. Presseorgane mit kommunaler Bodenhaftung übernahmen nicht selten die Rolle des Verstärkers der lokalen, oft sehr emotionsgeladenen Proteste. Dies geschah, obwohl Regierungschef Kühn schon sehr früh, im Oktober 1967, im Landtag der Hoffnung Ausdruck verlieh, die erwünschte „ergänzende und korrigierende Kritik aus dem Lande" möge sich „frei von Emotionen" halten. Bei der Gebietsreform dürften nicht „historisierende und sentimentalisierende Überlegungen", sondern „gegenwartsorientierte und rationale Erwägungen" den Ausschlag geben.[150]

Kühns Schwierigkeiten in Fraktion, Partei und Koalition. Kühn, so scheint es, war auch in den Jahren 1970 bis 1975 ein erfolgsverwöhnter Regierungschef. Jedenfalls glückten ihm und seiner Mannschaft in diesem Jahrfünft Reformen, die ihresgleichen suchen. Hochschullandschaft und Verwaltungsgefüge des Landes waren nach den beiden reformerischen Kraftakten fast nicht mehr wiederzuerkennen. Ist Kühns zweite Amtszeit deshalb eine „Erfolgsstory pur" gewesen? Mitnichten. Das Bild dieser Amtszeit weist recht unterschiedliche Töne auf. Zu den hellen, lichten gesellen sich graue, dunkle. Kühns Rolle in Fraktion, Partei und Koalition war in diesen fünf Jahren nicht mehr so glänzend, so unumstritten wie in den ersten dreieinhalb Regierungsjahren. Der Ministerpräsident und Landesparteivorsitzende (bis 1973) wurde wiederholt zum Magneten für heftige Kritik und Schelte, für sich entladende Frustrationen. Welche Gründe gab es dafür? Man könnte es sich einfach machen und sagen: Der „Honigmond" der Koalition war passé. Alltag nistete sich ein, das Binnenklima wurde rauher. Aber es waren keineswegs nur zeitbedingte Verschleißerscheinungen, gegen die kein Kraut gewachsen ist. Es gab auch ganz konkrete Ereignisse und Vorgänge, die den angedeuteten Trend erheblich beschleunigten.

149 Zur kommunalen Gebietsreform Walter Först: Kleine Geschichte Nordrhein-Westfalens, Düsseldorf 1986, S. 174ff.; 40 Jahre Landtag Nordrhein-Westfalen 1946–1986. Ausstellungskatalog hg. v. Landtag NRW, Düsseldorf 1986, S. 148ff.; Hein Hoebink: Gebietsreform, in: Nordrhein-Westfalen. Landesgeschichte im Lexikon, S. 138ff.; Brunn/Reulecke: Kleine Geschichte von Nordrhein-Westfalen; S. 171ff.; Vogel: Der Landtag Nordrhein-Westfalen, S. 61ff.

150 Landtag Nordrhein-Westfalen, Stenographische Berichte, 6. Wahlperiode, Bd. 1, S. 603.

Hier muß zuerst das Ergebnis der Landtagswahl vom 14. Juni 1970 erwähnt werden. Entgegen den Prognosen der Meinungsforscher wurde die SPD nicht erneut stärkste Partei. Zwar war die Differenz zwischen CDU und SPD gering – 46,3 % zu 46,1% –, aber das Ergebnis kratzte doch ziemlich am Selbstwertgefühl der Sozialdemokraten. Der prozentuale Stimmengewinn der CDU und der relative Stimmenverlust der SPD waren nicht wegzudiskutieren. Ähnlich schlimm wie den Sozialdemokraten erging es den Freien Demokraten, die sich mit mageren 5,5 % zufriedengeben mußten (1966: 7,4 %). Der Mandatsvorsprung der regierenden Sozialliberalen vor den oppositionellen Christdemokraten schrumpfte im Landtag auf zehn Sitze zusammen (105:95).[151]

Es ist nachzuvollziehen, daß die beiden verbündeten Parteien sich schwertaten, das Wahlresultat zu akzeptieren, es zu verarbeiten. War es doch aus ihrer Sicht nicht das angemessene „Honorar" für eine erfolgreiche Reformpolitik von mehreren Jahren. Hatte zudem die Konkurrenzpartei CDU Ende der 1960er Jahre wegen der Führungskämpfe zwischen ihren Spitzenleuten Franz Meyers, Wilhelm Lenz, Josef Hermann Dufhues und Konrad Grundmann nicht streckenweise einen desolaten Eindruck gemacht? Mußte sie deshalb nicht einen landesfernen Politiker, den in ihrer Bundestagsfraktion tätigen Rheinhessen Heinrich Köppler, zum Spitzenkandidaten bei der Landtagswahl machen?[152]

Das Wahlergebnis setzte die noch kleiner gewordene FDP unter Profilierungsdruck. Den bekam Heinz Kühn schon während der Koalitionsverhandlungen zu spüren. Da es in der Reformpolitik keine Profilierungsmöglichkeit gab (weil man hier an einem Strang zog), verlegte sich Willi Weyer auf eine harte Personalpolitik zugunsten der FDP. Er reklamierte neben dem Innenministerium ein weiteres großes Ressort für seine Partei: das Wirtschaftsministerium. Außerdem forderte er eine zahlenmäßige Aufstockung der von der FDP zu besetzenden Staatssekretärsstellen.[153] Kühn gab den Wünschen seines Koalitionspartners und persönlichen Freundes Weyer nach. In der SPD-Fraktion stießen solche Zugeständnisse an den dezimierten Koalitionspartner auf Unverständnis. Unmut braute sich gegen Kühn ob seiner Nachgiebigkeit zusammen. Er entlud sich Anfang 1973 mit großer Heftigkeit, als Weyer eine weitere Personalie gegen die Interessen des Seniorpartners entscheiden wollte und Kühn wieder geneigt schien nachzugeben. Über diesen Fall wird noch zu berichten sein.

---

151 Die Landtagswahlen in Nordrhein-Westfalen von 1947 bis 1990, S. 65ff.

152 Das Landtagswahlergebnis verlangt eine nüchterne Betrachtungsweise. Es muß im Zusammenhang mit der nur achteinhalb Monate vorher stattgefundenen Bundestagswahl und der sich anschließenden Regierungsbildung in Bonn gesehen werden. Bei der Bundestagswahl hatten die Wähler die SPD in Nordrhein-Westfalen zur stärksten Partei gemacht. Nachdem auch im Bund eine SPD/FDP-Regierung am Ruder war, machte sich unter der sozialliberalen Wählerklientel offensichtlich Wahlmüdigkeit breit. Die relativ schwache Wahlbeteiligung scheint dafür ein Indiz zu sein. Der im Land wie im Bund in der Opposition befindlichen CDU fiel es dagegen leicht, ihr Wählerpotential zu mobilisieren (vgl. hierzu Die Landtagswahlen in Nordrhein-Westfalen von 1947 bis 1990, S. 65ff.).

153 Vgl. die Rede Heinrich Köpplers im nordrhein-westfälischen Landtag v. 31.7.1970 (Landtag Nordrhein-Westfalen, Plenarprotokolle, 7. Wahlperiode, Bd. 1, S. 24).

Unmut gegen Kühn entstand aber nicht nur wegen seiner personellen Zugeständnisse an den kleinen Koalitionspartner. Überhaupt sorgte der unbefriedigende Ausgang der Landtagswahl in Fraktion und Partei für Mißstimmungen, die einen Blitzableiter suchten und ihn in der Person des Regierungschefs und Landesvorsitzenden fanden. In dieser veränderten Stimmungslage wagten sich auch einzelne *persönliche* Rivalen oder Widersacher Kühns aus der Deckung, um ihm einen Denkzettel zu verpassen oder mit ihm „abzurechnen". Fritz Kassmann und Hans Otto Bäumer, der Vorsitzende des SPD-Bezirks Niederrhein, sind in diesem Zusammenhang zu nennen. Auch hierzu soll noch einiges gesagt werden.

Aber es waren nicht allein das Landtagswahlergebnis und die von ihm ausgehenden Wirkungen, die Kühns Stellung in Fraktion, Partei und Koalition beeinträchtigen. Es gab einen innerparteilichen, vom Wahlresultat unabhängigen Prozeß, der seine Rolle als Führungsfigur in Mitleidenschaft zog.

In SPD-Gliederungen kämpften in den frühen 1970er Jahren auf höchst robuste Weise betont linke, sozialistische (hauptsächlich aus jungen Akademikern bestehende) Gruppen um Einfluß; auch in den SPD-Formationen an Rhein und Ruhr traten sie in Erscheinung. Mentaler Auslöser für diese Entwicklung war der SDS Rudi Dutschkes und die APO der späten 1960er Jahre, überhaupt die unruhige „Achtundsechziger"-Generation. Als Speerspitze dieser neuen, an Denktraditionen der „Vorgodesberger SPD" anknüpfenden Bewegung im Schoße der Partei begriff sich die Arbeitsgemeinschaft der Jungsozialisten (Jusos). Seit 1970 besaßen die nordrhein-westfälischen Jusos eine eigene, angriffslustige Landesorganisation, die Heinz Kühn das Leben alles andere als leicht machte.[154] Der Vorwurf an die Adresse des Ministerpräsidenten, in politischen Grundsatzfragen gegenüber der FDP eine allzu kompromißbereite Haltung einzunehmen, war einer unter mehreren. Die sozialdemokratischen Landesparteitage (seit Dezember 1970 gab es einen SPD-Landesverband) wurden von den Jusos u. a. ungeniert dazu benutzt, heftige Attacken gegen Kühn zu reiten. Dieser nahm den Fehdehandschuh auf. Seit Beginn der 1970er Jahre befand er sich mit den NRW-Jusos in einem Dauerkonflikt.

Es gab also verschiedene Motive und Ursachen dafür, daß Kühn zum Anziehungspunkt für Kritik und Angriffe wurde. Bezeichnenderweise ließen diese auch dann nicht nach, als sich die Existenzbedingungen der Koalition während der Wahlperiode weiter objektiv verschlechterten. Im Oktober 1970 verließen drei Landesparlamentarier die FDP-Fraktion, weil sie den sozialliberalen Kurs nicht mehr mitsteuern wollten.[155] Sie bildeten zunächst eine eigene parlamentarische Gruppe – die „Nationalliberale Aktion". Zwei von ihnen schlossen sich im Laufe der Wahlperiode der CDU-Fraktion an, einer hospitierte bei ihr.[156] Der Vorsprung der Koalition vor der Opposition wurde dadurch bedrohlich knapp. Stark war die Landtagsopposition nicht allein durch die (wachsende) Zahl ihrer Mitglieder. Selbstbewußtsein verströmte sie auch

---

154 Siehe S. 256ff. der Biographie.
155 Nach Alois Vogel: Der Landtag Nordrhein-Westfalen, S. 9ff., hier S. 56.
156 Brunn/Reulecke: Kleine Geschichte von Nordrhein-Westfalen, S. 187.

durch ihren neuen Chef Heinrich Köppler, dessen kämpferisches Naturell eine Bereicherung für den nordrhein-westfälischen Parlamentarismus war.

Dennoch, trotz aller Attacken, denen Kühn in der 7. Wahlperiode aus dem eigenen Lager ausgesetzt war: Eine wirkliche Alternative zu ihm als Ministerpräsident sahen die Koalitionäre in dieser Zeit nicht, weder die Liberalen noch die meisten Sozialdemokraten. Hierfür ein charakteristisches Beispiel: 1970/71 deutete Kühn wiederholt in Interviews an, um einem Jüngeren Platz zu machen, wolle er sich 1975 nicht noch einmal um das Ministerpräsidentenamt bewerben. Augenblicklich reagierten die aufgeschreckten Parteispitzen und „bearbeiteten" ihn so lange, bis er seine Äußerung zurücknahm.[157] Auf dem Landesparteitag der SPD im Dezember 1974 wurde Kühn dann erneut mit opulenter Mehrheit zum Ministerpräsidentenkandidaten gewählt.

Im folgenden möchte ich die Schwierigkeiten Kühns in Fraktion, Partei und Koalition in den frühen 1970er Jahren an drei Beispielen veranschaulichen. Es sind die „Fälle" Stallberg, Heidecke und Götz. Der Fall Heidecke weitete sich zu einer handfesten Koalitionskrise aus; der Fall Götz wurde zu einem *grundsätzlichen* (aber nicht die Reformpolitik betreffenden) Konflikt zwischen den beiden Koalitionsparteien, war also mehr als nur ein Streit um eine Personalie. Dem Fall Götz ist eine Beschreibung des Dauerzwists Kühn-Jusos vorgeschaltet.

Der Fall Stallberg. Seit der Ablösung Fritz Kassmanns als Fraktionschef durch Heinz Kühn im Jahre 1962 herrschte zwischen dem Westfalen und dem Kölner ein persönliches unterschwelliges Spannungsverhältnis. Es beruhte auf gegenseitigen Rivalitätsempfindungen, die aber durch den scharfen Intellekt, der beide auszeichnete, gebändigt wurden. Kassmann und Kühn bemühten sich jedenfalls, korrekt und diszipliniert miteinander umzugehen. Es konnte dennoch passieren, daß der künstlich ruhiggestellte Konflikt offen ausbrach. Das geschah einmal noch zu Zeiten sozialdemokratischer Opposition,[158] und es wiederholte sich im Herbst 1970 im Fall Stallberg.

Der durch Kassmann ausgelöste Fall Stallberg hatte eine „Vorgeschichte". Kassmann verlor nach der Landtagswahl im Juni 1970 das Amt des Wirtschaftsministers. Das hatte er erstens Willi Weyer zu verdanken, der für seine Partei auch dieses Ministerium reklamierte, und zweitens Heinz Kühn, der dem Begehren seines auf Profilsuche befindlichen Koalitionspartners stattgab. Kassmann war – gelinde gesagt – vergrätzt. Sowohl das Landwirtschafts- als auch das Wissenschaftsministerium, die Kühn ihm als Kompensation anbot, schlug er aus. Er entschied sich für den Fraktionsvorsitz. Einige Monate später sah der Fraktionschef Kassmann eine Möglichkeit, sich bei dem Regierungschef Kühn für den „Hinauswurf" zu „revanchieren".

---

157 dpa-Meldung v. 5.7.1970 („kuehn haelt nach einem nachfolger ausschau"), in: AdsD, Bonn, Sammlung Personalia, Heinz Kühn, Nr. 1705; Westfälische Rundschau v. 2.10.1970 („Kühn steht SPD auch nach 1975 zur Verfügung"); Rheinische Post v. 2.10.1970 („Kühns Nachfolger heißt Kühn"); Kölner Stadt-Anzeiger v. 28.8.1971 („Kühn stellt klar: Wieder Kandidat"); Frankfurter Allgemeine v. 2.9.1971 („Weyer erhofft von Kühn neuen Elan").

158 Vgl. hierzu Düding: Zwischen Tradition und Innovation, S. 189.

Im Oktober zeigte sich Kühn wild entschlossen, seinen Pressechef und Vertrauten Fritz Stallberg in den Rang eines Staatssekretärs zu erheben. Seit Beginn der sozialliberalen Regierungstätigkeit war es üblich, Berufungen dieser Art mit dem Vorstand der Fraktion abzustimmen. In aller Regel handelte es sich dabei um eine Routineangelegenheit. Im Fall Stallberg aber nicht, wie sich in der Sitzung des Fraktionsvorstands am 27. Oktober herausstellen sollte, in der in Anwesenheit Kühns über die Ernennung gesprochen wurde.[159] Kassmann und die übrigen Vorständler legten sich quer. Die SPD habe sich schon zu Zeiten von Ministerpräsident Meyers gegen die Besetzung der Pressechefstelle mit einem Beamten ausgesprochen, war ein gegen Kühns Beförderungsplan vorgebrachtes Argument; die Presse sei durch Kühn von der vorgesehenen Berufung früher informiert worden als der Fraktionsvorstand, war ein zweites Gegenargument. Beide Argumente waren eher fadenscheinig als überzeugend. Kühn sah während der Sitzung seine Felle davonschwimmen, da in aller Härte und Schärfe gegen seine Absicht Stellung bezogen wurde. Innerlich erregt verließ er die Sitzung. Noch am selben Abend erlitt er eine Herzattacke.[160] Er begab sich in eine Klinik nach Bad Neuenahr. In einem für die Medien bestimmten ärztlichen Bulletin hieß es, er leide an einer „akuten hypertonen Blutdruckkrise mit komplizierter energetisch-dynamischer Herzinsuffizienz".[161]

Kühn ließ nicht locker. Vom Bad Neuenahrer Krankenbett aus schrieb er Kassmann einen langen Brief,[162] um ihn doch noch umzustimmen. Er trug in dem Schreiben alle Argumente zusammen, die nur irgendwie für die Ernennung seines Pressechefs zum Staatssekretär sprachen. Dem Sprecher der Landesregierung komme im politischen Bereich wie in der Organisation der Landesregierung herausragende Bedeutung zu, hieß es hier. Er könne mit einem Abteilungsleiter in den Ressorts der Landesregierung nicht verglichen werden. Da es eine Position zwischen einem Abteilungsleiter und dem Staatssekretär nicht gebe, werde eine positive Differenzierung gegenüber einem Abteilungsleiter nur durch den Rang eines Staatssekretärs ausgedrückt. Kühn wies auch auf die Stellung des Sprechers der Bundesregierung hin, der „seit ihrer Existenz" ein Staatssekretär sei. Schließlich gab er zu, daß die „Kooperation zwischen Regierung und Fraktionsvorstand in diesem Fall unglücklich gelaufen" sei. Er werde daraus seine Lehren ziehen. Anschließend wies er auf die Worte des Bedauerns hin, die er für seinen „eigenen Schuldanteil" schon vor dem Fraktionsvorstand ausgesprochen habe.

Allein, Kassmann blieb unerbittlich. Er brachte den Fall am 2. November vor die *Gesamt*fraktion. Und es gelang ihm, die von ihm geführte Fraktion unter Aufbietung seiner ganzen rhetorischen und taktischen Künste gegen Kühns Beförderungsplan zu

---

159 HStA Düsseldorf, RW 180 (SPD-Landtagsfraktion), Nr. 231. Protokoll der Fraktionsvorstandssitzung v. 27.10.1970.

160 Rheinische Post v. 29.10.1970 („Kühn erlitt Herzattacke").

161 dpa-Meldung v. 30.10.1970, in: AdsD, Bonn, Nl. Heinz Kühn, 1/HK AA 000040 („kuehn vermutlich zwei bis drei wochen in klinik"); Die Welt v. 31.10.1970 („Kühn bleibt in der Klinik").

162 Heinz Kühn an Fritz Kassmann v. 30.10.1970, in: AdsD, Bonn, Nl. Josef Neuberger.

mobilisieren.[163] Nach diesem Vorgang verzichtete Kühn darauf, dem Kabinett Stallbergs Ernennung vorzuschlagen. Stallberg selbst sprach seinen Verzicht aus. Das Thema war vom Tisch, und zwar für immer. Staatssekretär ist Kühn-Intimus Stallberg nie geworden.

Kühn versuchte Ende Dezember 1970 in einem Schreiben an den Ersten Bürgermeister der Freien und Hansestadt Hamburg, Herbert Weichmann, den Fall Stallberg für sich zu bilanzieren.[164] Indem er Bemerkungen aus einem an ihn gerichteten Brief Weichmanns aufgriff, meinte er: „In der Tat hat auch das dickste Fell […] seine Ritzen und Löcher. Zudem hast Du ganz richtig erkannt, daß ich mehr in mich hineinfresse als aus mir herausexplodiert, und das ist eine arge Last, wenn es sich um Vorgänge handelt, die an das so wahre Wort erinnern: Gott schütze dich vor deinen Freunden; vor deinen Feinden kannst du dich selber schützen."[165]

Der Fall Heidecke. Am 16. Januar 1973 schrieb Heinz Kühn Bundeskanzler Willy Brandt einen Brief, in dem er ihn über zwei Unterhaltungen vom Vortage unterrichtete. Das eine Gespräch hatte er mit Katharina Focke geführt, die nur gut einen Monat vorher zur Ministerin für Jugend, Familie und Gesundheit in Brandts zweitem Kabinett avanciert war. Die frischgebackene Bundesministerin informierte Kühn, daß der Sozialdemokrat und Kölner Regierungspräsident Dr. Günter Heidecke als Staatssekretär zu ihr nach Bonn kommen wolle. Er könne am 1. April die Stelle antreten, wenn Brandt und er (Kühn) bereit wären, „die Sache abzusegnen".[166]

Die Gesprächspartner in Kühns zweiter Unterhaltung waren Willi Weyer und Horst-Ludwig Riemer, der noch junge liberale NRW-Wirtschaftsminister und neue FDP-Landesvorsitzende. Beide hätten – so Kühns Mitteilung an Brandt – sehr nachdrücklich verlangt, die Stelle des Kölner Regierungspräsidenten nach Heideckes Weggang mit einem FDP-Mann zu besetzen. Die beiden nordrhein-westfälischen Spitzenliberalen begründeten ihren Anspruch mit einer Vereinbarung, die in einem geheimen Koalitions-Zusatzabkommen vom 20. Juni 1970 enthalten war. Sie lautete: „Die FDP behält einen Regierungspräsidenten, und zwar auch für den Fall der Verringerung der Anzahl der Regierungspräsidien."[167]

Der im Geheimabkommen angesprochene Fall war im Juli 1972 mit der Auflösung des Regierungsbezirks Aachen eingetreten. Mit dem Verlust dieses Regierungsbezirks hatte die FDP ihr einziges Regierungspräsidium verloren, denn der Aachener Regierungspräsident war FDP-Mitglied gewesen. Insofern konnten die Liberalen in der Tat einen Regierungspräsidenten-Posten für sich beanspruchen. Die große Frage war nur,

---

163 HStA Düsseldorf, RW 180, Nr. 247. Protokoll der Fraktionssitzung v. 2.11.1970.

164 Heinz Kühn an Herbert Weichmann v. 21.12.1970, in: AdsD, Bonn, Nl. Heinz Kühn, 1/HK AA 000131.

165 Ebd.

166 Heinz Kühn an Willy Brandt v. 16.1.1973, in: HStA Düsseldorf, NW 451 (Staatskanzlei), Nr. 34.

167 Vgl. „Protokoll über die Beratungen der Verhandlungskommissionen der SPD und der FDP". Enthalten in HStA Düsseldorf, RW 180, Nr. 280.

ob dies unbedingt der Kölner sein mußte, denn ungefähr zur selben Zeit wurden auch die Regierungspräsidenten-Stellen in Münster und Arnsberg vakant.

Kühn realisierte augenblicklich, welche Probleme für ihn und seine Koalition mit dem Griff der Liberalen nach dem Kölner Regierungspräsidium entstehen konnten – deshalb sein schneller Entschluß, Brandt brieflich zu kontaktieren. In dem Schreiben bezeichnete er das Ansinnen von Weyer und Riemer als „politisch völlig unakzeptabel" und bat den Kanzler, „die personellen Überlegungen für die Besetzung der Staatssekretär-Stelle in Bonn nicht mehr mit dem Namen Heidecke zu verbinden." Kühn schloß das vertrauliche Schreiben mit dem Satz: „Es tut mir dies sehr leid, ich hätte Katharina gern geholfen, aber die Schwierigkeiten wären für mich zu groß."[168]

Brandt unterschätzte offenbar die Dringlichkeit von Kühns Begehren. Am 24. Januar antwortete er seinem Parteifreund in Düsseldorf: Horst Grabert (Chef des Kanzleramtes in Brandts zweitem Kabinett, D. D.) habe zwischenzeitlich wegen der Berufung von Günter Heidecke „verschiedene Gespräche" mit Katharina Focke geführt. Nach diesen Unterredungen verdichte sich bei ihm (Brandt) der Eindruck, „daß Günter Heidecke nach wie vor daran interessiert ist, einem Ruf nach Bonn zu folgen." Sicher entstünden hierdurch für ihn (Kühn) „Koalitionsprobleme", aber, so Brandt wörtlich: „Die Frage ist nun, ob diese nicht anders als in den in Deinem Schreiben angedeuteten Zusammenhängen gelöst werden können."[169] Zur gleichen Zeit gab es in der Angelegenheit offensichtlich ein Gespräch zwischen Kühn und Grabert. Graberts Aktenvermerk „Angel.[egenheit] erl.[edigt] MinPräs. Kühn stimmt zu"[170] erlaubt den Schluß: Kühn war jetzt ebenfalls der Meinung, man könne die befürchteten Schwierigkeiten auch anders als in der von ihm vorgeschlagenen Weise ausräumen. Das erwies sich jedoch als Irrtum, wie der Verlauf der Dinge in den folgenden Wochen zeigen sollte.

Am 29. Januar meldete Weyer auf einer Sitzung des Düsseldorfer Koalitionsausschusses erneut den Anspruch der FDP auf den Chefsessel im Kölner Regierungspräsidium an.[171] Auf derselben Sitzung widersprach ihm „nachdrücklichst" John van Nes Ziegler, stellvertretender Vorsitzender der Landtags-SPD, Landtagsvizepräsident und Chef der SPD-Fraktion im Kölner Stadtrat. Er betonte, daß auch der neue Kölner Regierungspräsident unbedingt von der SPD gestellt werden müsse. Innerhalb weniger Tage verhärtete sich nun die Front zwischen Weyer und Kräften in der SPD-Fraktion, deren „Kopf" John van Nes Ziegler war. Auf einer Fraktionssitzung am 12. Februar, an der auch der Ministerpräsident teilnahm, erläuterte der starke Mann der Kölner SPD, warum die Domstadt- und Mittelrhein-Sozialdemokraten die Forderung erhöben, das

---

168 Kühn an Brandt v. 16.1.1973.
169 Willy Brandt an Heinz Kühn v. 24.1.1973, in: AdsD, Bonn, Nl. Heinz Kühn, 1/HK AA 000127. Maschinenschriftl. Durchschlag des Schreibens in: AdsD, Bonn, Depositum Helmut Schmidt, 1/HS AA 009205.
170 Der Aktenvermerk Graberts befindet sich auf dem im Depositum Helmut Schmidts erhalten gebliebenen Durchschlag des Briefes von Willy Brandt an Heinz Kühn v. 24.1.1973. Der Aktenvermerk trägt das Datum vom 23.1.1973.
171 HStA Düsseldorf, RW 180, Nr. 280. Protokoll der Koalitionsausschuß-Sitzung v. 29.1.1973.

Kölner Regierungspräsidium auch in Zukunft mit einem SPD-Mann zu besetzen: Würde man Weyer nachgeben, dann stehe man sich schlechter als jemals unter einer CDU-Regierung, da die SPD dann „weder den Regierungspräsidenten, noch den Vizepräsidenten, noch den Polizeipräsidenten" stelle. Ein Regierungspräsident mit FDP-Parteibuch müsse daher mit äußerstem Widerstand von der örtlichen SPD rechnen.[172]

Auf der Fraktionssitzung am 12. Februar wurde auch erkennbar, wie sich Kühn die Problemlösung *jetzt* – nach seiner nicht erfolgreichen Intervention bei Willy Brandt – vorstellte. Den Abgeordneten gab er zweierlei zu verstehen: 1. Er halte den aus dem geheimen Koalitionspapier abgeleiteten Anspruch der FDP auf ein Regierungspräsidenten-Amt für „eindeutig" und unterstütze ihn. 2. Es komme nur die von den Liberalen angepeilte Lösung in Frage, denn die ebenfalls frei werdenden Regierungspräsidenten-Stellen in Münster und Arnsberg ständen für die FDP nicht zur Verfügung, weil erstere traditionell der CDU und letztere von jeher der SPD zustehe. Außerdem: Ein von ihm der FDP unterbreitetes Alternativangebot – Ausgliederung des Arbeitsbereichs „Landesplanung" aus der Staatskanzlei und seine Ressortierung beim Innenminister – habe Weyer ausgeschlagen und ihm beschieden, er lasse nicht weiter mit sich handeln. Er selbst habe also „alle Möglichkeiten ausgeschöpft", resümierte Kühn seine Statements vor den SPD-Parlamentariern. Im übrigen stelle er der Fraktion anheim, selbst im Koalitionsausschuß festzustellen, „bis zu welchen Konsequenzen der Konflikt führen könnte". Von seiner Anwesenheit dürfe man freilich nicht ausgehen, denn er trete zum Wochenende eine Afrikareise an.[173]

Kühns Stellungnahme erregte die Fraktion. Seine Bereitschaft, die Landesplanung Weyer zu überantworten, bezeichneten Abgeordnete als „unverantwortlich", „da ohnehin ein zu großer Teil der Staatsgewalt in Händen von Willi Weyer" liege. Vor allem was das „Ausschöpfen aller Möglichkeiten" betraf, teilte die Fraktion überhaupt nicht die Meinung des Regierungschefs. Im Interesse des Erhalts des Kölner Amtes für die SPD wollte sie sehr wohl die beiden anderen frei werdenden Regierungspräsidenten-Posten in erneute Gespräche mit dem Koalitionspartner einbringen. Ja, sie zog in ihre Überlegungen auch den Chefsessel des Detmolder Regierungspräsidiums ein, dessen parteilosen Inhaber man durch einen liberalen austauschen könne. Die Fraktion erzielte Konsens, den ihr Chef Kassmann so umriß: „Heinz Kühn wird beauftragt, die heute – unter Einbeziehung der Präsidentenstellen in Münster, Detmold und Arnsberg in die Diskussion – zum Ausdruck gekommene Fraktionsmeinung (Besetzung von Köln durch SPD) in der heutigen Kabinettssitzung zu erörtern."[174]

Die Kabinettssitzung (sie fand nicht am selben, sondern am darauffolgenden Tage statt) verlief ganz anders, als sich die SPD-Fraktion das vorgestellt hatte. Offenbar um die eigene Fraktion zu überspielen, führte Kühn einen raschen Kabinettsentscheid

---

172 Anlage zum Protokoll der Fraktionssitzung v. 12.2.1973, in: HStA Düsseldorf, RW 180, Nr. 226, Bl. 87ff.
173 Ebd.
174 Ebd.

über die Regierungspräsidien Münster und Arnsberg herbei: Regierungspräsident in Münster sollte sofort ein CDU-Abgeordneter und Chef der staatlichen Mittelinstanz in Arnsberg sollte demnächst ein Sozialdemokrat werden.[175] Damit nicht genug. Kühn und Weyer versuchten, die SPD-Fraktion einzuschüchtern. Unmittelbar nach der Kabinettssitzung drohte der Regierungschef in einem Gespräch mit dem Kölner Stadt-Anzeiger seinen Rücktritt an, falls seine Fraktion ihn zwingen sollte, den Koalitionsvertrag zu brechen. Sein Innenminister kündigte den gleichen Schritt für den Fall an, daß ein qualifizierter Kandidat der FDP für das Kölner Amt keine Mehrheit im Kabinett erhalten sollte.[176]

Kühn und Weyer hatten sich verkalkuliert. Sie hatten den Widerstandsgeist in der SPD-Fraktion unterschätzt. Fast symptomatisch war eine spontane Reaktion des Bergheimer Abgeordneten Richard Kaspar (neben van Nes Ziegler ein Wortführer der Fraktion in der „Regierungspräsidenten-Krise"). Hocherregt rief er durch den Erfrischungsraum des Landtags: „Dies ist nicht nur eine Koalitionskrise, dies ist [auch] eine Führungskrise".[177]

Der Ministerpräsident und sein liberaler Kompagnon Willi Weyer im Landtag.

175 Nach Kölner Stadt-Anzeiger v. 14.2.1973 („Kühn überspielte SPD-Fraktion"). Vom Düsseldorfer Korrespondenten Gerd Goch.
176 Ebd. und Kölner Stadt-Anzeiger v. 14.2.1973 („Kühn und Weyer drohen mit Rücktritt").
177 Kölner Stadt-Anzeiger v. 14.2.1973 („Kühn überspielt SPD-Fraktion").

Der weitere Ablauf wurde vom SPD-Fraktionsvorstand bestimmt. Auf einer fünf-einhalb Stunden dauernden Sitzung am 15. Februar beschäftigte er sich ausschließlich mit der Koalitionskrise. Die Vorständler sahen sich von Kühn und den SPD-Mini-stern brüskiert, „genasführt". Keine Gnade fand vor ihren Augen Kühns Nachgiebig-keit gegenüber der FDP und seine Rücktrittsdrohung.[178] Der Vorstand entschloß sich, eine Pressemitteilung herauszugeben. In ihr hieß es: Durch die Besetzung der Re-gierungspräsidenten-Stellen in Münster und Arnsberg durch den Kabinettsbeschluß vom 13. Februar seien mögliche Alternativlösungen ohne zwingenden Grund einge-schränkt worden. Die SPD-Fraktion sehe dies als Erschwernis der – auch im Koali-tionsausschuß – noch nicht abgeschlossenen Verhandlungen an. Die von den (sozial-demokratischen) Kabinettsmitgliedern erläuterten Gründe für den Kabinettsent-scheid könne der SPD-Fraktionsvorstand nicht billigen. Die gesamte Fraktion sei nach wie vor der Auffassung, daß der Koalitionsvertrag einzuhalten sei, wonach der FDP auf jeden Fall ein Regierungspräsidenten-Amt zustehe. Dessenungeachtet halte der Vorstand aber den Anspruch auf die Besetzung der Stelle des Regierungspräsiden-ten in Köln durch einen Sozialdemokraten aufrecht.[179]

Die feste Haltung des Fraktionsführungs-Organs machte auf Kühn Eindruck. Er verschob den Termin seiner Afrikareise und reihte sich nun argumentativ in die Pha-lanx der eigenen Fraktion ein. Zusammen mit Kassmann und van Nes Ziegler bestritt er eine Pressekonferenz. Auf ihr plädierte er für einen Verzicht der FDP auf die Leitung der Kölner Bezirksregierung und legte ihr die Übernahme des Chefpostens im Det-molder Bezirkspräsidium nahe.[180] Prompt kam die Reaktion Weyers. Gegenüber dem Kölner Stadt-Anzeiger meinte er: „Ich sehe die jetzt entstandene Situation als sehr ernst an. Für mich und die FDP bleibt es jedenfalls dabei, daß wir unseren Anspruch auf das Amt des Kölner Regierungspräsidenten erheben."[181]

Wie ein Geschenk des Himmels mußte da vielen in der Koalition die Erklärung des Kölner Regierungspräsidenten Günter Heidecke erscheinen, die er am 16. Februar ge-genüber der Deutschen Presseagentur abgab: Er werde nicht als Staatssekretär nach Bonn gehen, sondern auf seinem Posten in Köln bleiben.[182] Der Anspruch der Libera-len auf das Kölner Präsidium war damit hinfällig. Wohl nur ganz wenigen Eingeweih-ten war bekannt, daß Heidecke seinen Verzicht nicht ganz freiwillig aussprach. Er hat-te erfahren, daß es in Bonn gegen seine Berufung inzwischen erheblichen Widerstand gab und eine Absage mit ziemlicher Wahrscheinlichkeit zu erwarten war. Diesem Schritt wollte er mit seiner Verzichtserklärung zuvorkommen.[183] Es spricht sehr vieles dafür, obwohl entsprechende schriftliche Belege fehlen, daß Kühn seine Bitte auf

---

178 Handschriftl. Notizen über die Fraktionsvorstands-Sitzung v. 15.2.1973, in: HStA Düs-seldorf, RW 180, Nr. 231.

179 Text der Pressemitteilung in: HStA Düsseldorf, RW 180, Nr. 231, Bl. 24.

180 Kölner Stadt-Anzeiger v. 16.2.1973 („Kühn will Verzicht der FDP").

181 Ebd.

182 Kölner Stadt-Anzeiger v. 17./18.2.1973 („Regierungspräsident Heidecke bleibt. Krise zwischen SPD und FDP beigelegt").

183 Laut mündlicher Auskunft von Günter Heidecke am 13.7.2001.

Nichtberufung Heideckes bei Brandt erneuert hat und diesmal (anders als im Januar) wegen der zugespitzten Situation in Düsseldorf beim Kanzler Gehör fand.

Die Liberalen mußten übrigens ihre Regierungspräsidenten-Aspirationen bis 1975 zurückstellen. Erst dann konnten sie mit einem Mann ihrer Couleur (Achim Rohde) das frei werdende Präsidenten-Amt in der *Düsseldorfer* Bezirksregierung besetzen.

Der Dauerkonflikt mit den Jusos. In den frühen 1970er Jahren waren die Jusos (die Jungsozialisten in der SPD) und ihre Aktivitäten in aller Munde. Die Jugendorganisation der Partei (formell gehörten ihr alle SPD-Mitglieder bis zum 35. Lebensjahr an) sonnte sich im Interesse der Medien und Öffentlichkeit. Gemeinhin wurde es als sensationell empfunden, daß aus der biederen, kreuzbraven, parteikonformen Nachwuchstruppe der SPD binnen kurzem ein linksoppositionell-rebellierender und das Innenleben der SPD gehörig durcheinanderwirbelnder Jugendverband geworden war. Es blieb aber auch kein Geheimnis, daß sich unter den Jusos nicht wenige „Achtundsechziger" befanden, die in der SPD den „langen Marsch durch die Institutionen" angetreten waren.[184]

Die selbstbewußt, mitunter selbstherrlich auftretenden Jusos begriffen sich als politische Avantgarde und wollten die SPD zu klassisch-sozialistischen, an Karl Marx orientierten Positionen zurückführen. Sie sprachen von „antikapitalistischen Strukturreformen" und „systemüberwindenden Reformen" und verstanden darunter nicht zuletzt die Vergesellschaftung der Großindustrien und -banken. Charakteristisch für die Jusos war die Verbindung von Theorie und Praxis. Ihre politischen Aktivitäten fußten auf einer „Doppelstrategie". Damit meinten sie zum einen die Arbeit *in* der Partei mit dem Ziel, in ihr die „sozialistischen Kräfte" zu stärken; zum anderen „Mobilisierungskampagnen" *außerhalb* der SPD zugunsten der abhängig Beschäftigten, um so die „Widersprüche des kapitalistischen Systems" aufzudecken und die Gesellschaft reif für demokratisch-sozialistische Reformen zu machen.[185]

In den Führungszirkeln der Jusos überwogen die akademisch gebildeten jungen Leute zahlenmäßig bei weitem. Das traf auch für den Landesvorstand der NRW-Jusos zu. Ihr Vorsitzender war in den frühen 1970er Jahren der äußerst rührige Manfred Dammeyer, Arbeitersohn, Diplom-Sozialwirt, letzter vom SPD-Vorstand eingesetzter Bundesvorsitzender des SDS (1959/60) und jüngster Volkshochschuldirektor in der Bundesrepublik (seit 1966 in Oberhausen).[186] Dammeyer war nicht nur Chef der

---

184 Siehe Lösche/Walter: Die SPD, S. 268ff.; Karlheinz Schonauer: Geschichte und Politik der Jungsozialisten in der SPD 1946–1973. Der Wandel der SPD-Jugend-Organisation von der braven Parteijugend zur innerparteilichen Opposition, Diss. phil. FU Berlin, Berlin 1980, S. 299ff.; Norbert Gansel (Hg.): Überwindet den Kapitalismus oder Was wollen die Jungsozialisten, Reinbek bei Hamburg 1971.

185 Vgl. Thesen zur Politischen Ökonomie und Strategie – außerordentlicher Bundeskongreß der Jungsozialisten in Hannover 11. bis 12. Dezember 1971, in: AdsD, Bonn, Depositum Manfred Dammeyer, Aktenordner Nr. 5; SPD-Jungsozialisten. Landesverband Nordrhein-Westfalen. Ergebnisse der a. o. Landeskonferenz '71 der Jungsozialisten in Leverkusen, in: ebd., Aktenordner Nr. 4.

186 Vgl. Albrecht: Der Sozialistische Deutsche Studentenbund, S. 354 u. 500f.; Düding: Volkspartei im Landtag, S. 200.

NRW-Jusos, er fungierte gleichzeitig als Referent für Europafragen beim Juso-Bundesvorstand, ja er kümmerte sich überhaupt um die Auslandsarbeit der Bundes-Jusos. In dieser Eigenschaft bemühte er sich, die Kontakte zwischen den jungsozialistischen Organisationen Westeuropas enger zu knüpfen (z. B. durch die Einberufung einer „Top-Leaders-Konferenz" in Straßburg).[187] Wichtig war ihm auch die Kontaktaufnahme zu diversen Exilgruppen aus westeuropäischen Staaten mit rechtsgerichteten Diktaturen wie Griechenland, Portugal und Spanien, denn die Solidarisierung mit den innenpolitischen Gegnern dieser Regimes lag den Jusos besonders am Herzen. Überhaupt waren die Gesprächskontakte Dammeyers breit gefächert. Er unterhielt solche mit kommunistischen Jugendverbänden Osteuropas (die FDJ der DDR eingeschlossen) ebenso wie zur Vereinigten Arbeiterpartei Israels und zur palästinensischen El Fatah. Im Februar 1973 reiste er im Auftrag des Juso-Bundesvorstands nach Chile, um die Verhältnisse in dem vom sozialistisch-marxistischen Präsidenten Allende regierten Land zu studieren.[188] Auch den „antiimperialistischen" Kurs der Jusos scheint Dammeyer mitbestimmt zu haben. Vor allem der Krieg der US-Amerikaner in Vietnam galt den Jungsozialisten als verabscheuungswürdiger Akt des Imperialismus. Ein weiteres Indiz für Dammeyers großen Einfluß auf den Juso-Bundesvorstand dürfte sein: Zwei Juso-Bundeskongresse der frühen 1970er Jahre fanden in Nordrhein-Westfalen statt; der eine 1972 in Oberhausen, der andere 1973 in Bad Godesberg.

In seiner Funktion als oberster NRW-Juso sorgte Dammeyer dafür, daß die Jungsozialisten an Rhein und Ruhr die Landespolitik zu einem ihrer Arbeitsschwerpunkte machten. Besonders genüßlich wandten sie sich solchen Themen zu, die geeignet waren, der Landesregierung und vorzugsweise dem „Genossen" Ministerpräsidenten am Zeug zu flicken. Hierfür an dieser Stelle nur ein Beispiel.

Die VEBA Chemie-AG plante, im Rheinbogen bei Orsoy am Niederrhein ein petrochemisches Großwerk zu errichten. Da sich die Landesregierung durch Strukturfördermittel am Bau der Industrieanlage beteiligen wollte, hatte sie beim Zustandekommen des Projekts ein entscheidendes Wort mitzusprechen. Die NRW-Jusos lehnten die Errichtung des Chemiegiganten aus Gründen des Umweltschutzes kategorisch ab. Gutachten hatten sie entnommen, daß von ihm allein der Ausstoß von elf Mio. Tonnen Schwefeldioxyd pro Stunde zu erwarten war. Im September 1971 veranstalteten sie in Absprache mit der ortsansässigen Bevölkerung und anderen Organisationen unter dem Motto „Stoppt den VEBA-Moloch am Niederrhein" auf den Orsoyer Rheinwiesen ein publikumswirksames „Zelt-in" mit Diskussion und Volksfestrequisiten.[189] Dammeyer hatte vorher Kühn in einem Brief aufgefordert, die Genehmigung

187 Manfred Dammeyer an Ernest Mandel (Brüssel) v. 12.10.1970, in: AdsD, Bonn, Depositum Manfred Dammeyer, Aktenordner Nr. 6.
188 Alle Angaben nach Unterlagen in: AdsD, Bonn, Depositum Manfred Dammeyer, Aktenordner Nr. 6.
189 Frankfurter Rundschau v. 13.9.1971 (Artikel von Hartwig Suhrbier: „Elf Tonnen Schwefeldioxyd stündlich").

für die VEBA-Ansiedlung nicht zu erteilen. Außerdem bat er ihn „dringend", an dem „Zelt-in" teilzunehmen.[190]

Kühn folgte der Einladung nicht. Daraufhin erschien die bundesweit verbreitete Jungsozialisten-Zeitschrift „Juso" mit einem Bild auf der Titelseite, das einen mit einem Plakat versehenen Esel darstellte. Auf dem Plakat war zu lesen: „Ich bin Kühn und bin für Veba".[191] Die ungewöhnliche publizistische Attacke schlug Wellen. Das SPD-Präsidium mißbilligte das Titelbild (wahrscheinlich auf Veranlassung von Präsidiumsmitglied Kühn) und teilte dies dem Juso-Bundesvorstand schriftlich mit.[192] In der Sache war Kühns Replik eher nachdenklich als konfrontativ. Die Kontroverse habe eine positive Seite, meinte er in einem Pressestatement. Sie zwinge Regierung und Industrie, wirtschaftliches Wachstum und Umweltgefährdung sehr sorgfältig gegeneinander abzuwägen. Er gab aber zu bedenken, daß das Orsoyer Werk in der Endausbaustufe 4.000 Menschen krisenfeste Arbeit biete. Und in den Zulieferbetrieben würden noch weit mehr Arbeitsplätze für das Ruhrgebiet geschaffen.[193] Bei aller Nachdenklichkeit schien Kühn dem Arbeitsplatzargument nach wie vor mehr Gewicht beizumessen.

Der Widerstand gegen die Errichtung des petrochemischen Kombinats wuchs jedoch in der Folgezeit vor Ort und in der Region beträchtlich. Die von den Jusos ausgelöste Initialzündung trug also Früchte. Auch für die Jungsozialisten selbst blieb das Thema auf der Tagesordnung. Im Juli 1972 appellierte Dammeyer noch einmal in einem Schreiben an Kühn, „sich nicht zum Handlanger der Profitinteressen eines Unternehmens [zu] machen, das sich die kostengünstigste Produktion aussucht ohne Rücksicht auf gesamtgesellschaftliche Bedürfnisse, die dem entgegenstehen."[194] Und auf der Landeskonferenz der Jungsozialisten im Januar 1973 in Herford geißelte der Chef der NRW-Jusos die „Anmaßung der Petro-Chemie" und die „Interessen der Kapitalfraktion in der Landesregierung" gleichermaßen.[195] 1975 errangen die Jusos einen späten Sieg. Nicht deshalb, weil die Landesregierung nachgegeben hätte, sondern weil der Druck örtlicher Bürgerinitiativen und ein Gerichtsurteil den Chemiekonzern zwangen, sich von dem Großprojekt zu verabschieden.

Für Kühn waren die Attacken der Jusos auf seine Politik zweifellos unangenehm; sie kratzten durchaus an seinem persönlichen Image. Aber für den Ministerpräsidenten und SPD-Landesvorsitzenden stellten die Junggenossen nicht primär deshalb ein

190 Manfred Dammeyer an Heinz Kühn v. 3.9.1971, in: HStA Düsseldorf, NW 270 (Staatskanzlei), Nr. 230.
191 Juso. Zeitschrift der Jungsozialisten in der SPD. Ausgabe Sept./Okt. 1971. Ein Exemplar in: AdsD, Bonn, Depositum Helmut Schmidt, 1/HS AA005761.
192 Kurzzusammenfassung über die Sitzung des Präsidiums in: AdsD, Bonn, Depositum Helmut Schmidt, 1/HS AA005761.
193 Text des statement v. 2.5.1972 für die Zeitschrift „pz", in: HStA Düsseldorf, NW 451 (Staatskanzlei), Nr. 28.
194 Manfred Dammeyer an Heinz Kühn v. 17.7.1972, in: HStA Düsseldorf, NW 270 (Staatskanzlei), Nr. 230.
195 Wortprotokoll der Landeskonferenz der Jungsozialisten Nordrhein-Westfalens am 27./28.1.1973. Begrüßung durch den Landesvorsitzenden, in: AdsD, Bonn, Depositum Manfred Dammeyer, Aktenordner Nr. 5.

Problem dar, weil sie ihm hier und da landespolitisch in die Quere kamen. Der Grund für seine Schwierigkeiten mit den Jusos lag viel tiefer. Für den ideologisch so versierten Kühn (der unmittelbar nach dem Krieg als leitender Jungsozialisten-Funktionär die Parteijugend für die Ideen eines *undogmatisch-ethischen* Sozialismus zu begeistern versuchte) stellten sich Fragen grundsätzlicher Natur: Ließ sich der an Karl Marx orientierte Antikapitalismus der Jusos mit dem Godesberger Programm vereinbaren? Waren die Junggenossen wegen ihrer ideologischen Festlegungen nicht ein Fremdkörper in der „Godesberger" SPD, also in einer Volkspartei, die nicht auf einer konkreten Ideologie fußte, sondern deren Mitglieder sich von gemeinsamen sittlichen Grundwerten leiten ließen? Die NRW-Jusos hatten sich zwar auf ihrer 1971er Landeskonferenz zu dem Satz bekannt: „Die Jungsozialisten schöpfen das Godesberger Programm in seiner ganzen Spannweite aus"[196], aber war ein solches Bekenntnis (wie so manche andere Juso-Verlautbarung) nicht nur noch taktischer Rücksichtnahme geschuldet?

Es kann keinen Zweifel geben, daß die unendlichen Theorie- und Strategie-Debatten der Jusos Kühn beunruhigten, auf ihn aber auch einen gewissen Reiz ausübten – erinnerten sie ihn doch an seine eigene Jugend, an die Zeit der zu Ende gehenden Weimarer Republik und die frühe Zeit der Emigration, als er selbst Verfechter marxistischer Ideologiepositionen war. Der Ministerpräsident verfolgte den ideologischen Diskurs der Jusos genau. Von einem Mitarbeiter aus seinem persönlichen wissenschaftlichen Beraterstab in der Staatskanzlei ließ er sich z. B. Berichte über den Diskussionsverlauf und die Ergebnisse der wichtigsten Juso-Kongresse anfertigen.[197]

Sicherlich gab es auch den einen oder anderen politischen Berührungspunkt zwischen dem Ministerpräsidenten Kühn und den schlagzeilenträchtigen Jusos der frühen 1970er Jahre. Die Übereinstimmungen lagen mehr im außenpolitischen Bereich. Kühn verurteilte – wie die Jusos – den Vietnam-Krieg der Amerikaner. Auf einem Landesparteitag der NRW-Sozialdemokraten im Januar 1973 in Essen kritisierte er deren „undiszipliniertes Flächenbombardement" und verlangte von der amerikanischen Regierung die Einsicht, daß sie „den Frieden in Vietnam nicht herbeibomben" könne.[198] Einig wußten sich Kühn und die Jusos auch in der Verurteilung der rechten Diktaturen in Westeuropa und in der aktiven Solidarität mit den politischen Emigranten aus diesen Ländern. Schon im Mai 1968 hatte der Ministerpräsident mit einer aufsehenerregenden Rede in der Essener Grugahalle in Anwesenheit der Sängerin Melina Mercouri seine Solidarität mit dem griechischen Volk, seiner von einer Militärjunta beseitigten Demokratie und seinen politischen Exilanten bekundet.[199]

---

196 SPD-Jungsozialisten. Landesverband Nordrhein-Westfalen. Ergebnisse der a.o. Landeskonferenz '71 der Jungsozialisten in Leverkusen (Initiativantrag 7), in: AdsD, Bonn, Depositum Manfred Dammeyer, Aktenordner Nr. 4.
197 Solche Berichte sind überliefert in: HStA Düsseldorf, NW 451 (Staatskanzlei), Nr. 25, 26 u. 32.
198 Nach Bonner Rundschau v. 15.1.1973 („Die Gegner von Heinz Kühn nehmen in der SPD zu").
199 Text der Rede in: HStA Düsseldorf, NW 451 (Staatskanzlei), Nr. 33.

Diese Übereinstimmungen änderten aber nichts an der Tatsache, daß Kühn die ideologieverhaftete Gesellschaftsanalyse und -kritik der Jusos nicht teilte. Erschwerend kam hinzu: Die Jusos sprachen nicht mit einer Stimme. Unter ihnen existierten Gruppen, Grüppchen und einzelne Mitglieder, die sich deutlich radikaler gebärdeten als der Juso-Bundes- und -Landesvorstand und die Mehrheiten auf den Juso-Bundes- und Landeskongressen. Sie standen dem Dogmatismus der Deutschen Kommunistischen Partei (DKP) zum Teil deutlich näher als den Ideen eines freiheitlichen Sozialismus. Da gab es zum Beispiel unter ihnen die Anhänger der Stamokap-Theorie, die – im wesentlichen in der DDR kreiert – programmatischer Bestandteil der DKP war. Das Kürzel „Stamokap" stand für „staatsmonopolistischer Kapitalismus" und meinte: Der Staat in der „spätkapitalistischen Gesellschaft" ist gekennzeichnet durch eine *vollständige* Verschmelzung mit den angeblich allmächtigen Wirtschaftsmonopolen, den industriellen Großproduzenten, den Großbanken, den Versicherungs- und Warenhauskonzernen etc. Aufgrund dieser totalen Verflechtung ist der Staat – so die Stamokap-Lehre – zum ausschließlichen Vollzugsorgan der „Monopole" geworden.[200]

Diese Theorie war für Kühn völlig inakzeptabel. Auf heftige Ablehnung stieß bei ihm auch jeder Versuch, das parlamentarische System, den Parlamentarismus zu diskreditieren oder seine politische Effizienz in Zweifel zu ziehen. Als z. B. im Informationsblatt der Kölner Jusos behauptet wurde, der Parlamentarismus sei außerstande, reale gesellschaftliche Änderungsprozesse zu bewirken (diese seien *nur* „außerhalb der Parlamente durch die Klassenauseinandersetzungen im Produktionsbereich" herbeizuführen), prangerte er diese Aussage auf einem SPD-Landesparteitag als abschreckendes Beispiel für ideologische Engstirnigkeit an.[201] Eine andere Meinungsbekundung in demselben Publikationsorgan dürfte für Kühn ebenfalls nicht hinnehmbar gewesen sein (auch wenn er sich dazu nicht öffentlich äußerte). Behauptet wurde, der Begriff „demokratischer Sozialismus" sei „unsinnig". Der Gebrauch dieser Wendung bedinge, daß es noch einen anderen Sozialismus geben müsse, einen „undemokratischen". Da dies aber nicht der Fall sei – „weil das Wort ,Sozialismus' per Definition bereits alle Elemente der Demokratie, der Volksherrschaft, beinhaltet" –, könne man sich den Vorspann sparen.[202]

---

200 Vgl. undatierten Zeitungsausschnitt (Artikel „Scheidewasser ,Stamokap'" v. E.-O. Maetzke in Frankfurter Allgemeine) in: AdsD, Bonn, Depositum Manfred Dammeyer, Aktenordner Nr. 6.

201 Rede Kühns auf dem außerordentl. Landesparteitag der NRW-SPD am 30.9.1973 in Münster (HiAdSt Köln, Bestand 1275 [SPD-Bezirk Mittelrhein] Nr. 562).

202 Artikel von W. Schütt: „Der Unsinn des ,demokratischen' Sozialismus", in: Juso Information. Informationsblatt der Kölner Jungsozialisten v. 31.5.1972 (enthalten in HStA Düsseldorf, NW 270, Nr. 230). In dem Artikel wurde auch in polemischer Weise über die Verbreitung des Begriffs „demokratischer Sozialismus" spekuliert: „Offenbar als Ergebnis der Kompromiß-Wirtschaft während der großen Wende zur Volkspartei ist diese Vokabel in aller Munde – insbesondere bei Jungsozialisten. Im Godesberger Grundsatzprogramm bereits ist der Begriff einige Male zu finden, wahrscheinlich, weil ein Teil der Genossen damals Sozialisten bleiben wollten, ein anderer Teil nicht (oder nicht mehr so sehr)."

Auf die ideologischen Einseitigkeiten und Widersprüchlichkeiten der Jusos reagierte Kühn aber nicht mit totaler Ablehnung. „Ich werde nie sagen, wenn manches, was die Jungsozialisten publizieren, mir nicht gefällt: *die* Jungsozialisten", erklärte er auf einem Landesparteitag, um fortzufahren: „Kein Kind ist so häßlich, daß man es mit dem Bade ausschütten sollte. Man muß immer differenzieren."[203] In der Tat, Kühns Reaktion war differenziert. Man könnte auch einen zentralen Begriff der Jusos aufgreifen und sagen: Kühn bediente sich gegenüber den jungen Genossen einer „Doppelstrategie".

Zum einen ging es ihm darum, die Jusos, oder doch die allermeisten von ihnen, geistig-weltanschaulich in die Partei zu *integrieren*. An ihre Adresse gewandt betonte er deshalb, daß die „Godesberger" SPD weltanschaulich eine „sehr pluralistische Einrichtung" sei; daß die Zugehörigkeit zur SPD bei den einzelnen Mitgliedern weltanschaulich-theoretisch unterschiedlich begründet sein könne, es aber darauf ankomme, an der Verwirklichung gemeinsamer politischer Ziele zu arbeiten.[204] Eine Konzession an die Jusos war auch der von Kühn in den frühen 1970er Jahren gern verwendete und auf die SPD gemünzte Begriff der *„linken* Volkspartei". Mit ihm wollte er zum Ausdruck bringen: Die SPD hat sich nicht nur zur politischen Mitte hin geöffnet, sie legt auch nach wie vor großen Wert auf die Integration der Kräfte im linken Gesinnungsspektrum.[205] Integrationsfähigkeit setzte Dialogfähigkeit voraus. Deshalb war Kühn an Gesprächskontakten zu Juso-Landeschef Dammeyer und zu anderen Vorständlern des Juso-Landesverbandes interessiert. Eine ganze Reihe von Gesprächen fand zwischen Kühn und den Juso-Spitzengenossen in NRW in der Düsseldorfer Staatskanzlei statt.[206] Kühns Integrationswilligkeit hatte aber sicherlich nicht zuletzt auch mit seiner ganz persönlichen Lebenserfahrung zu tun. Obwohl er selbst in jungen Jahren auf Kollisionskurs zur SPD ging, ist er dennoch später, in „reiferen" Jahren, ein „guter" Sozialdemokrat geworden. Kühn konnte sich ausrechnen, daß es bei manchem aufbegehrenden Jungsozialisten der frühen 1970er Jahre nicht anders sein würde.

Kühns Integrationsofferte war aber nicht seine einzige Botschaft an die Jusos. Damit wären wir beim zweiten Element seiner „Doppelstrategie": Kühn machte den Junggenossen unmißverständlich klar, daß ihrem programmatischen und sonstigen Wollen innerhalb der SPD Grenzen gezogen sind. Schon Anfang 1971 legte er dem SPD-Landesvorstand eine die Jusos betreffende Entschließung vor. Sie wurde von

---

203 Rede Kühns auf dem außerordentl. Landesparteitag der NRW-SPD am 30.9.1973 in Münster (HiAdSt Köln, Bestand 1275 [SPD-Bezirk Mittelrhein], Nr. 562).
204 Ebd. und Frankfurter Allgemeine v. 9.4.1973 („Kühn mahnt zu realistischer Politik").
205 „Erfunden" und in die Welt gesetzt hatte Kühn diesen Begriff schon 1968 auf dem Höhepunkt des studentischen Protests – keinesfalls zur Freude aller führenden SPD-Politiker in Bonn. Zu diesem Zeitpunkt war der Begriff ein „Angebot" an die *außerhalb* der SPD agierende junge Linke. Vgl. Fernsehinterview Kühns v. 10.6.1968 in: AdsD, Bonn, Sammlung Personalia, Heinz Kühn, Nr. 1705; Die Welt v. 4.6.1968 („Kühns linke Volkspartei ist für SPD-Prominente ein trügerischer Holzweg").
206 Nach Bericht des Landesvorstands der Jungsozialisten NRWs für den SPD-Landesparteitag v. 13./14.1.1973, in: HiAdSt Köln, Bestand 1275 (SPD-Bezirk Mittelrhein), Nr. 233.

dem Gremium sofort verabschiedet und veröffentlicht. Danach war in der SPD „kein Platz" für Personen, die beabsichtigten, aus der „Godesberger" Reformpartei „eine Partei revolutionären Typs" zu machen; die innerhalb der SPD „eine eigene Partei als programmatischen Fremdkörper bilden wollen" und die in die SPD hineindrängen, „um sie zu spalten oder umzufunktionieren". Außerdem wurde in der Entschließung die „Unvereinbarkeit von Aktionsgemeinschaften mit kommunistischen Organisationen" betont.[207]

Auch in den folgenden Jahren warnte Kühn die Jusos in Parteitagsreden und Interviews immer wieder vor „intellektuellen Unverdaulichkeiten" und vor Versuchen, die aufgezeigten Grenzen zu überschreiten.[208] Besonders eindringlich las Kühn den Jungsozialisten auf dem SPD-Landesparteitag im September 1973 in Münster die Leviten. Diese revanchierten sich mit giftigen Repliken. Kühn beschwor vor den Delegierten die nach seiner Meinung von den Jusos provozierte Gefahr einer Spaltung der Partei. An „Undiszipliniertheit der Gedanken und Unsolidarität des Verhaltens" sei in den vergangenen Monaten mehr produziert worden, als eine Partei mit einer Zweidrittelmehrheit aushalten könne, bemerkte er. Kühn beobachtete „ein wachsendes Selbstverständnis der Jusos als Partei in der Partei". Ein Indiz dafür sei schon die gängige Kommuniquéformel „SPD *und* die Jungsozialisten". Schließlich stellte sich der Redner die Frage (und zwar „mit allem Nachdruck und aller Sorge", wie er betonte): „Sind wir nicht auf dem gefährlichen Wege, zwei Parteien unter dem verhüllenden Mantel einer einzigen Partei zu werden?"[209]

Der Parteitag in Münster war der Höhepunkt in Kühns Dauerkonflikt mit den *nordrhein-westfälischen* Jusos. Einer der Gründe dafür war wohl der Umstand, daß Heinz Kühn auf diesem Parteitag als SPD-Landesvorsitzender zurücktrat. Der Abgang geschah nicht wegen der Jusos, sondern aus „übergeordneten" Gesichtspunkten. Im April 1973 war Kühn nämlich auf Wunsch Willy Brandts zum stellvertretenden SPD-Bundesvorsitzenden gewählt worden. Heinz Kühns Rücktritt als Chef der NRW-Sozialdemokraten entzog dem Verhältnis Kühn/NRW-Jusos etwas an Zündstoff. Beseitigt war damit der Konflikt aber keineswegs. Außerdem: Die Auseinandersetzungen verlagerten sich jetzt partiell auf eine „höhere Ebene". Der stellvertretende Parteivorsitzende Kühn und die *Bundes*-Jusos gerieten nun aneinander. Dieser Konflikt war sogar noch um einige Grade heftiger.

Der Fall Götz. Dafür, daß Kühn und die NRW-Jusos auf dem Parteitag in Münster Ende September 1973 noch einmal nach allen Regeln der Kunst miteinander die Klingen kreuzten, gab es noch einen zweiten Grund: Nur wenige Wochen vorher hatten sie

---

207 AdsD, Bonn, SPD-Landesverband NRW, Nr. 6 (Anhang zum Sitzungsprotokoll v. 24.2.1971).

208 Vgl. die Rede Kühns vor dem Landesparteitag der NRW-SPD am 13.1.1973 in Essen, in: HiAdSt Köln, Bestand 1275 (SPD-Bezirk Mittelrhein), Nr. 233.

209 HiAdSt Köln, Bestand 1275 (SPD-Bezirk Mittelrhein), Nr. 562. Rede Kühns vor dem außerordentl. Landesparteitag der NRW-SPD am 30.9.1973 in Münster; Süddeutsche Zeitung v. 1.10.1973 („Kühn kanzelt die Jusos ab").

sich wegen eines konkreten landespolitischen Streitfalls in den Haaren gelegen. Der Fall besaß eine Vorgeschichte. Ende Januar 1972 faßten Kühn, seine Ministerpräsidenten-Kollegen aus den anderen Bundesländern und Bundeskanzler Brandt einen Beschluß zur Frage der verfassungsfeindlichen Kräfte im öffentlichen Dienst.[210] Mit ihm sollten Angehörige extremer Organisationen aus dem Staatsdienst ferngehalten werden. Der „Extremistenbeschluß" oder „Radikalenerlaß" ist vor dem Hintergrund der Anschläge der Baader-Meinhof-Gruppe (Rote-Armee-Fraktion, RAF) und des Fußfassens von NPD- und DKP-Mitgliedern im Lehrer- und Richterberuf zu sehen. Kühn selbst blieb übrigens Anfang der 1970er Jahre von politisch motivierten Mord- und Entführungsdrohungen nicht verschont.[211]

Von Anfang an machten die Jusos mit aller Entschlossenheit gegen den „Radikalenerlaß" Front. Das trifft speziell auch für die Jusos in NRW zu. Schon einen Tag vor dem Zustandekommen des Beschlusses (er war von der Innenministerkonferenz der Länder vorbereitet worden und deshalb zu erwarten) warnte der Juso-Landesverband in einer Presseerklärung vor seinen Folgen. Indem man „Mitgliedern angeblich linksradikaler Organisationen" Verfassungsfeindlichkeit unterstelle und sie nicht zum öffentlichen Dienst zulasse, belege man sie mit „Berufsverbot".[212] Im Mai 1972 erklärte der NRW-Juso-Chef Dammeyer auf einer Diskussionsveranstaltung des Landesjugendrings in Anwesenheit des Ministerpräsidenten, Kühn werde in der Frage der „Berufsverbote" von der Mehrheit der SPD seines Landes nicht unterstützt. Der Juso-Vorsitzende konnte auf Parteitage der SPD-Bezirke Niederrhein und Westliches Westfalen verweisen, die den „Radikalenerlaß" als „mit dem Prinzip der Rechtsstaatlichkeit nicht vereinbar" bezeichnet oder Änderungen in seiner Anwendung gefordert hatten.[213] Keine geringe Rolle spielten zu diesem Zeitpunkt Vorwürfe, die gegen den Staatssekretär in Willi Weyers Innenministerium Heinrich Stakemeier (FDP) erhoben wurden. Gerüchte besagten, er habe ihm unterstellte Behörden informiert, Anweisungen zur Durchführung des „Radikalenerlasses" würden nur auf *mündlichem* Wege gegeben und bei künftigen Einstellungen in den öffentlichen Dienst würde auf

---

210 Text des Beschlusses in Hans Koschnick (Hg.): Der Abschied vom Extremistenbeschluß, Bonn 1979, 2. Aufl., S. 84.
211 Briefe von Rechtsradikalen mit Morddrohungen erhielt er gehäuft Ende 1970 nach der Unterzeichnung des deutsch-polnischen Vertrages. Im März 1971 demonstrierten NPD-Mitglieder vor seinem Eigenheim in Köln-Dellbrück und pinselten die Parole „Hier wohnt der rote Verräter Kühn" an die Hauswand. Im Januar 1972 wurde Kühn telefonisch angedroht, seine Entführung durch ein Baader-Meinhof-Kommando stände bevor. Seitdem befand er sich unter ständigem Polizeischutz. Kühn zeigte sich aber von der Drohung unbeeindruckt. Auf dem Neujahrsempfang der Landesregierung Ende Januar erklärte er: „Politischer Banditismus" höre nicht auf, Banditentum zu sein, auch wenn er sich ein „gesellschaftspolitisches Ideologiemäntelchen umhänge". Angaben nach: dpa-Meldung v. 12.12.1970, in: AdsD, Bonn, Sammlung Personalia, Nr. 1705; Neue Rhein-/Neue Ruhr-Zeitung v. 8.3.1971 („Kühns Haus beschmiert – Polizei nahm 15 fest"); Neue Rhein-/Neue Ruhr-Zeitung v. 22.1.1972 („Kühn unter Polizeischutz"); Kölner Stadt-Anzeiger v. 27.1.1972 (Neujahrsempfang der Landesregierung).
212 AdsD, Bonn, Bestand SPD-Landesverband NRW, Nr. 7.
213 Nach Die Welt v. 31.5.1972 („‚Berufsverbote' machen Kühn zu schaffen").

jeden Fall der Verfassungsschutz eingeschaltet.[214] Schon im April hatte Dammeyer in einem Brief an den SPD-Landesvorstand – „z. Hd. Herrn Ministerpräsident Heinz Kühn" – die Frage gestellt, ob diese Gerüchte der Wahrheit entsprechen.[215] Kühn drückte sich um eine konkrete Stellungnahme, kündigte aber an, daß das Landeskabinett noch im Juni abschließend über Richtlinien zur Anwendung des „Radikalenerlasses" beraten werde.

Die Durchführung des „Extremistenbeschlusses" war nicht nur in Nordrhein-Westfalen, sondern bundesweit schon bald nach Inkrafttreten zu einem echten Problem geworden. Das hing mit dem Beschluß selbst zusammen, mit seinen Formulierungen, die zum Teil widersprüchlich und unpräzise waren. In ihm hieß es, daß nur derjenige in ein Beamtenverhältnis berufen werden könne, der „jederzeit für die freiheitliche demokratische Grundordnung im Sinne des Grundgesetzes eintritt". Gehöre ein Bewerber für eine Beamtenstelle einer Organisation an, die „verfassungsfeindliche Ziele" verfolge, so begründe die Mitgliedschaft Zweifel daran, ob er jederzeit für diese Grundordnung eintrete. Diese Zweifel würden „in der Regel" eine Ablehnung des Einstellungsantrags rechtfertigen. Im Widerspruch dazu hieß es an anderer Stelle des Beschlusses: „Jeder Einzelfall muß für sich geprüft und entschieden werden."[216]

Höchst unpräzise war in dem Beschluß, an dem Heinz Kühn mitgewirkt hatte, der Begriff der „Verfassungs*feindlichkeit*". Was war konkret darunter zu verstehen? Wer sollte rechtsverbindlich darüber entscheiden, ob eine Organisation verfassungs*feindlich* ist? Das Grundgesetz kennt den Begriff nicht. Es bedient sich des Begriffs der Verfassungs*widrigkeit*. Sie kann laut GG für eine konkrete Partei allein vom Bundesverfassungsgericht festgestellt werden. Sobald eine Partei für verfassungswidrig erklärt worden ist, fällt sie dem Verbot anheim. Legal existierende Parteien sind also nicht verfassungswidrig. Auffallend ist, daß im „Radikalenerlaß" der Ministerpräsidenten und des Bundeskanzlers keine einzige verfassungs*feindliche* Organisation genannt wird.

Widersprüchlichkeit und mangelnde Präzision des „Extremistenbeschlusses" führten zu unterschiedlichen Einstellungspraktiken in den Ländern. In den CDU/CSU-regierten Ländern reichte die Mitgliedschaft in der DKP oder NPD aus, um einen Bewerber aus dem Beamtendienst fernzuhalten. Die SPD bestand dagegen auf eine genaue Prüfung des Einzelfalls. Dafür entschied sich auch die Regierung Kühn. Außerdem legte sie fest, daß die Einzelfallprüfung und Ernennung von Bewerbern, die der NPD oder DKP angehörten, durch den zuständigen Ressortminister vorzunehmen sei.

Im Juni 1973 entschloß sich Landesjustizminister Posser nach eingehender rechtlicher Einzelfallprüfung, den Gerichtsassessor und DKP-Funktionär Volker Götz (Vorsitzender der DKP-Stadtteilgruppe Düsseldorf-Süd) zum Richter auf Probe zu ernennen. Der Fall machte sofort Schlagzeilen. Oppositionsführer Köppler sprach

---

214 Ebd. und Manfred Dammeyer an den Landesvorstand der SPD v. 19.4.1972, in: HStA Düsseldorf, NW 270 (Staatskanzlei), Nr. 230.
215 Dammeyer an den Landesvorstand der SPD v. 19.4.1972.
216 Koschnick (Hg.): Der Abschied vom Extremistenbeschluß, S. 84.

sich vehement gegen die Entscheidung Possers aus. Kritische Äußerungen von FDP-Landeschef und Wirtschaftsminister Riemer ließen erkennen, daß die FDP-Spitze die Ernennung ebenfalls für problematisch hielt. Kühn schlug sich dagegen Ende Juli in Mediengesprächen auf die Seite Possers.[217]

Die Sitzung des Landeskabinetts vom 31. Juli 1973 machten die beiden FDP-Minister zum Tribunal über den Fall Götz. Innenminister Weyer berief sich auf ein von seinem Ministerium erstelltes Gegengutachten.[218] Es besagte, daß der DKP-„Aktivist" Götz nicht die Gewähr biete, jederzeit für die freiheitliche demokratische Grundordnung einzutreten. Weyers und Riemers Veto gegen die Ernennung beugten sich Kühn und die sieben sozialdemokratischen Minister. Justizminister Posser unterließ es, dem Assessor Götz die Ernennungsurkunde auszuhändigen. Der Einzelfall sollte erneut geprüft werden.[219] Die beiden regierenden Liberalen triumphierten in der Kabinettssitzung auf ganzer Linie. So wurde dem Innenminister „als Verfassungsminister" auch in Zukunft das Recht eingeräumt, Bedenken gegen Einstellungen zu erheben.[220]

Das Einschwenken Kühns und der SPD-Minister auf FDP-Linie löste in SPD-Kreisen Empörung aus. Am raschesten reagierte der Juso-Vorstand des SPD-Bezirks Westliches Westfalen. Am 1. August beschloß er eine Presseerklärung, die am folgenden Tag erschien. Sie begann mit den Worten: „Mit Bestürzung nimmt der Bezirksvorstand der Jungsozialisten […] die Entscheidung der Landesregierung von NRW zum Fall Götz zur Kenntnis". Ein zentraler Satz der Erklärung lautete: „Die Jungsozialisten bedauern den Mangel an politischem Rückgrat bei der Mehrzahl der SPD-Minister und besonders bei Ministerpräsident Heinz Kühn."[221]

Die Juso-Stellungnahme war aber noch relativ zahm im Vergleich zu der Presseerklärung, die der Vorsitzende des SPD-Bezirks Niederrhein Hans Otto Bäumer am 2. August formulierte und zusammen mit seinem Stellvertreter herausgab. Bäumer fungierte nicht nur als Chef des zweitgrößten SPD-Bezirks im Lande. Der 46 Jahre alte Jurist war auch Kühns Stellvertreter im SPD-Landesvorsitz und Regierungspräsident in Düsseldorf. Er galt in der NRW-SPD als ausgesprochenes politisches Schwergewicht, als sehr fähiger, aber auch recht schwieriger und impulsiver Vollblutpolitiker.

Die Presseerklärung geriet zu einer scharfen Attacke gegen Kühn. In ihr hieß es, es sei in der Öffentlichkeit „der unerträgliche Eindruck" entstanden, „als ließen sich der Ministerpräsident und die SPD-Minister im Kabinett ihre Politik durch den kleineren Koalitionspartner FDP vorschreiben." „Der von Ministerpräsident Kühn geduldete

---

217 Journalistische Fragestunde mit Ministerpräsident Kühn am 26.7.1973 im Landtag und Interview Kühns im Deutschlandfunk v. 29.7.1973, in: AdsD, Bonn, Bestand SPD-Landesverband, Nr. 14 und Sammlung Personalia, Heinz Kühn Nr. 1706.

218 Stellungnahme von Innenminister Willi Weyer zur Berufung des Assessors Volker Götz in das Richterverhältnis auf Probe (v. 1.8.1973), in: AdsD, Bonn, Bestand SPD-Landesverband, Nr. 14.

219 Sitzung des Landeskabinetts v. 31.7.1973, in: HStA Düsseldorf, NW 30 P (Staatskanzlei); 1171–1180.

220 Pressemitteilung der Landesregierung zum Kabinettsbeschluß v. 31.7.1973, in: AdsD, Bonn, Bestand SPD-Landesverband, Nr. 14.

221 AdsD, Bonn, Bestand SPD-Landesverband, Nr. 14.

Machtzuwachs des Verfassungsministers Weyer" erscheine „nicht nur als ein Zurückweichen vor den konservativen nichtliberalen Kräften in der FDP im Falle Götz, sondern auch als ein bedauerlicher Verfall der Führungskraft des Regierungschefs." Vorgeworfen wurde Kühn auch: „Mißachtung der Parteigremien" (weil er „ohne Beratung mit diesen [...] so bedeutsame Entscheidungen wie im Falle Götz getroffen" habe) und „feuilletonistisches Gerede und undifferenziertes Spekulieren über ideologische Umtriebe linker Gruppen in der SPD" (wodurch er „mehr dem Rechtskartell in der Bundesrepublik als seiner Partei" genützt habe). In der Öffentlichkeit sei außerdem der Eindruck entstanden, „als habe Heinz Kühn Diether Posser aus Opportunitätsgründen und durch die FDP bedrängt, fallen gelassen".[222]

Um die Presseerklärung Bäumers richtig einzuschätzen, ist es wichtig zu wissen, daß er eine Art „Intimfeind" von Heinz Kühn war. Jedenfalls war das Verhältnis zwischen Kühn und Bäumer schon seit den frühen 1960er Jahren gestört, als beide in der oppositionellen SPD-Fraktion – der eine als Vorsitzender, der andere als parlamentarischer Newcomer – miteinander zu tun hatten. Für Bäumer war der Fall Götz ein günstiger Anlaß, seinem innerparteilichen Kontrahenten eins auszuwischen.

Bäumers Angriff ließ die Wellen in der Landes-SPD hochschlagen. Er löste in ihr eine schwere Krise aus, die allerdings erstaunlich rasch (binnen weniger Tage) durch das Eingreifen Willy Brandts zugunsten Kühns und eine Stellungnahme des SPD-Landesvorstands beigelegt wurde. Schon am 3. August meldete sich der Kanzler und SPD-Bundesvorsitzende zu Wort. Der Öffentlichkeit teilte er mit: „Ich bedaure die Kurzsichtigkeit und Bedenkenlosigkeit, mit der gegen das sozial-liberale Bündnis und den Regierungschef in Düsseldorf zu Felde gezogen wird. Der Landesvorstand der SPD wird, wie ich hoffe, für die gebotene Klärung sorgen."[223] Das geschah schon einen Tag später. Nach einer vielstündigen Sitzung, an der auch Bäumer teilnahm, veröffentlichte der Landesvorstand ein Kommunique. Darin distanzierte er sich „ausdrücklich" von der „in der Sache falsche[n] und in der Form unvertretbare[n] Presseerklärung" Bäumers und seines Stellvertreters. Weiter hieß es in der Verlautbarung, der Landesvorstand billige das Verhalten des Ministerpräsidenten und der sozialdemokratischen Kabinettsmitglieder im Fall Götz, er trete „mit Nachdruck" für die Fortführung der sozialliberalen Koalition ein und appelliere an alle Parteimitglieder, „ihnen notwendig erscheinende Kritik in Inhalt und Form an den Prinzipien der Solidarität zu orientieren".[224]

Auf dem Höhepunkt der Krise gab Kühn dem Nachrichtenmagazin „Der Spiegel" ein Interview. In ihm wies er den Vorwurf der „Führungsschwäche" zurück und begründete sein Nachgeben im Fall Götz mit ganz auf den Erhalt der Koalitionen in

---

222 „Vorschlag einer Pressemitteilung" vom 2.8.1973, in: AdsD, Bonn, Bestand SPD-Landesverband, Nr. 14; Kölnische Rundschau v. 3.8.1973 („Fall Volker Götz bringt Heinz Kühn ins Abseits"); General-Anzeiger für Bonn und Umgegend v. 3.8.1973 („Heftige Angriffe auf Kühn aus der eigenen Partei"); Süddeutsche Zeitung v. 3.8.1973 („SPD-Attacke auf Kühn und Riemer").

223 AdsD, Bonn, Bestand SPD-Landesverband, Nr. 14.

224 Ebd.

Düsseldorf und Bonn ausgerichteten Überlegungen. Kühn wörtlich: „Wegen des Falles Götz riskiere ich nicht Brandts Fall. Wer das nicht begreift, hat keinen Sinn für Größenordnung. Koalitionspreisgabe in Düsseldorf könnte Koalitionsverfall in Bonn bedeuten."[225]

Götz wurde übrigens nie Richter. Im September 1973 lehnte Justizminister Posser seine Einstellung endgültig ab. Die von Götz angestrengten Verwaltungsgerichtsklagen gegen den Bescheid blieben ohne Erfolg.[226]

Beginn der Weltwirtschaftskrise. In die Zeit der zweiten Regierung Kühn fällt ein Ereignis, das die Politiker in Nordrhein-Westfalen wie im ganzen Bundesgebiert förmlich aufschreckte und die Menschen tief verunsicherte: der Beginn der Weltwirtschaftskrise. Sie wurde zur tiefsten Rezession seit Anfang der 1930er Jahre. Ihr Auslöser war der Ölpreisschock von 1973.

Die in der OPEC[227] zusammengeschlossenen ölfördernden Entwicklungsländer instrumentalisierten nach dem Jom-Kippur-Krieg zwischen Israel und Ägypten/Syrien (Herbst 1973) das Rohöl zur politischen Waffe gegen die westlichen Industriestaaten, die Israel moralisch unterstützten. Die Drosselung der Ölförderung, die Explosion der Ölpreise auf etwa das Vierfache und – ein Folgephänomen – die Verdoppelung der meisten Rohstoffpreise sollten deren Volkswirtschaften nachhaltig treffen.[228] Ab 1974 kann man von einer Weltwirtschaftskrise sprechen. In allen Industriestaaten ließ die wirtschaftliche Leistung merklich nach. In der Bundesrepublik, speziell auch in Nordrhein-Westfalen, erlitten schon im ersten Halbjahr 1974 das Baugewerbe, die Textilbranche und die Automobilindustrie gravierende Produktionseinbrüche. Die Rezession bewirkte drastische Steuerausfälle und einen sprunghaften Anstieg der Arbeitslosenzahlen. In Nordrhein-Westfalen nahm die Zahl der Erwerbslosen innerhalb eines Jahres um fast 100.000 zu; 1973 waren in NRW durchschnittlich 83.212 Menschen arbeitslos, im Jahr 1974 waren es schon 179.402.[229]

Wie reagierten die sozialliberalen Regierungen in Bonn und Düsseldorf auf die erste *Welt*wirtschaftskrise nach 1945? Für die Regierung Helmut Schmidt – sie war seit Mai 1974 im Amt – und die Regierung Kühn stellte die Negativentwicklung am Arbeitsmarkt ein Menetekel dar. Beide Regierungschefs begriffen, daß sie gefordert

---

225 Der Spiegel v. 6.8.1973 („Ich riskiere doch nicht Brandts Fall").
226 Vgl. Diether Posser: Für Recht und Gerechtigkeit, in: Konflikt und Konsens. 50 Jahre Landesverfassung Nordrhein-Westfalen (Schriften des Landtags Nordrhein-Westfalen, Bd. 12). Hg. vom Präsidenten des Landtags Nordrhein-Westfalen, Düsseldorf 2000, S. 76ff., hier S. 89.
227 Organization of the Petroleum Exporting Countries.
228 Helmut Kistler: Die Bundesrepublik Deutschland, S. 312ff.; Ullrich Heilemann/Heinz Gebhardt/Hans Dietrich von Loeffelholz: Wirtschaftspolitische Chronik der Bundesrepublik 1960–1995, Stuttgart 1996, S. 86; Regierungserklärung Kühns v. 13.11.1974 über ein Landes-Ergänzungsprogramm zur Abstützung der Beschäftigung in NRW, in: Landtag Nordrhein-Westfalen, 7. Wahlperiode, Plenarprotokolle, Bd. 6, S. 4780.
229 Landesarbeitsamt NRW (Hg.): Arbeitsstatistik 1994. Statistische Jahresdaten, Düsseldorf 1994, S. 37.

waren, diesem Abwärtstrend entgegenzusteuern. Nur, sie sahen sich in einem wirtschaftspolitischen *Zielkonflikt*. Einerseits betrachteten sie es (gestützt durch Sachverständigengutachten) als ihre Aufgabe, der seit den beginnenden 1970er Jahren bestehenden *inflationären* Tendenz – die Verbraucherpreise waren bis 1973/74 in der Bundesrepublik um ca. 7 % gestiegen – mit stabilitätsorientiertem, restriktivem Haushalten zu begegnen. Andererseits sahen sie sich verpflichtet, mit Hilfe der Haushaltspolitik die Konjunktur „anzukurbeln", um so das Arbeitsmarktproblem aktiv anzugehen.

Dem Dilemma versuchten Kanzler und Ministerpräsident zu begegnen, indem sie grundsätzlich an der stabilitätsorientierten Haushaltspolitik festhielten und nur durch *gezielte* konjunktursteuernde Maßnahmen zugunsten bestimmter Branchen und Regionen Arbeitsplatzpolitik betrieben. Einer solchen nicht-„globalen", sondern *sektoral und regional begrenzten* Konjunktursteuerung dienten zwei von der Bundesregierung im Frühjahr und Herbst 1974 aufgelegte Investitionsprogramme. Das Herbstprogramm hatte ein Volumen von 950 Mio. DM, an dem sich das Land Nordrhein-Westfalen mit 260 Mio. DM beteiligte.[230] Im November 1974 entschloß sich die Landesregierung das Bund-Länder-Programm durch ein eigenes, nordrhein-westfälisches Arbeitsplatzsicherungs-Programm im Umfang von 300 Mio. DM zu ergänzen.[231] Unter dem Druck der Opposition mußte Kühn im Landtag freilich zugeben, daß von Programmen dieser Größenordnung nur eine kurzfristige und begrenzte „Anstoßwirkung" zu erwarten war. Durch die Beteiligung NRWs am Herbstprogramm und durch das Landes-Ergänzungsprogramm würden – so Kühn – gerade einmal „für ein halbes Jahr die Arbeitsplätze von schätzungsweise 40.000 Arbeitnehmern in Nordrhein-Westfalen" gesichert.[232]

Das war nicht viel. Und es stellte sich die Frage, ob man damit der wirtschaftlichen Verunsicherung, die seit dem Ölpreisschock in der Bevölkerung um sich griff, wirksam begegnen konnte. Es war jedenfalls ein Faktum, daß sich im „Jahr 1 nach dem Ölschock"[233] die politische Großwetterlage in der Bundesrepublik fühlbar verändert hatte. Nicht wenige Menschen reagierten mit Vertrauensentzug gegenüber den im Bund verantwortlichen Sozialdemokraten. Er dokumentierte sich 1974 in einer Serie von Landtagswahlen, in denen die SPD herbe Verluste hinnehmen mußte. In Hamburg verringerte sich ihr Stimmenanteil um 10,3, in Niedersachsen um 3,2, in Bayern um 3,1 und in Hessen um 2,7 %.[234] Dieser Negativtrend mußte Kühn große Sorgen bereiten. Wie sollte er angesichts dieses Vertrauensverlusts die Landtagswahlen in Nordrhein-Westfalen im Mai 1975 erfolgreich bestehen – zumal schon im Landesparla-

---

230 Landtag Nordrhein-Westfalen, 7. Wahlperiode, Plenarprotokolle, Bd. 6, S. 4781.
231 Ebd.
232 Ebd., S. 4788.
233 Eine auf das Jahr 1974 gemünzte Formulierung Helmut Schmidts. Enthalten in einer Rede des Kanzlers zum 50jährigen Bestehen der Deutschen Gruppe der Internationalen Handelskammer am 4.6.1975 in Köln. Redetext in: AdsD, Bonn, Parteivorstand. Büro Stellv. Vorsitzender Heinz Kühn, 2PVCV 000028.
234 Nach Uwe Jun: Koalitionsbildung in den deutschen Bundesländern. Theoretische Betrachtungen, Dokumentation und Analyse der Koalitionsbildungen auf Länderebene seit 1949, Opladen 1994, S. 242 u. 246ff.

ment der 7. Wahlperiode die sozialliberale Mehrheit denkbar knapp war? Über Verlauf und Ergebnis der Mai-Wahlen und über die Wirkungen der Weltwirtschaftskrise auf die Kühnsche Reformpolitik wird im Unterkapitel „Kühns dritte Regierung" ausführlich berichtet werden.

Der Ministerpräsident, der Bund und die Länder

Qua Ministerpräsidenten-Amt war Kühn – ob er wollte oder nicht – von Anfang an fest in das *föderative* System der Bundesrepublik eingebunden. Zu dieser Einbindung gehörten selbstverständlich viele und intensive persönliche Kontakte zu *Bundes*politikern, die zu mobilisieren und zu unterhalten im politischen Interesse des *Landes* Nordrhein-Westfalen lag. Dazu gehörte aber auch Kühns Mitgliedschaft in wichtigen *föderativen Institutionen* – wie der *Ministerpräsidenten-Konferenz* und dem *Bundesrat*. 1967/68 war Heinz Kühn sogar Vorsitzender der Konferenz der Länderregierungschefs, und im Herbst 1971 wurde er turnusmäßig (als dritter nordrhein-westfälischer Ministerpräsident nach Karl Arnold und Franz Meyers[235]) zum Präsidenten des Bundesrats gewählt. Ein Jahr lang stand er an der Spitze dieses einflußreichen Verfassungsorgans, das Heinz Kühn in seiner Antrittsrede als Bundesratspräsident als „Mekka des Föderalismus" bezeichnete.[236]

Welches Verhältnis hatte Kühn zum Föderalismus? War er überhaupt ein Föderalist? Eigentlich stand er in der *zentralistisch-anti*föderalen Tradition seiner Partei. Diese reichte sehr weit zurück, bis zu Ferdinand Lassalle. Dessen Schriften hatte Heinz Kühn auf das genaueste studiert. In seiner berühmten „Heerschaurede", die der in Berlin lebende Lassalle im Herbst 1863 in mehreren Städten der Rheinprovinz (Solingen, Barmen, Düsseldorf) hielt, ließ der Arbeiterführer am Föderalismus kein gutes Haar. Er setzte das Wort von der „Impotenz des Föderalismus" in die Welt.[237] Die staatliche Zersplitterung Deutschlands seiner Zeit vor Augen, lehnte Lassalle aus zwei Gründen deutsche Einzelstaaten ab: Zum einen seien diese das entscheidende Hindernis auf dem Weg zu einem deutschen Nationalstaat, zum anderen stellten sie ein Hemmnis dar bei der Durchsetzung des von der deutschen Arbeiterbewegung als notwendig erachteten Reformwerks. Die antiföderalistische Traditionslinie der deutschen Sozialdemokratie läßt sich über die Weimarer Zeit bis in die frühen Jahre der Bundesrepublik verfolgen. Exponenten eines stark ausgeprägten „föderalistischen Skeptizismus" in der SPD waren z. B. in der Weimarer Republik der preußische Ministerpräsident Otto Braun[238] und nach 1945 Kurt Schumacher.[239]

---

235 Arnold war 1949/50 der erste Bundesratspräsident in der Geschichte der Bundesrepublik; Meyers hatte dieses Amt 1960/61 inne.
236 Verhandlungen des Bundesrates 1971, Stenographische Berichte, 373. Sitzung (12.11. 1971), S. 315.
237 „Heerschaurede" Lassalles, in: Ferdinand Lassalle. Gesammelte Reden und Schriften. Hg. u. eingeleitet von Eduard Bernstein, Bd. 3, Berlin 1919, S. 372.
238 Siehe Otto Braun: Deutscher Einheitsstaat oder Föderativsystem?, Berlin 1927.
239 Düding: Zwischen Tradition und Innovation, S. 18.

Heinz Kühns Verhältnis zum deutschen Föderalismus war ebenfalls eine durch Vorbehalte bestimmte Beziehung. Darauf hinzuweisen, scheute sich Heinz Kühn auch als Ministerpräsident nicht. In gewissem Maße sei er „ein Skeptiker des Föderalismus", er stehe ihm „unemotional und sehr distanziert gegenüber", gestand er Ende der 1960er Jahre vor dem Landtag.[240] Der Regierungschef Kühn zögerte auch nicht coram publico daran zu erinnern, daß er als junger Landtagsabgeordneter aus einer antiföderalistischen Haltung heraus gegen den „*Staats*charakter" des Landes Nordrhein-Westfalen argumentiert habe.[241]

Auf jeden Fall war der Ministerpräsident Kühn kein „rechtgläubiger" Föderalist in dem Sinne, daß er an die in einem langen historischen Prozeß gewachsene kulturell-staatliche Individualität deutscher Länder glaubte. Ein historisch begründetes und in „schier weltanschaulichen Tiefen" wurzelndes Föderalismus-Verständnis war ihm persönlich fremd.[242] Das unterschied den Nordrhein-Westfalen Kühn eindeutig von

---

240 Landtag Nordrhein-Westfalen, 6. Wahlperiode, Stenographische Berichte, Bd. 2, Sitzungen v. 1.10. und 26.11.1968, S. 1515 u. 1662.
241 Ebd., Sitzung v. 1.10.1968, S. 1515.
242 Haben die Länder noch eine Zukunft? Vortrag des Ministerpräsidenten Heinz Kühn vor dem Kuratorium der Friedrich-Ebert-Stiftung am 20.10.1970 in München. Hg. v. Presse- u. Informationsamt der Landesregierung NRW, Düsseldorf 1970 (ein Exemplar enthalten in: AdsD, Bonn, Sammlung Personalia, Heinz Kühn, Nr. 1705).

Der Rhetoriker Kühn (am 13. November 1974 im Landtag während der Debatte über ein Ergänzungs-programm der Landesregierung zur regionalen und lokalen Unterstützung der Beschäftigung in NRW).

vielen konservativen Politikern vor allem bayerischer Provenienz. Aber Heinz Kühn hatte seit dem Bestehen der Bundesrepublik dazugelernt. Die Geschichte der westdeutschen Republik lehrte ihn, daß dem deutschen Föderalismus auch sehr positive Seiten abzugewinnen sind. So verteidigte er schon in den 1950er Jahren den föderal organisierten öffentlich-rechtlichen *Rundfunk* in Deutschland (den er als die beste aller möglichen Rundfunkkonstruktionen begriff) gegen die zentralistischen Rundfunkpläne Adenauers.[243] In seinen Memoiren betonte er, daß er zwei große, *funktionale* Vorzüge des Föderalismus anerkenne. Das sei einmal die „Dezentralisierung der politischen Macht auf mehrere Träger" und das sei zum zweiten „seine Integrationskraft".[244] Gerade letztere habe der Föderalismus in den zurückliegenden Jahrzehnten bundesrepublikanischer Geschichte bewiesen. Kühn dachte dabei an das Schicksal seiner eigenen Partei. Diese mußte seit 1949 im Bund für lange Zeit auf den harten Bänken der Opposition ausharren. Trotz dieser lang andauernden bundespolitischen Oppositionsrolle sei sie dank ihrer gleichzeitigen Regierungsverantwortung in diversen Bundesländern „in die Staatsverantwortung integriert worden".[245]

Sehr wichtig war dem Ministerpräsidenten Kühn noch ein anderer Aspekt. Im November 1968 ließ er die Landtagsabgeordneten wissen, der Föderalismus könne sich nur dann als „ein lebendiges Strukturprinzip" behaupten, wenn er imstande sei, „sich den wandelnden Erfordernissen anzupassen". Deshalb sei er „zutiefst von der Notwendigkeit der Reform des Föderalismus überzeugt".[246] Als Kühn diese Worte sprach, befand sich der deutsche Nachkriegsföderalismus schon in einer wichtigen Wandlungsphase. Und Kühn half bei dieser Metamorphose tatkräftig mit. Die große Koalition in Bonn hatte sich zum Ziel gesetzt, mittels Grundgesetzänderung die Finanzverfassung der Bundesrepublik zu reformieren und in diesem Zusammenhang die Aufgabenverteilung zwischen Bund und Ländern partiell neu zu regeln, d. h. die Kompetenzen des Bundes zu erweitern. Eingeführt wurde 1969 mit der *großen Finanzreform* der große Steuerverbund aus Einkommen-, Körperschafts- *und* Umsatzsteuern, auf die Bund und Länder *gemeinsam* den Zugriff haben, und das Institut der *Gemeinschaftsaufgaben* (Artikel 91 a und b des Grundgesetzes). Es ermöglichte dem Bund – *planerisch wie finanziell* – an Aufgaben mitzuwirken, die bisher für die Länder reserviert waren: dem Ausbau und Neubau von Hochschulen, der Bildungsplanung, der Förderung von Einrichtungen und Vorhaben der wissenschaftlichen Forschung von überregionaler Bedeutung, der Verbesserung der regionalen Wirtschaftsstruktur, der Agrarstruktur und des Küstenschutzes.[247]

---

243 Vgl. S. 160ff. der Biographie. Beachtet werden sollte auch, daß sich Kühn schon unmittelbar nach dem Krieg – im Jahr 1947 – öffentlich für ein föderativ verfaßtes *Europa* einsetzte (vgl. S. 124 der Biographie).
244 Ebd.
245 Ebd.
246 Landtag Nordrhein-Westfalen, 6. Wahlperiode, Stenographische Berichte, Bd. 2, Sitzung v. 26.11.1968, S. 1663.
247 Vgl. Düwell: Föderalismus und Zeitgeschichte, S. 36ff.; Kilper/Lhotta: Föderalismus in der Bundesrepublik Deutschland, S. 178ff.

Die Würfel zugunsten dieses *kooperativen* Föderalismus fielen 1968 in Gesprächen der Ministerpräsidenten mit Bundeskanzler Kurt Georg Kiesinger. Kühn – zu diesem Zeitpunkt Vorsitzender der Ministerpräsidentenkonferenz – führte im Auftrag seiner Kollegen Vorgespräche mit Kiesinger und spielte in den Gesprächsrunden der Länderchefs mit dem Kanzler eine vermittelnde, moderierende Rolle.[248]

Bei den Verhandlungen über die Einführung des kooperativen Föderalismus legte Kühn selbst vor allem Wert auf eine Partizipation des Bundes an der *Hochschul*politik, und zwar aus unterschiedlichen Gründen. Er war sich im klaren darüber, daß die ehrgeizigen hochschulpolitischen Pläne seiner Regierung nur bei finanzieller Beteiligung des Bundes eine Chance auf Verwirklichung hatten. Außerdem war er zu diesem Zeitpunkt der Meinung, daß aus *gesellschaftspolitischen* Erwägungen der Bund Kompetenzen im Bereich der Hochschulpolitik erhalten müsse. Zur „Einheitlichkeit der Lebensverhältnisse über das Gebiet eines Landes hinaus" – ein vom Grundgesetz aufgestelltes Postulat (Art. 72, Abs. 3) – gehöre auch ein annähernd gleichgeartetes Hochschulangebot, für das der Bund am besten Sorge tragen könne.

Mit der Einführung der Gemeinschaftsaufgaben entstanden viele Bund-Länder-Planungskommissionen, in denen faktisch politisch entschieden wurde. In diesen Kommissionen hatten Vertreter des Bundes und der Länder-Regierungen und -Bürokratien Sitz und Stimme, nicht aber Abgeordnete der Länder*parlamente*. Die Landtage verloren also mit der Einführung des kooperativen Föderalismus wichtige Entscheidungsbefugnisse. Da es in den folgenden Jahren zu weiteren Kompetenzverlagerungen von den Ländern auf den Bund kam (ein Beispiel ist die Zuständigkeitsübertragung für das Besoldungs- und Versorgungsrecht, das zum legislativen Kernbereich der Landtage gehörte), fand eine regelrechte Aushöhlung von Rechten der Länderparlamente statt.[249]

Von nordrhein-westfälischen CDU-, SPD- und FDP-Parlamentariern wurde dieser Prozeß der legislativen Auszehrung der Länder gleichermaßen mit großem Kummer wahrgenommen.[250] Kühn teilte seit den frühen 1970er Jahren deren Besorgnisse. Er plädierte seitdem für Rückübertragungen von Rechten an die Länder. Mit durchaus gemischten Gefühlen stand er seitdem auch dem Institut „Gemeinschaftsaufgaben" gegenüber, diesem „Kompetenzmischling"[251], wie er es in einer Landtagsrede aus dem Jahre 1972 wenig respektvoll nannte (obwohl er selbst Anteil an seiner Vaterschaft hatte). Lieber hätte er jetzt eine klare Zuständigkeitsabgrenzung zwischen Bund und Ländern gesehen.

---

248 Vgl. Interview Kühns mit dem WDR (Sendung: Woche in Bonn) v. 11.2.1968, in: AdsD, Bonn, Sammlung Personalia, Nr. 1705.

249 Gut beschrieben wird dieser Prozeß der Zuständigkeitsverlagerungen von Hans Koschnick, dem Bremer Senatspräsidenten, in der Sitzung des Bundesrates v. 12.11.1971 (Verhandlungen des Bundesrates 1971, Stenographische Berichte, 373. Sitzung, S. 312).

250 Vgl. Dieter Düding: Regierungsfraktion mit und ohne Bündnispartner. Die SPD-Landtagsfraktion in Nordrhein-Westfalen 1966–1990, in: Geschichte im Westen, Jg. 14 (1999), Heft 1, S. 58ff., hier S. 62.

251 Landtag Nordrhein-Westfalen, 7. Wahlperiode, Plenarprotokolle, Bd. 2, Sitzung v. 24.2. 1972, S. 1582.

Als gegen Ende seiner Amtszeit die Bundesregierung erwog, dem Bund noch größere verfassungsmäßige Kompetenzen im *Bildung*sbereich zuzuschanzen, schrieb der Ministerpräsident dem Kanzler einen energischen Brief. Kühn ließ Helmut Schmidt wissen: „Die Erörterungen im Land Nordrhein-Westfalen haben nicht nur innerhalb der Landesregierung, sondern auch im Bereich des Parlaments zwischen *allen* politischen Parteien übereinstimmend zu dem Ergebnis geführt, daß gewichtige weitere Übertragungen von Zuständigkeiten von den Ländern auf den Bund nicht mehr möglich sind, ohne die *verfassungs*rechtliche Balance zwischen Bund und Ländern aus den Angeln zu heben."[252] Kühn fuhr schweres Geschütz auf. Er spielte auf Art. 79 Abs. 3 des Grundgesetzes an. In ihm heißt es, daß eine Änderung des Grundgesetzes, durch welche „die grundsätzliche Mitwirkung der Länder bei der Gesetzgebung" berührt werde, „unzulässig" sei.[253] Kühn bat den Kanzler „dringend", einen „ernsten Verfassungskonflikt zwischen Bund und Ländern zu umgehen". Er vermöge nicht zu erkennen, daß diese Auseinandersetzung der Bundesregierung mit den sozialdemokratisch regierten Ländern auch nur einigen Nutzen bringen könne.[254] Kühns Brief entzog den verfassungsändernden Plänen im Bildungsbereich die Grundlage.

Wenn Ministerpräsident Kühn Ende der 1960er/Anfang der 1970er Jahre einer Reform des Föderalismus das Wort redete, so dachte er dabei auch – und zwar nicht zuletzt – an eine *Neugliederung der Länder.* 1968 meinte er im Plenum des nordrhein-westfälischen Landtags, die Neugliederung des Bundes in lebensfähige Länder, „die die Lebenskraft wirklicher Partnerschaft dem Zentralstaat gegenüber besitzen", sei noch wichtiger als die Übertragung von Kompetenzen an den Bund.[255] 1970 unterbreitete er dann der Öffentlichkeit in einer großangelegten Rede vor dem in München tagenden Kuratorium der Friedrich-Ebert-Stiftung seinen Plan einer Länderneugliederung.[256]

Sein Neugliederungsmodell war verblüffend einfach. Es beinhaltete nicht die Zerstückelung der Länder und die Zusammenfügung dieser Teile zu neuen Ländern. Sein Plan basierte auf zwei Grundideen: Maßstabsvergrößerung (wie bei der kommunalen Neugliederung) und Verschmelzung bereits bestehender Länder. Kühn schlug vor, aus den *zehn* existierenden Ländern (das Sondergebiet Berlin-West blieb unberücksichtigt) *fünf* Länder zu machen. Nordrhein-Westfalen, Bayern und Baden-Württemberg sollten unverändert bleiben. Niedersachsen, Schleswig-Holstein, Hamburg und Bremen seien zu einem nördlichen Bundesland und Hessen, Rheinland-Pfalz und Saarland zu einem westlichen Bundesland zu vereinen. Auf diese Weise entstünden – so

---

252 Heinz Kühn an Helmut Schmidt v. 14.7.1978, in: AdsD, Bonn, Depositum Helmut Schmidt, 1/HS AA009209.

253 Deutsche Verfassungen. Deutschlands Weg zur Demokratie, München o. J., 4. Aufl., S. 133.

254 Heinz Kühn an Helmut Schmidt v. 14.7.1978.

255 Landtag Nordrhein-Westfalen, 6. Wahlperiode, Stenographische Berichte, Bd. 2, Sitzung v. 26.11.1968, S. 1662.

256 Haben die Länder noch eine Zukunft? Vortrag des Ministerpräsidenten Heinz Kühn vor dem Kuratorium der Friedrich-Ebert-Stiftung am 20.10.1970.

Kühn – relativ ausgeglichene Bundesländer. Das Fünf-Länder-Modell führe zu einem ausgewogenen Verhältnis an finanziellem Leistungsvermögen, Verwaltungsfähigkeit und Wirtschaftskraft. Der bestehende „Klassenkampf des Föderalismus" zwischen den kleinen armen und den großen reichen Bundesländern gehöre dann der Vergangenheit an. Der Rundfunkfreak Kühn zögerte nicht, dem Fünf-Länder-Modell ein Fünf-*Sender*-Modell zuzuordnen.[257]

Wie überzeugend Kühns Reformmodell auch auf dem Papier sein mochte, seine Umsetzung erwies sich als unmöglich. Auch nicht der mit der Autorität der Bundesratspräsidentschaft ausgestattete NRW-Premier vermochte seinem Plan Durchschlagskraft zu verleihen. In seinen Memoiren berichtet Kühn, daß die Regierungschefs von Baden-Württemberg, Rheinland-Pfalz und aus dem Saarland, Filbinger, Kohl und Röder, sich zum Widerstand formierten, während sich die sozialdemokratischen Ministerpräsidenten-Kollegen von Niedersachsen und Hessen, Osswald und Kubel, seinem Plan anschlossen.[258] Unerwähnt läßt der Autor Kühn, daß auch in den traditionsreichen SPD-geführten Stadtstaaten Hamburg und Bremen sein Konzept auf wenig Gegenliebe stieß. Jedenfalls meldete Bremens Senatspräsident Hans Koschnick in einer wohlgesetzten Bundesratsrede erhebliche verfassungsrechtliche Bedenken gegen eine Fünf-Länder-Lösung an.[259]

Willy Brandts Stellvertreter

Ab 1962 gehörte Kühn ununterbrochen dem SPD-Parteivorstand an. Seit 1966 hatte er auch Sitz und Stimme im SPD-Präsidium, dem kleinen erlauchten Führungsgremium seiner Partei, das nur für den Parteivorsitzenden, seine Stellvertreter, den Bundesschatzmeister und einige wenige erwählte Vorstandsmitglieder reserviert war. Aber Heinz Kühn sollte innerhalb der Parteihierarchie noch eine Sprosse weiter nach oben klettern. Mitte März 1973 erhielt er einen Telefonanruf vom Parteivorsitzenden.

---

257 Ebd., S. 10-22. Kühn verlieh seinem Reformvorschlag Gewicht, indem er auf Art. 29 Abs. 1 des Grundgesetzes verwies. An dieser Stelle hatten die Väter und Mütter des Grundgesetzes den politisch Verantwortlichen einen Länder-Neugliederungsauftrag erteilt. Es hieß dort: „Die Neugliederung soll Länder schaffen, die nach Größe und Leistungsfähigkeit die ihnen obliegenden Aufgaben wirksam erfüllen können." (Deutsche Verfassungen, S. 119).

258 Kühn: Aufbau und Bewährung, S. 276f.

259 Verhandlungen des Bundesrates 1971, Stenographische Berichte, 373. Sitzung (12.1. 1971), S. 313. Fast zeitlich parallel zu Kühns Neugliederungsoffensive ergriff auch die sozialliberale Regierung in Bonn eine Initiative zur Neugliederung des Bundesgebiets. Sie setzte eine entsprechende Sachverständigenkommission beim Bundesministerium des Innern ein. Diese produzierte ein Gutachten mit zwei Lösungsvorschlägen: einem *Fünf*-Länder- und einem *Sechs*-Länder-Modell. Aber auch diese Modelle endeten ohne Chance auf Realisierung im Aktenstaub der Archive. Die Neugliederungsdiskussion produzierte nur ein Ergebnis: Im Jahre 1976 wurde der Art. 29 Abs. 1 des Grundgesetzes geändert. Aus der Soll-Bestimmung (vgl. Anm. 257) wurde eine Kann-Bestimmung: „Das Bundesgebiet *kann* neu gegliedert werden [...]" (Bundesgesetzblatt, Teil I, 27.8.1976, Nr. 107, S. 2381).

Willy Brandt fragte ihn zu seiner Überraschung, ob er anstelle von Herbert Wehner stellvertretender Parteivorsitzender werden wolle.[260] Der 66jährige Wehner hatte überraschend seinen Rückzug aus diesem Parteiamt angekündigt, wahrscheinlich aus Altersgründen und um sich stärker auf seine Arbeit als Chef der SPD-Bundestagsfraktion konzentrieren zu können. Heinz Kühn fühlte sich etwas an die Situation vom Mai 1962 erinnert, als er von Herbert Wehner aus der SPD-„Baracke" zur Übernahme der SPD-Spitzenkandidatur in NRW innerhalb kürzester Frist gedrängt wurde. Wie damals sah er sich auch jetzt in die Pflicht genommen. Er entsprach dem Wunsch seines Parteichefs.

Nicht gerade mit überwältigender, aber doch mit solider Mehrheit wählten die Delegierten des Hannoverschen SPD-Parteitags Mitte April 1973 den 61jährigen Kühn zu einem der beiden Stellvertreter Brandts.[261] Der Ministerpräsident stand damit innerhalb der Partei auf derselben Rangstufe wie der Bundesminister der Finanzen Helmut Schmidt, den die Parteitagsdelegierten in seiner Stellvertreter-Funktion bestätigten. Seine Wahl in das zweithöchste Parteiamt (die er nicht zuletzt seinem politischen Gewicht als NRW-Ministerpräsident verdankte) scheint Heinz Kühn mit gemischten Gefühlen gesehen zu haben. Wenige Tage nach Hannover schrieb er einem alten Gesinnungsgenossen aus der Emigrationszeit, dem Erwachsenen-Pädagogen Fritz Borinski, das Amt sei „natürlich mehr eine Bürde als eine Würde". Er habe „schon mit dem Gedanken gespielt", „mehr in Gleitflug überzugehen", und müsse „nun doch wieder in den Aufwind".[262] Ganz frei von Koketterie dürften diese Worte freilich nicht gewesen sein.

Als Vize-Parteichef hatte Kühn noch unmittelbarer als zuvor mit den drei großen Führungsfiguren der Bundes-SPD in den 1970er Jahren zu tun: mit Willy Brandt, Helmut Schmidt und Herbert Wehner. Wie war sein Verhältnis zu diesen in ihrer Persönlichkeitsstruktur so unterschiedlichen Männern? Am engsten fühlte sich Heinz Kühn mit Willy Brandt verbunden. Es war eine von positiven Emotionen getragene Beziehung. Das gemeinsame Emigrantenschicksal scheint dabei keine geringe Rolle gespielt zu haben. Es war zweifellos sehr ehrlich gemeint und auch nicht nur die Eingebung eines Augenblicks, wenn Kühn im Oktober 1969 – kurz vor Brandts Wahl zum Kanzler – dem Parteichef schrieb: „[…] es drängt mich, Dir zu sagen, wie sehr ich mich Dir verbunden fühle, wie sehr ich in Dir den einzigen erkenne, der unsere Partei in dieser historischen Situation zu führen vermag, der einzige, der für mich im guten Sinne die Personifizierung des Parallelogramms der Kräfte unserer Partei darstellt."[263]

Sachlicher war Kühns Beziehung zu Helmut Schmidt. Beider Verhältnis beruhte auf gegenseitigem Respekt, war aber nicht frei von Schwankungen, die wegen Mei-

260 Nach Stuttgarter Zeitung v. 19.3.1973 („Der Parteirat durchleuchtet den Nachfolger").
261 280 Delegierte stimmten für Kühn, 127 gegen ihn, 19 enthielten sich der Stimme: Parteitag der Sozialdemokratischen Partei Deutschlands vom 10. bis 14. April 1973, Bd. I. Protokoll der Verhandlungen, Anlagen, Bonn 1974, S. 416.
262 Heinz Kühn an Dr. Fritz Borinski v. 25.4.1973, in: AdsD, Bonn, Nl. Heinz Kühn, 1/HK AA 000127.
263 Heinz Kühn an Willy Brandt v. 12.10.1969, in: Willy-Brandt-Archiv im AdsD, Bonn, Bundeskanzler u. Bundesregierung 1969–1974, Mappe 62.

Das Führungstrio der SPD (Brandt, Kühn, Schmidt)
auf dem Bundesparteitag 1973 in Hannover.

nungsdifferenzen zu Sachthemen auftreten konnten.[264] Wie ausgezeichnet Kühn und Schmidt zu kooperieren imstande waren, zeigten sie 1967, als beide (der eine als Ministerpräsident, der andere als Chef der SPD-Bundestagsfraktion) bei der Bewältigung der Bergbaukrise an einem Strang zogen.[265]

Recht schwierig war dagegen die Beziehung zwischen Kühn und Herbert Wehner. Beide SPD-Politiker unterschieden sich in ihrer Persönlichkeit deutlich voneinander. Wehner neigte z. B. zu einem autoritären Führungsstil,[266] für Kühns Politikstil war bekanntlich mehr das Gespräch, der Dialog charakteristisch. Hinzu kam die „Empfindlichkeit" des älteren Wehner, die seit den frühen 1970er Jahren die Zusammenarbeit mit ihm an der Spitze der Partei „sehr kompliziert" werden ließ – worüber intern z. B.

---

264 Ein Beispiel: Die NRW-Landesregierung plante Anfang der 1970er Jahre die Errichtung eines Großflughafens im westfälischen Drensteinfurt. Das Projekt scheiterte 1972 am Einspruch des von Schmidt geführten Bundesverteidigungsministeriums. Der Einwand lautete, unter dem Gesichtspunkt des militärischen Tiefflugs könne dem Vorhaben nicht zugestimmt werden. Vgl. Brief Nr. 34 im dokumentarischen Anhang.

265 Vgl. S. 226ff. der Biographie.

266 Entsprechend urteilt Daniela Münkel, in: Willy Brandt. Berliner Ausgabe (Hg. v. Helga Grebing, Gregor Schöllgen u. Heinrich August Winkler), Bd. 4: Auf dem Weg nach vorn. Willy Brandt und die SPD 1947–1972. Bearbeitet von Daniela Münkel, Bonn 2000, S. 50.

auch Willy Brandt und Bundesschatzmeister Alfred Nau klagten.[267] Ein Grund dafür, daß die Kooperation dennoch leidlich funktionierte, ist das umsichtige und ausgleichende Wirken des Bundesgeschäftsführers Holger Börner, der außerdem einen effizienzorientierten Arbeitsstil pflegte.

Gut zweieinhalb Jahre war Ministerpräsident Kühn Stellvertreter Brandts – vom April 1973 bis November 1975. Als Parteivizechef erhielt er ein Büro im Bonner Erich-Ollenhauer-Haus (in dem er in der Regel an einem Tag in der Woche arbeitete) und einen persönlichen Referenten,[268] der auch sein Bonner Büro leitete.

Verwundern kann es nicht, daß Brandt und das Präsidium dem Vize-Parteivorsitzenden die Medienpolitik als ein Arbeitsgebiet anvertrauten. Zweier Spezialaufgaben sollte er, der versierte Medienfachmann seiner Partei, sich auf diesem Arbeitsfeld annehmen: Zum einen war er im Auftrag des SPD-Präsidiums für die Personalpolitik auf den „höheren Etagen" der öffentlich-rechtlichen Medien zuständig. In dieser Rolle fungierte er – wie es sein persönlicher Medienberater Michael Schmid-Ospach ausdrückte – quasi als „oberste[r] Mediengewaltige[r]" der SPD.[269] Zum anderen sollte er für die Verbindungsarbeit zwischen Präsidium und der Chefredaktion des Parteiorgans „Vorwärts" verantwortlich sein.[270] Erhebliches diplomatisches Geschick, das Kühn besaß, benötigten beide Aufgaben. Aber Aufgabe eins war für ihn doch ungleich reizvoller, weil es hier ausschließlich um Personen ging und weil sie auf einer recht hohen Ebene angesiedelt war. Ein gutes Beispiel dafür ist seine die Chefetagen des Zweiten Deutschen Fernsehens (ZDF) betreffende Personalpolitik.

In den Jahren 1973 bis 1975 trafen sich Kühn und CDU-Ministerpräsident Helmut Kohl aus Rheinland-Pfalz, der auch Vorsitzender des ZDF-Verwaltungsrats war, zu mehreren Gesprächen in der nordrhein-westfälischen Landesvertretung in Bonn. Die Unterhaltungen zwischen beiden drehten sich immer um einen Punkt: Kühn und Kohl ging es um konkrete Vereinbarungen bezüglich einer personellen „Proporz-

267 Holger Börner an Willy Brandt v. 17.7.1973, in: Willy-Brandt-Archiv im AdsD, Bonn, Verbindung mit Mitgliedern des Präsidiums, Mappe 27. 1981 schickte Kühn Herbert Wehner ein Exemplar des 2. Bandes seiner Memoiren, das mit einer handschriftlichen Widmung versehen war, die kaum etwas übertünchte: Er übereigne ihm das Buch, auch wenn man sich „nicht immer gut verstanden" habe. Außerdem charakterisierte er hier sein Verhältnis zu dem sechs Jahre älteren Wehner mit den Begriffen „Distanz und Bewunderung". Den Hinweis auf die Widmung verdanke ich Dr. Christoph Meyer (Herbert-Wehner-Bildungswerk, Dresden).

268 Natürlich wählte sich Kühn den persönlichen Referenten selbst aus. Es handelte sich um Dr. Uwe Janssen, der vorher die Abteilung Jugend und Bildung im Ollenhauer-Haus leitete. Vgl. Holger Börner an Willy Brandt v. 24.5.1973, in: ebd.

269 Schmid-Ospach arbeitete seit April 1974 als Medienberater für den SPD-Vizevorsitzenden Kühn. Er war Redakteur des Informationsdienstes der evangelischen Kirche „Kirche und Rundfunk". Vgl. Vermerk Schmid-Ospachs v. 6.11.1974 für Heinz Kühn und Schmid-Ospach an Dr. Wolfgang Haus (SPD-Fraktion des Berliner Abgeordnetenhauses v. 16.12.1974, in: AdsD, Bonn, SPD-Parteivorstand. Büro Stellv. Vorsitzender Heinz Kühn, 2/PVCV 000020, Tageskopien 1973–1974.

270 Willy Brandt an Holger Börner v. 16.5.1973, in: Willy-Brandt-Archiv im AdsD, Bonn, Verbindungen mit Mitgliedern des Präsidiums, Mappe 27.

balance"[271] zwischen CDU und SPD an der Spitze der größten deutschen Fernsehanstalt. Schon im Herbst 1973 gelangten beide zu einem Agreement, das der Sozialdemokrat seinem christdemokratischen Gesprächspartner in einem Schreiben vom 26. November „in aller Form" bestätigte und das – wie er Kohl mitteilte – „die Zustimmung der sozialdemokratischen Mitglieder der Gremien des ZDF gefunden" habe.[272]

Die Vereinbarung sah folgendermaßen aus: Die SPD akzeptierte den Anspruch eines von der CDU vorgeschlagenen Kandidaten für das Amt des ZDF-Intendanten bis Februar 1977 für den Fall, daß der jetzige Intendant Professor Holzamer vor Ablauf dieser Frist aus dem Amt scheiden sollte. Die CDU akzeptierte ihrerseits den Vorschlag für den genannten Zeitraum den bisherigen Hauptabteilungsleiter Fernsehspiel, Gerhard Prager, zum Programmdirektor zu berufen und den Verwaltungsdirektor Harald Ingensand mit der Stellvertretung des Intendanten zu beauftragen.[273]

Kühn betrachtete die Übereinkunft offenbar als Erfolg und bemühte sich, seinem Verhandlungspartner klarzumachen, daß beide quasi moralisch verpflichtet seien, die Vereinbarung einzuhalten. In einem persönlich gehaltenen Begleitbrief (der ebenfalls vom 26. November datiert) schrieb er an Kohl: „Ich hoffe, daß es für Sie nicht einer nachdrücklichen Bestätigung meiner Überzeugung bedarf, daß es in der Politik auch moralische Gesichtspunkte zu respektieren gilt und daß eine verbindlich eingegangene Verpflichtung auch zu gelten hat, auch dann, wenn sich die sogenannten ,Machtverhältnisse' so ändern können, daß man aus den eingegangenen Verpflichtungen desertieren könnte."[274]

Zügig erfolgte die Umsetzung des zweiten Teils der Vereinbarung. Schon am 27. November 1973 wurde Gerhard Prager von Intendant Karl Holzamer mit Zustimmung des ZDF-Verwaltungsrats zum Programmdirektor berufen. Und nur knapp einen Monat später ernannte der Intendant mit Zustimmung desselben Gremiums Harald Ingensand zu seinem Stellvertreter.[275] Der erste Teil der Vereinbarung, die Wahl eines von der CDU vorgeschlagenen Intendanten-Kandidaten, brauchte nicht umgesetzt zu werden, da Holzamer seine Amtszeit voll ausschöpfte.

Die Kühn-Kohlsche Übereinkunft wies nur eine Lücke auf, wie sich bald herausstellen sollte: Sie enthielt keine Regelung für den Fall, daß Prager oder/und Ingensand vorzeitig (also vor Februar 1977) aus ihrem Amt ausscheiden würden. Dieser Fall trat mit dem frühen Tod Pragers schon im Juli 1975 ein.[276] Aber auch jetzt scheinen Kühn und Kohl wieder ein Agreement getroffen zu haben, obwohl dafür ein *konkreter* Beleg in den Akten des stellvertretenden Parteivorsitzenden Kühn fehlt. Zum Nachfolger

---

271 Ein von Schmid-Ospach verwendeter Begriff. Michael Schmid-Ospach an Staatsminister Hans-Jürgen Wischnewski im AA v. 8.11.1974, in: AdsD, Bonn, SPD-Parteivorstand. Büro Stellv. Vorsitzender Heinz Kühn, 2/PVCV 000020, Tageskopien 1973–1974.
272 Heinz Kühn an Helmut Kohl v. 26.11.1973, in: AdsD, Bonn, Nl. Heinz Kühn, 1/HKAA 000127.
273 Ebd.
274 Heinz Kühn an Helmut Kohl v. 26.11.1973 (Begleitschreiben), in ebd.
275 ZDF-Jahrbuch 1973, o. O. 1974, S. 10 u. 16f.
276 ZDF-Jahrbuch 1975, o. O. 1976, S. 18.

Pragers als ZDF-Programmdirektor wurde ein „CDU-Kandidat", der Fernsehdirektor des Südwestfunks, Dieter Stolte, und zum ZDF-Chefredakteur ein „SPD-Kandidat", der Intendant des Deutschlandfunks, Reinhard Appel, berufen.[277]

Kühn und Kohl waren von ihren Gesprächen offenbar sehr angetan. Anfang 1975 dachten sie darüber nach, einer personellen Proporzbalance auch in der „Deutschen Welle" Geltung zu verschaffen. Kühn griff das Thema in einem Schreiben an seinen rheinland-pfälzischen Ministerpräsidenten-Kollegen auf und meinte: „Ich hatte Ihnen dargestellt, wie schwer es sein wird, wegen verschiedener Vorkommnisse hier das Prinzip einer Balance in der Anstaltsspitze durchzuhalten. Ich würde mich aus grundsätzlichen Überlegungen dennoch dafür einsetzen, wenn Sie Ihrerseits dieses Prinzip bei der nächsten Veränderung beim Südwestfunk auf der Direktorenebene wieder zur Geltung bringen können […]."[278]

Weit weniger ersprießlich war für Kühn die zweite ihm übertragene medienpolitische Aufgabe: die Verbindungs- und Moderatorentätigkeit zwischen der Redaktion der Parteiwochenzeitung „Vorwärts" und dem SPD-Präsidium.[279] Das Traditionsblatt der Sozialdemokraten steckte in einer schweren Krise und Heinz Kühn (der nach seiner Wahl zum Brandt-Stellvertreter auch einer der drei Herausgeber des Parteiorgans wurde) merkte bald, daß er bei seiner Vermittlungsmission zwischen mehreren Stühlen saß. Es erwies sich als notwendig, unterschiedliche Interessen unter einen Hut zu bringen. Aber das war leichter gesagt als getan. Zu berücksichtigen waren nicht nur die Interessen des „Vorwärts"-Chefredakteurs Gerhard E. Gründler, der Gesamtredaktion und der SPD-Präsidiumsmitglieder, sondern auch die Vorstellungen und Wünsche der beiden „Vorwärts"-Mitherausgeber Alfred Nau und Fritz Heine, des parteieigenen „Vorwärts"-Verlags und nicht zuletzt der beiden Verlagsleiter Walter Petersen und Oswald Röhnelt.

Ein Problem des „Vorwärts" war die schwierige wirtschaftliche Situation des Verlages. Papierpreissteigerungen, Lohnerhöhungen im Druckgewerbe und Anzeigenrückgang zwangen die Verlagsleiter zu Kosteneinsparungen. Diese sollten durch Erhöhung des Abonnementspreises und Reduzierung des Redaktionspersonals erreicht werden. Das stieß auf den erbitterten Widerstand von Chefredakteur Gründler. Er wollte den rückläufigen Auflagentrend des Parteiblatts (die Auflagenhöhe lag 1973/74 bei ca. 50.000 Exemplaren) durch Anwerbung qualifizierter Journalisten, Umfangerweiterung und eine attraktivere Gestaltung des Blattes stoppen und umkehren. Der Chefredakteur, ein sehr selbstbewußter Mann (der vom „Stern" zum „Vorwärts" gekommen

---

277 Ebd., S. 19. Schon im November 1974 (also vor dem Tod Pragers) wurde im Büro des stellvertretenden SPD-Vorsitzenden Kühn erwogen, bei der nächsten Zusammenkunft Kühns mit Kohl Reinhard Appel als zukünftigen Chefredakteur des ZDF ins Gespräch zu bringen: Vermerk Schmid-Ospachs für Heinz Kühn v. 6.11.1974, in: AdsD, Bonn, SPD-Parteivorstand. Büro Stellv. Vorsitzender Heinz Kühn, 2/PVCV 000020, Tageskopien 1973–1974.

278 Heinz Kühn an Helmut Kohl v. 13.1.1975, in: ebd.

279 Zum Folgenden siehe den Briefwechsel Kühns und andere Unterlagen in: AdsD, Bonn, SPD-Parteivorstand. Büro Stellv. Vorsitzender Heinz Kühn, 2/PVCV 000033. Vorwärts 1975 und 2/PVCV 000034, Vorwärts-Verlag, Laufzeit 1973–1974.

war), verlieh seinen Forderungen an Kühn durch die Androhung seiner Kündigung Nachdruck. Gründler, der sein journalistisches Handwerk verstand, war außerdem stillschweigend dazu übergegangen, die trockene Parteizeitung in ein kritisches, meinungsfreudiges Blatt umzuwandeln. Die Redaktion scheute sich nicht, mit ihren Beiträgen außerhalb und innerhalb der Partei anzuecken, so daß es Gegendarstellungen hagelte. Das wiederum mißfiel manch einem SPD-Präsidialen.

Kühn war um Interessenausgleich bemüht. Man könnte auch sagen: Er versuchte zu lavieren. Einerseits verlängerte er den Vertrag mit Gründler und räumte ihm einen größeren journalistischen Freiraum ein,[280] anderseits sprang er vom „Vorwärts" attackierten Genossen bei und bat Gründler um eine nachträgliche klärende Stellungnahme im Parteiorgan.[281] Einerseits kam er speziellen Wünschen der Redaktion nach Personalaufstockung nach,[282] anderseits forderte er diese auf, nach Einsparmöglichkeiten Ausschau zu halten.[283] Auf diese Weise konnte die Parteiwochenzeitung „über Wasser" gehalten werden. Die überlieferten Korrespondenzen aus den Jahren 1973 bis 1975 vermitteln aber nachhaltig den Eindruck, daß Kühn einer Sisyphusarbeit nachging und die Sanierung dieses parteieigenen Presseunternehmens einer Quadratur des Zirkels gleichkam.

Anvertraut wurden dem Stellvertreter Brandts aus Nordrhein-Westfalen nicht nur diffizile medienpolitische Aufgaben. Er hatte sich auch besonders einem Problem anzunehmen, deren Lösung für das „Seelenleben" und das Erscheinungsbild der SPD von zentraler Wichtigkeit war: der Integration der rebellischen Parteijugend, der Jusos. Das, was Kühn schon vorher auf Landesebene versucht hatte, sollte er nun bundesweit in Angriff nehmen. Freilich, wie bei seinem Moderatorenamt zugunsten des „Vorwärts" hatte er auch bei dieser Mission ziemlich schlechte Karten.

Die Front zwischen den Jusos und der Parteiführung hatte sich verhärtet, und es sah nicht nach einer Auflockerung aus. Im Gegenteil. Die jungen, aufmüpfigen Parteirebellen gefielen sich darin, immer wieder neue Reizworte zu produzieren und ein Tabu nach dem anderen zu brechen. Jusos propagierten das „imperative Mandat" und die Einführung einer 5.000-DM-Einkommensgrenze. Und der Juso-Bundesvorstand sprach sich in einer Erklärung unverhohlen für „wilde Streiks" aus. Der Stellungnahme schlossen sich sogar 34 sozialdemokratische Bundestagsabgeordnete an.[284] Alles das konnte den SPD-Vorstand nicht kaltlassen, der im April mit einer „Zehn-Punkte-Erklärung" über die Rolle der Arbeitsgemeinschaften in der SPD versuchte, die Jusos an die Leine zu legen. Danach sollte in Zukunft die „Öffentlichkeitsarbeit der Arbeits-

---

280 Heinz Kühn an die Mitherausgeber Alfred Nau und Fritz Heine v. 25.7.1974 und Interview Gerhard E. Gründlers mit dem Deutschlandfunk v. 19.1.1975, in: AdsD, Bonn, SPD-Parteivorstand. Büro Stellv. Vorsitzender Heinz Kühn, 2/PVCV 000034 u. 2/PVCV 000033.
281 Heinz Kühn an Hans Leyding v. 6.12.1973, in: ebd.
282 Heinz Kühn an Alfred Nau und Fritz Heine v. 25.7.1974.
283 Ebd.
284 Nach Südwest Presse v. 10.9.1973 („Kühn: Godesberger Programm nennt die Grenzen für alle").

gemeinschaften" (also auch der Juso-AGs) nur noch „im Einvernehmen mit den zuständigen Vorständen der Partei" möglich sein.[285]

Heinz Kühn verfolgte gegenüber den Bundes-Jusos im Prinzip dieselbe Strategie wie vorher gegenüber den Landes-Jusos. Alle Jungsozialisten, die – trotz Linksaußenpositionen – noch auf dem Boden des Godesberger Programms stünden, seien in der Partei willkommen (das war für ihn die große Mehrheit der Jusos); den anderen, die diese gemeinsame programmatische Plattform verlassen hätten (das war nach seiner Einschätzung eine kleine Minderheit), empfahl er, die Partei zu verlassen und zur DKP zu gehen. „Ich begegne gelegentlich Exemplaren, von denen ich das für durchaus wünschenswert halten würde, wenn sie es täten, und es gibt auch solche, wo [...] die Partei diesem Bewegungsprozeß nachhelfen sollte", meinte er im Februar 1974 auf einer Pressekonferenz.[286] Aber Kühns Töne gegenüber den Jusos wurden im Laufe des Jahres 1974 immer gereizter. Er warnte vor „Revolutionsromantik" und „verquasten Ideologien", sprach von Genossen, die von „Selbstgefühl erfüllt" seien, „wenn sie sich als Bürgerschreck fühlen dürfen", von „chaotischen Architekten einer unrealistischen künstlichen Gesellschaft", von „linke[n] Spinner[n]".[287] Als in einem Seminar-Schulungsheft der Ruhrgebiets-Jusos das Godesberger Programm als ein „Bündnisangebot an das Großkapital" bezeichnet wurde, forderte er den zuständigen Parteibezirk Westliches Westfalen auf, gegen die Verfasser „organisatorische Maßnahmen" zu ergreifen.[288] Einige Monate vor dem Ausscheiden aus seinem Stellvertreteramt räumte Kühn in einem Interview mit einer großen Boulevardzeitung selbstkritisch ein, daß ihm das Heranführen der Jusos an die Partei „nicht gelungen" sei.[289]

Gelungen ist Kühn als Stellvertreter aber eine andere Aufgabe, die völlig unerwartet Anfang Mai 1974 an ihn herantrat: das Organisieren, das „Managen" des Übergangs von der Regierung Brandt zur Regierung Schmidt. Natürlich war dies nicht Kühns alleinige Aufgabe, aber als einziger der drei sozialdemokratischen Vorsitzenden, der von dem Wechsel nicht *persönlich* betroffen war, fielen ihm bei der Gestaltung dieses einschneidenden Vorgangs wichtige Funktionen zu. Kühn, der nach eigenen Worten über den Rücktritt Willy Brandts als Kanzler wegen der Guillaume-Spionageaffäre „todtraurig" war,[290] übernahm in der ersten Sitzung des SPD-Präsidiums nach der Demission den Vorsitz.[291] Er war es auch, der wortgewandt und einfühlsam in einer

---

285 Nach AdsD, Bonn, Bestand SPD-Parteivorstand. Büro Stellv. Vorsitzender Heinz Kühn, 2/PVCV 000022, Korrespondenz intern, 1974.

286 AdsD, Bonn, SPD-Parteivorstand. Büro Stellv. Vorsitzender Heinz Kühn 2/PVCV 000030, Heinz Kühn, Interviews u. Leserbriefe 1974/75.

287 Frankfurter Allgemeine v. 1.4.1974 („Denkzettel der Wähler aus Unlustgefühlen"); Frankfurter Rundschau v. 1.4.1974 („Kühn warnt Linke vor ‚Revolutionsromantik'"); Kölner Stadt-Anzeiger v. 31.10.1974 („Kühn kritisiert ‚linke Spinner'").

288 Frankfurter Allgemeine v. 28.3.1974 („Kühn befürchtet Parteienbildung in der SPD"); Westdeutsche Allgemeine v. 28.3.1974 („Kühn verlangt Untersuchung gegen Extremisten in der SPD").

289 „Bild"-Zeitung v. 23.4.1975 („Kühn: Das mit den Jusos ist mir nicht gelungen").

290 Rheinische Post v. 8.5.1974 („Kühn: Todtraurig über Ausscheiden").

291 Protokoll über die Sitzung des Präsidiums v. 7.5.1974, in: AdsD, Bonn, SPD-Präsidium, Nr. 3.95, April/Mai 1974.

Reihe von Presseinterviews in die Rolle des parteioffiziellen Interpreten des Wechsels schlüpfte.[292] Selbstverständlich gehörte er auch der Delegation an, die nach Brandts Abgang mit der FDP über die Neubildung der Regierung verhandelte.[293]

Schon kurz vor seiner Wahl zum stellvertretenden Parteivorsitzenden hatte Kühn in einem Interview erklärt, daß er sich in diesem Amt nur als „ein Platzhalter für Jüngere" verstehe.[294] An dieser Auffassung änderte sich während der Zeit seiner Stellvertreterschaft nichts. Wenige Tage vor dem Mannheimer SPD-Parteitag im November 1975, auf dem er nicht mehr für das zweithöchste Parteiamt kandidierte, konnte er deshalb mit vollem Recht noch einmal öffentlich bekunden, er habe seine Aufgabe als Brandts Stellvertreter „von Anfang an als eine transitorische" gesehen.[295] Heinz Kühn warf mit dem Ausscheiden aus dem hohen Parteiamt Arbeitsballast ab. Das erwies sich als dringend notwendig, weil er mit seiner dritten Regierung in Nordrhein-Westfalen in schweres Fahrwasser geraten war.

„Auszeiten" von der Landespolitik: Kühns ungebremste Reiselust

Gegen Ende von Kühns Ministerpräsidentschaft machten Oppositionspolitiker in Düsseldorf eine Rechnung auf: Kühn habe sich als Regierungschef im Durchschnitt per anno einen Monat außerhalb Deutschlands aufgehalten – was, nach zwölfjähriger Amtszeit, eine volles Jahr im Ausland ergebe.[296] Die Berechnung dürfte der Wahrheit sehr nahe kommen. Auf jeden Fall ist richtig: Kühn unterbrach die Amtsgeschäfte vom Anfang bis zum Ende seiner Regierungszeit immer wieder für Auslandsreisen. Viele davon waren mehrwöchig, und die allermeisten hatten Länder außerhalb Europas zum Ziel. Es ist verständlich, wenn die Opposition Kühns reisebedingte „Auszeiten" von der Landespolitik wiederholt zum Thema machte. Sie warf dem Ministerpräsidenten vor, er lasse während seiner Abwesenheit die landespolitischen Zügel schleifen. In der Tat: Bei längeren Auslandsaufenthalten konnte der Regierungsmotor ins Stottern geraten, was auch Sozialdemokraten im Lande Sorgen bereitete.[297] In besonders brenzligen landespolitischen Situationen geschah es sogar, daß Kühn vorzeitig von der Auslandsreise zurückgerufen wurde.[298]

---

292 AdsD, Bonn, Sammlung Personalia, Heinz Kühn, Nr. 1707.

293 Nach Protokoll über die Sitzung des Parteivorstands gemeinsam mit dem Fraktionsvorstand v. 8.5.1974, in: AdsD, Bonn, SPD-Präsidium, Nr. 3.95.

294 Stuttgarter Zeitung v. 24.3.1973 („Ein Platzhalter für Jüngere").

295 Das aktuelle PPP-Gespräch v. 13.11.1975 („Heinz Kühn: ‚Ich habe noch einiges zu tun'"), in: AdsD, Bonn, Sammlung Personalia, Heinz Kühn, Nr. 1707.

296 Der Spiegel v. 3. Juli 1978 („Lieber in der Südsee").

297 Siehe z. B. Westdeutsche Allgemeine v. 20.7.1973 („Kühns Reiselust macht der SPD in NRW Sorgen").

298 Vgl. S. 306 der Biographie. Ende April 1974 erfolgte Kühns Rückruf aus Kenia sogar wegen bundespolitischer Turbulenzen: Der Spionagefall Guillaume war bekanntgeworden (nach AdsD, Bonn, SPD-Parteivorstand, Büro Stellv. Vorsitzender Heinz Kühn, 2/PVCV 000031).

Wir wissen: Kühns Lust am Reisen war nicht erst während der Ministerpräsidentschaft erwacht. *Das Fernweh als Lust* hatte schon den ganz jungen Kühn gepackt. So,
wenn er – unterstützt durch die Lektüre der Romane Jack Londons – zusammen mit
seinen Kölner „Falken"-Freunden *auf der Landkarte* Reisen in die Südsee unternahm.
Oder wenn er 1929 mittels Drahtesel und nur mit ein paar Mark in der Tasche zur
Fahrt nach Paris aufbrach.[299] Fasziniert vom großen Abenteuer des Reisens blieb
Kühn zeit seines Lebens. Erstmals diesem Abenteuerdrang richtig nachgeben konnte
er in den 1950er Jahren, als er dank der Interparlamentarischen Union, des Auswärtigen Bundestagsausschusses, der französischen Regierung und der Sozialistischen Internationale viele Länder der Dritten Welt kennenlernte.[300] Auch als nordrhein-westfälischer Oppositionsführer schwor Kühn seiner Reiseleidenschaft nicht ab. Jetzt war
es die Friedrich-Ebert-Stiftung, in deren Auftrag er in afrikanische, südamerikanische
und asiatische Länder reiste, um die zahlreichen Entwicklungsprojekte der Stiftung zu
betreuen. Von großer Wichtigkeit waren auf diesen Reisen natürlich die direkten
persönlichen Kontakte zu führenden Politikern in den Gastländern. Sie zu knüpfen
und zu unterhalten fiel dem sprachgewandten und anpassungsfähigen Kühn leicht.
Schon als Oppositionschef erlebte er den Interessenkonflikt zwischen nordrhein-
westfälischer Politik und Reiselust. Ende August 1964 mußte er z. B. eine Reise nach
Madagaskar wegen des NRW-Kommunalwahlkampfs absagen. Nicht ohne Weh-
mut schrieb er an einen Legationsrat in der bundesdeutschen Botschaft in Tananarive: „[…] Ich selbst kann leider nicht kommen, da – wie Sie sicher wissen – am 27. September die Kommunalwahlen sind, und ich – so sehr mich auch gelegentlich der Duft
der großen weiten Welt lockt – mich in den Sümpfen meines Landes raufen muß
[…]."[301]

Auch der Ministerpräsident Kühn unternahm die allermeisten Auslandsreisen als
„Botschafter" oder „Außenminister" der Friedrich-Ebert-Stiftung (FES). Das Reisen
im Dienste der Stiftung nahm sogar noch zu, als er 1970 vom Vorstandsmitglied der
FES zu ihrem stellvertretenden Vorsitzenden aufstieg. Auch jetzt brachten ihn die Reisen in verschiedene Erdteile: in Länder Mittel- und Südamerikas, Schwarzafrikas, in
den Nahen Osten (Israel), in Dritte-Welt-Länder Ostasiens, aber auch nach Japan
(Tokio) und China (Peking) – d. h. überall dort hin, wo die Friedrich-Ebert-Stiftung
(Entwicklungs-)Projekte unterhielt oder zu initiieren beabsichtigte. Es waren vor allem Projekte der Erwachsenenbildung. Aber die FES förderte auch *wirtschaftliche* Projekte, mit denen den Gastländern „Hilfe zur Selbsthilfe" geboten wurde. Wenn Kühn
für die Friedrich-Ebert-Stiftung im Ausland unterwegs war, hatte er Bildungsstätten
oder andere Einrichtungen einzuweihen, sich über ihren Zustand zu informieren,
Konferenzen zu leiten, Vorträge zu halten und immer wieder Gespräche zu führen.

299 Vgl. S. 21f. der Biographie.
300 Vgl. S. 168ff. der Biographie.
301 Heinz Kühn an Dr. Giesder v. 25.8.1964, in: HStA Düsseldorf, RW 180, Nr. 577.

Die Reisen waren also oft sehr strapaziös, aber Kühn empfand sie – wie er in einem Brief seinem „Alter ego" Fritz Stallberg gestand – als „Jungbrunnen".[302]

Kühn mutete sich auch mehrmals zu, auf *einer* Auslandsreise gleich *zwei* Erdteile zu besuchen. So flog er im Sommer 1968 nach einer Visite in Lateinamerika sofort in die Hauptstadt des westafrikanischen Staates Ghana, um – nach einigen Tagen Aufenthalt – von dort nach Madagaskar weiterzureisen. Dort leitete er eine Tagung der Beauftragten der FES in Afrika.[303] Die Reise dauerte insgesamt sechs Wochen. 1970 kombinierte er auf einer zweieinhalbwöchigen Reise einen Ceylon-Besuch mit Aufenthalten in Sambia, Tansania und Uganda (Ostafrika).[304] In den Sommermonaten 1975 befand er sich im Auftrag der Stiftung auf einer sechswöchigen Informationsreise nach Lateinamerika (Mexiko, Costa Rica, Venezuela, Kolumbien, Chile, Brasilien) und Afrika (Senegal, Ghana, Kenia und Madagaskar).[305]

Julius Nyerere, Präsident von Tansania, in der Düsseldorfer Staatskanzlei

Seine Reise in die ostafrikanischen Republiken Sambia, Tansania und Uganda im August 1970 unternahm Kühn nicht nur als „Außenminister" der Friedrich-Ebert-Stiftung. Gleichzeitig war er in heikler Mission als Sonderbotschafter von Bundeskanzler Willy Brandt unterwegs.[306] Er sollte den Präsidenten der drei ostafrikanischen Staaten, Kenneth Kaunda, Julius Nyerere und Milton Obote, eine Entscheidung der sozialliberalen Bundesregierung interpretieren. Die Regierung Brandt hatte die Gültigkeit von Bundesbürgschaften zugunsten von deutschen Firmen bekräftigt, die sich am Bau des Cabora-Bassa-Staudamms in der portugiesisch-ostafrikanischen Kolonie Mosambik beteiligten. Erteilt worden waren die Bürgschaften, die die deutschen Firmen gegen das

---

302 Fritz Stallberg an Heinz Kühn v. 13.8.1968 (Stallberg zitiert aus einem Brief, den Kühn zehn Tage vorher aus Afrika an seinen Pressechef geschrieben hatte), in: AdsD, Bonn, Nl. Heinz Kühn, 1/HKAA 000131.

303 Frankfurter Allgemeine v. 15.8.1968 („Kühn in Ghana").

304 dpa-Meldung v. 13.8.1970 in: AdsD, Bonn, Sammlung Personalia, Heinz Kühn, Nr. 1705.

305 Siehe Reiseplan in: HiAdSt Köln, Nl. Heinz Kühn, Nr. 35.

306 Das Folgende nach Heinz Kühn: Cabora Bassa: Mehr als nur ein Staudamm, in: ders.: Den Staat menschlicher machen. Beiträge zu gesellschaftlichen Fragen und persönlichen Begegnungen, Bonn-Bad Godesberg 1972, S. 207ff.; Heinz Kühn: Die Waffen der Weißen rufen Chinas Waffen nach Afrika, in: Kölner Stadt-Anzeiger v. 16.9.1970.

politische Risiko absicherten, 1967 von der großen Koalition. Die Brandt-Regierung glaubte, daß die von der Vorgängerregierung eingegangenen Verpflichtungen wegen ihrer internationalen Implikationen nicht aufkündbar seien, obwohl sie wußte, daß die jungen unabhängigen Staaten Ostafrikas das Staudamm-Projekt einhellig ablehnten.

Die schwarzafrikanischen Regierungen dieser Region sahen im geplanten Cabora-Bassa-Staudamm ein grandioses Hilfsinstrument des Kolonialismus. Sie befürchteten, der Stau der Wassermassen des oberen Sambesi zu einem gigantischen Binnenmeer (in sechsfacher Größe des Bodensees) und die Erzeugung riesiger Elektrizitätsmengen werde der Südafrikanischen Republik und Rhodesien zugute kommen und die Ansiedlung von Portugiesen in Mosambik im großen Stil möglich machen. Auf diese Weise könne das politische Glacis Weißafrikas weiter nach Schwarzafrika hineingeschoben werden!

Es war keine leichte Aufgabe für Heinz Kühn, bei den drei ostafrikanischen Staatschefs Verständnis für die Motive der Bundesregierung zu wecken. Bis zu einem gewissen Grade gelang es ihm. Zum einen war dies darauf zurückzuführen, daß Kühn in der ostafrikanischen Region (wie auch in anderen) als „Außenminister" der Friedrich-Ebert-Stiftung großes Ansehen genoß. Zum anderen lag es am geschickten Verhalten Kühns während seiner schwierigen Mission. Keinen Zweifel ließ er an seiner entschiedenen Gegnerschaft zum Kolonialismus aufkommen. Er machte seinen Gesprächspartnern klar, daß die Entkolonialisierung Afrikas in seinen Augen unaufhaltbar sei. Eines Tages werde der Cabora-Bassa-Staudamm auf jeden Fall ein Segen für die schwarzafrikanische Bevölkerung sein.

Die Kolonialmacht und den Nato-Partner Portugal verschonte Kühn nicht mit Kritik. Presseleuten in Sambia gab er zu verstehen, eine Einladung nach Südafrika habe er wegen der dort praktizierten Apartheid abgelehnt.[307] Heinz Kühn ging noch einen Schritt weiter: In Lusaka, der Hauptstadt Sambias, traf er mit Vertretern der Befreiungsbewegungen aus Mosambik und Angola zusammen, um ihnen die Hilfe der FES auf humanitärem (medizinischem), erzieherischem und sozialem Gebiet anzubieten.[308]

Kühns Afrikareise löste in der Bundesrepublik eine Diskussion über das Problem des Kolonialismus aus. Im Lager der christdemokratischen Opposition stieß Heinz Kühns Vorgehensweise auf Ablehnung. Seine Kritik am Nato-Partner Portugal wurde ebenso gerügt wie sein Hilfsangebot an die afrikanischen Befreiungsbewegungen, obwohl an *nicht*-militärische Hilfe gedacht war.[309]

Wer in den 1960er und den frühen 1970er Jahren Gelegenheit hatte, Kühns Privathaus im Köln-Dellbrücker Roteichenweg zu betreten, der konnte an einer Wand

---

307 Bonner Rundschau v. 24.8.1970 („Kühn lehnt Besuch Südafrikas ab").
308 dpa-Meldungen v. 22., 25. u. 26.8.1970 aus Lusaka in: AdsD, Bonn, Sammlung Personalia, Heinz Kühn Nr. 1705; Interview H. K.s v. 2.9.1970 mit dem NDR über seine Afrikareise in: ebd.
309 Bonner Rundschau v. 10.9.1970 („CDU will Auskunft über Kühn-Äußerung"); Rheinischer Merkur v. 28.8.1970 („Heinz Kühn auf Weltreise").

eine ungewöhnliche Fahne bestaunen: Sie zeigte auf rotem Grund eine schwarze Katze. Es handelte sich um die Flagge der regierenden Sozialdemokratischen Partei Madagaskars.[310] Die Fahne in Heinz Kühns Domizil war Ausdruck für eine emotionale Bindung an eine Insel und an ein Land, die nicht stärker hätte sein können. Kühn sprach selbst von Madagaskar als seiner „zweiten Heimat".[311]

1961 „entdeckten" Heinz Kühn und die Friedrich-Ebert-Stiftung die große, 400 km vom afrikanischen Kontinent entfernte und knapp 7 Mio. Einwohner zählende Insel im Indischen Ozean. Die Stiftung wollte eine Schule für Erwachsenenbildung im französisch sprechenden Afrika errichten. Die Wahl fiel auf Madagaskar. Für Kühn war die Insel fast so etwas wie „Liebe auf den ersten Blick". Die lebendige, farbenprächtige Hauptstadt Tananarive, die wechselnden Reize der Landschaft, die Fröhlichkeit und Liebenswürdigkeit der Inselbewohner, nicht zuletzt die Schönheit der madagassischen Frauen – alles das beeindruckte den Kölner nachhaltig.[312] Aber auch die politischen Rahmenbedingungen schienen geradezu ideal. 1961 endete auf der Insel das langjährige französische Kolonialregiment. Seitdem war Madagaskar eine unabhängige, westlich orientierte Republik, die – wie sich Kühn 1967 in einem Brief an seinen Wirtschaftsminister Gleitze ausdrückte – „wie kein anderes Entwicklungsland auf der Grundlage einer wirklich westlich-demokratischen Praxis eine von einer großen sozialdemokratischen Mehrheit getragene Regierung hervorgebracht hat."[313]

Die führenden Männer des Parti Social Démocrate de Madagascar (PSD) waren der Staatspräsident Philibert Tsiranana und der Innenminister und Generalsekretär des PSD André Resampa.[314] Beide hatten den Unabhängigkeitskampf gegen die Franzosen geführt. Kühn gelang es rasch, zu Tsiranana und Resampa freundschaftliche Bande zu knüpfen.[315] Auf den Parteitagen des PSD war er, der „Cher Camarade et Ami"[316] aus Deutschland, bald ein gerngesehener Gast und Redner. Auch das Bildungsprojekt der Friedrich-Ebert-Stiftung kam voran. Unter der kooperativen Leitung der FES und der 1962 gegründeten madagassischen „Fondation Philibert Tsiranana" entstand eine Heimvolkshochschule in Tananarive. In ihr wurden in mehr als einem Jahrzehnt viele leitende Männer und Frauen der politischen, gewerkschaftlichen und genossenschaftlichen Organisationen Madagaskars ausgebildet. Rund um diese Bildungseinrichtung formierte sich eine Fülle von „Satelliten": z. B. eine Lehr-

---

310 Die Zeit v. 24.2.1967 („Landesregent und Büchernarr" v. Dietrich Strothmann).
311 Heinz Kühn an den Innenminister der Republik Madagaskar André Resampa v. 25.7.1967, in: AdsD, Bonn, Nl. Heinz Kühn, 1/HKAA 000082; Willi Haferkamp an Heinz Kühn v. 5.1.1969, in: ebd., 1/HKAA 000127.
312 Heinz Kühn: Schöne große Insel Madagaskar, in: ders.: Den Staat menschlicher machen, S. 201ff.
313 Heinz Kühn an Bruno Gleitze v. 12.4.1967, in: AdsD, Bonn, Nl. Heinz Kühn, 1/HKAA 000035.
314 Kühn: Schöne große Insel Madagaskar, S. 203f. u. 206.
315 Vgl. hierzu in: AdsD, Bonn, Nl. Heinz Kühn, 1/HKAA 000035 („Madagaskar") und 1/ HKAA 000082 ("Madagaskar").
316 Siehe Anrede im Brief André Resampas an Heinz Kühn v. 21.11.1969, in: 1/HKAA 000082.

mitteldruckerei, drei große Sozialzentren sowie ein wirtschafts- und sozialpolitisches Forschungsinstitut.[317]

Nach seiner Wahl zum Ministerpräsidenten bemühte sich Kühn, die Kontakte zur Republik Madagaskar zu intensivieren. Er ließ sich zum Präsidenten der Deutsch-Madagassischen Gesellschaft wählen (1967)[318] und warb auf einer Madagaskar-Ausstellung im Düsseldorfer „Haus der Wissenschaften" für seine Lieblingsinsel.[319] Er förderte einen Lehrerinformationsaustausch zwischen Madagaskar und NRW[320] und animierte erfolgreich nordrhein-westfälische Großfirmen (Krupp, Rheinstahl, Klöckner-Humboldt-Deutz), technisches Gerät (Traktoren, Lastkraftwagen, Raupenbagger) für die Republik Madagaskar zu spenden.[321] 1969 flog er mit einer großen, hochkarätig zusammengesetzten Wirtschaftsdelegation (ihr gehörten führende Industrielle und Bankiers aus Nordrhein-Westfalen an) nach Madagaskar.[322] Die „Gegenleistung" der politischen Führung des Inselstaates bestand darin, daß diese den deutschland- und ostpolitischen Kurs der Bundesregierung vorbehaltlos unterstützte.

Jäh endeten die Kontakte Kühns zu Madagaskar im Jahr 1973. Gravierende politische Veränderungen in der Inselrepublik waren dafür verantwortlich. Eine Streikbewegung, die sich u. a. gegen die enge kulturelle und wirtschaftliche Zusammenarbeit des regierenden PSD mit Frankreich wandte, rief das madagassische Militär auf den Plan. Unter seinem Druck mußte Philibert Tsiranana abdanken. Sein Nachfolger, ein General, vereinigte die Gesetzgebungs- mit der Regierungsgewalt. Es folgten Jahre wachsender innenpolitischer Spannungen, in denen das Militär die Macht ausübte und einen sozialistischen Kurs östlicher Prägung steuerte. Die Friedrich-Ebert-Stiftung mußte 1975 ihre Mitarbeiter aus der Heimvolkshochschule in Tananarive und aus den „Satelliten"-Projekten abziehen. Die von der FES geschaffenen Einrichtungen blieben aber während der Militärherrschaft bestehen.[323]

Neben Madagaskar gab es ein zweites bevorzugtes Reiseziel des Ministerpräsidenten Kühn: Israel. Eine Vorliebe für Israel hatte Heinz Kühn seit seiner ersten Visite in Jerusalem im Herbst 1956[324] entwickelt. Immer wieder besuchte seitdem der Bundestagsabgeordnete und der nordrhein-westfälische Oppositionsführer Kühn als „Botschafter" der Friedrich-Ebert-Stiftung den jüdischen Staat. Denn die Stiftung war vor

317 Kühn: Schöne große Insel Madagaskar, S. 205.
318 Vgl. Dr. Christian Külbs an Landespressechef Fritz Stallberg v. 16.5.1967, in: AdsD, Bonn, Nl. Heinz Kühn, 1/HKAA 000035.
319 „Vorläufiges Programm" der im Juni 1969 stattfindenden Ausstellung in: 1/HKAA 000035.
320 Vgl. Heinz Kühn an Innenminister Resampa (in seiner Eigenschaft als Präsident des madagassisch-deutschen Schulvereins) v. 7.8.1967, in: ebd.
321 Vgl. Vermerk des Chefs der Staatskanzlei (PR II, Dr. Hessing) v. 24.6.1968, in: AdsD, Bonn, Nl. Heinz Kühn, 1/HKAA 000035; außerdem Brief Nr. 31 im dokumentarischen Anhang.
322 Liste des membres de la Mission Economique Allemande, in: 1/HKAA 000035. Außerdem die beiden Briefe von Dr. Kurt Bach, Vorstandsprecher der Bau-Kredit-AG, v. 8.10. u. 15.10.1969 an Heinz Kühn, in: ebd.
323 Nach Zeitzeugengespräch Dr. Günter Grunwald v. 19.4.2001.
324 Vgl. S. 168f. der Biographie.

Heinz Kühn unter politischen Freunden auf Madagaskar:
neben ihm Innenminister André Resampa.

Ort mit einer ganzen Reihe von Bildungsprojekten engagiert. Ansprechpartner der FES auf israelischer Seite war die Fritz -Naphtali-Stiftung, die der Einheitsgewerk-schaft Histadrút und der Vereinigten Arbeiterpartei sehr nahestand.[325]

Der ins Ministerpräsidenten-Amt gewählte Kühn pflegte die schon bestehenden Kontakte zu Israel, ja er gestaltete sie (ähnlich wie die zu Madagaskar) durch zusätzli-che Aktivitäten noch enger. „Mit ins Boot" kam nun auch Ehefrau Marianne, die zu-sammen mit anderen den Verein „Freundeskreis der WIZO[326] zur Förderung des Müttergenesungsheims Elly Heuss-Knapp in Herzlia/Israel" ins Leben rief. Sie ent-schied sich für die Präsidentschaft des Vereins, während die Industriellen-Gattin Gabriele Henkel das Vereins-Management übernahm. Marianne Kühn schrieb viele „Bettelbriefe", um Spenden für das Heim, das jüdische und arabische Mütter betreute, lockerzumachen. Ihren Mann begleitete sie auf mehreren Israelreisen.[327]

Der Regierungschef selbst wurde erster Vorsitzender der 1975 gegründeten „Jeru-salem Foundation Deutschland", die sich die Förderung von Infrastrukturprojekten in Jerusalem zur Aufgabe machte.[328] Auch diese Projekte sollten jüdischen und arabi-

---

325 Zeitzeugengespräch Grunwald.
326 Women's International Zionist Organization.
327 Vgl. die Briefe Nr. 40 u. 49 im dokumentarischen Anhang.
328 Siehe Brief Nr. 40 im dokumentarischen Anhang.

schen Einwohnern der Stadt zugute kommen. Der Ministerpräsident baute bei seinen Visiten in Tel Aviv, Jerusalem und anderen israelischen Städten die Beziehungen zur regierenden Arbeiterpartei Israels systematisch weiter aus. Es gab wohl bald keinen führenden Politiker der Arbeiterpartei mehr, den Kühn nicht persönlich kannte.

Im Herbst 1973, unmittelbar nach dem Jom-Kippur-Krieg, setzte der Regierungschef des einwohnerstärksten deutschen Bundeslandes ein unübersehbares politisches Zeichen: Der Waffenstillstand zwischen Israel und seinen arabischen Kriegsgegnern Ägypten und Syrien war gerade erst 16 Tage alt, da flog er nach Israel. Außenminister Scheel erhob Einwände gegen seine Reise zu diesem Zeitpunkt.[329] Die Bundesregierung fürchtete den Zorn und den Ölboykott der arabischen Staaten. Kühn ließ sich davon nicht beirren. In Tel Aviv konferierte er mit Ministerpräsidentin Golda Meir und erklärte, er sei gekommen, um Sympathie und Solidarität mit Israel in seinem Existenzkampf zu bekunden. Es gebe zwar eine Neutralität der Bundesrepublik im Sinne der Nichtteilnahme am militärischen Konflikt, eine „Neutralität des Herzens und des Gewissens" könne es aber nicht geben.[330] Von einer Resolution der neun EG-Außenminister zum Nahost-Konflikt zeigte sich Heinz Kühn „nicht begeistert".[331] In ihr hieß es u. a., daß Israel sich aus allen besetzten Gebieten zurückziehen solle. Heinz Kühn meinte hingegen, die neuen endgültigen Grenzen müßten „irgendwo" zwischen den Waffenstillstandslinien von 1973 und den Grenzen nach dem Sechs-Tage-Krieg von 1967 verlaufen.[332]

Es gab eine bestimmte Kategorie von Reisen, die Landespremier Kühn nicht im Auftrag der Friedrich-Ebert-Stiftung unternahm. Es waren seine Visiten in den kommunistischen Ländern Ost- und Südosteuropas. Der Ministerpräsident hielt sich in diesen Staaten stets als Gast der jeweiligen Regierung auf. Am Schluß seiner Amtszeit konnte er auf eine ganze Serie von Besuchen in Osteuropa zurückblicken. Anfang August 1970 reiste er nach Polen,[333] im Juni 1971 nach Rumänien,[334] im April 1972 in die Sowjetunion,[335] im Juni 1972 nach Ungarn,[336] Mitte Juli 1976 nach Jugo-

---

329 dpa-Meldung v. 10.11.1973, in: AdsD, Bonn, Sammlung Personalia, Heinz Kühn, Nr. 1706.

330 Süddeutsche Zeitung v. 16.11.1973 („Kühn konferiert mit Golda Meir"); Die Welt v. 16.11.1973 („Kühn: Boykott soll politisch bekämpft werden").

331 Neue Rhein-/Neue Ruhr-Zeitung v. 9.11.1973 („Kühn will Golda Meir Bonns Politik erläutern").

332 dpa-Meldung v. 17.11.1973, in: AdsD, Bonn, Sammlung Personalia, Heinz Kühn, Nr. 1706.

333 dpa-Meldung v. 1.8.1970 („kuehn in warschau"), in: AdsD, Bonn, Sammlung Personalia, Heinz Kühn, Nr. 1705; Süddeutsche Zeitung v. 6.8.1970 („Kühn: Polnische Diplomatie zeigt Verständnis").

334 HStA Düsseldorf, NW 270 (Staatskanzlei), Nr. 204, Bl. 103; Gedächtnisprotokoll Kühns über das Gespräch mit dem rumänischen Ministerpräsidenten Gheorghe Maurer, in: AdsD, Bonn, Nl. Heinz Kühn, 1/HKAA 000128.

335 Siehe S. 292 der Biographie.

336 HStA Düsseldorf, NW 451 (Staatskanzlei), Nr. 29: Dr. Ludwig Bußmann an Heinz Kühn v. 19.6.1972. Betrifft: Reformbestrebungen in Ungarn.

slawien[337] und Ende März 1978 in die Tschechoslowakei[338]. Bei seinen Gesprächen mit den politisch Verantwortlichen in diesen Ländern ging es immer auch um Fragen der wirtschaftlichen Kooperation mit der Bundesrepublik oder Nordrhein-Westfalen. Im Vordergrund stand aber die „große Politik", das Ost-West-Verhältnis, die Entspannungspolitik. Unter diesem Gesichtspunkt waren die ersten vier Reisen des Düsseldorfer Regierungschefs gen Osten besonders wichtig, fielen sie doch in die *Phase der Öffnung* der Bundesrepublik gegenüber den östlichen Nachbarn durch die Ostpolitik der Regierung Brandt/Scheel.

Das erste herausragende Ergebnis dieser neuen Außenpolitik der sozialliberalen Bundesregierung war der deutsch-sowjetische Vertrag, der 1970 in Moskau unterzeichnet und 1972 vom Deutschen Bundestag ratifiziert wurde. In ihm verpflichteten sich beide Seiten, die territoriale Integrität aller Staaten in Europa in ihren bestehenden Grenzen zu achten und keine Gebietsansprüche jetzt und in Zukunft gegen irgendjemand zu erheben. Die Regierung Brandt/Scheel hatte nach Vertragsunterzeichnung im sowjetischen Außenministerium einen „Brief zur deutschen Einheit" übergeben. In ihm stellte Außenminister Scheel im Namen der Bundesregierung fest, daß der Vertrag nicht im Widerspruch zu dem politischen Ziel der Bundesrepublik stehe, „auf einen Zustand des Friedens in Europa hinzuwirken, in dem das deutsche Volk in freier Selbstbestimmung seine Einheit wiedererlangt".[339]

Kühn unterstützte die sozialliberale Ostpolitik uneingeschränkt. Er war der Meinung, daß nur durch eine mutige Entspannungspolitik gegenüber der Sowjetunion und den anderen östlichen Nachbarn die Teilung Europas und – das war seine Hoffnung – auch eines Tages die deutsche Spaltung überwunden werden könne. Der deutsch-sowjetische Vertrag fand seine vorbehaltlose Zustimmung. Er verstand ihn als „Türöffner für eine neue Ära".[340]

Schon 1967, als es in Bonn noch keine sozialliberale Koalition gab, plädierte der Ministerpräsident Kühn in aller Öffentlichkeit für eine entschiedene Wende in der Deutschland- und Ostpolitik – um des Ziels der nationalen Einheit willen. Man müße bereit sein, „an Tabus zu rühren", um „wagemutig" „neue Wege zu gehen", meinte er in einer Feierstunde im Kölner Gürzenich aus Anlaß des 900jährigen Bestehens der Wartburg bei Eisenach. Dazu gehöre „auch die Initiative, neue Beziehungen aus neuem Geist zu unseren östlichen Nachbarn zu knüpfen, wohl wissend, daß uns die Wiedervereinigung Deutschlands nur gelingen kann, wenn unser Verhältnis zu Osteuropa auf eine neue Basis gestellt wird".[341] Es gelte, so fügte der erst knapp ein Jahr regierende

---

337 HStA Düsseldorf, NW 270 (Staatskanzlei), Nr. 249.
338 dpa-meldung v. 28.3.1978 („kuehn nahm gespraeche auf"), in: AdsD, Bonn, Sammlung Personalia, Heinz Kühn, Nr. 1708.; Die Welt v. 30.3.1978 („Staatchef Husak empfängt Ministerpräsident Kühn").
339 Zitiert nach Andreas Hillgruber: Deutsche Geschichte 1945–1972, Frankfurt a.M./Berlin/Wien 1974, S. 126.
340 Zitat Kühns aus Die Zeit v. 21.4.1972 („Nur ein Türöffner").
341 900 Jahre Wartburg. Feierstunde der Landesregierung Nordrhein-Westfalen am 15. Oktober 1967 im Gürzenich zu Köln. Hg. v. Landespresse- und Informationsamt, Düsseldorf (1967). Hier Rede Kühns S. 11ff.

Ministerpräsident hinzu, das Bewußtsein „für die uns beinahe nur noch unterbewußt gegenwärtige Wahrheit zu öffnen, daß auch Osteuropa zu Europa gehört".[342] Wie schon in den späten 1950er Jahren war Kühn auch jetzt der Meinung, daß eine Entspannung zwischen den Blöcken vordringlichstes Ziel der deutschen Außenpolitik sein müsse.[343]

Kühns Reise in die Sowjetunion vom 3. bis 12. April 1972 hing eng mit der bevorstehenden und in der Bundesrepublik hart umkämpften Ratifizierung des Moskauer Vertrages zusammen. Heinz Kühn reiste in seiner Eigenschaft als Ministerpräsident und Präsident des Bundesrates (der als Verfasssungsorgan am Ratifizierungsverfahren beteiligt war) und in Absprache mit Kanzler Brandt und Außenminister Scheel.

Die politische Situation in Bonn war zum Zeitpunkt von Kühns Reise äußerst angespannt. Die CDU/CSU-Opposition lehnte den deutsch-sowjetischen und den ebenfalls zur Ratifizierung anstehenden deutsch-polnischen Vertrag kategorisch ab. Durch den Wechsel von FDP- und SPD-Abgeordneten zur Unionsfraktion war die parlamentarische Basis der sozialliberalen Regierung und die Ratifizierung der beiden Ostverträge unmittelbar gefährdet. In dieser Lage galt es, Pluspunkte für die Verträge zu sammeln. Der Ministerpräsident wollte in Moskau dazu beitragen.

Bei seiner Ankunft in der sowjetischen Hauptstadt erklärte Kühn, er werde sich um zusätzliche verdeutlichende Erklärungen der sowjetischen Führer zum Moskauer Vertrag bemühen[344] – was ihm auch gelingen sollte. Der erste Mann der Sowjetunion, KPdSU-Generalsekretär Leonid Breschnew, gab ihm zwei Zusicherungen: 1. Die Sowjetunion werde den „Brief zur deutschen Einheit" nicht nur als Tatsache zur Kenntnis nehmen, sondern ihn in die Ratifizierungsdebatte im Obersten Sowjet einbringen und ihn in geeigneter Form öffentlich bekannt machen. 2. Die UdSSR betrachte den deutsch-russischen Vertrag nicht als Vorwegnahme eines Friedensvertrages.[345] Der sowjetische Außenminister Andrej Gromyko kündigte dem deutschen Gast überdies die Ausreise von 700 Rußlanddeutschen an.[346] Es wäre vermessen zu behaupten, die Ratifizierung des Moskauer und des Warschauer Vertrags am 17. Mai 1972 durch den Deutschen Bundestag (dank der Stimmenthaltung der meisten Unionsabgeordneten) sei ein Ergebnis von Kühns Auslandsdiplomatie gewesen. Mehrere Faktoren haben den halben Sinneswandel der Union von der Ablehnung zur Stimmenthaltung bewirkt. Aber einer von ihnen – wenn auch nicht unbedingt der wichtigste – war die Kühn-Reise.

Diplomatisches Verhandlungsgeschick legte der reisende Ministerpräsident nicht nur 1972 in Moskau an den Tag. Er stellte es bei vielen seiner Auslandsaufenthalte

---

342 Ebd., S. 13.
343 Vgl. S. 175ff. der Biographie.
344 Kölner Stadt-Anzeiger v. 4.4.1972 („Kühn will Klärung in Moskau").
345 Kölner Stadt-Anzeiger v. 12.4.1972 („Breschnew gibt Kühn mehr Zusicherungen zu den Ostverträgen"); Süddeutsche Zeitung v. 12.4.1972 („Kühn bei Breschnew und Gromyko"); dpa-Meldung v. 12.4.1972 („kuehn aus Moskau zurueckgeflogen"), in: AdsD, Bonn, Sammlung Personalia, Nr. 1705.
346 Kölner Stadt-Anzeiger u. Süddeutsche Zeitung v. 12.4.1972.

unter Beweis. Diese Fähigkeit hätte aus ihm mit großer Wahrscheinlichkeit einen exzellenten Außenminister gemacht. Heinz Kühn hat sich – wie wir wissen – 1962 nur
sehr schweren Herzens für die Landespolitik und somit gegen die Karriere als Außen-
politiker entschieden. Aber die Außenpolitik ist immer seine Sehnsucht, seine große
Liebe geblieben. Daß unter dieser Liebe die Landespolitik manchmal zu leiden hatte,
ist eine Tatsache, die zu ändern der Ministerpräsident Kühn aber nicht bereit war.

Kühns dritte Regierung:
Reformpolitik in der Krise. Krankheiten, die ungeklärte Nachfolge.
„Koop"-Schule und „Poullain-Affäre". Vorzeitiger Rücktritt

Reformpolitik in der Krise. Als in Nordrhein-Westfalen der Landtagswahlkampf 1975
eingeläutet wurde, standen Kühn, seiner SPD und seiner Koalition das Wasser bis zum
Hals. Die Weltwirtschaftskrise, ausgelöst durch den Ölschock, und ihre Begleiterscheinungen – Emporschnellen der Arbeitslosenzahlen, drastische Steuerausfälle –
hatten das Ansehen der regierenden Sozialdemokraten in Bund und Land ziemlich
ramponiert.[347] Und vom innerparteilichen Richtungsstreit, vom Dauerkonflikt
Kühns und der Parteiführung mit den Jusos, ging auch nicht gerade eine attraktivitäts-
steigernde Wirkung auf die Wähler aus.

Wahltag war der 4. Mai 1975. Aber schon sehr früh (vielleicht zu früh), nämlich
unmittelbar nach der Weihnachtspause, startete die oppositionelle CDU die Wahlkampagne. Zu diesem Zeitpunkt sah es so aus, als würden die Christdemokraten mit
einer absoluten Mehrheit die Koalition aus dem Sattel heben. Optimismus gab in der
CDU den Ton an. Er kontrastierte zur depressiven Stimmungslage in der SPD. Aber
jeder Wahlkampf hat seine Eigengesetzlichkeit. So auch die 1975er Kampagne in
NRW.

Kühn ließ sich von den vorherrschenden Moll-Tönen in den eigenen Reihen nicht
irritieren. Er sah im Angriff die beste Verteidigung. Schon in der Vergangenheit hatte
er alle Wahlkampagnen mit höchstem persönlichem Einsatz bestritten. Diesmal sollte
es nicht anders sein. Der 63jährige sprach von seiner „letzten Schlacht"[348] und machte
Wahlkampf auf Marktplätzen, in Sälen und andernorts, ohne sich zu schonen – bis an
den Rand der physischen Erschöpfung. Der Wahlkämpfer Kühn griff Themen auf, die
nichts oder nur wenig mit Landespolitik zu tun hatten, von denen er aber instinktsi-
cher vermutete, sie würden der Opposition schaden. Als glückliche Fügung erschien es
ihm, daß der CSU-Vorsitzende Franz Josef Strauß in einer weithin Empörung auslö-
senden Rede in Sonthofen zur totalen Konfrontation der Parteien aufgerufen hatte.
Mit drastischen Worten verkündete der CSU-Chef die These, es müsse alles noch viel
schlimmer kommen, um in Bonn einen Machtwechsel herbeizuführen.[349] Auf

---

347 Vgl. S. 267ff. der Biographie.
348 Nach Münchner Merkur v. 30.4.1975 („Kühn schlägt seine letzte Wahl-Schlacht").
349 Brunn/Reulecke: Kleine Geschichte von Nordrhein-Westfalen, S. 189.

Im Wahlkampf: Zeitungslektüre schon beim Frühstück.
Heinz Kühn mit Ehefrau Marianne (Foto vom 20. März 1975).

Anregung Kühns verbreitete die SPD im Landtagswahlkampf die „Sonthofener Rede" mit der „konservativen Verelendungstheorie" als Flugblatt in einer Auflage von 500.000 Stück.[350] Seinen Zuhörern auf den Wahlversammlungen gab Kühn zu verstehen, Franz Josef Strauß wolle „mit den apokalyptischen Reitern des Unglücks – den Haustieren der Union – das Gewissen und den Verstand der Menschen vernebeln."[351]

Nicht allein der lange Schatten des CSU-Vorsitzenden im NRW-Wahlkampf brachte die CDU allmählich aus dem Tritt, auch Meldungen über einen leichten wirtschaftlichen Aufschwung im Frühjahr 1975 schadeten ihr. Kühn hätschelte jedenfalls das zarte Konjunkturpflänzchen im Wahlkampf mit Inbrunst.[352] Den Gedanken, daß es sich dabei um eine saisonale und nicht um eine grundlegende Verbesserung der Konjunkturlage handelte, verdrängte oder verschwieg er.

Zupaß kam Kühn auch eine bundesweit zu beobachtende Meinungsverschiebung in der Bevölkerung zugunsten der Bonner sozialliberalen Koalition. Das Vertrauen in

---

350 Neue Rhein-/Neue Ruhr-Zeitung v. 11.4.1975 („Kühn: Bald ist Strauß nicht mehr aktuell").

351 Zitiert nach Rheinische Post v. 11.4.1975 („Für Kühn ist Strauß der Gegner").

352 Neue Westfälische v. 22.3.1975 („Kühn dankt Strauß"); Westdeutsche Allgemeine v. 11.4.1975 („Kühn gibt Köppler keine Chance").

Kanzler Helmut Schmidt und seine „Macher"-Qualitäten wuchs[353], z. B. durch die kompromißlose Entschlossenheit, mit der die Regierung Schmidt im April auf die Besetzung der deutschen Botschaft in Stockholm durch ein Kommando der terroristischen Rote-Armee-Fraktion reagierte.[354] Unter diesen Umständen wurde die Landtagswahl zu einer „regionalisierten" oder vorgezogenen Bundestagswahl. Mitte April präsentierte ein zuversichtlicher Kühn der Landespressekonferenz eine von seiner Regierung in Auftrag gegebene Wählerumfrage. Das Meinungsforschungsinstitut ermittelte einen 4-Mandate-Vorsprung der Koalition vor der Union.[355]

Die Wahlen am 4. Mai bescherten der Koalition einen noch deutlicheren Vorsprung: 105 Mandate erhielt die Koalition, 95 die Opposition. Damit verfügte das Bündnis im neuen Landtag über eine breitere Mehrheit als es zuletzt im alten besaß. Sicher, die CDU hatte an Wählerstimmen prozentual etwas dazugewonnen (47,1 statt 46,3) und die SPD leicht verloren (45,1 statt 46,1), aber die FDP steigerte sich von 5,5 auf 6,7 %.[356] Die Koalition konnte fortgesetzt werden. Am 4. Juni wählte der Landtag Kühn mit allen SPD- und FDP-Stimmen erneut zum Ministerpräsidenten.[357]

Die Fortsetzung der Koalition war das eine, einschneidende *personelle Umbesetzungen* und *politische Umorientierungen* das andere. Es gab eine ganz gravierende personelle Veränderung im Kabinett, die Kühn heftig schmerzte: Er mußte in Zukunft auf seinen persönlichen Freund Willi Weyer, auf dessen politischen Schwung und kraftvolle Gebärde verzichten. Der liberale Spitzenmann hatte schon vor der Wahl seinen Rückzug aus der Landespolitik angekündigt. Er wollte fortan nur noch als Präsident des Deutschen Sportbundes tätig sein. Das Amt des Innenministers fiel dem Bundestagsabgeordneten und Rechtsanwalt Burkhard Hirsch zu, einem durch immense Sachkenntnis und Fleiß bestechenden Gesinnungsliberalen. Die Rolle des ersten Mannes der Liberalen im Kabinett übernahm aber Wirtschaftsminister und FDP-Landesvorsitzender Horst-Ludwig Riemer, der Stellvertreter des Ministerpräsidenten wurde. Mit dem Ausscheiden Weyers veränderte sich das Klima in der Regierung nachhaltig. Das lag vor allem an Riemer. Er war aus anderem Holz geschnitzt als Weyer. Mit ihm zogen Nüchternheit, Geschäftsmäßigkeit und nicht wenig Pedanterie in den Koalitionsalltag ein.

Der Umschwung hatte sich schon im Mai während der Koalitionsverhandlungen angekündigt. Riemer führte sie unter dem Motto: „Klare Verträge erhalten die Freundschaft".[358] Waren die Koalitionsvereinbarungen zwischen SPD und FDP im Jahr 1970 auf knapp fünf Seiten fixiert worden (gründete die Koalition ansonsten auf dem Wort von Kühn und Weyer), so strebte Riemer 1975 einen perfektionistisch verfaßten Koalitionsvertrag an. Das Ergebnis war ein Koalitionspapier von 27 Blatt. In ihm war nicht nur die in der 8. Wahlperiode zu realisierende Politik exakt aufgelistet –

353 Die Landtagswahlen in Nordrhein-Westfalen von 1947 bis 1990, S. 73.
354 Brunn/Reulecke: Kleine Geschichte von Nordrhein-Westfalen, S. 189.
355 Westdeutsche Allgemeine v. 11.4.1975 („Kühn gibt Köppler keine Chance").
356 Die Landtagswahlen in Nordrhein-Westfalen von 1947 bis 1990, S. 76.
357 Landtag Nordrhein-Westfalen, Plenarprotokolle, 8. Wahlperiode, Bd. 1, S. 12.
358 Düding: Volkspartei im Landtag, S. 158f.

säuberlich getrennt nach Politikfeldern –, in ihm waren auch Grundregeln des Koalitionsmechanismus festgelegt.[359]

So war es z. B. Kühns neuem „Copiloten" gelungen, im Koalitionsvertrag einen Passus unterzubringen, der SPD- und FDP-Fraktion verpflichtete, in der ganzen Wahlperiode nur „grundsätzlich gemeinsam" Initiativgesetzentwürfe, große Anfragen und Anträge zu stellen.[360] Ohne Zweifel: Riemer wollte den Erfolg der Koalition, aber sein Bestreben, die Spielräume der am Bündnis beteiligten Kräfte vertraglich zu reglementieren, zeugte von einem tiefsitzenden Mißtrauen in die Handlungsfähigkeit der Koalition und von einem technokratischen Politikverständnis.

Mindestens so wichtig wie die personell-klimatische Zäsur war die politische Kurskorrektur, die beim Übergang von der zweiten zur dritten Regierung Kühn stattfand. Es war eine Kurskorrektur um fast 180 Grad. Zu ihr brauchte Kühn nicht von Riemer gedrängt zu werden, sie war sein ganz persönliches Anliegen. Kühns dritte Regierung brach mit der kostspieligen Reformpolitik ihrer beiden Vorgängerinnen. Schon in seiner Regierungserklärung vom 4. Juni verkündete Kühn die Botschaft und nannte Gründe für den Kurswechsel.[361] Angesichts der weltwirtschaftlichen Krise müsse die Landespolitik „der nächsten Jahre" mit fühlbaren Einschränkungen rechnen: mit einem langsameren Wirtschaftswachstum, einem geringeren Zuwachs des Sozialprodukts, mit sich verknappenden öffentlichen Einnahmen. Die ökonomische und finanzielle Lage erfordere Haushaltseinsparungen und beschränke den Spielraum, in der Landespolitik neue Initiativen zu setzen. Die Politik der Landesregierung werde sich deshalb „auf die Sicherung der eingeleiteten Reformen ausrichten". Kühn wörtlich: „Wir befinden uns in einer Situation weltwirtschaftlicher Bedrängnis, die uns die Erkenntnis aufzwingt, daß zur Zeit auf vielen Gebieten die Bewahrung des Erreichten das Maximum des Erreichbaren ist."[362]

Kühns Regierungserklärung ließ die Hoffnungen auf eine Konjunkturwende, die er während des Wahlkampfs geweckt hatte, wie eine Seifenblase zerplatzen. Der von ihm noch wenige Wochen vorher verbreitete wirtschaftliche Optimismus entpuppte sich als Wahlkampfmanöver. Erst mit seiner Regierungserklärung schenkte er den Rheinländern und Westfalen reinen Wein ein. Der war sauer genug – wie sich recht bald herausstellte.

Die lang anhaltende Weltwirtschaftskrise traf Nordrhein-Westfalen viel härter als andere Bundesländer. Das lag an den hier beheimateten Altindustrien Kohle und Stahl. Dem Ministerpräsidenten Kühn war zwar Ende der 1960er Jahre die Zähmung der akuten Bergbaukrise geglückt, aber der wirtschaftliche Strukturwandel im Ruhrgebiet gestaltete sich doch erheblich schwieriger als erwartet. Und der Bergbau, der sich noch immer am finanziellen Tropf des Bundes und Landes befand, schrumpfte – wenn auch kontrolliert – weiter. Nach wie vor verloren Bergleute ihren Arbeitsplatz

---

359 HStA Düsseldorf, RW 350 (SPD-Landtagsfraktion), vorl. Nr. 520: „Koalitionsvereinbarung für die 8. Legislaturperiode des Landes Nordrhein-Westfalen".
360 Ebd.
361 Landtag Nordrhein-Westfalen, Plenarprotokolle, 8. Wahlperiode, Bd. 1, S. 14ff.
362 Ebd., S. 14.

(wenn auch in weit geringerer Zahl). Das mochte in einer Zeit, in der das zweite Standbein der Montanindustrie, die Stahlbranche, nicht lahmte und die Entlassenen in den Hüttenwerken neue Arbeitsplätze fanden, noch angehen. Davon konnte jedoch ab 1975 nicht mehr die Rede sein. Urplötzlich traten (ausgelöst durch das allgemeine Konjunkturtief) in der Stahlindustrie weltweit Absatzstockungen auf. Die bundesrepublikanische Stahlindustrie erlitt einen Produktionseinbruch von mehr als 20 %.[363] Besonders davon betroffen war das Stahlland Nordrhein-Westfalen. Seitdem stiegen die Arbeitslosenzahlen an Rhein und Ruhr stärker als im übrigen Bundesgebiet: 1975 gab es in NRW im Jahresdurchschnitt rund 300.000 Arbeitslose (4,5 %); in den Jahren 1976 bis 1978 lag die Zahl jeweils deutlich darüber.[364] Das Steueraufkommen ging weiter dramatisch zurück. Kühns dritte Regierung begegnete diesem Negativtrend mit strikten Sparetats und Reformabstinenz.

Der Ausspruch des Ministerpräsidenten, die Bewahrung des Erreichten sei zur Zeit das Maximum des Erreichbaren, wurde fast zu einem geflügelten Wort. Er war nicht zuletzt als Mäßigungsappell an zahlreiche Aktivisten in den eigenen Reihen gedacht.

Small talk mit einem jungen Fraktionslinken: Manfred Dammeyer (rechts).
Links im Bild: Fraktionschef Dieter Haak.

---

363 Dietmar Petzina: Eine Industrieregion im Wandel. Siegerland, Wittgenstein und Südsauerland. Wirtschaftsgeschichte des Kammerbezirks Siegen seit dem Zweiten Weltkrieg. Hg. v. der Industrie- und Handelskammer Siegen, Siegen 1995, S. 99.
364 Landesarbeitsamt NRW (Hg.): Arbeitsstatistik 1994, S. 37.

297

Kühn wußte: Mit seiner neuen Politik stieß er bei vielen in seiner Partei auf Skepsis und Ablehnung. Und schon bald spürte er den Wind, der ihm aus der SPD-Landtagsfraktion ins Gesicht blies. In der Fraktion hatten sich tatendurstige junge Linke Gehör verschafft. Einige von ihnen konnten auf eine aktive Juso-Vergangenheit zurückblicken. Zu den jungen linken Hoffnungsträgern in der Landtags-SPD gehörten der Diplom-Ökonom Christoph Zöpel aus Bochum, die Diplom-Volkswirtin Anke Brunn aus Köln, der Diplom-Ingenieur Reinhard Grätz aus Wuppertal und der Doktor der Staatswissenschaften Franz-Josef Antwerpes aus Viersen.[365] Nach der Landtagswahl 1975 stieß zur Gruppe der jungen Linken in der Fraktion u. a. Kühns langjähriger außerparlamentarischer Kontrahent Manfred Dammeyer.[366] 1975 trat auch ein folgenreicher Wechsel an der Fraktionsspitze ein: Der 37jährige Volljurist Dieter Haak aus Hagen[367] löste den 67jährigen Fritz Kassmann als Fraktionschef ab. Haak war im innerparteilichen Spektrum „halblinks" positioniert. Unter Haaks Führung wuchs der Einfluß der jungen Linken in der Landtags-SPD rapide. Erstmalig stiegen sie in ansehnlicher Zahl in die Führungsetage der Fraktion auf; erstmals wurden sie in wichtigen Fraktionsarbeitsfeldern federführend: in der Bildungspolitik, der Jugendpolitik, der Wirtschaftspolitik.

Die Garde der jungen Linken in der Fraktion mochte sich weder mit Kühns Sparkurs noch mit dem von ihm verordneten Reformstillstand abfinden. Für sie waren Sparhaushalte denkbar unangemessene Antworten auf die deprimierende Massenarbeitslosigkeit. Sie plädierte für eine expansive Haushaltspolitik mit vielen produktivitätssteigernden Investitionen, um so die Konjunktur wieder in Schwung und die Arbeitslosen wieder in Lohn und Brot zu bringen.[368] Gegen eine verstärkte Neuverschuldung des Landes hatte sie keine Bedenken. Ganz unerträglich war den Linken in der Fraktion auch der Gedanke, der *Bildungs*reform in wirtschaftlicher Krisenzeit das Lebenslicht auszublasen. Sie sahen den Reformprozeß in der Bildungspolitik als nicht abgeschlossen. Und ungeachtet ökonomischer Widrigkeiten wollten sie deshalb auf dem Pfad bildungspolitischer Reformen unbeirrt voranschreiten.

Da es der Fraktionslinken gelang, die Gesamtfraktion auf ihren Alternativkurs einzuschwören, war ein enervierender Dauerkonflikt zwischen Landtags-SPD auf der einen und Kühn und seiner dritten Regierung auf der anderen Seite vorprogrammiert. Der schwelende Konflikt „kochte hoch" im Streit um die „Kooperative Schule". Auf das Reformprojekt „Koop" und den verheerenden Imageverlust, den der Ministerpräsident durch dieses Projekt erlitt, werde ich noch zu sprechen kommen.

Krankheiten, die ungeklärte Nachfolge. Kühns dritte Regierung stand unter einem unglücklichen Stern – nicht allein wegen des genannten Konflikts. Es kamen weitere belastende Momente hinzu. Eines davon war die angegriffene Gesundheit des Minister-

---

365 Näheres zu Christoph Zöpel, Anke Brunn, Reinhard Grätz und Franz-Josef Antwerpes in Düding: Volkspartei im Landtag, S. 59ff.
366 Zu Manfred Dammeyer ebd., S. 200f.
367 Zu Dieter Haak ebd. S. 52f.
368 Ebd., S. 86ff.

präsidenten. Schon seit Oktober 1970, als Kühn nach einer dramatisch verlaufenen Fraktionssitzung eine Herzattacke erlitt und für einige Zeit eine Klinik aufsuchen mußte,[369] wußte die Öffentlichkeit, daß der „Landesvater" kein völlig gesunder Mann war. Auch in den Jahren danach bereitete ihm seine Herzinsuffizienz, seine Herzmuskelschwäche, ab und an Probleme. Aber seine Schaffenskraft wurde durch dieses gesundheitliche Handikap und durch Anflüge von Amtsmüdigkeit und „Unlustgefühlen"[370] nur gelegentlich beeinträchtigt. Grundlegend anders wurde das 1976. Kühn geriet in eine schwere gesundheitliche Krise. Der jahrelange schonungslose Umgang des Vollblutpolitikers mit den eigenen körperlichen Kräften forderte offensichtlich seinen Tribut.[371] Fast volle vier Monate fiel Heinz Kühn als Ministerpräsident aus. Es begann nach Ostern, als der sichtlich Erschöpfte sich einer Abmagerungskur unterzog und dabei sein Herz erneut aus dem Tritt geriet. Seinen stationären Aufenthalt in einer Klinik in Bad Neuenahr (die er schon mehrmals als Patient aufgesucht hatte) brach er ab, um sich nach Bad Oeynhausen in eine kardiologische Fachklinik verlegen zu lassen. An der Einpflanzung eines Herzschrittmachers kam er nur knapp vorbei. Von Bad Oeynhausen ging es direkt in die Urologische Abteilung der Düsseldorfer Universitätsklinik, in der er sich einer Prostata-Operation unterzog. Nach geglücktem Eingriff kehrte er zur Nachbehandlung in die Herzklinik des ostwestfälischen Staatsbades zurück. Ein dreiwöchiger Urlaub in Dubrovnik an der jugoslawischen Adria sollte die Rekonvaleszenz abschließen.

Als er im Juli in Düsseldorf wieder die Amtsgeschäfte aufnahm, wog er 16 Kilo weniger. Krankheit und Operation hatten tiefe Spuren in seinem Gesicht hinterlassen. Kühn überwand zwar die akute Gesundheitskrise, seine alte Spannkraft war aber für immer dahin. Im Dezember 1977 stellte der Kölner Stadt-Anzeiger fest: Kühns Debattenreden im verflossenen Jahr ließen sich an einer Hand abzählen. Und den Wunsch der Landespressekonferenz, von ihm in regelmäßigen Abständen informiert zu werden, habe er hartnäckig ignoriert.[372] Dies waren untrügliche Indizien dafür, daß Kühn gesundheitlich nicht mehr der alte war.

Kühn hütete übrigens seine bevorstehende Operation in der Düsseldorfer Uniklinik Anfang Juni 1976 bis zum Vorabend des Eingriffs wie ein Staatsgeheimnis. Die

369 Vgl. S. 250 der Biographie.
370 Als sich Fritz Kassmann anschickte, aus der Landespolitik auszuscheiden, schenkte er Heinz Kühn ein Buch mit dem Titel „Exilium Melancholia, das ist Unlustvertreiber …". Er brauche „keine andere Pointe zu suchen", so schrieb der scheidende Fraktionsvorsitzende an seinen Parteifreund und persönlichen Rivalen, als die Erinnerung daran, daß er (Kühn) von „Unlustgefühlen" zu sprechen pflege (Fritz Kassmann an Heinz Kühn v. 14.3.1975, in: AdsD, Bonn, Nl. Heinz Kühn, 1/HKAA 000127).
371 Das Folgende nach: dpa-Meldung v. 1.6.1976 („nach kuraufenthalt in die uniklinik zur operation") und v. 2.6.1976 („kuehns operation ‚glatt' verlaufen"), in: AdsD, Bonn, Sammlung Personalia, Heinz Kühn, Nr. 1707; Kölner Stadt-Anzeiger v. 6.7.1976 („Kühn kommt fit in neuen Kleidern zurück"); Westdeutsche Allgemeine v. 7.7.1976 („Kühn um 32 Pfund leichter wieder im Amt"); Welt am Sonntag v. 11.7.1976 („Was wäre ohne Heinz Kühn") und v. 29.8.1976 („Kühn fürchtet eine Zerreißprobe der SPD").
372 Kölner Stadt-Anzeiger v. 9.12.1977 („Am liebsten sähen sie ihn bald gehen").

Geheimniskrämerei hatte ihren Grund: Er wollte der öffentlichen Spekulation über seinen Gesundheitszustand und der damit in Verbindung stehenden Debatte, wer ihm als NRW-Premier folgen solle, nicht unnötig Auftrieb geben. Die Nachfolgediskussion war in der Vergangenheit immer wieder aufgeflammt. Manchmal trug Kühn durch sein Verhalten selbst dazu bei.

Einmal, im September 1975, setzte er das „Kronprinzen-Karussell" in Gang, als er während eines „Kamingesprächs" mit Journalisten über seine möglichen Nachfolger ganz ungeniert fabulierte. Im Plauderton nannte und bewertete er fünf Politiker, die für den Chefsessel in der NRW-Regierung in Frage kämen: 1. Bundesarbeitsminister Walter Arendt, dem er das schmückende Beiwort „Sohn des Reviers" verlieh. 2. Friedhelm Farthmann, seit Juni 1975 NRW-Arbeits- und Sozialminister. Der einstige Bundestagsabgeordnete und DGB-Mitbestimmungsexperte war für Kühn „eine gelungene Mischung aus Professor und Kumpel". 3. Johannes Rau, NRW-Wissenschaftsminister seit 1970, an dem Heinz Kühn „die intellektuelle Breite" gefiel und daß er „stets wohl präpariert und gründlich beim Aktenstudium" sei. 4. Diether Posser, NRW-Justizminister seit 1972; nach Einschätzung Kühns „ein Mann von großer moralischer Integrität, großartigem Charakter, großem Wissen und breitem politischen Einblick, aber zu wenig ehrgeizig" und 5. Friedrich Halstenberg, dem Kühn nach der Landtagswahl 1975 das Finanzressort anvertraute. Ihn charakterisierte er als „einen großartigen Technokraten der Administration, der sich als Finanzminister bereits ein hohes Ansehen erworben" habe.[373]

Mit seiner freimütigen „Kronprinzen"-Meditation im Journalistenkreis hatte Heinz Kühn wenig Glück. Prompt kritisierten offen und intern einige der Genannten seine Äußerungen – möglicherweise weil sie glaubten, bei der Bewertung nicht gut genug weggekommen zu sein. Kühn gab zu, daß er Porzellan zerschlagen hatte. Er gelobte, sich in Zukunft zur Nachfolgefrage nicht mehr öffentlich zu äußern.[374]

Vermerkt sollte werden, daß Kühn nicht alle fünf von ihm als „Prätendenten" genannten Personen für gleichwertig hielt. Das teilte er nicht der Öffentlichkeit mit, war aber unter Düsseldorfer Politikern kein Geheimnis. Aus dem Kreis der fünf bevorzugte er zwei. Lange Zeit war Diether Posser sein Nachfolgefavorit. Schon seit Ende der 1960er Jahre schwamm der kluge Jurist und Sozius von Gustav Heinemanns Essener Anwaltskanzlei im Fahrwasser seines Mentors Kühn. Dann registrierte Heinz Kühn jedoch mit Bedauern den nicht sonderlich stark ausgebildeten persönlichen Ehrgeiz seines Kabinettsmitglieds. Seit 1975 bevorzugte er Friedhelm Farthmann als Nachfolger. Dessen kämpferisches Naturell und seine zupackende Art als Minister imponierten Kühn. Tief eingegraben hatte sich außerdem in Kühns Gedächtnis, daß Farthmann der einzige prominente NRW-Sozialdemokrat war, der ihn 1973 auf dem Münsterschen Landesparteitag gegen die Attacken der Jusos in Schutz nahm.[375]

---

373 Nach Westfälische Rundschau v. 20.9.1975 („Kühn lobt Jusos und porträtiert ‚Kronprinzen'"); Frankfurter Allgemeine v. 23.9.1975 („Kühn zählt seine Diadochen"); Die Welt v. 20.9.1975 („Was Kühn über seine Kronprinzen sagt").
374 Neue Rhein-/Neue Ruhr-Zeitung v. 1.10.1975 („Kühn bedauert Nachfolgegerede").
375 Kühn: Aufbau und Bewährung, S. 254.

Warum nannte Kühn in dem „Kamingespräch" vom September 1975 mehrere „Kronprinzen", wenn er persönlich zu diesem Zeitpunkt Farthmann den Zuschlag gab? Kühn wußte, daß jeder der fünf Genannten in der Landespartei „gehandelt" wurde. Und ihm war auch klar, daß sich die Gremien der NRW-SPD die Entscheidung über seinen Nachfolger nicht abnehmen ließen. Außerdem wollte in dieser wichtigen Frage auch der Koalitionpartner gehört werden.

Auch wenn sich Kühn nach dem September 1975 zur Frage des Nachfolgekandidaten in der Öffentlichkeit zurückhielt, ließen die „Kronprinzen"-Rangeleien – einige Zeitungen sprachen von „Diadochenkämpfen" – nicht nach. Dafür sorgten die „Kandidaten" selbst, aber auch ihre innerparteilichen Strippenzieher. Jedenfalls wurde die ungeklärte „Kronprinzen"-Frage zu einer zusätzlichen Belastung für Kühns dritte Regierung. In diesem Zusammenhang war der Rücktrittstermin des Ministerpräsidenten nicht unwichtig.

Nach den Koalitionsverhandlungen im Mai 1975 hatte Kühn auf einer gemeinsamen Pressekonferenz mit Horst-Ludwig Riemer erklärt, er habe SPD und FDP das „Versprechen" geben müssen, für die Dauer der gesamten Legislaturperiode, also bis 1980, als Ministerpräsident zur Verfügung zu stehen. Möglicherweise könne es aber sinnvoll sein, „die Stafette" schon ein Jahr vorher an einen Nachfolger weiterzureichen, damit dieser mit dem Amtsbonus des Regierungschefs in den nächsten Wahlkampf ziehen könne.[376]

Ein vorzeitiger Rücktritt im Jahr 1979 konnte überhaupt nicht im Interesse von Walter Arendt und Friedhelm Farthmann liegen. Denn beide gehörten nicht dem bestehenden Landtag an. Der Ministerpräsident muß aber laut Verfassung aus der Mitte des Landtags gewählt werden. Bis zum Ende des Jahres 1977 blieb die Frage, ob Kühn 1979 oder mit Ende der Wahlperiode 1980 aus seinem Amt scheiden solle, offen. Erst Anfang 1978 – im Gefolge des Kampfes um die „Koop"-Schule und der „Poullain-Affäre" – kam eine ganz neue Dynamik in die Diskussion. Mit dem „Koop"-Schulstreit und den die Landespolitik erschütternden „Fall Poullain" wurde unüberhörbar das Ende der Ära Kühn eingeläutet.

„Koop"-Schule und „Poullain-Affäre". Der Dauerkonflikt zwischen Kühn(-Regierung) und SPD-Fraktion in der 8. Wahlperiode trat in seine brenzlige Phase, als die selbstbewußte Landtags-SPD zusammen mit der FDP-Fraktion (in der nach der Wahl 1975 ebenfalls ein erheblicher Linksruck stattfand) im November 1976 den Gesetzentwurf „Kooperative Schule" in den Landtag einbrachte. Dies geschah gegen den Willen Kühns und der allermeisten Kabinettsmitglieder[377] (darunter auch FDP-Wirtschaftsminister Riemer). Daß er die Gesetzesinitiative der eigenen Fraktion nicht verhindern konnte, belegt, wie groß inzwischen die Führungsschwäche des gesundheitlich angeschlagenen Regierungschefs war. Mit dem Gesetzesantrag verfolgten die jungen Lin-

---

376 dpa-Meldung v. 27.5.1975 („koalitionsvereinbarung fuer nrw nicht vollstaendig veroeffentlicht"), in: AdsD, Bonn, Sammlung Personalia, Heinz Kühn, Nr. 1707.
377 Vgl. Kühn: Aufbau und Bewährung, S. 354.

ken in der SPD-Fraktion ein klares Ziel: Sie wollten den vom Ministerpräsidenten und seiner Regierung verordneten bildungspolitischen Reformstopp unterlaufen.

Es bestand unter den linken SPD-Bildungsexperten im Landtag große Verärgerung darüber, daß Kühn und Riemer beschlossen hatten, die Umwandlung der integrierten Gesamtschule in NRW von einer *Versuchs-* in eine *Regel*schule während der 8. Legislaturperiode zu unterlassen.[378] Mit der Einführung der Kooperativen Schule wollte die Fraktion diese „Unterlassungssünde" teilweise kompensieren. Nach der Gesetzesvorlage wurde es den Schulträgern (Gemeinden) unter bestimmten personellen und räumlichen Voraussetzungen gestattet, Hauptschule, Realschule und Gymnasium für die Sekundarstufe I (5.–10. Klasse) in *Schulzentren* unter gemeinsamer Leitung zu einer „Kooperativen Schule" zusammenzufassen. Die Kooperative Schule sollte aus einer schulformunabhängigen Orientierungsstufe der Klassen 5 und 6 und aus je einer Abteilung Hauptschule, Realschule und Gymnasium mit den Jahrgangsstufen 7 bis 10 bestehen. Eine Angliederung der Oberstufe des Gymnasiums ließ der Entwurf zu.[379]

Aus der Sicht der Bildungsreformer beider Regierungsfraktionen sprachen gesellschaftspolitische und pädagogische Gründe für die Kooperative Schule. Es handelte sich zum Teil um dieselben Argumente, die von ihnen in der Vergangenheit für die integrierte Gesamtschule ins Feld geführt worden waren: Erhöhung der Chancengleichheit und Durchlässigkeit, bessere individuelle Förderung, ein Mehr an sozialer Erziehung. Die Gesetzesinitiatoren begriffen die Kooperative Schule als mittelfristigen Kompromiß zwischen dem traditionellen, dreigegliederten Schulsystem und der integrierten Gesamtschule – auch wenn sie das in der Öffentlichkeit nicht gerne zugaben.

Schon wenige Tage nach Bekanntwerden des Entwurfs stimmte sich die Parlamentsopposition gegen ihn ein. Augenblicklich schwappte der Protest über die Schwelle des Parlaments nach draußen. Philologen-Verband, Realschullehrerverband und die Landeselternschaft der Gymnasien machten gegen ihn mobil.[380] Sofort kam ein ungewöhnlich scharfer Ton in die Auseinandersetzung. Entkleidet man die Attacken der „Koop"-Gegner ihres polemischen Beiwerks, so waren die innerhalb und außerhalb des Parlaments vorgebrachten Kernargumente gegen die geplante Schule weitgehend identisch. Man befürchtete eine „Aushungerung" des Gymnasiums und argwöhnte, mit der Kooperativen Schule werde die integrierte Gesamtschule in Nordrhein-Westfalen auf dem „Schleichweg"[381] eingeführt. Außerdem beseitige man mit der Orientierungsstufe das Recht der Eltern, für die eigenen Kinder die weiterführende Schule auszuwählen.

---

378 Der Fortbestand der Gesamtschule als Versuchsschule war im Koalitionsvertrag vom Mai 1975 festgeschrieben worden. Vgl. HStA Düsseldorf, RW 350, vorl. Nr. 520. „Koalitionsvereinbarung für die 8. Legislaturperiode des Landtags Nordrhein-Westfalen" v. 27.5.1975.

379 Landtagsdrucksache Nr. 1470 (v. 9.11.1976), 8. Wahlperiode.

380 Wolfram Köhler: Annahme verweigert. Das Volksbegehren gegen die Kooperative Schule in Nordrhein-Westfalen, Düsseldorf 1978, S. 40ff.

381 Ebd., S. 37.

Anfang 1977 brach der Sturm gegen den Entwurf erst richtig los. Mit einer Serie von Großveranstaltungen, organisiert durch die Landeselternschaft der Gymnasien und den Philologenverband und unterstützt durch die CDU, erreichte die hochemotionalisierte Anti-„Koop"-Kampagne im Februar ihren ersten Höhepunkt.[382] Zur Großkundgebung in der Essener Grugahalle waren zwei Vertreter der Regierungsfraktionen geladen. Sie wurden zeitweise von den 10.000 Besuchern niedergeschrien und mußten die Halle vorzeitig verlassen.[383] Getragen von der Woge der ersten Massenproteste, forderte Oppositionsführer Köppler im Landtag die Regierung auf, dem Land keine „sozialistische Einheitsschule" zu bescheren, in der die Kinder „zu weißen Mäusen im ideologischen Labor der Koalition" degradiert würden.[384]

SPD- und FDP-Fraktion hatten mit ihrer Gesetzesinitiative Kühn in eine höchst prekäre Situation gebracht. Wie sollte er sich verhalten? Öffentlich einzugestehen, daß er den Entwurf ablehnte, hätte den Riß im Regierungslager offenkundig werden lassen. Der Regierungschef versuchte zu lavieren und Zeit zu gewinnen. Anfang Februar 1977 gab er der „Rheinischen Post" ein Interview. In ihm versprach er, Korrekturen am Entwurf vorzunehmen und ihn nicht „in Windeseile durchzupeitschen". Er wolle den Eltern keine Lösungen durch knappe parlamentarische Mehrheiten aufzwingen. Man müsse alle Möglichkeiten ausschöpfen, „um ein optimales Maß an Übereinstimmung zu bewirken". Wörtlich sagte er: „Ich möchte nicht, daß mehr Demokratisierung des Schulwesens durch Nivellierung der Wissensvermittlung und der Erziehungsziele nach unten erreicht wird."[385] Kühns argumentativer Duktus läßt erkennen, daß für ihn das Reformprojekt „Kooperative Schule" keineswegs nur ein *finanzielles*, sondern auch ein *pädagogisches* Problem war.

Die SPD-Fraktion blieb von dem Vermittlungsversuch des Ministerpräsidenten unbeeindruckt. Auf ihrer Sitzung am 22. März – Kühn war anwesend – machte sie dem Regierungschef klar, sie bestehe nach wie vor auf einer möglichst raschen Verabschiedung ihres Gesetzentwurfs.[386] In dieser für ihn höchst mißlichen Situation fand Kühn nicht bei Parteifreunden Rückhalt, sondern bei Horst-Ludwig Riemer und einflußreichen Landes-Liberalen *außerhalb* der FDP-Fraktion. Auch sie plädierten für eine Behandlung der Vorlage ohne Zeitdruck und für ihre Nachbesserung.[387] Dem Druck dieser innerparteilich mächtigen FDP-Fronde gab zunächst die liberale Landtagsfraktion nach[388] – und dann die SPD-Fraktion.[389] Eine parlamentarische SPD/

---

382 Ebd., S. 44f.
383 Ernst Rösner: Schulpolitik durch Volksbegehren. Analyse eines gescheiterten Reformversuchs, Weinheim/Basel 1981, S. 116.
384 Zitiert nach Landtag intern, Jg. 8, 7.2.1977, S. 1.
385 Nach Köhler: Annahme verweigert, S. 46, und Rösner: Schulpolitik durch Volksbegehren, S. 115.
386 HStA Düsseldorf, RW 350, vorl. Nr. 181. Protokoll der Fraktionssitzung v. 22.3.1977.
387 Rösner: Schulpolitik durch Volksbegehren, S. 121f.
388 Siehe die gemeinsame Erklärung von FDP-Landesvorstand und FDP-Landtagsfraktion in: Landtag intern, Jg. 8, 29.4.1977, S. 13.
389 HStA Düsseldorf, RW 350, vorl. Nr. 191. Protokoll der Sitzung des Koalitionsausschusses v. 26.4.1977 und vorl. Nr. 181. Protokoll der Fraktionssitzung vom selben Tag.

FDP-Expertengruppe überarbeitete die Vorlage. In der neuen Fassung[390] war die Kooperative Schule für die Schulträger stärker als *Angebots*schule ausgewiesen und das Elternrecht war gestärkt worden. So sollten z. B. die Eltern am Ende der Orientierungsstufe allein über den weiteren Bildungsweg des Kindes entscheiden.

Zu der inhaltlich geänderten Gesetzesvorlage gab Kühn seinen Segen. Und er ging jetzt sogar in die Offensive. Ende Juni 1977 attackierte er – rhetorisch angriffslustig wie lange nicht – den Oppositionsführer im Landtag mit einem variierten Operntext: „Will der Herr Köppler den Tanz wirklich wagen, dann mag er's sagen: wir spielen ihm auf!"[391]

Mit dem „Tanz" meinte er das *Volksbegehren* gegen die Kooperative Schule, über das in Düsseldorf seit Jahresbeginn (wenn auch mehr unter vorgehaltener Hand) gesprochen wurde. Das Volksbegehren sollte in der Tat kommen. Denn die parlamentarische Opposition wie die außerparlamentarischen „Koop"-Gegner sahen in dem überarbeiteten Gesetzestext nichts weiter als Kosmetik. Oppositionsführer Köppler und die CDU hatten das Volksbegehren gegen „Koop" „angedacht" und sein Zustandekommen forciert. Sie unterstützten es dann auch logistisch und finanziell in all seinen Phasen. Seine eigentlichen Initiatoren und Hauptakteure waren aber konservative Eltern- und Lehrerverbände. Sie riefen am 1. September 1977 im Düsseldorfer Büro des Philologenverbandes die „Bürgeraktion Volksbegehren gegen die kooperative Schule" ins Leben[392] – fast zwei Monate bevor der Landtag das Gesetz zur Einführung der neuen Schule mit den Stimmen der Koalition verabschiedete. Das war am 26. Oktober 1977.[393]

Die landesweit geführte „Stop-Koop"-Kampagne nahm wahlkampfähnliche Züge an. Am 1. März 1978, als die Einschreibefrist in die Listen für das Volksbegehren abgelaufen war, stand fest, daß dessen Initiatoren einen Sieg errungen hatten. Gegen das Gesetz votierten 3,6 Mio. Bürgerinnen und Bürger – fast 30 % der Stimmberechtigten![394]

---

390 Landtagsdrucksache Nr. 2163 (v. 22.6.1977), 8. Wahlperiode.

391 Landtag Nordrhein-Westfalen, Plenarprotokolle, 8. Wahlperiode, Bd. 4, S. 2898.

392 Köhler: Annahme verweigert, S. 57.

393 Landtag Nordrhein-Westfalen, Plenarprotokolle, 8. Wahlperiode, Bd. 4, S. 3284. – In dem Monat, in dem sich Eltern- und Lehrerverbände zur Gründung der „Bürgeraktion Volksbegehren gegen die kooperative Schule" entschlossen, wurden Kühn und seine Regierung noch durch ein ganz anderes außerparlamentarisches Ereignis unter Druck gesetzt. Im September 1977 demonstrierten im niederrheinischen Kalkar 100.000 Atomkraftgegner (hauptsächlich Mitglieder von Bürgerinitiativen) gegen den dort im Bau befindlichen „Schnellen Brüter", ein Kernkraftwerk der fortgeschrittenen Bauart. Der Ministerpräsident war ein Anhänger des Kalkarer Kernkraftprojekts und des Hochtemperaturreaktors in Hamm-Uentrop, das sich ebenfalls in der Bauphase befand. Allerdings betonte er mit Nachdruck (nicht zuletzt den Protesten von Atomkraftgegnern in der eigenen Partei Rechnung tragend), daß beide Kernkraftwerke erst dann ihren Betrieb aufnehmen dürften, wenn die Entsorgungsfrage geklärt und die Wiederaufbereitung der Brennelemente „absolut sicher" sei (Ruhr-Nachrichten v. 25.11.1976: „Kühn: Auch in NRW Kernkraftwerke"). Der „Schnelle Brüter" ist nie ans Netz gegangen und der Hochtemperaturreaktor, der erst 1985 seinen Betrieb aufnahm, wurde nach mehreren Störfällen 1989 für immer abgeschaltet (vgl. ausführlich Düding: Volkspartei im Landtag, S. 223ff.).

394 Köhler: Annahme verweigert, S. 139f.

Das für ein erfolgreiches Volksbegehren in NRW vorgeschriebene Quorum von 20 % war deutlich überschritten. Angesichts des überaus klaren Votums trat die Regierung Kühn den geordneten Rückzug an: Sie verzichtete darauf, einen Volks*entscheid* einzuleiten und empfahl statt dessen dem Landtag, das „Koop"-Schulgesetz den Vorstellungen der „Bürgeraktion" gemäß zu annullieren – was Ende April 1978 geschah.

Der Ausgang des Volksbegehrens war für Kühn ein Desaster ersten Ranges. Die Niederlage schmeckte doppelt bitter, weil zum ersten Mal in der Geschichte Nordrhein-Westfalens ein Volksbegehren zum Erfolg führte. Vordergründig brachten die Opposition und die organisierten konservativen Lehrer und Eltern ihm diese Niederlage bei. Aber in Wahrheit hatten das in sich zerstrittene sozialliberale Regierungslager und der Regierungschef selbst das Mißgeschick zu verantworten. Schon früh war dem Ministerpräsidenten in der „Koop"-Angelegenheit das Steuer entglitten. Dem 64jährigen fehlte die Führungskraft, um die jungen aufmüpfigen und agilen Nachwuchspolitiker in der sozialdemokratischen Fraktion von ihrem Vorhaben abzubringen, ihnen klar zu machen, daß der Zeitpunkt für das „Koop"-Projekt aus verschiedenen Gründen (fiskalischen, politisch-taktischen, bildungspolitischen) denkbar ungünstig war. Aber Heinz Kühn war in der ganzen „Koop"-Angelegenheit mehr Getriebener als Handelnder. Nicht er gab mehr die Richtung an. Möglicherweise hätte es etwas genutzt, wenn er sich frühzeitig (Herbst 1976) gegenüber der eigenen Fraktion eines Drohmittels bedient hätte: der *Rücktritts*drohung. Aber der Ministerpräsident benutzte diese Waffe nicht. Vielleicht, weil er glaubte, sie sei stumpf, zumal er schon einmal erfolglos im „Fall Heidecke" mit ihr hantiert hatte.[395] Viel wahrscheinlicher aber ist, daß er die möglichen Konsequenzen einer solchen Drohung fürchtete. Für den Fall ihrer Wirkungslosigkeit wäre der tatsächliche Rücktritt die logische Konsequenz gewesen. Hätte die sozialliberale Regierung zu diesem Zeitpunkt einen solchen Schritt überlebt? Und welche Auswirkungen hätte ein Ende des sozialliberalen Bündnisses in Düsseldorf auf die gleichgeartete Koalition in Bonn gehabt? Wäre von Düsseldorf aus nicht das wieder zum Einsturz gebracht worden, was einst von der Landeshauptstadt aus begann und zum Modell für Bonn wurde?

Zu allem Überfluß ließ sich Regierungschef Kühn ausgerechnet im Zenit der außerparlamentarischen „Stop-Koop"-Kampagne (Winter 1977/78) in eine hochbrisante politische Affäre verwickeln, in deren Verlauf Oppositionsführer Köppler und einflußreiche Tageszeitungen seinen Rücktritt forderten. Kühn blieb zwar zunächst im Amt, aber er überlebte die Affäre nur mit schlimmen Blessuren, und der Skandal war das auslösende Moment für seine vorzeitige Demission.

Die Affäre begann am 23. Dezember 1977, als der Vorstandsvorsitzende der Westdeutschen Landesbank, Ludwig Poullain, seinen Rücktritt erklärte.[396] Poullain besaß bis zu diesem Zeitpunkt als Bankier einen exzellenten Ruf. Als Chef der westdeutschen

---

395 Vgl. S. 254 der Biographie.
396 Zur Poullain-Affäre Manfred Schmitz: Theorie und Praxis des politischen Skandals (phil. Diss. Aachen), Frankfurt a.M./New York 1981, S. 56ff.; Die Affäre Kühn – Halstenberg – Poullain. Chronik eines Skandals. Eine Dokumentation. Herausgeber: CDU Nordrhein-Westfalen o.O. o.J.

Staats- und Kommunalbank, des drittgrößten deutschen Kreditinstituts, hatte er sich großes Ansehen erworben. Deshalb schlug seine Rücktrittserklärung im vorweihnachtlichen politischen Düsseldorf wie eine Bombe ein. Sofort nahmen sich die Medien – Presse, Hörfunk und Fernsehen – des Themas an. Sie fragten, mutmaßten und forschten nach den Hintergründen des Rücktritts. Bis Anfang Januar war soviel klar: Poullain mußte seinen Hut nehmen, weil die Staatsanwaltschaft gegen ihn wegen eines zweifelhaften Beratervertrags mit einem süddeutschen Finanzmakler ermittelte, der unter dem Vorwurf des betrügerischen Konkurses in Haft genommen worden war. Das Ermittlungsverfahren gegen den WestLB-Chef wurde in Gang gesetzt, als man in den Geschäftsräumen des Finanzmaklers eine quittierte Rechnung Poullains fand, aus der hervorging, daß der WestLB-Chef von seinem Geschäftspartner einen Betrag von 1 Mio. DM erhalten hatte.[397]

Für die Medien und die Opposition stellte sich die Frage: Wieso konnte es passieren, daß Poullain nur drei Wochen vor seinem Rücktritt, am 2. Dezember, vom WestLB-Verwaltungsrat für weitere fünf Jahre zum Vorstandsvorsitzenden gewählt wurde? Dem Verwaltungsrat gehörten fünf Minister des Kühn-Kabinetts an! Wußte keiner von ihnen zum Zeitpunkt der Wiederwahl von den staatsanwaltlichen Ermittlungen gegen Poullain?

In den ersten Januar-Tagen wurden die Fragen immer drängender und bohrender. Am 3. Januar mußte Kühn von einer Mexiko-Reise zurückgerufen und nach Düsseldorf „eingeflogen" werden.[398] Nur drei Tage später gaben er und sein Finanzminister Halstenberg ihre Darstellung der Vorgänge vor der Landespressekonferenz. Während Kühn behauptete, erst am 6. Dezember von den staatsanwaltschaftlichen Ermittlungen gegen den WestLB-Chef erfahren zu haben (also nach dessen Wiederwahl am 2. Dezember), gestand Halstenberg, über diesen Tatbestand schon seit dem 10. Oktober informiert gewesen zu sein.[399] Das war die erste große Sensation in der „Affäre Poullain": Halstenberg hatte trotz seines Kenntnisstandes nicht die Wiederwahl Poullains verhindert, obwohl er (zusammen mit dem Wirtschaftsminister) die Staatsaufsicht über die Landesbank ausübte und stellvertretender Verwaltungsratsvorsitzender der Bank war!

Die zweite, noch größere Sensation ereignete sich nur sechs Tage später: Kühn mußte auf einer gemeinsamen öffentlichen Sitzung des Haupt- und des Finanzausschusses im Düsseldorfer Plenarsaal seine am 6. Januar gegebene Darstellung des Falles in einem entscheidenden Punkt korrigieren: Er sei doch schon vor dem 2. Dezember über die Ermittlungen gegen Poullain informiert worden, und zwar Anfang November am Rande einer Plenarsitzung in Form einer „diskreten Andeutung" seines Justiz-

---

397 Interne Unterlagen zur „Poullain-Affäre" in: AdsD, Bonn, Nl. Heinz Kühn, 1/HK AA000039. – Ca. zwei Jahre später wurde Poullain in einem Zwei-Instanzenprozeß vom Vorwurf der Vorteilsnahme freigesprochen. Dieser *juristische* Freispruch geschah aber zu einem Zeitpunkt als die *politische* „Affäre Poullain" als das *politische* Skandalereignis, das Anfang 1978 seinen Höhepunkt erreichte, schon längst Vergangenheit war.

398 Die Affäre Kühn – Halstenberg – Poullain, S. 33.

399 Ebd., S. 45ff., und Schmitz: Theorie und Praxis des politischen Skandals, S. 57f.

ministers Posser. Der Minister habe ihm „absolute Diskretionspflicht" auferlegt und mit den Worten geschlossen: „Du kannst es zur Zeit wieder vergessen."[400]

Das Presseecho auf die Vorgänge am 6. und 12. Januar war verheerend.[401] Kühn sollte wenige Wochen später von „Hinrichtungsjournalismus" sprechen.[402] Dem Finanzminister wurde angekreidet, er habe sich politisch instinktlos verhalten und seine Aufsichtspflichten gegenüber der Landesbank sträflich vernachlässigt. Und die „Vergeßlichkeit" des Ministerpräsidenten wurde als trauriger Höhepunkt eines schon länger andauernden Verfallsprozesses von Ansehen und Autorität des Düsseldorfer Regierungschefs gedeutet. Die Opposition frohlockte. Zuerst forderte sie die Ablösung Halstenbergs, dann den Rücktritt Kühns.

Halstenberg war nicht mehr zu halten. Obwohl ihm die SPD-Fraktion noch einmal in einer letzten Aufwallung von Sympathie den Rücken stärkte,[403] erlag er dem Druck, der aus den Reihen der liberalen Partnerfraktion gegen ihn erzeugt wurde.[404] Am 17. Januar reichte er seinen Rücktritt ein.[405] Auch Heinz Kühn stand mit dem Rücken zur Wand. Aber weder er selbst wollte gehen, noch war die Koalition bereit, ihn zu diesem Zeitpunkt gehen zu lassen. „Ich stürze nicht über eine Affäre Poullain", erklärte er trotzig am 18. Januar vor dem Landtag.[406] In der Koalition gab es zwei Motive für den festen Willen, Kühn jetzt nicht fallen zu lassen. Zum einen wollte man dem viele Jahre erfolgreichen sozialliberalen Steuermann einen honorigen Abschied verschaffen. Sein Rücktritt sollte losgelöst von der „Poullain-Affäre", aber vor 1980 erfolgen.[407] Zum anderen gab es Befürchtungen, daß ein Wechsel an der Spitze der Regierung in dieser aufgeheizten landespolitischen Situation Gefahren für den Zusammenhalt des Bündnisses in sich berge. Den Sozialliberalen steckte noch das „Niedersachsen-Syndrom" in den Knochen. In Hannover hatte zwei Jahre vorher der fliegende Ministerpräsidenten-Wechsel mitten in der Wahlperiode wegen des Absprungs von FDP-Abgeordneten nicht geklappt. Wie Phönix aus der Asche der sozialliberalen Koalition war der CDU-Politiker Ernst Albrecht emporgestiegen.

---

400 Westdeutsche Allgemeine v. 13.1.1978 („Auch Kühn wußte von Ermittlungen"); Bonner Rundschau v. 13.1.1978 („Kühn gerät in den Sog der Affäre Poullain"); Frankfurter Allgemeine v. 13.1.1978 („Die CDU verlangt den Rücktritt des Düsseldorfer Regierungschefs"); Süddeutsche Zeitung v. 13.1.1978 („Der Beschützer entpuppt sich als Sünder"); Die Welt v. 13.1.1978 („Kühn gibt zu: Ich hatte doch von der Affäre Poullain gehört").
401 Siehe die in der vorigen Anmerkung genannten Presseartikel.
402 Frankfurter Allgemeine v. 11.2.1978 („Kühn fühlt sich von ‚Hinrichtungs-Journalismus' umgeben").
403 HStA Düsseldorf, RW 350 (SPD-Landtagsfraktion), Nr. 182. Fraktionssitzung v. 17.1.1978.
404 Die Affäre Kühn – Halstenberg – Poullain, S. 93ff.
405 HStA Düsseldorf, NW 30P (Staatskanzlei), 1341–1350. Sitzung des Landeskabinetts v. 17.1.1978.
406 Landtag Nordrhein-Westfalen, Plenarprotokolle, 8. Wahlperiode, Bd. 5, S. 3712.
407 Darauf einigte sich schon am Abend des 12. Januar der SPD-Landes- und der SPD-Fraktions-Vorstand auf einer gemeinsamen Sitzung. Nach dpa-Meldung „kuehn-abgang vor landtagswahl wird immer wahrscheinlicher" v. 13.1.1978, in: AdsD, Bonn, Sammlung Personalia, Heinz Kühn, Nr. 1708.

Auf dem Höhepunkt der „Poullain-Affäre" (v.l.n.r.): Friedrich Halstenberg, Horst-Ludwig Riemer und Heinz Kühn am 12. Januar 1978 im Düsseldorfer Landtag.

Vorzeitiger Rücktritt. Die „Poullain-Affäre" machte Kühns Verbleiben im Amt bis 1980 unmöglich. Die Frage war nur noch, ob die Zäsur 1979 oder schon 1978 erfolgen sollte. Mit der Entscheidung, den von Kühn immer wieder als „Stafettenübergabe" bezeichneten Wechsel an der Spitze der Regierung nicht erst nach der Landtagswahl im Mai 1980 vorzunehmen, waren zwei potentielle Ministerpräsidenten-Kandidaten aus dem Rennen geworfen: Walter Arendt und Friedhelm Farthmann. Völlig chancenlos war nun auch Friedrich Halstenberg, nachdem er in der Affäre um den WestLB-Chef eine so unglückliche Figur gemacht hatte. Übrig als Anwärter auf den Stuhl des Regierungschefs blieben nur zwei: Johannes Rau und Diether Posser. Besonders schmerzlich war das Ausscheiden für Kühn-Favorit Friedhelm Farthmann, der über einen beträchtlichen innerparteilichen Anhang verfügte und sich einige Chancen ausrechnen konnte. Eine bittere Niederlage hatte er freilich schon auf dem SPD-Landesparteitag im Juni 1977 einstecken müssen. Beim Duell um die Nachfolge von Werner Figgen als SPD-Landesvorsitzendem unterlag er Johannes Rau im zweiten Wahlgang äußerst knapp mit 155 zu 158 Stimmen.[408]

---

408 Landtag intern, Jg. 8, 4.7.1977, S. 20; Friedhelm Farthmann: Blick voraus im Zorn. Aufruf zu einem radikalen Neubeginn der SPD, Düsseldorf 1996, S. 190ff.

Auf einer Klausurtagung des 18köpfigen SPD-Landesvorstandes am 27./28. Januar 1978 in Brakel sollte Kühns Rücktrittstermin „festgeklopft" werden. Sonderlich konkret war das Ergebnis der vielstündigen Diskussion (an der auch Kühn, die SPD-Minister und SPD-Bezirksvorsitzenden teilnahmen) aber nicht. Man kam überein, „Ende des Jahres [...] die Frage der Nachfolge des Ministerpräsidenten in gemeinsamer Beratung zwischen den Führungskörperschaften der Partei, der Fraktion und dem Ministerpräsidenten zu entscheiden".[409] Diese Formulierung deutete eher auf einen Stabwechsel im Jahr 1979 hin. Kühn spielte offenbar auf Zeit. Ein Rücktritt noch im laufenden Jahr schmeckte ihm nicht. Eine gut unterrichtete Tageszeitung meldete, daß eine von Hans-Otto Bäumer und Christoph Zöpel angeführte Gruppe während der Konferenz einen „schnellen", also noch 1978 stattfindenden Abgang Kühns forderte. Sie konnte sich aber nicht durchsetzen.[410] Auffallend ist, daß Kühn den in der Landtagsfraktion und der Landespartei einflußreichen 34jährigen Zöpel (immerhin war er stellvertretender Landesvorsitzender) wenige Tage später im Rahmen eines kleinen Kabinett-Revirement zum Minister für Bundesangelegenheiten ernannte. Wollte er den drängenden und ehrgeizigen jungen Linken ruhigstellen?

Die Übereinkunft von Brakel war auf Sand gebaut. Sie wurde zur Makulatur, als Kühns Autorität am 1. März durch das erfolgreiche Volksbegehren gegen die „Koop"-Schule erneut einen schweren Schlag erhielt. Die nordrhein-westfälische Parteiführung drängte jetzt auf einen früheren Wachablösungstermin – und setzte ihn durch: Im Oktober solle Kühn aus dem Amt scheiden. Druck scheint auch aus Bonn, von Kanzler Helmut Schmidt oder Parteichef Willy Brandt, auf Kühn ausgeübt worden zu sein. Jedenfalls wurden schon im Februar auf Veranlassung Schmidts im Kanzleramt Argumente für einen früheren Rücktritt Kühns gesammelt. Kanzler Schmidt wollte sie entweder Willy Brandt oder Heinz Kühn persönlich in einem Gespräch vortragen. Ein Argument lautete: Ein verspäteter Rücktritt Kühns könne „zur Belastung für den Bund" und für die Landtagswahlen werden, die 1978 in einigen Bundesländer stattfinden.[411]

Ausgerechnet Kabinetts-Benjamin Zöpel verkündete der Öffentlichkeit Kühns vorzeitigen Rücktritt, obwohl offenbar vorerst Stillschweigen darüber vereinbart war. Auf einer Pressekonferenz am 19. April ließ er – ohne daß der Ministerpräsident davon Kenntnis hatte – die Katze aus dem Sack.[412]

Aber selbst jetzt war die Diskussion um den Rücktrittstermin nicht tot. Mitte Juni wurde sie von Hans-Otto Bäumer auf einem Parteitag der Niederrhein-Sozialdemokraten wiederbelebt. Apodiktisch erklärte der SPD-Bezirkschef, der Wechsel im

---

409 Beschlußprotokoll über die Klausurtagung, in: AdsD, Bonn, SPD-Landesverband NRW, Nr. 673.
410 Rheinische Post v. 30.1.1978 („Kühn soll bis Ende des Jahres im Amt bleiben").
411 AdsD, Bonn, Depositum Helmut Schmidt, 1/HSAA 009209. Notiz für ein Gespräch Helmut Schmidts mit Willy Brandt und/oder Heinz Kühn zum Regierungswechsel in NRW v. 24.2.1978.
412 Süddeutsche Zeitung v. 20.4.1978 („Kühn wird im Oktober zurücktreten"); Frankfurter Allgemeine v. 21.4.1978 („Kühn muß den Abschied nehmen").

Ministerpräsidenten-Amt sei „fällig, gar überfällig". Kühn müsse in jedem Fall noch vor der hessischen Landtagswahl am 8. Oktober zurücktreten.[413] Kühns alter Widersacher spielte mit seiner Bemerkung indirekt auf die Landtagswahlen am 4. Juni 1978 in Niedersachsen und Hamburg an. Sie endeten mit einem Debakel für die FDP. Bäumer befürchtete: Würde die FDP auch in Hessen eine schwere Niederlage einstecken, so sei bei einem danach stattfindenden Stafettenwechsel in Düsseldorf das Verhalten der liberalen Landtagsabgeordneten nicht kalkulierbar.

Viele Tadel holte sich der Chef der Niederrhein-Sozialdemokraten wegen seines „letzten Fußtritts" gegen Kühn ein. Aber die hinter Bäumers offenem Affront stehende Überlegung teilten nicht wenige in der SPD. Und so war es kein Wunder, daß der Rücktrittstermin noch einmal vorverlegt wurde. Anfang Juli stand der Terminplan für Kühns Rücktritt endgültig fest: Am 17. September sollten auf einem außerordentlichen Landesparteitag die Delegierten den Ministerpräsidenten-Kandidaten nominieren, und am 20. September sollte der neue Ministerpräsident vom Landtag gewählt werden. Auf dem Nominierungsparteitag würden nur noch Johannes Rau und Diether Posser zur Wahl stehen. Am 29. Juni nahm Kühn zum letzten Mal auf der Regierungsbank im Düsseldorfer Landtag Platz. „Hoch aufgerichtet wie ein pensionierter Oberst" saß er dort – so schrieb ein genau beobachtender zeitgenössischer Journalist.[414] Das vom Landtag verhandelte Thema an diesem letzten Sitzungstag vor den Parlamentsferien schien ihn überhaupt nicht mehr zu interessieren. „Sein Blick ging in irgendwelche Weiten."[415] Vielleicht dachte er an seinen Plan, sich 1979 ins Europäische Parlament wählen zu lassen. Mit diesem Gedanken versüßte er sich seit einiger Zeit seinen bevorstehenden Abtritt.

Nur einen halben Monat später erkrankte Kühn erneut schwer. Der Streit um die „Koop"-Schule, die „Poullain-Affäre" und das Gezerre um seinen Rücktritt hatten ihm sehr zugesetzt. Er erlitt einen Blinddarmdurchbruch. Zu früh kehrte er nach der schwierigen Operation in die Staatskanzlei zurück. Die Operationsnarbe brach auf, und er mußte erneut ins Krankenhaus. Erhebliche Kreislaufbeschwerden und sogar ein Kreislaufkollaps ließen den Genesungsprozeß nur langsam vorankommen.[416] Entgegen dem Rat seiner Ärzte hielt er auf dem Nominierungsparteitag am 17. September in der Duisburger Mercatorhalle eine Abschiedsrede. Er beschwor alte Kampfzeiten, erinnerte an den Wandel der SPD zur Volkspartei mit ethisch-sozialem Fundament, betonte die historische Notwendigkeit des sozialliberalen Bündnisses in Bonn – und lenkte den Blick auf Europa, das „Schritt um Schritt als Wirtschafts-, als Umwelt-

---

413 Nach Süddeutsche Zeitung v. 19.6.1978 ("SPD-Niederrhein drängt auf schnellen Rücktritt Kühns").
414 Wolfram Köhler: Mit Heinz Kühn geht eine Epoche zu Ende, in: Frankfurter Neue Presse v. 3.7.1978.
415 Ebd.
416 dpa-Meldung „ministerpraesident kuehn am blinddarm operiert" v. 18.7.1978, in: AdsD, Bonn, Sammlung Personalia, Heinz Kühn, Nr. 1711; Die Welt v. 9.9.1978 („Kreislauf-Kollaps beim Spaziergang").

schutz-, als Rechts- und Sozialgemeinschaft zu verwirklichen" sei.[417] Die Delegierten dankten ihm mit Ovationen. Danach setzte sich in dem Wahlduell Rau/Posser der Wuppertaler mit 161 zu 150 als Ministerpräsidenten-Kandidat durch. Drei Tage später wählte der nordrhein-westfälische Landtag mit den Stimmen aller anwesenden SPD- und FDP-Abgeordneten – das waren 104 – Johannes Rau zum neuen Ministerpräsidenten.[418] Die Ära Kühn war unwiderruflich zu Ende.

Der Ministerpräsident demissioniert. Kühn am Tage des Rücktritts
(20. September 1978) zusammen mit seinem Nachfolger Johannes Rau.

417 Außerordentlicher Landesparteitag der SPD in NRW am 17. September 1978 in Duisburg, Mercatorhalle. Hg. v. der SPD Nordrhein-Westfalen, Düsseldorf o. J., S. 19ff.
418 Landtag Nordrhein-Westfalen, Plenarprotokolle, 8. Wahlperiode, Bd. 6, S. 5720.

8. Epilog des Lebens

Neue Aufgaben (Ausländerbeauftragter, Europaparlamentarier,
FES-Vorsitzender) – alte Leidenschaften (Reisen, Rhetorik, Rundfunk)

Der Abschied vom Amt fiel Kühn nicht leicht. Allein schon deshalb nicht, weil sein
Rücktritt zu diesem Zeitpunkt unfreiwillig war. Aber sein wacher Verstand mußte ihm
sagen, daß gewichtige Gründe für das Ausscheiden aus der leitenden Regierungsfunk-
tion sprachen: seine schweren gesundheitlichen Probleme, sein Alter und sein Autoritätsverfall gegen Ende der Amtszeit.

Eines hatte sich der 66jährige jedoch fest vorgenommen: Der Rücktritt vom höchsten politischen Amt in NRW sollte kein genereller Abschied von der Politik sein.
Nach einer ausgedehnten Exkursion zu den Schlössern an der Loire, die er Ende Sep-
tember/Anfang Oktober zusammen mit Frau Marianne unternahm,[1] meldete er sich
bei politischen und persönlichen Freunden unüberhörbar zurück. Trotzig klangen die
Worte, die er schon am 9. Oktober an den einstigen Ersten Bürgermeister von Hamburg, Herbert Weichmann, richtete: „[…] und versichere [ich] Dir, daß ich niemals
anfangen werde, aufzuhören, und niemals aufhören werde, anzufangen."[2] Seinen ehemaligen persönlichen Referenten Dieter Uecker (der nun als Oberstadtdirektor in
Oberhausen arbeitete) ließ er nur knapp einen Monat später wissen: „Ich fühle mich
richtig befreit und begierig für neue Aufgaben und Ziele. Mein Terminkalender ist
bald schon wieder so voll wie er in der Zeit meines Amtes war, und das ist gut so!"[3] Wenige Tage später gab er einer früheren Düsseldorfer Mitarbeiterin zu verstehen: „Meinen alten Kampfgeist habe ich mir ungebrochen bewahren können und in der Ruhe
einer Pensionsexistenz vermöchte ich nicht zu leben."[4]

Kühn versuchte sich außerdem mit dem Gedanken zu trösten, daß der Amtsverlust
auch sein Gutes habe. In dem Brief an die einstige Mitarbeiterin hieß es, niemand werde ihm jetzt einen Vorwurf mehr machen können, wenn er „in Mission im Ausland"
sei.[5] Sonderliche Rücksichten auf seine Gesundheit glaubte er nicht nehmen zu müssen. An den Rundfunkmann Fritz Brühl schrieb er: „Die Operation [gemeint ist die
Blinddarmoperation, D. D.] mit ihren unangenehmen Folgen, die zum Teil deshalb
so unangenehm waren, weil ich leichtsinnigerweise zu früh wieder in die Ruder der
Galeere gegangen bin, scheinen restlos überwunden. Ich habe meine 81 Kg zurückge-

---

1 Heinz Kühn an den israelischen Botschafter in Bonn, Yohanan Meroz, v. 12.10.1978 in:
   AdsD, Bonn, Nl. Heinz Kühn, 1/HK AA000042.
2 Heinz Kühn an Prof. Herbert Weichmann v. 9.10.1978, in: ebd.
3 Heinz Kühn an Dieter Uecker v. 2.11.1978, in: ebd.
4 Heinz Kühn an Sigrid Braunleder v. 6.11.1978, in: ebd.
5 Ebd.

wonnen und will es dabei belassen, und auch die Ärzte sind mit mir zufrieden."[6] Über sein nicht gesundes Herz verlor er kein Wort.

In der Tat, Heinz Kühn blickte nach vorn. Die leidige Ministerpräsidenten-Nachfolgefrage war endgültig entschieden. Er hatte seinen Wunschkandidaten nicht durchsetzen können, aber das war für ihn kein Grund, „nachzukarten" und seinem Amtsnachfolger Johannes Rau öffentlich oder hinter dem Rücken am Zeug zu flicken. Das hätte seinem Gefühl für politischen Anstand widersprochen. Als sich ein Richter a. D. aus Südwestdeutschland bemühte, mit heftiger Kritik am neuen NRW-Ministerpräsidenten (die er in einem Brief äußerte) Kühn gegen Rau in Stellung zu bringen, wehrte dieser den Versuch der Vereinnahmung souverän ab: „[…] Was meinen Nachfolger betrifft, so hat er natürlich eine ganz andere Persönlichkeitsstruktur. Er kommt aus der Schule von Gustav Heinemann. Wenn er auch einer der ‚Heinemänner' ist, so ist er natürlich kein Heinemann. Er ist außerordentlich begabt, nicht nur rhetorisch, und wird gewiß einen guten Ministerpräsidenten abgeben können, wenn auch von einem ganz anderen Typus als ich es war. Bei allem Verständnis für Ihr zögerndes Urteil, hoffe ich doch, daß er anders als Sie es befürchten, auf seine Art den Erfordernissen des Amtes vorbildlich entsprechen wird."[7]

Wenn Kühn von einem schon wieder vollgepackten Terminkalender sprach, so meinte er damit zum Teil *alte* Aufgaben und Verpflichtungen, die mit dem Ausscheiden aus dem Ministerpräsidenten-Amt nicht erloschen waren. Er übte noch sein Landtagsmandat aus, er blieb stellvertretender Vorsitzender des WDR-Verwaltungsrats, gehörte nach wie vor dem Vorstand der SPD an und fungierte weiter als stellvertretender Vorsitzender der Friedrich-Ebert-Stiftung. Er schied auch nicht aus dem Kuratorium der Alfried Krupp von Bohlen und Halbach-Stiftung aus, der er schon seit einer Reihe von Jahren angehörte.[8] Wenn Heinz Kühn von „neuen Aufgaben und Zielen" sprach, dachte er natürlich in erster Linie an die Funktionen eines Europa-Parlamentariers. Denn an seinem Plan, für das Europäische Parlament zu kandidieren (das im Juni 1979 zum ersten Mal von der Bevölkerung der Mitgliedstaaten der Europäischen Gemeinschaft direkt gewählt werden sollte), hielt er unverrückbar fest. Von seiner „Rückkehr nach Europa" versprach sich Heinz Kühn sehr viel. Die Mitgliedschaft im Europäischen Parlament war für ihn, das einstige Europaratsmitglied, ein verlockendes Ziel. Der Erreichung dieses Zieles schien kaum noch etwas im Wege zu stehen, als die SPD ihn während eines außerordentlichen Parteitags im Dezember auf der SPD-Bundeswahlliste für das Europaparlament ganz bevorzugt plazierte.[9]

---

6 Heinz Kühn an Fritz Brühl v. 31.10.1978, in: ebd.
7 Heinz Kühn an G. O. v. 6.11.1978, in: ebd.
8 Der Alfried Krupp von Bohlen und Halbach-Stiftung und ihrem Kuratoriumsvorsitzenden Berthold Beitz fühlte sich Heinz Kühn eng verbunden. Die Stiftung verfolgt den Zweck, die Wissenschaft, das Erziehungs-, Bildungs- und Gesundheitswesen, den Sport, die Literatur und die Künste im In- und Ausland zu fördern.
9 Kühn rangierte auf Platz 5 der Bundesliste, die insgesamt 78 Plätze umfaßte. Vor ihm auf der Liste kandidierten nur Willy Brandt, der DGB-Vorsitzende Heinz Oskar Vetter, Bruno Friedrich (aus Bayern) und Beate Weber (aus Baden-Württemberg). Siehe Bundes-Delegierten-Konferenz und Außerordentlicher Parteitag der Sozialdemokratischen Par-

Neu war für Kühn nach dem 20. September 1978 auch die Realisierung seiner Absicht, unter die Buchautoren zu gehen. Er wollte seine Lebenserinnerungen publizieren und begann unverzüglich mit ihrer Konzipierung und Niederschrift.

Ganz unverhofft wurde Heinz Kühn Ende Oktober 1978 noch eine weitere Aufgabe angetragen. Bundeskanzler Helmut Schmidt wandte sich an ihn mit der Bitte, das neu zu errichtende Amt eines „Bundesbeauftragten der Bundesregierung für die Integration der ausländischen Arbeitnehmer und ihrer Familienangehörigen" zu übernehmen.[10] Für diese Funktion mit dem langen Namen bürgerte sich bald die sprachgefälligere Bezeichnung „Bundesbeauftrager für Ausländerfragen" ein. Kühn, der selbst in seiner langen Exilzeit das Ausländerschicksal am eigenen Leibe erfahren hatte und der Ministerpräsident in einem Bundesland mit hohem Ausländeranteil gewesen war, schien für die Aufgabe prädestiniert. Das neue Amt war jedoch nicht „mit links" zu führen. Es erforderte viel Arbeitskraft, denn der Bundesbeauftragte sollte ein umfassendes Memorandum zum Stand und zur Weiterentwicklung der Integration der ausländischen Gastarbeiter und ihrer Familien in der Bundesrepublik erarbeiten.

Heinz Kühn übernahm das Amt, obwohl es im Zusammenhang mit seiner Berufung zu einem handfesten Krach zwischen den Bonner Koalitionspartnern SPD und FDP und zu einigen hämischen Kommentaren in deutschen Tageszeitungen gekommen war.[11] Der für das Bundesbeauftragten-Amt vorgesehene Jahresetat von 300.000 DM war im Haushaltsausschuß des Bundestages von der oppositionellen Union zusammen mit den liberalen Ausschußmitgliedern abgeschmettert worden. Das war eine Düpierung des Bundeskanzlers Schmidt und des designierten Bundesbeauftragten gleichermaßen. Übrig blieb für den Bundesbeauftragten Kühn eine spärliche Aufwandsentschädigung von 6.000 Mark pro Jahr, ein Dienstwagen und ein Bonner Büro mit Sekretärin und Regierungsdirektor. Wagen, Büro und die beiden Mitarbeiter wurden aus dem Etat des Bonner Arbeitsministeriums finanziert. Für sachliche Zuarbeit sollte außerdem ein schon bestehender „interministerieller Arbeitskreis" im Ehrenberg-Ministerium[12] zur Verfügung stehen.

Im Frühjahr/Sommer 1979 schien Kühn zumindest punktuell zu merken, daß die Fülle von Aufgaben, die er sich aufgehalst hatte und die er sich aufhalsen ließ, für ihn eine erhebliche Belastung darstellten. Europawahlkampf, Ausländerbeauftragten- und Buchautoren-Tätigkeit waren nicht leicht unter einen Hut zu bringen. Ganz zu schweigen von den anderen Funktionen und Aufgaben, die er noch „nebenher" zu bewältigen hatte. An den Hamburger Verlag Hoffmann und Campe, in dem seinen Memoiren erscheinen sollten, schrieb er im April: „Die vertrackte Aufgabe, die mir Bundeskanzler Schmidt als Mühlstein um den Hals gehängt hat, das komplexe Thema der

---

tei Deutschlands 9. und 10. Dezember 1978 Köln. Protokoll der Verhandlungen, Bonn o. J., S. 45ff.

10 Helmut Schmidt an Heinz Kühn v. 26.10.1978, in: AdsD, Bonn, Nl. Heinz Kühn, 1 HK/AA 000142.

11 Das Folgende nach diversen Zeitungsausschnitten vom Monat Dezember 1978 in: AdsD, Bonn, Sammlung Personalia, Heinz Kühn, Aktenordner 1712 B.

12 Herbert Ehrenberg (SPD), Bundesminister für Arbeit und Sozialordnung.

Integration von vier Millionen Gastarbeitern und ihrer Familien sowie die Aufgabe als Spitzenkandidat für das Europa-Parlament […], haben meinen Terminkalender, in dem ich ursprünglich ein paar größere Kreationslücken erhoffte, eher noch mehr gefüllt."[13] Solche Einsichten konnten Kühn jedoch nicht veranlassen, kürzerzutreten. Im Gegenteil: Sein Aktivitäts- und Arbeitsdrang steigerte sich eher noch. Im Frühjahr 1979 engagierte er sich nicht nur im Wahlkampf für das Europäische Parlament, er unterstützte auch noch Bundeskanzler Bruno Kreisky im österreichischen Wahlkampf.[14] Anfang Mai verpflichtete er sich überdies in einem Gespräch mit Kanzler Helmut Schmidt, das Memorandum zur Lage der ausländischen Arbeitnehmer schon nach der Sommerpause der Regierung zu übergeben.[15]

Am 10. Juni 1979 wurde Heinz Kühn ins Europäische Parlament gewählt, und schon im September – nur neun Monate nach seiner Ernennung zum Ausländerbeauftragten – legte er der Bundesregierung und der Öffentlichkeit sein Memorandum "Stand und Weiterentwicklung der Integration der ausländischen Arbeitnehmer und ihrer Familien in der Bundesrepublik" vor.[16] In einem Begleitschreiben an den Bundeskanzler betonte Kühn, daß er die im Memorandum enthaltenen Vorschläge als "Minimalprogramm für die notwendige Vorwärtsentwicklung der Ausländerpolitik der Bundesrepublik" betrachte. Er ließ den Kanzler auch wissen, daß für ihn im Vorfeld der Erstellung des Maßnahmenkatalogs zahlreiche Ausländer und ihre Familien "wichtige Gesprächspartner" gewesen seien.[17]

Kühns Memorandum bezog einen klaren Standpunkt. Es brach mit liebgewordenen Vorstellungen und erregte deshalb Aufmerksamkeit. Heinz Kühn ging von der Überzeugung aus, daß die Bundesrepublik für die 4 Mio. ausländischer Arbeitskräfte und ihrer Familienmitglieder – vor allem für die zweite und dritte Generation – zum faktischen *Einwanderungs*land geworden sei und nicht mehr ein vorübergehendes *Aufenthalts*land sei.

Er empfahl deshalb vor allem für die rund 1 Mio. ausländischer Kinder und Jugendlicher unter 16 Jahren im Bundesgebiet eine "konsequente Integrationspolitik".[18] Um "größten individuellen und gesamtgesellschaftlichen Schaden abzuwenden", hielt er eine solche Politik für dringend geboten.[19] Dazu gehörte nach seiner Meinung eine "erhebliche Intensivierung der integrativen Maßnahmen" im Bereich der Vorschule, Schule und beruflichen Bildung,[20] ein vorbehaltloses Optionsrecht der in der Bundes-

13 Heinz Kühn an den Verlag Hoffmann und Campe v. 9.4.1979, in: AdsD, Bonn, Nl. Heinz Kühn, 1/HK AA 000129.
14 Ebd. und Heinz Kühn an Bruno Kreisky v. 8.5.1979, in: ebd.
15 Ergebnisvermerk des Gesprächs Bundeskanzlers Schmidt mit Heinz Kühn v. 9.5.1979, in: ebd., 1/HK AA 000142.
16 Ein Exemplar des Memorandums befindet sich in: HiAdSt Köln, Nl. Heinz Kühn, Nr. 105.
17 Heinz Kühn an Helmut Schmidt v. 28.9.1979, in: AdsD, Bonn, Nl. Heinz Kühn, 1 HK / AA 000142.
18 Memorandum, S. 3.
19 Ebd., S. 2.
20 Ebd., S. 3, 18ff., 23ff., 32ff.

republik geborenen und aufgewachsenen ausländischen Jugendlichen auf Einbürgerung nach Vollendung des 18. Lebensjahres[21] und das kommunale Wahlrecht für Ausländer, die mindestens eine Aufenthaltsdauer von acht bis zehn Jahren in Deutschland nachweisen können.[22]

Während Kühns Memorandum in den Kirchen auf sehr positive Resonanz stieß, begegnete ihm die Politik mit unverhohlener Ablehnung oder Skepsis.[23] In Teilen der parlamentarischen Opposition war die Vorstellung von einer Rückkehr vieler Ausländer in ihre „angestammte Heimat" noch ziemlich virulent. Und gegen ein kommunales Ausländerwahlrecht meldeten Unionskreise verfassungsrechtliche Bedenken an. Aber auch die Regierung Schmidt identifizierte sich mit den Empfehlungen ihres Ausländerbeauftragten nicht uneingeschränkt. Die Bundesrepublik zum „Einwanderungsland" zu erklären, erschien ihr zu riskant. Außerdem taten sich offenbar einige Kabinettskollegen Schmidts schwer, die finanziellen Kosten der von Kühn geforderten Integrationsmaßnahmen zu akzeptieren. Der Ausländerbeauftragte hatte sie in seinem Begleitschreiben an den Kanzler für den Bund und die Länder auf 600 Mio. Mark beziffert.[24] Mißt man den Erfolg des Kühnschen Memorandums an seiner *unmittelbaren* Umsetzung in praktische Politik, so war dieser eher mäßig. Zentrale Empfehlungen – Rechtsanspruch auf Einbürgerung für in Deutschland geborene Ausländer und ein kommunales Ausländerwahlrecht – blieben unerfüllt. Aber Kühns Memorandum lieferte Denkanstöße, setzte Diskussionen in Gang. Aus heutiger Sicht war es wegweisend.

Nur mit Mühe hatte Kühn das „Memorandum" fertiggestellt, denn seine Gesundheit ließ seit August erneut sehr zu wünschen übrig. Ja, seine inzwischen chronische Herzmuskelschwäche und dazu noch eine Lungenentzündung zwangen den Vielbeschäftigten wieder auf das Krankenlager. Lange Klinikaufenthalte drückten seine Stimmung. Mitte November 1979 teilte er seinem einstigen liberalen Innenminister Burkhard Hirsch mit, er rüste sich nun zum Verlassen seiner „Matratzengruft".[25] Abgesehen von einer dreiwöchigen Unterbrechung, während der er „in Europa herumzigeunerte", habe er drei Monate „auf der Nase" gelegen. Und an Dieter Uecker schrieb er: „Du […] wirst wohl empfinden können, wie schmerzlich es für mich ist, daß die Ärzte nun ultimativ von mir verlangen, mich in die Aktivitätsbreite einzufügen, die mir noch gegeben ist."[26]

Unter dem Eindruck seiner erneuten gesundheitlichen Malaisen zog Heinz Kühn arbeitsmäßig gewisse Konsequenzen. Noch 1979 schied er aus dem Parteivorstand

21 Ebd., S. 42ff.
22 Ebd., S. 44ff.
23 Das Folgende nach Zeitungsausschnitten und Pressemitteilungen in: AdsD, Bonn, Sammlung Personalia, Heinz Kühn, Aktenordner 1703.
24 Heinz Kühn an Helmut Schmidt v. 28.9.1979.
25 Heinz Kühn an Burkhard Hirsch v. 16.11.1979, in: AdsD, Bonn, Nl. Heinz Kühn, 1/ HK AA 000129. Heinrich Heines Metapher von der „Matratzengruft" verwendete er auch in einem nur einen Tag vorher an Walter Hesselbach (den Vorsitzenden des Aufsichtsrats der Bank für Gemeinwirtschaft) geschriebenen Brief. Heinz Kühn an Walter Hesselbach v. 15.11.1979, in: ebd.
26 Heinz Kühn an Dieter Uecker v. 19.11.1979, in: ebd.

aus. 1980 war er auch bereit, den „Kriegsschauplatz Düsseldorf" zu „liquidieren", wie er das Niederlegen seines Landtagsmandates umschrieb.[27] Im selben Jahr gab er mit Ablauf der Bundestags-Wahlperiode im Oktober auch das Amt des Ausländerbeauftragten an die Bundesregierung zurück. Aber es blieb noch genug übrig: das Europaparlament, die Friedrich-Ebert-Stiftung, der Verwaltungsrat des WDR, das Schreiben von Büchern – um nur die wichtigsten Arbeitsfelder zu nennen. Bis über die Mitte der 1980er Jahre hinaus war Kühn ein vielbeschäftigter, kaum zur Ruhe kommender, rastlos tätiger Mann. Der Arbeitsanfall nahm in der ersten Hälfte der 1980er Jahre eher wieder zu, als daß er abnahm. Das erklärt sich schon allein aus dem Umstand, daß Kühn vom stellvertretenden Vorsitzenden zum Vorsitzenden der Friedrich-Ebert-Stiftung aufstieg. Alles, was er auch in diesem Lebensabschnitt tat (selbstverständlich auch das Bücherschreiben und das Sich-zu-Wort-Melden in Rundfunkfragen), geschah unter politischem Vorzeichen. Von Heinz Kühns letzter aktiver politischer Lebensphase soll im folgenden die Rede sein.

In den frühen 1980er Jahren war die Abgeordnetentätigkeit im Europäischen Parlament der Schwerpunkt seiner politischen Arbeit. Als Europaabgeordneter hatte er in Straßburg und in Brüssel zu tun. In der französischen Stadt fand die Mehrzahl der Plenarsitzungen statt, in der belgischen Metropole tagten die meisten Ausschüsse. Kühn befand sich im ersten direkt gewählten Europäischen Parlament in illustrer Gesellschaft. Ihm gehörten z. B. Simone Veil (die in das Amt der Parlamentspräsidentin gewählt wurde), Willy Brandt, Edgar Faure und Enrico Berlinguer an. In den fünf Jahren, in denen Heinz Kühn Europaabgeordneter war, hielt er im Plenum des Parlaments keine Rede. Nur ein einziges Mal sprach er hier, und zwar zur Geschäftsordnung.[28] Das entsprach fast seinem Verhalten im Europarat in den Jahren 1957 bis 1963.[29] Hinter den Kulissen des Europaparlaments, in seinen Ausschüssen, war er aber um so aktiver. Er galt bei seinen Parlamentskollegen aus anderen europäischen Ländern aufgrund seiner politischen Vergangenheit als absolut glaubwürdig. Heinz Kühn wurde von ihnen als Autorität akzeptiert und war insofern unter den deutschen Abgeordneten im Parlament eine ganz wichtige Figur.[30]

Denkt man an die vielen Kontakte, die Kühn als „Außenminister" der Friedrich-Ebert-Stiftung auch während seiner Ministerpräsidentschaft zu Ländern der Dritten Welt unterhielt, kann es kaum überraschen, daß er die Entwicklungspolitik zu seinem Hauptarbeitsgebiet im Europäischen Parlament machte. Die „Nord-Süd"-Arbeit lag ihm am Herzen. Er wurde Vize-Vorsitzender des Entwicklungsausschusses. Außerdem war der Europaabgeordnete Kühn von Anfang an Mitglied der „Beratenden Ver-

---

27 Ebd.
28 Zu dieser Feststellung kommt man nach Durchsicht der Plenumsprotokolle im Zeitraum 1979 bis 1984. Siehe Amtsblatt der Europäischen Gemeinschaften. Verhandlungen des Europäischen Parlaments. Sitzungsperioden 1979 bis 1984.
29 Im Europarat hatte er – abgesehen von Wortmeldungen zur Geschäftsordnung – nur eine Plenumsrede gehalten. Vgl. S. 174 der Biographie.
30 So urteilt Katharina Focke, die ebenfalls dem ersten direkt gewählten Europäischen Parlament angehörte, im Zeitzeugengespräch vom 10.11.1998.

sammlung AKP-EG". Dabei handelte es sich um ein Gremium, dem Europaparlamentarier und Vertreter von Entwicklungsländern angehörten, die mit den Staaten der Europäischen Gemeinschaft wirtschaftlich kooperierten. Dazu zählten Länder Afrikas und Inselstaaten der Karibik und des Pazifik.[31] Mit Kühns entwicklungspolitischer Arbeit im Europäischen Parlament waren jährliche Reisen in die Dritte Welt, vor allem nach Afrika, verbunden, wogegen der Kölner, dessen Reiselust auch im Alter ungebrochen war, natürlich nicht das geringste einzuwenden hatte.

Auch sonst verstand es Heinz Kühn in Straßburg und Brüssel, Arbeit und Lebensgenuß miteinander zu verbinden. So traf er sich in den langen Plenarsitzungswochen in Straßburg oder im Anschluß an Ausschußsitzungen in Brüssel des Abends mit Parlamentskollegen zu genüßlichem Mahl und es wurde in kleiner, angeregter Runde in verschiedenen Sprachen über vergangene Zeiten parliert. Kühn konnte spannend erzählen und fesselte seine Zuhörer mit Erinnerungen an die Arbeiterjugendbewegung und an die Zeit des Brüsseler Exils.[32]

Aber Heinz Kühn hatte am Europaparlament auch manches auszusetzen. Obwohl er die Stadt Straßburg liebte, mißfiel ihm der neue Europarats-Palast, der auch das Europäische Parlament beherbergte. Er sehnte sich nach der alten Europarats-Behausung zurück, in der er Ende der 1950er/Anfang der 1960er Jahre ein- und ausging. Das neue Gebäude aus kühlem Beton, viel Glas und überaus langen Fluren war nicht nach seinem Geschmack. Auch seinem Abgeordnetenbüro in diesem Domizil konnte er nichts abgewinnen. Es habe „die Dimension einer klösterlichen Zelle". So fühle man sich auch darin, beklagte er sich. Es fehle „jeder Akzent der Gemütlichkeit".[33]

Viel kritikwürdiger als diese Äußerlichkeiten waren für Kühn jedoch die fehlenden politischen Kompetenzen des Europäischen Parlaments. Er hatte fest daran geglaubt, das erste direkt gewählte Europaparlament werde seine Ohnmacht überwinden und sich selbstbewußt politische Rechte erkämpfen. Als er merkte, daß seine Hoffnung unerfüllt blieb, war seine Enttäuschung groß. Skepsis überwog seitdem, wenn er an die nähere Zukunft des Europäischen Parlaments dachte.[34] Das war der Grund, warum er eine zweite Kandidatur verwarf und mit Ablauf der Wahlperiode 1984 aus dem Parlament ausschied.

Noch zu Zeiten seiner Mitgliedschaft im Europäischen Parlament, im Juni 1983, wurde Heinz Kühn zum Vorsitzenden des Vorstandes der Friedrich-Ebert-Stiftung

---

31 Die wirtschaftliche Zusammenarbeit beider Ländergruppen beruhte in den Jahren, als Kühn dem Europäischen Parlament angehörte, auf dem 2. Lomé-Abkommen (benannt nach der Hauptstadt Togos) vom 31.10.1979. Es löste das 1. Lomé-Abkommen vom 25.2.1975 ab. Wichtige Elemente der Lomé-Abkommen sind der freie, unverzollte Zugang von Erzeugnissen der AKP-Staaten auf den Europäischen Binnenmarkt, die industrielle Kooperation – z. B. durch Förderung von Direktinvestitionen in den AKP-Staaten – und die Förderung der Landwirtschaft in diesen Staaten, um eine Selbstversorgung mit Nahrungsmitteln zu erreichen.

32 Gespräch mit Katharina Focke v. 10.11.1998.

33 Heinz Kühn in „Neues Rheinland", Heft 2 (Februar) 1981.

34 Nach Zeitzeugengespräch Katharina Focke v. 10.11.1998 und Heinz Kühn an Katharina Focke v. 19.6.1984, in: Privatarchiv Katharina Focke.

auserkoren. Die Mitgliederversammlung der SPD-nahen Stiftung wählte ihn in das Führungsamt. Einen Monat vorher war Alfed Nau, der langjährige Vorsitzende der FES, gestorben, und es gab in der Bonner Stiftungszentrale nur die einhellige Meinung: Kühn (der seit 1970 stellvertretender Vorsitzender war) muß sein Nachfolger werden.[35] Als Vorsitzender vertrat Kühn die FES (die in den 1980er Jahren rund 700 Mitarbeiter hatte und zehn Schulen in Deutschland und sechs im Ausland unterhielt) nach innen wie nach außen, während die Geschäftsleitung in den Händen des geschäftsführenden Vorstands lag. Das war zum Zeitpunkt, als Kühn in das Spitzenamt gewählt wurde, der schon seit langem im Dienste der FES tätige, aber ursprünglich aus der Gewerkschaftsarbeit kommende promovierte Historiker Günter Grunwald. Zwischen Kühn und Grunwald bestand ein besonderes Vertrauensverhältnis, das durch viele Jahre gemeinsamer Arbeit für die Stiftung entstanden war.[36]

War Heinz Kühn schon als Vize-Vorsitzender der „Außenminister" der Friedrich Ebert-Stiftung, so war er es erst recht als Vorsitzender. Kühns Reiseaktivität in die Staaten der Dritten Welt und in andere Länder „boomte" jetzt geradezu. Seine mehrwöchigen „Kontrollreisen", auf denen er die diversen Entwicklungsprojekte der Stiftung inspizierte, führten ihn nach Süd- und Mittelamerika, China (wo die FES im Süden des Landes ein landwirtschaftliches Projekt finanzierte und betreute), Sri Lanka, in die Türkei, nach Israel und natürlich nach Afrika.[37] Da sich Heinz Kühn auch für die Alfried Krupp von Bohlen und Halbach-Stiftung und (bis 1984) für das Europäische Parlament als Reisediplomat engagierte, konnte es geschehen, daß er in einem Jahr gleich mehrmals außer Landes war – so z. B. 1983, als er längere Reisen nach China, in die Türkei und nach Brasilien unternahm.[38]

Nicht jede der Kühnschen Reiseunternehmungen diente (allein) entwicklungspolitischen Zwecken. Manchmal war er gleichzeitig oder ausschließlich in politisch-*kultureller* Mission unterwegs. Auch das war für ihn, der sich einst als Bundestagsabgeordneter der auswärtigen Kulturpolitik verschrieben hatte, ein altvertrautes Metier. Am 14. März 1983, dem 100. Todestag von Karl Marx, eröffnete er z. B. in der Pekinger Kunsthalle eine Karl-Marx-Ausstellung der FES.[39] Am 31. August 1984, dem 120. Todestag von Ferdinand Lassalle, legte er an dessen Grab auf dem jüdischen Friedhof in Breslau einen Kranz nieder. Das Lassalle-Grab, das sich jahrzehntelang in einem völlig verwahrlosten Zustand befunden hatte, war zuvor mit Mitteln der Friedrich-Ebert-Stiftung restauriert worden.[40] Seinen fünftägigen Aufenthalt in Polen nutzte Kühn zu Gesprächen mit polnischen Politikern und dem Sekretär der polnischen

---

35 Nach Zeitzeugengespräch Günter Grunwald v. 19.4.2001.
36 Nach ebd.
37 Quellen für Kühns Reiseaktivitäten in den 1980er Jahren: AdsD, Bonn, Nl. Heinz Kühn, 1/HK AA 000036 und 1/HK AA 000095. Außerdem Zeitzeugeninterview Günter Grunwald v. 19.4.2001.
38 Ursula Emmerich (Sekretärin Heinz Kühns in der FES) an SPD-Unterbezirk Neuwied-Altenkirchen v. 24.3.1983, in: AdsD, Bonn, Nl. Heinz Kühn, 1/HK AA 000036.
39 Friedrich-Ebert-Stiftung. Die Arbeit der Friedrich-Ebert-Stiftung, Jahresbericht 1983, S. 55.
40 Zeitzeugeninterview Günter Grunwald v. 19.4.2001.

Bischofskonferenz.[41] Außerdem hielt er eine „glänzende Rede"[42] an der Lassalle-Grabstätte. In der Ansprache, deren Text in gedruckter Form überliefert ist,[43] schlug er einen Bogen von der Vergangenheit zur Gegenwart: Lassalle habe gelehrt, daß der Mythos vom Nationalcharakter des Bodens zu den Irrlehren vergangener Zeiten gehöre. Nicht der Boden, allein die Völker seien von dem unterschiedlichen Charakter ihrer Kulturen geprägt. Und deshalb sei es falsch zu sagen, Lassalle habe seine letzte Ruhe in

Kühn hält eine Rede am Grabe Ferdinand Lassalles
auf dem jüdischen Friedhof in Breslau (31. August 1984).

41 Nach Frankfurter Allgemeine v. 29.8.1984.
42 Zeitzeugengespräch Grunwald.
43 Enthalten in der von der FES herausgegebenen Broschüre: Ferdinand Lassalle 1825–1864, Bonn 1985. Ein Exemplar ist enthalten in: AdsD, Sammlung Personalia, Heinz Kühn 1716 D.

ehemals *deutscher* und nun *polnischer* Erde gefunden. Kühn zog daraus die Schlußfolgerung: „[…] niemand soll die waghalsige Ungeheuerlichkeit versuchen, eine territorial-revisionistische Politik auf den Nationalcharakter des Bodens zu gründen.“[44]

Aber es gab noch viele andere Gelegenheiten, bei denen Heinz Kühn die Ebert-Stiftung als Redner und Akteur repräsentierte: vor UN-Ausschüssen (denn die FES gehörte seit 1958 zu den „Non Governmental Organizations of United Nations“[45]), bei Empfängen für Delegationen aus Afrika, Asien und Lateinamerika in der Bonner Stiftungszentrale. Weltmännisch, nämlich in fließendem Französisch, manchmal auch in englischer Sprache, begrüßte Heinz Kühn die Gäste.[46]

In der Zeit von Kühns FES-Vorsitz geriet die Ebert-Stiftung – wie auch andere politische Stiftungen in der Bundesrepublik – unter schweren Beschuß. Im Zusammenhang mit der Flick-Parteispendenaffäre tauchte in den Medien der Verdacht auf, die parteinahen Stiftungen fungierten als „Geldwaschanlagen“ für politische Parteien. Die FES wurde verdächtigt, sie habe über Schweizer Konten und über die israelische Naphtali-Stiftung Spendengelder zur SPD geschleust. Kühn wies diese Beschuldigungen wiederholt mit Entschiedenheit zurück.[47] Alle für die Stiftung eingegangenen Spenden seien ausschließlich für die satzungsmäßigen Zwecke verwendet worden. Seine Mitarbeiter versuchte er gegen das Ungemach zu wappnen. In den vergangenen zehn Jahren sei die Stiftung als „eine Art Schönwetter-Fregatte“ erschienen, jetzt komme es darauf an, daß sie sich „als ein Schiff für Allwetterfestigkeit“ erweise.[48] Kühn sollte recht behalten. Die Stichhaltigkeit der erhobenen Vorwürfe konnte nicht nachgewiesen werden. Allerdings dauerte es fast zehn Jahre, bis das Ermittlungsverfahren der Bonner Staatsanwaltschaft gegen die FES eingestellt wurde.[49]

Trotz seiner vielen Termine und Ortswechsel fand Heinz Kühn zwischendurch noch Zeit, an seinen Büchern zu arbeiten. Dazu zog er sich in seinen „Olymp“ zurück, in das Arbeitszimmer im ersten Stock seines Hauses in Köln-Dellbrück. Bereits im Februar 1980 erschien der erste Band seiner Lebenserinnerungen[50], nur ein Jahr später der zweite.[51] Zu diesem Zeitpunkt lag schon das Rohmaterial für zwei weitere Bücher bereit,[52] die er dann 1985 und 1986 publizierte. In beiden Veröffentlichungen machte er, für den die politische Rede Lebenselixier war, die Kunst der Beredsamkeit in der Politik zum Thema.

44 Ebd., S. 22.
45 Nach Zeitzeugengespräch Grunwald.
46 Ebd.
47 Nach AdsD, Bonn, Nl. Heinz Kühn, 1/ HK AA 000024, hier: Ansprache Kühns anläßlich der Mitgliederversammlung der FES am 5.12.1984; Interviewtext Kühns für Fernsehsendung „Tagesthemen“ v. 8.7.1986; Pressemitteilung der FES v. 11.7.1986; Lösche/Walter: Die SPD, S. 237f.
48 Ansprache Kühns anläßlich der Mitgliederversammlung der FES am 5.12.1984, S. 9.
49 Nach Zeitzeugengespräch Grunwald.
50 Kühn: Widerstand und Emigration. Die Jahre 1928–1945.
51 Kühn: Aufbau und Bewährung. Die Jahre 1945–1978.
52 Heinz Kühn an Burkhard Hirsch v. 16.11.1979, in: AdsD, Bonn, Nl. Heinz Kühn, 1/ HK AA 000129.

„Die Kunst der politischen Rede" heißt eines der beiden Bücher.[53] In ihm ist der umfangreiche erste Teil – „Geschichte und Geschichten über die Macht und Ohnmacht des politischen Wortes" – wegen seines Aussagegehalts der wichtigste. Darin vertritt Kühn die These, daß die politische Rhetorik in Deutschland einen „Leidensweg" hinter sich habe. Den Deutschen der Neuzeit sei es im Gegensatz zu den Franzosen und Engländern nicht geglückt, eine *freie politische Rhetorik* auszubilden, da sie sich nicht aus eigener Kraft aus den Fesseln untertanenstaatlicher Lebensverhältnisse befreit hätten. Weder sei es den Deutschen jemals gelungen, eine Revolution zu machen oder erfolgreich zu Ende zu führen (weder 1525 noch 1815, 1848, 1918 oder 1944), noch hätten sie den „Weg zur demokratischen Nationswerdung" aus eigenem Vermögen beschritten.[54]

Hitler und Goebbels versteht Kühn als *Antipoden* einer vom argumentativen Geist beseelten, den Zuhörer über*zeugen* und nicht über*reden* wollenden politischen Rhetorik. Die beiden Nazigrößen waren für ihn Vertreter einer perfektionierten „demagogischen Rhetorik", der es um die psychische Unterwerfung der Zuhörerschaft „unter fremden Willen" ging.[55] Winston Churchill, der konservative britische Premier, der sein Volk zum Kampf gegen die Nazityrannei aufrief und ihm nichts als „blood, tears und sweat" versprach, war für Kühn dagegen ein „alle überragender großer Meister der politischen Sprache, mit einem Stil voller Glanz und Feuer, voller Ironie und Humor, dem bitteren und dem befreienden".[56]

Ein zeitgenössisches journalistisches Urteil über Heinz Kühns „Kunst der politischen Rede" lautete: „Kühns Buch zu lesen, ist ein intellektuelles Vergnügen; sein Charme besteht weniger im Tiefsinn als in der verblüffenden Fülle anekdotischer Fakten."[57] Dem ließe sich noch hinzufügen: Kühn erweist sich auch einmal mehr als subtiler Kenner der deutschen und der europäischen Geschichte – und als jemand, der in Zitate und Aphorismen verliebt ist. Das Buch ist (gewiß nicht zur Freude jedes Lesers) übervoll an Zitaten diverser Politiker- und Geistesgrößen, die der Autor seiner riesenhaften, in fast vierzig Karteikästen aufbewahrten Zitatensammlung entnahm.[58] Mit dem karteimäßigen Anlegen der Sammlung hatte Kühn schon im belgischen Exil begonnen. Sie leistete dem politischen Rhetoriker Kühn nach 1945 treue Dienste. Beim Vorbereiten all seiner im Landtag, Bundestag und andernorts gehaltenen großen politischen Reden griff er dankbar auf sie zurück. Überaus reichlich fand die Sammlung ihren Niederschlag auch in den beiden Memoirenbänden.

---

53 Heinz Kühn: Die Kunst der politischen Rede, Düsseldorf/Wien 1985.
54 Ebd., S 13ff.
55 Ebd., S. 102f.
56 Ebd., S. 68.
57 Klaus Jürgen Haller in Stuttgarter Zeitung v. 13.2.1987 („Spät zum freien Wort gefunden. Heinz Kühn analysiert die Kunst der politischen Rede").
58 Der komplette, unter systematischen Gesichtspunkten geordnete Zitatenschatz Kühns ist erhalten geblieben. Er befindet sich im Bonner Archiv der sozialen Demokratie der FES.

Mit einer Bemerkung in seinem 1985 veröffentlichten Buch trat der alte Kühn ins Fettnäpfchen. Er unterstellte eine begrenzte physisch-psychische Eignung der Frauen als Rednerinnen und warf die Frage auf, „warum die Stimmen vieler Frauen so leicht ‚kippen', sich also überschlagen und die Unlustgefühle der Zuhörer auslösen".[59] Heinz Kühn schwankte zwischen mehreren Erklärungsgründen: Es könne an „hormonelle[n] Stimmstörungen", nervliche[r] Belastungsschwäche" oder an der geringeren „Atemgröße" der Frau liegen. Sie betrage „nach tiefster Einatmung" beim Mann 3.000 bis 5.000 Kubikzentimeter, bei der Frau dagegen nur 2.000 bis 4.000.[60]

Kühns behauptete physisch-psychische Unterlegenheit der Frauen als Rednerinnen rief die gestandene SPD-Politikerin Katharina Focke auf den Plan. Sie, die Heinz Kühn ansonsten sehr schätzte und ihm auch karrieremäßig einiges verdankte, hielt mit ihrer Kritik nicht hinter dem Berg.[61] Hat sich Heinz Kühn diese Kritik zu Herzen genommen? In seinem zweiten, 1986 veröffentlichten Buch zur politischen Redekunst – sein Titel lautet: „Auf den Barrikaden des mutigen Wortes"[62] – entwirft er historische Porträts von zwölf „politischen Rednerpersönlichkeiten", unter ihnen zwei Frauen: Rosa Luxemburg und Clara Zetkin. Rosa Luxemburg bescheinigt er, „eine mitreißende Rednerin" gewesen zu sein, „die mit ihrer silberhellen, volltönend-melodischen Stimme [...] ohne Anstrengung einen großen Saal füllte".[63]

Kühns Buch „Auf den Barrikaden des mutigen Wortes" ist – wie die drei vorangegangenen Bücher – stilistisch geschliffen. Und es ist spannend geschrieben. Die politischen Porträts zeugen von beachtlicher geschichtlicher Detailkenntnis und großem Einfühlungsvermögen. Kühn porträtiert acht der deutschen Arbeiterbewegung zugehörige Rednerpersönlichkeiten. Neben Rosa Luxemburg und Clara Zetkin sind das Ferdinand Lassalle, August Bebel, Ludwig Frank, Karl Liebknecht, Otto Wels und Kurt Schumacher. Zwei der Porträtierten sind ausländische Sozialisten: Jean Jaurès und Giacomo Matteotti. Als „Kontrastfiguren" zu Ferdinand Lassalle und Kurt Schumacher zeichnet er außerdem Rednerporträts von Otto von Bismarck und Konrad Adenauer.

„Rhetorik" war für den Kühn der 1980er Jahre aber nicht nur ein Gegenstand historisch-schriftstellerischer Betrachtung; er blieb ihr höchst praktisch verbunden. Der Ex-Landesvater war in SPD-Ortsvereinen und -Unterbezirken Nordrhein-Westfalens bei Parteijubiläumsfeiern und historischen Gedenktagen ein gefragter Festredner. Gerne nahm er die Einladungen an – wenn er sich nicht gerade im Ausland befand oder sein krankes Herz ihm nicht wieder mal einen bösen Streich spielte.[64] Drei Beispiele: 1983 hielt er eine vielbeachtete Rede bei einer Veranstaltung des SPD-Unterbezirks Oberhausen zur 50. Wiederkehr der NS-Machtergreifung am 30. Januar 1933.[65]

---

59 Kühn: Die Kunst der politischen Rede, S. 256.
60 Ebd.
61 Zeitzeugengespräch Katharina Focke v. 10.11.1998.
62 Heinz Kühn: Auf den Barrikaden des mutigen Wortes. Die politische Redekunst, Bonn 1986.
63 Ebd., S. 116.
64 AdsD, Bonn, Nl. Heinz Kühn, 1/ HK AA 000036.
65 Westdeutsche Allgemeine v. 31.1.1983.

Im selben Jahr erinnerte er in Krefeld vor überfülltem Saal an das Hitlersche Ermächtigungsgesetz vom 24. März 1933.[66] 1985 sprach er auf dem Herbstfest der Sozialdemokraten in Heinsberg zum 40. Jahr der Wiedergründung der SPD.[67] Für den in der Historie so bewanderten Heinz Kühn waren die Auftritte ein Labsal, vor allem dann, wenn er – wie in Heinsberg – von den Genossen und Genossinnen mit Standing ovations überschüttet wurde. 1985 griff der Ministerpräsident a. D. auch noch einmal in den Landtagswahlkampf ein. Gleich vier Redneraufritte vereinbarte er mit dem Geschäftsführer seines Parteibezirks.[68]

Der alte Kühn konnte es auch nicht lassen, sich hin und wieder in die hohe Bonner Parteipolitik einzumischen – keineswegs inmmer zum Vergnügen der SPD-Oberen. Am 5. März 1981 gab er der „Bild"-Zeitung ein Interview. In ihm meinte er, daß sich das Problem einer zerstrittenen SPD-Führungstroika von selbst erledige. Der Parteivorsitzende Brandt werde nur noch einmal für das höchste Parteiamt kandidieren, Kanzler Schmidt bleibe höchstens noch bis zur nächsten Wahl auf dem Posten und Fraktionschef Wehner trete schon 1981 von seinem Amt zurück. Bei Wehner diagnostizierte er eine „sichtbare Personalitätsschwächung". Davon ihr Seelenheil in der Opposition zu suchen, riet Kühn der in sich uneinigen und in einem Meinungstief befindlichen SPD im selben Interview dringend ab. Die Oppositionszeit dauere „eher 15 als 10 Jahre". Die SPD müsse im Bunde mit der FDP Kompromisse schließen und „Kröten schlucken".[69]

Ein Jahr später, im März 1982 (die weltweite Wirtschaftsrezession hatte die Arbeitslosenzahlen in der Bundesrepublik dramatisch in die Höhe getrieben und die wirtschaftspolitischen Vorstellungen der Koalitionspartner SPD und FDP drifteten auseinander), schrieb Kühn einen besorgten Brief an Kanzler Schmidt. Er enthielt den dringenden Rat, durch eine „Schweiß-und-Tränen"-Rede („im Stil der berühmten Churchillrede") die Bevölkerung zu einer „große[n] Kraftanstrengung" aufzurufen, um bald danach „zu Bundestagsneuwahlen zu kommen".[70] Schmidt wehrte ab. Im April schrieb er an Kühn, er halte Neuwahlen vor Ablauf der Legislaturperiode für ein problematisches Mittel, um die politische Situation zum Besseren zu wenden. Schmidt wörtlich: „Nicht nur, daß ich mich als Bundeskanzler an den Wählerauftrag von 1980 gebunden fühle; ich sehe auch nicht, wie sich nach einer vorgezogenen Neuwahl – unterstellt, wir könnten einigermaßen gut dabei abschneiden – das Verhältnis zur F. D. P., zur Opposition und vor allem zum Bundesrat ändern würde."[71]

---

66 AdsD, Bonn, Nl. Heinz Kühn, 1/ HK AA 000036.
67 Erkelenzer Nachrichten v. 11.11.1985 und Dr. Eugen Gerritz an Heinz Kühn v. 7.2. 1984, in: AdsD, Bonn, Nl. Heinz Kühn, 1/HK AA 000036.
68 Heinz Kühn an Karl-Heinz Otten v. 31.1.1985, in: AdsD, Bonn, Nl. Heinz Kühn, 1/HK AA 000095.
69 „Bild"-Zeitung v. 5.3.1981 („Heinz Kühn: Wer regieren will, muß heute Kröten schlucken"); Frankfurter Allgemeine v. 6.3.1981 („Kopfschütteln in der SPD über Heinz Kühn").
70 Heinz Kühn an Helmut Schmidt v. 22.3.1982, in: AdsD, Bonn, Depositum Helmut Schmidt, 1/HSAA 006852.
71 Helmut Schmidt an Heinz Kühn v. April 1982 (genaues Datum unleserlich), in: ebd.

Anfang 1987 – die Bundes-SPD befand sich schon gut vier Jahre in der Opposition – klinkte sich Heinz Kühn per Zeitungsinterview in die Diskussion um die Nachfolge Willy Brandts als Parteivorsitzender ein. Vorsichtig kritisierte er in einem Gespräch mit dem „Kölner Stadt-Anzeiger" eine Äußerung des scheidenden Parteichefs. Zu dessen Empfehlung für einen Generationenwechsel zu den „Enkeln" meinte er: „Die normale Übergabe der Macht erfolgt an die Söhne."[72] Damit hatte er für den SPD-Bundestagsfraktionschef Hans-Jochen Vogel und gegen den saarländischen Ministerpräsidenten Oskar Lafontaine als neuen Parteivorsitzenden votiert. Vier Monate später sollte Vogel zum Parteichef gewählt werden.

Auch seiner alten Liebe zum Rundfunk – Hörfunk und Fernsehen gleichermaßen – schwor Kühn auf seine alten Tage nicht ab. Als stellvertretender Verwaltungsratsvorsitzender des Westdeutschen Rundfunks bis 1985 und seitdem als Mitglied des Rundfunkrats und Vorsitzender des Programmausschusses des WDR nahm er Einfluß auf die Arbeit einer öffentlich-rechtlichen Medienanstalt mit rund 4.200 Beschäftigten. Der *öffentlich-rechtliche* Rundfunk hatte in den frühen und mittleren 1980er Jahren ein großes, noch nie dagewesenes Problem – und mit ihm Heinz Kühn, der, wie wir wissen, seit langem ein unbedingter Anhänger dieser Art von Rundfunk war.

Das Problem bereiteten ihm die „neuen Medien", die im Begriff waren, die nach dem Kriege in der Bundesrepublik gewachsene Medienordnung einschneidend zu verändern. Unter den neuen Medien verstand man neue Verteiltechniken im Bereich der elektronischen Medienwelt: Kabelverbund, Satelliten und neu aufgespürte terrestrische Frequenzen. Die neuen Medien schienen imstande, die chronische Knappheit an Sendefrequenzen ein für allemal zu beenden und die Zahl der ausgestrahlten Programme beliebig zu vermehren. Dieser Umstand weckte Begehrlichkeiten bei Zeitungsverlegern und Medienkonzernen. Mit ihrer Forderung, als Veranstalter *privaten, kommerziellen* Rundfunks zugelassen zu werden, meldeten sie sich frühzeitig zu Wort. In der Politik besaßen sie mächtige Verbündete: Dazu gehörten die neue konservativliberale Bundesregierung unter Helmut Kohl (die mit programmatischem Eifer die flächendeckende Breitbandverkabelung deutscher Großstädte in Angriff nahm) und die CDU/CSU-Ministerpräsidenten. Letztere verfügten in den Ministerpräsidenten-Konferenzen, in denen länderübergreifende rundfunkpolitische Abmachungen getroffen wurden, gegenüber ihren SPD-Kollegen über eine satte Mehrheit.

Für Kühn waren Medienfragen „Machtfragen". Ihn mochten nostalgische Gefühle beschleichen, wenn er sich an die späten 1950er und frühen 1960er Jahre erinnerte, als er erfolgreich mitgeholfen hatte, Adenauers privates „Deutschland-Fernsehen" zu vereiteln.[73] Die „Großwetterlage" war jetzt jedoch eine völlig andere, zumal auch das Bundesverfassungsgericht 1981 in einem Urteil die Zulässigkeit privaten Rundfunks grundsätzlich für rechtens erklärte.[74]

---

72 Kölner Stadt-Anzeiger v. 18.2.1987.
73 Vgl. S. 160ff. der Biographie.
74 Albrecht Hesse: Rundfunkrecht. Die Organisation des Rundfunks in der Bundesrepublik Deutschland, München 1990, S. 30, und Düding: Volkspartei im Landtag, S. 245.

Gleichwohl wandte sich Kühn – seine Partei hinter sich wissend – zunächst kompromißlos gegen die Einführung der „neuen Medien" und des privaten Fernsehens. Noch Anfang April 1984 warnte er vor dieser „modernen Büchse der Pandora". Er sei überzeugt, daß die Berieselung via Satellit und Kabel zu einer allgemeinen Senkung des kulturellen Niveaus führen werde. Die Fähigkeit der Menschen zu Gespräch und Reflexion werde verkümmern. Außerdem prognostizierte er einen „erbarmungslosen Wettbewerb zwischen öffentlich-rechtlichen und privaten Systemen".[75]

Mitte Mai 1984 gab die Bundes-SPD auf einem Parteitag in Essen ihre Fundamentalopposition gegen neue Medien und privaten Rundfunk auf. Die politische und verfassungsrechtliche Großwetterlage ließ ihr keine andere Wahl. Die Partei machte aber auch klar, daß in Zukunft der Bestand und die Weiterentwicklung des öffentlich-rechtlichen Rundfunks garantiert sein müsse. Kühn trug der Neuorientierung seiner Partei Rechnung. Ende Mai 1984 fand er sich in einem breitangelegten Referat zur Medienpolitik (das er vor dem Kuratorium der Friedrich-Ebert-Stiftung hielt) mit dem künftigen Nebeneinander von öffentlich-rechtlichem und privatem Rundfunk (Hörfunk und Fernsehen) ab. Aber er band dieses Nebeneinander an *unabdingbare, gesetzlich zu verankerne* Kautelen:

1. Beide Systeme, das öffentlich-rechtliche und das privat-kommerzielle, müßten auf ein Programmangebot von Information, Unterhaltung, Bildung und für „Minderheiten" verpflichtet werden. 2. Der öffentlich-rechtliche Rundfunk habe sich aus Gebühren zu finanzieren, sei aber auch in gesicherter Form an der Werbung zu beteiligen. 3. Die Aufsichtsorgane der Anstalten beider Systeme müßten sich aus den partei- und gesellschaftspolitisch relevanten Kräften zusammensetzen. [76]

Kühn machte noch bei einer anderen Gelegenheit die Erfahrung, daß seit dem Regierungswechsel in Bonn im Jahr 1982 ein anderer rundfunkpolitischer Wind wehte. 1985 mußte turnusmäßig ein neuer WDR-Intendant gewählt werden. Der amtierende WDR-Chef, Freiherr Friedrich-Wilhelm von Sell, war nicht mehr bereit zu kandidieren. Heinz Kühn und die beiden anderen SPD-Mitglieder des siebenköpfigen WDR-Verwaltungsrats (der satzungsgemäß für die Wahl des Intendanten zuständig war) hatten als Nachfolger für den „roten Baron" den stellvertretenden Intendanten des Norddeutschen Rundfunks Jobst Plog ausgeguckt. Plog gehörte der SPD an. Kühn hoffte, daß das einzige liberale Verwaltungsratsmitglied, sein einstiger Regierungs-Sozius und persönlicher Freund Willi Weyer, mit den Sozialdemokraten stimmen werde, so daß Plogs Wahl gesichert gewesen wäre.

Zur totalen Verblüffung Kühns und anderer Rundfunk-Insider brachten die drei CDU-Verwaltungsräte den Leiter des Bonner ARD-Studios Friedrich Nowottny als Intendanten-Kandidaten ins Spiel. Nowottny war parteilos, beim Fernsehpublikum

---

75 So äußerte sich Kühn vor einer Versammlung ehemaliger Mitglieder des nordrhein-westfälischen Landtags. Nach Landtag intern, J. 15, 15.4.1984, S. 15f.

76 Heinz Kühn: Die gesellschaftspolitische Bedeutung der Veränderung der modernen Medienlandschaft (Referat, gehalten anläßlich der Kuratoriumssitzung der FES am 24./25. Mai 1984 in Wiesbaden), S. 32ff. Maschinenschriftl. Text enthalten in: AdsD, Bonn, Sammlung Personalia, Heinz Kühn, Aktenordner 1716 D.

sehr beliebt und galt als scharfsinniger Kritiker der neuen Bonner CDU/FDP-Regierung. Willi Weyer, der zunächst für den SPD-Kandidaten stimmen wollte, geriet unter mächtigen Druck prominenter Parteifreunde in Bonn und besann sich nach langem Zögern eines anderen. Am 22. Januar 1985 wählte der WDR-Verwaltungsrat mit vier gegen drei Stimmen Nowottny zum Intendanten. Hartnäckig hielten sich Gerüchte, daß bei diesem Husarenstück Kanzler Helmut Kohl die Regie geführt oder maßgeblich die Hände im Spiel gehabt habe.[77]

Trotz seines kämpferischen Naturells und trotz aller Agilität, die Kühn auch noch im fortgeschrittenen Alter an den Tag legte, konnte er es nicht verhindern, daß pessimistische Stimmungen mehr und mehr von ihm Besitz ergriffen. Sie stellten sich vor allem ein, wenn er an die Zukunft der Menschheit, besonders die des eigenen Volkes, dachte. Pessimistische Anwandlungen dieser und anderer Art hatte Kühn auch schon in jüngeren Jahren,[78] aber sie waren im Alter ungleich stärker.[79] Seine düsteren Visionen offenbarte er in aller Regel nur einzelnen, ihm besonders nahestehenden Personen[80] oder im kleinen Kreis von Freunden und Vertrauten. Nur sehr selten floß von seinem Pessimismus etwas in eine vor großem Publikum gehaltene Rede ein. Eine solche Ausnahme war seine Ansprache, die er 1985 aus Anlaß des 60jährigen Bestehens der Friedrich-Ebert-Stiftung im Berliner Reichstag hielt.[81]

Kühn breitete vor seinen Zuhörern (unter ihnen Bundespräsident von Weizsäcker) eine beachtliche statistische Leistungsbilanz der Ebert-Stiftung aus, er redete in nüchterner Sprache von ihren Zwecken und Aufgaben, um dann ziemlich unvermittelt zu einem anderen Thema überzuleiten: dem gesellschaftspolitischen Klima der 1980er Jahre und den Zukunftserwartungen der Jugend. Er erinnerte an die „Zukunftsgläubigkeit" der Sozialisten vergangener Tage, die von einem Sieg der Industriearbeiterschaft eine unaufhaltsame Entwicklung zu einer gerechten, klassenlosen Gesellschaft erwarteten. „Wir, die Alten von heute, die Jungen von gestern", hätten noch gesungen: „Hebt unsere Fahnen in den Wind,/ hebt in die Sonne Euren Mut/Wir kämpfen, weil wir gläubig sind:/Der Mensch ist gut!".

„Ist er das?", fragte der Redner nach dem Zitieren des Liedverses nachdenklich, um fortzufahren: „Können wir das noch singen, nach allem, was wir erlebt haben in zwei Weltkriegen, die in Wirklichkeit europäische Bürgerkriege waren, und nach den mannigfachen Formen des unmenschlichen Totalitarismus, die wir in Europa – und nicht nur dort – erlitten haben?" Er zitierte Walther Rathenau: „Die Dummheit der Men-

---

77 Nach Zeitungs- und Pressedienstausschnitten in: AdsD, Bonn, Nl. Heinz Kühn, 1/ HK AA 000095.

78 Zeitzeugengespräch Susanne Miller v. 10.10. 1998 und Katharina Focke v. 10.11.1998.

79 Zeitzeugengespräch Günter Grunwald v. 19.4.2001.

80 So z. B. auf dem Höhepunkt der „Poullain-Affäre". Am 13. Januar 1978 schrieb er – unter dem Eindruck des negativen Presseechos – an Fritz Borinski, einen alten Freund aus der Emigrationszeit: Die Jetztzeit erinnere ihn „in manchem an die geistigen Krisenerscheinungen der Weimarer Endzeit" (AdsD, Bonn, Nl. Heinz Kühn, 1/HKAA 000127).

81 60 Jahre Friedrich-Ebert-Stiftung. Festakt am 2. März 1985 im Reichstag Berlin, Bonn (1985), S. 9ff. (Broschüre in: HiAdSt Köln, Nl. Heinz Kühn, Nr. 103).

schen ist so groß, daß einem sogar das Martyrium für eine gute Idee verleidet werden kann."[82]

Danach entwarf der Redner ein Bild von der gesellschaftlich-politischen Krisensituation der 1980er Jahre und schilderte deren Wirkung auf junge Menschen: Die Lebensbedingungen „auf dem Raumschiff Erde", das sich mehr und mehr übervölkere und dessen Lebensreserven sich mehr und mehr reduzierten, schwänden dahin. Wälder und Böden würden verkommen, Flüsse und Meere verseuchen. Beherrscht der Mensch wirklich die Natur? fragte Heinz Kühn „Scheint es nicht eher zu sein, wie jenes skeptische Wort eines Amerikaners sagt: ‚Die Dinge sind im Sattel und reiten den Menschen'?"[83]

Zu diesem Mosaikbild der Bedrohungen gehöre noch, wie sich Kühn ausdrückte, „als greller Stein die sich immer mehr perfektionierende Overkill-Kapazität der Kriegstechnik, die den Frieden der Welt auf immer dünneres Eis stellt […]". Viele Jugendliche trauten den Regierungen immer weniger zu, daß sie die anbrandenden Probleme beherrschen. Kühn wörtlich: „Sie sehen ihre Zukunft dunkel, wie die des Jonas im Bauche des Walfisches. An welchem Ufer werden sie an Land geworfen? Wird es überhaupt ein Ufer sein?"[84]

Es war mit Händen zu greifen. Die Zukunftsängste, von denen der Redner sprach und die er bei der Jugend festmachte, waren (auch) die seinigen. Dennoch, der 73jährige versuchte schließlich, sich und der Jugend Mut zu machen. Noch nie habe es Herausforderungen gegeben, ohne daß nicht auch Menschen aufgetreten seien, die sie bestanden hätten. Der Jugend schrieb er ins Stammbuch, „auf dem Distelfeld unbequemer Realitäten" für die Summe der Reformen zu „ackern", „die unser Leben sicherer und menschlicher machen werden".[85] Des alten Kühns Ratschlag entsprang seiner eigenen langen politischen Lebenspraxis: rastloser und mutiger Einsatz für das, was man für gut und richtig hält, ohne Rücksicht auf Ängste und Zweifel.

Der Kampf gegen die Krankheit. Das bittere Ende.

Heinz Kühn war auch nach den langen Klinikaufenthalten im Jahre 1979[86] kein gesunder Mann. Wegen seines Herzens blieb er unter ärztlicher Beobachtung, und gegen seinen hohen Blutdruck nahm er ständig Medikamente.[87] Im Mai 1983 stellten sich am durch langjährigen Bluthochdruck vergrößerten und insuffizienten Kühnschen Herzen schwere Rhythmusstörungen ein. In der Klinik Köln-Merheim mußte ihm deshalb ein Herzschrittmacher eingepflanzt werden.[88] Wenn die Meldung einer Boulevardzeitung

---

82 Ebd., S. 14.
83 Ebd., S. 15.
84 Ebd.
85 Ebd., S. 16.
86 Vgl. S. 316 der Biographie.
87 Zeitzeugengespräch Dr. Berta Uwira (Internistin und Kühns Hausärztin seit 1979) v. 11.4.2001.
88 Ebd.

stimmte, arbeitete er, kaum daß die Implantation erfolgt war, schon wieder im Kranken-hausbett an seinem dritten Buch,[89] an der „Kunst der politischen Rede".

Seit Mitte der 1980er Jahre verschlechterte sich sein Gesundheitszustand zuse-hends. Im März 1985 erlitt er erstmals eine „verteufelt schmerzhaft[e]" Nierenkolik[90], die sofort sein Herz in Mitleidenschaft zog, so daß er sich für einige Zeit in seine alte Klinik nach Bad Neuenahr begeben mußte.[91] Aber Heinz Kühn wollte auch danach arbeitsmäßig keinen langsameren Gang einlegen. Rückblickend gewinnt man den Eindruck, daß er sich mit einem unbeugsamen Arbeitswillen gegen die Krankheit auf-lehnte. Er sei nicht Herr seines Terminkalenders, konnte er schon wieder im Juli 1985 einem Briefpartner mitteilen.[92] Um 6.45 Uhr müsse er morgens aus tiefem Schlaf hoch, um sein Tagewerk zu beginnen.

1986/1987 traten neue, gravierende Beschwerden auf, die als Folgeerkrankungen seines durch Hypertonie hervorgerufenen Herzleidens zu werten sind.[93] Es stellten sich bei Heinz Kühn (begleitet von einer leicht retardierten Mimik) Wortfindungs-schwierigkeiten ein, seine Sprachmotorik war beeinträchtigt. Die starken Arhythmien seines Herzens hatten zahlreiche kleine Embolien verursacht, die – infolge vieler klei-ner Schlaganfälle – sein Vorderhirn atrophisch veränderten. Es lag eine Stoffwechsel-erkrankung des Vorderhirns vor, die in der Medizin als Picksyndrom bezeichnet wird.[94] Es handelte sich um einen schleichenden Krankheitsprozeß, denn weitere Em-bolien sollten Kühns Wortfindungs- und Sprechstörung in den Jahren bis zu seinem Tode immer mehr verschlimmern, so daß er sich schließlich fast überhaupt nicht mehr sprachlich verständlich machen konnte. Bis zuletzt hatte Heinz Kühn eine klare Vor-stellung vom Verlauf seiner Krankheit. Es war schon eine besondere Tragik, daß gera-de er, der dem gesprochenen Wort so sehr zugetan war, von dieser Krankheit heimge-sucht wurde.

1987 stellten sich auch Durchblutungsstörungen in den Beinen ein. Im April schrieb er an seinen ebenfalls schwer erkrankten Freund Willi Weyer, daß von den Stö-rungen seine Unterschenkel betroffen seien und „zum vorübergehenden Absterben des linken Fußes" geführt hätten.[95] Im Oktober konnte er nicht an der Beisetzung der verstorbenen Ehefrau des ehemaligen Kölner Oberbürgermeisters Theo Burauen teil-nehmen. Seinem Parteifreund teilte er mit, er gehe „momentan am Stock" und die Durchblutungsstörungen in Beinen und Füßen machten es ihm „zu beschwerlich, eine Beerdigung stehend zu bewältigen".[96]

---

89 „Bild"-Zeitung v. 17.5.1983.
90 Heinz Kühn an Johannes Rau v. 9.3.1985, in: AdsD, Bonn, Nl. Heinz Kühn, 1/ HK AA 000095.
91 Heinz Kühn an Karl Josef Denzer v. 22.3.1985, in: ebd.
92 Heinz Kühn an C. M. Droth v. 19.7.1985, in: ebd.
93 Zeitzeugengespräch Dr. Berta Uwira v. 11.4.2001.
94 Ebd..
95 Heinz Kühn an Willi Weyer v. 1.4.1987, in: AdsD, Bonn, Nl. Heinz Kühn, 1/HK AA 000097.
96 Heinz Kühn an Theo Burauen v. 12.10.1987, in: ebd.

Im Mai unternahm er noch einmal eine Auslandsreise. Sie führte ihn nach Israel.[97] Es sollte seine letzte Reise in ein außereuropäisches Land sein. Stark berührte ihn der Tod des fünf Jahre jüngeren Willi Weyer Ende August 1987. Spätestens seit dem Ableben dieses persönlichen Freundes wurde sich Heinz Kühn bewußt, daß auch seinem eigenen Leben enge Grenzen gezogen waren. „Der Freundeskreis der Toten, die einem nahegestanden haben, wird immer größer, der Freundeskreis der Lebenden, die einem nahestehen, wird immer kleiner", bemerkte er in seinem persönlichen Nachruf auf Willi Weyer.[98]

Die Verschlechterung seines körperlichen Zustands ließ Kühn keine andere Wahl, als den Vorsitz der Friedrich-Ebert-Stiftung niederzulegen. Das geschah am 4. Dezember 1987.[99] Vor allem wegen der sprachlichen Beeinträchtigungen waren ihm öffentliche Reden und repräsentative Auftritte im Dienste der Stiftung nicht mehr länger zuzumuten. Heinz Kühn fügte sich schweren Herzens in das Unvermeidliche. Aber er resignierte nicht. Schon im Juli 1987, als sein Abschied vom FES-Vorsitz Ende des Jahres feststand, versuchte er sein Arbeitsleben für die Zeit nach dem Rücktritt zu organisieren. Bei Johannes Rau fragte er an, ob es nicht möglich sei, ihm und Franz

Meyers, zwei langgedienten Alt-Ministerpräsidenten, einen Dienstwagen zu genehmigen.[100] Seine Bitte blieb nicht unerhört. Seit Januar 1988 stand ihm auf Abruf ein Wagen mit Chauffeur zur Verfügung. Und auch die FES zeigte sich nicht kleinlich. Sie stattete ihren Ex-Vorsitzenden mit einem Büro in Bonn aus und gewährte ihm eine Sekretärin.

Im Januar 1988, kurz nach Niederlegung seiner Führungsfunktion in der Stiftung, mußte Heinz Kühn schon wieder für mehrere Wochen in die Klinik, um sich vom Gefäßchirurgen behandeln zu lassen. Aber selbst in diesem Zustand verspürte er noch immer den Drang in die Öffentlichkeit. Bereitwillig und offenherzig berichtete er der Kölner Boulevardzeitung „Express" über seinen Krankheitszustand („Ich mache 100 Schritte im Garten – dann ist die Schmerzgrenze erreicht") und ließ sich für die Leser am Stock

Kühn übergibt den Vorsitz der Friedrich-Ebert-Stiftung an Holger Börner (4. Dezember 1987).

97 Nach AdsD, Bonn, Nl. Heinz Kühn, 1/HK AA 000134.
98 Befindlich in: AdsD, Bonn, Nl. Heinz Kühn, 1/HK AA 000097.
99 Zeitzeugengespräch Günter Grunwald v. 19.4.2001.
100 Heinz Kühn an Johannes Rau v. 31.7.1987, in: AdsD, Bonn, Nl. Heinz Kühn, 1/ HK AA 000097.

ablichten.[101] Zwei Monate später, im März, teilte er Ilse Neuberger, der Witwe seines einstigen Justizministers Josef Neuberger, brieflich mit, daß die Durchblutungsstörungen nicht nachgelassen hätten und er mit dem Stock nur noch 50 Meter ohne allzu große Schmerzen gehen könne. Dadurch habe sich eine Dreiteilung seines Lebens ergeben: „zwischen Krankenhaus, Schreibtisch daheim und Büro".[102]

Am „Schreibtisch daheim" arbeitete Kühn – wie er Dietrich Oppenberg, den Verleger der Econ-Verlagsgruppe, wissen ließ – „mit sporadischer Intensität" an einem Buch über die Entwicklungspolitik der frühen Bundesrepublik. Das Manuskript bot er nacheinander dem Econ-Verlag und dem Carl-Hanser-Verlag zum Druck an.[103] Vorsichtshalber schrieb er an Oppenberg, es müsse noch „ein guter Mann oder eine gute Frau ran", um den Text zu glätten. Über die Reaktion der Verlage ist nichts bekannt. Jedenfalls blieb das Manuskript ungedruckt.[104]

Wegen seiner zunehmenden sprachlichen Schwierigkeiten zog sich Kühn im Laufe des Jahres 1988 mehr und mehr aus den WDR-Gremien (Programmausschuß und Rundfunkrat) zurück. Er legte in diesem Jahr auch seine langjährige Mitgliedschaft im Kuratorium der Alfried Krupp von Bohlen und Halbach-Stiftung nieder, woraufhin er zu ihrem Ehrenmitglied ernannt wurde.[105] Mitte 1989 reiste er nach Wien, um eine Spezialklinik aufzusuchen. Frau Marianne und seine Hausärztin begleiteten ihn.[106] Aber dieser letzte Besuch in der österreichischen Hauptstadt war eine herbe Enttäuschung. Hilfe wurde ihm nicht zuteil. Im Juni 1990 brachte er zum letzten Mal mit gewaltiger Kraftanstrengung einen Brieftext (wenn auch nur als Vorschrift) handschriftlich zu Papier. Es war ein Glückwunschschreiben an Friedrich Halstenberg zu dessen 70. Geburtstag. Seine Sekretärin übertrug den Entwurf in Maschinenschrift und glättete sprachlich einige Stellen, an denen Heinz Kühn ganz offensichtlich Wortfindungsschwierigkeiten hatte.[107] Bezeichnend waren die Sätze, mit denen er das Glückwunschschreiben begann: Manchmal fühle er sich so krank, daß er eine Laudatio fast nicht mehr schreiben könne; ja, manchmal fühle er sich, als wenn „das letzte Stündlein geschlagen hätte".[108]

In den folgenden knapp zwei Jahren war Kühn nicht nur körperlich ein schwerkranker Mann, er war es auch an seiner Seele, weil er sich über seinen Zustand restlos

---

101 „Express" v. 18.1.1988 („Heinz Kühn [76] kann nur noch 100 Schritte machen").
102 Heinz Kühn an Ilse Neuberger v. 21.3.1988, in: AdsD, Bonn, Nl. Heinz Kühn, 1/ HK AA 000098.
103 Heinz Kühn an Dietrich Oppenberg o. D. und Heinz Kühn an den Carl-Hanser-Verlag v. 11.8.1988, in: AdsD, Bonn, Nl. Heinz Kühn, 1/ HK AA 000098.
104 Es befindet sich in: AdsD, Bonn, Nl. Heinz Kühn, 1/HK AA 000032 und enthält Erlebnisberichte seiner Asien- und Afrikareisen in den späten 1950er und frühen 1960er Jahren. Vgl. S. 168ff. der Biographie.
105 Heinz Kühn an Teddy Kollek v. 19.6.1989, in: ebd., 1/HK AA 000099 und Heinz Kühn an Berthold Beitz v. 23.6.1988, in: ebd., 1/HK AA 000098.
106 Heinz Kühn an Johannes Rau v. 28.9.1989, in: AdsD, Bonn, Nl. Heinz Kühn, 1/ HK AA 000099; Zeitzeugengespräch Dr. Berta Uwira v. 11.4.2001.
107 Heinz Kühn an Friedrich Halstenberg v. 11.6.1990, in: AdsD, Bonn, Nl. Heinz Kühn, 1/ HK AA 000099. Dort auch Kühns handschriftlicher Entwurf.
108 Ebd.

im klaren war. Seinen 80. Geburtstag sollte er noch erleben. Aber das war für ihn ein tieftrauriger Tag, auch wenn ihn aus diesem Anlaß noch einmal prominente Parteifreunde aus Bonn, Düsseldorf und Köln besuchten – an ihrer Spitze Willy Brandt und Johannes Rau. Sprechen konnte er mit ihnen nicht mehr, nur durch Umarmungen[109] war er imstande, Dank und Zuneigung auszudrücken.

Nur noch weniger als einen Monat währte Heinz Kühns Leben nach diesem runden Geburtstag. Tief deprimiert und unfähig, irgendwelche Arbeiten zu verrichten, verbrachte er die Wochen. Sein Büro in der Bonner Friedrich-Ebert-Stiftung, das er bis zuletzt besaß, blieb verwaist. Am 12. März 1992 starb er in seinem Haus in Köln-Dellbrück.

109   Zeitzeugengespräch Johannes Rau v. 26.1.1999.

Dokumentarischer Anhang

Briefe Heinz Kühns 1931–1990
Eine Auswahl

Fast alle der folgenden (von mir mit Fußnoten versehenen) 52 Briefe werden hier erstmals veröffentlicht. Nur 3 Briefe – Nr. 25, 26 und 27 – habe ich schon an anderer Stelle publiziert.[1]

Die in chronologischer Reihenfolge abgedruckten Briefe besitzen eine die Biographie *ergänzende* Funktion. Es wurde versucht, unterschiedliche Kriterien für ihre Auswahl miteinander in Einklang zu bringen. So sollen sie – soweit das die Überlieferung erlaubt – die verschiedenen Lebensphasen Kühns „abdecken" und seine (sich im Laufe des Lebens verändernde) politische Ideenwelt sowie seine vom politischen Tageskampf diktierten Vorstellungen und Ziele widerspiegeln. Nicht zuletzt sollen die ausgewählten Briefe auch über die persönlichen Lebensumstände Kühns und über seine Beziehung zu anderen Menschen Auskunft geben.

Die Überlieferungsdichte der Kühnschen Briefe ist recht unterschiedlich. Äußerst spärlich ist sie für die Zeit vor 1933, am üppigsten für den Zeitraum 1945 bis 1949. Fast alle Briefe sind in voller Länge abgedruckt. Die wenigen Kürzungsstellen sind durch Auslassungspunkte in eckigen Klammern gekennzeichnet. Ganz offensichtliche Schreibfehler habe ich stillschweigend korrigiert. Dabei handelt es sich jedoch um eine nur sehr geringe Zahl von Eingriffen.

Verzeichnis der Briefe

---

1 Im Anhang zum 1. Band der Geschichte der SPD-Landtagsfraktion NRW (Zwischen Tradition und Innovation, S. 355, S. 357 und S. 361f.)

13. Heinz Kühn an Raymond Rifflet v. 11.8.1946
14. Heinz Kühn an Familie Hendrik de Vos v. 25.1.1947
15. Heinz Kühn an Kurt Schumacher v. 6.1.1948
16. Heinz Kühn an die Lizenzträger der „Rheinischen Zeitung",
    z. Hd. Robert Görlinger, v. 2.4.1948
17. Heinz Kühn an den SPD-Vorstand, z.Hd. Fritz Heine, v. 21.4.1949
18. Heinz Kühn an die Sozialistische Bildungsgemeinschaft Köln v. 10.1.1951
19. Heinz Kühn an Marianne Kühn v. 1.3.1953
20. Heinz Kühn an Heinz Pettenberg v. 13.7.1953
21. Heinz Kühn an Frank McCallister v. 15.7.1953
22. Heinz Kühn an Erich Ollenhauer v. 18.9.1957
23. Heinz Kühn an Marianne Kühn v. 23.7.1958
24. Heinz Kühn an Marianne und Hendrik Kühn v. 22.11.1959
25. Heinz Kühn an Wilhelm Johnen v. 4.7.1962
26. Heinz Kühn an Johannes Rau v. 21.1.1965
27. Heinz Kühn an Lorenz Kardinal Jäger v. 20.4.1965
28. Heinz Kühn an Helmut Schmidt v. 20.2.1967
29. Heinz Kühn an Georg August Zinn v. 13.12.1967
30. Heinz Kühn an Johannes Rau v. 16.1.1968
31. Heinz Kühn an André Resampa v. 8.7.1968
32. Heinz Kühn an Lance Pope v. 20.1.1970
33. Heinz Kühn an Peter Worbs v. 16.6.1971
34. Heinz Kühn an Willy Brandt v. 15.3.1972
35. Heinz Kühn an John van Nes Ziegler v. 31.7.1972
36. Heinz Kühn an Willy Brandt v. 16.1.1973
37. Heinz Kühn an Ottmar Pohl v. 13.2.1973
38. Heinz Kühn an Willy Brandt v. 12. 12. 1973
39. Heinz Kühn an Hans Bausch v. 20.6.1975
40. Heinz Kühn an Dov Ben Meir v. 3.9.1975
41. Heinz Kühn an Peter Keller v. 6.11.1978
42. Heinz Kühn an Bruno Kreisky v. 8.5.1979
43. Heinz Kühn an Helmut Schmidt v. 28.9.1979
44. Heinz Kühn an Burkhard Hirsch v. 16.11.1979
45. Heinz Kühn an Helmut Schmidt v. 22.3.1982
46. Heinz Kühn an Katharina Focke v. 19.6.1984
47. Heinz Kühn an Bernhard Worms v. 22.5.1985
48. Heinz Kühn an Willi Weyer v. 1.4.1987
49. Heinz Kühn an Rita Süssmuth v. 15.10.1987
50. Heinz Kühn an Johannes Rau v. 8. 8. 1988
51. Heinz Kühn an Teddy Kollek v. 19.6.1989
52. Heinz Kühn an Friedrich Halstenberg v. 11.6.1990

1. Heinz Kühn an Bruno Kuske, Rektor der Universität Köln, vom 4. November 1931

Quelle: Universitätsarchiv Köln, Zugang 9/135
Maschinenschriftliche Abschrift

An Seine Magnifizenz den Rektor, Herrn Prof. Dr. Kuske.

Leider ist es mir infolge der wirtschaftlichen Lage meiner Eltern nicht möglich, das Wintersemester – mein zweites Semester – völlig aus eigenen Mitteln zu bestreiten. Ich bitte deshalb, mir einen Erlass der Studiengebühr in Höhe von 100,– RM zu gewähren.

Begründung:

Mein Vater hat als Arbeiter ein wöchentliches Einkommen von 50,– RM. Hinzu kommt noch, dass mein Vater im vorigen Jahr sieben Monate krank war und meine Eltern für kurze Zeit die Wohlfahrtseinrichtungen in Anspruch nehmen mussten. Die Folgen der damaligen Notzeit – Mietnachzahlungen usw. – belasten meine Eltern auch heute stark, so dass es ihnen doppelt unmöglich ist, mir eine Beihilfe zu gewähren. Ich bin also bei der Finanzierung meines Studiums lediglich auf mich gestellt. Leider war es mir durch einige Wochen Fabrikarbeit nicht möglich, die Gesamtkosten meines Studiums aufzubringen. Deshalb bitte ich Sie, mir die Studiengebühr in Höhe von 100,– RM zu erlassen, da ich nur so zur Fortsetzung meines Studiums in der Lage bin.

Hochachtungsvoll
gez. Heinz Kühn.

2. Heinz Kühn an Wilhelm Sollmann
vom 27. November 1932
Quelle: HiAdSt Köln, Nl. Wilhelm Sollmann, Nr. 552
Mikroverfilmung des handschriftlichen Originals

Werter Genosse Sollmann!

Wenn ich Ihren Aufsatz „Positive Parteikritik"[1] richtig verstanden habe – als Einleitung einer wirklich befruchtenden Aussprache – dann finden Sie vielleicht irgendwo Raum in der „Rheinischen" für die Gedanken eines zwanzigjährigen Genossen zu den brennenden Problemen unserer Partei.

Als mehrjähriges Mitglied des Unterbezirksvorstandes der SAJ, als Kreisjugendführer des Reichsbanners, vor allem aber als wohl jüngster Redner der Partei in unseren westlichen Wahlkreisen konnte ich in unseren Organisationen soviel Greisenhaftes, soviel verkrustete Lava verspüren, daß mir eine wenn auch nur langsam einsetzende Reorganisierung unseres Apparates wichtiger erscheinen läßt als ein paar Dutzend Volksversammlungen.

Sollte es Ihnen aus irgendwelchen Gründen nicht möglich sein, den Artikel[2] zu verwenden, bitte ich, ihn mir zurückzusenden.

Freiheit
Heinz Kühn

1 Der Aufsatz Sollmanns erschien in der Rheinischen Zeitung v. 27.11.1932, S. 2/3. Vgl. S. 35 der Biographie.
2 Der maschinenschriftliche Artikel Kühns mit dem Titel „Neuorientierung?" ist dem Brief beigefügt. Er wurde von Sollmann nicht veröffentlicht. Zu seinem Inhalt siehe S. 36f. der Biographie.

3. Heinz Kühn (aus Brüssel) an Wilhelm Sollmann (Luxemburg) vom 10. Januar 1937
Quelle: HiAdSt Köln, Nl. Wilhelm Sollmann, Nr. 565
Mikroverfilmung des maschinenschriftlichen Originals

Lieber Gen. Sollmann,

kurz bevor Sie unseren gewiss nicht mehr erfreulichen Kontinent verlassen[1], will ich Ihnen noch ein Brieflein schreiben, um Ihnen für Ihre Grüsse zu danken und Ihnen viel Erfolg auf Ihrer Reise zu wünschen. Ich danke Ihnen auch für Ihre Bereitschaft, Ihre Beziehungen zu mobilisieren, um mir in England ein Stipendium zu erwirken. Glücklicherweise hat sich diese Notwendigkeit erübrigt, da der Konflikt zwischen Max S.[2] und mir beigelegt ist. Bei der Art, die M.S. insbesondere in Zeiten, in denen seine Unternehmen sich nicht seinen Wünschen entsprechend entwickeln, an den Tag legt, weiss man natürlich nie, wie lange eine Zusammenarbeit möglich ist. Doch darüber möchte ich mich nicht eingehender auslassen; solange ein engerer Arbeits- und Gesinnungskontakt zwischen uns besteht, würde das meinen Auffassungen von „fairness" widersprechen. Sagen möchte ich nur noch, dass ich auch politische Befürchtungen gegenüber der Entwicklung der Zeitung und der darumgelagerten Projekte habe. Um ein derartiges Unternehmen erfolgreich durchzuführen, gehört eine politische Aufgelockertheit und Hellhörigkeit, die mir auch bei M.S. zu fehlen scheint, so sehr manchmal Ansätze dazu vorhanden zu sein scheinen. Diese fragmentarischen Bemerkungen sollen für heute genügen; aber ich würde es ganz gerne sehen, wenn Sie mir auch einmal schrieben, sobald Sie sich in USA etwas etabliert haben, denn da wir ja beide wohl intensiver an der Zeitung mitarbeiten sollen, ist vielleicht manchmal eine solche Aussprache von Nutzen. Bisher habe ich immer davon Abstand genommen, mit Ihnen eine Korrespondenz zu beginnen, da ich wohl zu recht annehmen konnte, dass Sie mit Briefen bereits ausreichend bombardiert werden. Dazu kam meine eigenartige Scheu vor „Prominenten", ich fürchte immer, das könnte als aufdringlich empfunden werden.

Wir werden gewiss in einer Summe von Dingen sehr verschiedener Meinung sein, aber gewiss doch mehr Gemeinsames an Anschauungen haben als 1933 an der Saar.[3] Damals war ich noch keine 21 Jahre, ein Alter, in dem man ja einer Ihrer eigenen Volkshausreden in Köln nach noch das Recht hat, kommunistische Anschauungen zu haben, um später ein guter Sozialdemokrat zu werden.

Nun war ich zwar nie Kommunist (damals ging ich ja zur SAP) und habe auch gewiss nicht die Absicht, guter Sozialdemokrat zu werden, aber meine Überzeugung an die alleinseligmachende Richtigkeit des doktrinären Marxismus ist doch sehr erschüttert. Hier sind innerlich gewiss grössere Differenzen zwischen mir und M.S., die im Laufe der gemeinsamen Zeitungsarbeit gewiss zum Austrag kommen werden. Unter anderem habe ich auch nicht das mindeste Verständnis für jene Art liberalistischen Freidenkertums, die in Max S. leider mehr als lebendig ist. Meiner ganzen Erziehung nach kann ich da nicht mit. Ich komme aus der katholischen Ju-

---

1 Wilhelm Sollmann war im Begriff, sein Luxemburger Exil zu verlassen und nach Amerika zu emigrieren.
2 Max Sievers, Vorsitzender des Deutschen Freidenker-Verbandes bis 1933. Zwischen Januar 1937 und August 1939 Herausgeber und Chefredakteur der antifaschistisch-sozialistischen Emigrations-Wochenzeitung „Freies Deutschland", für die Kühn als Redakteur arbeitete. Zum Konflikt Sievers-Kühn siehe S. 67ff. der Biographie.
3 Vgl. S. 40f. der Biographie.

gendbewegung und habe heute noch Freunde, die ich mit Stolz meine besten nenne, die katholische Geistliche sind. Als ich für die erste Nummer der Zeitung einen Artikel über die sozialistischen Strömungen im Katholizismus schrieb, der nur referierend, ohne eine eigentlich persönliche Stellung zu enthalten, gehalten war, meinte Max, ich hätte „bedenkliche Anwandlungen zum religiösen Sozialismus"; nur weil ich formuliert hatte, dass auch wir in einem freien Deutschland in der weltanschaulichen Auseinandersetzung mit dem Katholizismus uns anderer Mittel zu bedienen hätten als früher. Den Artikel, den ich mit „Katholische Bundesgenossen" überschrieben hatte, wandelte er in „Strömungen im Katholizismus". Es ist bei mir gewiss nicht gekränkte Autoreneitelkeit, sondern die Auffassung, dass so Menschen vor den Kopf gestossen werden – eben die jungen Katholiken – die einer neuen Frontformierung nicht verloren gehen dürfen, was mir diese Haltung bedenklich erscheinen lässt.

Doch mit einem längeren Schrieb will ich Ihre Reisevorbereitungen nicht stören. Nur noch sagen will ich Ihnen, dass ich von verschiedenen Seiten erfahren habe, dass im Rheinland verhältnismässig viel über Sie gesprochen wird, insbesondere auch bei den Nazis, denen weniger Ihre Politik als Ihre persönliche Sauberkeit imponiert, die in ihren eigenen Reihen ziemlich selten zu sein scheint. Da ich ziemlich rege Beziehungen in die Heimat unterhalte, konnte ich das von verschiedenen Seiten erfahren. Vielleicht bereitet Ihnen das eine kleine Freude bei ihrer Abreise.

Alles Gute, Ihr
Heinz Kühn [Unterschrift]

4. Heinz Kühn (aus Brüssel) an Wilhelm Sollmann (USA)
vom 12. November 1939

Quelle: HiAdSt Köln, Nl. Wilhelm Sollmann, Nr. 569
Mikroverfilmung des maschinenschriftlichen Originals

Lieber Genosse Sollmann,

vorgestern erhielt ich Ihren Brief, der mich vor allem freute, weil ich aus ihm sehe, dass zwischen uns in der Beurteilung der Emigration – und was mir wichtiger scheint – vieler darüber hinausreichender Fragen weitgehende Uebereinstimmung besteht. Gefreut hat es mich aber auch, zu erfahren, dass Sie neben einer gesicherten Existenz ein offensichtlich fruchtbares Tätigkeitsfeld gefunden haben, um das mancher von uns, die wir uns mit wenig innerem Vergnügen in der „Emigrationspolitik" herumschlagen, Sie beneiden wird.

Aber hier wie dort haben wir unserer Idee und Deutschlands Zukunft gegenüber Aufgaben zu erfüllen. Und in der widrigen Atmosphäre von Emigrationsintrige und -gezänk, von materieller Abhängigkeit und Bedrängnis ist es doppelt fruchtbar, Kontakt zu halten und Aussprache zu pflegen mit Kameraden, die wie Sie geographisch, seelisch und milieumässig Abstand zur „Emigration" haben und so Probleme, die wir gemeinsam zu lösen versuchen, manchmal aus einer anderen Perspektive sehen können.

Zusammenhalten müssen wir, weil wir den Willen haben, zu den wenigen zu gehören, die aus dieser grossen Abfallerscheinung Emigration innerlich eine lebendige Verbindung zum Schicksal der Heimat bewahren und hoffentlich auch aktiv mitschaffen können, sie glücklicher und besser zu machen, als sie es heute ist. Dabei habe ich natürlich für mich keinen brennenderen Wunsch, als den, den Sie mir anraten: so bald wie möglich wieder in Deutschland selbst arbeiten zu können. Ich bin mir vollkommen bewusst, dass die kommende Revolution[1] kaum unseren idealen Vorstellungen entspricht – vielleicht müssen wir nach Hitler Deutschland erst noch von Stalin befreien –, aber diese Gefahren sollten uns umso mehr zusammenstehen lassen, um zu erreichen, dass die Revolution wenigstens näherungsweise so weit wie möglich an unsere Ideale herankommt.

Den Weg, den Sie dabei zu gehen beabsichtigen, kann ich nur erfreulich finden. Ich habe gerade die umfangreiche Autobiographie Karl Schurz'[2] gelesen, der mir einer der interessantesten Köpfe der deutschen Achtundvierziger-Emigration gewesen zu sein scheint. Nur wünschte ich Ihrem künftigen Wirken mehr <u>politischen</u> Kontakt zu dem kommenden Deutschland als bei Karl Schurz endlich übrig blieb, der sich zu ausschliesslich auf das Deutsch-Kulturelle zurückzog. Eine Vermittlermission zwischen den USA und dem kommenden Deutschland halte auch ich [für] um so wichtiger, als nach diesem Kriege die USA einen sehr gewichtigen Faktor in allen Fragen der europäischen Politik darstellen dürften.

Sie schreiben von Ihren Beziehungen im eigentlichen Amerikanertum und dass Sie fast ausschliesslich in Englisch sprechen. Wie beurteilen Sie das nach den USA emigrierte Deutschtum? Gibt es dort keine brauchbaren Kräfte mehr? Es wäre mir sehr interessant, von Ihnen zu erfahren, wie Sie die dortigen Möglichkeiten beurteilen.

---

1 Gemeint ist eine antifaschistische Revolution in Deutschland.
2 Karl Schurz, geb. 1829 in Liblar bei Köln. 1848er Revolutionär. Emigrierte 1852 in die USA. Gegner der Sklaverei und erfolgreicher republikanischer Politiker.

Auch was Sie journalistisch drüben arbeiten, würde ich gern zu Gesicht bekommen. Da ich fliessend Englisch lese, wäre ich Ihnen dankbar, wenn Sie mir ab und zu einige Ihrer Artikel – wenn Sie überhaupt noch tages- oder zeitschriftenpublizistisch arbeiten – zuschicken würden. Für uns in Europa ist jetzt jede journalistische Arbeit sehr erschwert. Wer sich nicht à la Schwarzschild[3] den Westmächten vollends verschreiben will, kann nur noch im englischen Bereich seine Meinung äussern. Dazu kommen die zahlreichen technischen Erschwernisse wie Zensur, auch von den neutralen Ländern in die kriegführenden. Augenblicklich, während ich diesen Brief schreibe, dröhnt wieder das Radio meiner Nachbarn von Militärmusik und Reden. Wir erwarten fast stündlich den Einmarsch der deutschen Armee nach Holland, was sich in der wenig erfreulichen Nähe von 40 km abspielen würde und auch notwendig Belgien in Mitleidenschaft ziehen muss, selbst wenn Hitler für den Winter nur die England gegenüber liegende Inselgruppe als Operationsbasis will und Belgien erst im Frühjahr an den Kragen zu gehen beabsichtigt. Wenn man sich auch an so etwas gewöhnen muss – und es schliesslich in den Schützengräben unerfreulicher ist als hier –, so erschwert es doch jede Arbeit über das emigrationsübliche Mass hinaus.

Was halten Sie eigentlich von dem Projekt eines „Nationalrates", in welchem Zusammenhang auch Ihr Name in der Presse Erwähnung fand? Es handelt sich um das – Ihnen wohl bekannte – Ziel, Namen wie Rauschning[4], Strasser[5], Treviranus[6], Sie und Jaksch[7] und evtl. noch Brüning[8] zu einer Körperschaft zusammenzufassen, die sich dem Ausland und Deutschland als deutsche Oppositionsvertretung – u.U. nur vorläufiger Art – präsentieren und Träger einer intensiven Arbeit auch nach innen werden soll. – Auch hier würde es mich interessieren, ob Sie Kontakt zu diesen Bestrebungen haben und wie Sie sie einschätzen.

Was Sie über Beyer[9] schrieben, hat mich sehr betroffen. Ich wusste seit langem nichts mehr von seinem Schicksal. Nur ab und zu las ich einen Artikel von ihm im „Neuen Vorwärts"[10], allerdings auch bereits schon seit langem nicht mehr. In praktischen Dingen sehr unbeholfen, ist

---

3 Leopold Schwarzschild. In den 1920er Jahren Publizist in Berlin. 1933 Flucht nach Wien. Übersiedlung nach Paris. Auch dort publizistisch tätig. Setzte sich zeitweise (1935/36) für das Zustandekommen einer Emigranten-„Volksfront", eines Zusammengehens kommunistischer, sozialistischer, sozialdemokratischer und linker bürgerlicher Emigranten ein.

4 Hermann Rauschning, 1933 Präsident des Senats der Freien Stadt Danzig. Zunächst Gefolgsmann Hitlers. Dann Konflikt mit NSDAP-Gauleiter Forster, Bruch mit dem Nationalsozialismus. 1937 Emigration in die Schweiz, 1938 nach Paris, 1939 nach London.

5 Otto Strasser, linker Nationalsozialist, 1930 Bruch mit Hitler. Emigrierte 1933 nach Prag. Propagierte dort seine volkssozialistischen Ideen. Mehrfache Versuche von Gestapo-Agenten, ihn nach Deutschland zu verschleppen, scheiterten. 1938 Flucht nach Frankreich.

6 Gottfried Treviranus, Konservativer, Minister unter Heinrich Brüning. Emigrierte nach England. Kontakte zu Winston Churchill und maßgeblichen deutschen Exilpolitikern.

7 Wenzel Jaksch, führender sudetendeutscher Sozialdemokrat. 1939 Emigration nach England.

8 Heinrich Brüning, Zentrumspolitiker, von März 1930 bis Mai 1932 Reichskanzler, 1934 Emigration in die USA. Professor an der Harvard-Universität.

9 Georg Beyer. Vor der NS-Machtergreifung Kulturredakteur der sozialdemokratischen „Rheinischen Zeitung" in Köln. Nach Saarbrücker Emigrationszeit Refugium in Toulouse. Konnte sich mit Hilfe des Toulouser Bischofs in einem von Nonnen geleiteten Hause unter falschem Namen verbergen. Starb dort gelähmt und ohne ärztliche Hilfe an Lungenentzündung.

10 Organ der Sopade (emigrierter SPD-Vorstand), erschien zuerst in Prag, dann in Paris.

ihm die Emigration sicher ohnehin viel schwerer geworden als vielen anderen. Nur glaubte ich, dass seine Frau hier durch grössere praktische Geschicklichkeit – wenigstens habe ich sie so in Erinnerung – manches ausgleichen könnte. Furchtbar ist allerdings, wenn dann noch eine solche Krankheit hinzukommt.

Haben Sie noch Verbindung mit Efferoth[11]? Er sitzt ja in Bolivien, was weniger verwunderlich ist als sein Konvertitentum. Ich entsinne mich lebhaft seiner „Ketzerbibel", die nie meinen Beifall fand, da ich ja auch nie Freidenker war. Ich halte nichts von pikanten Klosterhistörchen als Mittel weltanschaulicher Auseinandersetzung. Umso weiter aber scheint mir von einer solchen Position der Schritt zur katholischen Kirche. – Wissen Sie, wie es ihm und seiner Familie geht?

Und nun will ich schliessen, um noch die abendlichen Ueberraschungen unseres Kontinents zur Kenntnis zu nehmen. Ich würde mich sehr freuen, wenn ich bald wieder etwas von Ihnen hören würde. Leider sind nur die Entfernungen und damit auch die Fristen etwas gross, aber ich hoffe, dass Sie mein Brief und mich Ihre Antwort glücklich erreicht.

Herzliche Grüsse
Ihr Heinz Kühn [Unterschrift]

11 Hugo Efferoth, Lokalredakteur der „Rheinischen Zeitung" bis 1933. Die Emigration verschlug ihn nach Bolivien, wo er den Herztod starb.

5. Heinz Kühn (aus Brüssel) an Wilhelm Sollmann (USA) vom 7. Februar 1940

Quelle: HiAdSt Köln, Nl. Wilhelm Sollmann, Nr. 571
Mikroverfilmung des maschinenschriftlichen Originals

Lieber Genosse Sollmann,

ich danke Ihnen herzlich für Ihre Weihnachts- und Neujahrsgrüsse, die mich sehr gefreut haben. Hoffentlich haben auch Sie meinen Brief erhalten, den Sie zwar noch nicht beantworteten, aber es ist ja unter den jetzigen Umständen so leicht möglich, dass ein Brief verloren geht. – Ich danke Ihnen auch für die Zusendung Ihres „Potsdam-Weimar"-Artikels[1], den ich sehr sympathisch fand. Mit gleicher Post, aber über den langsameren Schiffsweg, sende ich Ihnen zwei Artikel von mir; den einen, „Das soziale Fundament des Bündnisses"[2] in der Tribüne der „Soz. Warte" werden Sie vielleicht schon gelesen haben, wenn Ihnen die Warteleute, wie ich annehme, die Zeitschrift regelmässig zuschicken.

Hier im nordwestlichen Winkel Europas ist es augenblicklich ziemlich ruhig, ein Zustand, der sich allerdings über Nacht ändern kann. Es ist aber weniger die unmittelbare Kriegsgefahr, die die neutralen Länder beunruhigt, als vielmehr die grosse wirtschaftliche Belastung der permanenten Mobilmachung. Jeder Tag kostet so Belgien 17 Millionen Frs, das heisst pro Kopf und Jahr 1000 Frs. Und das ohne die Last, die durch die riesige Arbeitslosigkeit und die Verteuerung der Lebenshaltung verursacht wird. Das führt auf die Dauer zu erheblichen Unzufriedenheitsstimmungen, die schon jetzt sehr spürbar sind.

Auch für die Emigration wird der Lebensraum allmählich immer enger in Europa. Insbesondere in Frankreich wird sich der um wirkliche Unabhängigkeit bemühte Teil der Emigration kaum noch lange halten können. In den neutralen Ländern ist jede legale Betätigung natürlich mehr als beschränkt. Es gibt leider nicht mehr, wie im letzten Weltkrieg, Länder, die zwar neutral sind, deren „Neutralität" aber andererseits so westlich orientiert ist, dass sie eine Tätigkeit gegen die Berliner Regierung zuliesse. – Es bleibt also nur noch England, wo sich im weiteren Verlauf des Krieges eine unabhängige, wenigstens weitgehend unabhängige, Bewegung entfalten kann. Ich hörte, dass auch der PV[3] ernste Absichten der Uebersiedlung nach London habe.

Alle diejenigen, die können, scheinen dagegen nach den USA zu gehen. Leider werden viele Scharlatane dort ein geeignetes Feld für Ihre fraktionellen Intrigen finden. So ist scheinbar Willy Müller[4] von „Neu-Beginnen", den ich für einen grossen Bluffer halte, nun Hertz[5] definitiv

---

1 Erscheinungsort konnte nicht ermittelt werden, D.D.
2 Der Artikel erschien unter dem Kühn-Pseudonym „G. Hellmuth" in der vom ethischen Sozialisten Willi Eichler (dem Vorsitzenden des „Internationalen Sozialistischen Kampfbundes", ISK) in Paris herausgegebenen „Sozialistischen Warte" v. 18.1.1940. Kühn kommt in dem analytischen Aufsatz zu dem Ergebnis, daß sich im Herrschaftsgefüge der Sowjetunion und des Dritten Reiches „wachsende Übereinstimmung" zeige. Beide Systeme würden sich „als Diktatur einer sozialprivilegierten politisch-wirtschaftlichen Bürokratie von Staatsbeamten" darstellen. Das sei – so Kühn – „das soziale Fundament des Bündnisses Berlin–Moskau" (womit er den deutsch-sowjetischen Nichtangriffspakt v. 23.8.1939 meint).
3 Der emigrierte Vorstand der SPD (Sopade).
4 Pseudonym für Karl Frank. Wiener Psychologe und Publizist. Seit 1935 führender Ver-

nach NewYork gefolgt. Auch Gustav Richter[6] von den Oesterreichern soll sich drüben niedergelassen haben. Er ist wenigstens ein offenbar sauberer Kerl, wenn auch seine Position, d.h. die der österreichischen Sozialisten, ideologisch und politisch reichlich durchlöchert ist. Auch die Reste ihrer Organisation in Europa befinden sich in völligem Verfall. Sie unterliegen hier in der Emigration eben demselben fraktionellen Spaltungsprozess, der die deutsche Emigration atomisiert. – Was ist eigentlich an dem Ausschuss, von dem ich hier hörte, den Grzesinsky[7] präsidieren soll, und in dem auch Sie Mitglied seien? Ich würde mich freuen, wenn Sie einmal ein paar Worte über die politische Situation der Emigration in den USA schreiben würden. Wir tappen hier in dieser Beziehung völlig im Dunkeln, in das nur ab und zu widerspruchsvolle Gerüchte ein problematisches Licht werfen.

Ich habe ausserdem noch ein persönliches Anliegen an Sie: seit einiger Zeit erscheint das „Freie Deutschland" von Sievers nicht mehr. Da mein politisches Verhältnis im Laufe der Jahre zu ihm immer loser wurde – ich kam nach Brüssel, als seine politische Konzeption durch das beabsichtigte Viererbündnis Sievers–Sollmann–Strasser–Imbusch[8] gekennzeichnet war, eine Konzeption, von der im Laufe der Zeit nichts mehr übrig blieb –, hat er heute auch kein Interesse, mich irgendwie zu unterstützen. Für gelegentliche Traktate, auf deren Herausgabe er sich beschränken will, genügt ihm die ideologische Hilfe Friedmanns[9]. Ich bin zum Hofideologen innerlich weder fähig noch auch entfernt bereit. Ich hatte mich deshalb in den letzten Jahren darauf beschränkt, ausser aussenpolitischen und sonstigen Füllartikeln nur ab und zu den Versuch zu machen, einen mir wichtigen Gedanken in der für Sievers unverbindlichen Diskussionstribüne zu entwickeln.

Die Folge ist nun, dass ich in einer materiell etwas schwierigen Situation bin. Da ich verheiratet bin, ich liess vor etwa 2 Jahren meine Braut, eine Kölner SAJ-Funktionärin, herkommen, ist es doppelt schwierig für mich. Leider sind hier die Möglichkeiten der journalistischen Mitarbeit für Emigranten sehr beschränkt; andere Arbeit aber ist infolge der Arbeitslosigkeit schon garnicht zu bekommen.

Ich wäre Ihnen deshalb sehr dankbar, wenn Sie mir vielleicht an einer USA-Zeitung die Möglichkeit verschaffen könnten, gelegentlich einen Artikel unterzubringen. – Vielleicht können Sie mir auch eine Empfehlung an eine europäische Zeitung verschaffen. Ich wäre Ihnen sehr dankbar, wenn Sie mir bei der Lösung meiner Situation durch eine solche Vermittlung behilflich sein könnten.

Ich bin aber auch gerne zur Mitarbeit da bereit, wo vielleicht eine kleine Zeitung oder Zeitschrift nicht honorieren kann. Ich halte es nicht für wünschenswert, die deutschen oder amerikanischen Publikationsmöglichkeiten in USA allzusehr den irgendwie kommunistelnden Strömungen zu überlassen, wie es nach den wenigen Erzeugnissen, die man hier zu sehen bekommt,

treter der linkssozialistischen Gruppe Neu Beginnen. Emigrierte 1939 (nach Aufenthalten in der CSR, in Frankreich und England) in die USA.

5 Paul Hertz, Mitglied des emigrierten SPD-Vorstandes. Emigrierte 1933 in die CSR, 1938 nach Frankreich, 1939 in die USA.

6 Pseudonym für Joseph Buttinger. Österreichischer Sozialist, 1935–1938 Vorsitzender des ZK der Revolutionären Sozialisten Österreichs (RSÖ). 1938 Emigration nach Belgien und Frankreich, 1939 in die USA.

7 Albert Grzesinsky, Sozialdemokrat, preußischer Innenminister 1926–1930; 1930–1932 Polizeipräsident von Berlin. Emigration 1933 Schweiz, Frankreich, 1937 Peru, USA.

8 Vgl. hierzu S. 54f. und 60 der Biographie.

9 Leo Friedmann, (ehemaliger) Redaktionskollege Kühns bei der antifaschistisch-sozialistischen Wochenzeitung „Freies Deutschland".

offenbar geschieht. Leuten wie Ihnen wird oft genügend Zeit fehlen, um solche kleinen Blätter so intensiv zu beliefern, wie es diese Strömungen tun. Hier würde ich gerne helfen, auch ohne jede Honorierung.

Ich würde mich freuen, wenn ich bald etwas von Ihnen hören würde, vor allem auch über die politischen Fragen dieses und des letzten Briefes, die uns hier alle sehr interessieren.

Mit herzlichen Grüssen
Ihr Heinz Kühn
[Unterschrift]

P.S. Senden Sie mir doch bitte den Briefumschlag der Marken wegen wieder zurück, um damit einen Sammler glücklich zu machen. [handschriftlich]

6. Heinz Kühn (aus Brüssel) an Wilhelm Sollmann (USA) vom 10. April 1940

Quelle: HiAdSt Köln, Nl. Wilhelm Sollmann, Nr. 575
Mikroverfilmung des maschinenschriftlichen Originals

Lieber Genosse Sollmann,

ich schrieb Ihnen vor etwa zwei Monaten einen Clipperbrief,[1] von dem ich aber annehmen muss, dass er Sie nicht erreicht hat, denn ich vergass leider Wellingford auf dem Umschlag zu vermerken und einfach „F.W. Sollmann, Pendle Hill, Pen[n]sylvania, USA" dürfte kaum angekommen sein. Uebrigens schrieb ich Ihnen auch vor Weihnachten einen Brief, auf den Sie nicht antworteten, wahrscheinlich ist er auch nie angekommen, was ja bei den Kriegspostverhältnissen leider unvermeidlich ist.

In meinem letzten Schreiben trug ich Ihnen eine Bitte vor. Da das „Freie Deutschland"[2] nicht mehr erscheint, meine politischen Differenzen zu Sievers aber zu gross sind, als dass ich von ihm eine Unterstützung erwarten könnte, befinde ich mich in einer sehr schwierigen Lage. Ich schrieb Ihnen in dem verlorenen Brief über die letzten Jahre meiner politischen Mitarbeit bei Sievers. Nach Brüssel gekommen bin ich seinerzeit (1936) auf Wunsch Sievers' unter der Voraussetzung eines Viererbündnisses Sievers-Sollmann-Imbusch-Strasser.[3] Diese der geistigen Konzeption nach volkssozialistische Orientierung ist von Sievers, wie ich Ihnen nicht zu erzählen brauche, recht bald preisgegeben worden.

Er verschanzte sich seitdem hinter einem naiven Syndikalismus[4], der sein Blatt, das eine wertvolle Diskussionsfunktion hätte haben können, völlig steril machte. Zwischen seiner Grundposition und der meinen, die Sie aus einer Anzahl meiner Artikel kennen, entstand ein immer grösserer Abstand, so dass meine Funktion am FD[5] sich schliesslich auf die Umbruchredaktion und auf die Lieferung aussenpolitischer Uebersichten bschränkte. Nur selten konnte ich in der Diskussionstribüne etwas unterbringen. Es war deshalb zu erwarten, dass Sievers jede Unterstützung ablehnte, als er das FD eingehen liess.

Da ich vor zwei Jahren meine Braut, eine Kölner SAJ-Funktionärin, herauskommen liess und seitdem verheiratet bin, ist meine Situation bei den geringen Pressemöglichkeiten hier und der völligen Aussichtslosigkeit etwas anderes zu tun (Arbeitsverbot) mehr als schwierig. Ich hatte Sie deshalb gebeten, mir, falls Ihnen dies möglich ist, die eine oder andere amerikanische Pressebeziehung zu verschaffen. Ich könnte mir vorstellen, dass gelegentliche Berichte aus einem noch neutralen Land wie Belgien, in dem man immer noch etwas aus dem Reich erfährt und ausreichende Möglichkeit der Bearbeitung auch der gesamten Nazipublikationen hat, auch drüben von Interesse sind. Dann würde mich natürlich besonders lebhaft ein Mitarbeiten an der geistigen Richtungsauseinandersetzung interessieren, soweit dazu drüben Möglichkeit besteht. Leider kann man hier nichts mehr sagen, was sich offen gegen ein „zweites Versailles" wendet (In Frankreich ist überhaupt durch die Zensur jede Diskussion auch unter den Emigra-

1 Luftpostbrief.
2 Antifaschistisch-sozialistische Wochenzeitung. Vgl. Anm. 2 zu Brief 3.
3 Vgl. hierzu S. 54f. u. 60 der Biographie.
4 Sievers propagierte eine „revolutionäre Arbeiterdemokratie", womit er die Organisierung der Arbeiter innerhalb der Betriebe und die Vereinigung dieser Organisationen zu *politisch* verantwortlichen regionalen und fachlichen Körperschaften meinte.
5 Freies Deutschland.

tionsgruppen untersagt!). Auch eine andere Ueberlegung lässt mich ein gelegentliches Mitarbeiten drüben wünschen: ich glaube, dass das politische Gewicht Amerikas gegenüber Europa in diesem Kriege erheblich wachsen wird, so dass es doppelt notwendig ist, dort Verständnis für eine Neuordnung Europas und (in der amerikanischen Arbeiterbewegung) der europäischen Arbeiterbewegung zu wecken. Nach dem, was wir hier hören, machen sich in den USA leider die Gruppierungen à la Neubeginnen[6] und die Moskowiter[7] viel breiter als es ihrem europäischen und schon gar innerdeutschen Gewicht entspricht. Hier mitzuhelfen an der Herausbildung eines geistigen Gegengewichts gegen die Richtungen ist mindestens ebensosehr mein Wunsch, wie meine materielle Existenz etwas zu verbessern. Ich bin deshalb auch sehr gern bereit, dort mitzuarbeiten, wo keine Honorare zu erwarten sind, wo aber die Mitarbeit von geistigem Interesse ist.

Sollte Ihnen diese Vermittlung möglich sein, so wäre ich Ihnen sehr dankbar, wenn Sie es mich bald wissen liessen. Sie würden mir einen grossen Dienst erweisen, wenn Sie es möglich machen könnten, etwas für mich zu erreichen.

Hier haben sich die Ereignisse in den letzten Tagen erneut „blitzartig" entwickelt. Wenn Sie diesen Brief erhalten, werden wir bereits klarer sehen als in diesem Augenblick. Hoffentlich hat sich dann gezeigt, dass das Skandinavienexperiment[8] Hitlers Marneschlacht[9] geworden ist. Die heute vorliegenden Meldungen sind für die deutsche Flotte katastrophal. Allerdings kann Hitler getrost die ganze deutsche Flotte opfern, wenn er damit die strategische Position Norwegen fest in die Hand bekommt, die die Nordsee vollends zum deutschen Meer machen und die Engländer in eine unhaltbare Lage drängen würde. Das wissen die wohl auch besser als wir und deshalb zum erstenmal in der Geschichte dieses Krieges das Aufeinanderprallen wirklicher Kräfte der entscheidenden Gegner. Wahrscheinlich ist, dass in den Skandinavienkampf auch die Russen eingreifen. Wenn sie auch ihr eigenes Süppchen dabei zu kochen hoffen und wahrscheinlich ganz Finnland einsacken werden, so werden sie doch in Nordnorwegen – falls sie dort aktiv werden – zugunsten Hitlers auftreten. Aber ich sehe darin keine Veranlassung zum Pessimismus. Im Gegenteil hoffe ich schon lange auf das aktive Kriegsbündnis Moskau–Berlin, das das Schicksal der beiden Diktaturen unlöslich verknüpfen würde. Nur so wird es möglich sein, die Gefahr der Stalinisierung Deutschlands – eine vorübergehende Gefahr gewiss, aber leider eine naheliegende – bereits in einem frühen Stadium zu liquidieren. Im Falle einer dauernden Reservestellung Moskaus gegenüber diesem Kriege würde zwar nicht der Traum Stalins in Erfüllung gehen: bei ständigem Absinken des Kraftpotentials der anderen selbst intakt zu bleiben und so der Schiedsrichter und Beherrscher Europas zu werden. Dazu reicht die russische Kraft selbst einem ausgebluteten Europa gegenüber nicht aus. Aber es würde doch nach dem Sturze Hitlers dem deutschen Staate aus dem Osten eine materielle und dem deutschen Sozialismus eine ideelle Gefahr drohen.

Ich bat Sie noch in dem verlorenen Brief, etwas über die USA-Emigration zu berichten, von der wir uns hier kein vollends klares Bild machen können. Besteht auch dort die Emigrationstätigkeit nur aus Inzucht oder hat sie wirklich Kontakt zu den amerikanischen Kreisen, auf die es

6 Neu Beginnen: Eine in der deutschen Illegalität des Jahres 1933 entstandene linkssozialistische Gruppe. Sie befürwortete Verhandlungen mit der KPD, was Kühn mißfiel.
7 Deutsche Kommunisten (KPD).
8 Besetzung Dänemarks und Norwegens durch ein kombiniertes See-, Land- und Luftunternehmen Hitlerdeutschlands (Beginn: 9.4.1940).
9 Marneschlacht: Kämpfe zwischen deutschen und alliierten Truppen im Ersten Weltkrieg (5.–12.9.1914). In ihnen gelang es der deutschen Heeresleitung nicht, einen schlachtentscheidenden Erfolg zu erringen.

ankommt? Stampfer[10] scheint ganz erfolgreich zu operieren, wie ich aus seinen Ergebnissen bei den Green-Gewerkschaften entnehme. Leider glaube ich nicht, dass die Sopade zu dem zu werden vermag, was sie sein müsste und bei der Bedeutungslosigkeit der anderen Gruppen draussen auch werden könnte, das Kraftzentrum einer geistigen Erneuerung im Arbeitersozialismus. Aber das wird und kann aus geistigen Gründen wohl keine Gruppe der Emigration.

Ich will diesen Brief hier abbrechen, da ich ihn zu clippern[11] beabsichtige. Er darf deshalb 5 Gramm nicht überschreiten. Ich würde mich sehr freuen, wenn ich trotz der leidigen Entfernungen und Verzögerungen bald etwas von Ihnen hören würde.

Mit herzlichen Grüssen und den besten Wünschen
Ihr
Heinz Kühn [Unterschrift]

N.S. Schicken Sie mir doch gelegentlich, wenn möglich, diesen Briefumschlag zurück, da ich die Marken für den kleinen Jungen eines Genossen haben möchte. Mit gleichzeitiger Normalpost schicke ich Ihnen auch noch einmal einige Artikel von mir, insbesondere auch zur Russenfrage.[12] [handschriftlich]

---

10 Friedrich Stampfer, Mitglied des emigrierten SPD-Vorstandes (Sopade), Chefredakteur des „Neuen Vorwärts" 1933–1935. Emigrierte 1940 in die USA.

11 Siehe Anm. 1 zu diesem Brief.

12 Unter dem Sollmann zugesandten Artikel dürfte auch ein Aufsatz gewesen sein, den Kühn unter dem Pseudonym „G. Hellmuth" in der „Sozialistischen Warte" (Paris) v. 15.2.1940 veröffentlichte. Er trug den Titel „Die rote Armee vor Indien". Kühn konstruierte in ihm eine Kontinuitätslinie des „russischen Imperialismus" von Zar Alexander II. (1855–1881) bis Stalin. Die Eroberungspläne Alexanders II. seien auf Persien und Afghanistan gerichtet gewesen. Stalin könne sich ausrechnen, daß ihm im Falle eines erfolgreichen „aktiven Bündniskrieges" mit Hitler gegen die westlichen Demokratien die Herrschaft über den Nordosten Europas und „die asiatischen Positionen der Westmächte einschließlich der Hegemonie über die größere Hälfte Chinas" zufalle. „Dort würde der Stalinismus nur die außenpolitische Tradition des Zarismus wieder aktivieren" (ebd.).

7. Heinz Kühn (aus Brüssel) an Mitglieder des emigrierten SPD-Vorstandes (London) vom 8. März 1945

Quelle: AdsD, Bonn, Emigration Sopade, Allgem. Korrespondenz, Mappe 67
Mikroverfilmung des maschinenschriftlichen Originals

Werte Genossen,

mein im Januar über einen englischen Soldaten an Euch geleiteter Brief ist vielleicht nicht angekommen, da ich Eure Anschrift nicht kannte. Deshalb wiederhole ich hier dem Sinne nach seinen Inhalt und ergänze ihn. Der aus Anlaß des Labour-Kongresses nach London gekommene Gen. Anseele hat Euch drei Exemplare meiner Broschüre[1] überreicht, leider konnte er die dazugehörigen Begleitbriefe nicht mehr mitnehmen, so daß ich Euch bitte, den für Sollmann[2] beigefügten Brief an ihn weiterzuleiten. Ebenso wie ein Exemplar von „Hitler oder Deutschland".

Das zweite Exemplar der Broschüre war für die Genossen des ISK[3] bestimmt, an deren Organ ich 1939/40 mitarbeitete.[4] Mittlerweile war einer ihrer Genossen hier und hat die Verbindung zu mir gefunden. Das dritte Exemplar war für Euch bestimmt, und ich wäre Euch dankbar, wenn Ihr mir eine Stellungnahme dazu mitteilen könntet. Desgleichen wäre ich für die, wenigstens auszugsweise, Uebersendung Eures während des Krieges erschienenen Materials dankbar. Wir haben hier nur Material aus England und Mexiko gesehen, das von Kommunisten in ihrer Tarnung als „Nationalkomitee"[5] stammt. Eine Fortsetzung des alten Volksfrontrummels unter neuer Flagge und auf einer noch fragwürdigeren Ebene. Ohne Organisationszugehörigkeit und ohne jede Verbindung während des Krieges, bin ich daran interessiert, mich so schnell wie möglich über die politische Situation in der Emigration zu informieren.

Ich stehe hier in Beziehung zu verschiedenen linksorientierten Tageszeitungen und Zeitschriften, in denen man trotz der noch im allgemeinen besonders deutschfeindlichen Stimmung bereits einiges über unsere künftigen Ziele und Aufgaben sagen kann. Dazu möchte ich gerne genauer über Wesen und Ziele der Sozialistischen Union informiert werden, deren Gründung über den BBC[6] mitgeteilt wurde.

Ueber Max Sievers[7] Schicksal berichtete ich in jenem Januarbrief. Walter Thamm[8] hat die Tatsachen dann wiederholt, so daß ich annehme, daß Ihr informiert seid. Mit falschen Identitätspapieren in Nordfrankreich an der belgischen Grenze lebend wurde[n] er und seine Frau (die Belgierin ist) im November 1943 verhaftet und nach Berlin überführt, wo er Ende Januar

---

1 Hitler oder Deutschland. Freiheitsbriefe an die Deutsche Wehrmacht, Gent 1944. Vgl. S. 80ff. der Biographie.
2 Für den 1937 in die USA emigrierten Wilhelm Sollmann.
3 Internationaler Sozialistischer Kampfbund (ISK) unter Leitung Willi Eichlers. Eine Vereinigung ethischer Sozialisten.
4 Gemeint ist die von Willi Eichler herausgegebene Exil-Wochenschrift „Sozialistische Warte", die 1939/40 in Paris erschien.
5 Nationalkomitee „Freies Deutschland", von deutschen kommunistischen Emigranten und deutschen Kriegsgefangenen nach dem Zusammenbruch der deutschen 6. Armee bei Stalingrad 1943 unter sowjetischem Patronat gegründet.
6 Über den britischen Rundfunk (British Broadcasting Corporation).
7 Vgl. Anm. 2 zu Brief 3.
8 Sozialdemokrat, von Beruf Schneider, der im Brüsseler Exil die Zeit der deutschen Besatzung überlebte.

hingerichtet wurde. Ich habe seine letzten Briefe aus der Todeszelle gelesen und weiß aus den Erzählungen seiner Frau, daß er sich bei den in Belgien stattfindenden Verhören (bei denen sie zum Teil anwesend war) sehr tapfer gezeigt hat. Obschon mein Kontakt zu ihm sich in der letzten Zeit vor Ausbuch des Krieges sehr gelockert hatte (aus Gründen, die sich aus seiner autoritär-egozentrischen Art ergaben, eine Art, die ihn zu jeder kollegialen Zusammenarbeit unfähig machte und auch das Verhältnis zu den anderen sozialistischen Gruppen durch unsachliche Schimpfkanonaden belastete), empfinde ich es als meine Pflicht, Euch mitzuteilen, daß Sievers als anständiger Kämpfer unserer Idee gefallen ist, der er sich stets ehrlich verpflichtet gefühlt hat, so sehr man persönliche Unzulänglichkeiten an ihm kritisieren muß.

Ueber mich selbst zu berichten erübrigt sich, da Walter Thamm, der mit mir während der ganzen Okkupationszeit in Kontakt gestanden hat, das wohl bereits getan haben wird, und Ihr andere Angaben aus meinem Brief an Sollmann und dem Vorwort der Flugblätter entnehmen könnt. Wir, die wir die weiße Halbjahresaufenthalts-Genehmigung besitzen, befanden uns glücklicherweise nicht im normalen Einwohnerregister, ein Tatbestand, der der Gestapo verborgen geblieben sein muß, so daß wir ungeschoren blieben. Trotzdem zog ich es vor, mit dem Beginn der Flugblattaktion präventiv illegal zu werden und so habe ich die beiden letzten Jahre unter dem Namen „Henri Fernand Coolens" gelebt und die längste Zeit bei einem der führenden Genossen der illegalen belgischen Partei in Gent gelebt.

Der Gen. Egon Roemer[9], zu dem ich während des Krieges keine Beziehungen hatte, ist, wie Euch Walter Thamm schon geschrieben hat, ebenfalls noch hier. Er hat sich mit einigen Schwierigkeiten (als Jude bei der Gestapo denunziert, hat er aber weiter keine Unannehmlichkeiten als ein Verhör gehabt; er ist in Wirklichkeit Halbjude) über die Okkupation gehalten. Diese Nachricht wird die Genossen von Neu-Beginnen interessieren.

Ich leg als Anlage noch meinen Offenen Brief an Cam. Huysmans bei, den ich in den „Cahiers Socialistes", der einzigen sozialistischen Zeitschrift Belgiens (die einen verhältnismäßig großen Einfluß hat) veröffentlicht habe.[10] Eine Reihe anderer Artikel in linkskatholischen, liberalen und sozialistischen Zeitungen und Zeitschriften werde ich Euch schicken, falls Euch dies interessiert.

Ist es Euch möglich, mir die Adresse des Gen. Fritz Borinski mitzuteilen und ihn von diesem Brief in Kenntnis zu setzen? Ich würde mich freuen, wenn er mir so bald wie möglich schreiben würde. Weiß er etwas von unserem gemeinsamen Freunde Fritz Heimann, von dem ich ein letztes Lebenszeichen aus Marseille vor der Besetzung Südfrankreichs durch die deutsche Wehrmacht erhielt.

Ich hoffe, bald von Euch und den übrigen Freunden zu hören und Euch in Kürze eine Broschüre zusenden zu können, die meine in den Jahren bis 1940 geschriebenen Artikel enthält. Bis dahin

mit sozialistischen Grüßen
Heinz Kühn [Unterschrift]

9   Deutscher Emigrant. Bis zur NS-Machtergreifung Journalist bei Ullstein.
10   Vgl. S. 94ff. der Biographie.

8. Heinz Kühn (aus Brüssel) an Willi Eichler (London) vom 14. Mai 1945

Quelle: AdsD, Bonn, Nl. Heinz Kühn, 1/HK AA 000 00 1
Maschinenschriftlicher Durchschlag

Lieber Genosse Eichler,

ich will Deinen Brief so schnell wie möglich und zwar noch heute am Tage seines Eintreffens be-antworten. Inzwischen wird Otto P.[1] wohl auch schon in London angekommen sein und mündlich berichten, so daß ich mich auf die in Deinem Brief berührten Fragen beschränken kann.

Die Fragen der geistigen und organisatorischen Neuorientierung, die sich, wie Du richtig schreibst, wenig für einen noch dazu technisch so behinderten Briefwechsel eignen, hoffe ich recht bald mit Dir mündlich besprechen zu können.

Daß insbesondere jetzt nach der Kapitulation eine englische Ausgabe meiner Flugblatt-Bro-schüre[2] nicht mehr ganz aktuell ist, ist ganz klar. Vielleicht läßt sich aber eine Besprechung hier und da in der englischen Presse veranstalten, was meines Erachtens propagandistisch für uns als sozialistische Bewegung insgesamt wünschenswert wäre. Ich habe etwas den Eindruck, daß man angloamerikanischerseits sich in der künftigen Verwaltungspraxis in Deutschland allzu stark auf konservative Kräfte, um nicht zu sagen reaktionäre, zu stützen beabsichtigt. Als eine Aktion durchschnittlich jüngerer Deutscher unter immerhin sozialistischer Leitung ist das was wir ge-tan haben, nicht nur erwähnenswert, sondern auch ein Gegenbeweis gegen die vielleicht gene-rell richtige These der englischen Radiopropaganda in deutscher Sprache: daß nämlich alle so-zialistischen deutschen Antinazis alte Leute aus der vergangenen Epoche seien. Inwieweit das übrigens stimmt und gleichzeitig auch wieder nicht stimmt, gehört mit in den Fragenkomplex der sozialistischen Neuorientierung, wird also Gegenstand unserer von mir sehr ersehnten mündlichen Aussprache sein.

Deine Anregung zu einer Publikation über Belgien während der Hitler-Epoche nehme ich mit großem Vergnügen auf. Ich glaube, daß ich dazu wertvolles Material zusammentragen kann, noch dazu da ich die Dinge zum Teil ziemlich intensiv miterlebt habe. Dazu wäre aber notwendig, daß Du mir Hinweise bezüglich des Umfangs gibst. Es mangelt keineswegs an Ma-terial, das auch außerhalb Belgiens sehr interessieren wird. In welcher Sprache soll die Sache ge-druckt werden? Erleichtern würde mir ein Brief des Verlags die Materialsammlung, d.h. wenn Du mir auf einem gedruckten Briefformular der International Publishing Company[3] den Auf-trag zu einer solchen Publikation übermittelst, möglichst in englischer Sprache. Dieser Brief würde mir nicht nur die Archive der Résistance, sondern auch andere offizielle Materialquellen leichter erschließen.

Das von dem Pariser und Brüsseler Nationalkomitee[4] herausgegebene Material liegt hier zu Deiner Verfügung. Hoffentlich kommst Du selbst bald nach hier, oder vielleicht gibt es auch

---

1 Wahrscheinlich Otto Pfister, ISK-Mitglied.
2 Vgl. Anm. 1 zu Brief 7.
3 „Renaissance. Publishing Company" nannte sich der Londoner Verlag des ISK.
4 Siehe Anm. 5 zu Brief 7.

eine Möglichkeit über Louis de Brouckère[5], das Zeug zu schicken. Ich erwarte mit Spannung das Eintreffen der von Dir angekündigten Literatur.

Bei Deinem Besuch werde ich Dir zwei Manuskripte präsentieren, die das Arbeitsergebnis meiner illegalen Kriegszeit sind. Es handelt sich um ein Manuskript „Die deutsche Katastrophe" mit dem Untertitel „Das Ende der bürgerlichen Epoche".[6] Es versucht im ersten, längeren Teil dem deutschen Leser – den Typ des heutigen Deutschen habe ich ja genugsam studieren können – die Ereignisse historisch verständlich zu machen. Daran schließt ein etwa 60 Maschinenseiten langer Teil „Die sozialistische Wiedergeburt von Volk und Staat"[7] an. Dieser Teil umfaßt die folgenden Kapitel:

Soziale Revolution als europäische Aufgabe der Arbeiter
Die geistige Neuorientierung des Sozialismus
Der sozialistische Humanismus
Das Problem der Freiheit
Vom Besitzstaat zum Arbeitsstaat
Europa als solidarische Föderation sozialistischer Nationen
Die sozialistische Partei.

Das Manuskript, das den Nachteil hat, während dieser Jahre der Abgeschiedenheit nicht durch die stete Diskussion theoretisch geschulter Genossen befruchtet zu sein, hat trotzdem viel Beifall gefunden. Ein linksbürgerlicher Verlag will einen Teil – den gewissermaßen kulturhistorischen Teil – in einer etwa 120 Seiten umfassenden Schrift in französischer Sprache herausbringen, sobald die Papierknappheit beseitigt ist. Ursprünglich hatte ich es mit [der Absicht] der ausschließlichen Publikation in Deutschland geschrieben.[8]

Das zweite Manuskript versucht mehr theoretisch an bestimmte Probleme heranzugehen: das Problem von „Masse und Gemeinschaft", das Problem des Staates, der Demokratie und der Nation. Als Titel denke ich „Probleme der sozialistischen Volksordnung".

Doch genug davon. Ich will diesen Brief damit beenden und nur noch die Bitte hinzufügen, mir in Deinem nächsten Brief mitzuteilen, wie ich operieren muß, um Pierre Robert[9] zu schreiben und mir auch die Adresse Eva Lewinskis[10] mitzuteilen, Otto hat vergessen, mir seine und damit ihre New Yorker Adresse anzugeben. Otto, den ich noch in London vermute, grüße bitte, ebenso Fritz Borinski[11], von dem ich bald einen Brief erhoffe.

Dich grüße ich recht herzlich und in der Hoffnung, Dich bald persönlich kennenzulernen.

Dein

---

5 Prominenter belgischer Sozialist.
6 Vgl. S. 84f. der Biographie.
7 Vgl. S. 85ff. der Biographie.
8 Das Manuskript wurde weder in Belgien noch in Deutschland veröffentlicht.
9 Nicht ermittelt.
10 Mitglied des ISK, 1941 Emigration in die USA.
11 Vgl. S. 123 der Biographie.

9. Heinz Kühn (aus Brüssel) an Erich Ollenhauer (London) vom 19. Mai 1945
Quelle: AdsD, Bonn, Nl. Heinz Kühn, 1/HK AA 000 00 1
Maschinenschriftlicher Durchschlag

Lieber Genosse Ollenhauer,

Dein Brief vom 25. April kam hier, d.h. in Gent, am 15. Mai an. Normalerweise kann man nun mit etwa 14 Tagen Expeditionsdauer für Briefe rechnen. Auch die Zusendung von Drucksachen scheint nun gestattet zu sein, da ich im Laufe von zwei Tagen nun schon zwei größere Drucksachensendungen von Willi Eichler mit ISK-Publikationen erhalten habe. Die eine Sendung enthielt englische, die andere deutsch publizierte Veröffentlichungen. Ich hoffe, daß auch Du mir einiges schicken kannst, sowohl von der Union[1] als von der Partei. Wie ich Dir schon schrieb, bin ich ohne Organisationszugehörigkeit und muß mich erst nach dieser Okkupationsperiode neu orientieren. Ich werde Dir in den nächsten Tagen einen ausführlicheren Brief schreiben, der meine politischen Entwicklungen enthält. Heute will ich mich auf wenige Begleitzeilen zu diesem Brief beschränken, der Dir eingeschrieben ein Exemplar meiner Broschüre[2] übermittelt. Falls Ihr ein Organ habt, in dem Ihr dann Stellung nehmen könnt, würde mich das freuen und vielleicht auch unserer gemeinsamen Sache nützlich sein. Denn ich glaube, daß die relativ wenigen und angesichts der Ereignisse untergeordneten Differenzen, die uns demokratische Sozialisten, die wir gegen Hitlerismus und Stalinismus einig sind, noch trennen mögen, nichts daran ändern, daß wir eben letztlich doch eine gemeinsame Sache vertreten.

Euer Material interessiert mich auch noch aus einem anderen Grunde: obschon ich von keinem Organismus dazu legitimiert bin, mache ich es mir doch etwas zur Aufgabe, hier auch in der Presse gegen die Propaganda des Paulus-Pieckschen Nationalkomitees[3] aufzutreten. Mehrere Artikel in französischer und flämischer Sprache, die zu diesem Thema von mir in einigen linksbürgerlichen und sozialistischen Organen erscheinen werden, leite ich Dir sofort zu. Außer dieser direkten Auseinandersetzung möchte ich aber auch indirekt zeigen, daß der monopolistische Anspruch, den das CALPO (Comité Allemagne Libre Pour l'Ouest) hier erhebt, nicht berechtigt ist, indem ich sachlich über die Leistungen der demokratisch-sozialistischen Organisationen berichte. Ein belgischer sozialistischer Freund wird z.B. nun sofort in einer hiesigen Zeitschrift über die ISK-Publikationen sachlich referieren. Dasselbe wird geschehen, sobald ich Euer Material habe. Es handelt sich dabei nicht um polemische Auseinandersetzungen, die sich vielleicht besser im gegenwärtigen Stadium intern unter uns abspielen, sondern um informative Berichterstattung. Auf die Existenz der „Union" habe ich bereits in einigen Artikeln hinweisen können, aber es war eben nicht mehr als die Existenzerwähnung. Zwei Num-

---

1   Union deutscher sozialistischer Organisationen in Großbritannien: Zusammenschluß emigrierter SPD-Vorstandsmitglieder und anderer emigrierter Sozialdemokraten in Großbritannien, des Internationalen Sozialistischen Kampfbundes (ISK), der Sozialistischen Arbeiterpartei Deutschlands (SAP) und der linkssozialistischen Gruppe Neu Beginnen 1941 im Londoner Exil.
2   Vgl. Anm. 1 zu Brief 7.
3   Nationalkomitee „Freies Deutschland". Siehe Anm. 5 zu Brief 7. Friedrich Paulus, Oberbefehlshaber der bei Stalingrad geschlagenen 6. Armee, trat in sowjetischer Kriegsgefangenschaft dem Nationalkomitee „Freies Deutschland" bei. Wilhelm Pieck, seit 1935 Vorsitzender der Exil-KPD, gehörte zu den Mitbegründern des Nationalkomitees.

mern der „Volkszeitung"[4], New York, sind bei Walter Thamm[5] angekommen. Sie waren uns eine wichtige Informationsquelle. Vielleicht kannst Du auch mir die Nummern zuschicken, denn es scheint doch nicht immer durchzugehen. Leider haben wir seit diesen Nummern nichts mehr bekommen. Wenn Du sie doppelt adressieren könntest, würden wir sie auf jeden Fall erhalten. Vielleicht könnt Ihr in der Volkszeitung eine Besprechung der Broschüre veranstalten. Trotzdem sie in Deutsch publiziert ist und ursprünglich von mir für die Verbreitung in Deutschland selbst bestimmt war, hat sie hier einen lebhaften Absatz und ziemliches Interesse gefunden. Ich werde diesem ersten Exemplar in einigen Tagen ein zweites folgen lassen, das ich Dich bitte, dann an Sollmann weiterzuleiten.

Von besonderem Interesse wäre es für uns hier, zu erfahren, wie Ihr drüben die Chancen einer baldigen Rückkehr nach Deutschland beurteilt.

Welche behördlichen Beziehungen bestehen? Ist es zu empfehlen, individuell von hier aus ins Reich zu gehen, wofür hier vielleicht die Möglichkeiten größer sind als von England und Amerika. Oder ist es besser, zu warten, bis eine Regelung getroffen wird, die es uns erlaubt, unsere Kräfte in koordinierter und organisierter Form einzusetzen? Über diesen Fragenkomplex Deine Meinung zu hören, würde mich sehr interessieren. Was habt Ihr zu meinem Brief an Huysmans[6] gesagt? Es ist hier natürlich nicht einfach, als Emigrant so offen zu sprechen. Die Massenströmung neigt noch sehr zur Position Huysmans, aber ich habe doch sehr viel Zustimmung erfahren, sogar mehrere Briefe von zum Teil interessierten belgischen Genossen in durchaus positiver Stellungnahme erhalten.

Dies soll für heute alles sein. Ich werde in wenigen Tagen noch einen Brief folgen lassen. Inzwischen bleibe ich mit sozialistischen Grüßen

Dein

4 „Deutsche Volkszeitung".
5 Vgl. Anm. 8 zu Brief 7.
6 Camille Huysmans, belgischer Sozialist. Siehe S. 94ff. der Biographie.

10. Heinz Kühn (aus Brüssel) an Erich Ollenhauer (London) vom 23. Mai 1945

Quelle: AdsD, Bonn, Emigration Sopade, Allgem. Korrespondenz, Mappe 67
Mikroverfilmung des maschinenschriftlichen Originals

Lieber Genosse Ollenhauer,

ich danke Dir für das über Bratu[1] an uns gelangte Material, das ich nach Kenntnisnahme den Genossen Thamm[2] und Roemer[3] zur Einsicht geben werde. Es kommt gerade recht, um einem Journalisten zur Unterlage für einen Artikel über die „Union"[4] zu dienen. Dieser Journalist, Redakteur der größten Morgenzeitung Brüssels, will in mehreren Notizen und Artikeln über freiheitliche deutsche Antinazi-Aktivität berichten, die gleichzeitig dem Nationalkomité[5]-Rummel ablehnend gegenübersteht.

Vielleicht ist es möglich, uns künftig regelmäßig „Die Zeitung" ebenso wie die New-Yorker „Volkszeitung" zuzuschicken. Ich hoffe, daß Du im Augenblick der Lektüre dieses Briefes bereits meinen Antwortbrief auf den Deinen, von mir am 19. Mai adressiert und abgeschickt, in Händen hast. Ich brauche deshalb die dort berührten Punkte nicht zu wiederholen. Alle Publikationen der Union und der ihr angeschlossenen Gruppen interessieren uns, nicht nur zur persönlichen Information, sondern auch zur Information der belgischen Oeffentlichkeit. Wir müssen unbedingt der nicht ungeschickten und mit den von Münzenberg[6] einst erprobten Bluff-Methoden aufgezogenen Nationalkomitee-Reklame entgegentreten. Dazu aber bedarf es Materials.

Zu meiner persönlichen augenblicklichen Stellung gegenüber den einzelnen Gruppierungen nur kurz das folgende:

Als führender Funktionär der SAJ Oberrhein (wobei wir uns auf einer Funktionärtagung auf Burg Hammerstein am Rhein persönlich kennengelernt haben[7] – aber Du wirst Dich dessen wohl kaum noch entsinnen –), als Vorsitzender der Kölner Soz. Studentengruppe[8] und Kreisju-

1 Arthur Bratu, Sozialdemokrat, Pädagoge. 1933 Emigration Belgien, 1940 England. Mitglied der Ländergruppe deutscher Gewerkschaften in Großbritannien.
2 Vgl. Anm. 8 zu Brief 7.
3 Egon Römer, vor 1933 Journalist bei Ullstein, Mitglied der linkssozialistischen Gruppe Neu Beginnen, Emigrant in Brüssel. Vgl. Anmerkung 9 zu Brief 7.
4 „Union deutscher sozialistischer Organisationen in Großbritannien". Siehe Anm. 1 zu Brief 9.
5 Siehe Anm. 5 zu Brief 7.
6 Willi Münzenberg, kommunistischer Politiker und Publizist. Leitete den Propagandaapparat der KPD während der Weimarer Republik. Seit 1933 Pariser Exil. Dort auch als Verleger und Publizist tätig. Gab den Anstoß zur Gründung eines deutschen Volksfront-Ausschusses in Paris (Zusammenarbeit kommunistischer, sozialistischer, sozialdemokratischer und links-bürgerlicher deutscher Emigranten). 1937 wegen Kritik an Stalin aus der KPD ausgeschlossen.
7 Erich Ollenhauer war zwischen 1928 und 1933 Vorsitzender der Sozialistischen Arbeiterjugend (SAJ).
8 Kühn war nicht Vorsitzender der Kölner „Vereinigung sozialistischer Studenten", wohl aber zwischen 1931 und 1933 Vorsitzender der „Wirtschaftsvertretung sozialistischer Studenten" in Köln. Siehe S. 28 der Biographie.

gendführer des Reichsbanners begann ich 1933 die Illegalität, in der wir bereits mit den illegalen SAP-Genossen zusammenarbeiteten.

Unser Ziel war eine neue sozialistische Partei, obschon wir ideologisch damals SAP-Leute waren. Wir anerkannten die bekannte „Prinzipienerklärung" Paul Fröhlichs.[9] In die Emigration ging ich zuerst nach Saarbrücken im Mai 33 auf Anordnung unseres SPD-Bezirkssekretärs Willi Sieke in dem Augenblick, als unsere Jugendorganisation, die in Wirklichkeit eine Art Gemeinschaftsorganisation SAJ–SJV[10] war, in größte Gefahr geriet und die SS die Wohnung meiner Eltern zum Teil auf der Suche nach mir demoliert hatte. Ich blieb drei Monate in Saarbrücken, wo ich mit Wilhelm Sollmann und Max Braun[11] heftige Diskussionen über politische Differenzen hatte. Ich sprach in Parteiversammlungen für Fröhlichs Prinzipienerklärung und eigentlich im SAP-Sinn. Auf Wunsch unserer sozialdemokratischen und sapistischen Jugendfunktionäre[12] kehrte ich im August illegal nach Köln zurück. Wir haben unsere Arbeit dann fortgesetzt mit dem Ziel, uns zu einer „Sozialistischen Front" zu fusionieren. Unterdes hatte die Gestapo bei einer neuen Haussuchung in der Wohnung meiner Eltern Indizien meiner Anwesenheit in Köln gefunden. Um die Genossen nicht zu gefährden, ging ich – mit der Absicht, daß das eine vorübergehende Lösung sei – in die Sudeten zu einem Onkel in der Gegend von Trautenau, CSR. Meine Mutter wurde als Geisel in das Konzentrationslager Brauweiler bei Köln gesperrt und ich am 2. Oktober 1934 ausgebürgert. Widerruf der Staatsangehörigkeit: mein Vater hat als Sudetendeutscher 1922[13] die deutsche Staatsangehörigkeit erhalten. Der Widerruf erstreckte sich nur auf mich; meine Eltern, obschon mein Vater 30 Jahre in der Partei war, haben die Reichsbürgerschaft behalten. Im Oktober 1934 ging ich nach Prag, um meine nationalökonomischen Studien an der Prager Universität fortzusetzen. Die Sozialdemokratische Flüchtlingshilfe, bei der ich brieflich von den Sudeten aus Anerkennung ansuchte und als Referenz Emil Kirschmann[14] und Sollmann angab, erkannte mich auch an, hatte aber [in] Prag keinen Platz frei und wies mir einen Platz in Sternheim oder Sternberg – ich habe den genauen Ortsnamen vergessen –[15] in Mähren an. Durch Vermittlung Max Sievers' und der SAP-Genossen in

---

9 Paul Fröhlich, ursprünglich KPD-Funktionär. Reichstagsabgeordneter von 1928–1930. Seit 1932 Mitglied der SAP. Emigrierte 1932 in die CSR, 1934 nach Frankreich (Mitglied der SAP-Auslandszentrale) und 1941 in die USA. Fröhlich formulierte 1932 eine „Prinzipienerklärung", die vom Osterparteitag der SAP v. 25.–28.3.1932 angenommen wurde. Laut „Prinzipienerklärung" erstrebte die SAP einen Gesellschaftszustand, in dem das Privateigentum an Produktionsmitteln aufgehoben ist. Voraussetzung dafür sei die Eroberung der politischen Macht durch das Proletariat. Diese könne nur in einer revolutionären Situation erfolgen, die „gekennzeichnet ist durch eine tiefgehende Zersetzung der bürgerlichen Gesellschaft und die Bereitschaft der proletarischen Klasse, alle Mittel des organisierten Kampfes vom Streik bis zur Auseinandersetzung mit der bewaffneten Gewalt der Bourgeoisie anzuwenden" (zitiert nach Bremer: Die Sozialistische Arbeiterpartei Deutschlands, S. 37).
10 Beim SJV (Sozialistischer Jugend-Verband) handelte es sich um die Jugendorganisation der linkssozialistischen SAP.
11 Vorsitzender der SPD des Saarlands.
12 Gemeint sind die Jugendfunktionäre der SAP.
13 Korrekt dürfte sein: 1925. Siehe S. 48 der Biographie.
14 Zwischen 1919 und 1924 Redakteur der „Rheinischen Zeitung", von 1924 bis Anfang 1933 sozialdemokratischer Reichstagsabgeordneter und zwischen 1926 und 1932 preußischer Ministerialbeamter. Emigrierte 1933 ins Saargebiet, von dort nach Frankreich und schließlich in die USA (1940). Zum Konflikt zwischen Kirschmann und Kühn an der Saar siehe S. 41ff. der Biographie.
15 Es dürfte sich um das nordmährische Städtchen Sternberg gehandelt haben.

Prag aber fand ich Unterkommen beim Demokratischen Flüchtlingskomitee Prag. Ich habe dort im Rahmen der SAP mitgearbeitet, obschon ich eigentlich nie SAP-Mann war, wenigstens nicht im organisatorischen Sinne. Wie ich schon sagte, haben wir am Beginn unserer Illegalität die Absicht zu einer Fusion zu neuen Formen und Inhalten gehabt, obschon wir ideologisch wohl sapistisch waren. Das Jahr in den Sudeten hatte ich aber zu Studien verwendet, die mich dem orthodoxen Marxismus gegenüber skeptisch werden ließen. „Diktatur des Proletariats" usw. waren Formeln, die mir nicht mehr so überzeugungskräftig erschienen.[16] Ich entwickelte mich in einer Richtung, die es mich sehr begrüßen ließ, als eines Tages Max Sievers mir das Projekt einer Zusammenarbeit Sollmann–Sievers–Imbusch[17] vortrug. Ich hatte Sievers in Deutschland nicht gekannt. Er hatte brieflich zu mir Beziehung aufgenommen, als ich in den Sudeten war und er mir eines Tages schrieb, daß er aus Köln von Genossen gewarnt worden sei. Er möge mir mitteilen, daß die Gestapo einen Verschleppungsversuch mit mir vorhabe. In Prag lernten wir uns kennen. Sein Projekt schien mir aussichtsreich. Ideologisch lag es auf der Linie, die ich später auch noch in einer Reihe von Artikeln in der „Sozialistischen Warte" unter den Pseudonymen Hendrik H. Frans und Georg Hellmuth vertreten habe. Ich siedelte nach Brüssel über (Mai 1936) und fuhr von hier mehrfach illegal ins Reich und zwar mit einem tschechischen Paß auf den Namen Josef Svoboda. Die Wirklichkeit entwickelte sich anders als das Projekt von Sievers, das lag an persönlichen wie konzeptionellen Unzulänglichkeiten Sievers, auf die hier einzugehen zu weit führen würde. Ich fühle mich heute zu keiner Organisation der Emigration zugehörig, obschon ich durchaus freundschaftliche Gefühle gegenüber dem ISK habe; die ihm angehörenden Genossen, die ich seit 1939 kennenlernte, haben menschlich auf mich einen ausgezeichneten Eindruck gemacht. Auch politisch teile ich viele ihrer Auffassungen, glaube aber in anderen Fragen Differenzen zu ihnen zu haben. Es würde mich freuen, wenn es durch die Zusammenarbeit in der „Union" zur Bildung einer neuen sozialistischen Partei käme, die ideologisch und personell die Besten und das Beste zu einer Einheit zusammenfügt. – Das kurz zu meinen politischen Personalien.

Soeben fällt mir der an Dich adressierte Brief vom 19. Mai in die Hände. Ich hatte ihn doch noch nicht abgeschickt, da Bratu gerade auftauchte und ich annehme, daß die von ihm mitgenommene Post zuverlässiger und schneller ankommt. In jenem Brief befindet sich ein Exemplar meiner Broschüre.[18] Ich füge noch drei Exemplare hinzu. Eines für Sollmann, eines für die New Yorker „Volkszeitung" und eines zu Eurer freien Verwendung. Vielleicht könnt Ihr es in „Die Zeitung" besprechen. Belegexemplar der Besprechung bitte ich mir zuzuschicken.

Ich möchte noch zu verschiedenen anderen Fragen schreiben, leider aber drängt die Zeit. Falls Bratu noch eine Verlängerung seines Urlaubs erreicht, werde ich vielleicht diesem zweiten Brief noch einen dritten anfügen. Es häufen sich eben nach fünf Jahren viele Probleme.

Mit herzlichen Grüßen für Dich und die anderen Genossen
Dein
Heinz Kühn [Unterschrift]

16 Siehe hierzu S. 46f. der Biographie.
17 Siehe zu diesem Projekt S. 54f. und 60 der Biographie.
18 Vgl. Anm. 1 zu Brief 7.

[…] Uebrigens noch etwas: ich trage mich mit der Absicht, hier in französischer Sprache eine Art Mitteilungsblatt zu schaffen, das für die Presse bestimmt ist und technisch wie Eure „Mitteilungen" gemacht werden könnte. Es soll auszugsweise aus den Publikationen der der Union angeschlossenen Gruppen das berichten, was zur Uebernahme in die belgische – eventuell auch französische, falls dort nichts ähnliches besteht – Presse von Interesse sein könnte. Ich denke also an Auszüge aus „Europe speaks"[19], aus den „Sozialistischen Mitteilungen"[20], aus Broschüren und Sonderpublikationen, vor allem aus Gewerkschaftsmaterial, was hier die Gewerkschaftspresse interessieren wird. Mit einigen Sekretären habe ich eine sehr gute Verbindung. Wenn dieses Projekt Eure Unterstützung findet, wird sich gewiß Brouckère dafür einsetzen und die behördliche Legalisierung ermöglichen. Ich habe von diesem Projekt auch Willi Eichler Mitteilung gemacht. Vielleicht unterhaltet Ihr Euch einmal darüber.

[Paraphe]

19 Hektographierter Informationsdienst, vom ISK in London herausgegeben.
20 In London herausgegeben von Wilhelm Sander. Sächsischer Sozialdemokrat. 1933 Emigration in die CSR. In Prag Leiter der „Sozialdemokratischen Flüchtlingshilfe". 1938 Emigration nach England. Dort Landesvertreter der Sopade in Großbritannien.

11. Heinz Kühn (aus Brüssel) an Susanne Miller (London) vom 27. September 1945

Quelle: AdsD, Bonn, Nl. Heinz Kühn, 1/HK AA 000 00 1
Maschinenschriftlicher Durchschlag

Liebe Genossin Miller[1],

seit meinem letzten Brief ist einige Zeit vergangen, da ich ungeheuer viel Scherereien in der Angelegenheit meiner Deutschlandreise zu erledigen hatte. Die Sache scheint nun zu 99% in Ordnung zu sein und ich erwarte täglich die Autorisation, die mir prinzipiell zugesagt ist. Ich bin zu dieser entscheidenden Unterhaltung über die Besuchserlaubnis mit den besten Empfehlungen angetreten, die man in Belgien als Sozialist auftreiben kann. Dazu gehört eine Attestation Louis de Brouckères[2], der meine „positiven Gefühle" für die Alliierten bescheinigt, eine sehr freundliche Empfehlung des grundsätzlich recht antideutschen Senators Rolin, der als Oberst der Chef der Belgian Military Mission und dabei eine Art Vorgesetzter des über die Reisegenehmigung entscheidenden britischen Offiziers war. Dazu kommt noch eine Empfehlung H. Spaaks,[3] der auf dem offiziellen Papier seines Ministeriums befürwortet, daß man mir eine Reiseerlaubnis erteilt. Ich habe also den Eindruck, daß die Geschichte klappt und daß ich möglicherweise bereits im Laufe der nächsten Woche fahren werde.[4] Und zwar habe ich eine Reise von etwa 8 Tagen für die folgenden Orte beantragt: Aachen, Düren, M.Gladbach, Köln, Bonn und Koblenz. Da ich die Hoffnung habe, wenn es das erste Mal geklappt hat, auch noch weitere Genehmigungen zu erreichen, habe ich mich bei der ersten Reise, die mich in der Hauptsache in meine eigene Heimatstadt führen würde, nur noch auf einige andere linksrheinische Orte beschränkt. Sollte ich in dieser Gegend etwas für Euch erledigen können oder solltet Ihr mir in dieser Gegend Adressen mitgeben können, so bitte ich Dich, mich umgehend zu benachrichtigen.

Hendrik De Vos[5] erzählte mir, daß Willi Eichler auf der Rückreise wahrscheinlich über Belgien kommen werde. Nachdem Du nun schreibst, daß er 4–6 Wochen drüben zu bleiben beabsichtige und aus einem anderen Deiner Briefe hervorgeht, daß er um den 12. August herum abgereist ist, müßte er eigentlich spätestens in diesen Tagen hier durchkommen, was mich außerordentlich freuen würde. Ich glaube, eine persönliche Unterhaltung würde für unsere Arbeit von großem Wert sein.

Wir danken Euch übrigens recht herzlich für die beiden Büchsen Kaffee und die zwei Päckchen Zigaretten. So etwas ist immer hochwillkommen, wenn ich auch selbst an den Zigaretten nicht partizipiere, da ich in die Kategorie der Beinahenichtraucher gehöre.

---

1 Susanne Miller, geb. Strasser. Beginn des Studiums der Geschichte und Anglistik an der Universität Wien; Mitglied des Sozialistischen Studentenbundes. 1934 Emigration England. Seit 1935 in London Angestellte einer vegetarischen Gaststätte. Ab 1944 Sekretärin von Willi Eichler.

2 Louis de Brouckère, geb. 1870, hatte wesentlichen Anteil am Aufbau der Belg. Arbeiterpartei. 1931 Vorsitzender der Sozialistischen Arbeiter-Internationale.

3 Paul-Henri Spaak, Sozialist, belgischer Außenminister.

4 Kühn konnte die Reise nicht antreten, da er wider Erwarten keine Reisegenehmigung erhielt.

5 Belgischer Sozialist und Gymnasialprofessor, in dessen Genter Haus Kühn in den Jahren 1942–1944 versteckt vor der Gestapo lebte.

Du fragst nach meinen speziellen Buchwünschen. Es sind mir zwar im Laufe der Zeit einige interessant erscheinende Buchtitel ins Auge gesprungen, aber doch nicht so nachhaltig, daß ich mich ihrer aus dem Stegreif noch entsinnen würde. Es sei denn eine Ankündigung: „Stalin und das Ewige Rußland". Haben die deutschsprachigen Emigrationsverlage nichts Interessantes produziert? Vielleicht fällt Euch gelegentlich doch einmal ein in London bereits antiquarisch anmutender Schmöker in deutscher, englischer oder französischer Sprache in die Hände, der für uns arme Kontinentale noch einen Neuigkeitswert besitzt.

In der Angelegenheit der Uebersetzungen: Ich glaube, daß die in Frage kommende Genossin recht ordentlich übersetzt, wenigstens soweit ich dies beurteilen kann. Sie gilt allgemein als eine ganz besondere Sprachbegabung und macht beruflich Uebersetzungsarbeiten.

Eine besondere Bitte zum Schluß: ich bin von einer in Belgien stark verbreiteten illustrierten Wochenzeitschrift[6], deren Redaktion ausschließlich in sozialistischen Händen liegt, beauftragt, eine umfangreiche Reportage über die Ereignisse des 20. Juli zu schreiben, möglichst mit einigen Illustrationen. Könnt Ihr mir 1) einiges Material dazu schicken, z.B. Veröffentlichungen aus der englischen Presse, und 2) einige Fotos, deren gewiß eine ganze Reihe in England bereits publiziert worden sind, zumindest Porträtabbildungen der in die Ereignisse verwickelten Persönlichkeiten. Es liegt mir natürlich vor allem daran, zu zeigen, ob und inwieweit das Unternehmen der Generäle mit einer entsprechenden breiteren Aktion der deutschen Oppositionellen verknüpft war. Es interessiert mich also vor allem das Material, das beweist, daß auch deutsche Linkskreise dabei eine Rolle gespielt haben. Ich bin Dir dankbar, wenn Du Dich darum bemühen könntest, mir so schnell wie möglich einiges zu dem Thema zu schicken.

Ich hoffe, daß inzwischen sowohl der Broschüren-Sonderdruck „L'Allemagne entre l'est et l'ouest"[7] als auch eine zweite Zeitungssendung, die vor allem die fünf interessanten Artikel Victor Larocks[8] zur Frage des Militarismus enthielt, bei Euch eingetroffen sind.

> Mit recht herzlichen Grüßen
> Dein

---

6 Name der Wochenschrift: „Europe-Amérique".
7 Sonderdruck eines zweiteiligen Aufsatzes, den Kühn unter dem genannten Titel 1945 in der sozialistischen Theoriezeitschrift „Cahiers Socialistes" (Brüssel) veröffentlichte (Les Cahiers Socialistes, Heft 5, S. 15 ff. und Heft 6, S. 8 f.).
8 Victor Larock, Chefredakteur des Zentralorgans der belgischen Sozialisten „Le Peuple".

12. Heinz Kühn (aus Brüssel) an Willi Eichler (London)
vom 14. Oktober 1945
Quelle: AdsD, Bonn, Nl. Heinz Kühn, 1/HK AA 000 00 1
Maschinenschriftlicher Durchschlag

Lieber Willi,

es war schade, daß unsere kurze Unterhaltung[1] nicht Gelegenheit bot für die zahlreichen Fragen, die ich gerne mit Dir systematisch besprochen hätte. Hoffentlich finden wir bald dazu eine ausführlichere Gelegenheit, wenn nicht hier, dann in Deutschland selbst.

Nach sorgfältiger Ueberlegung habe ich zur Frage der technischen Gestaltung meiner Rückkehr[2] einen Brief an Pierre[3] geschrieben, den ich in Abschrift diesem Schreiben beilege. Ich hoffe, daß es nicht als egoistisch erscheinen wird, wenn ich meine Sachen gemeinsam mit meiner Person herübertransportieren möchte. Schließlich scheint mir die Rückkehr eine Art Urwaldexpedition zu sein und als Pionier braucht man schließlich sein Werkzeug, wenn man sich einen Weg durch das Chaos bahnen will.

Wie ich von Marianne[4] höre, hast Du ihr den Plan angedeutet, sie zwischen meiner Abreise und ihrer Uebersiedlung im Frühjahr irgendwann einmal drei Monate nach England kommen zu lassen. Es wäre sehr schön, wenn sich das realisieren ließe. In mehrfacher Hinsicht. Marianne, die früher ganz tüchtige Arbeit in der SAJ geleistet hat und in der Emigration viel gelesen hat, braucht dringend nach der völligen Isolierung der Okkupationszeit den Umgang mit Genossen, mit denen sie zusammenarbeiten kann. Auch für ihr Englisch, das reichlich holperig ist, könnten drei Monate bei Euch nur nützlich sein. In der Zusammenarbeit mit Euch könnte sie auch viel leichter das Arbeitsfeld erkennen, auf dem sie sich später in Deutschland einsetzen kann. Hier in Brüssel sitzen wir leider in einer Art völligen Isolierung, in der alle Vergleiche und Maßstäbe fehlen. Vielleicht schreibst Du einmal genauer, wie Du die Realisierungsmöglichkeiten siehst. Juristisch ist Marianne auch „apatride"[5] wie ich, falls das von Bedeutung sein sollte, und über Spaak[6] hoffe ich, alle Schwierigkeiten aus dem Weg räumen zu können, die von hier aus enstehen könnten. Sie wird also falls notwendig gewiß einen belgischen Emigrantenpaß erhalten, der ihr die Rückkehr nach Belgien garantiert. Es handelt sich also, soweit ich das beurteilen kann, um das englische Einreisevisum für sie und den kleinen Rik[7], der wohl noch keine Paßschwierigkeiten haben wird!

Für heute will ich mit diesen wenigen Zeilen schließen. Schreibe mir bald gerade auch zu diesem letzten Punkt, da ich das auch noch gerne in Ordnung bringen möchte, bevor ich definitiv hinübergehe. In einigen Tagen werde ich Spaak sehen und wenn Du mir bis dahin schreiben könntest, was Du von uns aus vonnöten hältst für diese Reise, so kann ich schon einiges unternehmen. Solche Geschichten anläßlich einer kleinen Urlaubsreise nach hier regeln zu wollen,

1 Auf einer Erkundungsreise nach Deutschland machte Willi Eichler auch einen Abstecher nach Brüssel, wo er Heinz Kühn besuchte. Vgl. S. 102 der Biographie und Brief 11.
2 Nach Deutschland.
3 Nicht ermittelt.
4 Marianne Kühn.
5 staatenlos.
6 Paul-Henri Spaak, Sozialist, belgischer Außenminister.
7 Hendrik, Sohn von Marianne und Heinz Kühn.

ist mir zu unsicher. Außerdem möchte ich die Engländer nicht allzusehr mit Wünschen belästigen und werde, wenn ich einmal drüben bin, wohl auf die Erteilung von Besuchsgenehmigungen verzichten.

Mit herzlichen Grüßen, Dein

13. Heinz Kühn an Raymond Rifflet (Brüssel) vom 11. August 1946

Quelle: HiAdSt Köln, Nl. Heinz Kühn, Nr.19

Maschinenschriftlicher Durchschlag

Lieber Raymond[1],

ich muß mich bei Euch allen, bei Dir und allen Freunden vom „Mouvement", vielmals entschuldigen, daß ich erst heute etwas von mir hören lasse; aber ich habe soviel hier zu tun, und in Deutschland ist die politische Arbeit durch die Zerstörung der Verkehrsmittel so zeitraubend geworden, daß zum Briefschreiben wirklich kaum noch Zeit bleibt. Um Zeit zu sparen, schreibe ich auch diesen Brief in deutsch, in der Hoffnung, daß Gilbert Jaeger oder George Goriëly[2] ihn Dir übersetzen können.

Ich habe mich sehr über Deinen Brief gefreut und bin natürlich nach Kräften bereit, bei all Euren Projekten mitzumachen. Auch wir hier haben eine ganze Reihe von Projekten, bei deren Realisierung ich auf Eure Mitarbeit rechne. Ich hoffe, daß wir recht bald Gelegenheit haben, in Brüssel über all diese Fragen zu diskutieren. Leider ist bisher noch kein Brief von Spaak[3] bei der Militärregierung angekommen. Lambilliotte[4] hatte versprochen, daß Spaak an die britischen Behörden in Deutschland eine Einladung für mich schicken würde. Der stellvertretende Stadtkommandant, ein belgischer Premier-Lieutenant Tolkowski, übrigens ein Sozialist, hat mir die Reisegenehmigung unmittelbar nach Eintreffen des Spaak-Briefes versprochen. Er hat selbst nach Brüssel telefoniert und mit Frau Lambilliotte gesprochen, damit die Einladung Spaaks direkt an ihn, d.h. also an die Adresse: Au Gouvernement Militaire Britannique de Cologne, Elsa Brandströmstraße, Premier-Lieutenant Tolkowski, gerichtet werde. Ich fürchte, daß das bisher nicht geschehen ist, noch dazu, da Spaak im Augenblick auf der Friedenskonferenz in Paris ist. Selbst wenn Spaak nicht selbst schreiben könnte, würde wohl eine andere Einladung irgendeiner offiziellen Persönlichkeit des Außenministeriums genügen, um mir die Permission zu sichern. Ich bitte Dich, mit Lambilliotte darüber zu sprechen, denn es ist unbedingt notwendig, daß wir uns sehr bald eingehend unterhalten über alle die Pläne, die wir hier in Deutschland realisieren möchten, und die ich mit Euch gemeinsam besprechen will. Für die Erlaubnis zu meiner Reise wäre es gewiß gut, wenn auch André[5] von der Edition Labor einen Brief beifügen würde, daß mein Kommen wegen des bevorstehenden Erscheinens meines Buches[6] absolut notwendig sei.

Ich möchte auch schon deshalb so schnell wie möglich nach Brüssel, weil ich mit einer offiziellen Mission unserer deutschen Partei an die PSB[7] beauftragt bin. Ich bin Mitglied unserer Parteileitung im Westen, d.h.: du Comité directoriale du Parti Socialdemocrate de la Rhena-

---

1 Raymond Rifflet, Mitglied des „Mouvement Socialiste", einer Reformbewegung junger intellektueller belgischer Sozialisten. Siehe S. 93 der Biographie.
2 Gilbert Jaeger und George Goriëly gehörten ebenfalls zum „Mouvement Socialiste".
3 Paul-Henri Spaak, Sozialist, belgischer Außenminister.
4 Maurice Lambilliotte, Mitglied des „Mouvement Socialiste".
5 Nicht ermittelt.
6 Geplant war die Publikation eines Manuskripts, das Kühn unter dem Titel „Die deutsche Katastrophe" in der belgischen Illegalität angefertigt hatte. Die Buchveröffentlichung kam aber nicht zustande.
7 Parti Socialiste Belge.

nie.[8] Außerdem bin ich mit der Organisierung der Jungsozialistischen Arbeitsgemeinschaften im Rheinland beauftragt. Diese Arbeitsgemeinschaften umfassen die jungen Sozialisten zwischen 18 und 35 Jahren. Ich bin der außenpolitische Redakteur der Rheinischen Zeitung, dem alten Blatte von Karl Marx, die in einer Auflage von 122.000 erscheint. Außerdem bin ich Redakteur der Sozialistischen Rundschau, die in 10.000 Exemplaren erscheint und das Funktionärorgan der Partei ist. Diese „Sozialistische Rundschau" ist natürlich keine Zeitschrift im Stile der „Cahiers"[9], da sie sich ausdrücklich an den kleinen Parteifunktionär richtet. In der letzten Nummer habe ich auf der Seite „Jugend und Sozialismus" den Anfang Deines ausgezeichneten Artikels aus der „Synthèses"[10] abgedruckt. Den Rest werde ich in einem neuen Organ, dessen erste Nummer jetzt erscheinen wird, reproduzieren; dieses Organ sind die „Jungsozialistischen Informationen", die für die Jungsozialistischen Arbeitsgemeinschaften bestimmt sind. Sie werden vorläufig monatlich einmal auf 12 oder 16 Seiten erscheinen. Außerdem plane ich mit einem Kreis von Freunden hier eine Zeitschrift, die voraussichtlich den Titel „Junges Europa" tragen wird.[11] In ihr sollen auch die sozialistischen jungen Strömungen der anderen Länder Europas einen starken Raum einnehmen. Es ist unbedingt notwendig, daß geistige Brücken über die deutschen Grenzen geschlagen werden und daß die jungen Sozialisten Deutschlands [in] den Gedankenaustausch mit ihren Freunden in Europa treten. Ich möchte von vornherein als Comitée de Redaction nicht nur deutsche, sondern auch andere europäische Namen junger Sozialisten auf das Titelblatt der Zeitschrift setzen können. Ich rechne dabei auf Euch. Habt Ihr jemanden in Flandern, Holland und Frankreich? – Ist auf die Mitarbeit von Renard[12] zu rechnen? Ueber alles das und eine Reihe anderer Projekte möchte ich sobald wie möglich mit Euch und Lambilliotte sprechen. Ein wichtiges und dringendes Projekt ist z.B. die Frage, ob jemand von Euch bereit ist, für einige Tage nach Deutschland zu kommen, um hier im Westen in zwei oder drei Jugendkundgebungen zu sprechen. Das muß keineswegs in deutscher Sprache geschehen. Wenn Du selbst kämest, könntest Du ruhig französisch sprechen; es würde dann verdolmetscht werden und in jeder Kundgebung würde außerdem ein deutscher jungsozialistischer Redner sprechen. […] Hoffentlich ist es bald möglich, daß ich mit Dir und den Freunden des „Mouvement" sehr bald über alles das reden kann.

Am 25. August fährt ein Automobil von Brüssel nach Köln, das amerikanische Hilfsmittel transportiert. Ihr könnt dabei für mich ein Paket Zeitungen und Zeitschriften mitgeben, denn hier sind wir von Europa ziemlich abgeschnitten. Vor allem wäre ich Dir dankbar, wenn Du mir die neuen Nummern der „Cahiers", möglichst jede in mehreren Exemplaren, schicken würdest. Das Gleiche gilt für „Synthèses". Auch die Nummern von „Europe-Amérique"[13], vor allem natürlich diejenigen mit meinen Artikeln, möchte ich gerne in einigen Exemplaren haben. Falls Ihr noch die Nummer des „Peuple"[14], in der sich Victor Larock[15] im Leitartikel mit meinem „Synthèses"-Artikel beschäftigt, beschaffen könnt, würde ich Euch für zwei Exemplare dankbar sein. Das kann sicher Guy Cudell[16] erledigen.

---

8 Mitglied des Vorstandes des SPD-Bezirks Oberrhein (später Mittelrhein).
9 „Cahiers Socialistes", Organ des „Mouvement Socialiste".
10 Linksgerichtete belgische Monatsschrift.
11 Kam nicht zustande.
12 Nicht ermittelt.
13 Den belgischen Sozialisten nahestehende illustrierte Wochenschrift.
14 „Le Peuple": Zentralorgan der belgischen Sozialisten.
15 Chefredakteur von „Le Peuple".
16 Mitglied des „Mouvement Socialiste".

Mit dem Wagen am 25. August werden auch endlich einige Artikel mitkommen. Auf jeden Fall einer für die „Cahiers"; denn ich fühle mich schuldbewußt, daß ich Euch so sehr vernachlässigt habe. Aber ich hoffe, auch noch einen Artikel für „Synthèses" fertigzubringen. Und wenn es durch ein Wunder des Himmels einmal eine Woche geben sollte, in der jeder Tag 36 Stunden hat, dann kann ich vielleicht auch noch einen Artikel für „Europe Amérique" schreiben, das mich ausschließlich der Honorare wegen interessiert. Ich lege diesem Brief ein Exemplar der „Sozialistischen Rundschau" bei, die Deinen Artikel enthält.

Grüße alle Freunde, Jaeger[17] und seine Frau (ist das kleine Jaegerchen ein Junge oder ein Mädchen?), Cudell und die Cudelline, George Goriely. Herzlichen Gruß Dir und Monique und einen freundschaftlichen Gruß an Lambilliotte, seine Frau und seine Töchter. Sage ihm bitte, daß ich ihm schreiben würde, sobald ich etwas freie Zeit finde, die es mir erlaubt, einen französischen Brief zusammenzubauen. Erzähle ihm von all meinen Projekten und bitte ihn, alles zu tun, was in seinen Kräften steht, damit ich so schnell wie möglich nach Brüssel kommen kann.

Herzlichst
Dein

Das Paket müßte abgegeben werden an folgender Adresse:
„Henri Müller, Bruxelles-Schaerbeek, 18, rue Frédéric Pelletier."

17 Gilbert Jaeger. Siehe Anm. 2 dieses Briefes.

14. Heinz Kühn an Familie Hendrik de Vos (Gent)
vom 25. Januar 1947
Quelle: HiAdSt Köln, Nl. Heinz Kühn, Nr. 19
Maschinenschriftlicher Durchschlag

Lieber Hendrik[1], Rose und Abundio!

Ich will gar nicht erst damit beginnen, mich zu entschuldigen, weil ich es bisher sträflicherweise unterlassen habe, Euch zu schreiben. Es ist wirklich nicht nur eine Redensart, sondern es tut mir ernstlich leid. Denn Ihr mögt vielleicht geneigt sein, daraus zu schließen, daß ich nicht mit der genügenden Dankbarkeit mich all dessen entsinne, was Ihr in jenen schweren Tagen für mich getan habt. Das ist aber nicht der Fall, im Gegenteil. Ich weiß sehr wohl, daß ich Euch außerordentlich viel an Dankbarkeit schulde und daß ihr während einer außergewöhnlich langen Zeit nicht nur recht viele Unbequemlichkeiten auf Euch genommen habt, um mir zu helfen, sondern Gefahren gelaufen seid, die die meisten Menschen nicht füreinander auf sich zu nehmen bereit sein werden. Was mich nicht zum Schreiben kommen ließ, war der ungeheure Berg an Arbeit, der hier auf jedem einzelnen von uns lastet, – wie wir zu den wenigen gehören, die an mehr oder weniger verantwortlicher Stelle für den demokratischen Neubau Deutschlands arbeiten. Es war, wie ich zu meiner Schande gestehen muß, zu einem Teil allerdings auch die ungewöhnliche Schreibfaulheit, mit der mich die Natur ausgerüstet hat. Aber in der Hauptsache ist es doch dieses Uebermaß an Arbeit und die ungeheure Komplikation, mit der hier alle Alltäglichkeiten des Lebens verbunden sind. Ich will versuchen, Euch einen ganz kurzen Ueberblick über die mehr privaten Lebensumstände hier zu geben und hoffe, Euch über alles Politische sehr bald mündlich berichten zu können. Denn dieser Brief soll über ein Lebenszeichen hinaus gleichzeitig meine nahe bevorstehende Reise nach Belgien ankündigen, bei der ich fest entschlossen bin, Euch auch in Gent einen eintägigen Besuch abzustatten.

Wie man das von mir bisher in noch fast allen Situationen hat sagen können, so habe ich auch jetzt wieder Glück im Unglück gehabt, d.h. in der allgemeinen recht unglücklichen Situation in Deutschland mich verhältnismäßig gut eingelebt. Als Marianne mit Rik[2], wie Ihr wißt, etwa 6 Monate nach meiner Uebersiedlung nach hier kam, hatte ich bereits eine hübsche Wohnung, die wir mittlerweile gegen eine sogar etwas geräumigere ausgetauscht haben. Da ich alles hatte mitnehmen können und Marianne den Rest in der Zwischenzeit nachschicken konnte, sind wir also auch mit dem Notwendigsten umgeben, was man hier zum Leben braucht. Leider sind es vor allen Dingen die mehr hübschen als praktischen Gegenstände, aber in der allgemeinen Steinwüste der deutschen Trümmerstädte mit ihrem permanent deprimierenden Eindruck bedeutet es bereits unendlich viel, sich in einer Wohnung eine einigermaßen kultivierte und anheimelnde Atmosphäre schaffen zu können. Es fehlt uns noch sehr an allen möglichen Gebrauchsmöbeln; denn nicht nur fertige Möbel, sondern auch simples Holz gehört in Deutschland zu den außerordentlichen Kostbarkeiten des Lebens. Aber was wir als äußerstes Minimum brauchen, haben wir allmählich beisammen, und wenn nicht die sehr schwere Ernährungslage

1 Dr. Hendrik de Vos, Gymnasialprofessor, Angehöriger der belgisch-sozialistischen Widerstandsbewegung, ethischer Sozialist und (nach der Befreiung Belgiens durch die Alliierten) inspecteur des Erziehungsministeriums. In seinem Genter Privathaus fand Kühn in den Jahren 1942–1944 Unterschlupf. Vgl. S. 79f. der Biographie.
2 Hendrik, Sohn von Marianne und Heinz Kühn.

wäre, dann könnte man mit den materiellen Umständen dieses Lebens sehr zufrieden sein. Für das, was wir hier in der politischen Arbeit zu leisten haben, ist unsere Ernährung doppelt ungenügend, denn die paar auf dem offiziellen Rationierungswege zugeteilten Kalorien reichen kaum dazu aus, jemanden am Leben zu erhalten, der nur eine leichte Beschäftigung hat. Wenn man aber über das eigentliche Berufspensum hinaus jeden Tag, und fast normalerweise einen Großteil der Nacht an die politische Arbeit wendet, dann bedeutet das einen so rapiden Kräfteverschleiß, daß wir in der politischen Bewegung bald nicht mehr wissen, wie wir unsere Funktionäre aufrecht erhalten sollen.

Ich arbeite also mit Willi Eichler zusammen an der Rheinischen Zeitung, wo mir vor allem die Leitung der außenpolitischen Abteilung obliegt. Darüberhinaus bin ich der leitende Redakteur der mehr theoretisch instruktiven Halbmonatszeitschrift der rheinischen Sozialdemokratie[3], die in einer Auflage von 16.000 der Funktionärschulung dient. Dann gebe ich außerdem noch monatlich einmal die „Jungsozialistischen Informationen" im Umfange einer Zeitschrift heraus und ebenfalls eine „Jungsozialistische Schriftenreihe", die ein- bis zweimonatlich eine Broschüre publiziert. Das ist insgesamt bereits ein ungeheurer Klumpen Arbeit angesichts der Tatsache, daß es uns hier an Mitarbeitern aller Art, vor allem aber an solchen fehlt, die, sei es journalistisch oder schriftstellerisch schreiben können. Hinzu kommt die Arbeit in der unmittelbaren politischen Organisation und in den Wahlkämpfen, die zu einem Teil bereits hinter, zum Teil noch vor uns liegen. Ich gehöre mit Willi Eichler unserem Bezirksvorstand, d.h. der politischen Führungskörperschaft der sozialdemokratischen Partei des Rheinlandes[4] an und bin für das gleiche Gebiet mit der Leitung der Jungsozialistischen Arbeitsgemeinschaften beauftragt. […]

Gerade in diesen Tagen haben wir in München eine zweitägige Konferenz gehabt, an der man so recht die technischen Schwierigkeiten unseres heutigen Arbeitens und Reisens illustrieren kann. Von Köln bis München saßen wir 24 Stunden in einem ungeheizten Eisenbahnzug, und auf der Rückfahrt habe ich sogar von Stuttgart bis Köln in einer Fahrtzeit von nahezu 14 Stunden ständig gestanden, manchmal sogar auf einem Bein, in einem Zug, mit dem verglichen eine Sardinenbüchse wirklich ein Tummelplatz und ein Luftkurort ist.

Im Augenblick machen wir unsere Rheinische Zeitung hier im Januar unter Umständen, unter denen normalerweise keine Zeitung zuwege gebracht werden kann, denn unsere Redaktionsräume sind nicht geheizt und waren es auch nicht in den vergangenen Wochen, während der geradezu sibirischen Kälte, von der Ihr ja wohl einen Teil abbekommen haben werdet. Mit klammkalten Fingern und einem beinahe eingefrorenen Gehirn – schließlich ist das ja auch eine flüssige Substanz – Artikel zu fabrizieren ist entgegen allen Erwartungen zwar nicht völlig unmöglich, wie wir beweisen, aber trotzdem keineswegs ein Vergnügen. Man kommt aus den permanenten Erkältungen nicht heraus, und gerade jetzt wieder hat es Willi Eichler in einer geradezu bösartigen Weise erwischt. Mehr als 5 Stunden nachts zu schlafen, gehört zu den Seltenheiten. Alles in allem ein Lebenswandel, den wir bei unserer Ernährung nicht allzu lange mehr mitmachen können. Es ist schon jetzt kaum noch vorstellbar, wie wir angesichts dieser widrigen und fast unerträglichen äußeren Umstände einen Wahlkampf führen sollen, der nun für das Land Nordrhein-Westfalen auf den 30. März festgesetzt worden ist.[5] Uebrigens soll ich für dieses Parlament an so aussichtsreicher Stelle kandidieren, daß ich wahrscheinlich dann mit in die Kategorie der keineswegs zu beneidenden „Parlamentarier" eingehen werde.

3 Sie trug den Titel „Sozialistische Rundschau".
4 Richtig: des SPD-Bezirks Mittelrhein.
5 Die erste Wahl zum nordrhein-westfälischen Landtag fand am 20. April 1947 statt.

Ich könnte, wie Ihr aus diesem knappen Bericht entnehmt, mit den äußeren Erfolgen des Jahres, daß ich nun wieder in der Heimat bin, durchaus zufrieden sein. Aber die materiellen Erschwernisse und die auch geistig entnervenden Bedingungen und nur sehr zäh zu erringenden Erfolge, die man einem starken seelischen Widerstand eines großen Teiles unseres Volkes abringen muß, machen unsere Arbeit zu einem wirklich verzweifelten Ringen, wobei man oftmals das Empfinden hat, Sisyphusarbeit zu leisten. Es hat sich betrüblicherweise auf Grund der keineswegs sehr klugen, noch viel weniger klaren Politik der Besatzungsmächte eine Atmosphäre herausgebildet, die einer demokratischen Umerziehung des deutschen Volkes heute viel weniger günstig ist als dieses noch vor einem Jahre der Fall war. Trotz allem lassen wir den Mut nicht sinken, und es ist uns keine Phrase, wenn wir sagen, daß wir eine überaus große Verantwortung in uns spüren, die auf der Erkenntnis begründet ist, daß wir sozialistischen Demokraten in Deutschland eine europäische Schlacht zu gewinnen oder zu verlieren haben. Von unserem Erfolg oder Mißerfolg hängt gewiß nicht nur das Schicksal desjenigen Teiles unseres Kontinents ab, der uns als Heimat verständlicherweise besonders nahesteht, sondern genau so sehr das Schicksal ganz Europas, für das gerade wir uns in einem besonderen Maße mitverantwortlich fühlen, die wir als Emigranten einen nicht unbeträchtlichen Teil unseres Lebens in anderen europäischen Kulturkreisen und unter anderen europäischen Völkern verbringen mußten und verbringen durften. Wir haben nur sehr oft das Empfinden, auf einem verlorenen Posten zu stehen und auch von denen, die uns in Europa gesinnungsmäßig besonders nahestehen müßten, nicht verstanden zu werden. Unsere Hoffnung auf Hilfe, die vielmehr eine Hoffnung auf moralische als auf materielle Hilfe ist, so sehr wir auch dieser materiellen Hilfe bedürfen, bleibt leider allzu häufig unerfüllt, wie gerade auch wieder die Ereignisse bei der Wiederbelebung der Sozialistischen Internationale zeigen. Doch wissen wir ganz genau, daß dieses nur allzu verständlich ist nach einer solch blutigen Periode der europäischen Geschichte, in der ein Großteil des deutschen Volkes durch sein aktives oder passives Mitmachen die Verantwortung dafür zu tragen hat. Wenn eben auch heute noch die blutigen Nebel des Hasses das Bewußtsein aller Völker trüben und sie daran hindern, zu erkennen, daß wir nur dann aus der europäischen Misere herauskommen, wenn wir unter die Vergangenheit einen radikalen Trennungsstrich ziehen und die Zukunft Europas nicht auf das Fundament von Ressentiments, von Rache- und Vergeltungsgelüsten aufbauen, sondern auf die Ideale einer europäischen Solidarität, die uns Sozialisten doch auch in einem besonderen Maße am Herzen liegen sollte, und wenn schon nicht als ideale Gemeinschaft der Freundschaft sich liebender Völker, – so müßte doch Europa als eine Art Notgemeinschaft der ausgebluteten und verarmten Völker geschaffen werden, wobei ich glaube, daß die Sieger ebensosehr zu dieser Notgemeinschaft gehören wie die Besiegten, wie ich überhaupt davon überzeugt bin, daß es bereits heute nicht mehr real ist, von Siegern und Besiegten zu reden. Aber mit all diesen Fragen kommen wir auf ein Gebiet, über das sich brieflich zu unterhalten zu weit und geradezu zum Austausch von broschürenartigen Manuskripten führen würde. Ueberlassen wir dieses Thema also neben so vielen anderen der mündlichen Unterhaltung, zu der ich bald hoffe, bei Euch erscheinen zu können.

Gesundheitlich geht es uns verhältnismäßig gut, dem kleinen Rik am besten. Er ist sehr vergnügt, sehr gewachsen, sehr gesprächig und verfügt bereits über einen von allen bewunderten Wortschatz, der – wie Leute, die sich auf Kinder verstehen, behaupten, wir aber nicht beurteilen können – erheblich größer sein soll als sonst bei Kindern dieses Alters. Aber das scheint ja familiäres Erbgut zu sein. Am liebsten spielt er nicht mit seinen Spielsachen, von denen es übrigens auch in Deutschland nur sehr wenige gibt, sondern mit dem Handwerkszeug der Erwachsenen: mit Hammer, Zange, Säge und all jenen Instrumenten, die uns mit hellem Entsetzen erfüllen, wenn wir sie in seinen Händen sehen. Wir würden gern ein Bildchen von ihm beifügen, aber ich glaube, das ist vorläufig noch nicht gestattet, so daß Ihr Euch gedulden müßt, bis ich komme und Euch dann eine ganze Anzahl mitbringe. Mariannes Gesundheitszustand ist nicht übermäßig famos; sie ist im Augenblick in ärztlicher Behandlung, ohne daß wir allerdings bisher genau wissen, worum es sich eigentlich handelt. Es sieht allerdings so aus, als wäre es eine Schilddrüsen-Angelegenheit, die insoweit unerfreulich ist, als der Körper nur einen unbeträchtlichen Teil der aufgenommenen Nahrung verarbeitet und im übrigen von einem permanenten Abbau der körperlichen Kraftreserven existiert. Da weder die zur Verfügung stehende Nahrungsmenge in Deutschland sehr erheblich ist, noch die vorhandenen Körperreserven beträchtlich sind, ist das ganze ein Prozeß, der einer dringenden ärztlichen Intervention bedarf. Ich selbst fühle mich keineswegs auf der Höhe meiner Leistungsfähigkeit, was ich auf einen ausgesprochenen Erschöpfungszustand zurückführe. Ich bin im November ganz einfach einmal zusammengeklappt und habe in der letzten Zeit überhaupt häufiger eine richtige Art von Schwindelanfällen, was mich des öfteren schon zu dem festen Entschluß bewogen hat, künftig meine Tätigkeit so zu regulieren, daß ich wenigstens einen halbwegs normalen Schlaf habe. Aber mit solchen Plänen geht es meist so wie mit den großen Plänen der Weltgeschichte auch: sie bleiben gute Vorsätze.

So ist aus diesem Brief, der eigentlich schon für Neujahr beabsichtigt war und dann auch nur einen Glückwunsch zum neuen Jahr enthalten sollte, nun doch ein recht langes Manuskript geworden. Aber ich habe ja auch noch eine ganze Menge an Briefschulden nachzuholen.

Grüßt alle Freunde und Bekannten, insbesondere Mike und Lily, Aimée, Marie-Louise, José und ihre Eltern, denen allen wir in der nächsten Zeit ebenfalls einmal schreiben wollen, sobald es bei mir bzw. uns zeitlich einmal klappt. Einen Gruß auch an Mercy und Lea. Alle hoffe ich aber zu sehen, wenn ich zu Euch komme, und das wird wohl bald der Fall sein. Inzwischen Euch dreien recht herzliche Grüße von

Eurem

Liebe Rose und lieber Hendrik,
zum Schluß auch von mir noch einen recht herzlichen Gruß nach so langer Zeit. Ich verschwand ja damals (Ende Mai) mit Rik Hals über Kopf von der Bildfläche, ohne unseren Freunden Abschiedsgruß und -Dank übermitteln zu können. Die Sache entschied sich, obwohl meine Abfahrt ja bereits seit Monaten geplant war, von heute auf morgen und wurde zu einem unvorhergesehenen Abenteuer für Rik und mich, bei dem wir erst nach 3wöchentlichem Unterwegssein im heimatlichen Hafen landeten. Aber davon wird Euch ja Heinz wohl noch mündlich erzählen. Für heute nur noch nachträglich die besten Wünsche zum neuen Jahr für Euch alle dort und herzliche Grüße. [Postskriptum Marianne Kühn]

15. **Heinz Kühn an Kurt Schumacher**
    vom 6. Januar 1948
    Quelle: HiAdSt Köln, Nl. Heinz Kühn, Nr. 16
    Maschinenschriftlicher Durchschlag

Lieber Genosse Schumacher!

Da ich aus einem Rundschreiben von Fritz Heine[1] ersehe, daß Du am 14. Januar in Bremen den Feldzug gegen den Volkskongressrummel[2] der Kommunisten unter dem Motto „Deutschland zwischen Ost und West" eröffnest, schicke ich Dir hier zwei kleine Broschüren. Die eine enthält eine Rede, die ich allerdings vor mehr als sechs Monaten – vor dem westdeutschen Kongress der „Deutschen Friedensgesellschaft" (der ich jedoch nicht angehöre) gehalten habe.[3] Die zweite Broschüre ist schon älteren Datums und enthält in dieser Form zwei Artikel, die ich im Frühjahr 1945 in Brüssel in der theoretischen Zeitschrift der belgischen Sozialisten geschrieben habe[4] und die eine Auseinandersetzung mit den nationalbolschewistischen Ideologien des „National-komitees Freies Deutschland"[5] darstellen. Ich würde, wenn ich sie heute nach fast drei Jahren noch einmal zu schreiben hätte, kein Wort an dem Text zu ändern haben.

Vielleicht findest Du in beiden Schriftchen den einen oder anderen Gedanken und das eine oder andere Zitat, die Dir nützlich sein könnten.

Mit sozialistischen Grüßen
und den besten Wünschen

1 Leiter des Referats „Presse und Propaganda" im Vorstand der SPD.
2 Ende November 1947 lud die SED alle Massenorganisationen in ganz Deutschland zu einem „Deutschen Volkskongreß" für Anfang Dezember 1947 nach Berlin ein. Er sollte – ohne Legitimation durch Wahlen – eine gesamtdeutsche Vertretung darstellen.
3 Deutschland zwischen Washington und Moskau. Vortrag gehalten auf dem Verbandstag der Deutschen Friedensgesellschaft, Bochum 1947. Vgl. S. 116 u.123ff. der Biographie.
4 Es handelt sich um zwei Artikel Kühns, die unter dem Titel „L'Allemagne entre l'Est et l'Ouest" im Juli/August und im September 1945 in „Les Cahiers Socialistes" erschienen (Les Cahiers Socialistes, Heft 5 [Juli/August 1945], S. 15ff.; Heft 6 [Sept. 1945], S. 8f.). Kühn veröffentlichte den zweiteiligen Aufsatz unter dem Pseudonym „Audax".
5 Siehe Anm. 5 zu Brief 7 und Anm. 3 zu Brief 9.

16. Heinz Kühn an die Lizenzträger der „Rheinischen Zeitung" (z. Hd. Robert Görlinger) vom 2. April 1948

Quelle: Privatarchiv Peter Fuchs
Maschinenschriftlicher Durchschlag

Werte Genossen,

in der Lizenzträgersitzung vom 6. März habe ich dem dort ausgesprochenen Wunsch, das durch den Eintritt Willi Eichlers in den Wirtschaftsrat[1] freiwerdende und laut Landesreserveliste auf mich enfallende Landtagsmandat nicht zu übernehmen, im Prinzip zugestimmt, mir aber für eine verbindliche Erklärung eine Bedenkzeit ausgebeten, um die Voraussetzungen zu formulieren, die gesichert sein müssen, damit die Redaktionsleitung die Aufgaben erfüllen kann, die von der Redaktion einer Zeitung vom Range der Rheinischen Zeitung erwartet werden.

Ich möchte Ihnen meine Ueberlegungen in diesem Briefe vortragen und anregen, zu einer abschließenden Beratung dieses Gegenstandes den Chefredakteur Willi Eichler und mich hinzuzuziehen.

Bei der bereits bestehenden und gewiß in Zukunft noch größeren Beanspruchung des Genossen Eichler durch zeitraubende und verantwortungsvolle parlamentarische und sonstige politische Funktionen wird seine Rolle als Chefredakteur vor allem in der für die Zeitung wichtigen Inspiration und geistigen Oberleitung bestehen. Die tatsächliche Leitung der Redaktion hingegen wird in einer solchen Situation die Aufgabe des Stellvertretenden Chefredakteurs[2] sein. Wenn ich diese Funktion in einer für die Rheinische Zeitung ersprießlichen und für mich befriedigenden Weise ausüben soll, bedürfen vor allem 2 Probleme der verbindlichen Klärung und Lösung:

I. Die räumliche Unterbringung der Redaktion.

Es war in der Sitzung vom 6. März die übereinstimmende Erkenntnis der anwesenden Lizenzträger, daß die bisherige Geschäftsführung die Redaktion der Hauptausgabe im Gegensatz zur Westausgabe[3] in einer durch keine unlösbaren Notstände erzwungenen unwürdigen Weise untergebracht bzw. in solch unwürdigen Räumen belassen hat.[4] Es herrschte Uebereinstimmung darüber, daß als vordringliche Aufgabe der neuen Geschäftsführung 1. eine endgültige Lösung des Problems einer den Arbeitserfordernissen entsprechenden Unterbringung der Redaktion in Angriff genommen werden soll und daß 2. eine Sofortlösung gesucht werden soll, die

---

1 Parlamentarisches Gremium der Bizone („Vereinigtes Wirtschaftsgebiet"). Dem Wirtschaftsrat gehörten gewählte Abgeordnete aus den Länderparlamenten an.

2 Zum Zeitpunkt der Abfassung des Briefes war Kühn Stellvertretender Chefredakteur und Ressortleiter für Politik bei der „Rheinischen Zeitung".

3 Mit der Westausgabe, die nicht nur – wie die Hauptausgabe – im Regierungsbezirk Köln, sondern in ganz Westdeutschland verbreitet wurde, sollten *bürgerliche* Bildungsschichten für sozialdemokratische Ideen gewonnen werden. Chefredakteur der Westausgabe war Dr. Heinz Pettenberg. Vgl. S. 110f. der Biographie.

4 Die Redaktionen der „Hauptausgabe" und der „Westausgabe" waren in den Räumen des Pressehauses des Verlages M. DuMont-Schauberg auf der Breite Straße in der Kölner City untergebracht.

370

die beiden größten Uebelstände, die unmögliche Redaktionshöhle auf dem ersten Stockwerk und die unwürdige Unterbringung der Chefredaktion abstellt.

Entsprechend einer schriftlichen Mitteilung der Geschäftsführung und einer mündlichen Ergänzung des geschäftsführenden Lizenzträgers Robert Görlinger[5], von dessen ernstem Bemühen um Abstellung der Uebelstände auf dem Wege des Ausbaus neuer Büroräume ich überzeugt bin, kann mit einer endgültigen Lösung der Unterbringung der Redaktion in ordentlichen Räumen nicht vor Ablauf von 3 Monaten gerechnet werden. Auch für eine provisorische Lösung vor Ablauf dieser Frist sieht die Geschäftsführung keine Möglichkeit, da von einer Aenderung der Unterbringung der Redaktion der Westausgabe abgesehen werden soll, um eine Verärgerung der Kollegen zu vermeiden, und eine Umgruppierung der kaufmännischen Abteilungen der Geschäftsführung nicht vertretbar erscheint.

Damit aber ist die Verwirklichung notwendiger wesentlicher Reformen im Redaktionsbetrieb der Rheinischen Zeitung unmöglich. Dazu gehören vor allem:

1. regelmäßige wöchentliche Redaktionskonferenzen, in denen die Chefredaktion mit den Ressortleitern die Gestaltung der Zeitung plant und durch persönliche Fühlung und sachliche Zusammenarbeit die Redakteure zu einer wirklichen Redaktionsgemeinschaft zusammenfaßt.

2. regelmäßige wöchentliche Arbeitsgemeinschaften unter Leitung der Chefredaktion mit dem Ziel der Ausbildung des redaktionellen Nachwuchses (Volontäre und Hilfsredakteure).

3. Anstellung einer Sekretärin der Chefredaktion, die fähig ist, die einlaufende Post nach Diktat zu erledigen. Die Anstellung einer geeigneten Kraft ist keine Personen-, sondern lediglich eine Unterbringungsfrage.

II. Verhältnis der Westausgabe zur Hauptausgabe.

Die Herausgabe einer Sonderausgabe der Rheinischen Zeitung, die der von den Lizenzträgern bestimmten Aufgabe dient, sozialdemokratische Ideen und Ziele in einer journalistischen und redaktionellen Form zu entwickeln, die geeignet ist, bürgerliche Bildungsschichten zu gewinnen, ist durchaus begrüßenswert. Die Westausgabe entspricht allerdings in ihrer gegenwärtigen Form keineswegs dieser durch Lizenzträgerbeschluß festgelegten Aufgabe, sondern vielmehr jener, die entgegen diesem Beschluß der seinerzeitige geschäftsführende Lizenzträger Reifferscheidt[6] in einem völlig davon abweichenden Lizenzantrag aufgestellt hat. Diesem Antrag haben übrigens die britischen Behörden nicht stattgegeben, so daß die Westausgabe nach dem Willen der Lizenzträger und der Formel der Lizenzbehörde eine Sonderausgabe der unter Lizenznummer II erscheinenden Zeitung sozialdemokratischer Richtung zu sein hat. In Wirklichkeit jedoch ist sie dies nicht, sondern ein Organ, das eine politische Konzeption vertritt, die sich keineswegs in Uebereinstimmung mit der sozialdemokratischen befindet.

Gestatten Sie mir, dazu einen Hinweis vorzutragen, den ich gerne bereit bin mündlich zu ergänzen. Es wird Ihnen gewiß aufgefallen sein, daß in der Westausgabe der Rheinischen Zeitung keine Artikel erscheinen, die als Stellungnahme der Redaktion oder ihrer Mitarbeiter den sozialdemokratischen Standpunkt in Fragen vertreten, in denen dieser gegen die CDU gerichtet ist. Die Westausgabe hat, um nur 2 Probleme aufzugreifen, weder die sozialdemokratische Position in der Frage der Politik im Frankfurter Wirtschaftsrat noch in der Frage des Enthortungsgeset-

---

5 Als Kühn den Brief schrieb, war Görlinger Vorsitzender der Kölner SPD-Ratsfraktion und stellv. Kölner Oberbürgermeister.

6 Hans Reifferscheidt war zunächst Leiter der „Mittelrheinischen Druckerei und Verlags GmbH", in der die „Rheinische Zeitung" erschien. Nach Zerwürfnissen mit den Mitlizenzträgern der „Rheinischen Zeitung" gab er am 31. März 1948 diese Funktion auf. Sein Nachfolger wurde Robert Görlinger.

zes[7] vertreten, in denen ihre Redaktion erklärterweise einen anderen Standpunkt hat. Die Anzahl dieser vorwiegend innenpolitischen, aber auch außenpolitischen Probleme, die infolge der Standpunktlosigkeit oder Standpunktverschiedenheit der Redaktion der Westausgabe in den Spalten der Rheinischen Zeitung eine unterschiedliche und nicht selten unvereinbare Behandlung erfahren haben, kann leicht durch weitere Beispiele ergänzt werden. Es scheint mir aber für Lizenzträger und Chefredaktion gleichermaßen unerträglich, daß die Rheinische Zeitung in Haupt- und Westausgabe ein Doppelgesicht zeigt.

Auch wenn ich alle Erwägungen berücksichtige und billige, die in dem Bemühen angestellt worden sind, die Kollegen der Westausgabe nicht zu verärgern, glaube ich, daß um der Sache willen eine Vereinbarung in aller Form getroffen werden muß: die Westausgabe untersteht in Fragen der politischen Redaktionsgestaltung der Chefredaktion, die nicht nur die Chefredaktion der Hauptausgabe, sondern der Rheinischen Zeitung ist. Die Chefredaktion muß also die Möglichkeit haben, das Erscheinen von Artikeln, die den sozialdemokratischen Standpunkt vertreten, auch in der Westausgabe zu veranlassen. Selbstverständlich ist, dies scheint mir nicht der besonderen Betonung zu bedürfen, daß zwischen beiden Redaktionen ein kollegiales Verhältnis, also kein Untergebenenverhältnis der Westausgabe besteht. Aber für alle Fälle muß in aller Form klargestellt sein, daß es kein Nebeneinander von Haupt- und Westausgabe gibt, sondern politisch beide Ausgaben der Chefredaktion unterstehen. Sollten die Lizenzträger entschlossen sein, auch nach Ueberprüfung der kaufmännischen Voraussetzungen die Westausgabe aufrechtzuerhalten, dann erscheint es mir am richtigsten, die Fragen der redaktionellen Verantwortlichkeiten in einer Neufassung der Anstellungsverträge verbindlich zu formulieren.

Da es unmöglich ist, unter den gegenwärtig in der Redaktion herrschenden technischen Arbeitsbedingungen die Redaktionsarbeit so zu leiten, wie es mir für die Zeitung förderlich erscheint, habe ich mich entschlossen, das Landtagsmandat anzunehmen und solange auszuüben, bis die technischen Voraussetzungen einer ordentlichen Redaktionsgestaltung vorhanden sein werden. Ich möchte aber hier in aller Form erklären, daß ich das Mandat im gleichen Augenblick niederzulegen bereit bin, in dem die Lizenzträger eine irgendwie geeignete provisorische Lösung zu beschließen in der Lage sind.[8] Ich halte die Aufgabe, die 98.000 Leser der Rheinischen Zeitung zu informieren und auf ihre Meinungsbildung im Sinne unserer sozialdemokratischen Idee einzuwirken, für so wichtig, daß ich unter Leitung des Chefredakteurs Willi Eichler als Stellvertretender Chefredakteur meine ganze Arbeitskraft darauf zu konzentrieren gewillt bin, falls die Lizenzträger die notwendigen Voraussetzungen und Klärungen schaffen.

Heinz Kühn [Unterschrift]

7 Auf Druck der Alliierten (Amerikaner, Briten) wurde das Enthortungs- oder „Speisekammergesetz" vom Wirtschaftsrat am 23.1.1948 beschlossen. Es sah die Überprüfung sämtlicher Lebensmittelvorräte in der Bizone bei Bauern, Händlern, Spediteuren, Gastwirten und in allen privaten Haushalten vor. Die Durchführung des Gesetzes scheiterte kläglich.
8 Solange die „Rheinische Zeitung" erschien, legte Kühn sein Landtagsmandat nicht nieder.

17. Heinz Kühn an den SPD-Vorstand
(z. Hd. Fritz Heine)
vom 21. April 1949
Quelle: HiAdSt Köln, Nl. Heinz Kühn, Nr. 23
Maschinenschriftlicher Durchschlag

Lieber Fritz Heine[1],

Ich habe vor mir Deinen Brief vom 9.4. an Willi[2] in der Angelegenheit des Kölner Senders. Da ich den vielleicht besten Einblick in die inneren Zusammenhänge des Senders Köln habe, möchte ich Dir meine Meinung dazu ausführlich mitteilen.

Die Tendenzen der CDU, aus ihm einen katholischen Sender, exakter gesprochen, ein Herrschaftsinstrument der CDU zu machen, sind klar und werden ja auch mit einer so unverschämten Offenheit betrieben, daß selbst der Blindeste sie erkennen muss. Ich glaube jedoch, daß Ihr von Hannover aus[3] Euch in der Beurteilung einzelner Leute nicht recht klar seid und daß vor allen Dingen der Genosse Warner[4] eine höchst ungeeignete Taktik anwendet, die m.E. nur das Gegenteil des von uns anzustrebenden Ergebnisses bewirken muss. Ich richte diesen Brief an Dich persönlich, aber autorisiere Dich natürlich, ihn Warner zu zeigen, selbst auf die Gefahr hin, daß er mir böse sein wird. Es geht jedoch bei dieser Angelegenheit um mehr als eine eventuelle persönliche Verstimmung. Ich weiss nicht, wo Ihr die Information her habt, daß der Intendant Hartmann[5] ein alter Zentrumsmann ist und der CDU in die Hände arbeitet. Ich gebe Dir recht, daß es ein sehr geschickter Mann ist, jedoch glaube ich nicht, daß er überhaupt einer Partei nahesteht. Er versucht uns gegenüber, wie er es bereits verschiedentlich in Unterhaltungen mit mir tat, anzudeuten, daß er der SPD nahesteht. Ich bin jedoch gewiss, daß er Vertretern anderer Parteien gegenüber sich in der gleichen Weise äußert. Hartmann macht auf mich den Eindruck eines diplomatisch sehr geschickten und sehr ehrgeizigen Mannes, der sich mit all denjenigen Kräften gut zu stehen bemüht ist, die für seine persönliche Machtsicherung oder Machtsteigerung von Bedeutung sind. Ich glaube nicht, daß man ihn einen „Zentrumsmann" nennen kann; nach meinen Informationen hat er sogar am Leipziger Sender die Dreigroschenoper inszeniert und ähnliche Sendungen gemacht, die keineswegs auf der kulturpolitischen Linie der CDU liegen. Wenn er in letzter Zeit besonders entgegenkommend bereit ist, sich dem von der CDU ausgeübten Druck zu fügen, so dürfte das einen anderen Grund haben. Er hat sich offensichtlich mit der Neuerrichtung eines Funkgebäudes, dem Umbau des Monopol-Hotels, der in der Reichsmark-Periode begann, in nicht immer ganz durchsichtige Operationen eingelassen, die es vielleicht möglich machen, ihn abzuschiessen, wenn eine solche Aktion ernsthaft unternommen wird. Und er hat gewiss einige Veranlassung, dies von der CDU zu vermuten, die einen hundertprozentigen, dunkelschwarzen Intendanten haben will.

1   Leiter des Referats „Presse und Propaganda" im Vorstand der SPD.
2   Willi Eichler.
3   Sitz des SPD-Vorstands in der Odeonstraße 15–16 in Hannover.
4   Jürgen Warner, Mitarbeiter des Vorstands der SPD, zuständig für rundfunkpolitische Fragen.
5   Hanns Hartmann, Intendant des Kölner Funkhauses des Nordwestdeutschen Rundfunks (NWDR).

Prälat Marschall (nicht Pfarrer Marschall) ist der erzbischöfliche Rundfunkreferent und ein alter Rundfunkfachmann, da er bereits vor 1933 auf die Programmgestaltung und Personalpolitik in der gleichen Funktion einen starken Einfluss ausgeübt hat.

Aus der diesem Brief beigefügten Anlage[6] ersiehst Du die Antwort über die Mitarbeiter des Kölner NWDR, die Ihr über das Bezirks-Sekretariat angefragt habt. Es ist in der Tat nur e i n SPD-Mann, Walter Steigner, der Leiter der politischen Abteilung, darunter, mit dem wir eine ausgezeichnete Fühlung haben.

Ziel der CDU ist es, die Leitung der politischen Abteilung in ihre Hand zu bekommen, und sie halten als Kandidaten dafür Dr. Leo Schwering[7], Landtagsabgeordneter und Vorsitzender des Grenzausschusses, bereit, der jedoch dieser Funktion mit seinen 67 Jahren und aus vielen anderen Gründen sachlich nicht gewachsen ist. Nun wissen wir ja, daß solche Fragen nicht Intelligenz- sondern Machtfragen sind und die CDU lieber einen Trottel aus ihrer eigenen Partei als einen sehr befähigten Mann von uns auf diesem Platze sieht.

Wie ich schon andeutete, scheint mir der Genosse Warner eine durchaus verfehlte Politik anwenden zu wollen, die leicht dazu führen kann, der CDU und anderen Gegnern im Apparat des Kölner NWDR eine Handhabe in die Finger zu spielen, die für uns sehr bedenklich sein kann. Es hat gar keinen Sinn, den NWDR mit Briefen zu attackieren wie die drei, die ich vor mir liegen habe. In dem ersten Brief vom 12.4. schreibt Genosse Warner an den Intendanten Hartmann in der Angelegenheit einer Sendung des Westdeutschen Tagebuches, in der er ihm vorwirft, daß ein Kommentator des NWDR Propaganda für Bonn und gegen Frankfurt[8] gemacht habe. Wie mir Genosse Steigner mitteilt, handelt es sich dabei nicht um die Stellungnahme eines NWDR-Mannes, sondern um eine Sendung, in der den drei Oberstadtdirektoren von Bonn, Kassel und Frankfurt Gelegenheit gegeben wurde, die Argumente vorzutragen, die ihre Stadt als Bundeshauptstadt geeignet erscheinen lassen. Der Sprecher für Bonn, der von Warner als Kommentator des NWDR apostrophiert wird, war der stellvertretende Oberbürgermeister von Bonn.

In dem zweiten Brief vom 24.3. an den Intendanten Hartmann beschwert sich Genosse Warner über eine Sendung „Kirchliche Nachrichten" vom 20.3. um 11,45 Uhr, die einen Aufruf von Kardinal Frings zu den Betriebsrätewahlen mitteilten. Es bedarf keiner Feststellung, daß ich mich dem Protest von Warner gegen eine derartige parteipolitische Aktion des Kölner Kardinals vollkommen anschließe. Er richtet sich jedoch an die falsche Adresse. Verantwortlich für die Sendung „Kirchliche Nachrichten" soll nach meinen Informationen der Sender Hamburg sein, der die Zusammenstellung der Meldungen und die Redaktion hat. Der kirchliche Nachrichtendienst des NWDR Köln gibt lediglich solche, ihm zur Sendung geeignet erscheinende Nachrichten an Hamburg weiter. Für das, was gesendet wird, muss also Hamburg verantwortlich gemacht werden. Der dritte Brief ist derjenige vom 12.4. an Hoppe[9], zu dem ich nicht mehr sagen möchte als: Laß Dir die Kopie geben, und ich glaube, daß Du mir recht geben wirst, wenn ich sage, daß es gelinde gesagt, nicht sehr klug ist, solche Briefe an das Sendegebäude Köln zu adressieren und sie überhaupt zu schreiben.

---

6 In ihr entwirft Kühn von 13 Mitarbeitern des NWDR Köln eine „parteipolitische Charakteristik" von unterschiedlicher Länge.
7 Mitglied des Landtags von 1946–1958. Vorsitzender der CDU Rheinland 1945/46. Nicht zu verwechseln mit dessen Bruder Dr. Ernst Schwering, Oberbürgermeister der Stadt Köln von 1952–1956 und Präsident des Deutschen Städtetages 1957/58.
8 Als Bundeshauptstadt.
9 August Hoppe, NWDR-Journalist, „zweiter Mann" in der Abteilung „Politik" des Kölner Funkhauses.

Zur Person Hoppes habe ich Warner, als er bei uns in der Redaktion war, bereits gesagt, dass es mir sehr töricht erscheint, ihn entfernen zu wollen. Hoppe ist früher in einer Pressefunktion bei der FDP angestellt gewesen, gehört heute aber der FDP nicht mehr an und zwar, weil sie ihm zu liberalistisch-kapitalistisch ist. Ich glaube, meiner Menschenkenntnis vertrauen zu dürfen, wenn ich sage, daß ich Hoppe für durchaus ehrlich halte. Er hat nie versucht, seine politische Gesinnung mir anzupreisen, aber ich weiss, daß er in allen kulturpolitischen Fragen uns ausserordentlich nahesteht. Seine scharfe Ablehnung der CDU scheint mir ausser aller Frage zu sein. Ich würde sagen, daß bei einiger sorgfältiger menschlichen und politischen Behandlung wir sein Verhältnis zu uns noch sehr viel mehr intensivieren können. Im Augenblick ist er noch von dem in seiner Generation so weit verbreiteten allgemeinen Misstrauen gegen alles Parteipolitische erfüllt.

Was jedoch die Hauptsache ist, ist die parteistrategische Situation. Ich habe bereits Warner bei seinem Besuch hier gesagt, daß, wenn wir Hoppe abschiessen, wozu Genosse Warner grosse Neigung zeigt, wir auf keinen Fall vermeiden können, daß an seiner Stelle ein CDU-Mann in den Sender Köln einrückt. Wir hätten nicht einmal eine Handhabe, etwas dagegen zu unternehmen. Wenn man schon die Zusammensetzung des Mitarbeiterstabes unter parteipolitischen Gesichtspunkten sieht, muss man ihr im Westen den zweiten Mann in der politischen Abteilung zubilligen, wenn wir bereits den ersten Mann für uns buchen können. Ich glaube, mit Dir einer Meinung zu sein, wenn ich sage, daß wir so natürlich überhaupt nicht verfahren wollen, sondern daß wir uns auf den Standpunkt stellen müssen, daß die Angestellten des NWDR nicht nach politischen Gesichtspunkten, sondern nach sachlichen Qualifikations-Gesichtspunkten bei selbstverständlicher Garantie parteipolitischer Loyalität ausgesucht werden müssen. Es würde sich jedoch bei dem nun einmal herrschenden Kräfteverhältnis und der nun einmal gegebenen Politisierung in der Auswahl der Angestellten nicht vermeiden lassen – und dagegen ist mir auch Genosse Grimme[10] keine ausreichende Garantie – daß die zweite Stelle in der politischen Abteilung in Köln von der CDU reklamiert und besetzt wird.

Die augenblickliche Lage ist die: Steigner ist SPD-Mann. Sein Stellvertreter ist Hoppe. Der für alle technischen Angelegenheiten der politischen Abteilung zuständige Theile ist SPD-Mann, und der politische Nachrichtenmann ist parteilos, aber keineswegs zur CDU neigend, sondern im Gegenteil.

Interessant ist eine etwas humorige Episode: Um sich dem ständigen CDU-Druck wenigstens in etwa formal entziehen zu können, haben sie in der politischen Abteilung überlegt, ob es nicht gut sei, daß wenigstens einer formal in die CDU eintritt und sind dabei darauf verfallen, diesen unbedeutenden politischen Nachrichtenmann namens Schindler dazu zu verpflichten, wogegen er sich mit Händen und Füssen sträubt, da er mit der CDU nichts zu tun haben möchte. Diese Ueberlegungen sind natürlich halb spaßig, halb ernst, sie geben jedoch ein Bild der Atmosphäre, die man in der politischen Abteilung des Kölner Senders keineswegs als CDU-freundlich bezeichnen kann.

Ich möchte den Brief ankürzen, denn er wächst sich allmählich zu einem politischen Feuilleton aus, obschon ich es für ganz zweckmässig halte, Dir einmal in einer etwas epischen Breite die hiesige Atmosphäre zu illustrieren. Mein konkreter Vorschlag ist der folgende:

Ich halte es für sehr notwendig, daß an zentraler Stelle ein Rundfunk-Ueberwachungs- und Analysierungsdienst unter der Leitung des Genossen Warner aufgebaut wird und daß die

---

10 Adolf Grimme, Sozialdemokrat, Generaldirektor des NWDR am Sitz der Sendezentrale in Hamburg. Vor Amtsantritt Kultusminister in Niedersachsen. Zwischen 1930 und 1933 preußischer Kultusminister.

Kosten dafür auf die Presse[11] umgelegt werden sollen in der Form, die Du in Deinem Brief vorschlägst. Dies ist übrigens der Vorschlag, den ich z.Zt. hier in der Redaktion dem Genossen Warner gemacht habe, als er uns hier besuchte. Ich glaube jedoch, daß dieser Dienst zentral aufgebaut werden muss, um das ja doch schliesslich eine Einheit bildende Sendeprogramm des NWDR zu kontrollieren und zu beeinflussen. Wenn man die gesamte sozialdemokratisch orientierte Presse bei der Aufschlüsselung der Unkosten heranzieht, müsste es leicht möglich sein, im Verbreitungsgebiet des NWDR monatlich DM 3000,– aufzubringen, was mir als Unkostenbetrag hinreichend zu sein scheint. Darüber hinaus müsste an jedem Sender ein offiziell von der Partei legitimierter Vertrauensmann vorhanden sein, zu dem der Genosse Warner engen Kontakt hält und über den alle Interventionen bei dem jeweiligen Sender laufen. Es ist ein Unding, von Hannover aus solche Briefe zu schreiben wie die, mit denen ich mich eben beschäftig[t]e und die nur dazu führen können, auch unsere eigenen im Sender beschäftigten Genossen in eine schwierige Lage zu bringen. Die Interventionen müssen über den Vertrauensmann gehen, der sie in der geeigneten Weise an den Intendanten oder die einzelnen Abteilungen weiterleitet. Er muss in umgekehrter Richtung alles das, was er aus dem Sender und über den Sender erfährt, dem Genossen Warner zur Kenntnis bringen.

Ich werde mich noch mit Willi darüber beraten und auch vielleicht den Vorschlag machen, daß ich die Stelle des Vertrauensmannes beim NWDR hier übernehme, da ich jetzt mein Landtagsmandat niederlege[12] und im Zusammenhang mit dem deutschen Europarat, dem, wie mir Willi mitteilt, nach Eurem Vorschlag ich auch angehören soll[13], ich die Absicht habe, meine Mitarbeit im NWDR in dieser Richtung zu aktivieren. Ich glaube zudem, hier derjenige zu sein, der die Verhältnisse am Kölner Funk am besten kennt. Nach Niederlegung meines Mandats habe ich auch die ausreichende Zeit, um mich um die Funkangelegenheiten mit der notwendigen Intensität zu bemühen, denn es ist ganz klar, daß der Kölner Sender ein besonderes Maß an Aufmerksamkeit erfordert. Ich werde Dir jedoch dazu noch in den nächsten Tagen schreiben oder Willi Eichler wird es tun.

Was mir besonders notwendig erscheint, ist sowohl hier als in Hamburg die uns zur Verfügung stehenden Chancen auszunutzen, das Sendeprogramm dadurch zu beeinflussen, daß wir ganz einfach Referenten zur Verfügung stellen. Zumindest hier in Köln hätten wir Gelegenheit, als Sozialdemokraten einen wesentlich grösseren Teil des Sendeprogramms für uns zu gewinnen. Die Gefahr beim Sender Köln, soweit es das Programm angeht, liegt zu einem großen Teil beim Wirtschaftsfunk, der in einem unverschämten Umfange in die Hände der Interessenvertreter der Privatwirtschaft geraten ist. Die Bedeutung der Wirtschaftssendungen aus Köln, zu dessen Hinterland schliesslich das Ruhrgebiet gehört, wird von Hannover[14] vielleicht nicht so sehr deutlich gesehen, wie ich aus der Liste der Namen entnehme, nach deren parteipolitischer Charakterisierung Ihr über den Bezirksvorstand anfragt. Die Leute, nach denen in dieser Liste nicht gefragt wird, sind interessanter und gefährlicher als die Leute, nach denen gefragt wird. Ich habe mich auf Wunsch von Walter Steigner bereits darum bemüht, daß die Gewerkschaften auf diese Sendeteile einen größeren Einfluss nehmen. Bisher ist es so, daß man etwa, wenn man Sinn für Witz hat, geneigt ist zu sagen, die Sendeleitung glaubt, daß die „Arbeitersendungen" für die Arbeiter, der Wirtschaftsfunk jedoch für die Wirtschafter sei, worunter sie eben die Unternehmer versteht. Nachdem nun auch die Mindener Abteilung des Wirtschaftswissenschaftli-

---

11 Gemeint: SPD-Presse.
12 Was nicht geschah.
13 Kühn wurde zu diesem Zeitpunkt nicht Mitglied des Europarats.
14 Gemeint ist: Vom Parteivorstand aus.

chen Instituts der Gewerkschaften nach Köln übergesiedelt ist, scheint mir der Zeitpunkt gekommen, um die gewerkschaftliche Mitarbeit im Wirtschaftsfunk zu aktivieren. Wir haben eine Unterhaltung mit Dr. Potthoff[15] und Dr. Wagenfuhr gehabt und ich glaube, daß das Problem befriedigend nach unseren Vereinbarungen gelöst wird. Steigner wird alles tun, dessen bin ich sicher, um diese Vereinbarungen auch wirksam zu machen. Hoffentlich verfallen unsere Leute nicht wieder der bekannten Aktivitätsunlust. Es ist leider so, daß die Gegenseite den Funk mit Manuskripten überschwemmt, und unsere Leute nicht einmal durch die hohen Rundfunk-Honorare dazu verpflichtet werden können, sich einmal besonders zu strapazieren.

Nun ist dieser Brief also doch zu einem langen Roman angewachsen, aber es schien mir halbwegs notwendig zu sein.

Laß mich Deine Meinung dazu wissen.
Dein

---

15 Dr. Erich Potthoff, Leiter des Wirtschaftswissenschaftlichen Instituts der Gewerkschaften.

18. Heinz Kühn an die Sozialistische Bildungsgemeinschaft Köln
vom 10. Januar 1951
Quelle: HiAdSt Köln, Nl. Heinz Kühn, Nr. 23
Maschinenschriftlicher Durchschlag

Ich freue mich sehr über die Absicht der Sozialistischen Bildungsgemeinschaft[1], den internationalen Schmalfilm und deutschen Kulturfilm in den Dienst ihrer Bildungsarbeit zu stellen. Im Auslande sind eine Reihe hervorragender Spielfilme und vor allen Dingen auch Kulturfilme über Sozialprobleme erschienen, die dem deutschen Publikum zugänglich gemacht werden sollten. Ich denke dabei an schwedische Filme über das soziale Bauen und Wohnen, an amerikanische und holländische Filme über große soziale und wirtschaftliche Einrichtungen.

Um Ihnen auf diesem Gebiet Ihrer Bildungsarbeit zu helfen, möchte ich der Sozialistischen Bildungsgemeinschaft in Form einer zweckgebundenen Stiftung <u>DM. 1.000,–</u> zur Verfügung stellen, die aber zu keinem anderen Bildungszweck als zu dem aufgeführten, nämlich der Anschaffung eines Schmalspur-Tonfilmgerätes, dienen dürfen.

Ich hoffe, daß es der Bildungsgemeinschaft gelingt, noch weitere Mittel aus anderen Quellen zu gewinnen, so daß ein solches Gerät bald in den Dienst Ihrer Arbeit gestellt werden kann.

Mit freundlichen Grüßen und besten Wünschen für Ihre Arbeit

Ihr
(Heinz Kühn – MdL.)

---

1 Zur Rolle Kühns bei der Gründung der Sozialistischen Bildungsgemeinschaft siehe S. 115 der Biographie.

19. Heinz Kühn (aus Chicago) an Marianne Kühn
vom 1. März 1953
Quelle: Privatarchiv Marianne Kühn
Handschriftliches Original

Meine Marianne,

vor ein paar Stunden bin ich nun in dem Dschungel Chicago angekommen und im „International House" untergebracht, einer Art internationalem Studentenklub, von Rockefeller gestiftet.[1] Ich habe mir unten den Betrieb mal eine Stunde angesehen im Klubraum und sitze nun in meinem Zimmer, um Dir noch ein paar Zeilen zu schreiben, um morgen in ein – wie mir das Gouvernemental Institute schrieb – sehr volles Programm zu steigen.

Ich schreibe noch ganz unter dem Eindruck von Iova City, wo sie mich mit einer ganzen Horde zum Bahnhof, d.h. zum Flugplatz brachten. Jean + Diff mit ihren 3 und Jean Kern mit ihren 2 Kindern sowie Laura Deforin. Von allen soll ich Dich herzlich grüßen und von allen habe ich kleine Geschenke für Dich und alle waren sehr, sehr nett zu mir, so daß bisher Iova City zu meinen schönsten Erlebnissen gehört.

Hier in Chicago ist mir erst wohler, seitdem eben, als ich den letzten Absatz beendet, in meinem Raum ein scheußlicher Sirenenton aufheulte und nur den Schluß zuließ, daß entweder der Krieg ausgebrochen sei oder man unten etwas von mir wolle. Da ich das letztere annahm, fuhr ich hinunter und traf den Professor, der mich sponsert und eigens gekommen war, um mich zu begrüßen und mir meine morgigen Treffs mitzuteilen, die in der Tat sehr interessant sind.

In Detroit, wohin ich am 4. nachmittags fahre, werde ich u.a. die Ford-Werke besichtigen. Samstag, den 7. 10^{15} Uhr gehts von Detroit nach Washington und von dort am Dienstag, den 10. nach New York, so daß ich dort gegen Abend ankomme. Dann habe ich den 11., 12., 13. und den halben 14. für New York und fahre am 14. nachmittags 4 Uhr von N.Y. mit flight 100 (das war ja auch Deine Nummer)[2] allerdings nach London, von dort am 15. 1^{30} Uhr mit British European Airways flight 492 nach Frankfurt, wo ich um 6^{10} Uhr nachmittags ankomme.

Den von Dir für Iova City versprochenen Brief habe ich nicht mehr bekommen, leider, und Jean Devey gebeten, falls noch einer kommt, ihn nach Washington zu schicken, wo ich entweder im National Hotel 18th and Eyestreet wohnen oder bei einem CIO-Gewerkschafter wohnen werde. Auf jeden Fall aber wird mich alle Post dort im Hotel erreichen, wo ich regelmäßig anfragen werde.

Nun, will ich doch, reichlich müde, mit einem lieben Gedanken für Dich zu Bett gehen. Gute Nacht!

---

1 Zu Kühns Amerikareise im Jahre 1953 siehe S. 170 der Biographie.
2 Marianne Kühn hatte wenige Monate zuvor eine USA-Reise unternommen. Sie war wie die ihres Mannes durch das Amerika-Haus in Köln arrangiert worden.

20. **Heinz Kühn an Heinz Pettenberg,**
    Chefredakteur des „Kölner Stadt-Anzeiger",
    vom 13. Juli 1953
    Quelle: HiAdSt Köln, Nl. Heinz Kühn, Nr. 13
    Maschinenschriftlicher Durchschlag

Sehr geehrter Herr Dr. Pettenberg!

In der heutigen Nummer des „Kölner Stadtanzeiger" sehe ich auf Seite 11 unter dem Titel „Schärfe des Wahlkampfes nimmt zu" einen Bericht über die Ausführungen auf der Delegiertentagung der Sozialistischen Jugend, der in einzelnen Angaben außerordentlich mißverständlich ist. Ich habe nicht gesagt: „Wenn Adenauer weiter Bundeskanzler bleibe, würde es am Ende der zweiten Legislaturperiode keine Demokratie mehr geben." Ich habe vielmehr erklärt, daß angesichts der starken Rechtsentwicklung in FDP und DP bei der Wiederherstellung der gegenwärtigen Regierungskoalition Adenauer zu deren „linkem Flügelmann" werden und damit die Gefahr entstehen könnte, daß unabhängig von dem Willen Adenauers, von dem man nicht wissen könne, ob er bei seinem Alter am Ende der Legislaturperiode noch lebe, es dann keine Demokratie, sondern vielleicht eine neofaschistische Regierung geben würde.

Ich habe auch nicht erklärt: „Die bisherigen Zustände hätten schon viele Menschen zum ethischen und religiösen Protest durch den Kirchenaustritt veranlaßt", sondern ich habe angesichts eines konkreten Beispiels dafür, daß in Kirchen unter namentlicher Nennung des CDU-Kandidaten für dessen Wahlsieg in der bevorstehenden Bundestagswahl zum Gebet aufgefordert worden ist, erklärt, daß ich darin einen politischen Mißbrauch der Kirche erblicke, der manche Menschen aus der religiösen Gemeinschaft der Kirche herausdrängen würde, ohne daß sie sich deshalb von den ethischen und religiösen Werten der Kirche entfernen. In diesem Zusammenhang habe ich an das Wort Romain Rollands erinnert, der seinen Kirchenaustritt aus sozialem und politischem Protest gegen den Mißbrauch der Religion seine „religiöseste Entscheidung" genannt hat.

Daß es mir fernliegt, Menschen zum Kirchenaustritt bewegen zu wollen, brauche ich nicht zu beteuern: ich habe noch unlängst meinen Standpunkt hierzu in einem Diskussionsgespräch mit dem CDU-Bundestagsabgeordneten Nellen[1] im Auditorium Maximum der Universität Münster[2] und in einem Referat vor dem Leiterkreis der Evangelischen Akademien im Adam-Stegerwald-Haus, Königswinter, entwickelt.

Da die Berichterstattung, gewiß von Ihrem Vertreter ungewollt, sehr leicht zu Mißverständnissen führen kann, wäre ich Ihnen, sehr geehrter Herr Dr. Pettenberg, für den Abdruck dieses Briefes oder eine andere geeignete Form der Darstellung meiner Gedanken dankbar.[3]

Mit vorzüglicher Hochachtung
(Heinz Kühn)

1 MdB Peter Nellen trat im November 1960 der SPD bei und war bis 1969 sozialdemokratischer Bundestagsabgeordneter.
2 Das Streitgespräch fand im Mai 1953 vor vielen hundert Studenten statt. Vgl. HiAdSt Köln, Nl. Heinz Kühn, Nr. 30 (Sonderdruck aus „Demokratischer Aufbau", Nr. 6/1953).
3 Heinz Pettenberg lehnte den Abdruck des Briefes bzw. eine Gegendarstellung ab. Vgl. S. 154 der Biographie.

21. Heinz Kühn an Frank McCallister (Chicago)
vom 15. Juli 1953
Quelle: HiAdSt Köln, Nl. Heinz Kühn, Nr. 17
Maschinenschriftlicher Durchschlag

Dear Frank[1],

I am very unhappy that I did not find the time to thank you without delay for your friendship and hospitality granted to me on the occasion of my short visit in Chicago in February 1953.

I am very much obliged to you and to the College and I would be thankful if you would convey my best thanks and regards to all persons engaged in my visit. With much pleasure I think of all friends. I also don't forget the day when I visited the museums with your assistent and his wife and I would be very happy if you would tell them, how much I call the day to my mind.

I hope you will arrange a visit in Germany as soon as possible and I think there are enough friends speaking English to fill a meeting about American Adult Educations which I would be eager to arrange if you would give us the honour of your presence.

The articles about the Roosevelt College are of great value for me. I thank you very much for sending over it. If it is possible I would be much obliged for the photo which was taken by a pressphotograph (I think it was a photograph of the „Sun") of both of us. I would like to publish it with the article and would be thankful for sending it by air mail.

In Germany the election contest[2] will be started next time. I personally will be nominated[3] and I hope that I will be successful.

With best regards and many thanks once more

Yours sincerely,

---

1 Frank McCallister, Professor am Roosevelt College in Chicago.
2 Wahlkampf zur Bundestagswahl am 6. September 1953.
3 Kühn kandidierte in einem rechtsrheinischen Kölner Wahlkreis. Außerdem war er durch einen günstigen Platz auf der Landesreserveliste abgesichert.

22. Heinz Kühn an Erich Ollenhauer
vom 18. September 1957
Quelle: AdsD, Bonn, Bestand Erich Ollenhauer, Nr. 387, Parteidiskussion 1957
Maschinenschriftliches Original

Lieber Erich!

Zwei Dinge veranlassen mich, Dir diesen Brief zu schreiben.[1] Das eine ist unsere telefonische Kontroverse in der Wahlnacht.[2] Ich hatte meine Beurteilung der Lage, die übrigens um 11,10 Uhr durch eine ganze Reihe charakteristischer Ergebnisse bereits völlig klar war, nicht als offizielle Stellung der Partei ausgegeben, obschon ich offiziell zur Kommentierung nach Bonn beordert worden war. Der Genosse Warner[3] hat mir mitgeteilt, daß Du, Carlo Schmid und ich am Fernsehschirm und Mikrofon kommentieren sollten. In dringenden Telefonaten zum Bezirkssekretariat und Rathaus wurde ich dann noch zur Eile gemahnt und dabei informiert, daß anstelle des erkrankten Carlo Wilhelm Mellies[4] kommen würde.

Was wichtiger ist: die Frage des Inhalts. Ich halte es nicht für gut, das was eine klare Niederlage ist, durch die Erfindung eines „zweiten Nahziels"[5], welches man erreicht hat, beschönigen zu wollen. Gewiß, gemessen an einem noch schlimmeren Ergebnis, ist jedes Ergebnis noch ein Erfolg.

Was mir aber psychologisch richtig, ja geradezu erforderlich schien, das war das freimütige Eingeständnis, daß wir die Schlacht verloren haben. Ein solches Eingeständnis der Tatsache sollte jedoch auch in dem Augenblick erfolgen, in dem man sie erkennt. Auch um der Parteiorganisation willen. Ich kam an jenem Abend aus dem Büro meines Wahlkreises, wo die die Wahlarbeit tragenden Genossen – meist Arbeiter aus Kölner Großbetrieben und Rentner – mich ebenso gebeten haben, offen die Tatsache am Bildschirm zuzugeben, wie nachher die führenden beamteten Genossen der Kölner Kommunalverwaltung und der Parteiorganisation. Die Reaktion auf meine Worte, die ich mündlich und schriftlich aus der Partei erhalten habe, bestätigen mir, daß ich nicht falsch gehandelt habe.

Der zweite Anlaß zu diesem Brief ist der heutige dusslige Artikel von Frau Purvin[6] in der NRZ, dessen Schluß insbesondere den Eindruck erwecken könnte, als käme die Idee, mich an die Stelle von Fritz Heine[7] zu setzen, aus der Richtung meiner eigenen Wunschvorstellungen. Es liegt mir deshalb sehr daran, Dir zu schreiben, daß ich weder von mir aus ein solches Ziel habe, noch bereit sein würde, eine solche oder ähnliche Aufgabe zu übernehmen. Wenn ich im stillen Kämmerlein meine Überlegungen auf berufliche Vorstellungen richte, dann liegen sie auf völlig anderen Gebieten. Ich würde auch ganz objektiv eine Menge von erforderlichen Voraussetzungen für die Arbeit nicht vorzuweisen haben.

1 Vgl. S. 181f. der Biographie.
2 Bundestagswahl am 15.9.1957.
3 Siehe Anm. 4 zu Brief 17.
4 Stellvertretender SPD-Vorsitzender.
5 Keine Verfassungsänderung gegen den Willen der SPD auf Grund eines Mandatsanteils im Bundestag von mehr als einem Drittel.
6 Richtig: Purwin, Hilde, Bonner Korrespondentin der Neuen Ruhr-/ Neuen Rhein-Zeitung (NRZ).
7 Besoldetes Vorstandsmitglied der SPD. Leiter des Referats „Presse und Propaganda".

Das einzige, was an diesem Artikel auf meine eigenen Überlegungen zurückgeht – sonst ist er wohl ein Amalgam aus mehreren Quellen –, das ist die Idee, die Spitze der Partei insoweit umzugestalten, als man neben Dich als den ersten Vorsitzenden die beiden nach der Struktur ihrer Persönlichkeit und nach der Richtung ihres Wirkens so verschiedenen Genossen Carlo Schmid und Herbert Wehner als Stellvertreter setzen sollte. Die technischen Referate sollten meiner Überzeugung nach unter einem Genossen, ob man ihm den Titel Generalsekretär gibt oder nicht, zusammengefaßt werden.

Ich meine, daß dafür der Genosse Wilhelm Mellies geeignet wäre, den wir ja auch einmal mit der ausgesprochenen Zielsetzung zu Deinem Stellvertreter gewählt haben, er möge sich als eine Art „Innenminister" der Partei vor allem um die Organisation kümmern. Mir scheint, daß dies in der kommenden Zeit noch notwendiger sein wird.

Was für und gegen eine solche Vorstellung spricht, sollte man in Ruhe überlegen. Ich bedaure sehr, daß die Genossin Purvin[8], die sich zu uns setzte, als ich mit einem Genossen der Fraktion darüber sprach, meine Gedanken über die beiden stellvertretenden Vorsitzenden in ihren Artikel verbraten hat. Man sollte erst in der Organisation das Für und Wider beraten. Das jedoch möchte ich tun. Gerne stehe ich Dir zu einer Aussprache zur Verfügung, falls Du daran interessiert bist. Ich wäre es schon.

Laß mich zum Schluß noch sagen, daß ich keineswegs der Meinung bin, wir hätten die Wahl gewinnen können, wenn wir dies oder jenes früher in der Organisation oder in der Propaganda anders gemacht hätten. Wir haben die Wahl aus objektiven Voraussetzungen, die zu ändern nicht in unserer Macht stand, einfach nicht gewinnen können. Aber das darf uns nicht darüber hinwegtäuschen, daß wir auch organisatorische und politische Konsequenzen im Sinne von Veränderungen und Verbesserungen zu überlegen haben.

Ganz zum Schluß: das bedeutet alles nicht, daß Deine Person als Parteivorsitzender für mich in Frage steht. Ich bin davon überzeugt, daß niemand da ist, der Dich an der Spitze der Partei ersetzen kann. Ich meine das nicht etwa aus Gründen der vorhandenen Machtverhältnisse in der Partei, sondern durchaus aus Gründen der persönlichen Geeignetheit. Aber gerade deshalb solltest Du Dich weit aufschließen für alle Vorschläge, die in der Partei nun entstehen mögen. Viele davon werden illusorisch sein, vielleicht auch die meinen. Aber das ist nicht so schlimm, wie die Vorstellung, daß alles so gut ist, wie es ist.

Mit besten Grüßen
Heinz Kühn [Unterschrift]

8   Siehe Anm. 6 zu diesem Brief.

23. Heinz Kühn (aus Rio de Janeiro) an Marianne Kühn vom 23. Juli 1958

Quelle: Privatarchiv Marianne Kühn
Handschriftliches Original

Liebes armes Frauchen,

ich habe heute viel an daheim und an Dich gedacht. Du hast nun den ganzen Brassel[1] allein am Halse. Hoffentlich ist alles gut gegangen. Und nun mußt Du Dich auch wirklich ausruhen. Laß ruhig alles langsam zur Ordnung kommen und überanstrenge Dich nicht. Ich freue mich sehr auf meine eigene „Intervention" in die Neuordnung unseres Hausstandes. Ich glaube, es wird sehr schön.

Hier ist es noch weniger schön. Rio ist zwar eine herrliche Stadt, aber mit ungeheuren sozialen Gegensätzen.[2] Ich glaube, daß ich viel erzählen kann. Hoffentlich werden die Fotos gut. Wir sind am mondänsten Strand der Welt, an der Copacabana in einem Luxushotel untergebracht. Luxeriös sind allerdings nur die Preise – und die Damen am Strand. Vielleicht bringe ich Dir einen schönen Stein mit. Die sollen hier billiger sein. Vielleicht kriegt Rik[3] auch sein Blasrohr.

Rik war hoffentlich brav und hilfsbereit beim Umzug. Ich werde mich genau danach erkundigen, wenn ich zurückkomme. Heute treffe ich noch René Bertholet[4], mit dem ich telefoniert habe. Eine Woche bleiben wir hier, dann geht es in den Süden. Alle 2 Tage werde ich Dir ein paar Zeilen schreiben.

Viele gute Wünsche und einen Kuß für Dich, dem Rik einen kräftigen Händedruck.

Dein Heinz

---

1 Umzug ins Eigenheim am Roteichenweg in Köln-Dellbrück.
2 Kühn war zur Jahrestagung der Interparlamentarischen Union nach Rio de Janeiro geflogen.
3 Hendrik; Heinz und Marianne Kühns 13jähriger Sohn.
4 Schweizer Sozialist, Mitglied des ISK, Emigrant. In den späten 1940er Jahren nach Brasilien ausgewandert. Dort Aufbau zweier landwirtschaftlicher Mustersiedlungen.

24. Heinz Kühn (aus Bagdad) an Marianne und Hendrik Kühn
vom 22. November 1959 (lt. Poststempel)
Quelle: Privatarchiv Marianne Kühn
Handschriftliches Original

Liebe Marianne, lieber Rik.

Nun bin ich bereits seit 1½ Tagen bei Harun al Raschid. Durch Schweizer Nebel verspätet, kamen wir 6 Stunden später im Morgenland an, wo es heute übrigens auch regnet. Bisher habe ich als Delegationschef[1] nur Reden gehalten, repräsentieren und ein dummes Gesicht machen müssen. Nur einmal sind wir kurz zum Einkauf gekommen und haben beim „Dieb von Bagdad" etwas Kupfer eingehandelt.

Morgen geht es nach Babylon in die deutschen Ausgrabungsgebiete. Heute gibt es noch lauter ermüdende offizielle Empfänge, von einem Minister zum anderen. 7 ganze Minister habe ich gesehen. Aber es tut sich was in diesem Land. In diesen 3 Jahren hat sich manches geändert[2], man sieht es sogar im Straßenbild.

Das Telefon klingelt. Der nächste Empfang. Post soll langsam gehen, so daß ich auf jeden Fall hiermit feierlich ankündige: Samstag kommt Ali Baba nach der Kuratoriumssitzung[3] nach Hause.

> Einen Kuß und tausend Grüße
> Allah sei mit Euch
> Heinz und Papa
> der Mufti der Delegation

---

1 Kühn hielt sich als Leiter einer Delegation der Sozialistischen Internationale im Irak auf. Seit April 1959 war Heinz Kühn Vorsitzender der sozialistischen Fraktion im Europarat, was ihm Ansehen in der internationalen sozialistischen Bewegung verschaffte. Im Irak hatte im Juli 1958 ein Aufstand nationalistischer Offiziere die Haschemiten-Monarchie beseitigt und die Republik ausgerufen. Vgl. S. 170 der Biographie.
2 Kühn hatte schon 1956 im Rahmen einer Delegation der Interparlamentarischen Union Bagdad besucht. Vgl. S. 168 der Biographie.
3 Gemeint ist wahrscheinlich eine Sitzung des Rates der Sozialistischen Internationale.

25. Heinz Kühn an Wilhelm Johnen
vom 4. Juli 1962

Quelle: HStA Düsseldorf, Bestand RW 180 (SPD-Landtagsfraktion), Nr. 329
Maschinenschriftlicher Durchschlag

Sehr geehrter Herr Johnen![1]

Von zuverlässiger Seite höre ich, daß Sie in dörflichen Versammlungen Ihres Wahlkreises erklärt haben: „Kühn ist Atheist, ist 1952 aus der Kirche ausgetreten[2] und hat kein Verhältnis mehr zum Christentum."

Ich stelle dazu fest, daß in dieser Behauptung gleich drei Unwahrheiten, seien sie fahrlässiger Irrtum oder bewußte Irreführung, enthalten sind. Ich lasse dahingestellt, ob Sie politisch diffamierende Absicht verfolgt haben oder intellektuell nicht zwischen einem Dissidenten und einem Atheisten zu unterscheiden vermögen. Sie wissen aus dem gedruckt vorliegenden Protokoll des Landtags, daß ich dort u. a. erklärt habe: „Die Sozialdemokraten erkennen im Religiösen, unabhängig von seiner konfessionellen Prägung, einen Eigenwert, eine im letzten Grunde unzerstörbare Kraft, einen unverzichtbaren sittlichen Wert."

Ich versuche, mein Leben auf der Grundlage des christlichen Sittengesetzes zu gestalten, und bin in der Lage, meinen Eid in der religiösen Form zu leisten. Ich bin also kein Atheist, und Sie wissen das.

Im Landtage habe ich einmal erklärt, daß uns Sozialdemokraten „ein auf der Grundlage wirklich christlicher Haltung gelebtes Leben unendlich wertvoller erscheint als ein in religiöser Indifferenz gelebtes Leben."

Es kommt auf diese praktische Gestaltung des persönlichen Lebens an und nicht darauf, mit dem Christentum politische Geschäfte machen zu wollen. Über diese unsere praktische Lebensgestaltung bin ich gern bereit, noch vor dem Wahltag vor der Presse Ihres Wahlkreises mit Ihnen zu diskutieren! Falls Sie dies wünschen, kann das Freitag, den 6. Juli, vormittags, geschehen.

Auf alle Fälle werde ich Abschrift dieses Briefes meinen Freunden in Ihrem Wahlkreis zur Verfügung stellen, damit für den Fall der Fortsetzung Ihrer wahrheitswidrigen Behauptung bekannt wird, daß ich Sie dann öffentlich als einen Verleumder zu bezeichnen gezwungen bin.

Hochachtungsvoll
[Paraphe]

---

1 Wilhelm Johnen, CDU-MdL für den Wahlkreis Jülich, war zum Zeitpunkt des Kühn-Briefes NRW-Landtagspräsident (seit 1959) und Vorsitzender des Landesverbandes Rheinland der CDU (seit 1951).
2 Kühn verließ Anfang 1949 die katholische Kirche. Vgl. S. 138 der Biographie.

386

26. Heinz Kühn an Johannes Rau
vom 21. Januar 1965

Quelle: HStA Düsseldorf, Bestand RW 180 (SPD-Landtagsfraktion), Nr. 585
Maschinenschriftlicher Durchschlag

Lieber Johannes!

Wie ich höre, soll in diesen Tagen in Wuppertal die Entscheidung über die Kandidatur zur Bundestagswahl fallen, und wie ich dabei zu meinem Schrecken erfahren habe, bist auch Du in Eurer Stadt als ernsthafter Kandidat genannt.

Die Besorgnis um eine wirkungsvolle Aktivität unserer Landtagsfraktion veranlaßt mich, Dir folgendes für eine stille Stunde der Besinnung zur Überlegung zu geben. Ich verstehe sehr wohl, daß ein Bundestagsmandat mit den größeren Aufgaben, die es auf höherer Ebene zu präsentieren gibt, seinen Reiz und seine Anziehungskraft auf jeden ausüben wird, der in einem solchen Maße zu den politischen Talenten und Temperamenten gehört, wie es bei Dir der Fall ist. Deshalb ist es für mich auch sehr verständlich, daß Freunde Dir die Übernahme eines Bundestagsmandats nahelegen, in dem Du sicher eine anständige und erfolgreiche Arbeit leisten würdest. Wenn Du jedoch meinen Rat überdenkst, so solltest Du vor Augen haben, daß es erstens ein freundschaftlich-persönlicher Rat und zweitens die von den sachlichen Notwendigkeiten der Fraktionsarbeit bestimmte Auffassung Deines Fraktionsvorsitzenden ist. Beide Überlegungen führen mich zu der Überzeugung, daß es für Dich richtig wäre, der Landespolitik die Treue zu bewahren und Dir neben dem Landtagsmandat eine berufliche Basis unter die Füße zu stellen, wobei ich glaube, daß unsere Wuppertaler Freunde sehr gut beraten wären, wenn sie Dir das in absehbarer Zeit frei werdende Kulturdezernat der Stadt antragen würden. Sie würden sicher mit Deiner Wahl einen sehr guten Griff tun. Du würdest dann in dieser Position das Wuppertaler Amt durch Deine Landtagsarbeit und Deine Landtagsarbeit durch die praktischen Amtserfahrungen in Wuppertal befruchten können. Das erscheint mir unter dem Gesichtspunkt einer langfristigen Planung Deines Lebens und der Effektivität für die Partei richtiger zu sein, als in eine Situation hineinzugehen, die praktisch dazu führt, das Mandat als Beruf auszuüben.

Ich will aber nicht verhehlen, daß bei meinem Ratschlag, im Landtag weiter mitzuarbeiten, auch der egoistische Gesichtspunkt des Fraktionsvorsitzenden eine Rolle spielt, der der Meinung ist, daß Du zu den Abgeordneten gehörst, die ich bei der Aufstellung der kommenden Liste in der Spitzengruppe sehen möchte. Das hat nicht nur Deine Tätigkeit im Kulturausschuß und im Jugendausschuß, sondern auch die allgemeine Tätigkeit bewirkt, die Du als Sprecher unserer Fraktionsarbeit in so vielen Seminaren und vor Kreisen und Organisationen, die in besonders qualifizierter Weise angesprochen sein wollen, geleistet hast. Da ich Dich unter all diesen Gesichtspunkten für einen der qualifiziertesten und erfolgreichsten Abgeordneten der Fraktion halte, möchte ich Dich gern auch der Fraktion erhalten, wenn wir 66 in die Runde gehen, die uns aller Voraussicht nach die Regierungsführung bringen wird. Dann würde sicher Deine Arbeit auch eine entsprechende Bewertung finden müssen, wo immer dies dann in der Fülle der zu übernehmenden Funktionen sein würde.

Das alles solltest Du unter der ruhigen und vernünftigen Gestaltung Deiner persönlichen Lebensarbeit, die man ja über langen Zeitraum planen muß, sorgfältig bedenken; und ich wäre Dir dankbar, wenn Du dabei dann auch die zuletzt erwähnten Gesichtspunkte der Erfordernisse unserer Düsseldorfer Fraktionsarbeit mit einbeziehen würdest.

Ich weiß aus eigener Erfahrung, daß solche Entscheidungen nicht leicht sind. Man muß sie allein treffen, und man wird nie eine mathematische Gewißheit haben, was die richtige Entscheidung ist. Auf jeden Fall sollten Deine Freunde, wo auch immer sie mit Dir beraten, wie ich es in diesem Brief tue, es sorgfältig nach allen Seiten tun und dann Deine Entscheidung respektieren, wie immer sie aussieht. Ich hoffe, daß sie meinem Ratschlag entspricht.

Mit besten Grüßen und guten Wünschen!
Dein

27. Heinz Kühn an Lorenz Kardinal Jäger
vom 20. April 1965
Quelle: HStA Düsseldorf, Bestand RW 180 (SPD-Landtagsfraktion), Nr. 580
Maschinenschriftlicher Durchschlag

Euer Eminenz!

Es ist schon einige Wochen her, als mich Herr Hellmann von der dpa davon in Kenntnis gesetzt hat, daß die seinerzeitige Mitteilung in der Neuen Rhein Zeitung über meinen Besuch bei Ihnen persönlich oder bei Herren des Generalvikariats eine gewisse Verstimmung ausgelöst habe. Es liegt mir daran, Sie, Eminenz, wissen zu lassen, daß meiner Meinung nach solche Kontaktgespräche sowenig von der Geheimhaltung der Konspiration umgeben sein sollten, wie sie andererseits ebensowenig Gegenstand propagandistischer Publizität sein dürften. Sie sollten allein dem Gedankenaustausch dienen und ihre Wirkung in der Stille einer behutsamen Entwicklung tun, die für beide Gesprächsseiten – die katholische Kirche wie die Sozialdemokratische Partei – nicht ohne Nutzen sein sollte. Ich habe deshalb bei unserer seinerzeitigen Begegnung auch gleich zu Anfang gesagt, daß ich keinerlei Verlautbarung an unsere Gespräche knüpfen würde, und ich habe mich auch daran gehalten. Es ist von der Pressestelle meiner Fraktion oder des Landesverbandes meiner Partei nicht – wie dies bei Gesprächsbegegnungen üblich ist – eine Verlautbarung veröffentlicht worden. Als ein Journalist, der im Landtag gerüchteweise von diesem Gespräch erfahren hatte, mich um meine Stellungnahme gebeten hat, habe ich diese ausdrücklich abgelehnt und ihn gebeten, nichts zu veröffentlichen. Jedoch konnte ich nicht verhindern, daß er sich telefonisch durch Ihr Generalvikariat die Tatsache unserer Begegnung hat bestätigen lassen, so daß er die Grundlage für eine Meldung sich auf diese Weise beschaffte, die er übrigens auch journalistisch fair schon dadurch besessen hatte, daß ich natürlich nicht die Tatsache unserer Begegnung bestreiten wollte.

Der Vorgang liegt schon lange zurück und auch der Merkzettel, den ich mir nach dem Gespräch mit dem dpa-Vertreter gemacht hatte, hat bereits etwas Aktenstaub angesetzt. Es liegt mir dennoch daran, Ihnen zu sagen, daß nach meiner Überzeugung Begegnungen derart, wie ich sie mit Ihnen, Eminenz, haben durfte, nicht unter dem Gesichtspunkt politisch propagandistischen Nutzens gesehen werden dürften. Daß die Neigung, solche Nebenwirkungen einzukalkulieren, einen Parteimann leicht befallen kann, wie vielleicht in einem anderen Zusammenhang der Kirchenmann nicht ganz frei von ihnen bleiben wird, ist verständlich. Ich gebe mir aber redlich Mühe, sie bei Begegnungen mit der Kirche aus meinem Kalkül herauszulassen, und vertraue sehr viel mehr einer sicherlich langfristigeren sachlichen als einer kurzfristigen propagandistischen Wirkung.

So habe ich denn auch, als Ihnen die Würde und Bürde eines noch höheren Kirchenamtes verliehen wurde[1], der Versuchung widerstanden, Ihnen einen öffentlichen Glückwunsch zu senden. Wenn auch schon geraume Zeit seither vergangen ist, benutze ich aber die Gelegenheit dieses persönlichen Briefes, Ihnen aufrichtig ein segensreiches Wirken für die Ihnen anvertrauten Menschen und auch für diejenigen zu wünschen, die sich Ihnen nicht in diesem besonderen Maße anvertraut fühlen.

---

1 Verleihung der Kardinalswürde an den Erzbischof Jäger.

Indem ich Ihnen, Eminenz, noch einmal sagen darf, daß ich stets gern zu einem Gespräch mit einem von Ihnen beauftragten Herrn zur Verfügung stehe und noch dankbarer die Möglichkeit einer persönlichen Begegnung mit Ihnen, Eminenz, begrüßen würde, bin

mit vorzüglicher Hochachtung
Ihr ergebener

28. Heinz Kühn an Helmut Schmidt, stellv. Vorsitzender der SPD-Bundestagsfraktion, vom 20. Februar 1967

Quelle: AdsD, Bonn, Nl. Heinz Kühn, 1/HK AA 000131
Maschinenschriftlicher Durchschlag

Lieber Helmut![1]

In aller Form möchte ich auch schriftlich der mir auf Zettelchen und anschliessend mündlich während der letzten Plenumssitzung vorgetragenen Absicht einer Reise ins REVIER meine lebhafte Zustimmung und Bereitschaft jeder Hilfe erklären. Falls Alex Möller[2] und Du es einrichten könntet, am Nachmittag oder Abend des 15.3. im Kreise der Presse – oder einer ausgesuchten kleinen Auswahl von Pressevertretern – hier in der Staatskanzlei bei einem westfälischen Abendbrot ein Rundgespräch zu führen, würde ich auch dies sehr begrüßen. Es müßte dann allerdings von Euch einiges konkret angesprochen werden, was die Bundestagsfraktion in die Wege leiten will, so daß Euer Besuch im Revier gewissermassen dafür die Kulisse darstellt. Wenn Du jedoch vorziehst, dieses Gespräch als eine Information vor allem für Euch zu führen, würde ich mich darauf beschränken, den Wirtschaftsminister, den Finanzminister und den Chef der Staatskanzlei dazu zu bitten. Dann könnte die publizitäre Auswirkung [sic!] Fritz Stallberg[3], der für diesen Fall selbstverständlich ebenfalls teilnehmen würde, übernehmen.

Vielleicht können wir uns am Wochenende über die Einzelheiten unterhalten oder unsere Büros könnten sich verständigen.[4]

> Mit besten Grüßen
> Dein
> [Paraphe]

---

1 Nur knapp einen Monat später, am 14.3.1967, wurde Schmidt als Nachfolger des verstorbenen Fritz Erler Vorsitzender der SPD-Bundestagsfraktion.
2 Stellv. Vorsitzender und Finanzexperte der SPD-Bundestagsfraktion.
3 Landespressechef.
4 Gemeinsam mit Alex Möller unternahm Schmidt die Informationsreise durch das Revier Mitte März 1967. Sein Kohlegespräch in der Düsseldorfer Staatskanzlei kam freilich erst am 23. Oktober desselben Jahres zustande.

29. Heinz Kühn an Georg August Zinn,
Ministerpräsident von Hessen,
vom 13. Dezember 1967

Quelle: AdsD Bonn, Nl. Heinz Kühn, 1/HK AA 000131
Maschinenschriftlicher Durchschlag

Sehr geehrter Herr Kollege, lieber Freund Zinn!

Selten gibt es Briefe, auch im ministerpräs[id]entiellen Briefwechsel, die so viel Freude bereiten wie Ihr Brief vom 30.11.1967, in dem Sie der nordrhein-westfälischen Landesregierung in der Frage der Energiepolitik die Unterstützung der hessischen Landesregierung zusagen.

Es ist lebhaft in meiner Erinnerung, wie sehr Ihre Regierung in den hinter uns liegenden Jahren immer wieder nordrhein-westfälische Gesichtspunkte vertreten hat, in der Tat häufiger mit mehr Energie als die Regierung meines Amtsvorgängers bei der Verfechtung dieser ureigenen Landesangelegenheit Nordrhein-Westfalens. Nicht zu sagen brauche ich, daß die von mir geführte Regierung gern das schwere Amt der „Federführung" auf diesem Gebiet wieder auf die eigenen Schultern genommen hat. Umso größer ist in dieser für uns nicht einfachen Lage die Dankbarkeit für die Bekundung der Solidarität, die Sie in Ihrem Brief zum Ausdruck gebracht haben. Dabei weiss ich sehr wohl zu würdigen, daß Sie bei dieser Bündnisbereitschaft einkalkuliert haben, daß damit gewisse Opfer für Teilbereiche der hessischen Industrie verbunden sein können. In der Tat darf es keiner deutschen Landesregierung gleichgültig sein, wie die Entwicklung im Ruhrgebiet verläuft.

Mit freundlichen Grüßen und guten Wünschen für die bevorstehenden Festtage, auch für Ihre Gattin, bin ich

in freundschaftlicher Verbundenheit
Ihr
[Paraphe]

392

30. Heinz Kühn an Johannes Rau
vom 16. Januar 1968
Quelle: AdsD, Bonn, Nl. Heinz Kühn, 1/HK AA000131
Maschinenschriftlicher Durchschlag

Lieber Johannes![1]

Zu Deinem heutigen Geburtstag drängt es mich, über alle bei solchen Gelegenheiten ausgesprochenen konventionellen Wünsche hinaus, Dir ein Wort freundschaftlicher Verbundenheit zu sagen. Es gehört nun einmal zum Leben, daß auch da, wo gemeinsame Gesinnungsverbundenheit und persönlicher Respekt Menschen miteinander verbinden, gelegentlich einmal ein wenig Sand ins Getriebe gerät. Das ist auch hier und da zwischen uns der Fall gewesen, und dann haben wir vielleicht gelegentlich beide ein bißchen Schuld gehabt, am meisten aber doch wohl der Umstand, daß unsere so mörderisch überlasteten Terminkalender uns so wenig Stunden lassen, an denen man sich in einer Atmosphäre vertrauter und nicht unter einem Katalog von Problemen leidender Abendstunden aussprechen kann. Es gehört zu meinen mir wichtigen Wünschen für dieses Jahr, daß wir in Zukunft solche Stunden in unseren Kalendern freikämpfen, damit wir bei einem guten Tropfen unsere Gedanken austauschen können. Denn es wird – wenn vielleicht auch manches 1968 leichter sein wird als 1967 – auch im kommenden Jahre von uns beiden ein gehöriges Päcklein Sorgen getragen werden müssen. Am Ende des Kalenderjahres hast Du mir in sehr freundschaftlicher Weise Deine guten Wünsche übermittelt. Laß sie mich am Anfang Deines neuen Lebensjahres in genau solch herzlicher Freundlichkeit für Dich erwidern mit dem Dank für mannigfache Bekundungen dieser gemeinsamen Solidarität draußen im Leben und vor dem Plenum des Landtages.

In Verbundenheit
Dein
gez. Heinz Kühn

1 Johannes Rau war vom 9.1.1967 bis 13.7.1970 Vorsitzender der SPD-Landtagsfraktion.

31. Heinz Kühn an André Resampa,
Innenminister der Republik Madagaskar,
vom 8. Juli 1968

Quelle: AdsD, Bonn, Nl. Heinz Kühn, 1/HK AA 000035
Maschinenschriftlicher Durchschlag

Lieber André!

Zunächst muß ich sehr herzlich um Entschuldigung bitten, daß ich in der Zwischenzeit nicht geschrieben habe, nicht einmal auf den Brief, in dem Du mir die Verleihung des Kommandeurkreuzes des Nationalordens der Republik Madagaskars durch den Staatspräsidenten mitgeteilt hast. Aber Du weisst, wie sehr ich in meinem eigenen Land durch die Regierungsgeschäfte in Anspruch genommen bin, die sich zwar sehr gut und erfolgreich entwickelt haben, was aber nicht ohne einen unermüdlichen Einsatz möglich war.

Nun bin ich sehr glücklich, Dir mitteilen zu können, daß ich auch zum diesjährigen Parteitag[1] kommen werde, und zwar unmittelbar im Anschluß an eine kurze Südamerikareise, bei der ich mit den Staatschefs einiger Länder wie Mexiko und Chile Verhandlungen zu führen habe.

In diesen Tagen nun sind einige der versprochenen Geräte auf das Schiff gegangen, die ich Dir für den Einsatz in den Syndicats des Communes in Aussicht gestellt habe. Es handelt sich um

zwei Traktoren,
zwei Lastkraftwagen und
zwei Raupenbagger,
denen sicherlich später weitere Geräte folgen werden. Ich hoffe, bereits mit gleicher Post französische Prospekte für die Maschinen mit an Dich abschicken zu können. Die Großindustriefirma Krupp, eine der bedeutendsten meines Landes, wird für die beiden Bagger einen Monteur mitschicken, damit die madagassischen Bedienungskräfte in die Bedienung eingeführt werden können.

Außerdem wird das Schiff umfangreiches Gerät für einen Kinderspielplatz an Bord haben, das für das Sozialzentrum in Tamatave bestimmt ist.

Die aufgeführten Geräte werden mit dem Schiff Byblos der HansaReederei ab Hamburg am 5. Juli 1968 nach Madagaskar verladen.

Nach dem Fahrplan soll das Schiff in den Tagen vom 17. bis 19. August 1968 in Tamatave eintreffen. Die Sendung ist an die Fondation Philibert Tsiranana adressiert. Die Fondation ist mit Schreiben vom 28. Juni 1968 unterrichtet worden.

Es wäre sehr schön, wenn die Übergabe der Maschinen im Rahmen des Parteitages in Tananarive erfolgen könnte. Das bedeutet, daß Du ihren Weitertransport von Tamatave nach Tananarive durchführen müßtest. Nun weiss ich nicht, wo Du sie zum Einsatz bringen willst. So sehr es vielleicht unter publizistischen Gesichtspunkten nützlich wäre, die Übergabe in Tananarive durchzuführen, würde es aber doch sinnlos sein, die Maschinen, vor allem auch die Bagger und Traktoren, erst auf das Plateau nach Tananarive zu bringen, wenn Du beabsichtigst, sie in der Gegend von Tamatave oder auch in Deiner engeren Heimat an der Westküste zum Einsatz zu

---

1 Parteitag der Sozialdemokratischen Partei Madagaskars (Parti Social Démocrate de Madagascar).

394

bringen, dann wäre es wohl richtiger, wenn wir die Übergabe in Tamatave selbst durchführ-ten. [...]

Ich freue mich sehr, daß wir uns bald wiedersehen. Grüße bitte alle Freunde und sei selbst freundschaftlich und kameradschaftlich gegrüßt von

Deinem

PS. Ein offizielles Schreiben meiner Staatskanzlei über den Abgang der Maschinen geht Dir an die Adresse Deines Innenministeriums mit gleicher Post zu.

32. Heinz Kühn an Lance Pope, britischer Botschaftsrat, vom 20. Januar 1970

Quelle: AdsD, Bonn, Nl. Heinz Kühn, 1/HK AA 000130
Maschinenschriftlicher Durchschlag

Lieber Lance,

Von meinem zweiwöchigen Afrika-Aufenthalt, der diesmal eine Woche richtigen Sonnenurlaub umfaßte, um mich auf die kommenden Strapazen mit Kraftreserven zu rüsten, begegne ich in Gestalt Deines Briefes vom 22. November gleich zu Beginn dieses neuen Jahres einer großen Sünde, die ich noch Ende des vorigen Jahres begangen habe. Auf Deinen freundlichen Brief, der die Erinnerungen an meinen Besuch auf Deinem Schloß in Farnham in mir wachrief, habe ich nicht geantwortet. Das lag daran, daß ich mit meiner Frau verabredet hatte, Euch beide zu uns einzuladen. Das aber ist dann im Trubel der Jahresendverpflichtungen und in der Vorbereitung meiner Reise unter den Tisch gefallen. Und da ich erst am 17. 1. von meiner Reise zurückkam, konnte ich auch nicht Deiner Einladung zur Verabschiedung von Müggenburg[1] am 5. 1. folgen.

Nun würde es uns sehr freuen, wenn Du mit Deiner Frau am 18. 2. zu uns nach Dellbrück kommen könntest, um in einem Kreis von Bonner und Düsseldorfer Freunden meinen Geburtstag so fröhlich wie möglich mitzufeiern.

Bis dahin gibt es aber auch noch einen anderen großen Feiertag in Nordrhein-Westfalen: den Rosenmontag in Köln. Falls Du nicht eine Einladung in das Regierungspräsidium Köln erhalten haben solltest, wo ja ein Teil des Diplomatischen Korps von Bonn zu erscheinen pflegt und für diesen Fall an einer Einladung durch den Regierungspräsidenten, der diese Veranstaltung in meinem Auftrage durchführt, interessiert bist, lass es mich bitte wissen, dann geht Dir die schriftliche Einladung umgehend zu. Du weisst, dass es keines besonderen Lokalpatriotismus bedarf, um davon überzeugt zu sein, daß der Kölner Rosenmontagszug der hübscheste und amüsanteste ist und die Stimmung im Regierungspräsidium ist auch traditionsgemäß besonders locker und amüsant.

Von dort pflegen wir mit einem Kreis von Freunden geradewegs zu uns nach Hause zu fahren, um in den Kellern des Hauses Kühn die Feier fortzusetzen. Auch dabei seid Ihr uns herzlich willkommene Gäste.

Lieber Lance, laß mich bitte bald wissen, ob Ihr Lust und Laune habt, aus dem einen oder anderen Anlaß, am liebsten aus beiden, zu uns zu kommen.

Mit sehr herzlichen Grüßen
Dein
[Paraphe]

1 Der Journalist Günter Müggenburg, bisher ARD-Korrespondent in Bonn, wurde Anfang 1970 Asien-Korrespondent der ARD mit Sitz in Hongkong.

33. Heinz Kühn an Peter Worbs
vom 16. Juni 1971

Quelle: HStA Düsseldorf, NW 270 (Staatskanzlei), Nr. 204
Maschinenschriftlicher Durchschlag

Lieber Genosse Peter Worbs![1]

Ich bitte sehr um Entschuldigung, daß ich Deinen Brief vom 12. Mai erst jetzt beantworte, aber Du wirst sicher einiges Verständnis dafür haben, wenn ich auf die Bedrängnis meines Terminkalenders hinweise.

Meine Ausführungen im Münchener Presseclub sind natürlich falsch wiedergegeben worden.[2] „Natürlich" darf ich wohl sagen, weil ich davon ausgehen kann, daß jeder meine zahlreichen Reden zu dem Komplex der Integration der an den Flügeln des demokratischen Gesinnungsspektrums vorhandenen Kräfte in Erinnerung hat. Sehr ausführlich habe ich noch dazu gesprochen auf dem Landeskongreß in Mülheim/Ruhr, wo ich die Formel von der SPD als der linken Volkspartei brachte und dabei – diese Rede liegt gedruckt vor – ausführlich geschildert habe, welche Kräfte wir auf der linken Seite der SPD zu integrieren versuchen müssen, selbst wenn sie dabei von ihren konservativen Kritikern als nach links hin zu tolerant geschildert wird. Die Jungsozialisten haben selbstverständlich für mich nie zu diesem Kreis gezählt. Gerade Jungsozialisten in Nordrhein-Westfalen werden doch wohl nicht die zahlreichen Gelegenheiten vergessen können, in denen ich mich sehr viel anders geäußert habe als manch andere – um es in Andeutungen zu formulieren. Als Landesvorsitzender[3] habe ich, als in anderen Verbänden die finanziellen Unterstützungen gestoppt wurden, mich für die finanzielle Hilfe an den Sozialdemokratischen Hochschulbund nicht nur eingesetzt, sondern sie auch im Landesvorstand durchgesetzt. Ich bin sicher in Bezug auf sogenannte „linke" Positionen nicht pingelig, was keineswegs bedeutet, daß ich mir alle Auffassungen der Jungsozialisten zu eigen zu machen vermag. Ich bin mir sehr wohl bewußt, daß die junge Generation, die in die Verantwortung drängt, in der Zeit, in der wir heute leben, nur im Zustand permanenter Spannungen mit der älteren Generation auskommen kann, die diese Verantwortung heute ausübt. Das war immer so, auch zu der Zeit, als ich vor 1933 zu den Jungsozialisten gehört habe, und das wird so bleiben, auch wenn die heutigen Jungsozialisten, älter geworden, von einer neuen jungen Generation gedrängt, bedrängt und attackiert werden.

---

1 Jungsozialist, der im Auftrag der Kreisdelegiertenkonferenz der Jungsozialisten Bochums einen Brief an Heinz Kühn geschrieben hatte.
2 Worbs bezog sich in seinem Schreiben an Kühn auf einen Korrespondenten-Artikel in der Frankfurter Rundschau vom 10. Mai 1971. In ihm wurde über eine Rede des nordrhein-westfälischen Regierungschefs im Münchener Presseclub berichtet. In dem FR-Artikel hieß es: „Kühn betonte, die Bundesrepublik brauche zwei Volksparteien. Die eine, die CDU/CSU, habe die Aufgabe, die extreme Rechte zu integrieren. Die andere, die SPD, müsse ‚die Jungsozialisten in unser demokratisches System hereinholen'" (FR v. 10.5.1971). Worbs kommentierte diese Passage in seinem Brief an Kühn mit den Worten: „Diese Deine Aussage erscheint uns derart unverständlich, daß wir Dich bitten möchten, uns über den Wahrheitsgehalt dieser Pressemitteilung umgehend zu informieren und Deine Aussage über die Jungsozialisten, die in besagtem Artikel als Zitat gekennzeichnet war, nicht nur uns gegenüber, sondern auch gegenüber der Presse, insbesondere gegenüber der Frankfurter Rundschau klarzustellen" (NW 270, Nr. 204).
3 Landesvorsitzender der SPD.

Aber nicht um diese allgemeine Grundeinstellung soll es in diesem Brief gehen, sondern um die konkrete Antwort auf Deine konkrete Frage im Anschluß an eine mißverständliche und irreführende Wiedergabe meiner Pressekonferenz. Ich halte die Jungsozialisten für einen integrierten Bestandteil der Sozialdemokratischen Partei. Meine Bemerkung bezog sich auf jene, die heute an der linken Peripherie operieren und bei denen man sorgfältig zu prüfen haben wird, wer aus antidemokratischer Grundhaltung die Politik gestaltet; dieser Personenkreis ist menschlich zu respektieren, aber er ist nicht integrierbar. Den großen Teil aber jener, die heute auch in einer, wie sie glauben, grundsätzlichen Opposition zur SPD stehen, sollten wir zu gewinnen versuchen. Darauf bezog sich meine Bemerkung.

Ich will nicht vergessen, eines hinzuzufügen: Als Ministerpräsident einer Koalitionsregierung mit der FDP werde ich mich nicht äußern zu meiner früher oft zum Ausdruck gebrachten Perspektive der Entwicklung der Parteistruktur. Aber auch wer die FDP als eine historisch längerfristig noch wirksame Kraft ansieht und sie ihrem Selbstverständnis entsprechend als eine Partei zwischen SPD und CDU wertet, kann nicht übersehen, daß die CDU als die große rechte Volkspartei die gleiche Integrationsaufgabe, die die SPD nach links hat, nach rechts hin vollziehen muß.

Ich nehme an, daß Dich dieser Standpunkt nicht vollends befriedigen wird, Du möglicherweise überhaupt grundsätzliche Bedenken gegen die Vokabel „Volkspartei" hast, aber ich hoffe, daß Du mit meiner Beurteilung der Jungsozialisten und ihrer Beziehung zur Sozialdemokratie und zur demokratischen Grundordnung einverstanden bist.

                          Mit freundlichen Grüßen
                          Dein
                          [Paraphe]

34. Heinz Kühn an Bundeskanzler Willy Brandt
vom 15. März 1972
Quelle: AdsD, Bonn, Nl. Heinz Kühn, 1/HK AA 000 127
Maschinenschriftlicher Durchschlag

Lieber Willy,

Ich bitte sehr um Entschuldigung, wenn ich Dich bei all Deinen Sorgen mit einer solchen, sicherlich vergleichsweise kleinen, aber mit seinen Auswirkungen vielleicht großen Sorge belästige.

Ich habe Sorge um das Verhältnis zwischen der Bundesregierung und der Landesregierung von Nordrhein-Westfalen, Sorge, daß an sich vielleicht nicht so sehr ernst zu nehmende Differenzen der CDU Veranlassung geben, uns gemeinsam in eine nach außen außerordentlich negative Situation zu bringen.

Es begann mit dem Brief Schillers vom 27.1.1972 an Riemer[1], den er gleichzeitig der Presse übergab, so daß jene Dir bekannten Schwierigkeiten in der öffentlichen Erörterung entstanden, die sicherlich im Effekt Schiller am wenigsten zuträglich gewesen sind. Ich habe damals darauf verzichtet, Schiller einen Antwortbrief zu schreiben, der notwendigerweise angesichts der von ihm gewählten Vokabeln sehr scharf gewesen wäre und auch, ohne daß ich ihn der Presse übergeben hätte – was mir nicht einfallen würde –, dennoch, wie so etwas zu sein pflegt, durchgesickert wäre.

Nun hat Helmut Schmidt[2] in einem Pressegespräch mit der Westfälischen Rundschau in der ihm gelegentlich gemäßen Form, die ich hier nicht näher charakterisieren möchte, in Bezug auf den westfälischen Großflughafen[3] erklärt: „Ein Spitzengespräch findet nicht statt, weil ich davon nichts weiß", obwohl der Termin zu diesem Gespräch, wie er mir nachher zugegeben hat, in seinem Terminkalender vermerkt war. Ich mache aus der Tatsache selbst Helmut Schmidt keinen Vorwurf: niemand kann immer im Bewußtsein haben, welche Termine auf Tage voraus wir in unserem Kalender stehen haben. Aber ob die von ihm gewählte saloppe Formulierung uns gemeinsam gut getan hat, bezweifle ich. Köppler[4] hat dies in die polemische Behauptung gesteigert: „Kühn hat das Parlament belogen". Zwar konnte ich ihn in einer scharfen Auseinandersetzung im Landtag zwingen, dies zurückzunehmen und sich dafür zu entschuldigen[5], aber

---

1 Karl Schiller (SPD), Bundesminister für Wirtschaft und Finanzen, beschäftigte sich in seinem Brief an den NRW-Wirtschaftsminister Horst-Ludwig Riemer (FDP) mit dem Thema „Sanierung der Ruhrkohle AG" und kritisierte in diesem Zusammenhang heftig das Verhalten Riemers. Der NRW-Minister hatte öffentlich erklärt, nach Ansicht der sozialliberalen Regierung in Düsseldorf sollten Bund und Land die Ruhrkohle AG bis 1975 mit 1,9 Mrd. DM stabilisieren. Komme die Sanierung aus Steuergeldern nicht zustande, müsse über eine Verstaatlichung der Gesellschaft nachgedacht werden. Schiller warf Riemer daraufhin in seinem Brief vor, sein Verhalten sei „sachlich nicht gerechtfertigt und völlig unangemessen". Er habe „öffentlich einen Milliardenrausch produziert" (nach Kölner Stadt-Anzeiger v. 28.1.1972, S. 8).
2 Bundesminister der Verteidigung.
3 Die Landesregierung ventilierte das Projekt eines großen *Verkehrs*flughafens im Raum Drensteinfurt. Gegen das Projekt kam ein Veto aus dem Bundesverteidigungsministerium. Unter dem Gesichtspunkt des *militärischen* Tiefflugs könne das Vorhaben im Raum Drensteinfurt nicht die Zustimmung des Ministeriums finden, hieß es. Das Projekt war deshalb zum Scheitern verurteilt.
4 Heinrich Köppler, Vorsitzender der CDU-Landtagsfraktion, Oppositionsführer.
5 Köppler hatte auf einer Pressekonferenz am 13.3.1972 den Vorwurf erhoben, Kühn habe

der Vorwurf von „Kommunikationsschwierigkeiten zwischen Bundes- und Landesregierung"
blieb bestehen und wird sicherlich in der nun von der CDU angestrebten Debatte hochgespielt
werden.

Ich schreibe Dir diesen Brief nicht, um Dich zu einer Intervention zu veranlassen. Mit Helmut Schmidt werde ich am 17. März bei unserem Gespräch über den westfälischen Großflughafen dies alles selber freimütig erörtern. Auch, daß ich es für sehr wenig nützlich gehalten habe,
daß er in einer Arbeitnehmerkonferenz so heftig gegen die nordrhein-westfälische Diätenerhöhung Stellung genommen hat, und dabei nach Presseverlautbarungen, die viel Aufsehen erregt
haben, erklärt hat, daß er als stellvertretender Vorsitzender der Partei solche Entscheidungen
künftig zu verhindern wissen werde. Dies bringt erfahrungsgemäß bei dem zuhörenden Auditorium viel Beifall, räumt aber nicht aus dem Weg, daß über die Diätenerhöhung bei uns zu Lande
seit vier Monaten die Presse kontinuierlich berichtet hat, so daß es dem Präsidiumsmitglied[6]
Schmidt möglich gewesen wäre, dies mit dem Präsidiumsmitglied Kühn zu erörtern, sei es privat oder sei es in einer Präsidiumssitzung, da sicherlich in einer politisch gespannten Zeit jede
Diätenerhöhung unter ihren gesamtparteilichen Auswirkungen zu beurteilen ist.

Mit mir hätte ein solches Gespräch umso leichter geführt werden können, als ich selbst keineswegs zu den Befürwortern der Diätenerhöhung gehört habe, sondern eher als ein Gegner
gelte, wenngleich ich mich nicht in die öffentliche Erörterung, nachdem 98% der Fraktion mit
Fragebogen für die Diätenerhöhung votiert haben, eingeschaltet habe. Darüber hinaus habe
ich, als im Dezember 1969 die Erhöhung der B-Gehälter erfolgte, nicht ohne Schwierigkeiten
im Kabinett Nordrhein-Westfalen erreicht, daß die Minister sich durch einen Beschluß aus der
Erhöhung selbst ausgeschlossen haben, so daß beispielsweise seitdem der Ministerpräsident von
Nordrhein-Westfalen als einziger Regierungschef der Bundesrepublik noch nach B 10 besoldet
wurde, während alle anderen sich in B 11 befanden.

Aber ich will gar nicht lange zur Sache argumentieren. Es geht mir um die Art unserer öffentlichen Erörterungen und ihre Auswirkungen nach draußen. Wenn Mitglieder der Bundesregierung in einer vielleicht einfach nur nicht bedachten Weise so Stellung nehmen, bin ich nicht gewillt, dazu künftig öffentlich zu schweigen. Auch wenn ich schweige, würde das nicht verhindern, daß zunehmend Sand ins Getriebe käme – nicht zuletzt auch bei dem Koalitionspartner –,
was uns beiden nicht Recht sein darf.

Um Entschuldigung muß ich bitten, daß dieser Brief so lang geworden ist, ich weiß um Deine Zeitbedrängnis und ich erwarte auch keine schriftliche Antwort von Dir, sondern möchte
nur den Wunsch anmelden, daß wir uns gelegentlich einmal darüber unterhalten. Wir haben es
ja alle miteinander schwer genug, um es uns nicht gegenseitig noch durch Unbedachtheiten unnötig zu erschweren.

Mit freundlichen Grüßen
bin ich
Dein [Paraphe]

das Parlament angelogen mit der Behauptung, es seien seit Wochen klärende Gespräche
mit der Bundesregierung wegen des geplanten Verkehrsflughafens angestrebt worden.
Kühn konnte in der Parlamentssitzung vom 14.3.1972 den Vorwurf der Lüge glaubhaft
widerlegen. 1. Er habe zu dem Thema vor dem Landtag nie eine Erklärung abgegeben.
2. Kühn listete in der Parlamentsrede seine diversen Initiativen in Bonn in der Angelegenheit „Großflughafen" genau auf (Landtag NRW, 7.WP, Plenarprotokolle, Bd. 2,
23.–45. Sitzung, S. 1605ff.).
6 Mitglied des Präsidiums der SPD.

35. Heinz Kühn an John van Nes Ziegler
   vom 31. Juli 1972
   Quelle: AdsD, Bonn, Nl. Heinz Kühn, 1/HK AA 000 131
   Maschinenschriftlicher Durchschlag

Lieber John![1]

Ich habe immer geglaubt, daß „Stallwache" eine gemütliche Zeit sei, in der man zwar eine Reihe von Kabinettskollegen zu vertreten hat, aber die Ereignisse und Probleme umso weniger zahlreich sind. Weit gefehlt; es waren eine Menge Dinge, mehr fast als in normalen Zeiten.

So komme ich denn auch jetzt erst dazu, Dir den Brief zum Problem des Kabinett-Revirement zu schreiben, den ich unmittelbar nach Till Kalsbachs Tode[2] schreiben wollte.

Du weisst, daß ich immer davon ausgegangen bin, die Kabinettsveränderung entweder vor Beginn oder aber nach Ende der Parlamentsferien vorzunehmen. Dies schon, um den Organen der Koalitionsfraktionen nicht den Eindruck zu geben, als solle ohne ihre Mitberatung die Entscheidung in der Stille der Ferien fallen.

Du weisst auch, daß unseren Gesprächen entsprechend meine Absicht dahin ging, Dich mit dem Justizministerium zu beauftragen. Und dies, obwohl ich gewiß Sorgen in Bezug auf die Nachfolgesituation für Theo Burauen in Köln[3] hatte, die m.E. nicht auch nur einigermaßen akzeptabel zu lösen ist, als durch Deine Kandidatur für das Amt des Oberbürgermeisters.

Beim normalen Verlauf der Dinge hätte bei dem Revirement auch Professor Halstenberg außerhalb des Kalküls bleiben können, da die durchschnittliche „Todes-Rate", die das Schicksal der Fraktion abverlangt, nicht über einen Mandatsträger hinausgeht.

So war es denn auch zwischen Fritz Halstenberg und mir besprochen, daß bei diesem Kabinett-Revirement er außer Betracht bleiben werde, daß aber sehr wohl, falls Diether Posser in ein neues Kabinett Brandt gehen sollte, er dann die Nachfolge in Bonn antreten würde.[4]

Nun hat der Tod diese Rechnung umgeworfen, indem er Hans Kreutz[5] und Till Kalsbach in der Folge einer einzigen Woche abrief und damit Fritz Halstenberg vor die Frage gestellt wurde, das Mandat anzunehmen.[6] Er hat sich nach reiflicher Überlegung entschlossen, dies zu tun, da er davon ausging, daß der Verzicht auf das Mandat die Konsequenz bewirke, daß ihn die Essener Freunde auch künftig nicht mehr aufstellen würden. Die Umstellung von der Beamten-Karriere in die Politiker-Laufbahn setzt zudem die Beachtung einer Altersgrenze voraus, jenseits deren eine solche Tätigkeitsveränderung problematisch wird. Kurz: Fritz Halstenberg hat sich entschlossen, das Mandat anzunehmen. Damit entstand für mich die Frage, ob ich auf seine Tä-

---

1   John van Nes Ziegler, Rechtsanwalt, war zu dem Zeitpunkt, als er den Brief von Kühn empfing, Vizepräsident des NRW-Landtags und Vorsitzender der SPD-Fraktion im Kölner Stadtrat.
2   Till Kalsbach, Jurist, junger SPD-Landtagsabgeordneter aus Wuppertal. Verstarb am 4.7.1972.
3   Theo Burauen, Oberbürgermeister der Stadt Köln.
4   Diether Posser war vom 1.11.1968 bis 13.9.1972 Landesminister für Bundesangelegenheiten (mit Arbeitsplatz in Bonn). Friedrich Halstenberg wurde sein Nachfolger, blieb aber auch weiterhin Chef der Staatskanzlei.
5   Hans Kreutz, SPD-Landtagsabgeordneter aus Oberhausen, starb am 29.6.1972.
6   Mit anderen Worten: Der auf der SPD-Landesreserveliste plazierte Halstenberg konnte wegen des Todes der beiden SPD-MdLs in den Landtag nachrücken.

tigkeit im Rahmen der Staatskanzlei und der Regierungsarbeit verzichten wolle. Ich muß nicht darauf hinweisen, daß auch über meine eigene hohe Bewertung seiner Arbeit im Kabinett er sich der großen Wertschätzung aller Minister beider Koalitionsparteien erfreut. Ich wüßte nicht, wem ich als Chef der Staatskanzlei deren Leitung anvertrauen könnte, auch und gerade unter dem Gesichtspunkt, daß der Chef der Staatskanzlei für den Ministerpräsidenten mit den Komplementäreigenschaften ausgestattet sein sollte, die eine optimale Zusammenarbeit garantieren.

Da sich die einfache Umwandlung des Chefs der Staatskanzlei in ein Ministeramt als unmöglich erwies, blieb nur die Möglichkeit, die Leitung der Staatskanzlei mit dem Ministerium für Bundesangelegenheiten personal zu verbinden, wobei erleichternd hinzukommt, daß dieses Ministerium ja ohnehin in der Staatskanzlei ressortiert.

Ich bin davon überzeugt, daß Du meine Argumente würdigst und erkennst, daß diese Entscheidung, die ich mit dem Koalitionspartner und den beiden Fraktionsvorsitzenden[7] eingehend erörtert habe, nicht etwa eine geringere Bewertung Deiner Person zum Ausdruck bringt.[8] Es mag im gegenwärtigen Augenblick der Chancenbewertung etwas waghalsig erscheinen, Überlegungen über die zukünftige Zusammensetzung des Bundeskabinetts anzustellen:

Aber wenn dies auch nicht den Wünschen von Diether Posser entspricht, der in Düsseldorf bleiben möchte, so mag es sehr wohl sein, daß ich ihn nach den Wahlen nach Bonn ziehen lassen muß. Für diesen Fall gilt unsere alte Absprache, soweit es mich angeht, daß ich dann dankbar wäre, wenn Du bereit sein würdest, das Justizministerium zu übernehmen.

Aber ich verhehle nicht, daß ich unter den Gesichtspunkten unserer gemeinsamen Heimatstadt der Auffassung bin, Du solltest nicht nur vorübergehend, sondern endgültig das Amt des Oberbürgermeisters der Stadt Köln anstreben. Nachdem Theo Burauen offensichtlich endgültig nach der Karnevalsperiode zurücktreten will, kann ich mir niemanden außer Dir vorstellen, der das Amt so zu führen vermöchte, daß wir es in der nächsten Kommunalwahl wieder erobern.[9] Mit diesem Oberbürgermeisteramt der größten Stadt unseres Landes lassen sich zudem auch alle parlamentarischen Ämter in Düsseldorf verbinden.

Am Tage, bevor ich selber – für leider nur weniger als drei Wochen – in Urlaub fahre, schicke ich Dir noch gute Erholungswünsche ans ferne Mittelmeer

Dein
Heinz [handschriftl.]

7 Fritz Kassmann (SPD) und Hans Koch (FDP).
8 Im Klartext: Kühn hatte die Absicht, Diether Posser und nicht John van Nes Ziegler zum Nachfolger des Justizministers Josef Neuberger zu berufen. Posser übernahm das Justizressort im September 1972.
9 John van Nes Ziegler wurde im Dezember 1973 Kölner Oberbürgermeister.

36. Heinz Kühn an Bundeskanzler Willy Brandt
vom 16. Januar 1973
Quelle: HStA Düsseldorf, NW 451 (Staatskanzlei), Nr. 34
Maschinenschriftlicher Durchschlag

Lieber Willy!

Katharina[1] hat mich gestern davon informiert, daß Günther Heidecke, der Regierungspräsident von Köln, bereit wäre, als Staatssekretär zu ihr nach Bonn zu kommen, daß sie Dir dies in diesen Tagen vortragen und ihn ab 1.4.1973 bei sich im Amt haben möchte, falls Du ja sagst und auch ich bereit wäre, die Sache abzusegnen.

So sehr ich bereit bin, alles zu tun, um Katharina Focke die Aufgabe zu erleichtern – ich betrachte sie ja immer ein wenig als eine nordrhein-westfälische Leihgabe an den Bund! –, so muß ich Dir doch sagen, daß ich es begrüßen würde, nicht vor eine solche Alternative gestellt zu sein. In einem Gespräch gestern Abend mit Willy Weyer, dem stellvertretenden Ministerpräsidenten, und Riemer[2], dem Landesvorsitzenden der FDP, haben beide sehr nachdrücklich darauf bestanden, daß es in den schriftlich fixierten Koalitionsabsprachen, die von Willy Weyer und mir unterschrieben sind, heißt, daß auch bei der Reduzierung der Zahl der Regierungspräsidenten auf vier eine Stelle von der FDP besetzt wird.[3] Im Zug der Neuordnung im Aachener Raum ist nun von den sechs Regierungsbezirken Aachen weggefallen und mit dem Kölner Bezirk vereint worden. In Ostwestfalen wird Detmold mit Münster vereinigt werden[4], so daß die Gesamtzahl sich auf vier reduziert. Davon haben wir Sozialdemokraten die größten mit Arnsberg und Düsseldorf und mit Köln-Aachen den nächstgrößten, während die CDU mit einem übrigens sehr fähigen Mann jetzt den vierten, Münster, erhält. Die FDP hat mir zugesagt, sich nicht an das Koalitionspapier gebunden zu fühlen, solange es sich um die Aufrechterhaltung des sozialdemokratischen Besitzstandes handelt. Besitzstand heißt, der Regierungspräsident Köln gehört der SPD. Wenn wir aber den Regierungspräsidenten Heidecke an den Bund abgeben, verlangt die FDP den Regierungspräsidentenposten für Köln-Aachen. Dies ist für uns politisch völlig unakzeptabel, so daß ich darum bitten muß, die personellen Überlegungen für die Besetzung der Staatssekretär-Stelle in Bonn nicht mehr mit dem Namen Heidecke zu verbinden. Es tut mir dies sehr leid, ich hätte Katharina gern geholfen, aber die Schwierigkeiten wären für mich zu groß.

Mit freundlichen Grüßen
Dein Heinz Kühn [handschriftl.]

PS: Durchschlag dieses Briefes habe ich an Katharina Focke abgesandt.

1 Katharina Focke, Bundesministerin für Jugend, Familie und Gesundheit.
2 Horst-Ludwig Riemer, nordrhein-westfälischer FDP-Vorsitzender 1972–1979, NRW-Wirtschaftsminister 1970–1979.
3 Nicht ganz korrekt wiedergegeben. In dem geheimen Koalitionszusatz-Abkommen vom 20.6.1970 hieß es: „Die FDP behält einen Regierungspräsidenten, und zwar auch für den Fall der Verringerung der Anzahl der Regierungspräsidien". Siehe zum „Fall Heidecke", der sich zu einer Koalitionskrise ausweitete, S. 251ff. der Biographie.
4 Diese Zusammenlegung kam nicht zustande.

37. Heinz Kühn an Ottmar Pohl
vom 13. Februar 1973
Quelle: AdsD, Bonn, Nl. Heinz Kühn, 1/HK AA 000 130
Maschinenschriftlicher Durchschlag

Sehr geehrter Herr Dr. Pohl![1]

Ich danke Ihnen für Ihren Brief vom 1. Februar 1973, in dem Sie allerdings von einem Irrtum ausgehen. Es hat mir völlig ferngelegen, die CDU mit dem Inhalt der Zeitungen zu identifizieren, aus denen ich zitiert habe.[2] Ich weiß sehr wohl, daß die große Mehrzahl der führenden Repräsentanten der CDU mit mir in dem Demokratieverständnis völlig übereinstimmen. So habe ich es immer als besonders wohltuend empfunden, daß bei allen sachlichen und politischen Gegensätzen, wie es sich zwischen Regierung und Opposition geziemt, ich gerade auch mit Ihrem Fraktionsvorsitzenden Dr. Köppler mich in wichtigen, unsere Demokratie angehenden Fragen in Übereinstimmung wissen konnte.

Nach der Debatte im Landtag hatte ich die Absicht, da ich aus Ihren mir gegenüber getanen Äußerungen das Mißverständnis, dem Sie unterlegen sind – mag sein durch meine Formulierungen –, entnehmen konnte, am nächsten Morgen bei der Fortsetzung der Debatte die Angelegenheit zu klären. So war ich denn auch fest entschlossen, in den Landtag zu kommen. Nur mein mehr als 39° hohes Fieber hinderte mich daran. Ich habe die Ausführungen meines Kabinettskollegen Werner Figgen[3] am Telefon mitgehört und glaubte das Mißverständnis dadurch aus der Welt geschafft. Gern bin ich auf Ihren Brief hin bereit, ausdrücklich zu betonen, daß ich keinen „Identifikationsprozeß" beabsichtigt habe und nach meiner Überprüfung des Textes auch in meiner Rede keinen entdecken kann, so daß ich mich auch nicht dazu zu äußern brauche, ob ich ihn „aufrechterhalten" will. Ich habe ihn nicht beabsichtigt und nie ausgesprochen.

[…]

Indem ich Ihnen noch einmal versichere, daß ich in meinen Ausführungen keinerlei Identifizierungen der CDU unseres Landes mit solchen von mir kritisierten Ideologien und Verunglimpfungen beabsichtigt habe, bin ich

mit freundlichen Grüßen

Ihr

[Paraphe]

1 Ottmar Pohl, CDU-Landtagsabgeordneter aus Köln, Parlamentarischer Geschäftsführer 1971–1980.
2 Ministerpräsident Kühn hatte in der Landtagssitzung vom 16.1.1973 aus Publikationsorganen der Vertriebenenverbände zitiert. Die Zitate bezogen sich auf die Ostpolitik der sozialliberalen Bundesregierung und waren als persönliche Diffamierungen Bundeskanzler Willy Brandts und seines Ministers für besondere Aufgaben Egon Bahr zu werten. Kühn stellte daraufhin fest, solange er an der Spitze der Regierung stehe, würden Blätter, „die so etwas veröffentlichen, in diesem Lande nicht einen Pfennig öffentlicher Mittel bekommen". Eine Identifikation der zitierten Zeitungsinhalte mit der CDU nahm Heinz Kühn in der Landtagsrede nicht vor (Landtag Nordrhein-Westfalen, 7. WP., Plenarprotokolle, Bd. 3, S. 2388f.).
3 Werner Figgen, Sozialdemokrat, Landesminister für Arbeit, Gesundheit und Soziales.

38. Heinz Kühn an Bundeskanzler Willy Brandt
vom 12. Dezember 1973
Quelle: AdsD, Bonn, Nl. Heinz Kühn, 1/HK AA 000 127
Maschinenschriftlicher Durchschlag

Lieber Willy,

ich weiß ja, wie leicht ein 60. Geburtstag[1] in eine anarchische Turbulenz von Terminen und Gratulationsbesuchern gerät; um einen ruhigen Fixpunkt herein zu bekommen, habe ich mir erlaubt, nach Rücksprache mit Alfred Nau[2] zu einem Mittagessen in das Haus Nordrhein-Westfalen einzuladen[3], und zwar selbstverständlich zu einem Mittagessen für die Mitglieder des Parteivorstandes und der Parteiführungsgremien, insgesamt eine halbe Hundertschaft, wozu ich Dich herzlich einladen möchte. Und selbstverständlich würden wir sehr froh sein, wenn Du Ruth und Deine Jungens mitbringen würdest. Es soll ganz familiär ohne alle spektakulären Begleiterscheinungen sein. Gewiss wirst Du erdulden müssen, daß ich einige wenige Worte für den Parteivorstand sagen werde, aber beileibe keine lange Rede halte, von denen Du gewiss an diesem Tage allzu viele genötigt sein wirst, anzuhören.

Alfred Nau fragt, gemeinsam mit mir, desweiteren, ob es Dir recht sein würde, wenn wir am Abend Deines Geburtstages irgendwohin einen größeren Kreis einladen. Die Einzelheiten können wir sicherlich gemeinsam noch besprechen.

Mit herzlichen Grüßen und guten Wünschen
Dein

---

1 Willy Brandt feierte am 18. Dezember 1973 seinen 60. Geburtstag.
2 Bundesschatzmeister der SPD 1946–1975, Vorsitzender der Friedrich-Ebert-Stiftung 1970–1983.
3 Landesvertretung Nordrhein-Westfalens in der Bundeshauptstadt.

39. Heinz Kühn an Hans Bausch, Vorsitzender der ARD, vom 20. Juni 1975
Quelle: Willy-Brandt-Archiv im AdsD, Bonn,
Verbindungen mit Mitgliedern des Präsidiums, Mappe 37
Maschinenschriftlicher Durchschlag

Sehr geehrter Herr Intendant, lieber Herr Bausch,

die Arbeitsgemeinschaft der Rundfunkanstalten, deren Vorsitzender Sie zur Zeit sind, besteht in diesen Tagen 25 Jahre. Aus der Sicht eines Ministerpräsidenten, besonders aber aus der Sicht eines zuerst dem NWDR, jetzt dem WDR besonders verpflichteten Gremienmitgliedes ist dies ein Anlaß zu Dank und Respekt. Respekt vor der Leistung der in der ARD zusammengeschlossenen Rundfunkanstalten, die – aus der bitteren Erfahrung mit dem Rundfunk im Dritten Reich lernend – sich gegen die Versuchung zu kommerziellem System und die Begehrlichkeit nach neuem Staatsrundfunk zu wehren hatten. Mag man die Rundfunkpolitik der Ministerpräsidenten, wie Sie es ja neulich auch in einem Referat getan haben, durchaus kritisch beurteilen, so war doch außer Frage, daß die Leistungen der ARD, insbesondere auf dem Gebiet des Fernsehens, als schutzwürdig und anerkennenswert betrachtet wurden. Die Vielfalt der Programme und der Anspruch auf politischem und kulturellem Gebiet hat über die Jahre so viel Vertrauen gefunden, daß ich auch bei dem diesjährigen Jubiläum an eine Art Selbstverständlichkeit appellieren möchte: an die Tradition der ARD, die aus Liberalität und Engagement besteht und bei der sich ein hohes Maß an Verantwortlichkeit mit dem Willen zur vernünftigen Reform unseres Staates verbindet. Ich hoffe sehr, daß dies weiterhin das erstrangige Ziel der ARD, ihrer Redakteure ebenso wie ihrer Intendanten, bleibt und daß der Zwang zum ständigen Kompromiß zwischen neun Rundfunkanstalten die Vielfalt bewahrt und nicht den kleinsten gemeinsamen Nenner und damit eine gewisse Mittelmäßigkeit zum Ergebnis hat.

Sie haben aus dem Munde meines Kollegen Filbinger[1] zum 25jährigen Bestehen die Frage gestellt bekommen, ob sich die ARD nicht in einer Krise befinde. Dem kann ich mich nicht anschließen, vor allem nicht in seiner Forderung, daß jede Fernsehsendung in sich ausgewogen zu sein habe. Die Rundfunkanstalten – dies wäre mein Wunsch zum 25jährigen Jubiläum – sollten sich nicht an den tagespolitischen Opportunitäten orientieren, sondern an den Rundfunkgesetzen. In diesen Gesetzen spielt das Wort „Ausgewogenheit" keine wichtige Rolle, schon gar nicht als Instrument zur Planierung der Meinungsvielfalt. Das Bundesverfassungsgericht hat in seinem Fernsehurteil von 1961 nicht die Ausgewogenheit von Einzelsendungen postuliert, sondern ein Mindestmaß an inhaltlicher Ausgewogenheit für das Gesamtprogramm. Die Rundfunkanstalten sollen sich ihren Spielraum, der für die Informationsfreiheit in unserem Land unverzichtbar ist, weder von einzelnen Politikern noch durch eigene Bindung verkleinern lassen.

Der Rundfunk hat in unserer Gesellschaft nicht nur die Rolle eines Spiegels, sondern ist auch – um noch einmal das Karlsruher Gericht zu zitieren – ein eigener Faktor. Dies hat seine Entsprechung in den dynamischen Geboten der Rundfunkgesetze, beispielsweise in der Forderung des WDR-Gesetzes, nach der der WDR zur sozialen Gerechtigkeit mahnen muß.

---

1 Hans Filbinger (CDU), Ministerpräsident von Baden-Württemberg.

Mancher Protest gegenüber dem Rundfunk, der in diesen Tagen in „Rotfunk"-Geschrei gipfelte, erscheint gegenüber dieser Forderung des Gesetzes erstaunlich kleinkariert. Wegen eines qualitätsvollen und engagierten Programmes, aber auch wegen zukünftiger Aufgaben hoffe ich, daß die ARD mit ihren Schwierigkeiten, mit den Mühen des Föderalismus aus eigener Kraft fertig wird.

Die zentrale Frage der Finanzierung will ich nicht außer acht lassen. Ich hoffe sehr, daß die von den Ministerpräsidenten eingesetzte Gebührenkommission den Weg für sachgerechte Lösungen im Interesse der Gebühren zahlenden Zuschauer und des Rundfunks ebnen wird.

Mit guten Wünschen
Ihr gez. Heinz Kühn

40. Heinz Kühn an Dov Ben Meir (Israel)
vom 3. September 1975
Quelle: AdsD, Bonn, Nl. Heinz Kühn, 1/HK AA 000 128
Maschinenschriftlicher Durchschlag

Lieber Freund Dov Ben Meir![1]

Nun ist es soweit: Wie Du mittlerweile erfahren hast, werde ich am 20. September nach Tel Aviv kommen. Es könnte sein, daß ich schon am Freitag komme, aber dies werde ich Dir spätestens bis zum 10. 9. telefonisch oder telegrafisch mitteilen. Ich muß am 30. 9. zurückfahren, so daß ich – gemeinsam mit meiner Frau, die mich begleitet, – nur eine gute Woche Zeit habe. Vielleicht wird meine Frau bereit sein, ein paar Tage länger zu bleiben, was ich sehr begrüßen würde. Da die Zeit nicht lang genug ist für eine Art Ferien, würde ich Dir gern vorschlagen, es nach Möglichkeit als eine nicht von Terminen überladene Besuchsreise zu arrangieren, bei der ich nicht zu viele offizielle Termine, aber noch einige möglichst unkonventionelle – informative Gespräche haben möchte. Ich denke etwa drei Tage Tel Aviv, wobei ich das WIZO[2]-Müttergenesungsheim „Theodor Heuß" in Herzlia aufsuchen muß, um ihnen 100.000 DM mitzubringen, die ich hier für das Haus, in dem bei meinem letzten Besuch schwerstverwundete israelische Soldaten untergebracht waren, gesammelt habe.

In Jerusalem müßte ich Teddy Kollek[3] aufsuchen, da ich den deutschen Vorsitz der Jerusalem Foundation[4] übernommen habe und mit ihm über einige Projekte reden möchte, für die ich hier Unterstützung mobilisiere.

Meine Frau würde gern die beiden Künstler-Dörfer im Norden, Einhod und Safad besuchen, da sie sich sehr, vor allem für naive Malerei interessiert und ja einer der bekanntesten Schalom von Saft ist.

Mehr als offizielle Essen würde mir Freude machen, abends ungezwungen plaudernd und Gedanken austauschend irgendwo zu sitzen, wo es besonders gemütlich ist, im alten Jaffa oder in Jerusalem; also nicht zuviele offizielle Besuche und Besichtigungen. Aber natürlich weiss ich sehr wohl, daß es Dir darauf ankommen muß, mich auch mit vielen Freunden der Partei zu besonderen Zusammenkünften zu bringen. Du weisst, daß ich dazu überaus gern bereit bin. So lege ich die Organisation meines Aufenthaltes vollends in Deine Hand.

Der israelische Botschafter ist natürlich von meiner Reise informiert. Jehuda Erel wird Dir mittlerweile gesagt haben, daß ich mich freuen würde, wenn von Jerusalem aus ein kurzer Trip nach Massada möglich wäre. Er meinte, dies liesse sich mit dem Hubschrauber arrangieren.

Das ist in Eile und zwischen meinen vielen Terminen alles, was ich Dir im Telegrammstil als Anregungen und Wünsche vortrage.

---

1 Sekretär der Vereinigten Arbeiterpartei Israels.
2 Women's International Zionist Organization.
3 Bürgermeister von Jerusalem.
4 Eine Institution, die sich zum Ziele setzt, die Lebensqualität in Jerusalem durch Förderung von Infrastruktur-Projekten zu verbessern. Die geförderten Projekte kommen sowohl den jüdischen wie den arabischen Einwohnern der Stadt zugute. Die Jerusalem Foundation *Deutschland* wurde 1975 ins Leben gerufen.

Meine Frau und ich freuen uns sehr, bald bei Euch zu sein, selbst wenn dies nur für eine kürzere Zeit ist, als wir es gemeinsam erhofft hatten.

Dir, Deiner Frau und allen Freunden herzliche Grüße !

Schalom und auf bald
Dein
Heinz Kühn [handschriftl.]

41. Heinz Kühn an Peter Keller
vom 6. November 1978
Quelle: AdsD, Bonn, Nl. Heinz Kühn, 1/HK AA 000 042
Maschinenschriftlicher Durchschlag

Lieber Peter![1]

Du hast mir am 20. 9. ds.Jrs., das war am Tage meines Abschieds vom Amte des Ministerpräsidenten, Deinen Brief geschrieben und ich muß Dich sehr um Entschuldigung bitten, daß ich erst heute, 6 Wochen nach diesem Datum, darauf antworte. Aber die Umstellung, die Einrichtung meiner neuen Büros in Düsseldorf und Bonn[2] und auch noch ein paar kleine Nachwirkungen meiner Krankheit machen das Abarbeiten des Postberges, den ich aus diesem Anlaß bekommen habe, sehr langwierig. Du wirst das verstehen.

Leider, oder Gott sei Dank, bin ich mit diesem Datum nicht „in die öffentliche Zunft der Pensionsgenießer" aufgestiegen. Der Terminkalender beginnt sich schon wieder zu füllen wie in der Ministerpräsidentenzeit, nur daß das Feld der Arbeit ein anderes geworden ist. Im Juni wird es also wieder nach Brüssel gehen[3] und vorher in den europäischen Wahlkampf. Außerdem wird mich die Friedrich-Ebert-Stiftung stärker in Anspruch nehmen und auch im Rundfunk werde ich aus meiner Zurückhaltung heraustreten und wieder aktiv werden. Wenn sich dazu auch noch die Absicht realisierte, daß ich Sonderaufgaben für den Bundeskanzler übernehmen soll[4] und schließlich – was meinem Herzen im Augenblick am nächsten steht – an das Schreiben meines Buches denke, dann werde ich weder Pension noch Feierabend „genießen", sondern wie bisher malochen. Trotzdem erwarte ich ein Brieflein oder einen Telefonanruf, damit wir unsere gegenseitigen Besuche verabreden, Ihr zu uns oder wir zu Euch kommen, denn dazu müssen wir immer noch Zeit finden.

Bis dahin, lieber Peter, herzliche Grüße von Haus zu Haus

Dein [Paraphe]

---

1 Peter Keller, Jugendfreund Heinz Kühns, mit dem er zusammen 1928 in eine Kölner „Rote-Falken"-Gruppe eintrat.
2 Gemeint ist das Landtagsabgeordneten-Büro und ein Büro in der Friedrich-Ebert-Stiftung.
3 Als Abgeordneter des Europäischen Parlaments.
4 Die Aufgaben eines Ausländerbeauftragten der Bundesregierung.

42. **Heinz Kühn an den österreichischen Bundeskanzler Bruno Kreisky**
    vom 8. Mai 1979
    Quelle: AdsD, Bonn, Nl. Heinz Kühn, 1/HK AA 000 129
    Maschinenschriftlicher Durchschlag

Lieber Bruno!

Sicherlich in der Fülle der Glückwünsche, die Deinen Tisch überhäufen einer der letzten ist der
meine, doch auch ebenso sicher einer der herzlichsten.[1] Ich bin sicher nicht der Auffassung, daß
ich Dir auch nur eine Stimme eingebracht habe, denn in unserer Kundgebung[2] gab es wohl keinen, der noch gewonnen werden mußte. Aber ich will ja mit dem Glückwunsch auch nicht mir,
sondern Dir gratulieren, der Du in der Tat – Du hast dies in diesen Tagen hundertmal gehört –
zu einem Vater Deines Landes geworden bist, wobei uns alten Knaben gelegentlich ein bißchen
Jungsein lieber ist als noch soviel Väterlichkeit. Ich wünsche Dir jedenfalls die Kraft und die
Kampfbereitschaft dieses Jungseins für die neue Periode Deines Amtes und freue mich darauf,
Dich gelegentlich wiederzusehen. In Wien war's schön!

> Dein
> [Paraphe]

---

1 Bei den Parlamentswahlen am 6. Mai 1979 errangen die österreichischen Sozialisten unter ihrem Vorsitzenden Bundeskanzler Bruno Kreisky einen großen Sieg. Sie erhielten
  51,2 % der abgegebenen gültigen Stimmen und bauten damit ihre schon 1975 errungene
  absolute Mehrheit aus.
2 Kühn sprach zusammen mit Kreisky auf einer Wahlkampf-Großkundgebung am
  29.4.1979 in Wien.

43. Heinz Kühn an Bundeskanzler Helmut Schmidt
   ## vom 28. September 1979
Quelle: AdsD, Bonn, Nl. Heinz Kühn, 1/ HK AA 000 142
Kopie des maschinenschriftlichen Originals

Sehr geehrter Herr Bundeskanzler,

Sie haben mich vor fast genau neun Monaten zum „Beauftragten der Bundesregierung für die Integration der ausländischen Arbeitnehmer und ihrer Familienangehörigen" berufen. Ich lege Ihnen heute vereinbarungsgemäß einen ersten Evaluierungsbericht und Maßnahmenkatalog vor. Er beschränkt sich – angesichts der Kürze der Zeit und der Begrenzung der Hilfsmittel, die mir zur Verfügung stehen, sowie der Fülle von Einrichtungen und Organisationen gouvernementalen, kommunalen, kirchlichen, gewerkschaftlichen und privaten Charakters, die alle zur Beratung ausreichend heranzuziehen nicht in dem notwendigen Umfang möglich war – auf die Behandlung der Probleme, denen eine herausragende Bedeutung beigemessen werden muß.

Die in diesem Bericht enthaltenen Vorschläge beruhen jedoch auf Erkenntnissen, die ich sorgfältig abgesichert habe und die ich für ein Minimalprogramm für die notwendige Vorwärtsentwicklung der Ausländerpolitik der Bundesrepublik halte.

In zahlreichen Fällen waren Ausländer selbst und ihre Familien, die von diesem Bericht betroffen sind, für mich wichtige Gesprächspartner. Besonders dankbar bin ich für die Hilfe des „Interministeriellen Arbeitskreises", den mir die Bundesregierung zur Beratung beigegeben hat.

Bei meinen Überlegungen gehe ich von der Überzeugung aus, daß die Bundesrepublik für die vier Millionen ausländischer Arbeitskräfte und ihrer Familienmitglieder – vor allem für die zweite und dritte Generation – ein definitives Einwanderungsland und nicht ein vorübergehendes Aufenthaltsland ist. Deshalb schlage ich bei nachdrücklicher Aufrechterhaltung des Anwerbestopps die ebenso nachdrückliche Weiterentwicklung der Integration für die unter uns lebenden vier Millionen vor. Dazu gehört die Erleichterung des Erwerbs der deutschen Staatsangehörigkeit, vor allem mein bereits öffentlich erörterter Vorschlag des durch Geburt in der Bundesrepublik erworbenen Optionsrechts, von dem die Betroffenen mit Erreichung des 18. Lebensjahres ohne weitere bürokratische Ermessenformalitäten Gebrauch machen können. Stichwort: „Abruf per Postkarte".

Selbstverständlich sind alle unsere Bemühungen auf Integration frei zu halten von der Tendenz zu einer wenn auch sanften Zwangsgermanisierung, so daß die Möglichkeit zu einer Reintegration optimal offen gehalten werden muß, selbst wenn man weiß, daß sie für die übergroße Mehrzahl der Million ausländischer Kinder höchst unwahrscheinlich ist. Zudem ist es eine Illusion zu glauben, daß eine wissensvermittelnd-erzieherische Bildung und kulturell-sprachliche Prägung in einem wie auch immer organisierten Schulbetrieb erreicht werden könne, die zugleich Integration in den deutschen Lebensbereich ermöglicht und die Verwurzeltheit in Kultur und Gesellschaft des elterlichen Heimatlandes garantiert. Das Ergebnis könnte nur ein bikulturelles Analphabetentum sein. […]

Ein letztes Wort zu der erstrangigen Frage der Kosten der in diesem Memorandum vorgelegten Maßnahmen.

Ich darf in das Bewußtsein rufen, daß es sich um rund eine Million junger Ausländer handelt, deren Integration durch die Summe dieser Maßnahmen erleichtert werden soll. Die Kosten der Vorschläge werden zusätzlich etwa 600 Millionen DM erfordern, die von den Ländern und vom Bund und zum geringeren Teil von der Bundesanstalt für Arbeit aufgebracht werden müssen, wobei der Verteilungsschlüssel das Ergebnis von Verhandlungen sein wird, bei denen der Bund vor allem auch unter dem – liberal interpretierten – Begriff der Auswärtigen Kulturpolitik die Kosten für ausländische Lehr- und Hilfskräfte übernehmen könnte. […]

Eine Million Kinder ausländischer Arbeitskräfte, die ganzen Familien der vier Millionen, brauchen unsere entschlossene Integrationshilfe. Zudem ist schnelle Entschlossenheit geboten, denn im Erziehungsprozeß und Ausbildungsprozeß von Kindern und Jugendlichen kann der Verlust von ein, zwei, drei Jahren eine irreparabel negative Wirkung haben. Was wir heute nicht für Lehrer und Ausbildungsmaßnahmen bereitstellen, werden wir in wenigen Jahren für Polizisten und Resozialisierungsmaßnahmen aufwenden müssen. Wir stehen vor einem der gewichtigsten gesellschaftspolitischen Probleme des kommenden Jahrzehnts.

In der Erwartung, daß dieses Memorandum geeignet sein möge, die Entscheidungen des Kabinetts hilfreich zu unterstützen

bin ich Ihr
Heinz Kühn [handschriftlich]

44. Heinz Kühn an Burkhard Hirsch
vom 16. November 1979
Quelle: AdsD, Bonn, Nl. Heinz Kühn, 1/HK AA 000 129
Maschinenschriftlicher Durchschlag

Lieber Burkhard![1]

nun rüste ich mich zum Verlassen meiner „Matratzengruft", so daß wir uns am 23. 11. bei dem gemeinsamen ministeriellen Essen hoffentlich sehen werden. Dennoch wollte ich Deinen Brief und Dein Buchgeschenk – ich besaß es in der Tat noch nicht, was bei Büchern schwierig ist –, nicht unbeantwortet lassen.

Diesmal hat es mich arg erwischt, denn mit einer Unterbrechung von drei Wochen, die ich in Europa herumzigeunerte, lag ich nun mit meiner Herzmuskelschwäche, zu der eine Lungen-entzündung kam, schon drei Monate auf der Nase. Die Ärzte haben mich nun nachdrücklich gemahnt, mich in die mir verbleibenden Aktivitätsgrenzen zu bescheiden, was immer noch ge-nug zu tun möglich macht. Mein erstes Buch wird Anfang Februar erscheinen und den Lebens-abschnitt 1928–1945 umfassen.[2] Die Folgezeit, bis zu meinem Ausscheiden aus dem Amt, wird etwa dreiviertel Jahr später bei Hoffmann und Campe herauskommen[3] und dann liegt noch das Rohmaterial für zwei weitere Bücher bereit.[4] Nach außen bleibt Europa[5], die Friedrich-Ebert-Stiftung und der Verwaltungsrat des WDR, also immer noch eine ganze Menge.

Jedenfalls hätte meine Kraft nicht mehr dazu ausgereicht, den Wahlkampf[6] so aktiv durch-zustehen, wie ich das aus den früheren Jahren gewohnt bin und wie es die Partei wohl auch si-cher erwartet hätte. Es war also wohl der richtige, zumindest letzte Zeitpunkt, als ich mein Amt niederlegte. Das ändert nichts an meiner lebhaften Anteilnahme an Eurer „Düsseldorfer Kri-se"[7], die Dir ja nun auch eine Bürde auferlegt hat, die Du, wie ich Dich zu kennen glaube, nur

---

1 Dr. Burkhard Hirsch, FDP, von 1975 bis 1980 Innenminister des Landes Nordrhein-Westfalen.
2 Widerstand und Emigration. Die Jahre 1928–1945, Hamburg 1980.
3 Aufbau und Bewährung. Die Jahre 1945–1978, Hamburg 1981.
4 Es handelt sich um zwei Bücher über die politische Redekunst, die 1985 und 1986 er-schienen. Siehe S. 322f. der Biographie.
5 Kühn meint seine Tätigkeit als Abgeordneter des Europäischen Parlaments (1979–1984).
6 Gemeint ist der NRW-Landtagswahlkampf im Jahr 1980.
7 Am 13.11.1979 war Horst-Ludwig Riemer als Landeswirtschaftsminister und FDP-Lan-desvorsitzender zurückgetreten. Die FDP-Landtagsfraktion und der FDP-Landesvor-stand hatten ihn unter tätiger Mithilfe von Bundesaußenminister Hans-Dietrich Gen-scher und Bundeswirtschaftsminister Otto Graf Lambsdorff (FDP-Chef der eine und stellv. FDP-Vorsitzender der andere) dazu gezwungen. Die liberale Landtagsfraktion rüg-te an ihm mangelnde Kooperationsbereitschaft. Die FDP-Bezirksvorsitzenden unter-stellten ihm Führungsschwäche. Den Rückhalt der Bonner FDP-Prominenz verlor Rie-mer, weil er den „Schnellen Brüter" in Kalkar kategorisch ablehnte. Seine Nachfolgerin im Wirtschaftsressort wurde Liselotte Funcke (FDP), den FDP-Landesvorsitz übernahm Burkhard Hirsch.

sehr widerwillig auf den Buckel nimmst. So ging es mir 1966 auch. Ich wünsche gerade Dir viel Erfolg und bleibe

mit freundschaftlichen Grüßen

Dein
Heinz Kühn
(Nach Diktat aus der Klinik
Niederrhein, Bad Neuenahr)
I.A.
(Sekretärin)

45. Heinz Kühn an Bundeskanzler Helmut Schmidt
vom 22. März 1982

Quelle: AdsD, Bonn, Depositum Helmut Schmidt, 1/HS AA 006852
Maschinenschriftliches Original

Lieber Helmut, [handschriftl.]

das gestrige Wahlergebnis in Niedersachsen[1], das ich in diesem Umfange erwartet habe und das wohl für niemanden von uns überraschend gekommen ist, der sich nicht Illusionen machen will und zugleich die Erwartung, daß auch die hamburgischen und hessischen Wahlen gewiß durch die regionalen Unterschiedlichkeiten differenzierte, aber doch in der Tendenz gleiche Verluste einbringen, veranlaßt mich, Dir die folgenden Gedanken vorzutragen:

Partei und Regierung unterliegen zunehmend einer Tendenz der Zerbröckelung und Zerbröselung, die eigentlich nur noch die Fragestellung erlauben, ob das Ende im Spätherbst '82 oder im Frühjahr '83 gekommen sein wird.[2] Hinzu kommt die in den Betrieben sich in einem großen Ansehensverlust der Gewerkschaften auswirkenden Konsequenzen der Neuen Heimat Affäre.[3]

Ich weiß sehr wohl, daß das, was ich Dir zur Erwägung unterbreite unter solchen Rahmenbedingungen problematisch ist.

Aber ich glaube, die Zeit ist gekommen, wo Du, sei es vor oder nach dem Münchner Parteitag[4], in einer großen Rede erklären solltest, daß nur eine große Kraftanstrengung die Überwindung der wirtschaftlich und sozial gleichermaßen großen Krise[5] ermöglicht, d.h. daß die freiwillige Übernahme von Opfern in Leistungsproportionalität, gestaffelt nach Einkommen, erforderlich ist.

Auch eine Demokratie kann nur existieren mit Elite und Führung, die in der Demokratie durch Minister und Abgeordnete ausgedrückt wird, wozu die Wirtschafts- und Gewerkschafts-

---

1 Für die SPD entschieden sich bei der niedersächsischen Landtagswahl am 21.3.1982 nur 36,5 % (1978: 42,2 %) der Wähler, während sich die CDU unter Ministerpräsident Ernst Albrecht auf 50,7 % steigerte.
2 Schmidts Amtszeit endete Anfang Oktober 1982 aufgrund eines von den Unionsparteien im Bundestag eingebrachten konstruktiven Mißtrauensvotums. Die neue konservativ-liberale Regierung unter Kanzler Helmut Kohl wurde bei vorgezogenen Bundestagswahlen am 6. März 1983 durch das Votum der Wähler klar bestätigt.
3 Skandal um die Neue-Heimat-Gruppe, den größten westeuropäischen Wohnungs- und Städtebaukonzern. Gesellschafter der Gruppe waren der DGB und seine Einzelgewerkschaften. Die „Neue Heimat" war vor allem im sozialen Wohnungsbau tätig. 1982 nahm der spektakuläre Zusammenbruch der „Neuen Heimat" seinen Anfang, als das Nachrichtenmagazin „Der Spiegel" über Korruption und persönliche Bereicherung im Management berichtete. Die Aufdeckung der Affäre zog sich über mehrere Jahre hin. 1986 erfolgte die stille Liquidation der Gruppe.
4 Der SPD-Parteitag in München fand vom 19.-23. April 1982 statt.
5 Die seit 1974 in einem ununterbrochenen Krisenzustand befindliche Weltwirtschaft hatte Anfang der 1980er Jahre in der Bundesrepublik zu bedrückenden Folgeerscheinungen geführt: Rückgang des Bruttosozialprodukts, Ansteigen der Inflationsrate, Emporschnellen der Erwerbslosenzahlen. Zwischen 1980 und 1982 nahm die Zahl der Arbeitslosen im Bundesgebiet um fast 1 Mio. zu, nämlich von rund 880.000 auf 1,84 Mio. 1983 sollte sie sogar bei 2,26 Mio. liegen; das war eine Quote von 9,5 %.

führungen und noch einige andere Gruppen hinzu kommen. Minister und Abgeordnete aber stehen an erster Stelle. Sie sollten auf einen bestimmten Zeitraum – ich denke an zwei oder drei Jahre – auf 20 % ihres Gehaltes und Abgeordnete auf 10 % ihrer Diäten verzichten. Damit verbunden werden müßte der Appell an die anderen, in gleichen Dimensionen sich dem anzuschließen.

Dann halte ich es für möglich auch den weniger begünstigten Schichten noch größere Opfer abzuverlangen, denn die Bereitschaft dazu, so scheint mir, ist durchaus vorhanden, wenn eine zeitliche Limitierung in Aussicht gestellt werden kann. Ich nehme einmal an, wenn ich gewisse Anzeichen der wirtschaftlichen Erholung einkalkuliere, daß ein Zeitraum von etwa drei Jahren nötig ist, da erst dann sich ein evtl. wirtschaftlicher Wiederanstieg im Steuersäckel bemerkbar machen wird.

Zu diesem im Stil der berühmten Churchill-Rede gehaltenen Appell, bei dem Du getrost das „Blut" weglassen, aber sehr wohl auf „Schweiß und Tränen" hinweisen solltest, käme als zweiter Teil die Frage der Friedenssicherung. Hier bist Du allein in der Lage, Dich auf eine breite Zustimmung stützen zu können, insbesondere nachdem der Strauß-Besuch[6] in den Vereinigten Staaten die Positionen deutlich gemacht hat: die Union hält die USA „nicht für Ausland" und Kohl ist zur schier bedingungslosen Unterstützung Reagans[7] bereit, während Du festhalten kannst an der Position der Bündnisstabilität bei eigenem Mitsprache- und Mitgestaltungsrecht.

Hier nun kommt mein eigentlicher Vorschlag, in dem ich mir gewiß wie bei all solchen Vorschlägen, die wir zu einer Wende der Situation machen können, nicht sicher bin, aber sicher glaube: Ich würde eine solche Rede mit dem Wunsche verbinden, in einem nahen Zeitpunkt zu Bundestagsneuwahlen zu kommen, deren Gefahren und Chancen ich sehr wohl abwäge.

Sicher spricht die Wahrscheinlichkeit auf der Grundlage der jüngsten Wahlen und Meinungsbefragungen dafür, daß wir diese Wahlen verlieren.

Die Möglichkeit aber, die Partei zu einer, die Stimmungswende in der Bevölkerung bewirkenden Kraftanstrengung sich aufraffen zu lassen und so die Gefolgschaft der Wähler zurückzugewinnen, besteht. Vor allem angesichts der Alternative, das Wirken des Parallelogramms der Kräfte an sich vollziehen zu lassen, was von Wahlniederlage zu Wahlniederlage führen muß, ohne die bei ihrer inneren Rechtsentwicklung immer labiler werdende FDP in der Koalition zu halten, selbst wenn die Sozialdemokraten sich den Forderungen Genschers[8] und Lambsdorff[s][9] anpassen oder sogar morgen der Zweidrittel-Mehrheit der CDU im Bundestag anbequemen müssen. Ich weiß sehr wohl, daß es einen großen Einwand gegen diesen Vorschlag gibt: den der Gefährdung einer Sicherheitspolitik in unserem Sinne[10], wenn die CDU an die Regierung käme.

6 Besuch des CSU-Vorsitzenden Franz-Josef Strauß.
7 Ronald Reagan, Präsident der USA 1981–1989 (Republikaner).
8 Hans-Dietrich Genscher, FDP, Außenminister im Kabinett Schmidt.
9 Otto Graf Lambsdorff, FDP, Wirtschaftsminister im Kabinett Schmidt. Angesichts des Wirtschaftseinbruchs gewann in der FDP eine Gruppe um Lambsdorff und Genscher eine Mehrheit, die im Stile der Wirtschaftspolitik Heinrich Brünings (1930–1932) durch eine Reduzierung der Staatsausgaben *vor allem im Sozialbereich* die Staatsverschuldung einzudämmen und die (durch verminderte Steuererträge) entstandenen Löcher im Haushalt durch Steuererhöhungen und Abgaben zu stopfen gedachte.
10 Die Sicherheitspolitik stand im Zeichen des NATO-Doppelbeschlusses. Er sah die Aufstellung von 108 Pershing-II-Mittelstreckenraketen und 464 bodengestützten Marschflugkörpern (Cruise-Missiles) in Westeuropa vor. Gleichzeitig enthielt er das Angebot an die Sowjetunion, Verhandlungen über die Begrenzung der atomaren Mittelstreckenpotentiale zu führen. Für die Reagan-Administration, die eine „konfrontative Strategie" gegenüber der Sowjetunion verfolgte, besaß die Raketenstationierung unbedingte Priorität.

Meine Skepsis in Bezug auf die innere Substanz und Kraft unserer Partei in ihrer Situation, ist gewiß groß, vielleicht ist Deine noch größer, aber wenn die SPD nicht in eine eher fünfzehn- bis zwanzigjährige Oppositionsperiode absinken soll, halte ich Erwägungen, wie sie in meinem Kopfe umgehen, für den einzigen, wenn auch noch so risikoreichen Weg.

Wenn es uns gelingt, im sozialen Bereich eine gerechte Verteilung der notwendigen Lasten überzeugend einsehbar zu machen und wenn es uns gelingt, deutlich zu machen, daß Deine Politik der Friedenssicherung die einzige Basis ist, auf der es eine wirkliche Friedenssicherung gibt, dann werden wir vielleicht die Situation wenden und die allmähliche Zerbröselung des Ansehens von Regierung und Partei, die auch Dein Ansehen einschließt, stoppen können.

Es ist meine tiefe Überzeugung, daß nur eine große Kraftanstrengung, die unsere Glaubwürdigkeit wiederherstellt, das bewirken kann.[11] Ich bitte um Entschuldigung, daß ich Dich durch meinen ungewöhnlich langen Brief in Deiner Zeit in Anspruch nehme. Es hat deren nicht viele gegeben und es soll wohl auch nicht wieder vorkommen.

Dir von Herzen Erfolg wünschend, bin ich

Dein Heinz Kühn [handschriftl.]

Im Kalkül der Regierung Schmidt hatte dagegen die Fortsetzung des Ost-West-Dialogs auch in Krisenzeiten einen hohen Rang.

11 Zur Reaktion Helmut Schmidts vergleiche S. 324 der Biographie.

46. Heinz Kühn an Katharina Focke
vom 19. Juni 1984
Quelle: Privatarchiv Katharina Focke
Maschinenschriftliches Original

Liebe Katja[1],

Du hast mich gestern mit allem kämpferischen Temperament, das noch zugespitzt war von der Bitterkeit der Ergebnisse der Europa-Wahl[2], angegangen und mir Vorhaltungen gemacht, weil ich in einer Presseäußerung in Straßburg gesagt habe, daß das Straßburger Parlament das „ineffektivste" meiner parlamentarischen Erfahrungen gewesen sei.

Du weißt sicher auch aus eigener Erfahrung, wie solche Bemerkungen aus dem Zusammenhang gerissen werden können und daß durch das Setzen von Interpunktionen, – beispielsweise, daß man einen Punkt dorthin setzt, wo nach einem Komma die Bemerkung ergänzt wird –, wenn nichts Widersprüchliches, so doch Verzerrtes herauskommt. Wenn man beispielsweise bei Schiller im Wilhelm Tell in jenem Satz: „Der brave Mann denkt an sich selbst zuletzt." hinter sich ein Komma setzt, kommt dabei heraus: „Der brave Mann denkt an sich, selbst zuletzt."

So hatte auch ich hinter meiner Bemerkung, zu der ich mich ausdrücklich bekenne, da wo der ‚Stern'[3] einen Punkt macht, ein Komma gesetzt und dem Sinne nach gesagt, daß man jedoch Geduld haben müsse, weil 5 Jahre für eine Leistungsbilanz zu kurz seien. Dabei habe ich daran erinnert, daß das erste gewählte Parlament der deutschen Geschichte, die Frankfurter Paulskirche 1848 gewesen sei, daß man aber von da an noch siebzig Jahre hätte warten müssen, bis wir 1918 im Weimarer Reichstag ein auf der Grundlage des allgemeinen und gleichen Wahlrechts gewähltes Parlament mit Gesetzgebungskompetenz und der Souveränität einer parlamentarisch verantwortlichen Regierung bekommen haben.

Ich habe hinzugefügt, daß ich nicht erwarte, daß dies mit Europa so lange dauere, aber daß ich doch der Auffassung sei, daß die Entwicklung noch zehn Jahre beanspruchen würde.

In Deiner von Trauer und Bitternis erfüllten Erklärung am Abend des Wahltages, habe ich übrigens diese zehn Jahre als Befürchtung bei Dir – bei mir wären zehn Jahre eine Hoffnung –, wiedergefunden.

Ich bedaure, daß Dir durch die Kürzung meiner Ausführungen in der Presse Schwierigkeiten in Versammlungen erwachsen sind, aber so wie Du das Recht in Anspruch nimmst, die Wahrheit offen auszusprechen, auch gegen die opportunistischen Darstellungen „der Politiker", so tue ich dies auch, denn ich halte es für unser Recht, ja für unsere Pflicht, die Wahrheit zu sagen.

Zwar steckt ein gewisser Wert in der Feststellung, daß man zwar immer die Wahrheit sagen soll, aber die Wahrheit nicht immer sagen dürfe.

---

1 Dr. Katharina Focke, SPD, Mitglied des Landtags NRW 1966–1969, Parlamentarische Staatssekretärin im Bundeskanzleramt 1969–1972, Bundesministerin für Jugend, Familie und Gesundheit 1972–1976, Mitglied des Europäischen Parlaments 1979–1989.
2 Bei der Europawahl am 17. Juni 1984 errang die SPD bundesweit einen Stimmenanteil von 37, 4 Prozent. Das waren 3, 4 Prozent weniger als 1979. Außerdem ging die Wahlbeteiligung bei dieser zweiten direkten Europawahl zurück. Sie lag nur noch bei 56, 8 Prozent. Kühn kandierte 1984 nicht mehr zum Europäischen Parlament.
3 Gemeint ist die Illustrierte „Stern".

Das ist sicherlich richtig, aber ich kann nun einmal nicht verschweigen, daß die Genugtuung des Abgeordneten eines Gemeindeparlaments, eines Landtags- oder eines Bundestagsabgeordneten nun einmal größer sein wird, da er auf irgendeiner Ebene etwas wirklich bewegen und entscheiden kann.

Wenn der Europa-Abgeordnete in seiner gegenwärtigen Kompetenz vor sich selbst ehrlich ist, wird er dies nicht behaupten können.

In der Gewißheit, daß wir in dieser Frage nicht übereinstimmen und in der Hoffnung, daß Du bald Deine Enttäuschung überwindest,

bin ich,
Dein
Heinz [handschriftl.]

47. Heinz Kühn an Bernhard Worms
vom 22. Mai 1985
Quelle: AdsD, Bonn, Nl. Heinz Kühn, 1/HK AA 000 095
Maschinenschriftlicher Durchschlag

Lieber Kollege Bernhard Worms[1],

nun ist die Zeit des Wundenleckens vorüber, und Sie werden auch den Schmerz hinter sich haben.

Lassen Sie mich nur sagen, wie ich an jenem Wahlsonntagabend empfunden habe, als ich Sie auf dem Bildschirm sah. Ich habe in dem ersten triumphalen Ergebnis '66 auch an Meyers[2] gedacht, der sich gewiß wacker um seine Partei verdient gemacht hat und dem sie es nicht vergolten hat. Und deshalb habe ich mich gefreut, daß auch in der Stunde des so großen Erfolges, Rau keine abwertenden Bemerkungen über Sie gemacht hat, sondern Sie, wie ich finde, sehr fair behandelt hat.

Ich aber habe vom Rande des Geschehens her – weiter als bis in die Staatskanzlei bin ich nicht gegangen – mit Ihnen gefühlt, denn oft genug in meinem Leben habe ich selbst Niederlagen erlitten und gewiß seltener Siege kommentieren können.

Sie wissen wie ich, daß in der Politik das Hosianna dicht beim Crucifice liegt und der Abgrund der Niederlage dicht beim Kapitol des Triumphs.

Deshalb bedürfen Sie auch nicht des Trostes, sondern der Ermunterung, immer für das zu kämpfen, und immer wieder aufs neue, was Sie vor Ihrem Wissen und Gewissen für richtig befunden haben – ohne Rücksicht auf Erfolg.

Ich wollte Ihnen nur auf diesem Wege sagen, da wir uns in diesen Tagen nicht begegnet sind, wie sehr ich mit Ihnen fühle.

> Gute Wünsche für Sie,
> Ihr
> Heinz Kühn [handschriftl.]

---

1 Spitzenkandidat der nordrhein-westfälischen CDU bei der Landtagswahl am 12. Mai 1985.
2 Dr. Franz Meyers, CDU, Ministerpräsident von Nordrhein-Westfalen von 1958 bis 1966.

48. Heinz Kühn an Willi Weyer
vom 1. April 1987
Quelle: AdsD, Bonn, Nl. Heinz Kühn, 1/HK AA 000 097
Kopie des Originals

Lieber Willi, [handschriftlich]

Du bist glücklich dran, denn mit dem Brief an mich hast Du Deine Geburtstagspost zum 70., wie Du schreibst, erledigt: ich beginne mit dem Brief an Dich meine Beantwortung der ungewöhnlich zahlreichen Geburtstagspost, soweit ich sie nicht gedruckt beantwortet habe.

Da wir uns in letzter Zeit ungewöhnlich häufig in der „Matratzengruft" der Krankenhäuser umhertreiben, wird die Post zwischen uns etwas lückenhaft und die Begegnung zwischen uns auf gelegentliche kurze Gespräche beschränkt.

Ich bin gerade wieder hergestellt wegen meiner Durchblutungsstörung, die meine Unterschenkel betroffen hat und diesmal zum vorübergehenden Absterben des linken Fußes geführt haben, aber ich bin vollends geheilt entlassen worden und die Gefahr einer Operation entfällt, da die Professoren der Auffassung sind, daß sie mit konventionellen Mitteln der Sache beikommen können. Aber mit 75, wohl schon mit 70 fängt es an!

Wir haben das Fundament gelegt zu einer neuen Phase der inneren und äußeren Politik Deutschlands, das können wir mit Genugtuung reklamieren. Dabei ist uns gewiß geblieben, daß eine Phase der Politik nicht eine Ewigkeit dauert. Eine Ewigkeit in der Politik dauert nach dem französischen Präsidenten Edgar Faure nicht länger als ein Jahrzehnt. Aber ich habe doch gehofft, daß anknüpfend an das Freiburger Programm[1], das noch von dem unvergessenen Flach[2] beeinflußt war und dem Kern der Maihoferschen[3] Ideen der Allianz von freiheitlichem Sozialismus und geistigem Liberalismus eine längere Allianzphase beschieden sei, obwohl das Bündnis von Parteien, selbst wenn es stärker ideenmäßig verbunden ist, nie ewig währen kann.

Schon Churchill hat gesagt und Adenauer hat es übernommen, wenn zwei dauernd dasselbe wollen, wird einer von ihnen überflüssig. So mußtest Du mit Deiner Perspektive recht behalten, aber dafür wollen wir gelegentlich einmal unsere Gedanken vertieft austauschen.

Jedenfalls haben wir in unserer persönlichen Nähe nicht zur Verkürzung beigetragen und sind in unserer Freundschaft über die Zeit des Bündnisses hinaus, miteinander verbunden. Vielleicht wird einmal, um Deinen Optimismus aufzugreifen, wieder die Zeit eines sozialliberalen Bündnisses kommen. Aber es wird nicht mehr unsere Zeit sein.

Auf den von Dir angesprochenen Wunsch, daß wir gelegentlich einmal zu einer rückbesinnenden und vorausschauenden Kaffeestunde bei Euch in Hagen uns zusammenfinden, mit unseren Frauen, freue ich mich sehr.

Mit herzlichen Grüßen und guten Wünschen für Dich und Leni

Dein Heinz [handschriftl.]

1 Gemeint: „Freiburger Thesen zur Gesellschaftspolitik", die auf dem Freiburger Reformparteitag der FDP im Oktober 1971 beschlossen wurden. In ihnen wird eine *sozial*liberale Position akzentuiert und eine Reform des Kapitalismus angemahnt.
2 Karl-Hermann Flach, Journalist, seit 1971 Generalsekretär der FDP. Starb 1973 im Alter von 43 Jahren.
3 Werner Maihofer, Rechtsprofessor, FDP-Politiker, Bundesminister für besondere Aufgaben 1972–1974, Bundesminister des Inneren 1974–1978.

49. Heinz Kühn an Rita Süssmuth
vom 15. Oktober 1987
Quelle: AdsD, Bonn, Nl. Heinz Kühn, 1/HK AA 000 087
Fotokopie des maschinenschriftlichen Originals

Sehr geehrte Frau Bundesminister[1],
liebe Kollegin Rita Süssmuth,

ich weiß, daß ich mich mit dem Anliegen, das ich Ihnen in diesem Brief vortrage, auf den Pfad der Zumutungen begebe, die uns allzu häufig begegnen.

Am Samstag, den 21. November 1987 um 20.00 Uhr wird im Saal der Synagoge Köln, Roonstrasse, der jährliche Bazar eröffnet, mit dem die WIZO[2] jährlich einen Gewinn erzielen will, der der Förderung des Müttergenesungsheims Theodor Heuss in Herzlia/Israel zugute kommt.

Vor zwanzig Jahren, als ich gerade Ministerpräsident des Landes Nordrhein-Westfalen geworden war, gründete sich der deutsche Freundeskreis der WIZO zur Förderung des Müttergenesungsheims in Herzlia/Israel unter der Vorsitzerschaft meiner Frau, die als Gattin des Ministerpräsidenten aufgefordert wurde und Gabriele Henkel.

Die Damen der WIZO haben mich nun sehr dringend gebeten, Fürsprech bei Ihnen zu sein, auf daß sie, sehr verehrte Frau Dr. Süssmuth, die Schirmherrschaft über den diesjährigen Bazar übernehmen, verbunden mit einigen Begrüßungsworten an die sicherlich zahlreich Erscheinenden.

Was ist nun die WIZO? Eine Weltorganisation der israelischen Frauen oder derjenigen Frauen, die sich für Israel besonders angesprochen fühlen.

Das Müttergenesungsheim in Herzlia, das allein aus deutscher Initiative entstanden ist, hat die Aufgabe, jüdischen und arabischen Müttern, die noch keinen Urlaub gehabt haben, in seinen Häusern Urlaub zu gewähren.

Es besteht seit zwanzig Jahren und ich entsinne mich noch, als ich im Jom-Kippur-Krieg[3] das in ein Lazarett umgewandelte Müttergenesungsheim mit seinen 17-, 18jährigen israelischen Verwundeten, Arm- und Beinamputierten, als Ministerpräsident besuchte.

Doch die Damen der WIZO Köln, Vorsitzende Frau Susanne Spiller, werden Ihnen Unterlagen über die Aktivität der WIZO sofort übersenden, falls Sie sich in der Lage sehen, die Schirmherrschaft über die Veranstaltung zu übernehmen und einige Begrüßungsworte zu sprechen. Es wäre ein gutes Werk! In der Erwartung, eine positive Antwort von Ihnen zu erhalten, bin ich

hochachtungsvoll
Ihr
Heinz Kühn [handschriftl.]

1 Prof. Dr. Rita Süssmuth war zu diesem Zeitpunkt Bundesministerin für Jugend, Familie und Gesundheit.
2 Women's International Zionist Organization.
3 Krieg zwischen Israel und Ägypten/Syrien (Okt./Nov. 1973).

50. Heinz Kühn an Johannes Rau
vom 8. August 1988
Quelle: AdsD, Bonn, Nl. Heinz Kühn, 1/HK AA 000098
Fotokopie des maschinenschriftlichen Originals

Lieber Johannes, [handschriftl.]

nun, da die Wogen der Beileidsbekundungen beim Heimgang Deiner Mutter verebbt sind, – auch dieser Brief noch, der Dir nur die Hand still drücken möchte, Dir und Christina.

Du weißt, wie schwer ich zum Briefeschreiben bewogen werden kann, da muß es schon einen besonderen Anlaß geben, als es ein Todesfall ist. Sterben müssen wir alle und ich bereite mich gerade darauf vor. Aber wenn die Mutter von einem geht, dann ist das etwas Besonderes. Und ich habe in mehreren Zeitungen gelesen, daß Du beim Abschied von Deiner Mutter die Tränen nicht unterdrückt hast. Auch ich habe geweint, als meine Mutter im Troste ihres katholischen Glaubens gestorben ist.

Ich habe Deine Mutter erst kennengelernt, als Du zu meinem Nachfolger gewählt worden bist und darüber hinaus einige Male im Engelshaus in Wuppertal.[1] Du hast gewiß viel Kraft gefunden bei ihr in Deinen schweren Stunden des Regierens und sehr viel Liebe.

Lieber Johannes, laß Dir die Hand still drücken, in Erinnerung an unsere Mütter und in

aller Verbundenheit
Dein Heinz [handschriftl.]

---

1 Haus aus dem Besitz der Familie Friedrich Engels. In ihm befindet sich ein Museum für Frühindustrialisierung.

51. Heinz Kühn an Teddy Kollek, Bürgermeister von Jerusalem, vom 19. Juni 1989

Quelle: AdsD, Bonn, Nl. Heinz Kühn, 1/HK AA 000 099
Kopie des maschinenschriftlichen Originals

Lieber Teddy, [handschriftl.]

es ist ja in der Zwischenzeit ein fast methusalemitischer Zeitraum vergangen, um Dir noch wirkungsvoll zu dem Bürgermeistertitel zu gratulieren, den Du verteidigt hast.

Aber ich habe mittlerweile „beinliche Gesundheitsdefekte" erreicht, die mich nur am Stock gehen lassen und Sprachdefizite, die mich nur unzulänglich artikulieren lassen. Ich habe gerade die letzten Ämter niedergelegt. Aber sie haben mich zum Ehrenmitglied des Kuratoriums[1] ernannt.

Gerade was das Letztere angeht, muß ich, der Sprache ehemals so mächtig, das als eine besondere Beeinträchtigung empfinden. Ich werde dieserhalb in einer Wiener Spezialklinik behandelt werden, die mir nach ärztlichen Vorlagen Heilung von meinen Gebrechen in Aussicht stellt. Danach komme ich mit Marianne wieder nach Jerusalem.

Du hattest, gewiß auf Deine Initiative, durch Yvonne Rothschild am 15. März 1989 US-Dollar 180.000,– für ein Kinderhospital im Arabischen Gesundheitszentrum Scheich Jarach beantragt. Kaum aus der Alfried Krupp von Bohlen und Halbach-Stiftung zurückgekehrt – Du siehst wie ich durchaus auch pünktlich sein kann, obwohl ich das nicht gerade strapaziere –, teile ich Dir mit, daß das Kuratorium DM 200.000,– bewilligt hat, was den erhöhten Prozentsatz der bewilligten Beträge ausmacht.

Das macht zusammen, wie man es mir unter die Nase gerieben hat, zusätzlich zu den Dotationen des Arabischen Gesundheitszentrums[2], nunmehr DM 1,9 Mio. aus den Mitteln der Krupp-Stiftung.

Du wirst sicherlich Yvonne Rothschild, die ich Dich bitte zu grüßen, mitteilen, wie ihr Auftrag beschieden worden ist.

Stets zu Diensten für Dich und Deine guten Absichten und Werke,
mit Shalom

auf immer Dein Heinz [handschriftl.]

1 Kuratorium der Alfried Krupp von Bohlen und Halbach-Stiftung.
2 Gemeint: Dotationen für das Arabische Gesundheitszentrum.

52. Heinz Kühn an Friedrich Halstenberg
vom 11. Juni 1990
Quelle: AdsD, Bonn, Nl. Heinz Kühn, 1/HK AA 000 099
Kopie des maschinenschriftlichen Originals

Lieber Fritz, [handschriftl.]

manchmal fühle ich mich so krank, daß ich eine Laudatio fast nicht schreiben kann. Manchmal fühle ich mich, als wenn für mich das letzte Stündlein geschlagen hätte.

Für mich hat jedenfalls das letzte Stündlein in gewissem Maße geschlagen: Ich gehe mit dem Stock ein Maß von ca. 50 Meter, danach muß ich mich schon hinsetzen; ich muß meine Beine schonen, Blindheit bedroht mich obendrein, das Herz vor allem tut es nicht mehr so, wie es sollte.

So muß ich Dich diesmal das letzte Mal grüßen. Ich tue es, ich muß es tun können, weil ich Dir als Staatssekretär viel zu danken habe, vor allem die Schreibtischplatte Deines Ministerpräsidenten mir persönlich immer leergehalten hast, damit ich den Kopf für die vielen anderen Arbeiten frei behalten konnte. Habe dafür an Deinem 70. Geburtstag vielen Dank. Hab' darüber hinaus auch vielen Dank für die viele Arbeit, die Du Dir gemacht hast auf mannigfachen Schichten, mir als Ministerpräsident a.D. ist es eine Pflicht und ein herzliches Bedürfnis, Dir dafür Dank zu sagen.

Es war mir ein Bedürfnis, aufgrund meines nachlassenden Kräftevermögens, diesen letzten Brief an Dich zu schreiben und für das jahrelange Miteinander Dank abzustatten.

Dein Heinz [handschriftl.]

Quellen- und Literaturverzeichnis

I. Quellen

1. Archivalische Quellen

Archiv der sozialen Demokratie (AdsD) der Friedrich-Ebertstiftung (FES), Bonn
(Teil-)Nachlaß Heinz Kühn
Zitatensammlung Heinz Kühns (gesammelt in Karteikästen)
SPD-Parteivorstand. Büro Stellv. Vorsitzender Heinz Kühn
Sammlung Personalia, Heinz Kühn
Emigration Sopade, Allgemeine Korrespondenz, Mappen 39, 40, 67, 84, 122
SPD-Präsidium, Sept./Okt. 1969; April/Mai 1974
SPD-Landesverband Nordrhein-Westfalen
Bestand Erich Ollenhauer
Nachlaß Josef Neuberger
Depositum Helmut Schmidt
Depositum Manfred Dammeyer

Willy-Brandt-Archiv im AdsD, Bonn
Bundeskanzler und Bundesregierung 1969–1974
Verbindungen mit Mitgliedern des Präsidiums etc.

Historisches Archiv der Stadt Köln (HiAdSt Köln)
(Teil-)Nachlaß Heinz Kühn (Bestand 1419)
Nachlaß Wilhelm Sollmann (Bestand 1120)
Schulakten: Bestand 598, Nr. 55; Bestand 578, Nr. 2
SPD-Bezirk Mittelrhein (Bestand 1275)

Internationaal Instituut voor Sociale Geschiedenis, Amsterdam
Bestand Sozialistische Arbeiter-Internationale (SAI)

Státní Ústřední Archiv Praha (Staatl. Zentralarchiv Prag)
Ministerstvo vnitra (Innenministerium) – stará registratura, 1931–1935, Sign. 5/221/642, Kart. 2541
Policejní ředitelství Praha (Polizeidirektion Prag), 1931–1940, Sign. K 5722/6 Kühn, Heinrich
Policejní ředitelství Praha (Polizeidirektion Prag), spisové období, 1941–1950, Sign. K 7335/31

Archiv Národního muzea, Praha (Archiv des tschechischen Nationalmuseums, Prag)
Nachlaß Zdeněk Fierlinger, Karton 37, Faszikel „Záznamy rozhovoru Zdenka Fierlingera s cizími představiteli", 1378 a–m, hier: 1378 g

Parlamentsarchiv des Deutschen Bundestages
Protokolle der Sitzungen des Auswärtigen Ausschusses, 2. und 3. Legislaturperiode
Protokolle der Sitzungen des Ausschusses für Kulturpolitik und Publizistik, 3. Wahlperiode
Protokolle des Unterausschusses „Deutsche Institute und Schulen im Ausland", 3. Wahlperiode

Politisches Archiv des Auswärtigen Amtes, Bonn
Microfiche – Nr. 6254

Politische Angelegenheiten Belgien, Lageberichte
Bd. R 101 301 u. R 101 302
Abt. 7, 80.00/2, 80.05/3, Bd. 540; Abt. 7, 82.03-82.80, Bd. 959;
Ref. 306/I B2, 82.20, Bd. 71

Nordrhein-Westfälisches Hauptstaatsarchiv (HStA) Düsseldorf
NW 30 (Staatskanzlei)
NW 30P (Staatskanzlei)
NW 270 (Staatskanzlei)
NW 451 (Staatskanzlei)
RW 138 (SPD-Landesverband)
RW 180 und RW 350 (SPD-Landtagsfraktion)
RWN 251 (Nachlaß Willi Weyer)

Landtagsarchiv Nordrhein-Westfalen, Düsseldorf
Biographisches Kompendium Heinz Kühn
Protokoll der Kulturausschußsitzung v. 19.1.1950

Historisches Archiv des Westdeutschen Rundfunks
Manuskript „Dr. Kurt Schumacher". Verfasser Heinz Kühn. Sendung v. 5.10.1948
Andere für den NWDR Köln verfaßte Manuskripte Heinz Kühns.

Universitätsarchiv Köln
Zugang 28/262b. Liste der immatrikulierten Studierenden im Sommersemester 1931
Zugang 9/135. Unterstützung an Studierende 1925–1931
Zugang 28, Nr. 370. Verbindungen der Studierenden 1925–1932
Zugang 28, Nr. 371. Verbindungen der Studierenden
Zugang 28, Nr. 361

Amt für Personenstandswesen der Stadt Köln
Personenstandseintrag Hubert Kühn und Elisabeth Kühn, geb. Lauten (Eltern von Heinz Kühn)

Nordrhein-Westfälisches Personenstandsarchiv Rheinland (Brühl)
Geburtsurkunde Heinz Kühn (Köln II 209/1912)

Katholische Kirchengemeinde St. Ursula in Köln
Taufregister Okt. 1904 – Dez. 1924

Archiv der Kommission für Zeitgeschichte, Bonn
Bund Neudeutschland (Aktz. A 3.2)

Rheinisches Archiv- und Museumsamt, Pulheim
Liste der in den Jahren 1933/34 von der Staatspolizei in Brauweiler untergebrachten weibl. Personen

Privatarchiv Marianne Kühn
Diverse Briefe Heinz Kühns an Marianne Kühn aus den Jahren 1945/46 und aus den 1950er Jahren
Andere Dokumente (z. T. aus der Zeit der Emigration)

Privatarchiv Peter Fuchs
Diverse Briefe Heinz Kühns aus den späten 1940er und den 1950er Jahren

Privatarchiv Katharina Focke
Einige Briefe Heinz Kühns

2. Mündliche Quellen (Zeitzeugeninterviews)

Gespräche des Verfassers mit Zeitzeugen
(Mit einer Ausnahme sind alle Gespräche auf Tonträger archiviert. Ein Gespräch wurde schriftlich festgehalten)

Gesprächspartner	Datum
Elfriede Anders, geb. Kühn (Göppingen)	23. 3.1999
Dr. Katharina Focke (Köln)	10.11.1998
Peter Fuchs (Köln)	8.10.1998
Dr. Günter Grunwald (Bonn)	19. 4.2001
Prof. Dr. Friedrich Halstenberg (Düsseldorf)	16.12.1998
Peter Keller (Hellenhahn-Schellenberg)	17.11.1998
Henry Kersten (Hillsdale N. Y., USA)	7. 9.1999
Prof. Dr. Susanne Miller	10.10.1998
Marianne Kühn (Köln)	13.10.1998, 9.1.1999, 18.5.1999
Dr. h.c. Johannes Rau (Düsseldorf, jetzt Berlin)	26. 1.1999
Dieter Uecker (Gladbeck)	22. 1.1999
Dr. Berta Uwira (Köln)	11. 4.2001

Nicht mit dem Verfasser geführte Zeitzeugengespräche

Gespräch Guido Grünwalds vom NS-Dokumentationszentrum in Köln mit Marianne Kühn v. 10.7.1990. Computergeschriebene Transkription im NS-Dokumentationszentrum, Z 10002

Gespräch Wolfgang Blaschkes vom NS-Dokumentationszentrum in Köln mit Marianne Kühn v. 14.5.1996. Kopie der korrigierten maschinenschriftl. Abschrift im Privatarchiv Mariane Kühn. Leicht gekürzte Fassung des Gesprächs in: Unter Vorbehalt. Rückkehr aus der Emigration nach 1945. Hg. v. Verein EL-DE-Haus Köln. Bearbeitet von Wolfgang Blaschke, Karola Fings und Cordula Lissner, Köln 1997, S. 75 ff.

3. Schriften Heinz Kühns, auf die in der Biographie Bezug genommen wird
(unberücksichtigt bleiben die unveröffentlichten Manuskripte Heinz Kühns sowie seine Parlaments- und Parteitagsreden)

Liturgische Erneuerung. Palmsonntag, in: Leuchtturm. Monatsschrift der neudeutschen Jugend, Jg. 21, Heft 1 v. 1.4.1927, S. 13

Zu neuen Ufern!, in: Deutsche Freiheit (Saarbrücken), Jg. 1, Nr. 23, 16./17. 7.1933

Reichswehr rüffelt Hitler-Jugend, in: Freies Deutschland (Brüssel), Jg. 1, Nr. 3 (28.1.1937), S. 2

Deutsche Katholische Volkskirche?, in: Freies Deutschland, Jg. 1, Nr. 11 (25.3.1937), S. 4

Revolutionärer Nationalismus, in: Freies Deutschland, Jg. 1, Nr. 18 (13.5.1937), S. 6

Anwachsen der ‚Bünde‘ trotz Verbot, in: Freies Deutschland, Jg. 1, Nr. 20 (27.5.1937), S. 5

Die Niederlage des baskischen Nationalismus, in: Freies Deutschland, Jg. 1, Nr. 23 (1.6.1937), S. 6

Der Weg der deutschen Jugend, in: Freies Deutschland, Jg. 1, Nr. 32 (19.8.1937), S. 5

Sozialistische Jugend, wohin?, in: Freies Deutschland, Jg. 1, Nr. 39 (7.10.1937), S. 5

Ich hab's gewagt. Zu Ullrich von Huttens 450. Geburtstag, in: Freies Deutschland, Jg. 2, Nr. 17 (28.4.1938), S. 8

Mexiko. Cedillo und seine Hintermänner, in: Freies Deutschland, Jg. 2, Nr. 25 (23.6.1938), S. 6

Um das Schicksal der spanischen Republik, in: Freies Deutschland, Jg. 2, Nr. 41 (13.10.1938), S. 6

Iran – Hitlers Operationsbasis gegen UdSSR, in: Freies Deutschland, Jg. 2, Nr. 50 (15.12. 1938), S. 6

Auf die Einzelnen kommt es an, in: Freies Deutschland, Jg. 3, Nr. 4 (26.1.1939), S. 5

Die Situation in Fern-Ost. Kampf um die „Offene Tür", in: Freies Deutschland, Jg. 3, Nr. 4 (26.1.1939), S. 6

Afrikanischer Bericht, in: Freies Deutschland, Jg. 3, Nr. 4 (26.1.1939), S. 6f.

Brief an Wilhelm Sollmann, in: Sozialistische Warte (Paris) v. 3.2.1939

„Autarkie" und „Blitzkrieg". Probleme der italienischen Kriegswirtschaft, in: Freies Deutschland (Brüssel), Jg. 3, Nr. 8 (23.2.1939), S. 1

Der wahre Sinn des spanischen Volkskriegs, in: Freies Deutschland (Brüssel), Jg. 3, Nr. 12 (23.3.1939), S. 5

Imperium des Wahnsinns. Zur „Reichsidee" der Hitlerdiktatur, in: Freies Deutschland (Brüssel), Jg. 3, Nr. 13 (30.3.1939), S. 1

Um Nation und Sendung des Schweizertums, in: Freies Deutschland (Brüssel), Jg. 3, Nr. 17 (27.4.1939), S. 4

Leben und Wandlung der deutschen Jugend, in: Freies Deutschland (Brüssel), Jg. 3, Nr. 33 (17.8.1939), S. 5

Hitler oder Deutschland. Freiheitsbriefe an die deutsche Wehrmacht, Gent 1944

Lettre ouverte à Camille Huysmans, in: Les Cahiers Socialistes (Brüssel), Heft 3 (März 1945), S. 46ff.

Caractère tragique de la conscience nationale allemande, in: Les Cahiers Socialistes (Brüssel), Heft 8 (Okt./Nov. 1945), S. 13

Kölner antworten Dr. Adenauer. Zwei Reden von einer Kundgebung der Sozialdemokratischen Partei Köln am Sonntag, dem 1. September 1946 in der Aula der Universität Köln (Schriftenreihe für die Unterrichtung und die Arbeit des sozialdemokratischen Funktionärs, Nr. 18), Köln 1946 (Kühns Rede – ohne Titel – hier S. 11ff.).

Deutschland zwischen Washington und Moskau. Vortrag, gehalten auf dem Verbandstag der Deutschen Friedensgesellschaft, Bochum 1947

Die Verpflichtung der Jugend in der Krise unserer Zeit, in: Die deutsche Jugend in der Krise unserer Zeit. Zentrale Jahreskonferenz 1948 Hof/Saale, 12. bis 14. Mai 1948, o. O. o. J., S. 14ff.

Das Landesgrundgesetz Nordrhein-Westfalen, in: Geist und Tat. Monatsschrift für Recht, Freiheit und Kultur, Jg. 5 (1950), Februarheft, S. 52ff.

Jugendbildnis des Kandidaten der ,schäl Sick', in: „Letzte Meldungen vom Wahlkampf an das rechtsrheinische Köln" (Kölner SPD-Wahlkampfbroschüre zur Bundestagswahl 1953; ein Exemplar enthalten in: AdsD, Bonn, Nl. Heinz Kühn, 1/HK AA 000001)

Ein paar Bemerkungen zu meiner Amerikareise, in: „Letzte Meldungen vom Wahlkampf an das rechtsrheinische Köln" (Kölner SPD-Wahlkampfbroschüre zur Bundestagswahl 1953)

Reformen in der SPD sind nicht aufzuschieben, in: Neue Rhein-/Neue Ruhr-Zeitung v. 8.10.1957

Links und Rechts sind überholte Begriffe, in: Neue Rhein-/Neue Ruhr-Zeitung v. 9.10.1957

900 Jahre Wartburg. Feierstunde der Landesregierung Nordrhein-Westfalen am 15. Oktober 1967 im Gürzenich zu Köln. Hg. vom Landespresse- und Informationsamt, Düsseldorf (1967) (Kühns Ansprache – ohne Titel – hier S. 11ff.)

Schwarze Fahnen über dem Revier (Rede Kühns vor Bergarbeitern am 21. Okt. 1967 in Dortmund-Huckarde), in Heinz Kühn: Den Staat menschlicher machen, S. 124ff.

Haben die Länder noch eine Zukunft? Vortrag des Ministerpräsidenten Heinz Kühn vor dem Kuratorium der Friedrich-Ebert-Stiftung am 20.10.1970 in München. Hg. v. Presse- und Informationsamt der Landesregierung NRW, Düsseldorf 1970

Den Staat menschlicher machen. Beiträge zu gesellschaftlichen Fragen und persönlichen Begegnungen, Bonn/Bad Godesberg 1972

Schöne große Insel Madagaskar, in: Den Staat menschlicher machen, S. 201ff.

Cabora Bassa: Mehr als nur ein Staudamm, in: Den Staat menschlicher machen, S. 207ff.

Wilhelm Sollmann. Rheinischer Sozialist, Kölner Patriot, demokratischer Weltbürger, in: Wilhelm Sollmann I. Kölner Biographien (16). Hg. v. Nachrichtenamt der Stadt Köln, Köln 1981, S. 17ff.

Widerstand und Emigration. Die Jahre 1928–1945, Hamburg 1981

Aufbau und Bewährung. Die Jahre 1945–1978, Hamburg 1981

60 Jahre Friedrich-Ebert-Stiftung. Festakt am 2. März 1985 im Reichstag Berlin, Bonn (1985) (Ansprache Kühns – ohne Titel – hier S. 9ff.)

Ferdinand Lassalle 1825–1864, Bonn 1985

Die Kunst der politischen Rede, Düsseldorf/Wien 1985

Auf den Barrikaden des mutigen Wortes. Die politische Redekunst, Bonn 1986

Fast vergessene Erinnerungen. Einige Mosaiksteine aus den ersten Landtagen, in: Karl Josef Denzer (Hg.): 40 Jahre Parlamentarismus in Nordrhein-Westfalen (Schriften des Landtags Nordrhein-Westfalen, Bd. 1), Düsseldorf 1986, S. 106ff.

„Stets auf dem Weg, niemals am Ziel". Reden und Aufsätze 1932 bis heute. Zum 75. Geburtstag Heinz Kühns hg. u. eingeleitet v. Holger Börner, Bonn 1987

Die Republik ohne Republikaner. Von der Regenbogenfahne zum „Reichsbanner" – Stationen einer politischen Jugend in Köln, in: Rudolf Pörtner (Hg.): Alltag in der Weimarer Republik. Erinnerungen an eine unruhige Zeit, Düsseldorf/Wien/New York 1990, S. 342ff.

4. Zeitungen und Periodika

Bis 1945
    Leuchtturm. Monatsschrift der neudeutschen Jugend, 21. Jahrgang (April 1927 – März 1928)
    Rheinische Zeitung (Köln), Jahrgänge 1930–1933
    Deutsche Freiheit (Saarbrücken), Jahrgang 1933
    Zeitschrift für Sozialismus (Karlsbad), Jahrgang 1935
    Freies Deutschland. Organ der deutschen Opposition (Brüssel), Jahrgänge 1937–1939
    Sozialistische Warte (Paris), Jahrgänge 1938–1940
    Les Cahiers Socialistes (Brüssel), Jahrgänge 1944, 1945
Nach 1945
    Diverse Artikel aus unterschiedlichen Jahrgängen folgender Zeitungen und Periodika:
    Aachener Volkszeitung
    Bild-Zeitung
    Bonner General-Anzeiger
    Bonner Rundschau
    Demokratischer Aufbau. Sozialdemokratische Monatsschrift für NRW
    Düsseldorfer Nachrichten
    Express (Köln)
    Frankfurter Allgemeine (FAZ)
    Frankfurter Neue Presse
    Frankfurter Rundschau
    Freie Presse (Bielefeld)
    Geist und Tat. Monatsschrift für Recht, Freiheit und Kultur
    Kölner Stadt-Anzeiger
    Landtag intern (Düsseldorf)
    Der Mittag (Düsseldorf)
    Münchner Merkur
    Neue Rhein-/Neue Ruhr-Zeitung (NRZ)
    Neue Westfälische
    Neues Rheinland
    Rheinischer Merkur
    Rheinische Post
    Rheinische Zeitung (Köln)
    Ruhr-Nachrichten
    Der Spiegel
    Süddeutsche Zeitung
    Stuttgarter Zeitung
    Südwest Presse
    Der Tagesspiegel (Berlin)
    Vorn. Sozialdemokratische Monatsschrift für NRW
    Vorwärts
    Die Welt
    Welt am Sonntag
    Die Weltbühne. Wochenschrift für Politik – Kunst – Wirtschaft (Berlin)
    Westdeutsche Allgemeine (WAZ)
    Westfälische Rundschau

Westfälischer Anzeiger und Kurier
Westfalenblatt
Die Zeit

5. Andere Quellen

(Adreßbücher, Chroniken, Dokumentationen, Gesetzesblätter, Handbücher, Jahrbücher, Kataloge, Lexika, Memoiren, Parlaments-Protokolle und -Drucksachen, Parteitags-, Parteivorstands- und Fraktions-Protokolle, Programme, Statistiken, Verfassungstexte etc.)

Adreßbuch für den politischen Bezirk Trautenau, Trautenau (1930)

Die Affäre Kühn – Halstenberg – Poullain. Chronik eines Skandals. Eine Dokumentation. Herausgeber: CDU Nordrhein-Westfalen, o.O.o.J.

Allgemeines geographisch-statistisches Lexikon aller Österreichischen Staaten. Hg. v. Franz Raffelsperger, 3. Bd., Wien 1846, 2. Aufl.

Amtsblatt der Europäischen Gemeinschaften. Verhandlungen des Europäischen Parlaments. Sitzungsperioden 1979 bis 1984

Außerordentlicher Landesparteitag der SPD in NRW am 17. September 1978 in Duisburg, Mercatorhalle. Hg. v. der SPD Nordrhein-Westfalen, Düsseldorf o. J.

Belgische Arbeiterpartei (POB/BWP), in: Lexikon zur Geschichte der Parteien in Europa. Unter Mitarbeit zahlreicher Fachgelehrter hg. v. Frank Wende, Stuttgart 1981, S. 12ff.

Biographisches Handbuch der deutschsprachigen Emigration nach 1933. Bd. I. Politik, Wirtschaft, Öffentliches Leben. Leitung und Bearbeitung: Werner Röder, München – Herbert A. Strauss, New York, München/New York/London/Paris 1980

Willy Brandt. Berliner Ausgabe (Hg. v. Helga Grebing, Gregor Schöllgen und Heinrich August Winkler), Bd. 4: Auf dem Weg nach vorn. Willy Brandt und die SPD 1947–1972. Bearbeitet von Daniela Münkel, Bonn 2000

Brandt, Willy: Erinnerungen, Frankfurt/M. 1993, 5. Aufl

Buchholz, Marlis/Rother, Bernd: Der Parteivorstand der SPD im Exil. Protokolle der Sopade 1933-1940 (Archiv für Sozialgeschichte, Beiheft 15), Bonn 1995

Bulletin des Presse- und Informationsamtes der Bundesregierung, 1969

Bundes-Delegierten-Konferenz und Außerordentlicher Parteitag der Sozialdemokratischen Partei Deutschlands 9. und 10. Dezember 1978 Köln. Protokoll der Verhandlungen, Bonn o. J.

Bundesgesetzblatt 1968 und 1978

Chronik. Der neudeutschen Gruppe St. Anno am staatlichen Humanistischen Gymnasium Köln-Mülheim 1919–1965. Ein Beitrag zur Jugendarbeit, Köln (1965)

Chronik SPD-Bezirk Mittelrhein 1945–1990 (4. Fassung), Köln. Ein Beitrag zur Jugendarbeit, Köln (1965)

Council of Europa, Consultative Assembly, Official Report of Debates, 1958–1963

Datenhandbuch zur Geschichte des Deutschen Bundestages 1949 bis 1982. Verfaßt und bearbeitet von Peter Schindler. Hg. vom Presse- und Informationszentrum des Deutschen Bundestages, Bonn 1983

Datenhandbuch zur Geschichte der SPD-Landtagsfraktion NRW (1946–1992). Hg. von der SPD-Landtagsfraktion Nordrhein-Westfalen. Bearbeitet von Michael Regenbrecht und Christoph Meyer, Düsseldorf 1993

Deutsche Verfassungen. Deutschlands Weg zur Demokratie, München o. J., 4. Aufl.

Eiber, Ludwig: Die Sozialdemokratie in der Emigration. Die „Union deutscher sozialistischer Organisationen in Großbritannien" 1941–1946 und ihre Mitglieder. Protokolle, Erklärungen, Materialien (Archiv für Sozialgeschichte, Beiheft 19), Bonn 1998

Feidel-Mertz, Hildegard/Schnorbach, Hermann: Die pädagogisch-politische Emigration, in: Krohn/von zur Mühlen/Paul/Winckler (Hg.): Handbuch der deutschsprachigen Emigration 1933–1945, S. 584ff.

Friedrich-Ebert-Stiftung. Die Arbeit der Friedrich-Ebert-Stiftung, Jahresbericht 1983

Greven's Adreßbuch Köln, Jahrgänge 1920–1926

Handbuch Hochschulen in Nordrhein-Westfalen. Hg. v. Minister für Wissenschaft und Forschung des Landes Nordrhein-Westfalen, Düsseldorf 1984

Handbuch des Landtages Nordrhein-Westfalen, 1. Wahlperiode, Düsseldorf 1949

Hauch, Horst-Ottfried: Mülheimer Jugendgruppen im Wandel, in: Chronik. Der neudeutschen Gruppe St. Anno, S. 84ff.

Heilemann, Ullrich/Gebhardt, Heinz/von Loeffelholz, Hans Dietrich: Wirtschaftspolitische Chronik der Bundesrepublik 1960–1995, Stuttgart 1996

Heumos, Peter: Tschechoslowakei, in: Krohn/von zur Mühlen/Paul/Winckler (Hg.): Handbuch der deutschsprachigen Emigration 1933–1945, S. 411ff.

Hoebink, Hein: Gebietsreform, in: Nordrhein-Westfalen. Landesgeschichte im Lexikon, S. 138ff.

40 Jahre Landtag Nordrhein-Westfalen 1946–1986. Ausstellungskatalog hg. vom Landtag NRW, Düsseldorf 1986

Kirchhoff, Hans Georg: Gesamtschule, in: Nordrhein-Westfalen. Landesgeschichte im Lexikon, S. 150ff.

Kirchlicher Anzeiger für die Erzdiözese Köln, 107. Jg. (1967)

Koschnick, Hans (Hg.): Der Abschied vom Extremistenbeschluß, Bonn 1979, 2. Aufl.

Krohn, Claus-Dieter/von zur Mühlen, Patrik/Paul, Gerhard/Winckler, Lutz (Hg.): Handbuch der deutschsprachigen Emigration 1933–1945, Darmstadt 1998

Heinz Kühn im Gespräch mit Werner Höfer. Sonderdruck des Presse- und Informationsamtes der Landesregierung NRW (1970)

Landesarbeitsamt NRW (Hg.): Arbeitsstatistik 1994. Statistische Jahresdaten, Düsseldorf 1994

Landesregierung Nordrhein-Westfalen: Entwicklungsprogramm Ruhr 1968-1973, Düsseldorf 1968

Landtag Nordrhein-Westfalen. Drucksachen

Landtag Nordrhein-Westfalen. Plenarprotokolle, 7. und 8. Wahlperiode

Landtag Nordrhein-Westfalen. Stenographische Berichte, 1., 2., 5. und 6. Wahlperiode

Langkau-Alex, Ursula: Belgien, in: Krohn/von zur Mühlen/Paul/Winckler (Hg.): Handbuch der deutschsprachigen Emigration 1933–1945, S. 168ff.

Ferdinand Lassalle. Gesammelte Reden und Schriften. Hg. und eingeleitet von Eduard Bernstein, Bd. 3, Berlin 1919

Nordrhein-Westfalen. Landesgeschichte im Lexikon. Redaktion: Anselm Faust in Verbindung mit Norbert Andernach u. Dieter Lück (Veröffentlichungen der staatlichen Archive des Landes Nordrhein-Westfalen), Düsseldorf 1993

Österreicher im Exil. Belgien 1938–1945. Eine Dokumentation. Herausgeber: Dokumentationsarchiv des österreichischen Widerstandes. Auswahl und Bearbeitung: Ulrich Weinzierl, Wien/München 1987

Orientierungs-Lexikon der Tschechoslowakischen Republik v. Prof. Ernst Pfohl, Reichenberg 1931, 3. neubearb. Aufl.

Parteitag der Sozialdemokratischen Partei Deutschlands vom 10. bis 14. April 1973, Bd. I. Protokoll der Verhandlungen, Anlagen, Bonn 1974

Protokoll der Verhandlungen des Parteitages der Sozialdemokratischen Partei Deutschlands vom 24. bis 28. September 1952 in Dortmund, Bonn o. J.

Protokoll der Verhandlungen des Parteitages der Sozialdemokratischen Partei Deutschlands vom 18. bis 23. Mai 1958 in Stuttgart, Bonn o. J.

Protokoll der Verhandlungen des Außerordentlichen Parteitages der Sozialdemokratischen Partei Deutschlands vom 13.–15. November 1959 in Bad Godesberg, Bonn o. J.

Wilhelm Sollmann II. Zum hundertsten Geburtstag am 1. April 1981. Ausstellung des Historischen Archivs der Stadt Köln, Köln 1981

Sollmann, Wilhelm: Sozialistische Machtpolitik, in: Zeitschrift für Sozialismus (Karlsbad), Jg. 2, Heft 24/25, Sept/Okt. 1935, S. 758ff.

Die Sozialistische Republik. Das Programm des ISK, London 1937

Die SPD-Fraktion im Deutschen Bundestag. Sitzungsprotokolle 1949–1957. Bearbeitet von Petra Weber, Zweiter Halbband (Quellen zur Geschichte des Parlamentarismus und der politischen Parteien. Im Auftrag der Kommission für Geschichte des Parlamentarismus und der politischen Parteien hg. v. Karl Dietrich Bracher, Rudolf Morsey und Hans-Peter Schwarz), Düsseldorf 1993

Die SPD-Fraktion im Deutschen Bundestag. Sitzungsprotokolle 1957–1961. Bearbeitet von Wolfgang Hölscher (Quellen zur Geschichte des Parlamentarismus und der politischen Parteien. Im Auftrag der Kommission für Geschichte des Parlamentarismus und der politischen Parteien hg. von D. Bracher, R. Morsey und H.-P. Schwarz), Düsseldorf 1993

Verhandlungen des Bundesrates. Stenographische Berichte 1971

Verhandlungsprotokolle des Deutschen Bundestages, 2., 3. und 5 Wahlperiode

M.d.B. – Volksvertretung im Wiederaufbau 1946–1961. Bundestagskandidaten und Mitglieder der westzonalen Vorparlamente. Eine biographische Dokumentation (eine Veröffentlichung der Kommission für Geschichte des Parlamentarismus und der politischen Parteien). Hg. von Martin Schumacher, Düsseldorf 2000.

Unter Vorbehalt. Rückkehr aus der Emigration nach 1945. Hg. v. Verein EL-DE-Haus Köln. Bearbeitet von Wolfgang Blaschke, Karola Fings und Cordula Lissner, Köln 1997

Hendrik Jozef de Vos (1902–1965), in: Jaarboek van de Maatschappij der Nederlandse Letterkunde te Leiden 1970–1971, Leiden 1972, S. 174ff.

Der neue WDR. Dokumente zur Nachkriegsgeschichte des Westdeutschen Rundfunks. Zusammengestellt und erläutert von Wolf Bierbach, Köln/Berlin 1978

ZDF-Jahrbuch 1973 und 1975

II. Literatur

Abelshauser, Werner: Der Ruhrkohlenbergbau seit 1945. Wiederaufbau, Krise, Anpassung, München 1984

Adant, Philippe: Widerstand und Wagemut. René Bertholet – eine Biographie, Frankfurt a.M. 1996

Albrecht, Willy: Der Sozialistische Deutsche Studentenbund (SDS). Vom parteikonformen Studentenverband zum Repräsentanten der Neuen Linken, Bonn 1994

Alexander, Thomas: Carl Severing. Sozialdemokrat aus Westfalen mit preußischen Tugenden, Bielefeld 1992

Altmann, Hugo: Im Schatten des „Klingelpütz" – Die Reform des Strafvollzugs, in: Nordrhein-Westfalen. Ein Land in seiner Geschichte, S. 455ff.

Appelius, Stefan: Heine. Die SPD und der lange Weg zur Macht, Essen 1999

Bachstein, Martin K.: Die Beziehungen zwischen sudetendeutschen Sozialdemokraten und dem deutschen Exil: Dialektische Freundschaft, in: Becher/Heumos (Hg.): Drehscheibe Prag, S. 41ff.

Ders.: Wenzel Jaksch und die sudetendeutsche Sozialdemokratie (Veröffentlichungen des Collegium Carolinum, Bd. 29), München/Wien 1974

Baring, Arnulf: Machtwechsel. Die Ära Brandt-Scheel, Stuttgart 1982

Bausch, Hans: Rundfunkpolitik nach 1945, 1. Teil 1945–1962, München 1980

Becher, Peter/Heumos, Peter (Hg.): Drehscheibe Prag. Zur deutschen Emigration in der Tschechoslowakei 1933–1939, München 1992

Becher, Peter: Kurt R. Grossmann und die Demokratische Flüchtlingsfürsorge, in: Becher/Heumos (Hg.): Drehscheibe Prag, S. 53ff.

Beyer, Georg: Katholizismus und Sozialismus, Berlin 1927

Biene, Thomas: Exilpublizistik in den Niederlanden, Belgien und Luxemburg, in: Hardt, Hanno/Hilscher, Elke/Lerg, Winfried B. (Hg.): Presse im Exil. Beiträge zur Kommunikationsgeschichte des deutschen Exils 1933-1945, München 1979, S. 200ff.

Bierbach, Wolf: „Ohne Mikrophon…" Der Neubeginn des Rundfunks, in: Dülffer (Hg.): „Wir haben schwere Zeiten hinter uns", S. 391ff.

Birke, Adolf M.: Nation ohne Haus. Deutschland 1945–1961, Berlin 1994

Blankenburg, Erhard: Kirchliche Bindung und Wahlverhalten. Die sozialen Faktoren bei der Wahlentscheidung. Nordrhein-Westfalen 1961 bis 1966, Olten/Freiburg i. Br. o. J.

Blömeke, Sigrid: Die Universität – Gesamthochschule. Eine Spezialität der nordrhein-westfälischen Hochschullandschaft, in: Gaudeamus… Das Hochschulland wird 50, S. 78ff.

Boldt, Hans (Hg.): Nordrhein-Westfalen und der Bund, Köln/Stuttgart/Berlin 1989

Braun, Otto: Deutscher Einheitsstaat und Föderativsystem?, Berlin 1927

Bremer, Jörg: Die sozialistische Arbeiterpartei Deutschlands (SAP). Untergrund und Exil 1933–1945, Frankfurt/M./New York 1978

Brüggemann, Wolfgang: Bildungspolitik, in: Boldt (Hg.): Nordrhein-Westfalen und der Bund, S. 189ff.

Brunn, Gerhard (Hg.): Sozialdemokratie in Köln. Ein Beitrag zur Stadt- und Parteiengeschichte, Köln 1986

436

Ders.: Vom Politischen Kellerkind zur Mehrheitspartei. Die SPD in Köln 1875 bis 1914, in: Ders. (Hg.), Sozialdemokratie in Köln, S. 49ff.

Ders./Reulecke, Jürgen: Kleine Geschichte von Nordrhein-Westfalen 1946–1996, Köln/Stuttgart/Berlin 1996

Černý, Bohumil: Der Parteivorstand der SPD im tschechoslowakischen Asyl (1933–1938), in: Historica 14, S. 175ff.

Dann, Otto: Die Anfänge der Sozialdemokratie in Köln nach dem Zweiten Weltkrieg, in: Ders. (Hg.): Köln nach dem Nationalsozialismus. Der Beginn des gesellschaftlichen und politischen Lebens in den Jahren 1945/46, Wuppertal 1981, S. 139ff.

Deres, Thomas: „Die Fraktion beschließt einstimmig…" Die SPD-Fraktion im Rat der Stadt Köln 1945–1998, Köln 1999

Deuerlein, Ernst: Deutschland 1963–1970, Hannover 1972

Dierl, Brigitte/Dierl, Reinhard/Höffken, Heinz Werner: Der Landtag von Nordrhein-Westfalen, Teil II, Bochum 1982

Dohms, Peter: Studentenunruhen in Nordrhein-Westfalen, in: Gaudeamus…Das Hochschulland wird 50, S. 258ff.

Düding, Dieter: Zwischen Tradition und Innovation. Die sozialdemokratische Landtagsfraktion in Nordrhein-Westfalen 1946–1966, (Reihe: Politik- und Gesellschaftsgeschichte des Forschungsinstituts der Friedrich-Ebert-Stiftung, Bd. 37) Bonn 1995

Ders.: Volkspartei im Landtag. Die sozialdemokratische Landtagsfraktion in Nordrhein-Westfalen als Regierungsfraktion 1966–1990 (Reihe: Politik- und Gesellschaftsgeschichte des Forschungsinstituts der Friedrich-Ebert-Stiftung, Bd. 49), Bonn 1998

Ders.: Regierungsfraktion mit und ohne Bündnispartner. Die SPD-Landtagsfraktion in Nordrhein-Westfalen 1966–1990, in: Geschichte im Westen, Jg. 14 (1999), Heft 1, S. 58ff.

Dülffer, Jost (Hg.): „Wir haben schwere Zeiten hinter uns". Die Kölner Region zwischen Krieg und Nachkriegszeit (Veröffentlichungen des Kölnischen Geschichtsvereins e. V., Bd. 40), Greifswald 1996

Düwell, Kurt: Föderalismus und Zeitgeschichte. Zur Kontinuitätsproblematik des Bund-Länder-Verhältnisses, in: Geschichte im Westen, Jg. 4 (1989), Heft 1, S. 36ff.

Ders.: Krise und Wandel. Die Jahre 1958 bis 1966, in: Nordrhein-Westfalen. Ein Land in seiner Geschichte, S. 315ff.

Dumoulin, Michel: Spaak, Brüssel 1999

Dowe, Dieter/Klotzbach, Kurt (Hg.): Kämpfe – Krisen – Kompromisse. Kritische Beiträge zum 125jährigen Jubiläum der SPD, Bonn 1989

Eich, Klaus Peter: Schulpolitik in Nordrhein-Westfalen 1945–1954, Düsseldorf 1987

Esch, Ludwig: Neudeutschland – Sein Werden und Wachsen, Saarbrücken 1927

Farthmann, Friedhelm: Blick voraus im Zorn. Aufruf zu einem radikalen Neubeginn der SPD, Düsseldorf 1996

Först, Walter: Kleine Geschichte Nordrhein-Westfalens, Düsseldorf 1986

Fuchs, Peter: Robert Görlinger. Der erste sozialdemokratische Oberbürgermeister, in: Brunn (Hg.): Sozialdemokratie in Köln, S. 295ff.

Ders.: Das Kampfblatt. Die „Rheinische Zeitung" von 1892 bis 1933, in: Brunn (Hg.): Sozialdemokratie in Köln, S. 105ff.

Ders.: Das schnelle Ende der sozialdemokratischen Presse in Köln. Die „Rheinische Zeitung" von 1946 bis 1951, in: Brunn (Hg.): Sozialdemokratie in Köln, S. 273ff.

Gärtner, Marcel: Heinz Kühn, in: Aus dreißig Jahren. Rheinisch-Westfälische Politiker-Porträts . Hg. von Walter Först, Köln/Berlin 1979, S. 300ff.

Gansel, Norbert (Hg.): Überwindet den Kapitalismus oder Was wollen die Jungsozialisten, Reinbek bei Hamburg 1971

Gaudeamus… Das Hochschulland wird 50. Eine Ausstellung des Ministeriums für Wissenschaft und Forschung des Landes Nordrhein-Westfalen, Düsseldorf 1996

Glaeseker, Werner: „Freies Deutschland" (Brüssel). Eine Zeitung unabhängiger deutscher Sozialisten im Exil (1937–1939). Wissenschaftliche Hausarbeit zur Erlangung des akademischen Grades eines Magister Artium der Universität Hamburg, Hamburg 1987 (unveröffentlicht)

Gotovitch, José: L'an 40. La Belgique occupée, Brüssel o. J.

Grebing, Helga/Wickert, Christl (Hg.): Das „andere Deutschland" im Widerstand gegen den Nationalsozialismus. Beiträge zur politischen Überwindung der nationalsozialistischen Diktatur im Exil und im Dritten Reich, Essen 1994

Hege, Ingrid: Die Auseinandersetzung der deutschen Arbeiterparteien mit dem Nationalsozialismus in den Jahren 1930–1933, speziell im Bereich der Stadt Köln. Wissenschaftliche Hausarbeit vorgelegt für die Erste Staatsprüfung für das Lehramt an Gymnasien, Phil. Fak. Köln, WS 1976/77 (unveröffentlicht)

Henseler, Andreas: Die Kölner SPD in der Endphase der Weimarer Republik (1928-1933). Auseinandersetzung mit der KPD – Kampf gegen die NSDAP, in: Brunn (Hg.): Sozialdemokratie in Köln, S. 149ff.

von Herz, Dieter: Die Landtagswahl von 1966 in Nordrhein-Westfalen. Die Politik des „verspäteten" Machtwechsels. Diss. rer. pol. Köln 1968

Hesse, Albrecht: Rundfunkrecht. Die Organisation des Rundfunks in der Bundesrepublik Deutschland, München 1990

Hildebrand, Klaus: Von Erhard zur Großen Koalition 1963–1969 (Geschichte der Bundesrepublik Deutschland in fünf Bänden, hg. von Karl Dietrich Bracher, Theodor Eschenburg, Joachim C. Fest und Eberhard Jäckel), Stuttgart/Wiesbaden 1984

Hillgruber, Andreas: Deutsche Geschichte 1945–1972, Frankfurt/M./Berlin/Wien 1974

Hoebink, Hein: Verfassung und Schule: Grundregelungen auf einem umstrittenen Feld, in: Kontinuität und Wandel. 40 Jahre Landesverfassung Nordrhein-Westfalen. Hg. v. Präsidenten des Landtags Nordrhein-Westfalen, Düsseldorf 1990, S. 189ff.

Hüttenberger, Peter: Hochschul- und Wissenschaftspolitik, in: Boldt (Hg.): Nordrhein-Westfalen und der Bund, S. 202ff.

Hüwel, Detlev: Karl Arnold. Eine politische Biographie (Düsseldorfer Schriften zur Neueren Landesgeschichte und zur Geschichte Nordrhein-Westfalens, Bd. 1), Wuppertal 1980

Irsfeld, Franz: Ein schwieriger Anfang – ein schwerer Weg: die Jahre von 1945–1948, in: Die Wiedergeburt der AWO aus ihren Traditionen 1947–1997: Hg. von Arbeiterwohlfahrt Kreisverband Köln, Köln 1997

Jun, Uwe: Koalitionsbildungen in den deutschen Bundesländern. Theoretische Betrachtungen, Dokumentation und Analyse der Koalitionsbildungen auf Länderebene seit 1949, Opladen 1994

Kaiser, Jochen-Christoph: Max Sievers in der Emigration 1933–1944, in: Internationale Wissenschaftliche Korrespondenz zur Geschichte der deutschen Arbeiterbewegung (IWK), 16. Jg. (1980), Heft 1, S. 33ff.

Kilper, Heiderose/Lhotta, Roland: Föderalismus in der Bundesrepublik Deutschland. Eine Einführung, Opladen 1996

Kistler, Helmut: Die Bundesrepublik Deutschland. Vorgeschichte und Geschichte 1945-1983, Bonn 1985

Klefisch, Peter: Das Dritte Reich und Belgien 1933–1939, Frankfurt/M. (u. a.) 1988

Klotzbach, Kurt: Der Weg zur Staatspartei. Programmatik, praktische Politik und Organisation der deutschen Sozialdemokratie 1945–1965, Berlin/Bonn 1982

Köhler, Wolfram: Annahme verweigert. Das Volksbegehren gegen die Kooperative Schule in Nordrhein-Westfalen, Düsseldorf 1978

Ders.: Medienpolitik, in: Boldt (Hg.): Nordrhein-Westfalen und der Bund, S. 225ff.

Köpf, Peter: Schreiben nach jeder Richtung. Goebbels-Propagandisten in der westdeutschen Nachkriegspresse, Berlin 1995

Kolb, Eberhard: Die Weimarer Republik, München 1988, 2. durchgesehene und ergänzte Auflage

Korte, Hermann: Eine Gesellschaft im Aufbruch. Die Bundesrepublik Deutschland in den sechziger Jahren, Baden-Baden 1987

Die Landtagswahlen in Nordrhein-Westfalen von 1947 bis 1990 (Schriften des Landtags Nordrhein-Westfalen, Bd. 6). Hg. von der Präsidentin des Landtags Nordrhein-Westfalen, Düsseldorf 1993

Langkau-Alex, Ursula: Volksfront für Deutschland. Bd. 1: Vorgeschichte und Gründung des „Ausschusses zur Vorbereitung einer deutschen Volksfront", 1933–1936, Frankfurt/M. 1977

Leirich, Wolfgang: Die Landtagswahl vom 8. Juli 1962 in Nordrhein-Westfalen. Politik in einem Bundesland. Diss. rer. pol. Köln 1966

Lemke-Müller, Sabine: Ethischer Sozialismus und Sozialdemokratie. Der politische Weg Willi Eichlers vom ISK zur SPD, Bonn 1988

Link, Werner: Die Geschichte des Internationalen Jugend-Bundes (JB) und des Internationalen Sozialistischen Kampfbundes (ISK). Ein Beitrag zur Geschichte der Arbeiterbewegung in der Weimarer Republik und im Dritten Reich, Marburg 1961

Lösche, Peter/Walter, Franz: Die SPD: Klassenpartei – Volkspartei – Quotenpartei, Darmstadt 1992

Mayer, Werner: Der Einstieg in die Hochschulreform – Fach- und Gesamthochschulen, in: Nordrhein-Westfalen. Ein Land in seiner Geschichte, S. 505ff.

Merseburger, Peter: Der schwierige Deutsche. Kurt Schumacher. Eine Biographie, Stuttgart 1995

Miller, Susanne: Zur Vorgeschichte der Bildungsgemeinschaften, in: 25 Jahre Sozialistische Bildungsgemeinschaften 1951–1976, Bonn (1976), S. 5ff.

Dies./Potthoff, Heinrich: Kleine Geschichte der SPD. Darstellung und Dokumentation 1948–1990, Bonn 1991, 7. überarbeitete und erweiterte Auflage

von zur Mühlen, Patrik: „Schlagt Hitler an der Saar!" Abstimmungskampf, Emigration und Widerstand im Saargebiet 1933–1935, Bonn 1979

Ders.: Das Saargebiet 1933–1935 als Etappe der deutschen Emigration, in: Frühwald, Wolfgang/Schieder, Wolfgang (Hg.): Leben im Exil, Hamburg 1981, S. 181ff.

Nehrling, Heinz: Machtwechsel in Nordrhein-Westfalen, Essen 1970

Nelles, Dieter: Widerstand und internationale Solidarität. Die Internationale Transportarbeiter-Föderation (ITF) im Widerstand gegen den Nationalsozialismus (Veröffentlichungen des Instituts für soziale Bewegungen, Band 18), Essen 2001

Niethammer, Lutz (Hg.): „Die Jahre weiß man nicht, wo man die heute hinsetzen soll". Faschismus-Erfahrungen im Ruhrgebiet. Lebensgeschichte und Sozialkultur im Ruhrgebiet 1930 bis 1960, Bd. 1, Berlin/Bonn 1983

Nölting, Claudia: Erik Nölting. Wirtschaftsminister und Theoretiker der SPD (1892–1953) (Düsseldorfer Schriften zur Neueren Landesgeschichte und zur Geschichte Nordrhein-Westfalens, Bd. 25), Essen 1989

Noethen, Stefan: Christlicher Sozialismus im Nachkriegsdeutschland? Die vom Kloster Walberberg ausgehenden Neuordnungskonzeptionen und der Versuch ihrer politischen Umsetzung. Magisterarbeit am Historischen Seminar der Universität Köln 1994 (unveröffentlicht)

Ders.: Christlicher Sozialismus in der Stunde der Neuordnung 1945. Das Dominikanerkloster Walberberg und die Kölner Leitsätze der CDU, in: Geschichte im Westen, Jg. 11 (1996), Heft 1, S. 48ff.

Nonn, Christoph: Die Ruhrbergbaukrise. Entindustrialisierung und Politik 1958–1969 (Kritische Studien zur Geschichtswissenschaft, Bd. 149), Göttingen 2001

Nordrhein-Westfalen. Ein Land in seiner Geschichte. Aspekte und Konturen 1946–1996. Redaktion: Christian Reinicke u. Horst Romeyk unter Mitarbeit von Ingeborg Schnelling-Reinicke (Veröffentlichungen der staatlichen Archive des Landes Nordrhein-Westfalen) Münster 1996

Paul, Gerhard: „Deutsche Mutter – heim zu Dir". Warum es mißlang, Hitler an der Saar zu schlagen. Der Saarkampf 1933–1935, Köln 1984

Paul, Johann: 50 Jahre Landesverfassung Nordrhein-Westfalen, Düsseldorf 2000

Peters, Walter: Lehrerausbildung in Nordrhein-Westfalen 1955–1980, Frankfurt/M. u. a. 1996

Petzina, Dietmar: Eine Industrieregion im Wandel. Siegerland, Wittgenstein und Südsauerland. Wirtschaftsgeschichte des Kammerbezirks Siegen seit dem Zweiten Weltkrieg. Hg. von der Industrie- und Handelskammer Siegen, Siegen 1995

Ders.: Wirtschaftspolitik, in: Boldt (Hg.): Nordrhein-Westfalen und der Bund, S. 122ff.

Picht, Georg: Die deutsche Bildungskatastrophe. Analyse und Dokumentation, Olten/Freiburg i. Br. 1964

Posser, Diether: Für Recht und Gerechtigkeit, in: Konflikt und Konsens. 50 Jahre Landesverfassung Nordrhein-Westfalen. Hg. vom Präsidenten des Landtags Nordrhein-Westfalen (Schriften des Landtags Nordrhein-Westfalen, Bd. 12), Düsseldorf 2000, S. 76ff.

Redmer, Axel: Wer draußen steht, sieht manches besser. Biographie des Reichstagsabgeordneten Emil Kirschmann, Birkenfeld 1987

Reinalda, Bob (Hg.): The International Transportworkers Federation 1914–1945. The Edo Fimmen Era, Amsterdam 1997

Röder, Werner: Drehscheibe – Kampfposten – Fluchtstation. Deutsche Emigranten in der Tschechoslowakei, in: Becher/Heumos (Hg.): Drehscheibe Prag, S. 15ff.

440

Rösner, Ernst: Schulpolitik durch Volksbegehren. Analyse eines gescheiterten Reformversuchs, Weinheim/Basel 1981

Rohe, Karl: Das Reichsbanner Schwarz-Rot-Gold. Ein Beitrag zur Geschichte und Struktur der politischen Kampfverbände der Zeit der Weimarer Republik, Düsseldorf 1966

Scheuch, Erwin K.: Zur Irrelevanz des Wählerwillens. Eine Untersuchung der Landtagswahl 1966 in Nordrhein-Westfalen und ihrer politischen Konsequenzen, in: Verfassung und Verfassungswirklichkeit. Jahrbuch 1966, Bd. 1, Köln/Opladen 1966, S. 63ff.

van Schewick, Burkhard: Die katholische Kirche und die Entstehung der Verfassungen in Westdeutschland 1945–1950, Mainz 1980

Schmitz, Manfred: Theorie und Praxis des politischen Skandals (phil. Diss. Aachen), Frankfurt/M./New York 1981

Schneider, Andrea H.: Die Kunst des Kompromisses: Helmut Schmidt und die Große Koalition 1966–1969, Paderborn (u. a.) 1999

Schönhoven, Klaus: Entscheidung für die Große Koalition. Die Sozialdemokratie in der Regierungskrise im Spätherbst 1966, in: Gestaltungskraft des Politischen. Festschrift für Eberhard Kolb. Hg. von Wolfram Pyta und Ludwig Richter, Berlin 1998, S. 379ff.

Schonauer, Karlheinz: Geschichte und Politik der Jungsozialisten in der SPD 1946–1973. Der Wandel der SPD-Jugend-Organisation von der braven Parteijugend zur innerparteilichen Opposition, Diss. phil. FU Berlin, Berlin 1980

Schuchardt, Wolfram: Bruno Kuske. Wirtschaftshistoriker und Arbeiterlehrer, in: Brunn (Hg.): Sozialdemokratie in Köln, S. 232ff.

Seebacher-Brandt, Brigitte: Ollenhauer. Biedermann und Patriot, Berlin 1984

Dies.: Die deutsche politische Emigration der Tschechoslowakei, in: Glotz, Peter/Pollok, Karl-Heinz/Schwarzenberg, Karl/van Nes Ziegler, John (Hg.): München 1938. Das Ende des alten Europa, Essen 1990, S. 229ff.

Sievers, Max: Unser Kampf gegen das Dritte Reich. Von der nazistischen Diktatur zur sozialistischen Demokratie, Stockholm 1939

Soell, Hartmut: Fritz Erler – Eine politische Biographie, Bd. II, Berlin/Bonn-Bad Godesberg 1976

Sörgel, Werner: Konsensus und Interessen. Eine Studie zur Entstehung des Grundgesetzes für die Bundesrepublik Deutschland, Opladen 1985

Spotts, Frederic: The Churches and Politics in Germany, Middletown 1973

Sywottek, Arnold: Deutsche Volksdemokratie. Studien zur politischen Konzeption der KPD 1935–1946, Düsseldorf 1971

Vogel, Alois: Der Landtag Nordrhein-Westfalen. Schlaglichter aus fünf Jahrzehnten, in: 50 Jahre Landtag Nordrhein-Westfalen. Das Land und seine Abgeordneten. Hg. vom Präsidenten des Landtags Nordrhein-Westfalen, Düsseldorf 1996, S. 9ff.

Weber, Petra: Carlo Schmid 1896–1979. Eine Biographie, München 1996

Winkler, Heinrich August: Der Weg in die Katastrophe. Arbeiter und Arbeiterbewegung in der Weimarer Republik 1930 bis 1933, Berlin/Bonn 1987

Weidelener, Helmut/Hemberger, Fritz: Staatsangehörigkeitsrecht, München (u.a.) 1998, 5. Auflage

Abkürzungsverzeichnis

AA	Auswärtiges Amt
Abs.	Absatz
AdsD	Archiv der sozialen Demokratie
AFL	American Federation of Labor
AG	Aktiengesellschaft oder Arbeitsgemeinschaft
AKP-Staaten	Staaten Afrikas, der Karibik und des Pazifik
Anm.	Anmerkung
a. o.	außerordentlich
APO	Außerparlamentarische Opposition
ARD	Arbeitsgemeinschaft der Rundfunkanstalten Deutschlands
Art.	Artikel
AsL	Arbeitsgemeinschaft sozialdemokratischer Lehrer
AWO	Arbeiterwohlfahrt
BBC	British Broadcasting Corporation
BWP	Belgische Werkliedenpartij
CDU	Christlich Demokratische Union
CIO	Congress of Industrial Organizations
CSR	Tschechoslowakische Republik
CSU	Christlich Soziale Union
DDP	Deutsche Demokratische Partei
DDR	Deutsche Demokratische Republik
DFV	Deutscher Freidenker-Verband
DGB	Deutscher Gewerkschaftsbund
DKP	Deutsche Kommunistische Partei
D-Mark	Deutsche Mark
DP	Deutsche Partei
DSAP	Deutsche Sozialdemokratische Arbeiterpartei (in der Tschechoslowakischen Republik)
D-Zug	Schnellzug
Ebd.	Ebenda
EG	Europäische Gemeinschaft
EL-DE-Haus	1935-1945 Gestapo-Zentrale in Köln. Heute Erinnerungsstätte. Benannt nach dem Besitzer des Hauses Leopold Dahmen (Lautschrift der Initialen)
EVG	Europäische Verteidigungsgemeinschaft
EWG	Europäische Wirtschaftsgemeinschaft
FAZ	Frankfurter Allgemeine Zeitung
FES	Friedrich-Ebert-Stiftung
FDJ	Freie Deutsche Jugend
FDP	Freie Demokratische Partei
Gestapo	Geheime Staatspolizei

Hg./hg.	Herausgeber/herausgegeben
HiAdSt Köln	Historisches Archiv der Stadt Köln
HStA	Hauptstaatsarchiv
IG	Industriegewerkschaft
Infas	Institut für angewandte Sozialwissenschaften
IJB	Internationaler Jugend-Bund
IPU	Interparlamentarische Union
ISK	Internationaler Sozialistischer Kampfbund
Jg.	Jahrgang
Jusos	Jungsozialisten
Kart.	Karton
Koop	Kooperative(s) (Kampagne, Schule, Schulgesetz)
KP	Kommunistische Partei
KPD	Kommunistische Partei Deutschlands
KPdSU	Kommunistische Partei der Sowjetunion
KZ	Konzentrationslager
LKW	Lastkraftwagen
MdB	Mitglied des Deutschen Bundestages
Mio.	Millionen
Nl.	Nachlaß
NPD	Nationaldemokratische Partei Deutschlands
NRW	Nordrhein-Westfalen
NRZ	Neue Rhein-/Neue Ruhr-Zeitung
NS	Nationalsozialismus, nationalsozialistisch
NSDAP	Nationalsozialistische Deutsche Arbeiterpartei
NWDR	Nordwestdeutscher Rundfunk
OPEC	Organization of Petroleum Exporting Countries
Phil. Fak.	Philosophische Fakultät
PKW	Personenkraftwagen
POB	Parti Ouvrier Belge
PSD	Parti Social Démocrate de Madagascar
PV	Parteivorstand (der SPD)
RAF	Rote Armee Fraktion
RAG	Ruhrkohle AG
RM	Reichsmark
RZ	Rheinische Zeitung
SA	Sturmabteilung (NSDAP-Kampftruppe)
SAJ	Sozialistische Arbeiterjugend
SAP	Sozialistische Arbeiterpartei Deutschlands
SBG	Sozialistische Bildungsgemeinschaft

SDS	Sozialistischer Deutscher Studentenbund
SED	Sozialistische Einheitspartei Deutschlands
Sign.	Signatur
SIKO	Sievers-Korrespondenz
SJ	Societas Jesu
SJV	Sozialistischer Jugendverband (Jugendverband der SAP)
Sopade	Sozialdemokratische Partei Deutschlands (emigrierter SPD-Vorstand)
SPD	Sozialdemokratische Partei Deutschlands
SS	Schutzstaffel (elitärer Kampfbund der Nationalsozialisten)
SSB	Sozialistischer Schutzbund (an der Saar)
Stamokap	Staatsmonopolistischer Kapitalismus
TH	Technische Hochschule
UdSSR	Union der Sozialistischen Sowjetrepubliken
UKW	Ultrakurzwelle
UN	United Nations
USA	United States of America
VEBA	Vereinigte Elektrizitäts- und Bergwerks-AG
vgl.	vergleiche
WDR	Westdeutscher Rundfunk
WestLB	Westdeutsche Landesbank
WEU	Westeuropäische Union
WiSo	Wirtschafts- und Sozialwissenschaften
WS	Wintersemester
z. B.	zum Beispiel
ZDF	Zweites Deutsches Fernsehen
ZK	Zentralkomitee
z. T.	zum Teil

Personenregister

Das Personenregister erfaßt die in Text und Anmerkungsteil der Biographie, nicht aber die im Dokumentenanhang genannten Personen.

Nachweis der Abbildungen

Fotosammlung Marianne Kühn:
Seite 14, 15, 19, 20, 73, 80, 85 l. und r., 117, 142 u., 169, 172, 233, 239 u., 270, 271 o. und u., 294, 297, 311, 320

Landtagsarchiv Nordrhein-Westfalen, A 0601:
Seite 142 o., 197, 254, 308

Privatarchiv Marianne Kühn:
Seite 82, 97, 113

AdsD der FES, Bonn:
Seite 65, 185

Landespresse- und Informationsamt NRW:
Seite 223, 239 o.

Fotoagentur Sven Simon:
Seite 277, 330

HiAdSt Köln, Nl. Heinz Kühn, Nr. 6:
Seite 27

Privatbesitz Elfriede Anders, geb. Kühn (Göppingen):
Seite 53

dpa:
Seite 207

J. H. Darchinger:
Seite 240

Heinz-Kühn-Stiftung, Düsseldorf:
Seite 285

Nordrhein-Westfälisches Hauptstaatsarchiv, Bestand RWB 118/3:
Seite 289

Der Autor

Professor Dr. Dieter Düding, habilitierter Neuzeithistoriker, lehrt Neuere Geschichte
an der Universität Köln. Er ist Wissenschaftlicher Mitarbeiter der Kommission für
Geschichte des Parlamentarismus und der politischen Parteien, Bonn.
Zahlreiche Veröffentlichungen zur Politik-, Sozial- und Kulturgeschichte des 19. und
20. Jahrhunderts, insbesondere zur Geschichte des Nationalismus und zur Parteiengeschichte.

Georg Denzler · Die verbotene Lust

Georg Denzler

Die verbotene Lust

2000 Jahre christliche Sexualmoral

Piper
München Zürich

ISBN 3-492-02534-X
2. Auflage, 8.–12. Tausend 1988
© R. Piper GmbH & Co. KG, München 1988
Gesetzt aus der Sabon-Antiqua
Gesamtherstellung: Clausen & Bosse, Leck
Printed in Germany